憲法學槪論

헌법학
개론

홍성방

박영사

머리말

INTRODUCTION

아주 오래전부터 500쪽 안팎의 헌법학개론을 쓰고 싶었다. 교과서는 교과서의 역할을 해야지 논문집과 판례요약집과 판례해설집을 겸해서는 안 된다고 생각하기 때문이다.

지금까지 그 일을 미루어왔다. 가장 커다란 이유는 얇은 책이라 하더라도 자신의 주장이 들어가기 마련이고, 다른 책의 내용과 반대되는 주장을 할 때에는 그에 대한 논거가 분명해야 한다고 생각했기 때문이다. 30년 넘게 대학에 있으면서 그동안 많지도 않지만 적지도 않은 수의 논문과 30편 이상의 저·역서를 내면서 이곳저곳에서 이 책에 요약된 생각들의 논거를 밝혔다.

개론은 개론의 역할을 하면 되는 것이므로 이 책에서는 판례와 모든 각주를 생략하였다. 학설과 관련된 부분에 대해서도 자세한 내용을 생략하고 어떤 견해가 있는가를 열거하고, 다수설과 통설 및 판례의 입장을 소개한 다음, 그것들과 다른 저자의 입장을 논거 없이 간략하게 소개하였다.

따라서 단순한 사실이 아닌 이론적 주장에 대해서 그 논거를 검토하려는 독자는 저자의 논문들과 저·역서들, 특히 「헌법학」 상·중·하(박영사)와 「헌법소송법」(박영사)의 해당 부분을 찾아보면 될 것이다. 자세한 내용을 알려고 하는 경우에도 같은 이야기가 적용될 것이다.

헌법에 대하여 개론적인 지식을 얻으려고 하는 독자들이 이 책을 읽으면서 아주 오래전 저자가 대학의 신입생 시절 헌법학개론을 처음 읽었을 때 느꼈던 실망감을 느끼지만 않는다면 저자로서는 더 바랄 것이 없다.

2016년 12월
저　자

차 례

CONTENTS

제 1 편 헌법의 기초와 헌법의 기본원리

제 2 편 기 본 권

제 3 편 국가작용과 국가기관

▶ 제 1 장 국가작용과 국가기관 일반론

헌법의 기초와 헌법의 기본원리

제1장 헌법의 기초

제1절 헌법의 개념과 특성

제1항 헌법의 개념

1. 법학적 의미의 헌법개념과 그 분류

헌법은 상태, 곧 어떤 특정영역의 공동생활의 질서를 뜻한다. 법학에서는 헌법이란 용어를 법적 헌법으로 제한하여 사용한다. 법적 헌법은 법적으로 규정된 상태, 곧 어떤 특정영역의 공동생활의 규범체계를 뜻한다. 이러한 의미의 헌법은 국가 이외의 조직이나 단체들도 갖고 있다. 그러나 법학에서는 국가공동생활의 질서를 구성하는 기본법만을 헌법이라고 한다. 결국 법학에서 헌법이라고 할 때 그것은 국가의 법적 기본질서, 곧 국가의 기본법을 뜻한다.

법학적 의미의 헌법은 형식적 의미의 헌법과 실질적 의미의 헌법으로 구분된다. 전자는 성문화된 헌법전을 의미한다. 그에 반하여 후자는 성문화된 것이든 성문화되지 않은 것이든 그 형태를 불문하고 국가의 기초, 구성 및 작용에 대한 법규정의 총체를 의미한다.

2. 헌법학과 헌법관

헌법학은 광의의 헌법학과 협의의 헌법학으로 나누어진다. 광의의 헌법학은 일반헌법학, 헌법사, 비교헌법학, 헌법사회학, 헌법해석학, 헌법정책학 등을 포괄한다. 그에 반하여 협의의 헌법학은 실정헌법규정의 내용과 의미를 파악하고 해석하고 적용하는 것을 그 과제로 이해하는 헌법해석학을 가리킨다. 헌법을 보는 관점에 따라 헌법해석학은 크게 법실증주의 헌법관, 결단론적 헌법관, 통합론적 헌법관으로 나누어지며, 헌법관에 따라 헌법에 대한 개념정의도 다르다.

(1) 법실증주의적 헌법개념

헌법학에서 법실증주의를 대표하는 옐리네크 G. Jellinek는 1900년 발간된 「일반국가학」에서 헌법을 "국가의 최고기관을 정하고 그 구성방법과 상호관계 및 권한을 확정하며 국가권력에 대한 개인의 기본적 지위를 정한 법규"라고 정의하였다.

그러나 법실증주의 헌법관은 법학에서 모든 존재적 요소를 배제하여 형식화되고 추상화되었기 때문에, 제1차 세계대전 이후의 변화된 사실(사회의 다원화·산업화 및 공화정의 성립)과 그러한 사실에 기초하여 성립된 헌법(바이마르헌법)을 이론적으로 설명할 수 없었다. 법실증주의 헌법관의 문제점을 지적하면서 새롭게 등장한 헌법관이 슈미트 C. Schmitt의 결단론적 헌법관과 스멘트 R. Smend의 통합론적 헌법관이다.

(2) 결단론적 헌법개념

슈미트는 1928년 발간된 「헌법학」에서 헌법의 개념을 절대적 헌법개념, 상대적 헌법개념, 실정적 헌법개념, 헌법의 이상(理想)개념의 넷으로 나누었다. 그러고 난 후 스스로는 실정적 헌법개념을 취하여 헌법을 "실존하는 정치적 통일체의 종류와 형식에 관한 근본결단"이라고 정의하였다.

그러나 슈미트의 헌법관은 법실증주의 헌법관을 극복하려는 원래의 기도와는 달리 정치적 통일체를 전제함으로써 추상적·형식적으로 되었을 뿐만 아니라 또한 규범성을 무시하고 일방적으로 실력만을 강조하여 국가를 권력투쟁의 장이 되게 함으로써 궁극적으로는 권위주의적 독재국가의 등장에 이론적 근거를 제공하였다.

(3) 통합론적 헌법개념

스멘트는 1928년 발간된 「국가조직과 헌법」에서 통합론적 헌법관을 주장하였다. 통합론에 따르면 국가는 정태적으로 이미 선존(先存)하는 전체(완전한 통일체)가 아니다. 국가는 지속적인 갱신(更新)의 과정이며, 그것도 인적·사항적·기능적 통합을 통한 정치적 통합의 과정이다. 헌법은 이러한 과정의 법적 질서로 생각된다. 곧 헌법은 국가의 법질서이며 좀 더 정확히 말하면 생활의 법질서, 곧 "국가의 통합과정의 질서"이다. 그러한 한에서 스멘트에게 국가와 헌법은 존재하는 것이라기보다 오히려 과제로서 주어지는 것이다. 통합론적 헌법관은 오늘날의 민주적 상황과 다원적 산업사회에 적합하다는 것이 인정되어 1945년 이후 독일에서는 통설이 되었다.

그러나 스멘트의 헌법관에 대해서도 다음과 같은 비판이 있다. ① 통합의 중요성을 지나치게 강조한 나머지 헌법의 규범성을 소홀히 했다(캐기 *W. Kägi*). ② 통합과정을 너무 조화롭게만 보고 통합과정에 있을 수 있는 갈등의 요소를 과소평가했다(헤세 *K. Hesse*). ③ 국가를 끊임없는 갱신의 과정으로 볼 때 "서로 교차하는 통합과정의 다양성 속에서 … 모든 변화에서 자신을 주장하는 국가의 통일성은 해체되어 사라질 수밖에 없고"(국가관의 문제점), 국가현실은 정신적 현실의 부분영역이 아니며(인식론적 오류), 국가의 전체생활과 국가의 생활현실과 같은 개념은 그 개념의 광의성 때문에 학문에서 사용할 수 없다(개념사용의 부적절성)(헬러 *H. Heller*).

3. 헌법의 개념정의

(1) 국가에 대한 언급의 필요성

앞에서 대표적인 세 가지 헌법관을 간단히 살펴보았다. 그러나 어떤 학설도 헌법의 본질에 대하여 전적으로 수긍할 수 있는 대답을 주고 있지는 않다. 이것은 헌법이라는 것이 어느 한 요소에만 환원시킬 수 없는 국가라는 현상의 기본질서라는 데서 오는 필연적 결과이다. 따라서 헌법을 개념정의하기 위해서는 헌법을 구성하는 모든 요소들을 동시에 고려하지 않으면 안 된다.

그러나 이러한 모든 요소들을 종합적으로 고찰하여 헌법에 대한 개념정의를 한다 하더라도 헌법의 본질을 충분하게 설명한다고는 할 수 없다. 왜냐하면 헌법을 이해하는데 필수적인 국가에 대한 납득할만한 설명 없이는 충분하지 않기 때문이다. 앞에서 살핀 헌법관들에 대한 비판은 동시에 그것들이 기초하고 있는 국가관에 대한 비판이기도 하다. 이것은 국가를 정치공동체로 바꾸어 표현하는 경우에도 마찬가지이다.

(2) 국가3요소설과 통합론적 헌법관의 문제점

일반적으로 국가는 국민, 영토, 국가권력으로 이루어진다고 한다(옐리네크의 국가3요소설). 그리고 국민, 영토, 국가권력이라는 3요소가 국가현상에서 빼놓을 수 없는 요소임에는 틀림없다. 그러나 국가3요소설은 ① 시간적 흐름에 따른 3요소의 변동을 설명해주지 못할 뿐만 아니라, ② 이질적인 3요소가 국가라는 현상 속에 필연적으로 결합되어야 할 어떠한 당위성도 근거지우지 못한다.

국가를 선존하는 것으로 전제하는 법실증주의 헌법관이나 결단론적 헌법관과는 달리 국가를 정치적 통합의 과정이라고 보는 통합론적 헌법관은 첫 번째 문제에 대해서는 어느 정도 만족할만한 대답을 주고 있다. 그러나 두 번째 물음에 대해서는 법실증주의 헌법관과 결단론적 헌법관은 말할 것도 없고 통합론적 헌법관도 수긍할 수 있는 대답을 하지 못하고 있다. 통합론적 헌법관이 사실을 대상으로 하는 국가론에서는 커다란 기여를 한 반면, 규범을 대상으로 하는 헌법학에서는 이렇다 할 기여를 하지 못한 것으로 평가받는 이유이다.

(3) 국가의 개념정의

첫 번째 물음과 두 번째 물음에 설득력 있는 답변을 하기 위해서는 국가를 과거이자 현재이면서 동시에 일정한 목적을 가지고 미래를 지향하는 그 무엇으로 이해하여야 한다. 이러한 관점에서 국가를 이해하는 경우, 국가는 일정지역의 사람들이 그들의 공동체적 필요를 위해서 창설한 것으로, 일체성과 계속성을 추구하며 크든 작든 그 구성원에게 더욱 강화된 요청을 하고 내외의 적으로부터 자신을 지키고 유지하려는 목적을 가진다. 곧 국가는 그 구성원, 곧 사람들에 봉사하기 위하여 계속적으로 창설된 조직이며, 그것은 사회적 제 가치의 질서를 구성한다. 따라서 국가는 국민과 영토로 구성된 조직인 동시에 제 가치의 질서이다.

국가를 이렇게 이해할 때 결국 국가에게는 국민의 공통된 바람을 충족시켜야 할 과제가 부과되어 있다고 보아야 한다. 국민은 인간의 존엄을 향유하기 위하여 국가가 과거에 이룬 바를 계속하여 유지해줄 것과 국가가 과거에 이루지 못한 것과 지금 이루어가는 중에 있는 것을 현재와 미래에 이루어주기를 바란다. 정치적 통합이 전자에 속한다면, 사회적 정의의 실현은 후자에 속하는 것으로 볼 수 있다. 국가를 정치공동체임과 동시에 똑같은 정도로 경제공동체라고 말할 수는 없다 하더라도, 국가가 경제문제를 도외시한다면 그 과제를 다하고 있다고 볼 수는 없을 것이다. 오히려 현대 사회국가의 국민은 더욱 더 국가에게 정의로운 경제생활의 보장을 요구하고 있다 할 것이다.

(4) 헌법의 개념정의

앞에서 한 이야기를 토대로 헌법은 인간의 존엄을 실현하기 위하여 정치적 통일과 정의로운 경제질서를 형성하는 국가적 과제의 수행원리와 국가 내에서의 갈등을 극복할 절차 및 국가작용의 조직과 절차의 대강을 규정하는 국가의 법적 기본질서로 정의할 수 있다.

제 2 항 헌법의 특성

헌법의 특성은 다른 법분야와 구별되는(또는 다른 법분야에 비해 두드러지는) 헌법규범의 특성을 말한다. 다른 법분야와 구별되는 헌법의 특성은 포괄적 규범성, 최고규범성, 조직규범성, 정치·경제규범성, 구조적 개방성에서 찾아볼 수 있다. 우선, 헌법의 포괄적 규범성이란 헌법 이외의 법분야가 국가 내에서 부분적 생활영역만을 규율함에 반하여, 헌법은 국가의 모든 구성요소와 모든 생활영역을 규율하는 특성을 말한다.

다음으로, 헌법의 최고규범성이란 국내법체계 내에서 헌법이 다른 법규범보다 상위에 있다는 것을 말한다. 따라서 헌법의 하위에 있는 법규범들은 헌법으로부터 그 효력을 부여받으며 존속을 보장받는다. 그렇기 때문에 법률은 그 내용이 헌법에 합치되어야 한다. 곧 헌법에 위반하는 내용의 법률은 무효이다. 법률이 헌법에 합치되어야 한다는 것은 법률은 소극적으로 헌법에 모순되어서는 안 될 뿐만 아니라 적극적으로 헌법을 실현(구체화)하여야 한다는 것을 뜻한다. 헌법의 최고규범성은 우리 헌법에서는 특별히 고양된 헌법개정절차(제128조 - 제130조)와 비록 제한적이기는 하지만 위헌법률심사제(제107조 제1항, 제111조 제1항 제1호)를 통하여 선언되고 있다.

이러한 헌법의 최고규범성에도 불구하고 헌법은 규범체계상 하위에 있는 법규범들과는 달리 스스로가 스스로를 보장하지 않으면 안 된다(헌법의 자기보장성). 그리고 헌법의 최고규범성이 효력을 발하기 위해서는 국민들의 헌법에 대한 적극적(또는 현실적) 의지가 요구된다.

셋째, 헌법의 조직규범성이란 국가 내에서 공통의 가치를 최대한 실현할 수 있도록 갈등을 해결하고 국가작용을 체계화하기 위하여 그를 담당할 기관과 그 절차를 규정하고 있는 헌법의 특성을 말한다. 또한 헌법은 처음부터 조직적인 측면에서 권력을 제한하고 통제하여 그 악용 또는 남용의 가능성을 배제하고 있다 (헌법의 권력제한성).

넷째, 헌법의 정치·경제규범성이란 한편으로는 헌법이 정치적 투쟁과 타협의 산물인 동시에 정치적 결정권력에 접근하는 방법과 그 권력행사의 절차 및 그 한계를 규율하는 특성을 가리킨다. 헌법의 정치·경제규범성이란 다른 한편으로는 오늘날 대부분의 대내·외적인 정치논의의 중점은 경제적인 사항들이라는 점에서 정치규범성과 함께 똑같은 정도는 아니라고 하더라도 경제규범성을 첨가해야 한다는 뜻이다. 특히 서구의 헌법들과는 달리 우리 헌법은 경제에 관한 독립된 장을 두고 있다는 점에서 헌법의 특성으로 헌법의 정치규범성 외에 헌법의 경제규범성을 함께 언급할 필요가 있다.

마지막으로, 헌법의 구조적 개방성이란 헌법 이외의 법조문들이 구체적이고 명확한 용어로 표현되고 전체적 체계에서도 완비된 대법전의 형태를 취함에 반하여, 헌법은 헌법제정 당시에 예견할 수 없는 사항을 사후적으로 해석을 통하여 규율할 수 있도록 추상적이고 불확정적인 용어를 사용하고 있고, 체계적으로도 완결성을 고집하지 않는 특성을 말한다.

그러나 헌법이 모든 사항을 개방적으로 두어둔다면 국가와 헌법은 해체되어 버릴 위험이 있다. 그렇기 때문에 국가 내에서 정치적 세력이나 노선들 사이에 끊임없는 투쟁의 대상이 되거나 갈등의 소지가 될 수 있는 부분들은 구속력 있게 확정되어야 한다. 헌법이 개방된 채로 남겨두어서는 안 되는 것으로는 특히 국가의 구성원리, 국가의 권력구조, 개방되어 있는 문제들을 결정할 절차를 들 수 있다. 따라서 이러한 부분과 관련된 헌법규정들은 엄격하게 해석되어야 한다.

제 2 절 헌법의 해석

제 1 항 헌법해석의 의의

1. 헌법해석의 개념

헌법해석에는 광의의 헌법해석과 협의의 헌법해석이 있다. 광의의 헌법해석은 협의의 실정헌법해석과 헌법의 계속형성(또는 법문보충)을 포함하는 개념이다. 그에 반하여 협의의 헌법해석은 일반적·추상적으로 규정되어 있는 헌법조문의 내용을 구체적 사건에 적용할 수 있도록 분명히 하고 구체화하며 또한 법적인 의미를 정확하게 밝혀내는 작업을 뜻한다. 일반적으로 헌법해석이라 할 때는 협의의 헌법해석을 말한다.

2. 헌법해석의 필요성

헌법규범은 수많은 국민들의 수많은 생활관계를 규율하고자 한다. 그 결과 헌법규범의 표현은 추상적이고 일반적일 수밖에 없다. 따라서 하나의 헌법규범을 특정의 생활관계에 적용하려는 경우 해석, 곧 사후적 이해를 통하여 추상적·일반적으로 표현된 헌법규범의 의미를 밝혀내지 않으면 안 된다.

헌법이 내용적으로 광범위하고 불확정적인 이유는 다음과 같은 네 가지 원인에서 찾을 수 있다. ① 헌법은 헌법제(개)정에 참여한 자들 사이의 정치적 타협의 산물이라는 점이다. 예컨대 이러한 사정은 사유재산제도를 보장하면서 동시에 재산권의 공공복리적합성을 강조하고 있는 재산권규정에서 분명해진다. ② 많은 헌법규정들은 헌법제(개)정시에는 장래에 점진적으로 실현되어야 할 목표로서 주어진다는 점이다. 헌법에 규정되어 있는 사회적 기본권들이 그 예에 속한다. ③ 많은 헌법규정들은 처음부터 예견할 수 없는 사회적 변화에 적응할 수 있도록 개방적인 용어들을 사용하고 있다는 점이다. 이러한 개방적인 용어들은 공동체의 공동생활을 지속적으로 규율하고자 하는 헌법의 요구를 충족시켜주는 역할을 하며, 잦은 헌법개정을 방지하는 기능도 한다. 헌법 제21조 제4항의 공중도덕이나 사회윤리와 같은 용어들이 그 예에 속한다. ④ 국가의 기본법인 헌법은 기본적인 문

제들에 대해서만 규정하고, 세부적인 문제들에 대해서는 이를 헌법하위의 법규범
들에 위임하기 때문이다.

3. 헌법해석의 과제

헌법해석은 합리적이고 통제할 수 있는 절차를 통하여 헌법적으로 타당한 결
과를 발견하고, 이 결과를 합리적이고 통제할 수 있게 논증함으로써 법적 확실성
과 법적 예측가능성을 창출하는 것을 과제로 한다.

제 2 항   헌법해석의 방법

1. 전통적 해석방법

헌법은 특별히 고양된 효력을 가진다는 점에서 하위의 법규범들과 구별된다.
그러나 넓은 의미에서는 헌법도 법률에 속한다. 따라서 헌법의 전통적 해석방법
은 헌법과 법률의 규범구조가 동일하다는 전제하에서 사비니 *Fr. C. v. Savigny*
가 제시한 법률의 해석원칙, 곧 문법적 해석, 논리적 해석, 역사적 해석, 체계적
해석이 순차적으로 헌법의 해석방법으로도 적용될 수 있다고 한다. 문법적 해석
은 자구(문구)해석이라고도 한다. 문법적 해석의 본질은 입법자가 사용한 언어법
칙을 해명함에 있으며, 해석의 출발점과 한계를 자구의 의미에서 찾는다. 예컨대
주거의 개념에 공장을 포함시킬 것인가가 문법적 해석의 예이다. 그러나 많은 경
우에 자구는 단 하나의 해석만을 타당하게 할 정도로 확정적이지 않다는 점에서
문제가 있는 해석방법이다.

논리적 해석은 법문의 자구에 구속됨이 없이 논리적 조작에 의하여 법문을
해석하는 것으로 이해된다. 논리적 해석의 방법에는 확장해석, 축소해석, 반대해
석, 물론해석, 보정해석 등의 방법이 있다.

역사적 해석은 법문을 해석함에 있어 규범성립에 있어서의 역사적 소여를 해
석의 중요요소로 이해한다. 역사적 해석을 위해서는 법률안의 이유서, 제안자의
의견, 의사록 등이 중요한 의미를 갖는다.

체계적 해석은 법률체계 내에서 법문의 위치에 따라 다른 법조문들과의 관계

를 따져 해석하는 것을 말한다. 그러나 체계적 해석에서는 규범의 특정한 위치에의 배치, 곧 형식적 전후관계를 따라야 하느냐 또는 사항적 전후관계를 따라야 하느냐의 문제가 해결되어 있지 않다.

이 밖에도 사비니는 언급하고 있지 않으나 법률의 해석방법으로는 목적론적 해석이 있다. 목적론적 해석은 헌법에 내재하는 객관적인 규범목적, 곧 헌법제정자의 불변의 의사를 탐구하고 이를 지도이념으로 하여 헌법조문을 해석하는 방법을 말한다. 그러나 목적론적 해석에는 해석자의 정치적 바람이나 주관적 가치판단이 개입될 위험성이 있다. 더 나아가 목적론적 해석은 헌법의 규범목적이 어떻게 찾아질 수 있느냐 하는 물음에 대해서 아무 대답도 할 수 없다는 단점이 있다.

독일연방헌법재판소는 "법문의 자구 또는 법문이 위치하는 의미의 전후관계에서 법문에 표현되어 있는 입법자의 객관적 의사가 법문해석에 있어 결정적이다. 그에 반하여 법문의 의미에 대한 입법절차에 관여한 기관 또는 그 구성원의 '주관적 의사'는 중요하지 않다. 법문의 성립사는 … 원칙들에 따른 해석의 타당성을 입증하거나 객관적 이론만으로는 해결될 수 없는 의문이 있는 경우에만 중요하다"고 하면서, 객관적 의사를 밝히는 구체적 해석방법으로 "규범의 문구로부터의 해석(문법적 해석), 규범의 관련으로부터의 해석(체계적 해석), 규범의 목적으로부터의 해석(목적론적 해석), 법률자료와 성립사로부터의 해석(역사적 해석)"을 들고 있다.

2. 헌법에 고유한 해석방법

(1) 전통적 해석방법에 대한 문제제기

전통적 해석방법에 대해서는 다음과 같은 문제제기가 있다. 헌법의 해석을 법률해석방법의 네 가지 요소에 한정시키는 것은 사비니의 의도와는 다를 뿐만 아니라, 헌법으로부터는 이러한 원칙들이 도출되지 않는다. 따라서 과제와 대상, 구조와 기능 및 보장방법 등에서 일반법률과는 다른 특성을 가지는 헌법을 해석하기 위해서는 헌법에 고유한 해석방법이 있어야 한다.

(2) 헌법에 고유한 해석방법

1) 내　　용　　현재 헌법의 고유한 해석방법으로는 크게 전통적·해석학적

방법, 토픽적·문제지향적 방법, 해석학적·구체화적 방법 및 현실과학지향적 방법의 네 가지 방법이 있다. 전통적 해석방법에 대해서는 앞에서 살펴보았다.

토픽적·문제지향적 방법은 그 내용이 개방적이고 광범위하며, 실용적이고 불확정적일 뿐만 아니라 문제에 대한 설명이 규범과 체계보다 우위에 있다는 데에서 출발한다. 따라서 토픽적·문제지향적 방법에서는 논증의 근거점인 topos를 중요시하며, 법규범도 하나의 topos에 불과하며, 결코 기속적인 것이 아니다. 토픽적·문제지향적 방법에 따르면 헌법해석은 개방적인 논증과정이며, 동시에 해석에 참여한 자들 사이의 공감대 속에 존재하는 선이해(先理解)가 해석에 대한 선결정(先決定)을 좌우한다.

해석학적·구체화적 방법은 특히 헤세가 강조하고 있다. 이 방법은 헌법해석은 헌법이 명백하게 결정하지 않은 문제에 답하려고 하는 경우에 필요하고 문제가 되기 때문에, 헌법해석은 일종의 법창조행위(구체화)라는 인식을 근거로 삼고 있다. 물론 이 경우에도 해석은 헌법규범에 기속되어 있기 때문에 단지 제한적으로만 창조적이다. 해석학적·구체화적 방법은 토픽적·문제지향적 성격을 가진다. 따라서 해석학적·구체화적 방법에서는 규범프로그램을 확인(법조문을 해석)하고 규범영역을 분석하는 과정을 밟는다. 그러나 해석학적·구체화적 방법은 문제의 우위가 아닌 헌법조문의 우위에서 출발한다는 점에서 토픽적·문제지향적 방법과 구별된다.

현실과학지향적 방법은 사회학적 헌법해석방법이라고도 한다. 이 방법은 자구(문구)와 이론적 추상성이 아닌 헌법의 의미와 현실이 헌법해석의 기반과 척도가 되어야 한다는 데에서(이른바 통합론에서) 출발한다. 그리고 헌법의 의미는 헌법이 (그 속에서 국가가 국가의 생활현실을 갖는) 통합과정의 법질서라는 점에서 관찰된다고 한다.

2) 검   토   우선, 토픽적·문제지향적 방법은 실정법을 무시하고 있으며, 더 나아가서 topos의 설정에 있어 주관이 배제되지 않을 때 독단론으로 치우칠 위험이 있다. 다음으로, 해석학적·구체화적 방법은 헌법해석은 헌법이나 헌법제정자가 사실상 결정하지 않은 경우를 결정하는 것이라고 하나, 이는 모든 해석의 목표는 조문을 이해하는 것이라는 점을 망각하고 있는 것이라고 할 수 있다. 그러한 한에서 해석학적·구체화적 방법은 헌법해석을 헌법의 계속형성에만 한정

시키고 있다는 점에서 문제가 있다. 끝으로, 현실과학지향적 방법은 법학적 방법론이라기보다는 사회학적 방법론이라는 한계가 있다. 더 나아가서 이 방법은 헌법해석의 과제를 헌법의 규범내용의 실현이 아닌 현실적응에 전락시킬 염려가 있다.

3. 사   견

헌법에 특수성이 있기는 하지만 헌법도 법률임에는 틀림없다. 따라서 우선적으로는 전통적인 방법을 따라 해석을 하고, 전통적인 방법만으로 해석이 불가능한 경우에는 헌법조문을 근거로 하면서도 토픽적 방법을 접합시키고 있는 해석학적·구체화적 방법에 따르는 것이 바람직하다. 또한 헌법의 해석은 구체적인 사안의 모든 상황을 고려하는 가운데 헌법규범의 의미를 밝히고 구체화시키는 것이어야 한다.

제3항 헌법해석의 지침과 한계

1. 헌법해석의 지침

(1) 개   념

앞에 적은 방법에 따라 헌법을 해석할 때 항상 그 정신과 취지를 해석과정에 반영시켜야 하는 것을 헌법해석의 지침이라고 한다. 헌법해석의 지침에는 헌법의 통일성의 원리, 실제적 조화의 원리, 기능적 적정성의 원리, 통합작용의 원리 및 헌법의 규범력의 원리가 있다.

(2) 헌법해석의 구체적 지침

1) 헌법의 통일성의 원리   헌법은 그 자체로서 하나의 통일체를 이루기 때문에 하나의 헌법조문은 다른 헌법조문과의 상호관련 속에서 고찰되어야 하고 고립적으로 분리해서 고찰해서는 안 된다. 따라서 헌법의 통일성의 원리는 헌법의 규범은 다른 헌법규범과 모순되지 않도록 해석되어야 한다는 것을 의미한다.

2) 실제적 조화의 원리   실제적 조화의 원리란 서로 상반되는 헌법규범이나 헌법의 원칙을 최대한으로 조화시켜 모든 헌법규범이나 헌법의 원칙이 동시

에 가장 잘 실현되도록 주의해야 한다는 원리를 말한다. 실제적 조화의 원리는 헌법의 통일성의 원리와 밀접한 관련이 있으며, 헌법규범 내의 계층구조를 부정하는 사고에 기초하고 있다. 헌법상 보호되는 모든 보호법의 상호간에 충돌이 생기는 경우 실제로는 법익형량의 방법에 의해서 문제가 해결된다. 그러나 실제적 조화의 원리는 법익형량이 불가피한 경우라도 성급한 법익형량이나 추상적 가치 형량에 따라 양자택일적으로 하나의 법익만을 실현하고 다른 법익을 희생시켜서는 안 된다고 한다. 헌법재판소는 실제적 조화의 원리를 규범조화적 해석이라고 부르면서 이를 채용하고 있다.

3) 기능적 적정성의 원리   기능적 적정성의 원리란 헌법을 해석하는 기관은 자기에게 배정된 기능의 테두리 내에 머물러야 하고 해석의 방법이나 결론에 의하여 헌법이 정한 기능의 분배를 변경시켜서는 안 된다는 원리이다. 이 원리는 특히 헌법재판소와 입법자의 관계에서 문제된다.

4) 통합작용의 원리   통합작용의 원리는 헌법상의 (조직)규범들을 해석함에 있어서는 그 규범들이 가장 커다란 통합적 효력을 발휘할 수 있도록 해석되어야 한다는 원리이다. 따라서 헌법적 문제를 해결하는 데 있어서 정치적 통일을 조성하고 유지하는 작용을 하는 관점이 우선되어야 한다. 그러나 이러한 관점은 합헌적이야 한다는 한계가 있다.

5) 헌법의 규범력의 원리   헌법의 규범력의 원리는 헌법적 문제를 해결함에 있어 그때그때 주어진 여러 가지 조건하에서 헌법규범에 최적의 실효성을 부여하는 관점을 우선해야 한다는 원리를 말한다. 이와 관련하여 독일연방헌법재판소는 제1차 낙태판결에서 모든 헌법규범, 특히 기본권규범에 대하여 "의심스러운 경우에는 기본권규범의 법적 효력을 가장 강력하게 전개하는 해석을 선택하여야 한다"고 판시한 바 있다.

그러나 이 원리는 "의심스러운 경우에는 자유에 유리하게"(in dubio pro libertate)라는 원칙과 혼동해서는 안 된다. 왜냐하면 이 원칙은 법정책적 공식이지 공인된 헌법해석의 원리는 아니기 때문이다.

2. 헌법해석의 한계

헌법해석은 원칙적으로 실정헌법을 전제로 한다. 곧 실정헌법은 헌법해석이 넘을 수 없는 한계이다. 따라서 헌법의 해석은 ① 헌법의 구속적 정립이 존재하지 않는 경우, ② 법조문의 의미 있는 이해의 가능성이 끝나는 경우, ③ 어떤 해석이 법조문과 명백하게 모순되는 경우에 그 한계가 있다.

제 4 항 합헌적 법률해석(헌법합치적 법률해석)

1. 합헌적 법률해석의 개념

(1) 개   념
합헌적 법률해석이란 하나의 법률규정이 여러 가지로 해석될 수 있는 경우(곧 부분적으로는 합헌적으로도 해석될 수 있고, 부분적으로는 위헌적으로도 해석될 수 있는 경우)에 그 법률규정은 합헌으로 해석되어야 한다는 법률의 해석지침을 말한다. 합헌적 법률해석은 소극적 내용과 적극적 내용을 포함한다. 곧 합헌적 법률해석은 한편으로는 어떤 법률에 대해서 헌법합치적 해석이 가능하다면 그 법률의 효력을 지속시켜야 한다는 것과 다른 한편으로는 법치국가원리가 허용하는 한 헌법의 정신에 상응하도록 법률의 내용을 제한·보충 또는 새롭게 형성해야 한다는 것을 내용으로 한다.

(2) 구별되어야 할 개념
합헌적 법률해석에서는 어떤 법률규정이나 그의 해석가능성을 헌법적 기준에 따라 측정하여 경우에 따라서는 배척하게 된다. 따라서 합헌적 법률해석은 해석의 여지가 있는 법률규정을 해석하고 적용함에 있어 헌법의 기본적 결정을 존중할 것을 요구하는 이른바 헌법지향적 해석과는 구별된다. 또 합헌적 법률해석은 법률의 위헌심사와도 구별된다. 물론 합헌적 법률해석은 규범통제과정에서 문제되는 것이 보통이다. 그러나 합헌적 법률해석은 규범통제를 반드시 전제하는 것은 아니다. 합헌적 법률해석에서 헌법은 해석규칙, 곧 해석기준으로 기능함에 반해서, 법률에 대한 규범통제에서 헌법은 저촉규범, 곧 심사기준으로 기능한다. 따라서 양자는 매우 밀접한 관계를 가지고 있지만 양자가 추구하는 목표는 다르다.

2. 합헌적 법률해석의 이론적 근거

합헌적 법률해석은 헌법의 최고규범성에서 나오는 법질서의 통일성과 권력분립의 정신에서 나오는 입법권의 존중 및 모든 법규범은 그것이 제정·공포된 이상 일단 효력이 있다는 '법률의 추정적 효력'(faver legis)을 그 이론적 근거로 한다. 합헌적 법률해석은 일찍이 미연방대법원에 의하여 발전되었고, 독일연방헌법재판소도 초기판결에서부터 이 방법을 자주 활용하고 있다. 헌법재판소와 대법원도 소극적 내용에 한정된 것이기는 하지만 합헌적 법률해석의 당위성을 확인하고 있다.

3. 합헌적 법률해석의 한계

합헌적 법률해석에는 법률의 무효를 통하여 발생할 수 있는 불안전성을 피할 수 있다는 장점이 있다. 그에 반해서 합헌적 법률해석에서는 헌법재판소가 합헌적 법률해석을 수단으로 입법자의 의도, 곧 위헌적이고 따라서 지탱될 수 없는 해석가능성을 배제함으로써 입법자를 무시하게 되는 위험도 있다. 따라서 합헌적 법률해석이라 하더라도 법률의 문구나 법률의 목적에 명백하게 모순되는 해석은 할 수 없다는 한계와 기능적 한계가 있다. 여기서 기능적 한계란 법률의 효력을 지속시키기 위해서 헌법규범의 내용을 지나치게 확대해석함으로써 헌법규범이 가지는 정상적인 수용한계를 넘어서는 안 된다는 한계, 곧 법률의 헌법합치적 해석이 헌법의 법률합치적 해석이 되어서는 안 된다는 한계를 말한다.

제 3 절 헌법의 제정과 개정

제 1 항 헌법의 제정

1. 헌법제정권력

헌법의 제정은 국가의 법적 기본질서를 마련하는 법창조행위인 동시에 국가권력을 구성함으로써 사회학적 의미의 정치공동체를 법적인 의미의 국가로 승화시키는 행위를 말한다. 따라서 법학적으로는 헌법이 국가에 우선한다.

헌법제정권력이란 헌법제정주체가 헌법을 제정하는 데 사용하는 현실적인 행위능력을 말한다. 오늘날의 민주국가에서 헌법제정권력자는 국민이다. 우리 헌법도 전문(… 우리 대한국민은 … 1948년 7월 12일에 제정되고)과 제1조 제2항에서 국민이 헌법제정권력자임을 분명히 하고 있다.

2. 헌법제정권력이론

프랑스의 시이예스 *E. J. Sieyés*(1748-1836)는 「제3신분이란 무엇인가?」에서 헌법제정권력의 주체는 국민(제3신분)이라고 하였다. 그는 헌법제정권력은 절대적이고 오류를 범할 수 없으며 시원적(始原的)이고 자율적일 뿐만 아니라 양도할 수 없는 것이라고 하였다. 또한 그는 헌법제정권력과 헌법에 의하여 창조된 권력(입법권·집행권·사법권)을 구별하고, 후자는 전자에 구속된다고 하였다.

헌법제정권력사상은 독일의 경우 법실증주의 헌법학자들에 의하여 오랫동안 이론적으로 부정되었다. 독일에서 헌법제정권력의 문제가 본격적으로 탐구되고 논의된 것은 슈미트에 의해서였다. 슈미트에 따르면 헌법제정권력은 규범적 또는 추상적 올바름과는 전혀 관계가 없는 실존적인 정치적 의지, 곧 명령이다. 따라서 그는 헌법제정권력의 행사 결과 성립되는 헌법과 헌법을 근거로 규범화된 헌법률을 엄격하게 구별할 뿐만 아니라 헌법제정권력과 (입법권·집행권·사법권 등) 기타의 권력을 구별한다. 그는 헌법제정권력은 다른 모든 권력의 포괄적 기초이므로 통일적이고 불가분적인 것이라고 한다. 더 나아가서 그것은 어떤 절차에도 구속받지 않고 활동할 수 있기 때문에 자율적인 것이며, 위탁·양도·흡수 또는 소모될 수 없는 항구적인 것이라고 한다. 슈미트는 헌법제정권력의 주체를 이론적으로는 개인, 소수인, 국민이 될 수 있다고 하면서도 현실적으로는 정치적 실존의 종류와 형식에 대하여 근본결단을 내릴 수 있는 자, 비상사태를 결단하는 주권자, 곧 적나라한 실력자로 본다.

3. 헌법제정권력의 행사와 한계

(1) 헌법제정권력의 행사방법

헌법제정권력을 행사하는 방법은 단일국가와 연방국가에 따라 다르다. 단일

국가에서 헌법제정권력을 행사하는 방법으로는 ① 바이마르헌법과 우리 건국헌
법처럼 민주적으로 선출된 제헌의회가 헌법을 의결하는 방법, ② 1958년 프랑스
제5공화국 헌법과 같이 제헌의회에서는 헌법안만을 기초하고 헌법안에 대한 결
정은 국민투표를 통하여 확정시키는 방법, ③ 1946년 프랑스 제4공화국 헌법과
같이 제헌의회의 의결과 국민투표를 함께 실시하는 혼합형이 있다.

연방국가의 경우는 제헌의회나 국민투표를 통하여 연방헌법이 성립하는 것
이 아니라, 보통 연방국가에 가입하려는 지방(支邦)의 동의를 필요로 한다.

(2) 헌법제정권력의 한계

헌법제정권력의 시원성과 혁명성을 주장하는 시이예스와 슈미트는 헌법제정
권력의 행사에 어떠한 한계도 인정하지 않는다.

그러나 일반적으로 헌법제정권력은 실존적인 동시에 규범적인 것으로 생각
되고 있다. 헌법제정권력에 규범적인 측면을 인정하는 한, 헌법제정권력의 행사
에는 일반적으로 다음과 같은 한계가 있다. ① 법적 이성, 정의, 법적 안정성 등
과 같은 법내재적 기본원리와 헌정의 전통에서 성립된 특별한 법문화에 구속된
다. ② 국민의 가치관과 법관념 또는 불변의 근본가치에 구속된다. ③ 예컨대 전
국가적(前國家的) 인권과 같은 초실정적 자연법에 구속된다. ④ 경우에 따라서는 패
전국이 승전국의 의사에 따라 영향을 받게 되듯이 국제법적 제약을 받기도 한다.

4. 헌법제정권력의 정당성

이 문제와 관련해서는 국내에서 두 가지 견해가 대립되어 있다. 하나는 헌법
제정권력과 헌법의 정당성문제는 이데올로기적인 질의 문제라고 하면서 헌법제
정권력과 헌법은 그 시대의 일반적인 정치적 이념과 부합할 때 정당성을 갖는다
는 입장이다. 다른 하나는 헌법제정권력과 헌법의 정당성을 헌법에 규정된 기본
질서에 대한 국민의 합의에서 찾아야 한다는 입장이다.

그러나 민주국가에서 정당성은 실질적 합리성으로부터만 근거지어지며, 실질
적 합리성은 살아 움직이는 윤리, 곧 상식과 연결되어 있는 신념에서 비롯되는
동의에서 논증될 수 있다. 결국 헌법과 헌법제정권력은 헌법제정 당시의 국민의
상식, 곧 국민들 속에서 생동하는 정치적·경제적·사회적·문화적 윤리에 의하여
정당화된다.

제 2 항 헌법의 개정

1. 헌법개정의 의의

(1) 헌법개정의 개념과 필요성

1) 헌법개정의 개념　헌법의 개정이란 헌법의 규범력을 높이기 위하여(헌법개정의 목적) 헌법에 규정된 절차에 따라(헌법개정의 형식적 요건) 헌법의 기본적 동일성을 유지하면서(헌법개정의 실질적 요건) 의식적으로 헌법전의 조항(헌법개정의 대상)을 수정, 삭제 또는 추보(追補)하는 것을 말한다.

2) 헌법개정의 필요성　헌법은 구조적으로는 개방성을 그 특징으로 한다. 그 이유는 헌법제정 당시에 예견할 수 없는 사항에 대해서는 해석을 통하여 역사적 변화에 적응하도록 하기 위한 것이다. 그러나 헌법의 현실적용가능성에는 한계가 있다. 헌법이 이러한 한계에 도달하게 되면 헌법은 부분적으로나 전체적으로 그 기능을 제대로 수행할 수 없다. 따라서 헌법이 변화된 현실을 규율할 수 있도록 헌법을 고치는 일, 곧 헌법개정이 필요하게 된다.

(2) 헌법개정과 구별되어야 할 개념들

헌법의 개정과 비슷하나 구별되어야 할 개념에는 헌법의 파괴, 헌법의 폐제, 헌법의 침해, 헌법의 정지가 있다(이상 슈미트). 그 밖에도 헌법의 개정과 구별되어야 할 개념으로 헌법의 변천이 있다. 헌법의 파괴란 보통 혁명, 곧 초헌법적 원인에 의하여 기존의 헌법뿐만 아니라 그 헌법의 기초가 되는 헌법제정권력까지도 배제하는 경우를 말한다. 1789년의 프랑스 대혁명, 1917년 11월의 러시아 혁명, 1918년 11월의 독일 혁명 등이 그 중요한 예이다.

헌법의 폐제(廢除)란 헌법의 파괴와는 달리 헌법제정권력은 변경되지 않으면서 기존의 헌법을 배제하는 경우, 곧 정변이나 쿠데타에 의한 헌법의 교체를 말한다. 1946년의 프랑스헌법이 1958년 드골 *De Gaulle* 헌법으로 교체된 것이나 우리나라에서 5·16 군사쿠테타 이후 제2공화국헌법이 제3공화국헌법으로 교체된 것이 헌법폐제의 대표적인 경우이다.

헌법의 침해란 헌법의 조문을 명시적으로 고치지 않은 채 헌법규정에 반하는 조치를 취하는 것이다. 이러한 헌법의 침해는 바이마르헌법 아래서 자주 행해졌다.

헌법의 정지란 헌법의 일정조항을 개변함이 없이 일시적으로 그 효력만을 상실시키는 경우를 말한다. 헌법의 정지는 헌법의 명시적 규정에 의하여 행해지는 경우와 헌법에 명시된 규정이 존재하지 않는데도 행해지는 경우의 두 경우가 있다. 전자를 합헌적 헌법정지, 후자를 위헌적 헌법정지라 부르기도 한다.

헌법의 변천이란 헌법의 조항이 그 문언(文言)을 개변함이 없이 의식적이든 무의식적이든 법원의 판례, 헌법적 관습 또는 객관적 사정의 변화에 따라 그 의미가 실질적으로 변경되는 것을 말한다. 헌법의 변천은 특히 헌법의 구조적 개방성에서 오는 것이다. 헌법의 변천은 라반트 *P. Laband*가 헌법학에 도입하였고, 옐리네크와 쉬 다우린 *Hsü Dau−Lin*이 명시적인 헌법개정에 대립되는 개념으로 사용하였다.

(3) 헌법개정의 유형

헌법의 개정은 일부개정이 보통이다. 그러나 우리 제2공화국헌법이나 현행헌법과 같이 헌법전의 거의 전부를 뜯어고치는 전면개정도 있다. 후자의 경우를 특히 헌법개혁이라 부르기도 한다. 헌법개정의 방법으로는 기존의 헌법조항에 대한 수정·삭제가 일반적이다. 그러나 미국의 경우처럼 기존의 헌법조항을 그대로 둔 채 수정조항을 추가하는 경우도 있다.

2. 헌법개정의 방법과 절차

(1) 헌법개정의 방법

헌법개정의 방법은 크게 보아 다음의 네 가지로 나눌 수 있다. ① 의회가 헌법개정권한을 갖지만 발의와 의결에서 특별다수결에 의하는 방법(독일기본법, 오스트레일리아헌법, 우리의 건국헌법과 제2공화국헌법), ② 개헌안에 대하여 의회의 의결을 거치거나(오스트리아헌법, 일본국헌법, 프랑스 제5공화국 헌법, 우리의 현행헌법과 1980년 헌법), 거침이 없이(1972년의 우리 헌법) 최종적으로 국민투표에 의하여 확정하는 방법, ③ 헌법개정안을 발의·의결하기 위하여 특별한 헌법회의를 소집하는 방법(스위스헌법, 벨기에헌법, 노르웨이헌법)이 있고, ④ 연방국가의 경우에는 연방헌법을 개정하기 위해서 지방(支邦)의 참여나 동의를 얻도록 하고 있다. 미국의 경우에는 모든 주의회의 4분의 3 또는 모든 주헌법회의의 4분의 3 이상의 승인을 얻도록 하고 있으며, 독일의 경우에는 연방참사원의 3분의 2 이상의 동의를 필요로 하며, 스위스의 경우에는 과반수의 지방에서 과반수 이상의 동의를 얻도록 하고 있다.

(2) 헌법개정절차

헌법개정의 절차는 헌법개정의 방법에 따라 차이가 있다. 그러나 대체로 ① 발안, ② 공고, ③ 의회의 의결, ④ 국민투표에 의한 확정, ⑤ 공포, ⑥ 발효의 절차를 거치는 것이 보통이다. 현행헌법의 헌법개정절차는 다음과 같다.

1) 발 안　헌법개정은 국회재적의원 과반수 또는 국무회의의 심의를 거쳐 대통령의 발의로 제안된다(제128조 제1항, 제89조 제3호).

2) 공 고　제안된 헌법개정안은 대통령이 20일 이상 공고한다(제129조).

3) 국회의 의결　국회는 헌법개정안이 공고된 날로부터 60일 이내에 기명투표로 의결하여야 하며, 그에 필요한 의결정족수는 국회재적의원 3분의 2 이상이다(제130조 제1항). 국회가 의결을 행함에 있어서는 공고된 헌법개정안의 내용을 수정할 수 없으며, 국회가 공고일로부터 60일 이내에 의결을 하지 아니한다 하더라도 헌법개정안은 폐기되지 않는다.

4) 국민투표에 의한 확정　헌법개정안은 국회가 의결한 후 30일 이내에 국민투표에 회부한다. 헌법개정은 국회의원선거권자 과반수의 투표와 투표자 과반수의 찬성을 얻으면 확정된다(제130조 제2항·제3항).

5) 대통령의 공포　국민투표에 의하여 확정된 헌법개정안은 대통령이 즉시 공포하여야 한다(제130조 제3항).

6) 발 효　현행헌법은 개정 당시의 합의에 따라 1988년 2월 25일부터 시행된다고 되어 있다(부칙 제1조). 그러나 헌법개정의 발효시기에 대하여 부칙에 특별한 규정이 없는 경우에는 공포일로부터 효력을 발생한다.

7) 이의제기　국민투표의 효력에 관하여 이의가 있는 투표인은 투표인 10만인 이상의 찬성을 얻어 중앙선거관리위원회위원장을 피고로 하여 투표일로부터 20일 이내에 대법원에 제소할 수 있다. 이 국민투표무효소송에서 전부 또는 일부무효판결이 있으면 재투표를 실시한다(국민투표법 제97조).

3. 헌법개정의 한계

헌법개정의 한계문제는 헌법규정 가운데 헌법개정의 대상에서 제외되는 규정이 있는가라는 문제이다.

(1) 헌법개정무한계론

법실증주의자들은 헌법의 현실적응성의 요청과 헌법제정권력과 헌법개정권력의 구별부인을 근거로 헌법개정의 한계를 인정하지 않는다. 그들은 헌법은 그 고양된 개정절차에서 법률과 차이가 있을 뿐 개정될 수 없는 내용은 없다고 한다.

(2) 헌법개정한계론

슈미트는 헌법제정권력자가 내린 근본적 결단인 헌법과 그에 근거해서 규범화된 헌법률을 엄격하게 구별하고, 헌법은 조직하는 권력이 내린 근본결단이기 때문에 조직된 국가권력인 헌법개정권력에 의하여 개정될 수 없다고 한다. 곧 헌법의 개정이란 용어는 정확하게는 헌법률의 개정으로 표현해야 한다고 한다.

이에 대하여 스멘트는 헌법의 가변성, 곧 헌법변천의 가능성을 이야기했을 뿐 헌법변천과 헌법개정 사이의 관계나 헌법개정의 한계에 대하여는 전혀 또는 거의 언급하지 않았다. 그에 반하여 스멘트의 제자들은 견해의 차이는 있지만 헌법개정에 대하여 언급하고 있다. 쉬 다우－린은 무한정의 헌법변천을 인정하고 헌법개정의 여지를 최소한으로 줄이려는 해석을 한다. 헤세는 헌법변천을 불가피한 것으로 보면서도 헌법의 명확성, 안전성, 규범성을 위하여 헌법개정에 더 큰 비중을 두는 해석을 한다. 그런가 하면 해벌레 *P. Häberle*는 헌법변천의 문제를 헌법해석의 문제로 보고 그 개념조차 배척하면서 헌법의 개정을 헌법의 시대적 응적 필요성 또는 헌법정책적 명령으로 보는 해석을 한다. 어떻든 헤세는 "역사적 변천 속에서의 지속성유지"와 "헌법의 동일성과 공동체의 법적 기본질서의 계속성"을, 해벌레는 "헌법의 기본적 동일성과 계속성"을 헌법개정의 한계로 본다.

(3) 헌법개정의 구체적 한계

헌법은 헌법개정권자에게 헌법을 개정할 권한만을 주었지 헌법을 제거하거나 폐제할 권한은 부여하지 않았다. 즉 헌법개정권자는 현행 헌법질서의 근간을 이루는 기본적인 원리들을 원칙적으로 희생시켜 현행헌법의 기본적 동일성과 지속성을 해치는 헌법개정은 할 수 없다.

헌법개정에는 구체적으로 다음과 같은 한계가 있다. ① 헌법개정에는 헌법내재적 한계가 있다. 곧 헌법의 핵에 해당되는 민주공화국, 국민주권의 원리, 자유민주적 기본질서, 권력분립주의, 핵심적인 기본적 인권, 국제평화주의, 복수정당제, 사유재산제, 사회적 시장경제질서 등을 완전히 무시하는 헌법개정은 있을 수 없다. ② 헌법개정에는 헌법외적 한계가 있다. 곧 헌법개정에는 자연법, 국제법과 경제적·기술적 조건 또는 지리적 상황 등이 한계로 작용한다. ③ 헌법개정에는 실정법적 한계가 있다. 그러나 현행헌법에는 실정법적 한계에 해당되는 규정은 없다. 헌법의 "대통령의 임기연장 또는 중임변경을 위한 헌법개정은 그 헌법개정 제안 당시의 대통령에 대해서는 효력이 없다"(제128조 제2항)는 규정은 헌법개정의 한계를 정한 것이 아니라, 헌법개정의 효력에 대한 한계규정이다.

제 4 절 헌법의 적용범위

헌법의 적용범위란 헌법의 형식적 효력범위를 말한다. 곧 헌법의 적용범위란 국가의 기본법인 헌법이 시간적·장소적·인적으로 어느 범위에서 효력을 가지는가 하는 문제이다. 헌법은 시간적으로는 제정시부터 개정·폐지시까지 효력을 갖는다. 이러한 헌법의 시간적 효력은 대부분 명확하기 때문에 커다란 문제를 일으키지 않는다. 또한 대한민국의 헌법이 장소적·인적으로 어느 범위에서 효력을 가지는가 하는 문제에 대해서도 대한민국영토와 대한민국국민에 대하여 효력을 가진다는 데 대해서는 누구도 이의를 제기하지 않는다.

그러나 우리나라는 남북이 분단되어 있기 때문에 이 문제는 그렇게 명확하지 않은 것으로 보인다.

제1항 국   민

1. 국민의 개념과 지위

국민이란 국적, 곧 국가의 구성원이 되는 법적 자격을 가진 모든 사람을 말한다. 국민은 법적 개념이다. 대한민국의 국적을 가진 자, 곧 대한민국의 국민은 대인고권의 속성상 비록 외국에서 생활하고 있다고 하더라도 대한민국헌법의 적용을 받는다.

2. 국적의 취득과 상실

국적과 관련하여 헌법은 제2조 제1항에서 "대한민국의 국민이 되는 요건은 법률로 정한다"라고 규정함으로써 국적법정주의를 선언하고 있다. 이에 따라 국적법이 제정되어 있으며, 국적법은 단일국적주의를 채택하고 있다.

대한민국의 국적을 취득하는 방법에는 선천적 취득과 후천적 취득의 두 가지 방법이 있다. 선천적 취득이란 출생과 더불어 국적을 취득하는 것을 말한다. 국적법은 부모의 국적에 따라 출생자의 국적이 정해지는 속인주의(부모양계혈통주의)를 원칙으로 하고(법 제2조 제1항 제1호), 출생지에 따라 국적이 정해지는 속지주의(토지주의, 출생지주의)를 예외적으로 인정하고 있다(법 제2조 제2항).

국적의 후천적 취득이란 인지(법 제3조), 귀화(법 제4조-제7조), 수반취득(법 제8조), 국적회복(법 제9조), 국적재취득(법 제11조) 등 출생 이외의 사실에 의하여 국적을 얻게 되는 것을 말한다.

국적법은 대한민국국적을 상실하게 되는 여러 가지 경우를 규정하고 있다(법 제15조, 제12조-제14조). 우리 국적을 상실한 자는 우리 국민만이 누릴 수 있는 권리를 국적상실의 날로부터 3년 이내에 우리 국민에게 양도하여야 한다. 이 기간이 지나면 그 권리를 상실한다(법 제18조).

3. 재외국민의 보호

재외국민이란 외국에서 장기체류하거나 영주하는 한국국적소지자를 말한다(「재외동포의 출입국과 법적 지위에 관한 법률」 제2조 참조).

우리 헌법은 1980년 헌법에 처음으로 "재외국민은 국가의 보호를 받는다"(제2조 제2항)는 소극적 조항을 두었다. 현행헌법은 "국가는 법률이 정하는 바에 의하여 재외국민을 보호할 의무를 진다"(제2조 제2항)라고 하여 국가의 적극적 보호의무를 규정하고 있다. 재외국민을 보호할 제1차적 책임은 우리의 해외공관이 지며, 재외국민 보호의 실효성을 높이기 위해 재외국민등록제도를 실시하고 있다.

4. 탈북주민의 문제

우리나라의 특수한 사정 때문에 북한지역의 주민도 대한민국의 국민에 해당되는지가 문제된다. 대법원은 헌법 제3조의 영토조항을 근거로 북한지역도 대한민국의 영토에 속하는 한반도의 일부를 이루는 것이어서 대한민국의 주권이 미치고 북한주민도 대한민국국적을 취득·유지하는 데 아무런 영향이 없는 것으로 해석하고 있다. 학설상으로는 탈북주민을 우리 국민으로 보아 북한이탈주민이 우리 영역 내로 들어오는 것을 거주·이전의 자유의 행사로 설명하는 견해가 있다.

그러나 개인적으로는 기본권의 주체 여부는 국적의 문제이며, 법적 개념인 국민과 인종학적·인류학적 개념인 민족을 혼동해서는 안 된다고 생각한다. 따라서 국적법 제2조 제1항 제1호와 제2호에 규정된 자를 제외하고는 북한이탈주민이 대한민국의 통치영역에 들어오는 것을 입국의 자유의 행사로 설명하기보다는 정치적 망명권의 행사나 경제적 난민으로 이해하는 것이 타당하리라고 본다. 북한주민이 우리와 같은 민족이라는 점을 고려하여 북한이탈주민을 일정한 절차를 거쳐 우리 국민으로 받아들이고 「북한이탈주민의 보호 및 정착지원에 관한 법률」에 의하여 보호하는 것은 이 문제와는 별개의 문제라 할 것이다. 헌법재판소도 "자유민주적 기본질서에 입각한 통일을 위하여 때로는 북한을 정치적 실체로 인정함이 불가피하게 된다. 북한집단과 접촉·대화 및 타협하는 과정에서 자유민주적 기본질서에 위해를 주지 않는 범위 내에서 때로는 그들의 주장을 일부 수용하여야 할 경우도 나타날 수 있다. 순수한 동포애의 발휘로서 서로 도와주는 일, 체제문제와 관계없이 협력하는 일은 단일민족으로서의 공감대형성이며, 이는 헌법전문의 평화적 통일의 사명에 입각하여 민족의 단결을 공고히 하는 소위인 것으로서 헌법정신에 합치되는 것일 수도 있다"라고 하여 이 점을 분명히 하고 있다.

제2항 영 역

1. 영 역

영역이란 국가의 공간적 존립기반을 말한다. 영역은 보통 영토와 영해와 영공으로 구성된다. 국가는 영역 내에서 배타적 권력, 곧 영토고권을 행사한다.

헌법은 영역에 관하여 "대한민국의 영토는 한반도와 그 부속도서로 한다"(제3조)고 규정하여 영토에 관하여만 규정하고 있다. 이는 영토를 중심으로 영토에 접속한 일정한 범위의 해역인 영해와, 영토와 영해의 수직적 상공인 영공이 결정되기 때문이다. 우리나라는 「영해 및 접속수역법」에 따라 영해기선으로부터 측정하여 그 외측 12해리까지의 해양을 영해로 하고(법 제1조), 영해기선으로부터 24해리 이내 영역에 접속수역을 설정하여 관세·출입국관리·위생에 관한 법규위반 행위를 단속하고 있다(법 제3조의2, 「해양법에 관한 국제연합협약」). 또 UN 해양법 협약 제76조 제1항에 따라 우리 연안으로부터 수심 200m까지의 해저대륙붕에서 천연자원을 개발할 수 있는 권리를 가진다. 영공은 영토와 영해의 수직상공 중 지배가능한 상공에 한정된다고 보는 것이 지배적 학설의 입장이다.

헌법은 영역의 변경에 대한 규정을 두고 있지 않다. 그러나 영역은 국제조약, 자연현상 또는 사실행위에 의하여 변경될 수 있다. 다만 헌법은 침략적 전쟁을 부인하고 있기 때문에(제5조 제1항) 무력전쟁에 의한 영역의 변경은 금지된다. 또한 조약에 의한 영역의 변경도 국적의 변경을 가져올 뿐만 아니라 그 영역에 적용되는 법체계에 영향을 미치기 때문에 헌법개정을 전제로 해서만 가능할 것이다.

2. 북한지역

(1) 과거의 이론, 판례, 학설의 입장

과거에는 북한지역과 관련하여 이른바 대한민국의 영역은 구한말시대의 국가영역을 근거로 한다는 구한말영토승계론, 휴전선이북지역은 인민공화국이 불법으로 점령한 미수복지역이라는 미수복지역론, 한반도에서 유일한 합법정부는 대한민국이라는 유일합법정부론 등이 주장되었다. 헌법재판소는 유일합법정부론의 입장을 고수하고 있으며, 대법원도 북한을 국가보안법상의 반국가단체로 보고 있다.

현재 이 문제에 대한 학설의 입장은 크게 둘로 나누어져 있다. 하나의 입장은 대체적으로 판례에 동조하면서 헌법의 문언에 충실하려는 입장, 즉 헌법 제3조의 문언상 휴전선북방지역도 대한민국의 영토일 수밖에 없다는 입장이 그것이다. 다른 입장은 변화된 사실을 중시하여 대한민국의 영토를 휴전선 이남의 지역으로 보아야 한다고 한다.

(2) 사   견

변화된 현실은 변화된 해석을 요구한다. 변화된 현실을 해석으로 해결하는 것이 가능하다면 그것은 헌법해석의 문제이고, 해석으로는 도저히 불가능하다면 그것은 헌법정책의 문제가 될 것이다. 변화된 현실을 고려하여 휴전선이남 지역만을 대한민국의 영역으로 보려는 해석은 헌법의 명문규정에 반하며, 헌법문언에 충실하여 사실상 규범력을 상실한 조항에 억지로 규범력을 부여하려는 해석은 현실에 반한다. 따라서 헌법상의 영토조항은 궁극적으로는 개정을 통하여 현실에 맞도록 수정되어야 할 것이다.

문제는 개정시까지 헌법의 영토조항을 어떻게 해석하는 것이 논리적이며 현실에 적합한 것인가 하는 것이다. 그리고 그러한 해석은 영토조항과 통일조항 사이의 관계를 조화롭게 결합시킬 수 있는 것이어야 함은 물론이다. 이렇게 생각할 때 헌법의 영토조항은 통일대한민국의 영토를 선언한 것으로 해석하는 것이 바람직하다. 곧 헌법 제3조의 영토조항은 대한민국의 영토가 구 대한제국의 영토를 기초로 하여 확정되었을 뿐만 아니라 대한민국이 이 지역에서 대한제국과 상해임시정부를 계승한 단 하나의 정통성을 가진 국가로서 이 지역을 평화적으로 통일할 사명을 가지며, 통일대한민국은 한반도 이외의 지역에 대해서는 더 이상의 영토적 야심이 없다는 것을 국제적으로, 특히 한반도 주변국가에 천명하는 의미를 갖는다. 이렇게 해석한다면 영토조항과 통일조항 사이의 모순은 저절로 해결될 것이다. 곧 양 조항은 대한민국이 자유민주적 기본질서에 입각한 평화적 통일정책을 수립하여 추진한 결과(제4조) 성립될 통일대한민국의 영토는 한반도와 그 부속도서로 한다(제3조)고 조화롭게 해석될 수 있다.

제 5 절   헌법의 수호

제 1 항   일 반 론

1. 헌법수호의 개념

헌법의 수호란 헌법에 규정된 특정한 국가형태를 보호하는 것을 말한다. 헌법수호의 대상은 헌법에 의하여 질서지어지고 헌법을 지향하는 국가공동생활의 법적·사실적 기초, 곧 헌법질서이다. 따라서 헌법의 수호는 국가의 법적·사실적 존립 자체를 내외의 공격으로부터 보호하는 것을 목적으로 하는 국가의 수호와는 구별된다.

2. 헌법의 수호자

(1) 헌법의 수호자논쟁

한 나라의 법질서는 헌법을 정점으로 하여 그 밑에 법률, 명령, 규칙, 지방자치법규의 순으로 상하의 위계질서를 이루고 있다. 법질서 전체의 체계는 이러한 위계질서를 중심으로 헌법규범 이하의 규범들이 헌법에 합치한다는 전제하에서 통일된 질서를 이루고 있다. 곧 헌법규범 이하의 규범들은 헌법에 합치됨으로써 그 효력과 정당성을 인정받는다. 그렇다면 헌법은 누가 그 정당성을 담보하는가? 달리 표현한다면 누가 헌법의 수호자인가?

헌법의 수호자문제는 헌법의 위기상황에서는 언제나 제기되는 그 자체가 커다란 문제이다. 근대헌법사에서 헌법수호가 문제된 것은 영국의 크롬웰 O. Cromwell의 공화정 시대로 알려져 있다. 1658년 크롬웰이 사망하자 스튜어트왕가가 부활하면서 공화정은 붕괴하였고, 이러한 왕정복고로부터 공화정적 정치질서를 유지하는 것이 헌법수호의 목적이었다. 이러한 생각은 프랑스의 시이예스에 의하여 프랑스혁명헌법의 이념으로 나타났다.

프로이센에서는 1862년 비스마르크 O. v. Bismarck의 군비확장을 위한 예산안이 하원에서 부결되는 바람에 1862-1866년에 하원의 동의 없이 상원의 의결만을 거쳐 예산을 집행하는 사태가 벌어졌다. 이것이 독일헌법사에서 유명한 프로이센의 헌법분쟁이다. 이러한 사태를 합리화시키기 위한 것이 비스마르크의 이른바 흠결설이었다. 그에 따르면 정부가 제출한 예산안에 대하여 의회가 이를 부결시킬 경우 어떤 조치를 취할 것인가에 대한 명문규정이 헌법에 없는 이상 국왕은 의회의 동의 없이도 지출권한을 가진다고 해석되며, 국왕의 이와 같은 권한은 초기입헌정치의 이론에 전적으로 타당하다는 것이다. 왜냐하면 국왕이야말로 이른바 '대권'(pouvoir royal)의 보유자로서 실질적으로 정치권력의 담당자이며 이 대권이야말로 제4의 권력이기 때문이라는 것이다.

바이마르헌법 하에서는 바이마르헌법 제48조의 국가긴급권규정을 둘러싸고 켈젠 H. Kelsen과 트리펠 H. Triepel, 슈미트와 켈젠 사이에 누가 헌법의 수호자인가에 대하여 논쟁이 있었다. 켈젠은 그의 순수법학에 입각한 법단계설의 입장에서 헌법보장이란 위헌법률을 저지하기 위한 수단으로 본다. 그는 헌법보장유형을 사전적·예방적 보장, 사후적·교정적 예방, 인적 보장, 물적 보장으로 분류하고, 특히 헌법보장의 목적은 사후적·교정적 보장형식에 의하여 달성된다고 한다. 그러한 한에서 켈젠은 헌법의 수호자로서 국사재판소를 지적한다.

이에 대하여 트리펠은 헌법분쟁의 본질을 정치적 분쟁으로 파악하고, 헌법재판은 본질적으로 사법적 형식으로 판단할 수 없는 분쟁과 관련되어 있다고 한다.

또한 슈미트는 당시의 바이마르공화국의 헌법상태를 정치적 다원주의라 명하고, 이러한 현실에서는 헌법상태의 통일에 성공할 수 있는 것은 국사재판소도 아니며 정당의 각축장인 국회도 아니라고 한다. 더 나아가서 슈미트는 법원도 궁극적으로는 각 정당의 자의적인 헌법해석의 대변자에 불과하다고 본다. 따라서 슈미트는 꽁스땅 B. Constant의 '중립적 권력'(pouvoir neutre)의 사고를 빌려 국민에 의하여 직선되고 국가긴급권을 보유하는 대통령만이 헌법의 수호자로서 최적의 위치에 있다고 한다.

이러한 슈미트의 견해에 대하여 켈젠은 다시금 헌법의 수호자란 헌법침해행위로부터 헌법을 보호하는 기관이라고 하고, 특히 헌법침해는 많은 경우 법률제정과 법률집행에서 나타나기 때문에 정부나 의회에 헌법수호책임을 맡길 수 없고 헌법의 수호자의 역할은 사법의 영역에 기대할 수밖에 없다고 하면서, 군주(*여기서는 대통령을 의미함)를 의회와 행정부라는 양대 권력대립의 중개적 권력으로 보려는 태도는 어디까지나 정치적 이데올로기이지 과학적인 인식태도, 곧 법학적·정치학적 인식태도는 아니라고 한다.

(2) 한국헌법상 헌법의 수호자

헌법상 헌법수호의 기능은 대통령, 헌법재판소, 법원 및 최종적 헌법수호자로서의 국민에 분산되어 있다. 그러나 대통령의 헌법수호자로서의 지위는 비상사태에서 기능하는 측면이 강한 반면, 헌법재판소와 법원의 그것은 전적으로 평상시에 작용하는 점에 차이가 있다.

또한 평상시 헌법수호의 기능은 대부분의 경우 그리고 중요한 부분에서 헌법재판소가 담당하고 있다(제111조 제1항). 따라서 법원의 헌법수호자로서의 기능은 부차적인 것이라 할 수밖에 없다. 곧 법원은 명령·규칙의 위헌·위법심사(제107조 제2항), 헌법재판소에의 위헌법률심사의 제청(제107조 제1항), 선거에 대한 재판 등을 통하여 헌법수호의 기능을 부분적으로 수행하고 있을 뿐이다.

3. 헌법수호의 수단

헌법질서에 대한 공격은 두 가지가 있을 수 있다. 하나는 예컨대 국가원수나 행정부 또는 국회가 암암리에 헌법을 침해하거나 또는 정변을 통하여 공개적으로 헌법에 위반되는 행위를 하는 경우이다. 다른 하나는 헌법적대적인 사회세력이 현행 헌법질서를 전복하려는 시도를 실현에 옮기는 경우이다. 전자를 위로부터의 헌법질서에 대한 공격, 후자를 아래로부터의 헌법질서에 대한 공격으로 부를 수 있다. 일반적으로는 후자에 대한 방어를 좁은 의미의 헌법수호라고 부르고 있다.

따라서 헌법수호의 수단도 두 가지로 나누어진다. 곧 위로부터의 헌법질서에 대한 공격으로부터 헌법을 수호하기 위한 수단으로는 헌법재판제도, 권력분립제도와 저항권을 들 수 있으며, 아래로부터의 헌법질서에 대한 공격으로부터 헌법을 수호하기 위한 수단으로는 방어적 민주주의와 저항권을 들 수 있다. 이 밖에도 헌법수호의 수단으로서 국가긴급권발동이 이야기되기도 한다. 그러나 국가긴급권은 국가의 존립 자체가 문제되는 전쟁·내란 또는 경제공황과 같은 비상사태가 발생한 경우 일정한 국가기관에 권력을 집중시켜 이러한 위기를 극복하기 위한 수단이므로 넓은 의미의 국가수호에는 속하나, 헌법수호의 개념에는 포함되지 않는다고 할 수 있다.

이곳에서는 헌법수호와 직접적으로 관련되는 저항권과 방어적 민주주의에 대해서만 다룬다.

제2항 저항권

1. 저항권의 개념

저항권은 폭군방벌론에서 시작되었다. 저항권은 고도의 가치, 곧 자연법을 근거로 불법한 국가권력에 대하여 실력으로써 대항할 수 있는 권리 또는 실정법에 반대할 수 있는 권리가 되었다가, 현대의 헌법국가에서는 헌법수호를 위한 수단으로 변하였다.

헌법학에서 사용되는 저항권이란 용어는 불법국가를 전제로 해서 형식적으로는 법치국가를, 실질적으로는 인간의 존엄을 방어하고 회복하려는 인권으로서의 저항권을 의미하는 것과는 달리 법치국가를 전제로 해서 행사되는 헌법수호수단으로서의 저항권을 뜻한다. 따라서 저항권은 헌법질서가 헌법의 적에 의하여 규범력을 발휘하지 못하는 극단적 상황에서 국민이 비국가적인 수단에 의하여 헌법을 수호하려고 하는 최후의 헌법비상구제수단이다. 그러한 한에서 저항권의 일차적인 보호법익은 국가의 기본질서, 곧 헌법이며, 이차적으로는 기본권을 보호하는 기능을 수행한다.

2. 저항권의 근거

저항권의 근거에 대해서는 초실정법에서 그 근거를 구하는 견해가 절대적 다수설을 이루고 있다. 독일의 판례도 불문의 저항권을 인정하고 있다. 곧 저항권은 헌법의 명문화 여부를 떠나 인정된다 하겠다.

대법원은 저항권을 부인하는 판례를 남긴 바 있으며, 헌법재판소는 기본권보호수단으로 저항권을 인정하지만 입법과정의 하자는 저항권행사의 대상이 아니라고 하였다.

3. 저항권의 행사주체·행사대상·수단

저항권의 행사주체는 모든 국민이며, 여기에는 단체와 정당도 포함된다. 저항권의 행사주체와 관련하여 공무원이나 국가권력이 저항권의 주체가 될 수 있는가가 문제된다. 그러나 국가권력에게는 헌법질서를 유지하기 위하여 국가긴급권이 주어져 있는 터에 저항권의 주체성까지 인정된다면 강한 힘을 가지고 있는 자에게 더욱 위험한 수단을 제공하는 결과가 되므로 국가권력의 저항권주체성은 부정되어야 한다. 그러나 공무원은 사인(私人)의 자격으로는 저항권을 행사할 수 있다.

저항권의 행사대상은 전통적으로 국가권력에 한정되어 왔다. 그러나 저항권의 보호법익인 자유민주적 기본질서는 반드시 국가권력에 의해서만 침해되는 것은 아니다. 따라서 국가권력에 의한 위로부터의 정변뿐만 아니라 사회의 혁명세력에 의한 아래로부터의 정변에 대해서도 저항권은 행사될 수 있어야 한다. 사회의 혁명세력에 대하여 저항권을 행사할 필요성은 특히 그 세력이 외국의 비호를 받고 있는 경우에 더욱 필요한 것으로 될 것이다.

저항권은 비례의 원칙을 지키는 한 모든 수단을 다 사용할 수 있다.

4. 저항권의 행사요건

(1) 최후수단성, 명백성, 성공가능성

저항권은 보통 최후수단(보충성, 예비성), 명백성, 성공가능성의 세 가지 요건을 충족할 경우에 비로소 행사될 수 있다고 이야기된다. 우선, 저항권은 헌법이나 법률에 규정된 일체의 법적 구제수단이 이미 유효한 수단이 될 수 없는 경우로서(보충성, 예비성) 민주적·법치국가적 기본질서를 재건하기 위한 최후의 수단으로 저항권의 행사만이 남아 있는 경우에(협의의 최후수단성) 국가기관이 헌법질서를 유지할 능력이 없거나 헌법질서를 유지하고자 하지 않는 경우에만 행사할 수 있다. 다음으로, 저항권이 행사되기 위하여는 헌법질서에 대한 공격이 명백하여야 한다. 또한 이때 헌법에 적대적인 자들의 헌법을 파괴하려는 것과 같은 주관적 동기는 필요하지 않다. 마지막으로, 저항권은 성공가능성의 요건이 충족되어야 행사될 수 있다.

(2) 저항권의 행사요건에 대한 새로운 해석의 시도

이러한 저항권의 행사요건을 전부 갖춘다는 것은 거의 불가능하다고 보아야 한다. 따라서 오늘날에는 저항권의 문제는 비례성의 원칙에 귀결되는 이익형량의 문제라고 하면서 저항권을 미국의 시민불복종이론, 특히 롤즈 *J. Rawls*의 시민불복종이론으로 설명하려는 견해가 있는가 하면, 저항권을 국가권력에 대한 비판적인 복종의 자세로 이해하고 이를 수시적이고 계속적인 현상으로 이해하려는 입장도 있다. 그런가 하면 저항권의 행사요건으로서 성공가능성의 요건을 부정하는 견해도 있다.

그러나 저항권을 시민불복종이론으로 설명하려는 견해는 저항권과 시민불복종이 본질적으로 다르다는 것을 오해하고 있다. 그런가 하면 저항권을 국가권력에 대한 비판적 복종의 자세로 이해하고 이를 수시적이고 계속적인 현상으로 이해하려는 입장도 저항권이 헌법수호의 최후적 수단이라는 점을 오해하고 있을 뿐만 아니라, 저항권은 국가권력에 대한 위로부터의 정변뿐만 아니라 사회의 혁명세력에 의한 아래로부터의 정변에 대한 것이라는 점을 간과하고 있다는 점에서 문제가 있다. 끝으로, 앞에서도 보았듯이 저항권의 행사요건 중 특히 성공가능성의 요건은 충족되기가 어려운 것이 사실이다. 그렇기 때문에 성공가능성의 요건을 저항권의 행사요건에서 제외시킨다면 문제는 비교적 쉽게 해결될 것이다. 그러나 그러한 경우에도 저항권의 행사가 성공한 경우에는 성공가능성의 요건을 저항권의 행사요건으로 인정하는 경우와 마찬가지의 결론에 이를 뿐만 아니라, 저항이 실패한 경우에는 문제를 해결할 수 없다. 왜냐하면 그 경우에는 실패한 저항권의 행사도 저항권의 행사로 인정하라는 실현불가능한 법집행자에 대한 도의적 요청 이상의 것을 할 수 없기 때문이다. 저항권이란 개념 자체를 부정하고 저항권을 재판규범으로 원용할 수 없다는 판례를 가지고 있는 나라에서 또 다시 극한상황이 발생하는 경우 이러한 요청이 지켜지기를 바라는 것은 실현되지 않을 희망사항에 지나지 않는다.

따라서 개인적으로는 저항권의 행사요건으로서 성공가능성의 요건을 인정하면서도 그것을 완화시켜 비록 실패했다 하더라도 국민이 마지막 헌법수호자로서 저항권을 행사하였다는 것이 국제사회에 알려지면 성공가능성의 요건을 충족한 것으로 해석하는 것이 더욱 바람직하다고 생각한다. 성공가능성의 요건을 저항권행사의 요건으로 인정하든 인정하지 않든 실패한 저항은 그 당시로서는 처벌받을 수밖에 없다. 중요한 것은 시간이 지나 법치국가적 질서가 재건될 경우 실패한 저항을 저항권행사의 요건을 전부 충족하였기 때문에 사후적으로라도 유효한 것으로 인정하여 그에 대한 정당한 평가를 내릴 수 있는 법적 논거를 마련해주는 것일 것이다.

(3) 저항권 인정의 의미

저항권이 인정된다는 것은 최종적인 헌법수호와 기본권보호의 주체는 다름아닌 국민 자신이라는 것을 확인한다는 점에 그 궁극적 의미를 찾을 수 있다.

제3항 방어적 민주주의

1. 일 반 론

(1) 방어적 민주주의의 개념과 수용배경

민주주의는 원칙적으로 가치상대주의 내지 다원주의에 기초하고 있다. 따라서 민주주의는 개념상, 만일 주권자가 그러기를 원한다면, 그의 폐지에 대해서도 개방적이다. 그에 반하여 민주주의의 이름으로 민주주의 그 자체를 공격하거나 자유의 이름으로 자유 그 자체를 말살하려는 헌법질서의 적을 효과적으로 방어하고 그와 투쟁하기 위한 것이 방어적(또는 전투적) 민주주의이다. 방어적 민주주의는 위헌정당해산제도와 기본권실효제도로 표현된다.

방어적 민주주의를 수용하는 데에는 바이마르공화국에서의 다수설이었던 상대주의적 민주주의이론과 헌법수호의 불충분성 및 그 결과로서의 과격주의자들에 의한 바이마르공화국의 파괴가 동기를 제공하였다.

(2) 방어적 민주주의의 문제점과 한계

민주주의가 그 적으로부터 스스로를 보호하는 것은 당연하다. 우리의 과거헌정사에서 확인될 수 있는 분단과 동족상잔 및 극한적 이념대립이라는 상황에서 판단할 때 다른 어느 곳에서보다 우리나라의 경우 방어적 민주주의가 필요하다는 데 대해서는 이의가 있을 수 없다.

그러나 방어적 민주주의에는 문제점도 있다. 우선 생각할 수 있는 것은 정치적 기본가치와 민주적 제도들에 의한 기본적 합의가 행정청의 법률일상에서 너무 좁게 해석될 수도 있고 또 가능한 여러 가지 정치적 신념이나 세계관 중 어느 하나에 상응하는 가치관들만이 기본적 합의라고 왜곡될 수도 있다는 점이다. 다음으로 생각할 수 있는 것은 자유로운 정신적·정치적 논쟁에 대하여 방어적(또는 투쟁적) 개방성을 과장함으로써 바로 언론의 자유를 억압하는 국가수호조치나 헌법수호조치가 정당화될 수도 있다는 점이다.

따라서 방어적 민주주의의 한계로는 다음과 같은 세 가지를 드는 것이 일반적이다. ① 방어적 민주주의는 민주주의의 본질을 침해해서는 안 된다. ② 헌법의 기본원리로서의 민주주의는 헌법의 다른 기본원리들과 함께 헌법질서를 형성하기 때문에 법치주의원리, 사회국가원리, 문화국가원리 및 평화국가원리와 같은 그 밖의 다른 헌법의 기본원리의 본질을 침해해서는 안 된다. ③ 방어적 민주주의를 근거로 한 제한은 엄격한 비례의 원칙을 따라야 한다.

2. 위헌정당해산

헌법은 제8조 제4항에서 "정당의 목적이나 활동이 민주적 기본질서에 위배될 때에는 정부는 헌법재판소에 그 해산을 제소할 수 있고, 정당은 헌법재판소의 심판에 의하여 해산된다"라고 하여 위헌정당해산제도를 규정하고 있다.

정당은 한편으로는 오늘날의 정당국가적 민주주의에서 없어서는 안 될 존재이지만, 다른 한편으로는 민주주의에 대한 잠재적 파괴자로 나타날 수도 있다. 어떤 정당이 민주주의를 제거하거나 비민주적인 정치체제로 전환시키려는 정치적 목적을 추구하는 경우, 그 정당은 민주주의에 없어서는 안 될 존재라기보다는 오히려 민주주의를 위하여 일찍 제거되어야만 하는 존재라 하겠다. 자유민주적 기본질서를 침해하려는 정치활동은 제한될 수밖에 없다. 따라서 모든 다른 헌법들과 마찬가지로 자유민주적 헌법도 자신의 적에 대항하여 법이라는 무기로 자위할 권리를 가진다. 이러한 방어적 민주주의가 표현된 것 가운데 하나가 정당에 대한 강제해산제도이다.

3. 기본권의 실효

독일기본법 제18조는 "의사표현의 자유, 특히 신문의 자유(제5조 제1항), 교수의 자유(제5조 제3항), 집회의 자유(제8조), 결사의 자유(제9조), 서신, 우편 및 전신의 비밀(제10조), 재산권(제14조) 또는 망명자비호권(제16조 제2항)을 자유민주적 기본질서에 대한 공격을 위해 남용하는 자는 이 기본권들의 효력을 상실한다. 실효와 그 범위는 연방헌법재판소에 의하여 선고된다"라고 하여 특정 기본권의 실효에 대해서 규정하고 있다. 이 규정은 독일기본법 제21조 제2항의 정당해산에 대해서 특별규정을 이룬다. 이 규정은 일차적으로는 헌법수호의 기능을, 이차적으로는 기본권보호의 기능을 한다.

독일기본법 제18조는 기본권실효의 요건으로서 특정 기본권이 자유민주적 기본질서에 대한 투쟁수단으로 남용되고, 그 결과 자유민주적 기본질서에 중대한 위험이 발생되는 것을 요구한다. 기본법 제18조에서 사용된 남용이란 용어는 단순한 비판을 넘어선 자유민주적 기본질서에 대한 공격적이고 위험한 정치활동을 뜻한다.

이상의 요건이 갖추어지면 연방의회나, 연방정부 또는 주정부가 연방헌법재판소에 기본권의 실효를 제청한다. 연방헌법재판소는 재판관 3분의 2 다수로 결정하며, 연방헌법재판소의 결정은 창설적 효력을 갖는다. 연방헌법재판소가 실효를 선고하면 그 시점부터 실효된 기본권의 보호가 그 당사자에게는 미치지 않는다.

실효의 의미는 과거에 대한 형벌이라기보다 현재와 미래를 위한 예방적인 것이며, 실효는 해당 기본권 자체의 상실이 아닌, 해당 기본권을 정치적 투쟁에서 무기로서 행사할 수 없다는 뜻이다. 따라서 예컨대 언론의 자유를 실효당하더라도 스포츠신문에서는 일할 수 있다. 기본권실효의 기간은 무기, 유기 모두 가능하나 후자의 경우 최소한 1년이다. 무기의 경우 2년 경과 후 원고나 피고의 신청으로 연방헌법재판소는 그 기간을 단축시키거나 장래에 향하여 무효로 할 수 있다. 연방헌법재판소가 단축결정을 한 경우에는 그 결정이 이루어진 후 1년이 경과하면 다시 검토를 신청할 수 있다.

그러나 지금까지 기본권의 실효가 선고된 적은 없다.

제 2 장 헌법의 기본원리

제 1 절 헌법의 기본원리와 헌법전문

제 1 항 헌법의 기본원리

1. 의   의

(1) 개   념

명칭(법적 원리, 헌법의 기본원리, 국가목표규정, 국가의 기초규범, 헌법형성적 기본결단, 헌법명령 등)과는 관계없이 헌법에는 헌법질서의 전체적 형성에 있어서 그 기초나 지주(支柱)가 되는 원리가 있다. 곧 헌법에는 정치적 통일과 정의로운 경제질서를 형성하고 국가의 과제를 수행하는데 준거가 되는 지도적 원리들이 있다. 이를 헌법의 기본원리라 한다.

헌법의 기본원리는 비교적 분명하게 표현되어 있는 경우도 있지만, 헌법전문, 헌법규정들 그리고 헌법의 여러 제도들 속에서 추론해내야 하는 경우도 있다. 독일기본법 제20조, 제28조는 전자의 경우에 속하고, 우리 헌법은 후자의 경우에 속한다.

(2) 헌법의 기본원리의 구속력

헌법의 기본원리는 법적으로 직접적인 구속력을 갖는다. 헌법의 기본원리는 헌법과 모든 법령해석의 척도가 되고, 입법과 정책결정에 방향을 제시하며, 모든 국가기관과 모든 공직자 그리고 모든 국민의 행동지침이 되고, 헌법개정의 한계가 된다. 또한 헌법의 기본원리는 특히 사회국가의 예에서 볼 수 있듯이 그를 지향하는 헌법현실을 정당화할 뿐만 아니라 그 속에 표현된 가치를 통하여 통합하는 작용을 한다.

2. 한국헌법의 기본원리

한국헌법의 기본원리가 무엇인가에 대하여 학자들 사이에 견해가 일치되어 있지 않다. 학자에 따라 헌법의 기본원리의 내용이 다른 것은 다음과 같은 두 가지 이유 때문이다. ① 헌법의 기본원리에 대한 확고한 개념규정을 하지 않고 헌법의 기본원리를 제시하고 있기 때문이다. ② 개념규정을 하는 경우에도 헌법의 기본원리에 어떤 헌법규정들이 포함되는가에 대한 검토가 행해지고 있지 않기 때문이다.

보통 헌법의 기본원리를 나타내는 규정들은 국체와 정체에 대한 규정, 비국가적 조직체에 대한 국가의 관계에 관한 규정과 국가의 이념을 표현하는 규정, 다른 국가들과의 관계에 대한 규정들을 포함한다. 그러한 한에서 우리 헌법의 기본원리로 자유민주주의원리, 법치주의원리, 사회국가원리, 문화국가원리, 평화국가원리를 들 수 있다.

제 2 항   헌법전문

1. 헌법전문의 의의

(1) 헌법전문의 개념

헌법의 전문이란 헌법전의 본문 앞에 있는 서문(序文)을 말한다. 헌법전문은 법령 등의 공포에 따르는 공포문과는 다르다. 곧 헌법전문은 형식상 헌법이란 표제 다음 본문 앞에 위치하며, 헌법 제·개정 절차에 따라 본문과 함께 제·개정된다. 따라서 헌법전문은 헌법전의 일부를 구성한다. 그러나 헌법의 전문은 성문헌법의 필수적 구성요소는 아니다.

(2) 헌법전문의 내용과 형식

헌법에 전문을 두고 있는 경우에도 그 내용이나 형식은 일정하지가 않다. 이를 대별하여 보면 다음과 같은 네 가지 유형으로 나눌 수 있다. ① 헌법제정의 역사적 경위를 밝힌 간단한 전문이 있다(1871년의 독일제국헌법). ② 헌법제정의 목적이나 취지를 간단히 선언하고 있는 전문이 있다(1874년의 스위스헌법). ③ 헌법의 기본이념이나 기본원리까지를 언급하고 있는 전문이 있다(1919년의 바이마르헌법). ④ 아주 예외적인 경우로 1946년 프랑스 제4공화국 헌법의 예에서 보듯이 기본권보장까지를 선언하고 있는 아주 장문의 전문이 있다. 우리 헌법의 전문은 세 번째 유형에 속한다.

2. 헌법전문의 법적 성격

헌법전문의 성격과 규범적 효력에 대한 평가가 처음으로 문제된 것은 바이마르헌법의 전문과 관련하여서이다. 1919년의 바이마르헌법은 이전의 헌법들과는 달리 그 전문에서 헌법의 기본이념을 선언하였다. 따라서 이에 대한 해석을 둘러싸고 헌법전문의 법적 성격이 이론적으로 문제되기 시작하였다.

법실증주의자들은 헌법에 포함되어 있는 이념적·가치적 요소를 무시한다. 그 결과 그들은 헌법전문은 단지 선언적일 뿐 법적 구속력이 없다고 한다.

그에 반해서 결단론적 헌법관과 통합론적 헌법관에서는 이론적 근거는 다르지만 헌법전문의 법적 효력을 인정하고 있다. 슈미트는 헌법전문이 헌법제정권력의 소재를 밝히고 있기 때문에 그 법적 효력을 인정한다. 스멘트는 헌법의 전문에는 통합의 방향과 목표 및 헌법을 정당화시켜주는 최고의 정치적 가치가 포함되어 있기 때문에 그 법적 효력을 인정한다. 헤세는 헌법전문에는 정치적 통일이 형성되고 국가의 과제가 수행되는데 준거가 되는 지도원리들이 규정되어 있기 때문에 헌법전문의 법적 효력을 인정한다. 또한 독일의 판례도 헌법전문의 규범적 효력을 긍정하고 있다. 헌법재판소의 판례 중에는 본문에는 없고 전문에만 있는 내용에 대해서도 법적 효력을 인정한 것이 있다.

3. 헌법전문의 기능

헌법의 전문에는 헌법의 성립유래와 대한민국의 정통성, 헌법제정의 목적, 헌법이 정당한 절차를 밟아 제정되었고 개정되었다는 것 외에도 헌법의 기본원리에 해당되는 사항들이 선언되어 있기 때문에 법적 효력을 갖는다. 따라서 헌법전문은 헌법의 헌법으로서 헌법이나 법률해석에서 해석기준이 되며, 구체적 사건에서 재판규범으로 기능하고, 헌법전문의 핵심내용은 헌법개정에서도 한계로 작용한다.

제 3 항   헌법전문의 내용과 헌법의 기본원리

헌법전문에는 한편으로는 헌법의 성립유래와 대한민국의 정통성, 헌법제정의 목적 및 헌법이 정당한 절차를 밟아 제정되었고 개정되었다는 것이 선언되고 있다. 다른 한편으로는 헌법의 기본이념 내지 기본원리가 직접 또는 간접으로 선언되고 있다. 우선, 헌법전문은 "… 우리 대한국민은 … 1948년 7월 12일에 제정되고 8차에 걸쳐 개정된 헌법을 이제 국회의 의결을 거쳐 국민투표에 의하여 개정한다"라고 선언하여 헌법제정 및 개정의 주체를 밝히고, "4·19 민주이념을 계승하고", "조국의 민주개혁", "자유민주적 기본질서를 더욱 확고히 하여"라는 표현들로써 자유민주주의원리를 선언하고 있다.

다음으로, "정치·경제·사회·문화의 모든 영역에 있어서 각인의 기회를 균등히 하고, … 자유와 권리"에 대하여 언급함으로써 간접적으로 법치주의원리를 선언하고 있다.

그런가 하면, 특히 "… 경제·사회 … 의 모든 영역에 있어서 각인의 기회를 균등히 하고 능력을 최고도로 발휘하게 하며 … 안으로는 국민생활의 균등한 향상을 기하고"라고 함으로써 정의로운 경제질서의 확립을 통하여 사회국가원리를 실현할 것을 선언하고 있다.

더 나아가서, "유구한 역사와 전통에 빛나는 우리 대한국민", "정치·경제·사회·문화의 모든 영역에 있어서 각인의 기회를 균등히 하고"라는 표현 등에는 미약하게나마 문화국가의 원리가 표현되고 있다.

끝으로, "조국의 … 평화적 통일의 사명에 입각하여 정의·인도와 동포애로써 민족의 단결을 공고히 하여"라는 평화통일에 대한 언급과 "밖으로는 항구적인 세계평화와 인류공영에 이바지함으로써"라는 국제평화주의에 대한 언급은 평화국가의 이념을 선언하고 있는 것이다.

이렇게 본다면 헌법전문은 자유민주주의원리, 법치주의원리, 사회국가원리, 문화국가원리, 평화국가원리를 직·간접으로 선언하고 있다 하겠다.

제 2 절   자유민주주의원리

제 1 항   일 반 론

1. 헌법규정

헌법은 전문과 여러 조항에서 '민주'(헌법전문의 4·19 민주이념, 조국의 민주개혁, 제1조 제1항의 민주공화국), '민주적' 또는 '민주적 기본질서'(제8조 제2항·제4항), '자유민주적 기본질서'(헌법전문, 제4조), '민주주의원칙'(제32조 제2항), '민주화'(제119조 제2항) 등의 용어를 사용하고 있다. 이러한 표현을 근거로 학계에서는 자유민주주의를 헌법의 기본원리 가운데 하나로 설명하고 있다.

2. 민주주의

민주주의는 고대 그리스의 도시국가(특히 아테네)에서 자유 성인남자들이 모여 도시국가의 문제를 투표로써 처리한 데서 비롯되었다. 그들은 자신들의 국사 처리방법을 demokratia, 곧 국민(demos)의 지배(kratia)라 불렀다. 그러나 이러한 한정된 형태의 고대민주주의는 로마제정의 성립과 더불어 소멸하였다.

현대민주주의의 모체인 근대민주주의는 대강 240년 전에 자유주의와 결합된 형태로 부활되었다. 근대민주주의는 절대왕권의 전제적 지배로 나타난 절대주의 이념에 대한 신흥시민계급의 도전으로 시작된다. 신흥시민계급은 절대주의를 극복하기 위하여 그리스도교의 평등사상과 정치계몽주의를 원용하였다. 이렇게 성립된 민주주의에는 외관상으로는 모순되는 것처럼 보이는 로크 *Locke*의 국민주권이론과 루소 *Rousseau*의 사회계약론, 로크의 국민대표이론과 몽테스키외 *Montesquieu*의 권력분립이론이 결합되어 있다. 여러 사상가들에 의하여 생각된 민주주의는 미국에서는 인권을 헌법적으로 보장한 1776년의 독립선언을 통하여, 유럽의 경우에는 프랑스에서 자유·평등·형제애를 헌법적으로 요청한 1789년의 대혁명과 그를 집대성시킨 1791년의 헌법을 통하여 현실적인 국가형태로 정착되었다.

오늘날 국민의 정치인 민주주의는 국민에 의한 정치와 국민을 위한 정치로 이루어진다고 할 수 있다. 달리 표현한다면, 민주주의는 모든 국민의 기본적 인권을 최대한으로 보장할 것과 직접·간접으로 국민에 의하여 국정이 이루어질 것을 요구한다. 그러므로 민주주의란 가치와 직결된 것이며, 이때 가치란 자유와 평등, 더 정확하게는 평등한 자유를 통해 확보되는 인간의 존엄이다. 결국 민주주의의 목표는 인간이다.

3. 자유민주적 기본질서

(1) 자유민주적 기본질서에 대한 개념정의

이러한 정치이념과 정치제도로서의 민주주의가 헌법에 표현된 것이 자유민주적 기본질서이다. 그러나 자유민주적 기본질서는 불확정개념이다. 학자들은 그 의미에 대한 해석을 시도하여 민주적 가치 내지는 가치로서의 민주주의는 보호되어야 한다는 결론에 이르렀다. 그리고 독일연방헌법재판소는 1952년 10월 23일의 사회주의제국당(SRP) 위헌판결에서 자유민주적 기본질서에 대한 개념정의를 내림과 동시에 그 구체적 내용을 명확히 하였다.

"기본법에서 내려진 헌법정책적 결단에 따르면, 결국 자유민주적 기본질서의 기초가 되어 있는 것은 인간은 창조질서 내에서 고유의 독자적 가치를 지니며 자유와 평등은 국가적 통일의 항구적 기본가치라는 생각이다. 그러므로 기본질서는 가치구속적인 질서이다. 이는 인간의 존엄과 자유와 평등을 거부하는 배타적인 통치권력으로서의 전체국가의 반대개념이다. … 그러므로 자유민주적 기본질서는 모든 폭력적 지배와 자의적 지배를 배제하고 그때그때의 다수의사에 따른 국민의 자기결정과 자유 및 평등에 기초하는 법치국가적 통치질서를 말한다. 이 질서의 기본적 원리에는 적어도 다음과 같은 것이 포함되어야 한다. 기본법에 구체화되어 있는 기본적 인권, 특히 생명권과 인격의 자유로운 발현권의 존중, 국민주권, 권력분립, 정부의 책임성, 행정의 합법률성, 사법권의 독립, 복수정당제의 원리와 헌법상 야당을 결성하고 활동할 권리를 포함하는 모든 정당에 대한 기회균등."

헌법재판소도 국가보안법 제7조 제1항·제5항에 대한 한정합헌결정에서 자유민주적 기본질서에 대한 독일연방헌법재판소의 견해를 대체로 수용하고 있다.

(2) 민주적 기본질서와 자유민주적 기본질서의 상호관계

헌법은 "민주적 기본질서"와 "자유민주적 기본질서"를 혼용하고 있다. 곧 헌법은 전문(자유민주적 기본질서를 더욱 확고히 하여)과 제4조(… 자유민주적 기본질서에 입각한 평화적 통일정책을 수립하고 이를 추진한다)에서는 자유민주적 기본질서를 이야기하고 있고, 제8조 제4항(정당의 목적이나 활동이 민주적 기본질서에 위배될 때에는 … 해산된다)에서는 민주적 기본질서를 언급하고 있다. 이러한 헌법상의 규정 때문에 "민주적 기본질서"와 "자유민주적 기본질서"가 동일한 것인지 여부에 대하여 견해가 나누어져 있다.

개인적으로는 헌법상의 민주적 기본질서와 자유민주적 기본질서 사이의 관계를 확정짓기 위해서는 헌법의 통일성이라는 해석지침에 따라 양자의 조화를 꾀하는 것과 자유민주주의를 구성하는 요소들이 확장되는가를 살펴보는 것이 중요하다고 생각한다.

헌법은 전체로서 사회공동체를 정치적인 일원체로 조직하기 위한 법질서를 뜻한다. 그렇기 때문에 하나하나의 헌법조문이 독립해서 어떤 의의를 갖는다기보다는 모든 조문이 불가분의 밀접한 관계를 가지면서 서로 보충·제한하는 기능을 하게 된다. 따라서 헌법의 이러한 일원성 내지 통일성이 언제나 헌법해석의 지침이 되어야 한다. 곧 어느 하나의 헌법조문을 해석하는 경우에도 그 해당조문만을 대상으로 할 것이 아니라 그 조문을 헌법전체의 통일적인 각도에서 살피는 것이 중요하다.

그러므로 헌법전문의 "자유민주적 기본질서"와 제8조 제4항의 "민주적 기본질서"를 해석함에도 이러한 헌법의 통일성이라는 해석지침이 그대로 적용되어야 한다. 그런데 헌법전문은 헌법규정에 들어 있는 규범적 내용의 연혁적, 이념적 기초로서 헌법전체를 이념적·원리적으로 지도하는 성문헌법의 핵이라 할 수 있고, 그러한 한에서 헌법전문의 내용을 구체화시키는 것이 헌법본문의 규정들이라고 할 수 있다. 곧 이러한 해석에 따르면 헌법전문의 "자유민주적 기본질서"와 "4·19 민주이념", "조국의 민주개혁"에서 사용되고 있는 민주, 자유민주적 기본질서들은 같은 내용을 포함하고 있고, 이러한 것들이 제1조 제1항의 "민주공화국", 제4조의 "자유민주적 기본질서", 제8조 제2항의 "민주적", 제8조 제4항의 "민주적 기본질서", 제32조 제2항의 "민주주의원칙", 제119조 제2항의 "민주화"

에서 구체화되고 있다고 볼 수 있을 뿐만 아니라 또한 이들은 동일한 내용을 가지고 있다고 볼 수 있다. 이념이나 원리를 구체화하는 개별규정들이 이념에 모순되거나 이념과는 다른 내용을 가진다고는 볼 수 없기 때문이다. 따라서 문언상 상이한 민주적 기본질서와 자유민주적 기본질서는 동일한 것을 뜻한다고 보아야 한다.

그러나 이러한 해석만으로 문제가 해결되었다고 할 수는 없다. 왜냐하면 민주주의는 자유민주주의만이 아니라 사회민주주의 등 그 밖의 민주주의도 그 내포로 하는 것이라는 국내의 고정관념은 좀처럼 움직일 수 없을 것 같기 때문이다. 곧 적지 않은 수의 사람들이 민주주의를 고정된 개념으로 생각하고 있다.

고대 그리스인들이 민주주의를 창안해낸 이래 우리 시대까지 민주주의라고 부르는 개념은 끊임없이 변화해 왔다. 그리고 오늘날의 민주주의는 국민을 위한 정치라는 전제 아래 국민에 의한 정치가 이루어질 것을 요구하는 정치이념이며, 이는 내용적으로 자유와 평등, 더 정확하게는 평등한 자유를 통하여 확보되는 인간의 존엄과 직결된다. 그렇다면 인간의 존엄에 기여하는 한 그것은 민주주의의 요소로 보아야 한다. 이러한 관점에서 사회적 정의와 사회적 안전, 곧 실질적 평등을 이념으로 하는 사회국가원리가 자유민주주의의 구체적 요소가 되는가 하는 점을 검토하여야 한다. 그리고 이 점은 긍정될 수밖에 없다. 왜냐하면 민주주의의 이념을 자유와 평등이라고 할 때의 평등은 정치적 평등과 물질적(경제적) 평등을 동시에 포함하고 있는 것으로 해석되어야 할 뿐만 아니라, 자유와 이러한 의미의 평등은 서로 분리될 수 없을 정도로 결합되어 있으며, 진정한 자유란 법적 평등을 통하여 보장되는 인간실존의 최저조건을 보장하는 것을 토대로 해서만 가능하기 때문이다. 궁핍과 곤궁에 처해 있는 자는 자유로울 수 없고, 철저하게 자신의 생활근거를 유지하기 위하여 강제된다. 따라서 궁핍의 극복은 평등의 기초적 요청일 뿐만 아니라 또한 자유의 요청이기도 하다. 왜냐하면 궁핍 속에서 생활한다는 것은 곧 자유가 없다는 것을 뜻하기 때문이다. 결국 이전에 사회민주주의의 내용으로 주장되거나 추구되던 사항들은 이제는 자유민주주의의 내용이 되었으며, 이제는 더 이상 사회민주주의와 자유민주주의를 이념적으로 구별할 실익이 없다고 생각된다. 그러한 한에서 헌법의 여러 곳에서 혼용되고 있는 민주적 기본질서와 자유민주적 기본질서는 같은 것으로 해석되어야 한다.

4. 헌법에 구체화된 자유민주주의원리(협의의 민주주의)

민주주의를 광의로 이해하는 경우 민주주의는 헌법의 거의 모든 내용과 관련된다. 곧 헌법의 거의 모든 규정은 민주주의 이념을 규범화한 것으로 이해된다. 그러한 한에서 법치주의원리도 사회국가원리도 문화국가원리도 그리고 평화국가원리도 민주주의의 이념 하에서 설명할 수 있을 것이다.

그러나 헌법의 기본원리 가운데 하나로서 민주주의를 이야기할 때에는 협의의 민주주의, 곧 정치원리로서의 민주주의를 뜻하는 것이 보통이다. 이러한 정치원리로서의 민주주의는 헌법질서 내에서 국가권력을 창설하고 이 권력을 작용하게 하는, 곧 국가권력에 근거를 부여해주는 원리이다. 민주주의원리는 헌법체계에서 초개인적 계속성의 창설을 가능하게 하고, 정치적 의사형성을 위하여 민주주의에 고유한 절차와 이 절차의 공개를 통해 정치과정을 합리화하며, 국가권력을 제한한다. 달리 표현한다면, 민주주의국가는 시민의 참여를 통하여 시민의 자유를 보장한다. 따라서 민주주의는 단순히 국가권력의 정당화를 위한 도식에 그치는 것이 아니라, 국가적 결정에 국민의 참여를 보장하고 요구한다.

정치원리로서의 (자유)민주주의는 국민주권의 원리, 선거제도, 복수정당제도와 민주주의의 기능원리로서의 다수결원리에 구체화되어 있다.

제 2 항   국민주권의 원리

1. 헌법규정

헌법은 민주주의의 핵심인 국민주권을 헌법전문과 헌법 제1조에서 분명히 하고 있다. 곧 헌법전문에서 "… 우리 대한국민은 … 1948년 7월 12일에 제정되고 8차에 걸쳐 개정된 헌법을 이제 국회의 의결을 거쳐 국민투표에 의하여 개정한다"라고 선언하여 헌법제정 및 개정의 주체로서 국민을 밝힌 것이나, 헌법 제1조에서 "대한민국은 민주공화국이다. 대한민국의 주권은 국민에게 있고, 모든 권력은 국민으로부터 나온다"라고 선언하고 있는 것은 국가의 최고권력인 주권이 국민에게 있음을 분명히 한 것이다.

여기에서 특히 '민주공화국'(제1조 제1항)과 '국민주권'(제1조 제2항)의 관계와 그 의미가 문제된다.

2. 민주공화국의 의미

공화국이란 단어는 공적 사항 또는 공동체를 뜻하는 라틴어 res publica에서 왔다. 마키아벨리는 「군주론」에서 지배체계를 1인이 국가권력을 소유하고 있는 군주국과 다수인이 국가권력을 보유하고 있는 공화국으로 구별하였다. 곧 역사적 관점에서는 공화국은 (세습군주이건 선거군주이건 종신직 국가원수인) 군주가 존재하지 않는 국가이다. 이러한 공화국은 다시 소수권력자에게 권력이 독점되어 있는 과두공화국 또는 귀족공화국과 권력이 모든 국민에게 있는 민주공화국으로 구별된다.

그러나 오늘날 (민주)공화국이라 하면 군주국이 아닌 국가뿐만 아니라 또한 (일반적으로 선거가 아닌 쿠데타에 의하여 정권을 장악하고 종신 동안 국가원수의 지위를 유지하는 독재자가 존재하는) 독재국가가 아닌 국가를 의미하며, 더 나아가서는 자유로운 국가, 국민국가를 의미한다.

3. 국민주권의 의미

(1) 주권이론의 역사적 전개
1) 주권의 의미   일반적으로 주권은 국내에서는 최고의 권력을, 외국에 대하여는 독립된 권력을 뜻하는 것으로 사용된다. 그러나 주권은 경우에 따라 국가권력 자체를 가리켜 통치권이라는 의미로 사용되기도 하고, 국가의 시원적 지배권의 연원을 지칭하는 의미로 사용되기도 한다.

2) 주권이론의 전개   주권이란 개념은 구체적인 역사적 상황에서 특정의 목표를 달성하기 위하여 성립하였다. 주권이론은 군주주권론에서 국민주권론으로 전개되었다. 군주주권론은 보댕 *J. Bodin*과 홉스 *Th. Hobbes*에 의하여 교황과 황제의 권위에 근거를 두었던 중세봉건질서가 붕괴하면서 안정된 새 질서의 형성과 유지를 위하여 왕(군주)에게 절대적 권위, 곧 대외적으로는 독립이고 대내적으로는 최고의 권력을 부여하려는 목적에서 주장된 것이었다.

그에 반하여 토마스 아퀴나스 *Thomas v. Aquin*에게까지 소급되는 국민주권의 이념은 초기 사회계약론자들(그로티우스 *H. Grotius*, 푸펜도르프 *S. Pufendorf*, 알투지우스 *J. Althusius*)에 의하여 절대주의의 군주주권에 대한 투쟁구호로서 성립되었다. 이 이념은 주권을 일반의사의 행사로 보아 불가양·불가분이며 언제나 올바르고 공공이익 지향적인 것으로 본 루소에게서 극에 달한다. 국민주권원칙이 서구에서 혁명적으로 관철되면서 그것은 신분제적, 절대주의적 사회조직에 필수적이었던 출생을 통한 권력승계를 부인하였고 그와 동시에 이러한 사회질서와 그를 통하여 조직된 국가를 파괴하였다.

(2) 국민주권의 현대적 의미

그러나 국민주권의 이념은 구체적으로 국가질서를 형성하는 원리로는 작용하지 못했다. 왜냐하면 국민이 최고의 독립성을 가지고 국가의사를 불가분적으로 결정한다는 주장은 하나의 의제이며 허구에 지나지 않기 때문이다. 따라서 오늘날에는 국민주권은 과거와는 다른 의미, 곧 자주적 국가질서의 기본적인 전제를 형성하는 것으로 이해된다. 곧 국민주권은 국가질서의 정당성에 대한 근거 내지 기준으로 작용하며, 국가질서가 지향해야 할 바를 제시한다.

4. 민주공화국과 국민주권의 관계

(1) 민주공화국과 국민주권의 관계

학설은 헌법 제1조 제1항의 민주공화국이 우리나라의 국호와 국가형태에 대한 것이라는데 대하여 의견이 일치되어 있다. 다만 이 규정이 제2항의 국민주권과 관련하여 어떤 의미를 가지는가에 대해서는 견해가 대립되어 있다. 곧 렘 *H. Rehm*의 예에 따라 주권자가 누구냐 하는 국체와 주권의 행사방법을 뜻하는 정체의 구별을 전제로 상이한 수많은 견해가 대립되어 있다.

그러나 국민주권사상이 일반화된 오늘날에는 주권의 소재(국체)를 기준으로 한 국가형태는 논할 실익이 없다. 따라서 국체와 정체를 전제로 한 국가형태의 구별은 의미가 없으며 그러한 한에서 민주공화국 자체를 국가형태로 이해하는 것이 타당하다. 그리고 헌법의 기본원리로서의 민주주의는 국가형태로서의 민주주의보다 넓은 개념이다. 그 이유는 헌법 제1조 제1항의 민주공화국이 국가형태를 선언함과 동시에 헌법전문의 헌법제·개정주체로서의 국민과 헌법 제1조 제2항의 주권재민조항과 더불어 국민주권을 선언하고 있고, 국민주권원리는 민주주

의원리의 필수적인 부분이기는 하나 그렇다고 민주주의원리의 전체는 아닌 구성
부분이기 때문이다.

(2) 헌법 제1조의 국민주권원리의 의미

헌법전문과 헌법 제1조에 표현되고 있는 국민주권원리는 소극적으로는 어떠
한 형태의 군주국도 인정하지 않으며, 더 나아가서 모든 형태의 전체주의적 또는
독재적 국가형태가 부정되어야 함을 뜻한다. 또한 동 원리는 적극적으로는 대한
민국의 국가적 질서가 자유국가적·국민국가적 질서라야 한다는 것을 뜻한다. 뿐
만 아니라 동 원리는 국가권력의 정당성이 국민에게 있고, 모든 통치권력의 행사
를 최후적으로 국민의 의사에 귀착시킬 수 있다는 뜻이지, 국민이 직접 통치권을
행사한다는 뜻은 아니다. 마지막으로 헌법 제1조는 헌법의 기본원리 가운데 하나
인 자유민주주의원리의 핵심적 부분이므로 헌법개정의 대상이 되지 않으며, 국가
형태를 변경시키려 할 때에는 형법이나 국가보안법 등에 의하여 처벌을 받는다.

5. 국민주권의 행사방법

국민주권의 원리는 국민을 국가의 시원적 지배권의 연원으로 하는 원리이기
때문에 국민이 정치의사형성에 직접·간접으로 참여할 것을 요구한다. 국민이 정
치의사형성에 참여하는 방법으로는 직접민주제와 간접민주제가 있다.

직접민주제의 방법으로는 국민표결, 국민발안, 국민파면(국민소환)이 있다. 헌
법은 직접민주제의 방법 중 국민투표의 방법만을 제도화하고 있다. 국회가 발안
한 헌법개정안에 대한 필수적 국민투표(제130조 제2항)와 '외교·국방·통일 기타
국가안위'에 관한 임의적 국민투표(제72조)가 그것이다.

직접민주제는 국민자치의 사상과 가장 부합되는 매우 민주적인 제도라고 할
수 있다. 그러나 현대사회에서는 특히 다음과 같은 이유 때문에 예외적인 경우를
제외하고는 직접민주제를 채택하기가 힘든 형편이다. ① 국가의 규모가 크고 사
회적 분업이 발달된 경우에는 모든 국민이 모여 직접 국정을 결정한다는 것은 거
의 불가능하다. ② 대다수의 국민이 모든 국정문제를 판단하고 처리할 수 있는
정치적 소양과 시간적 여유를 가지고 있지는 않다. ③ 오늘날 복잡하고 다양한
이해관계, 그에 따른 다양한 집단의 존재, 거대정당들, 매스컴 등 여러 가지 현실
적 여건 때문에 실제로는 본래의 취지를 실현하기 어렵고 오히려 악용될 소지가

많다.

그러므로 대부분의 현대민주국가들은 국민주권의 행사방법으로 간접민주제를 채택하고 있다. 간접민주제는 국민이 대표를 통하여 간접적으로 국정에 참여하는 국민주권의 행사방법을 말한다. 이때 국민은 선거를 통하여 그들의 대표를 선출하기 때문에 간접민주제는 곧 대의제도(의회정치)를 의미한다. 헌법도 기본적으로는 대의제의 원리에 입각하여 국민이 선출한 의원으로 구성되는 국회(제41조 제1항)와 국민이 직접 선출하는 대통령(제67조 제1항)에게 입법권(제40조)과 집행권(제66조)을 맡기고 있다.

제 3 항   선거제도

1. 선거의 의의

선거란 대표자나 기관을 선임하는 행위를 말한다. 대의민주제에서는 선거를 통하여 주권자인 국민은 자신의 주권을 행사하며, 정치적 지도자는 민주적 정당성을 얻게 된다. 오늘날의 정당국가적 민주주의에서는 선거는 대표자의 선출이라는 의미 외에도 정당정책에 대한 국민투표적 성격, 곧 가능한 여러 정부 가운데서 하나를 선택한다는 의미에서 정부선택적 국민투표의 성격을 가진 것으로 평가되고 있다.

2. 선거권과 피선거권

선거권이란 선거에 참여할 수 있는 권리를 말한다. 20세기 초에 모든 국민에게 선거권을 인정하는 보통선거의 원칙이 확립되었다. 따라서 오늘날에는 국민주권은 국민과 능동시민은 일치하여야 한다는 사고, 곧 시민의 자격을 자의적으로 제한할 수 없다는 사고가 지배적인 것으로 되어 있다. 공직선거법에서도 결격사유(금치산자, 수형자 등)가 없는 한, 재외국민을 포함하는 만 19세 이상인 모든 국민에게 선거권이 인정되고 있다(법 제15조, 제18조 참조). 또한 국회부재자투표제도도 도입되어 있다.

피선거권이란 선거에 의하여 대통령, 국회의원, 지방자치단체의 장 또는 그

의원으로 선출될 수 있는 자격을 말한다. 피선거권은 공무를 수행할 수 있는 능력과 결부되어 있기 때문에 선거권보다 엄격한 요건을 요구하는 것이 일반적이다. 공직선거법도 피선거권과 관련하여 선거권보다 연령제한의 폭을 높이고 결격사유도 확대하고 있다(법 제16조). 또한 헌법에서도 겸직금지를 규정하여 피선거권을 제한하고 있다(제43조, 제83조, 법 제19조 등). 이러한 제한도 합리적인 것이어야 함은 물론이다.

3. 선거의 기본원칙

헌법은 선거의 원칙으로서 국민의 보통·평등·직접·비밀선거를 규정하고 있다(제41조 제1항, 제67조 제1항). 민주선거의 원칙으로서는 이 밖에도 자유선거의 원칙이 포함된다.

보통선거란 제한선거에 대한 개념으로 일정연령에 달한 모든 국민에게 선거권이 인정되는 선거제도를 말한다. 평등선거란 차등선거 또는 불평등선거에 대한 개념으로 모든 선거권자가 행사하는 투표가 동등한 계산가치와 동등한 결과가치를 가지는 선거를 말한다. 오늘날 평등선거와 관련하여 선거구획정과 선거구인구의 불균형문제와 사표(死票)가 문제되고 있다. 직접선거란 간접선거에 대한 개념으로 대표자가 중간매개체 없이 결정적으로 선거인에 의하여, 곧 투표를 통하여 그리고 투표에서 확정되는 것이 보장되는 선거를 말한다. 비밀선거란 공개선거에 대한 개념으로 선거인이 누구에게 선거했는지를 제3자가 알 수 없도록 하는 선거를 말한다. 자유선거란 강제선거에 대한 개념으로 선거인이 선거권을 자유롭게 행사할 수 있는 선거를 말한다. 자유선거는 비밀선거가 전제될 때에만 가능하다. 자유선거는 선거의 내용뿐 아니라 선거에 참여 여부까지도 선거권자에게 일임되는 선거의 원칙이므로 기권자에 대하여 제재를 가하는 것은 금지된다.

4. 대표제와 선거구제

(1) 개념 및 상호관계

선거제도의 구체적인 내용을 이루는 것은 대표를 결정하는 방식인 대표제와 선거인단을 지역단위로 분할하는 방식인 선거구제이다. 대표제와 선거구제는 서로 밀접한 관계에 있다. 곧 소선거구제는 다수대표제와, 중선거구제와 대선거구제는 소수대표제와 결합되고 있는 것이 일반적이다.

(2) 대표제와 선거구제의 유형

1) 유   형   일반적으로 대표제에는 다수대표제, 소수대표제, 비례대표제, 직능대표제가 있고, 선거구제에는 1개 선거구에서 1인을 선출하는 소선거구제, 2인 내지 4인을 선출하는 중선거구제, 5인 이상을 선출하는 대선거구제가 있다.

2) 다수대표제   다수대표제는 선거인으로부터 다수표를 얻은 사람을 당선자로 결정하는 대표제를 말한다. 다수대표제는 다시 일정한 득표수를 당선의 요건으로 하는 절대다수대표제와 선거에서 가장 많이 득표한 후보자를 당선자로 하는 상대다수대표제로 나뉜다. 프랑스의 대통령선거는 절대다수대표제의 예이다.

다수대표제가 소선거구제와 결합되면 양당제도의 확립과 다수세력의 형성에 유리하여 정국의 안정을 가져올 수 있는 장점이 있다. 그러나 다수대표제는 사표(死票)가 많이 발생하며, 경우에 따라서는 다른 정당보다 득표수에서는 앞섰지만 의석수에서는 뒤지는 'Bias 현상'이 나타날 수 있다는 것이 단점으로 지적되고 있다.

3) 소수대표제   소수대표제는 한 선거구에서 다수당만이 의원을 독점하는 것을 보완하기 위한 제도로 한 선거구에서 2인 이상의 대표를 선출하는 제도를 말한다. 그 구체적인 방법으로는 누적투표제, 제한투표제, 체감연기투표제, 대선거구단기(비이양식)투표제 등이 있다.

소수대표제에 대하여는 정당에 대한 국민적 지지의 차이를 무의미하게 만든다는 비판이 있다. 일반적으로 소수대표제는 중선거구제 및 대선거구제와 결합되고 있다.

4) 비례대표제   비례대표제는 각 정당에게 득표수에 비례하여 의석을 배분하는 대표제의 유형을 말한다. 따라서 이 제도는 정당제도의 확립을 필수적인 전제로 한다. 이 제도는 1919년 바이마르헌법 제22조에서 정착되기 시작하였다.

비례대표제는 평등선거의 원리와 잘 조화되며 소수의 보호에 유리한 반면, 선거절차와 그 과정이 정당에 의하여 주도되기 때문에 주권자인 선거권자가 소외될 수 있는 단점이 있다. 곧 비례대표제의 가장 커다란 문제점은 선거에 있어서 국민의사의 직접성을 훼손한다는 것이다. 뿐만 아니라 후보자의 선정과 순위 결정에서 금권과 파벌 등의 부조리가 생겨날 수 있으며 군소정당이 난립하여 정국불안의 원인이 될 수도 있다. 더 나아가서 제1당에게 의석배분에서 보너스가 주어지는 경우 정부와 여당의 절대다수의석확보수단으로 악용될 수도 있다. 따라서 비례대표제를 채택하고 있는 대부분의 국가에서는 이 제도를 지역구선거의 문제점을 보완하는 수단으로 생각하여 다수대표제 또는 소수대표제와 병용하고 있다.

비례대표제에는 여러 가지 유형이 있으나, 일반적으로 명부식비례대표제가 채택되고 있으며, 의석배분방법으로는 헤어-니마이어(Hare-Niemeyer)식 계산방법이 일반적이다. 비례대표제는 전국을 하나의 선거구로 하는 전국구제도와 가장 잘 어울린다.

5) 직능대표제　　　직능대표제는 선거인단을 각 직능별로 분할하고 직능을 단위로 대표를 선출하는 제도이다. 이 제도는 전국구(비례대표)후보 가운데 직능 대표성을 가지는 후보를 포함시키는 선에서만 채택되고 있다.

5. 현행법상의 선거제도

(1) 대통령선거·국회의원선거·지방자치단체선거

1) 대통령선거제도　　　대통령선거제도는 국회의원의 피선거권이 있고 선거일 현재 5년 이상 국내에 거주하고 있는 40세에 달한 후보자에 대한 직선제, 상대적 다수대표제에 의한 선거를 원칙으로 한다(제67조 제5항, 법 제16조 제1항, 법 제187조 제1항). 그러나 대통령후보자가 1인일 경우에는 그 득표수가 선거권자 총수의 3분의 1 이상이어야 당선되며(제67조 제3항, 법 제187조 제1항 단서), 대통령 선거에서 최고득표자가 2인 이상인 때에는 중앙선거관리위원회의 통보에 의하여 국회가 그 재적의원 과반수가 출석한 공개회의에서 결선투표를 하고 다수표를 얻은 자를 당선인으로 결정한다(제67조 제2항, 법 제187조 제2항).

2) 국회의원선거제도　　　국회의원선거제도는 만 25세가 된 일정한 결격사유 없는 후보자에 대한(법 제16조 제2항, 법 제19조) 다수대표제와 비례대표제를 혼합하고 있다.

3) 지방의회의원선거제도　　　지방의회의원선거에서는 중선거구-다수대표제

(법 제190조), 자치단체 전체를 하나의 선거구로 하는 비례대표제가 병용되고 있다(법 제190조의2). 지방자치단체의 장의 경우에는 주민의 직선에 의한 상대적 다수대표제가 채택되고 있다(법 제191조).

(2) 선거운동

1) 선거운동의 개념과 선거공영제 선거운동이란 공직선거에서 특정후보자를 당선되게 하거나 당선되지 못하게 하는 행위를 말한다. 그러나 선거에 관한 단순한 의견의 개진이나 의사의 표시, 입후보와 선거운동을 위한 준비행위, 통상적인 정당활동 등은 선거운동으로 보지 아니한다(법 제58조).

헌법은 선거운동의 원칙으로서 기회균등과 선거경비국고부담을 내용으로 하는 선거공영제를 규정하고 있다(제116조). 이를 구체화한 공직선거법은 제58조 제2항에서 선거운동의 자유를 규정하고 선거공영제를 확대시키고 있다(법 제64조 - 제66조, 제71조, 제73조, 제75조, 제83조 등).

2) 선거운동의 제한 공직선거법상 선거운동에 관해서는 시간적, 인적, 방법적, 비용적인 측면에서 제한이 있다. 첫째, 사전선거운동과 선거일의 선거운동은 금지된다. 곧 선거운동은 시간적으로 당해후보자의 등록이 끝난 때부터 선거일 전까지만 할 수 있다(법 제59조).

둘째, 선거사무종사자, 일반직공무원, 교원(예외 있음), 미성년자(기계적 노무는 제외) 등은 선거운동을 할 수 없다(법 제60조). 특히 지방자치단체의 장은 그 지위를 이용하여 선거에 영향을 미쳐서는 안 된다(법 제86조 제2항).

셋째, 공직선거법은 선거운동의 방법에 대하여 선전벽보의 개수제한(법 제64조), 소형인쇄물의 규격·내용 등의 제한(법 제66조), 현수막(법 제67조), 표찰·수기 등(법 제68조), 신문·방송광고(법 제69조, 제70조, 제94조), 후보자 등의 방송연설 등(법 제71조 - 제74조, 제98조), 연설·대담(법 제79조 - 제82조), 호별방문제한(법 제106조), 서명·날인운동의 금지(법 제107조), 여론조사의 결과공표금지(법 제108조), 기부행위의 제한(법 제112조 - 제117조) 등을 자세하게 규정하고 있다. 뿐만 아니라 당선인이 당해선거에서 공직선거법의 규정을 위반함으로써 징역 또는 100만 원 이상의 벌금형의 선고를 받은 때, 또는 선거사무장, 선거사무소의 회계책임자, 후보자의 직계존·비속 및 배우자가 당해선거에서 매수 및 이해유도죄, 당선무효유도죄, 기부행위의 금지제한의 위반죄 등을 범하여 징역형의 선고를 받은 때에는 그 후보자의 당선을 무효로 하도록 하고 있다(법 제264조, 제265조).

넷째, 선거비용과 관련해서는 액수제한(법 제121조)을 규정하고 있다. 그뿐만 아니라 공직선거법 제122조에 따라 공고된 선거비용제한액의 200분의 1 이상을 초과 지출한 이유로 선거사무장 또는 선거사무소의 회계책임자가 징역형의 선고를 받은 경우와 300만 원 이상의 벌금형을 받은 경우에는 그 후보자의 당선을 무효로 하고 있다(법 제263조).

(3) 선거에 관한 쟁송

선거에 관한 쟁송에는 현행법상 선거소청과 선거소송 및 당선소송의 세 종류가 있다.

1) 선거소청   선거소청이란 지방의회의원 및 지방자치단체장의 선거에서 선거의 효력 또는 당선의 효력에 관하여 이의가 있는 선거인·정당(후보자를 추천한 정당에 한함) 또는 후보자가 선거일로부터 14일 이내에 당해 선거구선거관리위원회위원장을 피소청인으로 하여 지방의회의원선거 및 자치구·시·군의 장 선거에서는 시·도선거관리위원회에, 시·도지사의 선거에서는 중앙선거관리위원회에 제기하는 심판의 청구를 말한다(법 제219조).

선거소청을 접수한 중앙 또는 시·도선거관리위원회는 접수일로부터 60일 이내에 소청에 대하여 결정을 하여야 한다(법 제220조). 선거소청의 절차에 관하여는 행정심판법의 규정이 많이 준용된다(법 제221조).

2) 선거소송   선거소송이란 선거절차상의 흠을 이유로 그 선거의 전부 또는 일부의 효력을 다투는 소송으로 일종의 민중소송이다.

대통령선거 및 국회의원선거에서 선거의 효력에 관하여 이의가 있는 선거인·정당(후보자를 추천한 정당에 한함) 또는 후보자는 선거일로부터 30일 이내에 당해 선거구선거관리위원회위원장(대통령선거의 경우는 중앙선거관리위원회위원장)을 피고로 하여 대법원에 소를 제기할 수 있다(법 제222조 제1항). 선거에 관한 소송은 다른 소송에 우선하여 신속히 재판하여야 하며, 소송이 제기된 날로부터 180일 이내에 처리하여야 한다(법 제225조).

이에 반하여 지방의회의원 및 지방자치단체의 장의 선거소청에 대한 결정과 관련하여 불복이 있는 소청인은 소청에 대한 결정서를 받은 날로부터 10일 이내에 당해 선거구선거관리위원회위원장을 피고로 하여 시·도지사선거의 경우에는 대법원에, 지방의회의원 및 자치구·시·군의 장 선거의 경우에는 선거구를 관할하는 고등법원에 제소한다(법 제222조 제2항).

   3) 당선소송   당선소송은 예컨대 당선인의 무자격, 등록일 이후의 입후보등록, 개표의 부정 또는 착오 등을 이유로 당선의 효력에 이의가 있는 후보자 또는 정당이 법원에 제기하는 소송을 말한다.

   대통령선거 및 국회의원선거에서 정당 또는 후보자가 등록무효(법 제52조) 또는 피선거권상실로 당선무효(법 제192조)를 주장하는 경우에는 당선인을 피고로, 당선인의 결정·공고·통지 및 비례대표국회의원의석의 배분(법 제187조 - 제189조) 또는 당선인의 재결정 및 비례대표국회의원의석의 재배분(법 제194조)의 위법을 주장하는 경우에는 그 당선인을 결정한 중앙선거관리위원회위원장(대통령선거의 경우) 또는 당해 선거구선거관리위원회위원장(국회의원선거의 경우)을 각각 피고로 대법원에 제소할 수 있다.

   이에 반하여 지방의회의원 및 지방자치단체의 장의 선거에서는 선거소청에 대한 결정에 대하여 불복이 있는 소청인 또는 당선인인 피소청인은 당선인 또는 당해 선거구선거관리위원회위원장을 피고로 하여 결정서를 받은 날로부터 10일 이내에 시·도지사선거의 경우는 대법원에, 지방의회의원선거 및 자치구·시·군의 장 선거의 경우에는 그 선거구를 관할하는 고등법원에 제소한다(법 제223조).

   당선소송에서 피고로 될 당선인이 사퇴·사망하거나 피선거권상실 등의 사유로 당선의 효력이 상실되거나 당선이 무효가 된 때에는 대통령선거의 경우는 법무부장관을, 기타 선거의 경우는 관할 고등검찰청검사장을 피고로 한다.

제 4 항 복수정당제도

1. 정당의 헌법에의 수용과 복수정당제의 의의

(1) 정당의 성립과 정당국가의 등장

   1) 정당의 헌법에의 수용   시민적 정당은 역사적 사실로서는 공공복리를 추구하기 위한 조직이 아니라 특수이익을 대변하기 위한 조직으로 출발하였다. 그렇기 때문에 초기에는 정당에 대한 국가의 태도는 적대적인 것이었다. 트리펠

*H. Triepel*은 정당에 대한 국가의 태도를 적대시단계, 무시단계, 승인과 합법화단계를 거쳐 헌법에 편입되는 단계로 나누고 있다.

2) 정당국가의 등장　　이러한 과정을 거쳐 제2차 세계대전 이후에 본격적으로 헌법에 수용된 정당은 이제 민주주의국가에서는 없어서는 안 될 존재가 되었다. 그렇기 때문에 라이프홀츠는 현대의 민주주의를 정당국가적 민주주의라고 부르면서, 자유민주적 정당국가를 복수정당 또는 복수정당 중의 다수가 국가를 지배하고 있는 국가로 정의한다.

3) 정당국가적 민주주의의 특색　　이러한 정당국가적 민주주의의 특색은 다음과 같은 다섯 가지로 간추릴 수 있다. ① 정당국가적 민주주의에서는 의회와 정부에 있어서의 다수당의 의사와 국민의 의사가 동일시된다. ② 정당국가에서 의회는 의원부(議員部)를 통하여 이미 준비된 정당의 결정을 확인하는 장소이고, 그 토론도 정치적 문제에 대한 국민의 결단에 영향을 주는 정치적 선전의 성격으로 변질된다. ③ 정당국가에서 의원은 정당의 대표로서 정당의 지시에 따르는 정당의 전시인(展示人)에 지나지 않는다. ④ 정당국가에서는 선거의 성격이 대표의 선출에서 정당의 정책에 대한 '국민투표적'(plebiszitär) 성격으로 변질되고 있다. ⑤ 정부의 의회해산권의 성격이 부적당한 대표의 대체에서 정당의 정책에 대한 국민투표를 의미하게 된다.

(2) 헌법의 정당조항과 복수정당제의 의의

1) 헌법의 정당조항　　이렇듯 국가생활에서 정당이 차지하는 비중을 감안하여 헌법은 ① 정당설립의 자유와 복수정당제를 보장하고 있다(제8조 제1항). ② 정당이 국가의사형성의 중개자로서 기능하는데 필수적인 조건을 밝히고 있다(제8조 제2항). ③ 더 나아가서 복수정당제가 갖는 중요한 의미와 기능을 고려하여 정당의 특권을 규정하고 있다(제8조 제3항). ④ 정당의 목적이나 활동이 반민주적일 때에는 정당을 해산할 수 있도록 규정함으로써(제8조 제4항) 자유민주주의를 실현하고 수호하겠다는 의지를 분명히 밝히고 있다.

2) 복수정당제의 의의　　헌법이 규정하고 있는 복수정당제는 오늘날은 다양한 정치노선 사이의 선택가능성, 즉 능동시민이 어떤 정치적 집단(정당)에게는 국가의 지도를 위임하고 다른 정치적 집단(정당)에게는 지배에 대한 정당성을 거부함을 뜻한다. 즉 민주국가에서 복수정당제는 국민의 경쟁적 의견과 이해관계

및 필요의 표현이라고 할 수 있다.

2. 정당의 개념과 정당의 임무

(1) 정당의 개념

1) 헌법과 정당법상의 정당개념　헌법은 제8조 제2항에서 "정당은 그 목적·조직과 활동이 민주적이어야 하며, 국민의 정치적 의사형성에 참여하는데 필요한 조직을 가져야 한다"고 하고 있다. 이를 구체화한 정당법 제2조는 "정당이라 함은 국민의 이익을 위하여 책임 있는 정치적 주장이나 정책을 추진하고 공직선거의 후보자를 추천 또는 지지함으로써 국민의 정치적 의사형성에 참여함을 목적으로 하는 국민의 자발적 조직"이라 하고 있다.

2) 헌법과 정당법의 적용대상이 되기 위한 정당의 요건　헌법 제8조와 정당법의 적용대상이 되기 위해서는 정당은 다음과 같은 요소를 갖추어야 한다. ① 국가와 (자유)민주주의를 긍정하여야 한다(제8조 제4항). ② 국민의 이익을 위하여 책임 있는 정치적 주장이나 정책을 추진해야 한다. ③ 공직선거의 후보자를 추천 또는 지지함으로써 국민의 정치적 의사형성에 참여해야 한다. ④ 국민의 자발적 조직이어야 한다(이상 법 제2조). ⑤ 시간적으로 계속적이고 지역적으로 공고한 조직을 갖추어야 한다. ⑥ 정당법에 따라 등록하여야 한다(법 제4조).

(2) 정당의 임무

1) 정당의 일반적 임무　헌법은 정당에 국민의 정치적 의사형성에 참여할 것을 임무로 부과하고 있다(제8조 제2항). 정당이 국민의 정치적 의사형성에 참여한다는 것은 민주적 질서가 지향하는 자유롭고 개방된 정치과정의 담당자인 동시에 중개자가 되어야 한다는 것을 말한다. 이는 한편으로는 국민 사이에 산재하는 정치적 견해를 수집·정리·대변하고 자신의 정강에 따라 지도하는 것을 뜻하며, 다른 한편으로는 정치지도자를 발굴·양성하여 선거에서 국민에게 그들을 제시함으로써 정권을 획득하기 위하여 노력하는 것을 뜻한다.

2) 여당과 야당의 임무　선거의 결과 정당은 여당과 야당으로 나누어진다. 그에 따라 정당에 부여되는 구체적 임무도 상이해진다. 곧 여당에게는 국민과 국가의 지도층을 연결하는 역할이 부여됨에 반하여, 야당은 여당과 정부를 비판·통제하고 그에 대한 대안을 제시하는 과제를 담당하게 된다.

3. 정당의 헌법상 지위와 법적 형태

(1) 정당의 헌법상 지위

1) 정당의 일반적 지위   정당은 헌법영역에서 국민의 정치적 의사형성을 제도적으로 보장하는 중개자적 역할을 한다.

2) 임무에 따른 정당의 지위   그러나 정당의 헌법상 지위를 국민의 의사와 국가의사를 중개하는 중개체로 본다고 해서 문제가 해결되는 것은 아니다. 왜냐하면 정당이 규범적으로 국민의 의사와 국가의사를 중개하도록 정해져 있다고 해서, 정당이 현실적으로 국민의 의사와 국가의사를 중개한다고는 볼 수 없기 때문이다. 따라서 정당에게는 정당이 주어진 임무를 다할 수 있도록 하는 전제가 충족되지 않으면 안 된다. 곧 정당의 헌법상 지위란 정당에 주어진 임무, 곧 국민의 정치적 의사형성에 적절하게 참여하기 위한 전제이지 그 결과는 아니다. 이러한 생각을 바탕으로 헤세는 정당의 헌법상 지위를 자유의 지위, 평등의 지위, 공공의 지위로 보아야 한다고 한다. 정당의 자유의 지위는 대외적 자유의 지위와 대내적 자유의 지위를 포함한다. 정당의 대외적 자유는 국가 및 노동조합과 같은 비국가적 단체의 침해와 영향으로부터의 자유를 뜻한다. 정당의 대내적 자유란 정당 내에서 자유로운 정치적 의사형성이 가능해야 한다는 것(제8조 제2항), 곧 당내민주주의를 뜻한다.

정당의 평등의 지위는 정당의 자유의 지위를 전제하며, 정당의 자유의 지위가 잘 보장될 때 함께 보장된다. 정당의 평등은 원칙적으로 도식적인 평등을 뜻한다.

정당의 공공의 지위는 조직화된 국가제도의 영역이 아니라, 비국가적인 것과 국가적인 것의 과도영역, 곧 정치적 통일형성의 분야에 기초하고 있다. 이 분야에서 정당의 임무는 그곳에 참여하는 다른 요소들이 사적 이익을 추구하기 때문에 사적 지위를 가지는데 반하여 공적인 것이기 때문에 공공의 지위를 가진다.

(2) 정당의 법적 형태

정당의 법적 형태의 문제는 정당과 관련하여 정당과 정당 사이에 또는 정당 내부에서 분쟁이 발생한 경우 그 분쟁을 공법적 절차에 따라 해결할 것인가 사법적 절차에 따라 결정할 것인가와 관련하여 중요하다.

정당의 법적 형태를 정함에 있어서 주의해야 할 점은 정당의 법적 형태와 정당의 헌법상 지위를 구별해야 한다는 것이다. 곧 정당이 당원들에 의하여 자발적으로 구성된 단체라는 점과 정당에게 주어진 임무, 곧 국민의 정치적 의사형성에 적절하게 참여하기 위한 전제로서 주어지는 정당의 특수한 지위는 구별되어야 한다. 그러한 한에서 정당의 법적 형태는 법인격 없는 사단의 일종으로 보아야 할 것이다. 헌법재판소도 정당의 재산권귀속관계에서는 정당을 법인격 없는 사단으로 보고 있다.

4. 정당과 정치자금

(1) 정치자금의 의의

정당은 헌법상 국민의 정치적 의사형성에 참여하는 중대한 임무를 부여받고 있다. 정당이 이러한 임무를 수행하기 위하여 필요한 인적·물적 자원을 충당하고 유지하기 위해서는 막대한 경비가 필요하다. 정당이 정치자금을 적절히 조달하느냐 못하느냐에 따라 집권 여부가 결정된다. 따라서 정당은 소기의 목적을 달성하기 위하여 당비 외에도 기탁금에 의존하지 않을 수 없다. 그 때문에 정당은 자본가들의 지배하에 놓일 수도 있다. 그렇게 되면 민주주의는 금권정치로 타락하게 되고, 정당은 자신에게 부여된 임무를 온전히 수행할 수 없게 된다. 결국 정치자금을 합리적으로 조달하는 방법을 확립할 수 있는가 여부에 민주주의의 사활이 걸려 있다고 할 수 있겠다.

(2) 현행법상의 정치자금

정치자금법 제3조는 현실적으로 중요한 정당의 정치자금원으로 당비, 후원금, 기탁금 및 국고보조금을 들고 있다.

당비는 명칭 여하를 불문하고 정당의 당헌 또는 당규에 의하여 정당의 당원이 부담하는 유가증권 기타 물건을 말한다(법 제3조 제3호). 정당이 당원의 자발적 조직인 한 정당은 당비에 의하여 운영되는 것이 원칙이다. 후원금이란 후원회의 회원이 후원회에 기부하는 금전이나 유가증권 기타 물건을 말한다(법 제3조 제4호). 후원회란 정치자금법의 규정에 의하여 정치자금의 기부를 목적으로 설립·운영되는 단체로서 관할선거관리위원회에 등록된 단체를 말한다(법 제3조 제7호). 기탁금이란 정치자금을 정당에 기부하고자 하는 개인이 선거관리위원회에 기탁한 금전이나 유가증권 기타 물건을 말한다(법 제3조 제5호). 정당에 정치자금을 기탁하고자 하는 자는 기명으로 선거관리위원회에 기탁하여야 한다(법 제22조). 국고보조금이란 정당의 보호·육성을 위하여 국가가 정당에 지급하는 금전이나 유가증권을 말한다(법 제3조 제6호).

정당은 정치자금을 공개하여야 한다.

5. 정당의 해산과 등록취소

(1) 정당해산의 종류

정당의 해산에는 자진해산과 강제해산이 있다. 정당법은 정당이 그 대의기관의 의결로써 자유롭게 해산할 수 있게 하고 있다. 다만 자진해산을 결의한 경우 그 대표자는 지체 없이 그 뜻을 당해 선거관리위원회에 신고하지 않으면 안 된다(법 제45조). 정당의 설립이 자유인 이상 그 해산도 자유인 것은 당연한 일이라 하겠다. 그러나 정당은 국민의 정치적 의사형성에 참여하는 중대한 임무를 부여받고 있기 때문에 함부로 강제해산될 수는 없다. 따라서 정당은 엄격한 요건 하에서만 강제해산된다. 그 밖에도 정당은 일정한 요건 하에서는 등록이 취소되기도 한다.

(2) 정당의 강제해산의 의의

헌법은 제8조 제4항에서 "정당의 목적이나 활동이 민주적 기본질서에 위배될 때에는 정부는 헌법재판소에 그 해산을 제소할 수 있고, 정당은 헌법재판소의 심판에 의하여 해산된다"라고 규정하고 있다. 이는 민주적 기본질서와 국가의 긍정과 같은 정당의 의무에 관한 규정인 동시에 또한 행정처분에 의하여 해산될 수 있는 일반결사와는 다른 정당의 특권에 관한 규정이다. 이 규정은 직접적으로 효력을 갖는 규정이다.

정당에 대한 강제해산제도는 한편으로는 방어적 민주주의의 표현이다. 우리 헌법의 정당해산조항은 다른 한편으로는 정부의 야당탄압의 경험을 반영하는 것이라 할 수 있다. 곧 1958년 2월 25일의 진보당사건을 계기로 1960년의 제2공화국 헌법에서 정당보호조항을 신설하여 일반결사와는 달리 정당을 행정부의 자의로부터 해방하고 헌법의 수호자인 헌법재판소의 판결에 의해서만 해산될 수 있도록 한 점에서 헌법제도로서의 정당을 보호한데 그 의의가 있다.

(3) 정당의 강제해산의 요건

1) 헌법규정   정당의 강제해산과 관련하여 헌법 제8조 제4항은 실질적 요건과 형식적 요건을 규정하고 있다.

2) 실질적 요건   정당이 강제해산되기 위한 실질적 요건은 "정당의 목적이나 활동이 민주적 기본질서에 위배될 때"이다. ① 강제해산의 대상이 되는 정당은 정당법상의 개념요건을 갖추고 등록을 마친 기성정당에 한한다. 정당의 방계조직, 위장조직, 대체정당 등은 헌법 제8조 제4항에서 말하는 정당이 아니다. 이들은 헌법 제21조의 일반결사에 지나지 않으므로 행정처분에 의하여 해산된다. ② 정당은 그 목적이나 활동이 민주적 기본질서에 위배될 때에 한하여 해산된다. 정당의 목적은 정당의 강령, 기본정책, 당헌, 당대표와 당간부의 연설 또는 발언, 기관지, 출판물, 선전자료 등으로부터 인식될 수 있다. 정당의 활동은 당대표와 당간부 및 평당원의 활동은 물론 더 나아가 당원이 아닌 추종자의 활동까지를 포함한다. ③ 민주적 기본질서에 대해서는 이미 설명하였다. 따라서 여기서는 민주적 기본질서와 자유민주적 기본질서는 같은 표현이라는 것만 지적해 두겠다. 정당을 해산하기 위해서는 구체적으로 다음과 같은 두 가지 요소를 갖추어야 한다. 우선, 정당이 자유민주적 기본질서에 투쟁하는 경향을 보이거나 이 투쟁이 계획적으로 추진되는 것을 인식할 수 있는 것만으로는 부족하고 자유민주적 기본질서의 침해 또는 제거의 구체적 위험이 요구된다. 다음으로, 정당을 해산할 수 있기 위해서는 정당이 헌법의 개별규정 또는 전체제도를 부인하는 것만으로는 충분하지 않고 정당의 목적과 당원 및 추종자들의 행태를 중심으로 해서 판단할 때 정당이 헌법의 기본원리에 적대적일 때이다.

3) 형식적 요건   정당의 강제해산에 필요한 형식적 요건은 정부에 의한 제소(제8조 제4항)와 헌법재판소의 해산결정이다(제111조 제1항 제3호). 대통령은 정당해산의 제소에 앞서 국무회의의 심의를 거쳐야 한다(제89조 제14호). 정당해산의 결정권은 헌법재판소에 있으며, 정당해산의 결정에는 9인의 재판관 중 6인 이상의 찬성이 있어야 한다(제113조 제1항). 헌법재판소는 청구인의 신청 또는 직권으로 종국결정의 선고시까지 피청구인의 활동을 정지하는 결정을 할 수 있으며(헌법재판소법 제57조), 위헌정당이 아니라는 결정이 내려진 경우에는 다시 제소할 수 없다(법 제39조). 정당해산심판에는 헌법재판소법에 특별

한 규정이 있는 경우를 제외하고는 민사소송에 관한 법령과 행정소송법을 준용한다(법 제40조).

(4) 해산결정의 집행과 정당해산의 효과

1) 해산결정의 집행　　중앙선거관리위원회는 해산결정이 내려진 정당의 등록을 말소하고 지체 없이 그 뜻을 공고하여야 한다(정당법 제40조). 헌법재판소의 정당에 대한 해산결정은 창설적 효력을 가지므로 선거관리위원회의 해산공고는 단지 선언적·확인적 효력만을 갖는다.

2) 정당해산의 효과　　헌법재판소의 해산결정이 있으면 그 시점에서부터 정당은 모든 특권을 상실한다. ① 해산된 정당의 대표자와 간부는 해산된 정당의 강령(또는 기본정책)과 동일하거나 유사한 대체정당을 창설하지 못하며(법 제40조), 해산된 정당의 명칭과 동일한 명칭은 정당의 명칭으로 다시 사용하지 못한다(법 제41조 제2항). ② 해산된 정당의 잔여재산은 국고에 귀속된다(법 제48조 제2항). ③ 해산된 정당의 소속의원이 자격을 상실하는가에 대해서는 견해가 나누어져 있다. 개인적으로는 헌법 제8조 제4항에 규정된 정당의 해산은 민주주의의 자기보호와 관련된다는 점에서 헌법적대적 정당, 반민주적 정당의 구성원이 계속해서 정치활동을 하는 것을 금지한다고 보아야 한다고 생각한다. 왜냐하면 그러한 정당의 구성원이 국민의 대표로서 계속하여 정치활동을 하도록 허용한다면 실질적으로는 그 정당이 계속 활동하고 있는 것과 같아서 헌법 제8조 제4항의 정당해산은 그 의미를 상실하게 될 것이기 때문이다. 따라서 해산된 정당의 소속의원은 의원직을 상실하는 것으로 해석되어야 한다. 헌법재판소도 같은 입장이다.

(5) 정당의 등록취소

1) 등록취소사유　　정당은 국민의 정치적 의사형성에 참여하는 데 필요한 조직을 가져야 한다(제8조 제2항). 따라서 일단 조직상의 요건을 갖추어 유효하게 등록된 정당이라 하더라도 사후적으로 조직기준에 흠결이 있을 때에는 당해선거관리위원회가 직권으로 그 등록을 취소하며, 이에 따라 정당자격이 상실된다.

정당법은 다음과 같은 세 가지 경우에 중앙선거관리위원회로 하여금 중앙당의 등록을 취소하게 하고 있다. ① 정당법 제17조의 법정시·도당수(5 이상의 시·도당)를 충족하지 못한 때 및 제18조의 시·도당의 법정당원수(1천인 이상의 당원)를 충족하지 못한 때, ② 최근 4년간 임기만료에 의한 국회의원선거 또는 임기만료에 의한 지방자치단체의 장 선거나 시·도의회의원선거에 참여하지 아니한 때, ③ 임기만료에 의한 국회의원선거에 참여하여 의석을 얻지 못하고 유효투표 총수의 100분의 2 이상을 득표하지 못한 때(법 제44조 제1항).

2) 등록취소의 효과   등록을 취소한 때에는 당해선거관리위원회는 지체 없이 그 뜻을 공고하여야 한다(법 제44조 제2항). 등록이 취소된 정당의 잔여재산은 자진해산한 정당의 잔여재산과 마찬가지로 당헌이 정하는 바에 따르고, 당헌에 규정이 없으면 국고에 귀속된다(법 제48조 제1항·제2항).

제 5 항 다수결원리

1. 다수결원리의 개념과 역사적 전개

다수라는 용어는 라틴어의 major pars에서 유래하였다. 다수는 그때그때의 수적(數的) 전체에서 다른 부분보다 하나라도 우세한 부분을 가리킨다. 따라서 다수결원리란 이러한 다수가 공통의 관심사에 대하여 결정을 내린다는 것을 뜻한다.

다수결원리는 고대 아테네민회의 거수표결 등에서 그 오래된 형태가 발견되나, 그것이 여러 분야에서 지배적 결정원리로 자리를 잡은 것은 중세였다. 그러나 중세의 수도원과 등족회의에서 행해지던 다수결은 오늘날과는 다른 것이었다. 중세의 수도원에서는 다수결의 방법과 함께 비교적 건전한 부분(major et sanior pars)이 결정하는 방식이 병행되었다. 그리고 등족회의에서 채택된 다수결은 공동체의 전체구성원이 참여하여 합의를 도출하는 것이 아니라, 등족들이 합의를 보기 위한 수단에 지나지 않았다.

다수결원리가 사상적·제도적으로 확고한 위치를 차지하게 된 것은 근대에 사회계약론자들이 다수결원리를 사회계약론과 결부시키면서부터이다. 그리고 명령적 위임에 기초를 두었던 등족회의가 무기속위임에 기초를 둔 근대의회로 대치되면서 다수결원리는 민주주의에서 지배적 의사결정원리로 받아들여지게 되었다.

2. 민주주의에 있어서 다수결원리의 정당성근거

다수결원리의 정당성근거에 대한 물음은 다수에 반대한 소수가 왜 다수에 의하여 내려진 결정을 마음속으로부터 인정하고 따르지 않으면 안 되는가에 대한 물음이다. 다수결을 정당화하는 근거로는 법적인 것과 내적인 것이 있다.

(1) 법적인 측면에서 다수결원리를 정당화하려는 견해

이 견해는 다수결원리의 구속력을 일치된 의제적 합의나 묵시적 동의 또는 헌법에 존재하는 기본적 합의 등에서 구한다. 이 입장은 사회계약론의 현대적 형태로 이해할 수 있다.

이 견해는 다음과 같은 세 가지 점에서 문제가 있다. ① 그러한 합의에 의해서 내려진 결정이라는 것이 역사적으로 입증될 수 없다. ② 사회계약을 역사적 사실로 친다 하더라도 나중에 편입되는 구성원은 어떻게 그것에 동의하여야 하는가라는 문제에 대답을 줄 수 없다. ③ 헌법에 다수결을 도입하는 과정에서 다른 많은 방법을 배제하고 굳이 다수결을 채택하기로 합의하여야 하는가라는 문제에 대답하기 어렵다.

(2) 내적으로 다수결원리를 정당화하려는 견해

이 방법에는 크게 다수결을 합리성으로부터 정당화하려는 입장과 민주주의의 가치(자유, 평등, 자유와 평등)로부터 정당화하려는 입장이 나누어져 있다.

1) 다수결을 합리성으로부터 정당화하려는 견해　　다수결을 합리성으로부터 정당화하려는 입장은 가장 오래된 입장으로 다수가 결정하는 것이 옳은, 합리적인 결정일 수 있기 때문에 다수가 결정해야 한다고 한다.

그러나 이 견해에 대하여는 다음과 같은 비판이 가능하다. 곧 소수집단보다는 다수집단 내에 다양한 의견이 있을 수 있고, 다수집단이 편파성에 빠질 위험이 적은 것은 사실이지만 그렇다고 그것이 올바름을 담보할 수는 없다. 단순히 결정의 합리성이라는 관점만을 강조한다면 소수 엘리트의 결정이 더 바람직할 수도 있다. 그 밖에도 이 견해에 대하여는 객관적으로 인식될 수 있는 진리 또는 공동의 이익이라는 것이 실재하는 것으로 오도될 위험성이 있다는 비판도 있다.

2) 다수결을 민주주의의 가치로부터 정당화하려는 견해　　다수결을 민주주의의 가치로부터 정당화시키려는 방법은 민주주의를 어떻게 보느냐에 따라 다시

몇 가지로 세분된다. 켈젠은 다수결원리는 자유의 관점에서 정당화된다고 한다. 이에 대하여 민주주의의 이념을 평등에 한정시키고 있는 라이프홀츠와 민주주의의 본질을 평등이라고 하는 헤세는 다수결의 정당성의 근거를 평등에서 구하고 있다.

(3) 사   견

이러한 모든 견해들은 모두 부분적으로는 타당성을 가지고 있다. 그러나 오늘날 국민과 정당을 동일시하는 (극단적인 경우 정당의 지도자들과 동일시되는) 정당국가에서 국민(정당 또는 정당의 지도자들)에 의한 정치가 아닌 진정한 국민에 의한 정치가 이루어질 것을 요구하는 정치이념이 민주주의이고, 이때의 민주주의는 자유와 평등 내지는 평등한 자유를 통해 확보되는 인간의 존엄을 지향한다면, 다수결원리도 이러한 민주주의이해로부터 정당화될 수밖에 없다. 곧 다수결원리는 국민 개개인의 평등한 자유 내지 이러한 평등한 자유의 핵심적 부분인 자결권을 최대한 보장한다. 그렇게 함으로써 다수결원리는 오늘날의 정당국가적 민주주의에서 인간의 존엄성을 최대한 보장할 수 있는 의사결정방법이다. 그렇기 때문에 다수결원리는 민주적 정당성을 가진다.

3. 민주주의에 있어서 다수결원리의 전제와 한계

(1) 다수결원리의 전제

다수결이 인정되고 있는 이유는 이상적 담화가 현실에서는 불가능한 반면, 현실은 결정을 요구하기 때문이다. 이때 다수에 의하여 내려진 어떤 결정이 진정한 효력을 발휘하기 위해서는 그 결정이 모든 국민에 의해서 받아들여지는 것이 필요하다. 곧 다수가 다수결에 의해 자기지배를 실현하고 있는 반면, 소수는 자기의사에 반하여 억압받고 있다는 생각을 갖지 않도록 하는 다음과 같은 여러 가지 전제요건이 충족되어야 한다. ① 다수결원리가 정당하게 적용될 수 있기 위하여는 결정참여자들 사이에 평등한 지위가 전제되어야 한다. ② 다수결로 결정될 범위의 모든 구성원이 포괄되는 일정한 법적 유대, 곧 단체가 성립되어 있어야 하며, 구성원들 사이에는 어느 정도 동질성이 성립되어 있어야 한다. ③ 다수결원리는 자유롭고 개방된 의사의 형성을 전제조건으로 한다. ④ 다수결원리는 다수관계의 교체가능성을 전제로 한다.

(2) 다수결원리의 한계

다수결원리의 한계에는 내재적 한계와 외재적 한계가 있다. 다수결원리의 내재적 한계는 결정의 주체나 객체에 비추어 다수결원리를 그것에 적용하는 것이 부적절하다고 생각되는 경우이다. 다수결원리의 내재적 한계로서 문제되는 것은 다수결의 주체 및 객체와 관련하여 결정의 용의(用意), 관련성, 선호(選好)의 강도(强度)문제, 전문자격의 문제, 이질적 구성단체와 국제사회의 경우이다.

다수결원리의 외재적 한계는 다수결원리 자체로부터 직접 나오지 않고 민주적 통치체제의 질서, 체제의 기능성으로부터 나온다. 다수결원리의 외재적 한계는 가치관련적 기본질서의 보호를 위한 법원칙들에 의하여 다수결원리의 적용이 한정되는 경우이다. 외재적 한계는 경우에 따라서는 다수결원리의 전제조건과 중첩될 수도 있다. 외재적 한계로서 문제되는 것은 기본권, 소수자보호 및 다수결의 절차이다.

4. 다수결원리의 유형과 적용

(1) 전체수의 확정방법

다수결의 종류는 매우 다양하다. 다수라는 개념은 전체수 가운데 다수를 뜻하기 때문에 먼저 전체수가 확정되어야 다수를 확인할 수 있다. 전체수를 확정하는 방법으로는 투표자를 기준으로 하는 방법, 출석자를 기준으로 하는 방법, 재적자를 기준으로 하는 방법이 있다.

(2) 결정다수의 유형

결정다수의 유형으로는 상대다수, 단순다수, 절대다수, 가중다수의 방법이 있다. 상대다수는 투표자의 전체수에 비례한 표의 백분율과는 관계없이 어떤 대안이 다른 대안들보다 한 표라도 더 획득했다면 그것을 결정된 것으로 보는 방법이다.

단순다수는 가(可)가 부(否)보다 한 표라도 많으면 결정이 이루어지고 기권투표는 계산되지 않는 것이 특징이다.

절대다수는 여러 개의 대안 가운데 어떤 하나의 대안에 주어진 표수가 전체수의 반보다 최소한 하나라도 많아야 결정이 이루어지는 방법이다. 여기에서는 단순다수와는 달리 기권표를 전체수에 포함시킨다. 본래적 의미의 민주적 다수라 할 때에는 절대다수를 가리킴이 보통이다.

가중다수는 일반적으로 3분의 2 다수의 형태로 나타나며, 헌법개정이나 의회의 중대한 결정에서 예외적으로 사용된다. 가중다수는 3분의 2 다수로 소수자 일부의 동의를 필요로 하도록 함으로써 특별한 경우에 가중된 보호를 할 수 있으며, 그러한 한에서 가중다수는 소수자집단의 최소한의 자결권을 보장해준다고 할 수 있다.

(3) 헌법상의 다수결제도

헌법은 결정할 사안에 따라 다양한 다수결제도를 규정하고 있다(제49조, 제53조 제4항, 제63조 제2항, 제64조 제3항, 제65조 제2항, 제67조 제2항, 제77조 제5항, 제113조 제1항, 제128조 제1항, 제130조 제1항).

제 3 절 법치주의원리

제 1 항 법치주의의 개념

일반적으로 법치주의는 법이 국가·국가작용 및 국가 내의 전체생활 등에 기준을 제공하는 국가의 구조적 원리라고 정의된다. 그리고 이때의 법이란 실질적·형식적 제 원리에 의하여 각인된 이성법을 말한다.

헌법에 간접적인 방법으로 채택되어 있는 법치주의원리는 근대 이후 특히 경찰국가 또는 절대국가와의 대립·투쟁을 통하여 형성·발전되어 왔다. 법치주의원리는 영국에서 발전한 법의 지배의 전통과 독일에서 발전된 법치국가론이 기초가 되어 있다.

제 2 항 법치주의 사상의 전개

1. 영국의 법의 지배

영국에서는 13세기 말 사법제도의 정비와 함께 판례법을 중심으로 하는 '보

통법'(common law)이 발전하면서 이러한 보통법이 국왕까지도 구속한다는 사상
이 발달하여 보통법의 지배라는 의미에서 법의 지배의 원리가 싹트게 되었다. 특
히 권리청원을 기초하기도 한 코크 E. Coke(1552-1633)는 보통법은 바로 이성,
곧 인위적 이성이기 때문에, 국가권력과 교회권력을 구속하는 것으로 간주하였
다. 코크에게 법은 여러 세대가 숙고한 결과이며 여러 세대의 경험에 의하여 검
증된 것이고 항상 보충되고 개선되는 것이었기 때문에 역사적 발전의 결과이자
현실화된 이성이었다.

그러나 영국에서 법의 지배의 원리가 확립된 것은 명예혁명(1688), 권리장전
(1689), 왕위계승법 등을 통하여 의회주권이 확립되면서부터이다. 이때부터 법의
지배는 그때까지의 보통법의 지배 대신 의회제정법의 지배를 의미하게 되었다.
19세기 말에는 다이시 A. V. Dicey가 법의 지배의 의미를 정규법의 우위, 법 앞
의 평등, 영국헌법의 특수성이라는 세 가지로 정리하였다.

영국의 법의 지배는 개인의 자유와 권리를 더욱 효율적으로 확보하기 위해서
절차법적인 측면에 중점을 두는 법원리이다. 그럼에도 불구하고 영국에서 법의
지배가 형식적인 것에 치우치지 않는 이유는 민주주의를 통한 보완이 있기 때문
이다.

2. 독일의 법치국가

독일의 법치국가사상의 발전에 커다란 영향을 미친 것은 칸트 I. Kant
(1724-1804)의 관념론적 국가철학으로 이해되고 있다. 칸트는 국가의 목적(과 활
동)을 인간의 자유·평등·자결을 보장하기 위한 이성법의 실현에 한정함으로써
현대의 실질적 법치국가에 이념적 기초를 제공한 것으로 생각되고 있다. 그러나
칸트에게서는 법치국가라는 용어는 나타나지 않고 있다.

일반적으로 법치국가라는 용어를 처음으로 사용한 것은 몰 R. v. Mohl
(1799-1875)이라고 알려져 있다. 몰은 이성법을 신봉하여 법치국가를 이성국가
로 보았다. 몰은 법치국가를 "개인의 계약으로 구성되고 그 활동이 개인의 자유
를 위해 제한되는 새로운 형태의 국가로서 정확한 법률을 제정하고 신민을 보호
하기 위하여 법원을 설치하는 국가"로 정의함으로써 법치국가를 고유한 국가유
형, 곧 전체 헌법질서와 관련된 정치적 개념으로 이해하였다.

그러나 1848년의 3월 혁명과 그 결과 성립된 1849년의 프랑크푸르트 헌법이 무위로 돌아간 뒤 독일의 법치국가사상은 내용적으로 축소되고 형식화되기 시작하였다. 예컨대 마이어 *O. Mayer*는 법치국가를 잘 정리된 행정법의 국가라 표현함으로써 행정의 합법률성에서 법치국가의 본질을 파악하였다. 법치국가의 형식화 현상, 곧 법치국가의 핵심적 내용을 행정의 합법률성, 법원에 의한 권리구제, 국가적 권한행사의 예측가능성으로 보는 현상은 바이마르 공화국에서도 대체로 계속되었다. 예컨대 슈미트는 법치국가의 원리와 정치적 형태를 분리·대조하여 법치국가원리를 단순한 자유의 보장수단 또는 국가권력의 통제수단으로 보았다. 그런가 하면 켈젠은 법치국가를 엄격한 합법성의 체계로 보아 모든 국가를 법치국가로 보았다.

이러한 법치국가에 대한 형식적 이해는 민주주의에 대한 형식적 이해와 더불어 나치의 합법적 불법통치를 가능하게 하였다. 그 결과는 역사상 전무후무한 인권유린을 가져왔다. 따라서 1949년에 제정된 본 기본법 하에서는 법치국가를 실질적으로 이해하면서 특히 나치시대에 민주주의와 법치국가의 내적인 결합을 회복시키기 위하여 노력하다 망명지에서 요절한 헬러의 사상에 따라 법치주의와 민주주의의 관련성이 강조되게 되었다.

제 3 항 법치주의의 의의

이렇듯 법치주의는 국가와 시대에 따라 상이하게 발달되어 왔다. 그럼에도 불구하고 법치주의의 변하지 않는 내용은 국가권력을 법에 구속시킴으로써 국가권력을 완화시키고 이를 통해 개인의 자유와 권리를 보호하는 것이다. 그러나 오늘날에는 과거 전제군주국가시대처럼 이미 형성되어 있는 국가권력은 존재하지 않는다. 그렇기 때문에 법치주의원리는 이러한 소극적 의의 외에도 국가권력을 구성하는 적극적 의의를 가지게 된다. 따라서 오늘날의 법치주의는 법이라는 형식에 의한 통치가 내용적으로 정당한 법을 통하여 이루어질 것을 요청하고 있다. 곧 법률이 자유와 평등을 통한 인간의 존엄성보장에 이바지할 것을 요구하고 있다. 그러므로 오늘날의 법치주의는 단순한 법률의 우위가 아닌 헌법의 우위로 나타나며, 그 핵심과제는 합법성의 근거가 되는 법률과 정당성의 근거가 되는 법을 조화시키는데 있다.

제4항 헌법에 구체화된 법치주의원리

1. 일 반 론

오늘날의 법치주의가 합법성과 정당성의 조화를 요구하고 있다는 것을 감안한다면 법치주의의 요소를 실질적 요소와 형식적 요소로 나누어 설명하는 것이 바람직하다. 법치주의의 실질적 요소를 확정하기 위해서는 더 많은 고찰이 필요하다. 그러나 이곳에서는 그러한 고찰 없이 자유와 평등, 더 정확하게는 평등한 자유를 통하여 확보되는 인간의 존엄을 법치주의의 실질적 요소로 보기로 한다. 그러한 한에서 법치주의와 민주주의는 이념상 불가분의 관련이 있다는 것을 지적하는 데 만족하기로 한다.

헌법에 구체화되어 있는 법치주의의 형식적·절차적 요소로는 기본권보장, 권력분립제도, 입법작용의 헌법 및 법기속, 행정의 합법률성, 사법적 권리보호, 공권력행사의 예측가능성의 보장과 신뢰보호의 원칙, 비례의 원칙을 들 수 있다. 이러한 모든 요소들은 서로 동등한 차원에 있고 상호 보완작용을 하며, 전체로서 법치주의를 이룬다. 이러한 법치주의의 요소들은 불가분적(不可分的)이다. 따라서 하나의 요소를 다른 요소보다 고양시키거나 무시하는 경우, 그것은 법치주의의 정신에 정면으로 배치된다.

2. 헌법에 구체화된 법치주의

(1) 기본권보장

법치주의의 가장 오래된 내용은 국민의 자유와 권리를 보장하는데 있다. 따라서 기본권의 보장은 법치주의의 직접적이고 본질적인 내용에 속한다. 헌법은 제2장(제10조 - 제37조)의 서두에 기본권의 이념으로서 인간의 존엄과 가치를 선언하고 이를 실현하기 위하여 평등의 원리, 자유권, 참정권, 사회적 기본권 등 각종의 기본권을 규정하고 있다.

(2) 권력분립제도

권력분립은 자유와 권리를 보장하기 위한 전제와 수단이 되며, 그러한 한에서 법치주의의 중요한 내용이 된다. 헌법은 입법권은 국회에(제40조), 행정권은 대통령을 수반으로 하는 정부에(제66조 제4항), 사법권은 법원에(제101조) 속하게 함으로써 권력분립의 원리를 채택하고 있다. 그 밖에도 헌법은 기능적인 권력통제의 길을 마련해놓고 있다.

(3) 입법작용의 헌법 및 법기속

입법작용의 헌법 및 법기속은 법의 최고성과 헌법의 우위의 표현이다. 입법작용의 헌법 및 법기속성은 헌법에서는 위헌심사제도(제107조 제1항, 제111조 제1항 제1호)에서 표현되고 있다.

(4) 행정의 합법률성

행정의 합법률성이란 행정은 법률에 근거하여 그리고 법률에 규정된 절차에 따라 행해져야 한다는 것을 말하는 것으로, 법률의 우위와 법률의 유보의 원칙으로 나타난다. 법률의 우위란 법률의 형태로 표현된 국가의사가 다른 국가의사에 대하여 우선한다는 원칙이며, 법률의 유보란 행정권이 국민의 권리와 재산을 침해하기 위해서는 법률의 수권이 필요하다는 원칙이다. 헌법은 집행부에 대하여 광범한 행정입법권을 부여하면서도 법치주의원리에 반하는 포괄적 위임입법을 금지하고(제75조), 명령·규칙·처분에 대한 위헌·위법심사제도를 규정함으로써(제107조 제2항) 행정의 합법률성의 원칙을 채택하고 있다. 그 밖에도 헌법은 행정심판에도 사법절차를 준용하도록 하였으며(제107조 제3항), 행정조직과 행정관청의 직무범위를 법률로 정하게 하고(제96조, 제100조, 제114조 제6항·제7항), 조세법률주의(제59조)를 규정하고 있다.

(5) 사법적 권리보호

국민의 기본권을 보장하기 위해서는 자유와 권리를 보장하는 것만으로는 부족하고 그것이 침해된 경우 독립된 법원이 이를 구제하고 보장해주는 것이 필요하다. 헌법은 국가배상청구권(제29조), 손실보상청구권(제23조 제3항), 형사보상청구권(제28조), 청원권(제26조), 헌법소원심판청구권(제111조 제1항 제5호), 위헌법률심판청구권(제107조 제1항), 인신보호를 위한 사법절차적 기본권(제12조, 제16조, 제27조, 제101조, 제103조, 제109조)을 규정함으로써 위헌적·위법적 국가작용은 물

론 합법적인 국가작용에 대해서도 이를 구제해줄 수 있는 효과적인 권리제도를
마련하고 있다.

(6) 공권력행사의 예측가능성 보장과 신뢰보호의 원칙

공권력행사의 예측가능성의 보장 내지 신뢰보호의 원칙은 법적 안정성을 추
구하는 자유민주주의·법치국가헌법의 기본원칙이다. 헌법은 제89조, 제96조, 제
102조 제2항 등에서 집행권과 사법권의 조직에 대한 법률주의를 규정함으로써
간접적으로 이들 공권력행사에 대한 어느 정도의 예측을 가능하게 하고 있다. 뿐
만 아니라 헌법은 법률의 소급효를 금지하고 형벌의 불소급과 일사부재리원칙을
규정함으로써(제13조) 국민의 신뢰를 보호하는데 노력하고 있다.

(7) 비례의 원칙

비례의 원칙은 국가권력의 행사를 통하여 이루고자 하는 목적과 그 목적을
이루기 위하여 선택하는 수단 사이의 합목적성을 뜻한다. 오늘날 비례의 원칙은
국가권력행사의 모든 영역에서 고려되어야 할 헌법적 요청으로 이해되고 있다.
그에 따라 비례의 원칙을 충족했는가 여부는 국가권력행사의 정당성을 판단하는
기준으로 작용하고 있다. 헌법은 제37조 제2항에서 기본권제한입법과 관련하여
기본권제한의 목적·형식·방법 및 내용상의 한계를 분명히 함으로써 비례의 원
칙을 채택하고 있다. 그러나 비례의 원칙은 그 밖의 입법, 행정활동 그리고 형사
절차 등에서도 존중되어야 한다. 더 나아가서 헌법은 국가비상사태가 발생하여
대통령이 국가긴급권을 발동하는 경우에도 그 발동요건을 엄격하게 제한함과(제
76조 제1항·제2항, 제77조 제1항) 동시에 그에 대하여 국회가 사후적으로 통제할
수 있도록 함으로써(제76조 제3항·제4항·제5항, 제77조 제4항·제5항) 국가긴급권의
과잉발동을 억제토록 하고 있다. 이는 국가긴급사태 하에서도 법에 따라 이를 극
복하고 헌법을 수호하겠다는 의지를 표현하고 있는 것으로, 법치주의의 절차적·
형식적 내용을 확인한 것이다.

제 4 절   사회국가원리

제 1 항   사회국가의 개념적 유래와 사회국가를 등장시킨 원인들

1. 사회국가의 개념적 유래

사회국가개념의 성립에 처음으로 영향을 준 것은 초기 사회주의자인 생−시몽 *Saint−Simon*으로 알려져 있다. 그는 '사회적'이라는 용어를 처음 사용하면서 당시의 재화분배에 대하여 이의를 제기하였다.

사회국가개념을 더욱 구체적으로 연구한 것은 슈타인 *L. v. Stein*이다. 그는 사회적 문제는 사회행정의 형태로 해결되는 국가의사와 행위의 대상이라고 하면서, 사회국가를 시대적응적인 행정활동에 의하여 실현될 수 있는 것으로 보았다.

행정법적 차원에 머물러 있던 사회국가의 문제를 헌법적 차원으로 고양(高揚)시킨 것은 헬러이다. 그는 1930년에 최초로 사회적 법치국가라는 개념을 사용하면서 시민적 법치국가를 비판하고, 실질적 법치국가사상을 노동질서와 재화질서에 확장시킬 것을 주장함으로써 사회국가를 국가의 구조적 측면에서 다루기 시작했다.

2. 사회국가를 등장시킨 원인들

사회국가를 등장시킨 원인이 무엇인가를 단적으로 이야기할 수는 없다. 그러나 그것을 중점에 따라 다음과 같이 요약할 수 있다. ① 사회국가는 사회적 문제의 해결, 곧 산업혁명의 결과 생겨난 사회적 폐해에 대한 대답의 시도로서 등장하였다. 이를 절대적 자유주의에 대한 부정이라는 말로 표현할 수 있다. ② 사회국가는 두 차례의 세계대전의 결과 생겨난 곤궁, 곧 인플레이션, 전쟁 중에 받은 부담의 조정, 피난민문제 등을 해결하기 위해 등장하였다. ③ 사회국가는 사회적 문제나 절박한 곤궁과 직접적인 관계가 없는 국가내부구조의 개선을 위한 조치와 관련되어 있다. ④ 그 밖에도 사회국가 성립에 영향을 미친 것으로는 그리스도교, 특히 가톨릭교회의 사회이론을 들 수 있다.

제2항 사회국가의 개념 및 법적 성격

1. '사회적'(sozial)이라는 말의 뜻

사회적이라는 개념은 계몽주의와 프랑스혁명의 산물로서, 이 개념을 처음으로 사용한 생-시몽은 이 개념을 재화분배에 대한 논쟁개념으로 사용하였다. 곧 이 개념은 초기에는 물질적 필요와 관련된 제한적 의미로 사용되었다. 이러한 의미에서 사회적이라는 용어는 지금까지도 생존기반의 보호와 필수적 생활수요의 해결과 관계되어 있다.

그러나 시간이 흐르면서 이 개념에는 기회균등, 복지, 정의 등에 대한 요청이 첨가된다. 그와 함께 사람들은 사회적이라는 말을 사회문제, 노동자문제, 사회개혁, 사회입법 등과 결합시키게 되었다. 따라서 오늘날 사회적이라는 말은 일반적으로 '빈곤, 부적절한 복지수준의 차이 및 종속에 반대하는' 또는 '모든 사람에게 인간의 존엄에 적합한 생존을 보장하고 복지수준의 차이를 균형되도록 하며 종속관계를 완화시키고 제거하는 방향의'라는 의미로 사용되고 있다. 간단하게 말한다면, 사회적이라는 말은 '인간의 존엄을 위협하는 절대적 빈곤으로부터의 자유'라는 의미로 사용되고 있다.

2. 사회국가의 개념정의

사회국가는 사회적 정의와 사회적 안전 및 사회의 통합을 위하여 노력하는 국가이다. 이를 좀 더 자세하게 설명하면 사회국가는 산업혁명 이후의 사회변동을 통하여 조건 지어진 여러 관계들을 사회의 영역에서도 각자에게 인간의 존엄에 적합한 생활을 보장하고, 복지수준의 차이를 좁히고, 종속관계를 제거하거나 조정하기 위하여 개인에게 그의 인격의 발전과 자기책임에 필요한 균등한 기회를 보장하는 분배하고 급부하며, 지도하고 감시하며, 계획하고 형성하며, 고무하고 조장하는 국가라 할 수 있다.

3. 사회국가의 법적 성격

통설은 사회국가의 법적 성격을 국가목표규정인 동시에 입법위임규정으로 이해하고 있다. 국가목표규정으로서 사회국가는 국가적 사회형성 일반에 대한 위임뿐만 아니라 사회적 정의의 의미에서 국가적 사회형성에 대한 위임을 의미한다. 동시에 사회국가는 국가의 활동에 대한 전권위임을 뜻한다. 그 밖에도 사회국가는 개인 상호간에 있어서 그리고 공동체에 대하여 사회의무성을 근거지우기도 한다.

이러한 사회국가를 구체화시키는 일차적인 책임은 입법자에게 있다. 왜냐하면 사회적 정의를 극대화하고 자유를 실제로 보장하고 유지하기 위하여 노력하는 일은 입법자에게 주어진 과제이기 때문이다. 그리고 이러한 목표를 실현하기 위해서 역동적인 사회변화에 적합한 사회정책을 추진하는 것은 입법자에게 일임되어 있다. 곧 사회국가는 정의로운 사회질서라는 목적에 대하여는 규정하고 있으나, 그러한 목적을 실현하는 방법에 대하여는 입법자에게 모든 것을 일임하고 있다. 그리고 그러한 한에서 입법자에게는 광범위한 형성의 자유가 주어져 있다. 그러나 입법자의 형성의 자유는 경제적 궁핍을 예방하고 최소한의 물질적 생존조건을 보장하며, 보충성의 원칙을 지키는 한에서 행사되어야 할 것은 두말할 여지가 없다.

제 3 항 사회국가의 이념적 내용

일반적으로 사회국가에 특유한 이념내용으로는 사회적 정의와 사회적 안전이 이야기된다. 여기에 사회의 통합을 더 첨가할 수 있다.

사회적 정의는 사회국가원리로부터 추론되는 사회국가의 목표이다. 곧 사회적 정의는 사회국가적 활동이 지향하여야 할 규범이다. 사회적 정의라는 사회국가의 이념내용을 실현하려는 시도들은 자유주의적 법치국가에서 투쟁을 통하여 획득한 법적 평등을 기회의 평등을 통하여 보완하려는 노력의 표현이다. 곧 법적으로 평등한 지위를 차지한 시민들이 국가에게 기본권적으로 보장된 여러 자유를 사회국가원리를 근거로 현실적으로도 향수할 수 있게 배려하도록 위임하고 있는 것이라고 볼 수 있다. 그러한 한에서 사회국가원리는 평등의 요청과 자유권적 기본권과도 밀접한 관계가 있으며, 해당 당사자의 능력에 따라 사회적 급부와 사회적 부담을 차등화 할 것을 명하고 있다고 보아야 한다.

사회적 안전, 곧 사회국가적 생활배려로 표현되는 국가과제는 그 속에 여러 가지가 포함될 수 있는 불확정개념이다. 그러나 사회적 안전의 주요내용은 사회보험, 노동력보호, 가정의 보호 및 도움을 필요로 하는 자에 대한 배려 등이라는 데 대하여는 널리 의견이 일치되어 있다.

사회의 통합은 사회적 정의, 사회적 안전과 더불어 사회국가의 이념적 내용의 하나이다. 국내의 경우 사회의 통합을 사회국가의 이념내용으로 보는 학자는 거의 없다. 그러나 사회적·경제적으로 도움이 필요한 자들을 보호하고, 지나친 사회적 차이를 균형시키고, 당사자의 능력에 따라 부담과 혜택을 분배하는 방향으로 사회적 정의를 실현시키려는 시도들은 법적 평등을 기회의 평등 또는 기회에 있어서의 정의를 통하여 보충하려는 노력을 나타낼 뿐만 아니라 또한 사회적 정의라는 목표로부터 사회의 통합에 이바지할 국가에 대한 위임을 나타내는 것으로 해석할 수 있다. 곧 사회국가는 국가가 국민의 생활을 배려해야 하는 근거규정이 될 뿐만 아니라 그를 넘어서 국가가 사회적 정의의 실현을 통해서 계층 사이에 통합을 이루고 평화를 정착시키도록 노력해야 하는 근거규정이 된다.

제 4 항   사회국가와 보충성의 원리

사회국가는 사회적 정의와 사회적 안전 및 사회의 통합을 그 이념내용으로 한다. 그리고 사회국가는 이러한 이념을 실현하기 위하여 분배하고 급부하며, 지도하고 감독하며, 계획하고 형성하며, 동기를 부여하며 장려하는 등 각종 작용을 수행한다.

사회국가를 실현할 의무는 일차적으로는 국가가 지지만, 그렇다고 해서 개개의 시민이 사회국가의 이념내용들을 스스로, 곧 자신의 노력과 자조(自助)와 자기책임 하에 이루려는 것에 반대하지는 않는다. 만일 사회국가가 이 모든 일을 독점하려 한다면, 국가는 과중한 부담에 시달릴 것이고, 인간의 국가에의 예속과 부자유는 늘어나기만 할 것이며, 개인의 자기주장의 의지와 개인적 결정의 자유 그리고 개인의 창의성은 마비될 것이다. 곧 1949년 이후 독일에서 구체화되어 온 사회국가는 사회적 문제를 해결하는데 인격의 자유로운 발전과 사회의 자율을 우선하며, 이러한 개인과 사회의 노력이 기능하지 않을 때에만 국가는 부차적으로 도움을 제공하고 배려하며 조정한다는 기본적 사고를 바탕으로 하고 있다. 이러한 점에서 사회국가는 복지국가 또는 급양국가(給養國家)와 구별된다. 그러한 한에서 사회국가는 넓은 의미에서 보충성의 원리에 근거하고 있다고 할 수 있다.

따라서 사회국가는 시민과 사회를 객체로 보아서는 안 되고 주체로 보아야 하며, 시민과 공동체를 동반자로 간주해야 한다. 그렇기 때문에 사회국가원리는 한편으로는 사회국가가 개인의 자유로운 발전과 책임을 무시하는 급양국가로 전락하는 것으로부터 개인과 공동체를 보호하지 않으면 안 된다. 곧 사회국가원리는 국가기구에 대하여 자유로운 복지단체의 우선권을 보장하지 않으면 안 된다. 그리고 다른 한편으로는 사회국가원리는 국가를 국민의 과도한 요구로부터 보호하여야 한다. 왜냐하면 사회국가원리는 개인과 사회의 일차적인 책임을 전제하고 자조(自助)가 가능한 경우에는 국가의 보조는 불필요한 것으로 생각하기 때문이다.

제 5 항 사회국가와 법치국가의 관계

사회국가와 법치국가의 관계를 분명히 하기 위해서는 법치국가의 내용을 분명히 함으로써 양자의 관계를 확인할 수밖에 없다. 실질적 법치국가는 형식적 법치국가의 남용 내지는 악용으로 인간이 누려야 할 자유, 평등, 정의의 상태를 누리지 못하고 예속과 불평등과 불의의 상태에서 고통을 받는데 대한 해결책으로 등장했다. 이에 반해서 사회국가는 산업혁명과 전쟁과 경제위기에 대한 20세기의 대답으로 등장했다고 볼 수 있다. 그리고 실질적 법치국가로써 해결하려는 예속과 불평등과 불의의 원인제공자가 주로 국가라면, 사회국가로써 해결하려는 빈곤의 원인제공자는 국가에 한정되지 않는다. 그곳에는 개인, (산업)사회 그리고 국가가 포함되며, 그 밖에도 사회구조가 속한다고 할 수 있다. 따라서 현대법치국가의 실질적 내용을 자유, 평등, 정의라고 하고, 사회국가의 이념내용을 실질적 자유와 실질적 평등이라고 하거나, 사회국가의 내용으로서 사회적(실질적) 평등과 사회적(실질적) 자유를 드는 경우에도, 법치국가에서 말하는 자유, 평등, 정의와 사회국가에서 말하는 자유, 평등, 정의는 앞에서 이미 보았듯이 사회적＝실질적이 아니기 때문에, 같은 것일 수 없다. 그렇다면 사회국가는 법치국가와는 구별되는 특유의 내용을 가졌다고 할 수 있고, 이는 앞에서 말한 사회적 정의, 사회적 안전, 사회의 통합이라 할 수 있다.

이렇듯 법치국가와 사회국가는 각각 특유의 내용을 가지고 있기 때문에, 각각 그 이념을 실현하기 위하여 법치국가는 국가권력을 제한하려고 하고, 사회국가는 필요하다면 국가권력을 강화시키려고 한다. 그 결과 양자 사이에는 상호제약관계, 긴장관계가 성립되기도 한다. 그러나 법치국가는 정치적인 형식원리이기도 하기 때문에, 그리고 법치국가로부터 추론되는 보충성의 원리는 동시에 헌법상의 일반원리이기도 하기 때문에, 법치국가는 사회국가에 방법적 한계를 제시한다. 곧 주로 급부행정을 통하여 실현되는 사회국가적 활동은 합법률성의 원칙을 따라야 한다. 왜냐하면 법치국가적 수단을 떠난 사회국가는 반드시 독재에 이를 것이기 때문이다. 뿐만 아니라 법치국가와 사회국가는 한편으로는 그 자체 목적이면서, 다른 한편으로는 그보다 더 높은 가치인 인간의 존엄과 가치를 위한 수단이기 때문에, 인간의 존엄과 가치를 실현하기 위해서는 상호보완, 상호협조하는 관계에 놓이게 된다. 그리고 이러한 법치국가와 사회국가의 관계는 자유와 평등의 관계에 비교될 수 있다. 곧 법치국가와 사회국가는 인간의 존엄 속에서 변증법적으로 통합된다.

제 6 항   사회국가의 한계

사회국가의 한계, 더 정확하게 말한다면 사회국가의 이념을 실현하는 방법적 한계에는 여러 가지가 있다. 그러나 사회국가원리를 법적으로는 구속력을 가지며, 기능적으로는 개방성을 가진 헌법규정으로 이해하는 선에서 사회국가를 소여가 아닌 사회국가의 이념적 내용, 곧 사회적 정의, 사회적 안전, 사회의 통합을 달성하려는 소극적·적극적 과제로 파악하면서 사회국가가 법치국가적 형식을 벗어날 경우 급양국가로 전락하게 된다는 것을 분명히 하고 있는 자유주의적 해석론을 기초로 설명될 수밖에 없다는 입장을 취하는 경우에는 사회국가는 다음과 같은 한계를 가진다고 할 수 있다. ① 사회국가의 실현은 보충성의 원리에 의하여 제한된다. 다만 구조적인 사회적·경제적 약자에게는 보충성의 원리를 적용하기가 곤란할 것이므로 국가는 그들의 인간다운 최저생활을 보장해야 할 것이다.

② 사회국가의 실현에는 법치국가적 한계가 인정된다. 그러나 여기에서 말하는 법치국가란 주로 합법률성의 원칙이란 의미를 가진다. ③ 사회국가의 실현에는 기본권적 한계가 있다. 곧 사회국가의 이념을 실현하는 과정에서 기본권적 자유의 본질적 내용을 침해해서는 안 된다. ④ 사회국가의 실현은 국가의 재정·경제력에 좌우된다. 그렇기 때문에 국가는 사회국가의 실현을 위하여 소요되는 막대한 재원을 확보하기 위해서 계속적인 물가안정, 경제성장, 무역수지의 균형, 완전고용을 꾀해야 하며, 더 나아가서 정의로운 조세제도를 확립하여야 한다.

제 7 항 헌법에 구체화된 사회국가원리

헌법은 명시적으로 사회국가에 대하여 언급하지는 않고 있다. 그러나 다음과 같은 규정들에서 사회국가의 이념적 내용들을 실현하기 위하여 노력하고 있다.

헌법은 ① 전문에서 "… 정치·경제·사회·문화의 모든 영역에서 각인의 기회를 균등히 하고 … 안으로는 국민생활의 균등한 향상을 기한다"고 선언하고 있다. ② 제10조에서는 "모든 국민은 인간으로서의 존엄과 가치를 가지며, 행복을 추구할 권리를 가진다"라고 하여 기본권보장의 대원칙을 선언하고 있다. ③ 제23조 제2항에서는 사회적 정의의 요청에 따라 "재산권의 행사는 공공복리에 적합하도록 하여야 한다"고 하고 있다. ④ 제31조부터 제36조에 걸쳐 사회적 기본권을 규정하고 있다. ⑤ 제119조 제2항에서는 "국가는 균형 있는 국민경제의 성장 및 안정과 적정한 소득의 분배를 유지하고, 시장의 지배와 경제력의 남용을 방지하며, 경제주체간의 조화를 통한 경제의 민주화를 위하여 경제에 관한 규제와 조정을 할 수 있다"고 하여 사회적 시장경제를 채택하고, 이를 실현하기 위한 구체적 방법을 제120조에서 제127조에 걸쳐 규정하고 있다.

제 5 절 문화국가원리

제 1 항 문화국가의 개념

1. 문화의 개념과 문화의 영역

문화라는 말은 경작하다 또는 돌보다라는 뜻을 가진 라틴어 colere에 그 어원을 두고 있다. 처음 이 말은 자연적으로 주어진 것을 가꾸고 돌본다는 의미로 사용되었다. 그러나 시간이 흐르면서 자연만이 아니라 인간의 정신과 영혼을 도야한다는 의미로 발전하게 된다. 이렇게 문화를 자연에 인간의 활동이 가해진 것으로 볼 때에는 문화란 사회학에서 일반적으로 사용되듯이 사회 내의 전형적인 생활양식, 가치관 및 행위양식을 총칭하는 것일 수밖에 없다.

그러나 이러한 포괄적 개념을 가지고는 문화의 보호·육성·진흥·전수라는 특수한 과제를 그 밖의 공공의 과제들과 명확하게 구별할 수 없다. 뿐만 아니라 국가와 문화의 관계에 대한 물음은 이러한 기초 위에서는 충분하게 논의될 수 없으며, 더구나 법적인 맥락으로는 나갈 수 없다. 따라서 법학적으로는 문화는 "국가와 특별한 관계를 가지고 있는 인간의 정신적·창조적 활동영역"으로 정의된다. 전통적으로 이러한 문화의 범주에 속하는 것으로는 교육, 학문, 예술, 종교를 들 수 있다.

그러나 이러한 전통적 영역만을 문화의 범주로 이해한다면, 일반대중문화, 항의문화 등은 문화영역의 대상으로서 고려의 대상이 될 수 없다. 문화의 개념은 변하는 것이다. 변화된 문화의 개념은 전통적인 문화영역 외에 새로운 문화영역을 포괄할 수 있는 것이어야 한다. 따라서 협의의 법학적 문화개념은 문화의 기능을 '공동체의 관념적 재생산'으로 보고, 문화에 세계해석, 의미형성, 가치정당성, 가치전승, 가치비판과 그것들의 상징적 표현을 포함시키는 견해를 통하여 보완되어야 한다. 그렇게 되면 문화에는 전통적으로 문화영역에 속했던 생활영역 외에도 사회의 관념적 재생산이라는 기능을 수행하는 영역들이 포함된다. 그러한 한에서 교육, 학문, 예술, 종교 외에도 방송, 신문, 저작권, 기념물과 문화재의 보호, 스포츠, 청소년보호 등이 문화영역에 포함된다.

2. 문화국가의 개념

문화와 국가를 개념적으로 결합시켜 문화국가라는 용어를 만들어낸 것은 피히테 *J. G. Fichte*(1762–1814)이다.

피히테, 훔볼트 *W. v. Humboldt*(1776–1835) 등에서 시작된 문화국가개념을 이상주의적 문화개념, 국가주의적 국가개념, 정신과학적인 변증법적 방법론을 지주로 하여 문화국가개념의 의미를 분석하고 오늘날까지도 영향력 있는 문화국가의 개념을 제시한 것은 후버 *E. R. Huber*의 커다란 공적이다. 후버는 문화를 자율적인 인격도야재로 이해하고 문화국가라는 개념 속에 전제된 문화의 자율성은 어떻게 보장될 수 있고, 문화와 국가의 통일은 과연 이룰 수 있는가라는 문제를 제기한다. 이러한 문제 제기를 바탕으로 그는 문화와 국가의 상호관계에서 문화국가개념의 의미를 다음과 같은 다섯 가지로 나누어 고찰하였다. ① 문화의 국가로부터의 자유, ② 문화에 대한 국가의 기여(문화보호, 문화관리, 문화전승, 문화진흥), ③ 국가의 문화형성력(특히 문화고권), ④ 문화의 국가형성력, ⑤ 문화적 산물로서의 국가.

이러한 후버의 견해는 특히 국가주의적 국가개념, 곧 국가를 고유한 가치를 가진 초개인적·윤리적 조직체로 전제하는 헤겔의 국가개념을 기초로 하고 있다. 그렇기 때문에 오늘날의 상황과는 부합되지 않는다는 원칙적인 문제점을 포함하고 있다. 그러나 후버의 견해는 문화국가의 모습을 잘 보여주고 있기 때문에, 비판적으로 수용할 필요가 있다.

문화국가에 대한 개념정의는 현대적 상황에 부합되는 구체적이고 현실적인 것이어야 한다. 그리고 오늘날 일반적인 자유주의적 국가개념에 따르면 자율적인 문화는 국가형성의 원동력이다. 따라서 오늘날의 문화국가에 부여된 가장 중요한 과제는 문화의 자율성과 국가의 문화고권을 어떻게 하면 이상적으로 조화시켜 모든 국민이 실질적인 문화적 평등권을 향수할 수 있도록 하느냐 하는 문제이다. 앞에서 한 이야기를 종합하여 문화국가란 문화의 자율성을 존중하면서 건전한 문화육성이라는 적극적 과제의 수행을 통하여 실질적인 문화적 평등을 실현시키려는 국가로 정의할 수 있다.

제2항 문화국가의 내용

　　문화국가의 내용으로는 문화적 자율성의 보장, 문화의 보호·육성·진흥·전수, 문화적 평등권의 보장을 들 수 있다. 문화적 자율성이란 문화활동에 대한 국가의 문화정책적 중립성과 관용을 의미한다. 그러나 사회적 책임 내지 역할을 무시한 자의적인 문화활동, 내재적 한계를 일탈한 문화활동은 다른 기본권 또는 다른 (헌)법적 법익의 보호를 위해 제한될 수밖에 없으며, 국가는 그에 대해 적절한 조치를 취하지 않으면 안 된다. 그러나 그러한 조치는 문화 자체에 대한 직접적인 것이 아니라 문화가 생겨날 수 있는 문화여건을 간접적으로 조성해주는 것이어야 한다.

　　문화국가의 두 번째 내용은 국가에 의한 문화의 보호·육성·진흥·전수이다. 그러나 국가의 문화에 대한 보호·육성·진흥·전수는 지도적(후견적)·공리적·간섭적인 것이어서는 안 되고, 문화의 자율성을 고려한 지원의 방식으로 행해져야 한다.

　　문화국가의 세 번째 내용인 문화적 평등권은 누구든지 문화활동에 참여할 수 있는 기회를 요구할 수 있다는 것과 그러한 기회를 국가와 타인에 의해서 방해받지 아니할 것 및 이미 존재하는 문화활동의 결과를 평등하게 향유하는 것을 내용으로 한다. 문화적 평등권과 관련하여 특히 문제가 되는 것은 평등권과 문화적 개별기본권에서 도출되는 문화적 참여권으로부터 추론되는 평등한 문화향유권의 문제이다. 그러나 문화향유권은 사회적 참여권보다 덜하기는 하겠지만 역시 가능성의 유보 하에서만 실현될 수 있다는 한계가 있다.

제3항 헌법에 구체화된 문화국가원리

　　헌법은 여러 곳에서 여러 가지 형식으로 문화에 대하여 규정함으로써 간접적으로 문화국가를 헌법의 기본원리로 삼고 있다. ① 헌법전문은 "유구한 역사와 전통에 빛나는 우리 대한국민은"이라는 표현을 통해 문화국가의 이념을 선언하고, "정치·경제·사회·문화의 모든 영역에 있어서 각인의 기회를 균등히 하고…"라는 표현을 통해 문화영역에서의 평등을 강조하고 있다. ② 헌법 제9조에서는 "국가는 전통문화의 계승발전과 민족문화의 창달에 노력하여야 한다"고 규정하고, 헌법 제69조에서는 대통령에게 취임시 "민족문화의 창달에 노력"할 것을 선서하도록 하였다. 이 규정은 문화국가원리를 선언한 규정으로, 그 법적 성격은 국가목표규정으로 해석될 수 있다. 비록 이 규정이 전통문화의 계승발전과 민족문화의 창달이라는 표현을 사용하고 있기는 하나, 이는 전통문화와 민족문화를 강조한 것에 지나지 않는다. 따라서 국가의 문화육성의 대상에는 원칙적으로 모든 문화가 포함된다. ③ 전통적으로 문화의 영역으로 간주되는 학문, 예술, 교육, 종교를 학문의 자유(제22조), 예술의 자유(제22조), 종교의 자유(제20조), 교육을 받을 권리(제31조)와 같이 문화기본권의 형태로 규정하였다. 더 나아가서 문화적 자율성의 기초가 되는 양심의 자유(제19조)를 규정하고 있다. ④ 그 밖에도 사회의 관념적 재생산이라는 기능을 수행하는 영역, 곧 방송, 신문, 저작권, 기념물 및 문화재의 보호, 스포츠, 청소년보호 등에 대해서도 규정하고 있다. 곧 언론·출판의 자유(제21조), 지적 재산권의 보호(제22조 제2항), 전통문화의 계승(제9조), 연소자의 근로보호(제32조 제2항)와 청소년에 대한 복지정책(제34조 제4항) 등이 그에 해당된다.

제 6 절 평화국가원리

제 1 항 평화국가의 의의

1. 평화국가의 개념

국내적 평화의 실현이 정당성의 제 조건이 얼마나 잘 갖추어져 있는가에 좌우된다면, 국제적 평화의 성패는 모든 국가가 개별적인 경우 자국에 이익이 되지 않고 불이익이 된다 하더라도 국제법상의 제 법규를 정당한 것으로 존중하는가 여부에 달려 있다. 그리고 모든 국가가 국제법상의 제 법규를 정당한 것으로 존중하기 위해서는 모든 국가가 원칙적인 평등과 독립(만국평등의 원칙과 내정불간섭의 원칙), 곧 대외적 주권(국제법상의 주권)을 상호 존중함으로써만 가능하다. 따라서 평화국가란 국제법을 존중함으로써 국제적 차원에서 평화를 달성하려고 하는 국가로 정의할 수 있다.

2. 평화국가의 전개

세계국가, 국제질서의 확립을 통하여 국제평화를 이루려는 노력은 아주 멀리는 고대 그리스의 스토아철학에 그 근원을 찾을 수 있다. 스토아철학은 자연을 다스리는 법칙이자 인간의 행위를 규율하는 도덕적·법적 규범인 '로고스'(logos)가 세계를 구성하는 모든 인간에게 동등하게 부여되어 있다고 설파함으로써 그로부터 세계국가(오늘날의 국제공동체)의 사상이 싹텄다.

이러한 국제공동체와 국제질서의 확립을 통한 국제평화의 확보라는 사상은 근대에 들어서면서 한편으로는 비토리아 *Vitoria*, 수아레즈 *F. Suarez*(1548－1617), 그로티우스 *H. Grotius*(1583－1645) 등 국제법학자들과 다른 한편으로는 라이프니츠 *G. W. v. Leibniz*(1646－1716)와 칸트 등 사상가들에 의하여 활발하게 이론적으로 전개되었다. 특히 칸트는 영구평화의 조건을 예비적 조건과 확정적 조건으로 나누어 제시함으로써 현대의 국제공동체와 국제법의 발전에 사상적으로 결정적인 기초를 제공했다.

국제평화를 실제 정치세계에서 이루려는 노력은 조약의무의 이행을 강제하기 위한 수단으로서의 전쟁을 금지한 1907년의 헤이그평화회의에서도 볼 수 있다. 그러나 평화를 국제사회에서 정착시키려는 노력은 제1차 세계대전 이후 창설된 국제연맹의 노력에서 실현되기 시작하였다. 국제연맹규약은 모든 종류의 전쟁을 금지하고 전쟁을 국제적으로 규율할 것을 정하였고, 1928년에는 부전조약(不戰條約)이 체결되었다. 그러나 이것들은 모두 위반자에 대한 제재수단의 불비로 실효성이 없었다. 제2차 세계대전 후 창설된 국제연합은 그 헌장에서 침략전쟁과 무력의 행사나 무력에 의한 위협을 금지하고, 더 나아가서 분쟁의 해결수단으로서의 전쟁 또는 무력에 호소하는 행위까지 금지하고 있다. 또한 국제연맹의 실패를 교훈삼아 헌장위반에 대한 제재조치까지를 마련함으로써 국제평화에 기여할 수 있는 실효성 있는 길을 마련하였다.

이렇게 평화를 국제적으로 보장하려는 노력은 각국의 실정헌법에도 반영되어 제2차 세계대전 이후 각국의 헌법은 다양한 내용으로 평화국가를 선언하고 있다.

제 2 항   헌법에 구체화된 평화국가원리

1. 헌법규정

이러한 국제적인 경향에 따라 헌법은 전문에서 "평화적 통일의 사명"을 강조하고, "밖으로는 항구적인 세계평화와 인류공영에 이바지"하겠다는 평화추구의 이념을 선언하였다. 그에 이어 제5조 제1항에서는 "국제평화의 유지에 노력하고 침략적 전쟁을 부인한다"는 국제평화의 구체적 실현방법을 제시하고 있다. 그런가 하면 제6조 제1항에서는 "헌법에 의하여 체결·공포된 조약과 일반적으로 승인된 국제법규는 국내법과 같은 효력을 가진다"라고 규정하여 평화국가의 요체인 국제법존중주의를 선언하고 있다. 더 나아가서 제6조 제2항에서는 "외국인은 국제법과 조약이 정하는 바에 의하여 그 지위가 보장된다"라고 규정함으로써 호혜주의에 따라 외국인을 법적으로 보호하겠다는 것을 분명히 하고 있다.

2. 침략전쟁의 부인

헌법 제5조 제1항은 "대한민국은 … 침략적 전쟁을 부인한다"고 하여 국제연합의 회원국으로서 국제연합헌장에 규정된 무력행사금지원칙을 헌법에 수용하고 있다. 곧 헌법은 영토의 확장, 국가이익 또는 정책의 실현을 위한 제국주의적 또는 패권주의적 발상에 의한 침략전쟁을 부인하고 있다.

그러나 헌법 제5조 제2항 전단은 "국군은 국가의 안전보장과 국토방위의 신성한 의무를" 진다고 하여 외국으로부터의 공격을 격퇴하여 국민과 영토를 보호하기 위한 자위전쟁까지를 금지하고 있지는 않다.

3. 국제법존중주의

평화국가의 요체는 국제법의 존중이다. 헌법은 제6조 제1항에서 "헌법에 의하여 체결·공포된 조약과 일반적으로 승인된 국제법규는 국내법과 같은 효력을 가진다"라고 규정함으로써 국제법존중주의를 직접 선언하고 있다.

(1) 조   약

1) 조약의 개념과 체결절차   조약이란 그 명칭과 관계없이 법률상의 권

리·의무를 창설·변경·소멸시키는 2개국 이상의 성문의 합의·약속을 말한다. 조약의 체결권은 대통령에게 있으나(제73조), 그 체결·비준에 앞서 국무회의의 심의를 거쳐야 하며(헌법 제89조 제3호), 특히 중요한 사항에 관한 조약은 사전에 국회의 동의를 얻어야 한다(헌법 제60조 제1항). 그러나 비자(Visa)협정과 문화교류를 내용으로 하는 협정 등과 같이 헌법에 열거되지 아니한 단순한 행정협조적·기술적 사항에 관한 조약의 체결·비준에는 국회의 동의가 필요 없다.

2) 조약의 국내법상 효력　　헌법은 "헌법에 의하여 체결·공포된 조약 …은 국내법과 같은 효력을 가진다"(제6조 제1항)라고만 규정하고 있다. 그렇기 때문에 절차적·내용적으로 합헌인 조약이 국내법체계상 위치가 문제된다. 이 문제와 관련해서는 조약우위설과 헌법우위설이 대립되어 있다. 그러나 헌법우위설이 다수설의 입장이고 또한 타당하다. 따라서 조약은 원칙적으로 국내법의 법률과 같은 효력을 갖는다. 다만 순수한 행정협정과 같은 것은 명령·규칙과 같은 효력을 가지는 것으로 이해되고 있다.

3) 위헌인 조약　　위헌인 조약은 위헌인 법률과 마찬가지로 국내법적 효력을 가질 수 없다. 다만 조약의 위헌 여부의 결정방법과 관련하여 학설은 의견이 나뉘어 있다. 다수설은 법률의 효력을 가지는 조약은 헌법재판소가, 명령·규칙의 효력을 가지는 조약은 대법원이 최종적으로 그 위헌 여부를 심사한다고 하고, 소수설은 규범통제제도가 원용될 수 없다고 한다. 헌법재판소는 조약이 국내법적 효력을 가짐에 있어 성립절차상의 하자로 헌법에 위반되는지 여부뿐만 아니라 조약의 실질적 내용이 헌법의 제 규정에 위반되는지 여부까지 판단하고 있다.

논리적으로는 다수설이 명쾌한 듯 보이지만 다수설은 조약의 국제정치성과 조약무효로 인한 국가의 체면손상 등 조약의 특수성을 간과하고 있다. 더 나아가서 오늘날 통치행위이론이 대단한 수정을 받고 있음에도 불구하고 전통적으로 조약체결은 통치행위의 핵심부분을 구성한다는 사실 또한 잊어서는 안 될 것이다. 따라서 위헌적인 조약이 체결·비준되는 과정에서 정치적으로 해결되는 것이 바람직한 방법이라 생각한다.

(2) 일반적으로 승인된 국제법규

1) 일반적으로 승인된 국제법규의 개념　　일반적으로 승인된 국제법규란 성문·불문에 관계없이 또한 우리나라에 의하여 승인된 여부와는 관계없이 세계 대

다수국가에 의하여 승인된 국제법규를 말한다. 일반적으로 승인된 국제법규는 특별한 수용절차를 거치지 않고 국내법과 동등한 효력을 갖게 된다(헌법 제6조 제1항).

2) 일반적으로 승인된 국제법규의 효력   일반적으로 승인된 국제법규의 국내법상의 효력과 관련해서도 견해가 나누어져 있다.

개인적으로는 그러한 국제법규에 헌법보다는 하위이지만 법률보다는 상위의 효력을 인정하는 것이 타당하다고 생각한다. 일반적으로 승인된 국제법규는 국제사회에서 장기간에 걸쳐 세계양심이 되어온 것으로 전체 국제법질서에서 핵심을 이루는 것이다. 그렇기 때문에 그러한 국제법규들을 국내 법률로써 부인할 수 있도록 한다면, 헌법이 선언한 평화국가원리가 유명무실한 것이 될 것이기 때문이다.

4. 외국인의 법적 지위 보장

외국인의 법적 지위에 관한 입법례로는 호혜주의(상호주의)와 평등주의가 있다. 각국의 실정헌법은 일반적으로 호혜주의에 입각하여 외국인의 법적 지위를 보장하고 있다. 우리 헌법도 제6조 제2항에서 "국제법과 조약이 정하는 바에 의하여 그 지위가 보장된다"라고 함으로써 호혜주의를 선언하였다.

5. 평화적 통일지향

헌법은 한반도의 분단현실을 인정하고 무력에 의한 통일추구가 불가능한 국제정치적 현실을 인식하여 여러 곳에서 평화적 방법에 의한 통일을 선언하고 있다. 헌법전문은 "조국의 … 평화적 통일의 사명"을 선언하고, 헌법 제4조는 "대한민국은 통일을 지향하며, 자유민주적 기본질서에 입각한 평화적 통일정책을 수립하고 이를 추진한다"고 하였다. 이 밖에도 국가원수인 대통령으로 하여금 취임시에 "조국의 평화적 통일 … 에 노력"할 것을 선언하게 함(제69조)과 동시에 대통령에게 "조국의 평화적 통일을 위한 성실한 의무"를 지우고 있으며(제66조 제3항), "평화통일정책의 수립에 관한 대통령의 자문에 응하기 위하여 민주평화통일자문회의를 둘 수 있"도록 하였다(제92조 제1항).

이러한 규정들은 평화적인 방법에 의한 통일을 추구하면서도, 곧 무력이나 강압에 의한 통일을 배제하면서도 자유민주적 기본질서에 입각한 통일을 추구한 다는 남북한통일의 기본원칙을 선언한 것이다. 여기서 자유민주적 기본질서에 입 각한 통일이란 정치이념의 측면에서는 자유와 평등을 추구하고, 정치원리로서는 특히 국민주권의 원리가 존중되는 통치질서에 입각한 통일을 뜻한다.

　　이러한 헌법적 기초 위에서 1991년 12월에는 상대방체제의 존중, 내부문제불 간섭, 비방·중상의 중지, 파괴·전복행위의 금지, 현 정전상태의 평화상태로의 전 환, 국제무대에서의 대결과 경쟁중지 등을 내용으로 하는「남북 사이의 화해와 불가침 및 교류·협력에 관한 합의서」(약칭 남북합의서)가 채택되고, 1992년 2월에 는 효력을 발생하여 남북한은 적어도 법적으로는 무력행사를 포기하였다. 1991 년 9월 17일의 남북한유엔동시가입과 남북합의서의 효력 발생으로 남북한관계는 비록 외국과의 관계는 아니지만 사실상 외국과의 관계와 유사하게 되었다고 할 것이다.

제 2 편

기 본 권

제1장 기본권 일반이론

제1절 기본권의 역사적 전개

기본권사상은 인권사상에서 비롯되었다. 특히 근대적 의미의 기본권사상은 17·18세기에 자연법과 이성법을 주장한 계몽주의철학자들에게서 발전되었다. 계몽주의철학자들은 인간을 이성적인 존재, 양도될 수 없는 자연적 권리를 가진 존재로 생각하였다. 이렇게 철학적으로 정당화된 자유를 정부당국에 대하여도 관철시키는 것은 당시의 지배적인 절대주의국가관 때문에 불가능하였다. 왜냐하면 절대주의국가관에 따르면 국가권력은 무제한적인 것이자 전적으로 군주의 사유물인 것으로 간주되었기 때문이다. 국가권력의 발로로서의 군주의 의사에 대하여 '신민'(臣民, Untertan)은 무력할 수밖에 없었다.

따라서 자유와 법적 안정성에 대한 요구는 그 당시로서는 혁명적인 것이었으며, 절대주의의 권력구조와는 대립되는 것이었다. 따라서 기본권은 (무제약적이며, 철회불가능하고, 시간적·내용적으로 무제한적이라는 본래의 의미의) 주권에의 경향에 대한 답변인 동시에 인간의 기본적 자유에 봉사하도록 주권을 거부한 것으로 이해될 수 있다.

제 1 항   원기본권(原基本權)

1. 인권의 기원에 대한 부뜨미 *E. Boutmy*와 옐리네크 *G. Jellinek*의 논쟁

20세기 초 독일의 저명한 국법학자인 옐리네크와 당대 프랑스의 대표적 정치학자인 부뜨미 사이에 인권의 기원에 대하여 격렬한 논쟁이 있었다. 그 논쟁에서 부뜨미는 사상사적 측면을 강조하여 18세기의 프랑스 계몽철학, 특히 루소야말로 인권의 효시라고 할 수 있으며, 루소의 사상은 그 후 프랑스혁명이 진행되는 가운데 인권선언에서 구체적으로 표현되고, 이를 계기로 하여 전 세계에 확산되었다는 견해를 표명하였다.

이에 대해서 옐리네크는 제도사적 측면을 강조하면서 반대의 뜻을 표명하였다. 그는 1776년의 버지니아헌법 및 기타 식민지 각 주의 헌법에 규정된 권리장전이야말로 1789년 성립된 프랑스인권선언의 모델을 이루고 있다고 하면서, 인권의 역사는 미연방헌법 및 주헌법에 보장된 종교의 자유에서 비롯되었다고 하였다.

2. 영국의 대헌장 제39조

일반적으로 기본권은 헌법문서에 성문화된 권리라고 개념 규정된다. 이러한 개념정의에 따른다면 최초의 기본권은 1679년의 「인신보호령」에 규정된 자의(恣意)적인 체포 및 형사소추로부터 보호를 받을 권리, 곧 인신의 보호에 대한 권리라 할 수 있다. 그리고 이러한 인신의 보호에 대한 권리에 견인차 역할을 한 것은 전문 63개 조항으로 구성된 1215년 6월 15일의 영국의 「자유대헌장」 제39조에 규정된 신체의 자유라 해야 할 것이다.

「대헌장」의 헌법문서로서의 법적 성격을 부정하는 견해가 있다. 「대헌장」은 지배계약의 예에 지나지 않기 때문에 「대헌장」은 기본권을 보장한 것이라기보다는 오히려 특권적 예외를 선언한 것이라고 하거나, 「대헌장」이 현대적 의미의 성문헌법이라는 점은 부정하면서도 근대적 인권선언의 조상격인 역할을 인정할 수 있다는 견해가 그러한 예에 속한다.

그러나 원기본권을 정하는 문제에서 오늘날의 기본권개념에 지나치게 집착할 필요는 없을 것이다. 헌법문서에 성문화되었고, 오늘날까지도 기본권의 발달에 계속적인 영향력을 행사하고 있다면 그것으로 충분하다 할 것이다. 그러한 한에서 「대헌장」 제39조(신체의 자유)를 모든 기본권의 모태로 보는 다음과 같은 견해가 타당한 것으로 생각된다. 즉 자의(恣意)에 의한 체포 또는 형사소추를 당하지 않을 권리야말로 기본권의 원형이요 자유의 근원으로 보아야 한다. 그 이유는 이와 같은 기본권이 존재하지 않는 경우 인간은 끊임없는 위협에 직면하게 되고, 그 내용이 정신적인 것이든 정치적인 것이든 또는 종교적인 것이든 일체의 의사표시나 행동에는 개인적 자유의 상실이라는 높은 대가가 뒤따르게 되며, 공포는 결국 사람들의 입을 봉해버리고 말기 때문이라는 것이다. 따라서 역사적 관점에서 보든 내용적 측면에서 보든 자의적 체포로부터 보호를 받을 권리야말로 모든 기본권의 모태이다.

제 2 항 자유권적 기본권의 역사적 전개

1. 영 국

영국은 1628년 「권리청원」에서 의회의 동의 없는 과세와 자의적인 체포를 금지하였고, 1679년 「인신보호령」에서 문서로 된 체포영장 없이는 영국신민의 인신을 체포하는 것을 금지하였으며, 체포된 자는 늦어도 30일 이내에 법관에게 구인되어 그 체포가 허용되는 것인가 여부를 심사할 것을 명하였다. 그런가 하면 1689년의 「권리장전」은 의회의 동의 없이 법률을 제정하거나 폐지하는 것을 금하였고, 대표자를 자유로운 선거에 의하여 선출할 것 등을 규정하였다.

영국의 헌법발전과 기본권발전에서 특색은 대정부투쟁과 종교투쟁의 결과 일반적인 권리와 자유를 개인에게 국민의 권리로서 보장하고 그를 위하여 국가권력을 제한한 것이었다.

2. 미 국

영국의 인권선언이 신분적 자유와 권리를 개별 헌법문서에 보장한 것과는 달리 미국에서는 천부불가침의 자연권을 선언하고 근대적 의미의 기본권목록을 최초로 헌법에 성문화하였다.

전문(全文) 16개 조항으로 구성된 1776년 6월 12일의 「버지니아 권리장전」은 전국가적 자연법사상에 기초한 기본적 인권을 확인한 최초의 기본권목록으로 평가된다. 그 중요한 내용은 ① 사람은 생래의 권리를 가지며, 그것은 전국가적인 권리라는 것(제1조), ② 주권은 국민에게 있고(제2조), 정부가 그 목적에 반할 때에는 혁명권이 인정된다는 것(제3조), ③ 특권이나 세습제의 부정(제4조), ④ 공정한 형사소송절차와 배심제도의 보장(제8조 – 제11조), ⑤ 언론의 자유(제12조), 종교의 자유는 국가권력에 의하여 침해될 수 없다는 것(제16조) 등이다.

1776년 7월 4일의 「미국독립선언」은 엄격한 의미에서 인권선언의 성격을 가지는 것은 아니나, 로크가 주창한 바와 같은 자연법사상에 기초한 자유주의적 국가관을 공표한 것으로, 자연권적 인권의 승인, 국가계약설, 국민주권, 혁명권 등을 선언하고 있다.

1787년 9월 17일에 제정된 미연방헌법은 처음에는 권리장전에 대한 부분이 없었으나, 발효 직후인 1791년에 권리장전에 해당하는 수정헌법 제1조 – 제10조를 증보하였다. 그 내용은 종교·언론·출판·집회의 자유, 신체의 자유, 적법절차·사유재산의 보장 등으로, 「버지니아 권리장전」에 선언된 것과 거의 비슷한 것이다. 그 후 시대의 변화와 더불어 수정헌법 제13조 – 제15조(1865 – 70)와 제19조(1920)를 추보하였다. 그 주요내용은 노예제와 강제노역의 폐지, 인종에 따른 참정권의 차별금지, 부인참정권의 인정 등이었다. 특히 수정헌법 제5조의 적법절차조항을 주(州)에도 적용하도록 한 것은 미국의 인권보장사에 중요한 계기를 부여하였다.

미국의 인권선언 또는 기본권규정에서는 다른 나라에서 볼 수 없었던 특이성을 볼 수 있다. 그것은 권리장전과 헌법이 의회가 아닌 특별한 회의체에서 통과되었으며, 그 개정은 입법부로부터 구별되는 헌법개정기관에 의해서만 가능한 것으로 간주됨으로써 헌법의 우위가 확립되었다는 사실이다. 헌법, 곧 '최고법'(paramount law)의 우위가 확보된 결과 위헌법률을 내용적으로 심사할 수 있게 되었다. 실제로 미연방대법원은 1803년의 '마베리 대 매디슨 사건'에서 위헌법률심사권을 행사하였다.

3. 프 랑 스

볼테르 *Voltaire*(1694 – 1778), 몽테스키외 *Montesquieu*(1689 – 1755), 루소 *J. J. Rousseau*(1712 – 1778) 및 미라보 *Mirabeau*(1715 – 1789) 등의 사상에 커다란 영향을 받은 프랑스 국민의회는 1789년 8월 26일 「인간과 시민의 권리선언」을 선포하였으며, 이는 인간성(자유, 평등, 형제애)에 대한 열렬한 고백이었다. 전문(全文) 17개 조항으로 구성된 이 인권선언은 전문(前文)에서 인권의 자연권성, 불가양성, 신성성을 선언하는 것으로 시작된다. 그 주요내용은 ① 인간은 자유이고 평등한 존재로서 출생하고 존재한다는 것(제1조), ② 모든 정치적 결사의 목적은 인간의 소멸되지 아니하는 자연의 권리를 보지(保持)하기 위한 것이라는 것(제2조), ③ 국민주권의 원리(제3조), ④ 법률은 일반의사의 표현이라는 것(제6조), 종교의 자유(제10조), 언론의 자유(제11조), ⑤ 권리의 보장과 권력의 분립은 근대적 헌법의 필수적 내용이라는 것(제16조), ④ 재산권은 신성불가침의 권리이며, 법률로 규정된 공적 필요를 위하여 사전의 정의로운 보상을 통해서만 침해될 수 있다는 것(제17조) 등이다.

이처럼 이 인권선언이 인권의 자연권성과 불가양성을 거듭하여 강조하고 권력이 분립되지 않은 사회는 자유로운 입헌국가가 아니라는 것을 강조하는 이유는 프랑스가 오랫동안 절대군주의 전제지배 하에 있었기 때문이다. 이 인권선언은 2년 후에 제정된 1791년의 프랑스헌법에 편입되어 헌법의 구성요소가 되었다.

이 인권선언은 미국의 인권선언들과 많은 공통성을 보이고 있다. 그러나 프랑스의 역사적 여건이 미국과는 달랐기 때문에 구체적인 내용에서는 차이가 드러난다. 또한 이 선언은 「버지니아 권리장전」과 13년 밖에 시간적 차이가 나지 않음에도 불구하고 진보를 보이고 있다. 곧 이곳에서는 모든 것이 한층 더 수미일관(首尾一貫)되게, 논리적으로 더욱 철저하게, 보편타당하게 그리고 간결한 언어로 표현되어 있다.

4. 독   일

독일에도 푸펜도르프 *S. Pufendorf*(1632 – 1694), 토마지우스 *Chr. Thomasius*(1655 – 1716), 볼프 *Chr. Wolff*(1679 – 1754) 같은 자연법사상가들이 있었다. 그러

나 이들의 자연법사상이 독일의 기본권발전에 기여한 정도는 다른 나라에 비하면 제약된 것이었다. 독일에서는 18세기 중반까지만 하더라도 절대주의 국가건설이 문제되었기 때문이다. 18세기 중반에 들어와서야 지배를 제한한다는 생각이 전면에 나타나게 되었다. 그러나 그것도 지배자의 도덕적 의무를 통한 자기구속의 형태로였다.

독일은 1789년의 프랑스혁명과 그 인권선언에 소극적인 반응을 보였다. 혁명 후의 공포정치 때문에 혁명은 부정적인 것으로 생각되었기 때문이다. 오히려 당시 독일의 시민계급은 국민이 국가권력의 행사에 참여할 것과 전 독일이 민족국가로 통합될 것을 요구하였다.

독일의 초기헌법들도 기본권규정을 두기는 하였다. 그러나 이러한 헌법들에 규정된 기본권들은 국가 이전의 권리가 아니라 신민(臣民)의 권리에 지나지 않았다. 곧 이러한 권리들은 오래된 독일적 전통, 즉 자유는 국가에 의해서만 보증될 수 있다는 생각을 반영한 것이었다.

1848년 자유주의혁명의 결과 제정된 1849년의 프랑크푸르트 헌법에서는 '독일국민의 기본권'이라는 표현을 처음으로 사용함과 동시에 자유주의적 기본권을 모범적으로 목록화하였다. 이 기본권목록은 60개 조항에 달하는 아주 포괄적인 것이었으며, 그 내용도 매우 진보적인 것이었다. 이 헌법은 복고세력의 재등장으로 전체로서 효력을 발휘한 적은 없었으며, 1851년에는 이미 폐지되었다. 그러나 이 헌법은 그 후의 독일헌법들, 특히 1919년 8월 11일의 바이마르헌법에 커다란 영향을 미쳤다.

1850년의 프러시아헌법은 기본권규정을 두었으나, 그것은 보수세력의 재등장 이후 제정된 흠정헌법이었기 때문에 별로 의미가 없는 것이었다. 그리고 1871년의 비스마르크헌법은 기본권목록을 아예 수용하지 않았다. 그 이유는 비스마르크가 독일통일에 필요한 실용적 조항만을 수록하고 통일에 방해가 될 소지가 있는 기본권규정은 개별적 연방법률과 각 지방(支邦)헌법에 위임하고자 하였기 때문이다.

독일이 1919년의 바이마르헌법에서 비로소 모든 고전적 기본권을 규정하였고, 사회적 기본권을 최초로 규정한 것은 획기적인 사실이었다. 나치정권에 의한 온갖 만행과 인권유린을 경험하고 난 후 1949년 5월 23일에 제정된 독일기본법은 제1조에 인간의 존엄성을 규정하고 국가와 국가권력은 인간의 존엄성존중을 위해 존재한다는 것을 분명히 하고 있다.

제3항 사회적 기본권의 등장과 전개

사회적 기본권은 산업사회의 등장에 따른 새로운 시대를 특징짓는 법발전의 단계이다. 전통적인 시민권 일반과 마찬가지로 사회권도 기존의 사회질서와 정의의 명령의 집대성인 자연법사상 사이의 투쟁의 한 부분이다. 사회권의 문제점은 언제나 위기 시에는 시야에 들어왔다가 안정기나 회복기에는 사라지곤 한다.

사회적 기본권에는 여러 인권선언 이후의 사회적 대변혁 — 기술과 산업적 분업, 고도의 인구증가, 독점자본주의의 등장, 세계경제의 흥망, 두 차례의 세계대전, 환경오염 그리고 그 결과 단 하나의 중립적 권력인 국가에 부여된 통합역할 — 의 산물인 우리 시대의 사회상황이 반영되어 있다.

1. 프랑스 대혁명 전후

1789년 8월의 「인간과 시민의 권리선언」은 자유·평등·형제애라는 프랑스 대혁명의 3대 구호에도 불구하고 전적으로 자유권만을 수용했을 뿐 사회권에 대해서는 전혀 언급하지 않고 있다. 그러나 이렇듯 사회권이 수용되지 않은 것은 프랑스 국민의회가 원칙적으로 사회권을 경원시했다는 것을 뜻하지는 않는다. 프랑스 국민의회는 동 선언이 완전하지 못하다는 것을 알고 있었다. 그러나 프랑스 국민의회는 지체 없이 정치적으로 현실적인 문제를 다루고자 하였기 때문에 동 선언은 사회권이 포함되지 않은 상태로 선언될 수밖에 없었다. 따라서 「인간과 시민의 권리선언」에 사회권이 포함되지 않은 것은 사회권이 앞으로 국가를 구성하는 데에는 도움이 되나 '구체제'(ancien régime)의 해체에는 도움이 되지 않기 때문에 뒤로 미룰 수밖에 없었다는 사실에서 설명될 수 있다. 그러나 공상적 사회주의자 가운데 한 사람인 푸리에 *Fourier*는 1848년에 재산이 없는 자들에게는 자유의 현실적 기초가 결여되어 있다는 것을 지적하면서 이 권리선언에 사회권이 포함되지 않은 것을 비판하였다.

사회적 문제를 헌법상의 권리로 보장하여야 한다는 생각은 프랑스 대혁명의 주체세력 중 과격주의자들의 헌법초안에서 처음으로 성문화되었다. 곧 1793년 6월 24일의 자코방당 헌법초안 제21조와 제22조는 근로의 권리, 공적 구호청구권, 교육을 받을 권리를 처음으로 규정하였다. 이들 최초의 사회권에 대한 헌법규정들은 구체적으로는 아무것도 보장하지 않고 그 구체화와 실현을 입법과 행정에 위임한, 곧 의무를 선언하는데 그친 강령규정에 지나지 않았다.

2. 1848년 혁명기

사회권의 문제는 1848년의 프랑스 혁명기간 중 다시금 정치적 논의의 대상이 되었다. 사회권의 문제는 이 혁명기간에는 이전에 비해 더 높은 강도로 그리고 다른 방법으로 제기되었다. 가진 자와 가지지 못한 자의 대립은 더욱 강하게 표출되었다. 가진 자와 가지지 못한 자의 대립은 개인 사이의 우연한 대립이 아니라 근대자본주의 사회의 필연적 계급구조의 결과로 간주되기 시작하였다. 그와 동시에 가지지 못한 자라는 용어는 노동자와 동의어로 통하게 되었다.

1848년 5월 18일 프랑크푸르트의 바오로교회에서 회동한 독일국민회의에서는 근로의 권리와 관련하여 특히 생활수단을 가지지 못한 실업자에 대한 사전배려, 생계비청구권 및 근로능력 없는 빈곤자에 대한 배려와 같은 사회권들을 헌법에 성문화할 것이 제안되었다. 이러한 견해에 대하여 국가가 후견인을 자임할 수 없을 뿐만 아니라 또한 그러한 권리들을 보장하게 되면 소유를 증대시키려는 동기(動機)가 잠들게 될 것이라는 반대견해가 제기되었다. 그리고 후자의 견해가 관철되었다. 그런가 하면 몰 *R. v. Mohl*은 국가의 원조를 청구할 권리는 직접 소(訴)의 대상이 될 수 없을 것이라 하여 국가의 원조를 청구할 권리를 헌법에 수용하는 것에 반대하였다. 그 결과 사회권을 헌법에 수용하려는 제안은 부결되었다.

3. 바이마르헌법

1919년 8월 11일의 바이마르헌법은 사회권의 헌법적 수용과 관련하여 결정적인 역할을 수행한 헌법으로 평가를 받고 있다. 동 헌법은 제2편 제5장에서 경제생활의 질서를 통한 모든 사람들의 인간다운 생활의 보장(제151조)을 선두로, 노동력의 보호(제157조), 근로조건과 경제조건을 향상시키기 위한 적극적 단결권

의 의미에서 단결의 자유의 보호(제159조), 근로보호와 피보험자 참여 하의 사회
보장의 구성에 대한 강령(제163조), 근로자에 의한 경제조건과 근로조건의 공동형
성(제165조) 등을 규정하였다.

이러한 규정들에서 현대의 사회적 요청을 고려하여 자유주의적 법치국가의
자유를 제한하려는 경향이 두드러지게 나타났다. 그럼에도 불구하고 사회적 권리
를 전통적 시민권과 융합시키려는 헌법적 시도(계급타협의 시도)는 실패하였다.
바이마르헌법의 기본권들은 한 번도 독일국민의 실제 법생활의 일부가 되지 못
하였다 그런가 하면 독일헌법학은 바이마르헌법에 규정된 기본권들을 공동화(空
洞化)시키고, 직접적으로 의무를 부과할 수 없는 규정 또는 직접적으로 권리를 부
여하지 않는 강령규정 또는 기술적으로 이해되는 행정법적 유형의 규정으로 해
석하여 헌법에서 기본권이 가지는 본래의 가치를 떨어뜨렸다.

사회적 권리들은 현실적 효력을 가지는 권리라기보다는 오히려 윤리적·정치
적 호소에 가까운 것이었으며, 헌법재판을 통하여 제소될 수 없는 것이었다. 그
렇기 때문에 사회적 권리들은 간접적인 효력을 가질 수 있기 위하여, 곧 개인에
게 주관적 공권을 부여하기 위하여 해당 법률을 통한 구체화가 필요하였다. 그러
나 그러한 법률들은 전혀 제정되지 않았다.

4. 그리스도교의 사회윤리

사회권의 발달에는 그리스도교의 사회윤리 또한 커다란 영향력을 행사하였
다. 곧 19세기의 사회적 문제에 대하여 그리스도교는 자신의 입장을 표명하지 않
을 수 없었다. 이는 — 후일 비오 11세 교황의 회칙과 「어머니요 교사」(1961), 「지상의
평화」(1963), 「민족들의 발전」(1967) 등의 여러 회칙(會則)에서 확장되고 새롭게 체계
화된 — 1891년 레오 13세 교황의 「노동헌장」으로 나타났다. 이들은 하나같이 사
회정책과 사회배려에 대한 국가의 의무를 강조했으며, 세계복지국가를 가톨릭 사
회윤리의 이념형으로 공포하였다.

그리스도교의 사회윤리에서는 노동자의 단결권은 자연권으로 이해된다. 이
로써 그리스도교의 자연법은 사회의 발전에 따른 시대에 적합한 표현방법을 찾
아내었고, 이론과 실무에서 기본권 문제의 모든 영역에 영향을 미칠 수 있게 되
었다.

제 4 항 1945년 이후의 인권보장 — 인권보장의 현대적 전개

1945년 이후의 인권보장의 추세는 인권의 자연권성을 기초로 한 인권보장의 국제화와 사회적 인권의 헌법적 수용 및 환경권을 중심으로 하는 제3세대 인권의 등장으로 요약할 수 있다.

1. 인권보장의 국제화

인권의 국제적 선언은 법규범에 나타나는 공적 양심, 곧 세계양심의 표현이다. 오늘날 인권은 개별 국가만이 아니라 전 인류에게 그 존중을 요구하고 있다. 전통적 자유권뿐만 아니라 사회권의 여러 문제들, 곧 세계적인 빈곤, 발전도상국가들에서 보이는 폭넓은 주민층의 식량부족상태, 문맹(文盲)현상, 인구폭발현상, 제3세계의 극심한 빈부의 격차와 1960년대 이후 특히 문제가 되어온 환경문제와 같은 것은 국제적 공동노력에 의해서만 어느 정도 만족할 수 있는 해결을 이끌어 낼 수 있다. 따라서 인권에 대한 이러한 인식의 변화는 인권의 문제를 더 이상 개별 국가의 문제로 보지 않게 되었고 인권탄압에 대한 타국의 간섭은 더 이상 내정간섭으로 간주되지 않는다.

인권보장의 국제화현상은 이미 제1차 세계대전 후에 시작되었다. 그리고 이러한 인권의 국제화현상에서는 전통적 자유권뿐만 아니라 사회권도 그 대상이 되었다. 특히 1919년의 베르사이유 강화조약의 결과로 1919년 6월 28일 설립된 국제노동기구(ILO)는 1946년 이후에는 국제연합의 특수기구로 활동하고 있다. 국제노동기구는 그 헌장전문에서 전 세계에 걸쳐 사회적 정의를 진작시키고 노동조건과 생활조건을 개선함으로써 세계평화에 기여할 것을 선언하고 있다. 그에 따라 국제노동기구는 정부대표, 노동조합의 대표 및 사용자단체에서 파견한 대표들로 이루어진 의회에서 노동자의 근로조건과 생활조건을 향상시키는 조약들을 다루고 있다. 국제노동기구가 설립된 후 현재까지 100개가 넘는 협약이 체결되었다. 이러한 협약들은 대부분의 국가들에서 비준되어 국내법적 효력을 누리고 있다.

그러나 인권이 본격적으로 국제적 선언, 결의, 협약 등에서 보장되기 시작한 것은 제2차 세계대전 후의 일이다. 1945년 6월 26일의 「국제연합헌장」은 인간의

기본권과 인격의 가치에 대한 믿음을 선언하고 인간의 존엄과 가치, 기본적 인권
과 평등 및 경제적·사회적 기본권 등을 선언하고 있다. 이러한 국제연합헌장의
정신에 기초하여 1948년 12월 10일 국제연합 제3차 총회에서 모든 인간가족 구
성원의 평등·불가양의 권리를 고백한 「세계인권선언」이 채택되었다. 이 선언에
는 인간의 존엄성, 평등권, 신체의 자유, 표현의 자유, 정보수집의 자유, 망명자보
호청구권 등 모든 중요한 인권들이 망라되어 있다. 이 선언은 단순한 권고사항이
자 구속력 없는 선언에 지나지 못했지만, 국제인권보장사에 획기적 전기를 마련
하였다.

　　1950년 11월 4일에는 「인권과 기본적 자유의 보호를 위한 유럽협약」(약칭 유
럽인권협약)이 채택되었고, 이 협약은 1953년 9월 3일부터 발효하여 회원국에 대
하여 구속력을 갖게 되었다. 비록 유럽지역에 한정된 것이기는 하지만, 강제력을
가진 인권선언이 탄생되었다는 것은 국제적 인권보장의 신기원을 이룩한 것으로
평가될 수 있다. 1961년 10월 18일에는 유럽인권협약을 보완하기 위하여 「유럽
사회헌장」이 채택되어 19개의 사회적 기본권이 보장되었다.

　　「세계인권선언」이 공포된 이후 국제연합인권위원회는 「세계인권선언」에 규
정된 권리들에 구속력을 부여하기 위하여 커다란 노력을 경주하였다. 그 결과
1966년 12월 16일 국제연합 제21차 총회에서 「국제인권규약」이 통과되었다. 이
규약은 전문 31개조로 구성된 「경제적·사회적·문화적 권리에 관한 규약」(A규약)
과 전문 53개조로 된 「시민적·정치적 권리에 관한 규약」(B규약) 및 「B규약 선택
의정서」로 구성되어 있다. 이 규약은 세계인권선언을 한층 더 상세하게 규정하고
시행규정을 두어 서명국의 의무에 대하여 상세히 규정한 것이다. 예컨대 서명국
가운데 한 나라가 이 규약에 규정된 권리를 침해하는 경우 다른 서명국은 그에
대하여 인권위원회에 소원을 제기할 수 있도록 되어 있다. 이 규약은 1977년부터
서명국에 대하여 효력을 발생하기 시작하였다.

　　인권이 세계적으로 효력을 가지게 됨으로써 한편으로는 자연법적 사고가 세
계적인 것이 되었다. 그러나 다른 한편으로는 현실과 요청 사이의 커다란 괴리
때문에 그러한 자연법적 권리, 곧 인권의 효력이 문제되기 시작하였다. 그러나
이러한 권리들이 전국가적 효력을 가진다고 선언되면서도 구체적 국가현실에서
침해된다는 것 때문에 그 효력을 의심할 필요는 없다. 여기서 말하는 전국가적

효력이란 소송과정에서 관철되는 법적 실효성을 의미하는 것이 아니라, 도덕적 의무부여와 사회윤리적 효력으로 이해된다. 그러한 한에서 인권은 국가적 보증과 보장과 관계없이 효력을 갖는다고 할 수 있다.

2. 사회적 인권의 헌법적 수용

1945년 이후 사람들은 개인에게 책임이 없는 사정 때문에 발생한, 점점 더 긴박해져가는 사회적 문제의 해결을 국가와 법이 해결하지 않으면 안 된다고 생각하기 시작하였다. 곧 1945년 이후 사회적 안전과 사회적 정의는 시대의 커다란 관심사로 등장하였다.

이러한 요청에 따라 1945년 이후에 제정된 헌법들은 사회적 인권을 헌법에 규정하고 있다. 1946년 10월의 프랑스 제4공화국헌법은 전문에서 1789년의 인권선언을 재확인하고 나서 노동권, 건강권·휴식권·물질적 수급권, 교육을 받을 권리와 같은 여러 가지 사회권을 규정하였다. 1946년 11월의 일본국헌법에도 사회권이 들어 있다. 1947년 12월의 이탈리아헌법은 사회권과 사회국가를 동시에 규정하고 있다. 1949년 5월의 독일기본법은 상세한 사회권목록을 가지고 있던 바이마르헌법과는 달리 사회국가조항만을 두고 있다. 특히 1976년의 포르투갈헌법과 1978년의 스페인헌법은 상세한 사회권규정을 두고 있다. 우리 헌법도 건국헌법 이래 자세한 사회권조항을 두고 있다.

3. 제3세대 인권의 등장

1948년 12월 10일 국제연합에서 세계인권선언이 있고 난 후 대략 40년 사이에 150개가 넘는 전쟁에서 대강 2,000만 명의 인간이 목숨을 잃었다. 그런가 하면 전 세계적으로 인간의 상상을 불허하는 절대적 빈곤 속에서 살고 있는 인간의 숫자는 8억에 달하며, 5억의 인간이 항시적인 기아 속에서 살고 있고 날마다 기아 때문에 죽어가는 어린이의 숫자는 4만 명이 넘는다. 그것만이 아니다. 우리의 자연적 생활기반은 파멸 직전에 놓여 있을 뿐만 아니라 의사소통 분야와 유전공학 분야의 신기술은 그 결과를 전혀 예측할 수 없는 지경이다. 이것이 인간이 처해 있는 현재의 상황이다.

이러한 상황에 대한 대응책으로 1972년 바작 *K. Vazak*은 인권의 개념을 변화된 상황에 적용하기 위하여 새로운 인권, 곧 제3세대 인권이란 개념을 고안해 내었다. 그는 이미 국제인권법의 내용을 이루고 있는 시민적·정치적 권리를 제1 세대 인권, 경제적·사회적·문화적 권리를 제2세대 인권이라 부르고 여기에 제3 세대 인권, 곧 새로운 인권이 첨부되어야 한다고 주장하였다.

제3세대 인권에 속하는 권리로는 경제발전권, 평화권, 환경권, 인류공동의 유산에 대한 소유권 및 인간적 도움을 요구할 권리의 다섯 가지를 드는 것이 일반적이다. 제1세대 인권의 이념이 자유, 제2세대 인권의 이념을 평등한 자유라는 의미에서의 평등이라 한다면, 제3세대 인권의 이념은 프랑스 대혁명의 3대 구호 중 하나인 형제애의 현대적 표현인 연대성이다. 제3세대 인권은 다음과 같은 다섯 가지 특색을 가지고 있다. ① 제3세대 인권은 제1세대 인권과 제2세대 인권에 비하여 정치적 색채가 적다. ② 제1세대 인권과 제2세대 인권이 법적 강제수단을 통하여 국가에 의하여 관철됨에 반하여, 제3세대 인권은 사회동반자, 곧 개인, 국가, 공·사의 단체 및 국제공동체가 연대책임을 인정하는 것을 전제로 해서만 가능하다. ③ 제1세대 인권과 제2세대 인권이 국가내부의 문제로 제기되어 국내법의 차원에서 해결되고 국제법적인 인정을 받은 것과는 달리, 제3세대 인권은 국내법적 차원이 아닌 국제법적 차원에서 제기되고 그 인정을 요구하고 있다. ④ 제1세대 인권과 제2세대 인권의 주체가 개인임에 반하여, 제3세대 인권의 주체는 그것이 민족이든 국가이든 집단이다. 그러한 한에서 제3세대 인권은 전통적 의미의 인권과는 차이를 보이고 있다. ⑤ 제3세대 인권은 제1세대 인권과 제2세대 인권에 대한 종합으로 묘사될 수 있다. 그러나 제3세대 인권을 종합권으로 획득한다는 말은 이미 인정되어 있는 제1세대 인권과 제2세대 인권을 제3세대 인권으로 대체한다는 의미가 아니라 이미 존재하는 인권을 새로운 인권으로 보충한다는 의미이다.

제3세대 인권에 대하여는 "인권이념의 인플레이션" 또는 "모든 새로운 인권은 이미 인정되고 보장된 인권에 대한 경각심을 감소시킨다"라는 명제로써 비판이 가해지고 있다. 제3세대 인권을 부정하는 또는 반대하는 이유는 인권의 세대 개념의 불필요성, 제3세대 인권의 실현가능성에 대한 의문 및 제3세대 인권은 개인적 인권사상에서 벗어난 사고라는 세 가지로 정리될 수 있다.

인권의 이념은 이미 계몽주의에서 그리고 오늘날에도 여러 인권선언과 인권협정에서 인간의 존엄이란 단어에 요약되어 있다. 인간의 존엄은 모든 자연법적 윤리에 의하여 전제된 것이며, 또한 윤리의 효력도 그것에 의하여 전제된다. 우리는 인간의 존엄을 명확하게 개념 규정할 수 없다. 또한 인간의 존엄이 일반적으로 구속력을 가지는 것을 증명할 수도 없다. 그럼에도 불구하고 인간의 존엄은 현실이다. 왜냐하면 어디에서 인간의 존엄이 짓밟히고 침해되는가는 금방 알 수 있기 때문이다. 특히 인간의 존엄은 한계상황에서 문제된다고 할 수 있다. 제3세대 인권론은 극심한 빈부의 차이, 전쟁과 위기상황, 특히 제3세계의 기아, 범세계적 환경파괴에 의한 인간의 존엄에 대한 위협을 지적하면서 인권을 새롭게 이해할 것을 요구하고 있다. 그러한 한에서 제3세대 인권론은 새로운 인권이라는 도구를 사용하여 개별 국가의 권한을 넘어서는 문제들을 해결하려는 시도라고 볼 수 있다. 그러므로 제3세대 인권론은 그 관철 여부와는 관계없이 주목받을 충분한 가치가 있다.

제 2 절   기본권의 개념과 분류

제 1 항   기본권의 개념

보통 기본권은 헌법에 규정된 개인의 권리라고 정의된다. 그러나 이러한 막연한 개념규정만으로는 기본권을 체계적으로 설명할 수 없다. 곧 기본권에 대하여 체계적으로 논의하기 위해서는 기본권의 개념에 대한 명료성이 성립되어야만 하며, 그래야만 그 논의가 의미 있는 것이 될 수 있다. 특히 법학에서 기본권의 개념을 분명히 하는 것은 인식대상을 명확히 할 뿐만 아니라 보호대상의 범위를 확정하는 것과 관련해서 중요한 의미를 갖는다.

기본권은 협의로 이해할 수도 있고 광의로 이해할 수도 있다. 기본권을 협의로 이해하는 경우 기본권을 주관적 공권에 한정하여 "개별 국민을 위하여 헌법문서, 곧 객관적 법에 포함되어 있는 보장으로 국민들이 국가에 대하여 그것을 존중할 것을 요구하고 경우에 따라서는 사법적인 방법으로 관철할 수 있는 보장"으로 이해한다. 우리 헌법학계에서는 이러한 협의의 기본권개념이 일반화되어 있다.

그러나 기본권의 개념은 광의로도 파악할 수 있다. 이 경우 기본권은 "국가에 대한 국민의 관계(또는 지위 — 저자의 삽입)를 규율하는 객관적 헌법규범"으로 정의된다. 이 견해는 국내에서는 최근에야 주장되기 시작하였다.

헌법 제2장(국민의 권리와 의무)에 규정되어 있는 국민의 권리들을 보면 주관적 공권으로만 볼 수 없고, 국가목표규정, 입법위임규정 또는 제도보장규정으로 이해하지 않으면 안 되거나 주관적 권리와 이들 규정들 중 하나를 결합해서 설명하는 것이 더 합리적인 규정들이 존재한다. 기본권과 관련되어 있는 모든 문제를 총괄하지 않으면 안 되는 기본권일반이론은 이들도 포괄할 수 있는 것이어야 한다. 그 밖에도 기본권일반이론에서 사용되는 기본권의 개념은 주관적 방어권은 물론 적극적 급부청구권, 객관적 규범으로서의 기본권, 가치질서로서의 기본권 등 모든 것을 포괄할 수 있는 것이지 않으면 안 된다. 그러한 한에서 기본권의 개념은 광의로 이해되는 것이 합리적이다.

제 2 항   인권과 기본권

1. 인권과 기본권의 상관관계

기본권사상은 인권사상에서 유래하였다. 일반적으로 인권은 인간의 존엄에 상응하는 생활을 확보하는 데 필수적이며 그 구속력이 자연법으로부터만 결과되는, 인간이라는 이유만으로 모든 사람에게 마땅히 귀속되는 권리라 정의된다. 달리 표현한다면, 인권이란 인간이기 때문에 당연히 향유하는 인간생래의 권리라 할 수 있다. 그에 반하여 인권이 각국의 실정헌법에 성문화되면 그것을 기본권이라 한다. 따라서 기본권이란 헌법에 실정화된 인권이다.

2. 인권과 기본권의 구별

1770년에 미라보는 인권을 인정할 것을 요구하였다. 그 당시 미라보는 인권을 droit fondamentaux, 곧 기본권이라 불렀다. 그때부터 철학에서는 기본권과 인권을 동의어로 사용하는 것이 관례가 되었다. 국내의 헌법교과서들도 인권과 기본권을 개념적으로 명확하게 구별하지 않는다.

그러나 법학적·법이론적으로 인권과 기본권은 구별하지 않으면 안 된다. 이 두 가지 개념은 유래와 언어의 관용(慣用)상 다음과 같이 구별될 수 있다. "기본권은 실정법상의 권리이고 인권은 자연권이다. 이론논쟁에서 이러한 구별이 갖는 의의는 크다. 곧 인권은 시간적으로 볼 때 영구불변의 효력을 가지고 있다. 인권은 자연이나 신의 창조에 기원을 두고 있으며, 신성불가침의 성격을 지니고 있다. 이와 대조해볼 때 기본권은 그보다는 격이 낮은 듯한 인상을 준다. 곧 기본권이란 법적·제도적으로 보장된 권리를 의미한다. 기본권의 효력은 시간적으로나 장소적으로 제약되어 있다. 그 대신 기본권은 객관적 효력은 물론 주관적 효력도 아울러 가지고 있는 권리이다. 기본권은 사법심사 내지 구제의 대상이 된다. 기본권은 권력에 일정한 제약을 가하고 있다."

따라서 이러한 차이를 무시하고 인권과 기본권을 혼용하거나 동의어로 사용하거나 동의어로 사용하여도 무방하다고 말하는 것은 근거 없는 자의적 사용이며, 특히 사법심사를 통한 권리구제를 그 중심내용으로 하는 법학에서는 커다란 혼란을 불러오는 결과가 될 것이다.

3. 기본권이 인권에서 유래한다는 말의 의미

기본권이 자연권인 인권에서 비롯되었다고 하지만 헌법에 실정화 된 이상 그것은 실정법이며, 국민과 국가기관은 실정화 된 인권, 곧 기본권만을 주장할 수 있고, 기본권에만 구속된다. 그러므로 자연법상의 인권은 법률, 더 나아가서는 헌법을 판단하고 해석하는 척도가 아니다.

자연법상의 인권은 헌법해석의 척도로 작용하는 것이 아니라, 헌법의 제정과 개정논의에서 따라야 할 최고의 지침, 실현해야 할 궁극목적으로 작용한다. 이러한 인권이 아직까지 제도화되지 않았거나 부분적으로만 제도화된 곳에서 헌법개정논의가 이루어지는 경우 인권의 목록은 요구, 이념, 희망, 자극 그리고 경향을 의미하게 된다. 곧 이와 같은 경우에는 인권을 기본권으로 전화(轉化)시키는 일이 중요한 의미를 가지게 된다. 그러나 인권은 어디까지나 이념에 불과하고 그것이 현실태(現實態)로 되기 위해서는 그것을 그때그때 주어진 상황에서 사법구제가 가능한 기본권으로서 자기를 실현할 만한 정치적 힘이 필요하다. 그러나 그것이 인권인 한, 그것이 침해됨으로써 보호될 필요가 있는 한 그것은 언젠가는 기본권으로 성문화될 수밖에 없을 것이다. 왜냐하면 인간의 존엄으로 요약되는 인권이야말로 모든 사회의 저변에 흐르는 가치의 핵심이기 때문에 그 핵심을 인정하지 않는 어떤 권력도, 어떤 헌법도 그 수명이 오래가지는 않을 것이기 때문이다. 이러한 사실은 국내에서도 여러 번 증명되었다.

자연법상의 인권은 헌법의 제정과 관련해서는 전국가적 권리로서 국가를 형성하는 이념으로 작용한다. 곧 개인의 자유와 평등은 국가성립을 정당화하는 조건이며, 인권이 성문화된 기본권은 국가권력의 행사를 의무지우고 제한한다. 기본권에 전국가적 요소가 있다는 것은 기본권의 행사가 국가에 의해서 정당화되지 않으면 안 된다는 것이 아니라, 그와는 반대로 국가가 기본권을 제한하는 데 정당화가 필요하다는 의미이다. 그러므로 인간의 자유는 법에 선존(先存)하는 것이며, 법에서 다루어야 하는 것은 법 이전의, 원칙적으로 무제한적인 것으로 생각되는 자유의 존재 여부를 결정하는 것이 아니라 그러한 자유를 법적으로 인정하고 보장할 것인가 여부와 그러한 경우의 범위에 대한 것이다. 즉 인권 중에서 어떤 것을 헌법에 규정하여 보장하는 것은 헌법제정시에 헌법제정자가 모든 사정을 감안하여 정할 문제이다.

이러한 의미에서 헌법전에 성문화된 인권인 기본권은 국가와 사회를 정당화하는 표지이며, 국가에 대하여 내용과 존엄성을 부여하는 실질적 통합의 요소라고 할 수 있다.

4. 인간의 권리와 국민의 권리

기본권은 내·외국인을 불문하고 모든 인간에게 인정되는 권리와 국민에게만 인정되는 권리를 구별할 수 있다는 것이 국내의 통설적 입장이다. 곧 자유권을 제외한 사회권·참정권·청구권 등은 국가를 전제로 해서 국가의 구성원인 국민에게만 인정되는 것이므로 인간의 권리라고 보기는 힘들다는 것이다.

그러나 기본권은 헌법에 실정화된 인권이고, 헌법 제10조에 실정화 된 인간의 존엄과 가치가 자연법적 인권의 핵심내용이라는 것은 분명하며, 헌법상의 모든 개별기본권은 인간의 존엄과 가치의 표현으로서 인간의 존엄과 가치를 그 공통의 본질적 내용으로 한다. 그렇다면 기본권을 인간의 권리와 국민의 권리로 나누는 것은 기본권을 지나치게 수평적으로만 고찰한 결과이다. 오히려 모든 기본권은 인권을 핵심으로 하며 부차적으로만 실정법적 요소를 가진다고 할 것이다.

제 3 항 기본권의 분류

1. 학설의 개관

기본권의 분류와 관련하여 국내에서는 여러 가지 기준이 제시되고 있다. 기본권은 주체에 따라 인간의 권리와 국민의 권리, 자연인의 권리와 법인의 권리로 분류된다. 성질을 기준으로 하면 초국가적 기본권과 실정법상의 기본권, 진정한 기본권과 비진정한 기본권으로 분류된다. 내용에 따르면 인간의 존엄과 가치·행복추구권, 평등권, 자유권적 기본권, 참정권적 기본권, 사회권적 기본권, 청구권적 기본권으로 분류된다. 효력을 기준으로 하면 구체적 기본권과 추상적 기본권, 대국가적 기본권과 대사인적 기본권으로 분류된다.

국내의 다수설은 옐리네크의 지위론을 약간 변용시켜 주로 기본권을 내용에 따라 분류한다. 그와 동시에 용어의 사용에 있어서는 통일을 보이고 있지 않다. 국내 소수설은 오늘날 자유권의 생활권화 현상이 보편화되어가고 있으므로 그에 부응할 수 있는 새로운 기본권의 유형화와 체계화가 필요하다고 하면서 기본권을 생활영역에 따라 분류할 것을 제안한다. 그러나 자유권의 생활권화 현상은 (특히 우리나라에서는) 보편화되기는커녕 존재하지도 않는다.

2. 옐리네크의 지위론과 그 현대적 변용

법실증주의 헌법학자 중 대표격인 옐리네크의 기본권이론은 주관적 공권론과 지위론을 중심으로 이루어져 있다.

(1) 주관적 공권론

옐리네크에 따르면 모든 주관적 권리는 객관적 법질서의 존재를 전제로 하여, 이 법질서에 의하여 권리는 형성되고 인정되며 보호된다. 권리는 오직 인격(체) 또는 인간만에 한정된 권리주체 사이의 관계에서 성립되며 고립된 권리주체는 상상할 수 없다. 주관적 권리는 법(질서)에 의하여 인정되는 특정의 사물이나 이익에 대한 인간의 의사력을 말하며, 이에는 개인에게 능력과 허용을 동시에 부여해주는 주관적 사권과 능력만을 부여하는 주관적 공권이 있다. 결국 주관적 공권은 고립된 개인으로서의 개별 인간(인격)에게 주어지는 것이 아니라 공동체의 한 부분으로서, 곧 국가 내에서 구성원적 지위를 근거로 주어진다.

옐리네크는 국가가 공공복리에 봉사하는 공적 규정에 근거하여 특정의 작위 또는 부작위가 금지되는 경우 예기치 않게 개인의 권리영역이 확장되며 개인에게 유리한 결과를 가져오는 경우를 객관적 법규의 반사적 작용이라고 부르고 있다. 따라서 이러한 반사적 권리는 국가에 대한 청구권을 내용으로 하는 주관적 권리와는(따라서 주관적 공권과도) 구별된다.

(2) 지 위 론

1) 내   용   그리고 난 후 옐리네크는 선험적으로 존재하는 시원적(始原的)이며 저항할 수 없는 지배권을 가진 지배주체로서의 국가와 국가에 복종하는 복종주체로서의 개인을 전제하고, 국가 내에서 국민의 국가와의 관계를 나타내는 법적 상태, 곧 지위를 수동적 지위, 소극적 지위, 적극적 지위, 능동적 지위로 나누었다. 수동적 지위는 개개의 국민이 국가의 구성원으로서 국가의 통치권에 복종하는 지위를 말하는데, 이 지위에서 의무가 생겨난다. 이 지위는 이른바 일반 권력관계의 기초를 형성한다.

소극적 지위는 국민이 국가생활을 영위함에 있어 국가권력으로부터 자유인 지위를 말한다. 옐리네크는 기본권을 본질상 소극적 지위에 속하는 것으로 이해하고 있다. 소극적 지위는 국민이 국가에 대하여 가지는 모든 방어권의 총괄개념이다. 이 지위에서 국민은 국가에 대하여 부작위를 요구하는 권리를 가지게 된다. 이렇게 부작위를 요구하는 권리가 전통적인 자유권이며, 그 사상적 기초는 자연법, 개인주의, 자유주의라 할 수 있다.

적극적 지위는 국민이 국가에 대하여 적극적인 청구권을 가지는 지위를 말하는데, 이로부터 청원권, 재판을 받을 권리 등 고전적 청구권이 나온다.

능동적 지위는 국민이 국가의사의 형성에 참여하는 지위를 말하는데, 그로부터 참정권이 생겨난다.

2) 비   판   옐리네크의 지위론에 대해서는 소극적인 지위에 일차적인 지위를 부여하고 있다는 점, 구체적인 인간이 아닌 국가에 의해서 창조되는 추상

적 인격에 권리·의무의 주체성을 인정하고 있다는 점, 이 권리는 언제나 회수할
수 있는 것이라는 점 등을 들어 비판이 가해지고 있다.

3) 현대적 변용   이렇듯 지위론이 여러 가지 점에서 비판을 받고 있지만
지위론이 현대적 기본권이해에 대한 역사적 전단계(前段階)로서 의미를 가진다는
사실에는 변함이 없다. 지위론은 기본권을 이해하고 국가 내에서 국민의 지위를
판단하는 데 아직도 근본적인 의미를 가지고 있다. 뿐만 아니라 국민의 권리의
효력근거와는 관계없이 국가와 국민의 관계의 기본구조는 옐리네크의 지위론에
잘 표현되고 있다. 지위론에서 사용된 개념들은 오늘날에도 전적으로 유용하며,
기본권의 체계에 현실적으로 이용할 수 있다.

그에 따라 지위론을 근거로 하면서도 그간의 현실의 변화와 기본권관의 변화
를 반영하여 기본권을 방어권, 참여권, 급부권으로 3분하거나 자유권, 시민권, 사
회권으로 3분하는 것이 일반화되게 되었다.

초기의 인권선언들은 거의 자유권과 평등권만을 포함하고 있었다. 그 결과
인권과 기본권과 자유권은 동의어로 사용되었다. 곧 자유주의적 기본권들은 국가
권력이 개인(국민)의 권리영역과 자유영역에 침입할 가능성을 배제 또는 방어하
는 것, 곧 국가적 행위(간섭)에 대한 제한이 그 목적이었다. 이에 따라 자유권을
방어권으로 부르기도 한다. 방어권은 개인에게 국가적 침해에 대하여 방어할 수
있는 권한을 준다(기본권의 본질적 기능). 개인적 자유와 평등을 유효하게 보호하
기 위해서는 주관적 공권으로 구성된 기본권을 보장하는 것이 전제가 된다.

그러나 사회국가에서는 공권력의 침해를 방지하는 것에 그치지 않고 국가적
급부에 대한 참여를 보장하는 것이 필요하다. 이러한 필요에 대한 대답으로 헌법
은 개인에게 국가에 대하여 적극적인 급부, 곧 국가기관의 작위를 요구하는 권리
를 주고 있다. 이러한 국민의 권리를 급부권 또는 사회권이라고 한다. 그러나 급
부의 내용과 범위에 대하여는 의견이 통일되어 있지 않다.

참여권이란 국가공동체의 정치적 의사형성에 참여하고 공동으로 형성하는 권
리를 말한다. 참여권은 보통 시민에게만 주어지기 때문에 시민권이라고도 한다.

3. 헌법상의 기본권분류

따라서 헌법의 기본권목록에 포함되어 있는 기본권들은 기본권의 역사적 전

개과정과 기능 및 성격을 감안하여 옐리네크의 지위론을 현대적으로 변형시킨 방법을 수정하여 다음과 같이 분류할 수 있다. 즉 헌법의 기본권목록은 크게 (기본권의 이념적 전제로서의) 인간의 존엄과 가치, 행복추구권, 평등원리와 개별평등권, 자유권, 참정권, 사회권, (기본권보장을 위한) 절차기본권으로 분류된다.

제 3 절 기본권의 본질과 기능

제 1 항 기본권의 본질

1. 개   관

국가에 대한 이해가 헌법에 대한 이해를 좌우하듯이, 헌법에 대한 이해는 기본권에 대한 이해를 좌우한다. 그러한 한에서 법실증주의 헌법관과 결단론적 헌법관 그리고 통합론적 헌법관에 따라 기본권의 본질에 대한 이해도 달라질 수밖에 없다. 이에 따라 국내에서도 기본권이론을 이들 세 가지 방법에 따라 설명하고 있다. 그러나 기본권이론을 법실증주의 헌법관, 결단론적 헌법관, 통합론적 헌법관에 따라 이해하는 것은 어쩌면 이미 기본권이론의 발전과정에 미치지 못하는 설명방법이라 할 수밖에 없다.

현재 기본권이론에는 자유주의적 기본권이론, 제도적 기본권이론, 가치이론, 민주적 기능이론, 사회국가적 기본권이론, 기본법의 기본권이론 등이 있다. 자유주의적 기본권이론은 국내에서 설명되는 슈미트의 기본권관에 해당되는 것이고, 사회국가적 기본권이론은 사회적 기본권을 규정하고 있지 않은 본 *Bonn* 기본법 하에서 그 결함을 보완하기 위하여 고안된 이론이며, 기본법의 기본권이론은 뵈켄푀르데 *E.-W. Böckenförde*의 기본권관이다. 제도적 기본권이론, 가치이론, 민주적 기능이론은 기본권의 객관법적 기능을 강조하고 있다는 점에서 스멘트(곧 통합론적 헌법관)의 기본권관의 영향을 받은 것이라고 할 수 있다.

2. 기본권이론

(1) 자유주의적(시민적 법치국가적) 기본권이론

자유주의적 기본권이론은 특히 국가와 사회의 엄격한 분리를 이론적 전제로 하고 법치국가적 분배원리를 근거로 슈미트가 정립하였다. 이 견해에 따르면 기본권은 국가에 대한 개인의 자유권이며, 개인의 자유는 전국가적인 것으로 무제한임에 반하여 국가의 침해권한은 제한적이라고 한다. 즉 기본권은 국가권력에 대하여 방어적 또는 경계설정적 성격을 가지며, 국가는 이러한 개인의 자유영역과 개인이 자신의 자유를 사용하는 방법에 대해서는 간섭해서는 안 된다고 한다.

(2) 제도적 기본권이론

1) 제도이론의 유래   법학의 경우 제도이론은 특히 오리우 *M. Hauriou*에 의하여 시작되어, 바이마르 시대에 볼프 *M. Wolff*가 재산권을 해석하는데 도입하였고, 슈미트에 의하여 체계화되었다. 이곳에서 말하는 제도적 기본권이론이란 기본법하의 기본권이론을 말한다. 그러나 기본법하의 제도적 기본권이론을 정확하게 이해하기 위해서는 슈미트의 제도보장이론에 대한 이해가 선행되어야 한다.

2) 슈미트의 제도보장이론   슈미트는 자유(기본권)와 제도는 다르다는 전제하에 광의의 제도적 보장과 협의의 제도적 보장을 구별한다. 넓은 의미에서 헌법상의 제도적 보장이란 입법자를 구속하는 헌법의 모든 개별법문을 뜻한다. 그에 반하여 좁은 의미의 본래적 의미의 제도적 보장이란 법률로 규율되는 특정의 규범복합체, 예컨대 재산제도나 혼인제도에 대한 헌법상의 보장만을 의미한다. 슈미트는 제도적 보장의 전형적인 것으로 지방자치, 대학의 자치, 직업공무원제도의 전래된 제 원리 및 재산권과 상속권의 보호를 들고 있다.

제도적 보장의 목적은 이러한 제도의 전래된 법적 규정의 본질적 내용을 입법자가 변경(개정)하지 못하도록 보호하는데 있다. 즉 제도적 보장은 입법자의 헌법에 대한 구속을 근거지우는 단 하나의 기능만을 가진다.

개별적인 경우에 제도적 보장으로부터 기본권이 발생하는 경우가 있다 하더라도 모든 제도적 보장이 기본권을 포함할 수 있는 것은 아니며, 그와 반대로 모든 기본권이 제도적 보장을 포함하는 것도 아니다. 또 하나의 기본권으로부터 제도적 보장이 흘러나온다 하더라도 양자의 보호영역은 반드시 일치되지 않는다.

따라서 재산권(재산에 대한 기본권)은 민법상의 재산 외에도 모든 재산적 이익을 보호함에 반하여, 제도적 보장은 민법적 의미의 물적 재산을 보호하는 데 제한된다.

3) **해벌레 _P. Häberle_의 제도적 기본권이론**   해벌레의 제도적 기본권이론은 자유는 전적인 개인적 임의(任意)에 있는 것이 아니라, 처음부터 객관적 전체질서에 포함되어 있다는 자유권에 대한 스멘트의 제도적 해석을 출발점으로 삼고 있다. 제도적 기본권이론은 객관적 질서원리로서의 자유권의 성격을 강조하며 제도와 기본권적 자유는 상이하다는 슈미트의 제도보장론과는 달리 모든 기본권을 제도로 파악한다.

제도적 기본권이론은 기본권의 개인권적 측면을 부정하지는 않으나, 그것을 기본권의 제도적 측면과 불가분적으로 결합되어 있는 것으로 본다. 또한 이 이론에 따르면 기본권은 헌법의 가치체계의 부분으로 파악되며, 다른 헌법상의 이익들과 서로 제약적인 관계에 있다. 제도는 개별기본권의 이념에 근거를 두고 있으며, 이 이념은 입법에 의하여 형성됨으로써 생활에 이식(移植)되지 않으면 안 된다. 결국 가장 중요한 것은 해당 기본권의 이념이 입법자의 형성을 통하여 생활현실에서 완성되는 것이며, 그러한 일은 개인들이 기본권과 입법자의 기본권형성에 상응하는 생활을 하고 행동을 함으로써 이루어진다.

(3) **가치이론**

독일연방헌법재판소에 의하여 발전된 가치이론은 기본권을 국가의 전체 법질서를 포괄하고 관통하는 것으로 이해한다. 이 견해에 따르면 기본권은 기초가 되는 공동체의 가치를 확정하고 있기 때문에 국가건설(형성)의 요소이자 수단이며, 자유는 기본권을 통하여 총체적으로 세워진 가치질서를 본질로 한다. 따라서 기본권은 객관적 규범이지 주관적 청구권이 아니다. 특히 이 이론의 특징은 기본권은 기본법의 제 가치를 실현시키려는 목적을 가진다고 하면서 가치실현적 기본권사용과 가치침해적 기본권사용을 구별하는데 있다.

(4) **민주적 기능이론**

민주적 기능이론은 기본권을 일차적으로 국가적 통일의 갱신과 지속적 발전을 위한 그리고 국가의사의 방향결정을 위한 정치적 권리라고 이해하는 스멘트의 생각을 기초로 하고 있다. 이 견해에 따르면 기본권의 일차적인 목적은 민주적 의사형성의 자유로운 과정을 촉진하는 것이다. 따라서 기본권은 개인의 주관적·자의적 자유를 보호하는 것이 아니라 민주적 의사형성과정을 지향하는 자유를 가능하게 하는 것이어야 한다. 따라서 이 이론에서는 특히 언론의 자유와 집회의 자유가 중요시된다.

(5) 사회국가적 기본권이론

독일연방헌법재판소가 전개한 이 이론은 기본권을 절대적·자유주의적으로 관찰하는 데 대한 반작용으로 성립되었다. 이 이론에 따르면 기본권은 기본권적 자유의 실현을 위하여 요구되는 사회적 전제요건을 창조할 국가의 의무까지를 포함하며, 각 개인은 이러한 국가적 급부와 국가에 의하여 창설된 여러 제도에 참여할 청구권을 갖는다. 그리고 이렇게 사회국가원리의 영향 하에 자유권을 참여권으로 해석하는 것은 자유권적 기본권으로부터 추론되는 객관적이며 법원리적인 내용이 명확해진 것으로 자명한 것이라고 한다.

(6) 기본법의 기본권이론

사회국가적 기본권이론이 가져오는 부정적 결과를 방지하고 산업사회의 생활관계를 헌법의 이해와 일치시키기 위하여 뵈켄푀르데에 의하여 주장된 이 이론은 헌법조문 자체로부터 기본권을 이해하려고 한다. 따라서 이 견해는 기본법의 성립과 내용으로부터 자유권을 원칙적으로 국가적 간섭 밖에 있는 것으로 이해한다. 그러면서도 이 견해는 자유주의적 법치국가 시대와는 다른 결과를 이끌어낸다. 이 이론에서 국가는 그 영역 내에 있는 사회적 관계에 대하여 더 이상 무관심해도 좋은 것이 아니라, 사회국가로서 개인과 사회의 자유를 유지하고 보장하는데 필요한 한에서 간섭할 수 있는 권한을 갖는다. 이로써 자유주의적·법치국가적 기본권이론은 지양되지는 않으나 사회적 구속이라는 의미에서 수정되고 변화된다.

3. 우리 헌법의 기본권이해

우리 헌법의 기본권이해는 국가관과 헌법관을 기초로 하면서도 우리 헌법상의 기본권목록을 근거로 한 것이어야 한다. 그러한 한에서 우리 헌법과 다른 기본권목록을 가진 헌법의 기본권이론을 우리 헌법에 그대로 적용하는 것은 (특히 위에서 소개한 기본권이론들이 자유권만을 규정하고 있는 독일기본법 하에서 주장되고 있는 이론이라는 점을 직시한다면) 문제가 있다. 더 나아가서, 해석이론이라는 자신의 과제에 철저하고자 하는 기본권이론은 기본권의 해석을 위하여, 기본권을 구성하고 토대를 제공하며 틀을 제공하기 위하여 구속력 있는 지침을 갖고 있지 않으면 안 된다.

기본권해석의 과제와 그 한계는 이론적 결정표지들을 성찰하고 그에 근거함으로써 그리고 또한 헌법의 통일성을 존중함으로써 모든 기본권의 실효성이 최대화된다. 항상 가능성의 범위 안에서 모든 기본권을 포괄적으로 고려할 것이 요구된다. 그러므로 기본권이론은 기본권규정 상호간의 상호교차성과 상호제약성을 근거로 그리고 헌법규정 중의 조직규정들과의 관계에서 헌법의 통일성을 유지하면서 개별적 헌법규범들 사이에 가능한 최대의 완결성, 포괄적 상호작용 내지는 실제적 조화를 창출할 수 있는 것이어야 한다.

이러한 모든 것을 감안하여 우리 헌법의 기본권이론은 다음과 같은 두 가지 점을 지침으로 하여야 할 것이다. 우선, 그것은 인간의 존엄을 궁극목표로 하여 기본권의 인권성을 천명하는 것, 인간의 존엄을 실현하기 위하여 자유권과 사회권을 양자택일(兩者擇一)관계가 아닌 최적의 상태로 결합시켜 최대한 보장하는 것, 더 나아가서 국가에 참여하는 자유를 확보하는 것이어야 한다. 그리고 이러한 목적을 위해서는 경우에 따라 가감은 있겠지만 모든 기본권의 고유한 가치를 인정해야 하고 어떠한 경우에도 기본권을 철저하게 기능적·수단적 측면에서만 보는 시각(하나의 기본권을 위해 다른 하나의 기본권을 기능화하거나 수단화하는 시각은 물론 다른 목적을 위하여 기본권을 기능화하거나 수단화하는 시각)은 지양되어야 할 것이다. 더 나아가서 기본권이 인권에서 유래된 것이지만, 한 국가구성원들의 공통된 가치관을 통하여 한 국가의 헌법에 실정화되고 그를 근거로 관철되는 것인 이상 기본권의 객관적 규범성과 국가구성원의 지위에서 개인에게 보장된 것이라는 점을 동시에 강조해야 할 것이다.

다음으로, 우리 헌법의 기본권이론은 헌법의 다른 부분과의 관련성, 곧 헌법의 통일성을 염두에 둔 것이어야 한다. 기본권과 (또는) 인권은 예나 지금이나 한편으로는 특히 국가와 시민과의 관계에서 국가권력을 제한하기 위하여 그리고 다른 한편으로는 그에 대한 대개념(對概念)으로서 개인적 자유를 국가로부터 뿐만 아니라 국가를 통하여 보호하기 위하여 요구되고 반드시 필요한 것으로 간주되고 있다. 곧 기본권과 인권은 인간적 실존과 국가적 공동체를 근거지우는 최소한이자 동시에 필수적인 요건이다. 요컨대 기본권은 국가를 제한하는 작용을 가진 질서원리이며, 그러한 한에서 헌법의 기본원리들과 결합되어 있다. 법치국가의 본질적 요소인 권력분립과 기본권의 상호관련성에서 보듯이, 헌법의 기본원리들의 전제요건과 본질적 구성부분들은 동시에 중요한 기본권들의 헌법적 보장이기 때문이며 그 반대의 이야기도 통하기 때문이다. 그러므로 기본권과 헌법의 기본원리들 그리고 더 나아가서 통치구조는 통일적으로 일체를 이루고 있다.

제 2 항 기본권의 기능

1. 개   관

기본권은 이념상 국가의 권력행사에 대한 시민의 주관적 방어권에서 출발하였다. 그러나 오늘날 기본권에 대한 이해는 예나 지금이나 기본권의 중심작용범위로 특징지어지는 이러한 기본권의 본래의 기능을 훨씬 넘어서고 있다. 오늘날의 기본권이해에 따르면 기본권은 국가에 대한 방어적 기능 이외에도 객관적 법질서(또는 원리), 제도적 보장, 급부권 및 참여권으로서 기능하고 있다.

그러나 반드시 주의해야 할 것은 우리 헌법의 기본권목록은 자유권을 중심으로 구성된 독일기본법의 기본권목록과는 다르다는 것이다. 그렇기 때문에 그러한 차이를 감안해서 기본권의 기능도 논해져야 한다. 곧 우리 헌법에는 여러 가지 기능을 하는 여러 종류의 기본권들이 있다는 것을 인식하고 이러한 인식 위에서 기본권의 기능도 논해져야지 외국의 이론과 실제를 그대로 따를 수는 없다. 그리고 기본권의 형태로 표현되어 있지만 주관적 공권의 의미에서 기본권이라고는 볼 수 없고 달리 해석해야 하는 경우도 있다.

우리 헌법의 기본권은 주관적 공권과 객관적 법질서로서 기능하며, 부분적으로는 제도적 보장으로서 기능하고 있다.

2. 주관적 공권으로서의 기본권

(1) 주관적 공권

기본권은 일차적으로 주관적 공권으로서 기능한다. 주관적 공권이 무엇인가를 분명히 하기 위해서는 그에 앞서 주관적 권리가 무엇인지를 확실히 하지 않으면 안 된다. 주관적 권리는 일반적으로 인간의 이해관계를 충족시키기 위하여 법질서가 개인에게 부여한 법적 힘으로 정의된다. 이 정의는 한편으로는 법질서가 개인, 곧 국민에게 법적 힘을 부여하는 것이라는 것을, 다른 한편으로는 이 법적 힘은 타인(주관적 공권의 경우에는 원칙적으로 국가)을 대상으로 한다는 것을 전제하고 있다. 주관적 권리는 객관적 법을 주장할 수 있는, 필요한 경우에는 소송을 통하여 객관적 법을 관철할 수 있는 힘이다.

따라서 주관적 공권이란 특정의 개인을 위하여 기본권규정으로부터 이끌어낼 수 있는 권리, 곧 공법관계에서 권리주체가 고권담당자에 대하여 작위 또는 부작위를 요구할 수 있는 법적 청구권을 뜻한다. 그러므로 기본권의 특징적 표지는 그것이 특정의 개인적 기본권주체와 결합되어 있다는 점이다. 기본권은 주관적 권리이기 때문에 국민은 국가가 기본권을 존중하는 것을 사법적으로 관철시킬 수 있다. 이러한 일은 특히 헌법소원에 의하여 분명해진다.

(2) 방어권적 기능, 참여권적 기능, 청구권적 기능, 급부권적 기능

주관적 공권으로서의 기본권의 본질적 기능은 국가권력을 제한하는 데 있다. 이는 기본권의 방어권적 기능이다. 방어권으로서 기능하는 기본권은 공권력이 기본권의 보호영역에 간섭하는 것을 배제할 수 있는 법적 힘을 의미한다. 이러한 개인권적 방어기능은 주관적 공권으로서의 기본권이 가지는 원래의 그리고 현재까지도 남아 있는 의미이다.

다음으로, 기본권은 참여권으로서 기능한다. 참여권은 개인이 자신의 권리나 이익과 관련된 결정에 동참할 것을 요구할 수 있는 권리이다. 이러한 의미에서 참여는 민주적 국가형태의 기본적 요소에 속한다. 이러한 시각에서 선거권과 피선거권, 정치적 집회 및 결사의 자유는 참여권으로 기능한다.

그 밖에도 기본권은 청구권과 급부권으로도 기능한다. 우리 헌법에 규정되어 있는 청원권, 재판청구권, 국가배상청구권 등은 청구권의 대표적 예이다. 급부권은 국가적 급부에 시민이 참여하는 것을 보장한다. 예컨대 근로의 권리나 교육을 받을 권리와 같은 사회적 기본권이 급부권의 전형적인 것이다.

(3) 특히 사회적 기본권에 대하여

학문적·법정책적 논의에서는 일반적으로 사회적 기본권이란 용어가 일반화

되어 있다. 우리 헌법 제31조 – 제36조는 사회권을 실현하는 여러 가지 가능성 중에서 여러 가지 사회적 권리들을 기본권의 형태로 규정하고 있다. 그리고 어떤 권리가 기본권목록에 포함되어 있는 이상 그것을 주관적 공권의 의미로 해석하는 것이 바람직하다.

그러나 사회적 기본권이 헌법상의 규정을 근거로 급부를 요구할 수 있고 그 것을 사법적(司法的)으로 관철할 수 있다는 의미에서 주관적 공권인가에 대하여는 의심이 있다. 사회적 권리의 경우 그 보호목표로부터 개인적 권리와 그에 대한 국가권력의 구속 사이에 주관적 공권에서 볼 수 있는 규범적 등가성(等價性)을 인정할 수 없다. 그 결과 사법적으로 관철할 수 있는 개인적 청구권을 근거지우기가 어렵다. 이러한 청구권을 근거지울 수 있는 사회적 권리가 있다면, 그것은 생존에 필요한 최소한을 국가에 요구하는 청구권 정도일 것이다. 곧 자유권은 직접적인 효력을 가지는 소구(訴救) 가능한 권리임에 반하여, 사회권은 극히 예외적인 경우를 제외하고는 헌법에 그것이 규정되어 있다는 사실만으로 개인의 주관적인 청구권이 인정될 수 없는 국가의 의무에 지나지 않는다. 따라서 우리 헌법에 규정되어 있는 사회적 기본권들은 주관적 공권이 아니라, 일차적으로 기본전제를 형성하라는 입법자에 대한 구속적인 입법위임규정으로 이해할 수 있다. 그러나 개별적 사회권들이 입법위임규정 외에도 다른 것을 뜻하는지는 구체적인 경우를 따져 개별적으로 판단하여야 할 것이다.

3. 객관적 가치질서(법질서, 법원리)로서의 기본권

기본권은 그것이 주관적 공권인 것과는 관계없이 객관적 가치질서로서 기능한다. 따라서 기본권은 객관적 의미의 법이며, 이는 전체 법질서, 곧 모든 자연인과 법인의 공동생활을 규율하는 원칙적으로 강제할 수 있는 모든 규정을 의미한다. 달리 표현하면 기본권은 추상적·일반적으로 특정의 법적 상태를 확정하는 객관적 법이며 법적 규정이다.

기본권을 헌법의 객관적 규범으로 특징지우는 일은 특히 헤세 *K. Hesse*가 강조하고 있다. 헤세에게 기본권은 주관적 권리이자 객관적 질서의 기본요소라는 이중성을 갖는다.

객관적 헌법으로서의 기본권은 다른 법들, 특히 법률보다 상위에 있는 법이다. 따라서 다른 모든 법규정들은 기본권에 합치되지 않으면 안 된다. 객관적 가치질서 속에서 기본권의 효력은 강화된다. 이러한 가치질서는 헌법의 기본적 결단으로서 모든 법분야에 적용되지 않으면 안 된다.

이렇듯 기본권이 객관적 법질서로 작용한다고 해서 원래의 기본권의 기능, 곧 기본권의 방어권으로서의 기능이 후퇴한다고 할 수는 없다. 기본권은 여전히 주관적 권리로서 작용한다. 곧 기본권의 객관적 법질서로서의 기능은 방어권으로부터 독립된, 방어권적 기능을 무시하고 인정될 수 있는 독자적인 기능은 아니다.

4. 제도적 보장으로서의 기본권

기본권 중 어떤 것은 제도적 보장으로서의 성격을 가진다. 예컨대 언론·출판의 자유를 보장하고 있는 헌법 제21조, 재산권을 보장하고 있는 헌법 제23조, 대학의 자율성을 규정하고 있는 헌법 제31조 제4항 및 혼인과 가족생활에 대한 국가의 보장의무를 규정하고 있는 헌법 제36조의 규정들이 그에 속한다.

제도보장의 기능은 법질서 내에서 해당되는 법적 제도가 존재할 수 있도록 보증하는 규범(또는 규범핵심)의 기본적 존립을 확보하는 데 있다. 곧 제도보장은 인간과 직접 관계를 맺는 것이 아니라 제도 자체만을 보호한다. 예컨대 혼인제도는 제도 자체를 폐지할 수 없도록 하는 기능을 할 뿐 개별적인 혼인을 보호하는 것은 아니다. 그러나 제도적 보장은 그러한 제도(혼인제도)를 보장함으로써 해당 기본권(혼인의 자유)이 실현되는데 기여한다. 그와 동시에 그것을 입법자가 마음대로 하지 못하도록 함으로써 해당 제도를 통하여 주어진 구성원리를 보호한다.

그러나 제도적 보장과 관련된 보장은 기본권의 개별적 보호작용으로부터 독립된 것으로 이해될 수는 없다. 곧 제도적 보장은 개인적 자유를 보호하는데 이바지한다.

5. 국가의 기본권보호의무

그 밖에도 최근에는 기본권(자유권)의 기능으로 국가의 기본권보호의무가 이야기되고 있다. 국가의 기본권보호의무란 예컨대 핵에너지를 평화롭게 사용한 결과 발생하는 생명과 건강에 대한 위험으로부터 보호하거나 핍쇼(Peep Show)로부터 인간의 존엄을 보호하는 것처럼 제3자, 즉 사인이나 또는 외국의 국가기관이나 자연재해와 같은 외부작용에 의하여 발생되는 개별적 기본권에 대한 위험과 개별기본권에 표현된 가치결정에 대한 위험을 국가가 방어할 의무이다. 이로써 자유권은 국가작용을 방어할 뿐만 아니라(소극적 지위, 기본권의 방어권적 기능) 제 3자에 의하여 기본권(자유권)이 침해되는 경우 국가에게 기본권을 보호할 의무를 부과한다.

이러한 보호의무는 일차적으로 국가(입법부와 행정부)의 객관법적 의무이다. 따라서 국가는 자신의 보호의무를 이행함에 있어 어떤 방법을 채택할지에 대하여 광범위한 결정권한을 가지나, 어떤 경우에도 최소한의 보호조치는 취해야 한다(과소보호금지). 따라서 국민은 원칙적으로 특정의 국가적 조치를 소송에 의하여 관철할 수 있는 권리를 가지지는 않는다. 국민은 국가가 객관법적 보호의무를 전혀 이행하지 않았거나 또는 이제까지 국가가 행한 조치가 전적으로 부적합하거나 명백하게 불충분한 경우에만 예외적으로 소를 제기할 수 있다.

제 4 절　기본권향유의 주체

헌법에 보장된 기본권을 주장할 수 있는 권리를 가진 자가 누구인가를 정하는 것이 기본권향유의 주체의 문제이다. 기본권향유의 주체는 크게 자연인과 법인으로 나누어진다.

제 1 항　자 연 인

1. 국　　민

(1) 국민의 범위

자연인인 국민은 누구나 기본권향유의 주체가 된다. 국민이란 대한민국의 국적을 가진 모든 사람을 가리키며, 여기에는 예외가 없다. 사람은 국민이기만 하면 대부분의 기본권을 제한 없이 행사할 수 있다. 그러나 참정권의 예에서 보는 것처럼 기본권을 행사하기 위해서는 일정한 조건을 갖추어야 하는 경우가 있다.

따라서 기본권 향유주체의 문제에서 기본권의 주체능력과 기본권의 행사능력을 구별하여야 한다.

(2) 기본권의 주체능력과 기본권의 행사능력

1) 기본권의 주체능력　　기본권의 주체능력은 기본권의 주체가 될 수 있는 능력을 의미한다. 기본권의 주체능력은 민법상의 권리능력에 비교할 수 있다.

그러나 기본권의 주체능력은 민법상의 권리능력과 반드시 일치하는 것은 아니다. 이 양자가 같은 것이 아니라는 것은 사망한 사람과 태아의 경우 및 권리능력 없는 사단의 경우를 보면 더욱 분명해진다. 민법에서는 사망한 자의 권리능력은 전적으로 부정되며, 태아의 경우에도 출생을 전제로 하고 인정되는 예외를 제외하고는 그 권리능력이 원칙적으로 부정된다. 그러나 헌법적으로는 사망한 자도 인간의 존엄권(헌법 제10조)의 주체는 될 수 있다. 예컨대 사망한 자의 명예를 실추시킨 소설, 사망자의 사망 전 승낙 없는 장기이식, 사체에 대한 의학적 실험 등과 관련해서는 사자(死者)의 인간의 존엄권이 침해된 것으로 본다. 또한 태아의 경우 원칙적으로 생명권과 신체적 완전성의 권리 등의 주체가 된다. 그 밖에도 정당과 같이 민법상 권리능력 없는 사단이 특정 기본권을 향유할 능력을 갖는 경우가 있다.

2) 기본권의 행사능력

① 개　　념　　기본권의 행사능력은 기본권의 주체가 독립적으로 자신의 책임 하에 기본권을 행사할 수 있는 능력을 의미한다. 기본권의 행사능력은 민법상의 행위능력에 비교할 수 있다. 그러나 민법상 행위능력이 제한되는 미성년자의 경우에도 기본권의 행사능력은 널리 인정된다. 그러한 한에서 양자가 반드시 일치하는 것은 아니다.

② 기본권의 행사가 제한되는 경우　　기본권의 행사가 제한되는 경우에는 두 가지 경우가 있다. 하나는 기본권의 성격상 기본권의 행사능력이 제한되는 경우이다. 이러한 경우는 9세 된 어린이가 서신의 비밀의 자유를 행사할 수 있겠는가, 12세 소년이 결사를 조직할 수 있겠는가, 14세의 미성년자가 신문의 자유를 행사할 수 있겠는가 등에서 그 예를 찾을 수 있다.

다른 하나는 법에서 기본권의 행사능력 자체를 제한하는 경우이다. 이에는 헌법 자체가 규정하는 경우, 헌법의 위임을 받아 법률이 정하는 경우, 헌법상의 명문규정이 없지만 개별 법률의 규정에 의한 경우가 있다. 기본권의 행사능력이 헌법의 위임을 받은 규정이나 헌법의 위임이 없이도 개별 법률규정에 의하여 제한되는 것은 민주국가에서 입법권자에게 주어진 광범위한 입법형성권에 근거한 것으로 볼 수 있다.

3) 특히 미성년자의 기본권행사능력   미성년자의 기본권행사능력의 문제에는 다음과 같은 세 가지 문제가 포함되어 있다. ① 미성년자가 자신의 기본권을 제3자에 대해서 독립적으로 행사할 수 있는가라는 문제와 어느 시점까지 그리고 어느 정도의 범위에서 부모로 하여금 기본권을 대신 행사할 수 있도록 할 수 있는가, ② 행위능력에 관한 민법의 규정을 기본권행사에 전용(轉用)할 수 있는가 또는 헌법 자체로부터 독자적인 해결책을 추론해낼 수 있는가, ③ 미성년자의 기본권과 미성년자에 대한 대리권을 포함하는 친권이 충돌하는 경우의 문제는 어떻게 해결할 것인가.

이 문제에 대하여 체계적인 접근을 한 뒤리히 *G. Dürig*는 이 문제를 부모의 친권(교육권, 기본법 제6조 제2항)과 미성년인 자녀의 자유로운 인격발현권(기본법 제2조 제1항) 및 국가라는 삼각관계의 문제로 파악하고, 일반적인 제3자효의 이론에 따라 다음과 같이 해결하고자 한다. 한편으로는 기본법 제2조 제1항과 제6조 제2항으로부터 부모는 자녀가 스스로 결정권을 행사할 수 없고 자녀가 아직도 부모의 부양과 교육을 필요로 하는 한에서만 자녀를 위하여 자녀 대신에 결정해도 된다. 다른 한편으로는 자녀가 아직도 교육을 필요로 하며 아직도 스스로 결정할 수 없다 하더라도 부모의 친권(교육권)은 교육을 위하여 필요한 수단에 한정된다. 그에 따라 부모의 결정권은 특정영역에 한정될 수밖에 없다. 그러나 제3자와 미성년자 사이에 기본권이 문제가 되는 경우에는 제3자가 미성년자의 성숙도를 쉽게 알 수 없기 때문에, 법적 안정성을 보호하기 위하여 일반적인 연령에 따라 미성년자의 행위능력을 제한하여야 한다.

이러한 뒤리히의 이론을 기초로 현재 독일의 통설은 기본권행사능력은 문제가 되는 개별기본권에 따라 기본권주체의 인식능력, 해당 기본권의 보호목적과 특성에 따라 달리 판단할 수밖에 없다고 한다. 독일의 판례도 초기의 판결을 제외하고는 기본권의 행사능력을 일괄적으로 연령에 따라 정하는 대신 개별적인 경우마다 달리 정하고 있으며, 이때 해당 미성년자의 정신적 성숙도가 중요한 기준으로 적용되고 있다.

2. 외 국 인

(1) 외국인의 범위

외국인은 대한민국의 국적을 갖지 않은 자를 말한다. 외국인에는 다국적자나 무국적자도 포함된다. 이때의 외국인은 원칙적으로 국내에 거주하고 있는 외국인 만을 말한다. 왜냐하면 국외에 있는 외국인은 한국헌법에 보장된 기본권을 향유 하는데서 가지는 실익이 없을 것이기 때문이다.

(2) 외국인의 기본권향유주체성에 대한 학설

기본권을 천부적·전국가적 자유로 이해하는 결단론적 헌법관에서는 기본권 은 모든 인간의 권리이기 때문에 외국인의 기본권향유주체성은 무제한적으로 인 정된다. 그에 반해서 기본권을 법률 속의 자유라고 보는 법실증주의에서는 기본 권은 헌법(률)에 의하여 비로소 국민에게 허용되는 것이기 때문에 마땅히 외국인 은 기본권을 향유할 수 없다. 또한 기본권의 권리적 측면보다 정치기능적 측면을 강조하는 통합론적 헌법관의 경우에도 외국인에게 기본권을 향유하게 하는 데에 는 무리가 있게 된다.

한때 국내에서도 법실증주의적 헌법관에 근거하여 외국인의 기본권주체성을 부정하는 소수견해가 주장된 바 있다. 현재 국내에서는 기본권을 인간의 권리(자 유권)와 국민의 권리(참정권·사회권)로 나누고, 전자의 경우에는 외국인에게 기본 권향유주체성을 인정하고 후자의 경우에는 외국인에게 기본권향유주체성을 유보 하는 입장이 다수설에 속한다. 헌법재판소도 비슷한 입장이다.

앞에서 우리는 모든 기본권은 인권에서 유래한다고 하였다. 그렇다면 우리 헌법상의 기본권을 인간의 권리와 국민의 권리로 나누고 국민의 권리에 해당하 는 기본권(참정권과 사회권)에 대하여는 외국인에게 그 주체성을 획일적으로 부정 하는 국내의 다수설은 논리적 설득력을 결여하고 있다 할 것이다. 오히려 모든 기본권은 인권에서 유래하기 때문에 외국인도 원칙적으로 우리 헌법상의 기본권 에 대하여 주체능력을 가진다. 다만, 외국인의 기본권행사능력은 (국가가 생활의 최대단위가 되어 있는 현실에서는) 예외적으로 호혜주의(상호주의)적인 입장에서 개 별적·부분적으로 제한될 수 있을 것이다.

제2항 법   인

1. 법인의 기본권향유주체성의 근거

법인은 그 소재지에 따라 내국법인과 외국법인으로 나누어지며, 이들은 법적 형태에 따라 다시 사법상의 법인과 공법상의 법인으로 나누어진다.

"기본권이 그 본질상 내국법인에게 적용될 수 있는 때에는 그들에게도 적용된다"(제19조 제3항)는 명시적 규정을 두고 있는 독일기본법과는 달리, 우리 헌법은 법인의 기본권주체성에 대하여 명문의 규정을 두고 있지 않다. 그렇다면 이들은 기본권의 주체가 될 수 없는가.

이 문제에 대하여 법실증주의자들은 자연인이나 법인 모두 법질서에 의하여 법인격을 부여받기 때문에 법인도 기본권을 향유할 수 있다고 주장하였다. 이에 대하여 슈미트는 기본권을 순수한 인권으로 파악하고, 기본권의 개인적 성격 때문에 법인은 그 주체가 될 수 없다고 하였다. 그런가 하면 통합론의 입장에서는 법인은 그것이 사법인이건 공법인이건 생활공동체의 구성부분임에 틀림없고 개개의 인간이 동화되고 통합되어 가는 과정에서 형성될 수 있는 동화적 통합의 형식인 동시에 수단이라고 볼 수 있기 때문에 법인에게 기본권향유주체성을 인정하는 것이 타당하다고 한다.

기본권은 인간과 국가 사이의 기본적 관계를 형성한다. 그러므로 기본권은 일차적으로 자연인에게만 귀속된다. 그러나 정치적·사회적·경제적 분야에서 다수 사람의 집합체들(예컨대 정당, 노동조합, 경영자연합 등)이 활동하고 있고, 이러한 영역에서 행하는 그들의 활동은 경우에 따라서는 개인들의 활동보다 더 중요성을 가지기도 한다. 이러한 다수 사람의 집합체 또는 일정목적에 출연된 재산의 총합체는 이미 로마법에도 알려져 있었으며, 현재는 모든 법질서의 공유재산이 되어 있다. 비록 법인의 활동이 개인들의 활동보다 더 중요성을 가진다고 하지만 그것은 어디까지나 그 법인을 구성하고 있는 개인들의 목적을 실현하는 것에 도움이 되는 한에서의 이야기이다. 곧 법인에게 기본권향유주체성이 인정되는 것은 그 구성원인 자연인의 기본권행사를 용이하게 해주고 촉진시켜주기 때문이다.

2. 내국법인

(1) 사법상의 법인

기본권이 그 성질상 법인에게 적용될 수 있는 것인 한, 사법상의 법인은 자연인의 결합체이든 그렇지 않든 기본권의 주체가 된다.

기본권의 주체로서의 법인은 넓게 개념 정의된다. 곧 기본권의 주체로서의 법인은 민법적 의미에서 권리능력을 필요로 하지 않으며, 통일적으로 의사를 형성할 수 있는 인적 결합체이기만 하면 그것으로 족하다. 헌법재판소도 사단법인·재단법인 또는 영리법인·비영리법인을 가리지 아니하고 또한 법인 아닌 사단·재단도 기본권을 침해받았을 때 헌법소원심판을 청구할 수 있다고 하여 법인의 개념을 넓게 이해하고 있다.

기본권의 주체가 될 수 있는 법인으로는 권리능력 있는 사단, 유한회사, 주식회사, 합명회사는 물론 합자회사, 등록된 조합, 보험연합과 광업법상의 조합 등이 포함된다. 그 밖에도 재단은 그 설립자가 의도한 과제를 수행하기 위하여 국가의 부당한 침해에 대하여 기본권이 보호될 필요가 있기 때문에 민법상의 재단에게도 특정 기본권의 주체성이 인정된다. 더 나아가서 경우에 따라서는 권리능력 없는 사단에게도 기본권의 주체성이 인정된다. 예컨대 정당은 다른 정당과 평등한 취급을 받을 권리가 있으며, 결사의 자유를 주장할 수 있다.

그러나 법인과 권리능력 없는 사단의 기본권주체능력의 문제와 조직(법인)이 타인(법인을 구성하는 자연인)의 기본권을 행사할 수 있는가 하는 문제는 구별되어야 하며, 후자는 부정된다. 기본권은 고도로 개인적인 권리이기 때문에 기본권이 침해되는 경우 (법률상의 대리의 경우를 제외하고는) 제3자나 제3의 단체가 이를 행사할 수 없다.

(2) 공법상의 법인

기본권은 공권력과 개별 시민의 관계에 대한 것이다. 그렇기 때문에 국가 자신이 기본권의 관여자가 되거나 수익자가 될 수는 없으며, 더 나아가서 국가는 기본권의 수범자(Adressat)도 주체(Träger)도 될 수 없다. 그렇기 때문에 공법상의 법인은 공적 업무를 수행하는 한 원칙적으로 기본권의 주체가 될 수 없다.

그러나 예외적으로 공법상의 법인이 기본권에 의하여 보호되는 생활영역에 속하여 있으며, 시민의 개인적 기본권을 실현하는 데 기여하고 있을 뿐만 아니라 국가로부터 독립된 또는 어쨌든 국가와는 구별되는 실체를 가지고 있는 경우에는 기본권주체성이 인정된다. 그러한 한에서 국립대학과 국·공립방송국은 기본권의 주체가 된다. 헌법재판소도 서울대학교가 공권력행사의 주체인 동시에 학문의 자유의 주체가 되며, 대학의 자율성 — 제도보장에 해당되는 대학자치의 핵심이자 권한인 대학의 자율권한을 기본권으로 보았다는 점에서 문제가 있지만 — 은 헌법 제22조 제1항이 보장하고 있는 학문적 자유의 확실한 보장수단으로 꼭 필요한 것으로서 이는 대학에게 부여된 헌법상의 기본권이라고 보았다.

그 밖에도 사법기본권(司法基本權)과 관련해서는 공법인의 기본권주체성이 인정된다. 이 규정들은 개인적 권리인 동시에 객관적 절차원칙을 포함하고 있기 때문이다.

(3) 외국법인

이곳에서 외국법인은 외국에 소재하는 외국법인이 아니라 국내에서 사실상 활동하고 있는 외국법인의 지사, 대리인, 지점을 가리킨다.

우리 헌법의 경우 독일기본법 제19조 제3항과 같은 규정이 없기 때문에 외국법인의 경우에는 호혜주의의 원칙에 따라 외국인에게 주체성을 인정할 수 있는 것 중에서 성질상 법인에게도 적용될 수 있는 기본권에 대해서만 기본권주체성이 인정된다. 그러한 한에서 외국법인의 기본권주체성은 대단히 제약된다 할 것이다.

제 3 항   성질상 법인에게 적용될 수 있는 기본권

어떤 기본권이 성질상 법인에게 적용될 수 있는가 라는 문제는 기본권의 역사적 유래보다는 그 기본권이 개인적으로만 행사될 수 있느냐 아니면 단체에 의해서도 행사될 수 있느냐 여부를 기준으로 판단되어야 한다. 따라서 이 문제는 개별기본권의 특수한 내용에 따라 결정된다고 할 것이다. 곧 개별기본권의 특수한 내용이 인간의 인격 자체, 곧 지·정·육(知情肉)의 합일체와 분리될 수 없을 정도로 결합되어 있는 경우에 그러한 기본권은 법인에 적용될 수 없다.

이러한 기준에 비추어볼 때 다음과 같은 기본권들은 법인에게도 주체성이 인정된다. 곧 행복추구권(반대의견 있음), 남녀평등을 제외한 평등권, 종교의 자유, 학문의 자유, 언론·출판·집회·결사의 자유, 거주이전의 자유, 직업의 자유, 주거의 자유, 사생활의 비밀과 자유(반대의견 있음), 통신의 자유, 재산권, 소비자의 권리, 청원권, 재판청구권, 국가배상청구권, 환경권(반대의견 있음), 근로3권이 그것이다.

제 5 절 기본권의 효력

제 1 항 개념과 종류

기본권의 효력이란 기본권이 그 의미·내용대로 실현될 수 있는 힘, 곧 기본권의 기속력을 말한다.

기본권의 효력에는 대국가적 효력(수직적 효력), 대사인적 효력(제3자적 효력, 수평적 효력), 좁은 의미의 방사효가 있다. 기본권의 대국가적 효력은 기본권이 국가에 대한 관계, 곧 국민과 국가 사이에서 직접 작용하는 것을 말한다.

기본권의 대사인적 효력은 기본권이 개인과 개인 간의 관계에 작용하는 것을 말한다. 기본권의 대사인적 효력은 이론적으로는 기본권에 객관적 법질서로서의 성격이 인정되면서부터 본격적으로 문제되기 시작하였으며, 실무에서는 근로관계에서 남녀 간의 평등한 임금과 관련하여 처음으로 다루어지기 시작하였다.

그러나 법적용에 대하여 기본권이 미치는 영향은 사법(私法)에 한정되지 않는다. 따라서 개인과 개인의 관계에 기본권이 작용하는 대사인적 효력과 그 밖의 법률관계에 기본권이 작용하는 것을 개념적으로 구별하여 후자를 협의의 방사효로 표시한다. 이러한 협의의 방사효는 특히 절차법과 재량권의 행사시에 나타난다.

제 2 항 기본권의 대국가적 효력

기본권은 원칙적으로 입법권·행정권·사법권은 물론 헌법개정권력과 지방자치권력을 포함하는 모든 국가권력을 직접 구속한다(헌법 제10조 제2문). 따라서 이러한 국가작용이 기본권을 침해하는 경우 그 국가작용은 위법한 것이 된다.

일반적으로 입법자에게는 비교적 넓은 입법재량권이 인정된다. 그러나 입법자는 입법재량권을 행사함에 있어서 비례의 원칙(이른바 과잉금지의 원칙)을 준수해야 한다. 따라서 입법자의 기본권침해는 비례의 원칙에 반하지 않을 때에만 유효한 것이 된다.

기본권은 행정권을 구속한다. 기본권은 행정기관, 공법상의 법인, 광의의 공무원뿐만 아니라 고권적 행위(행정행위), 관리행위, 국고(國庫)행위까지를 구속한다. 기본권의 행정권기속은 특히 법률이 행정청에 재량권을 부여하고 있는 경우 문제된다. 따라서 행정청에 판단여지가 있는 경우를 제외하고는 행정청의 기본권적용은 사법부에 의한 심사의 대상이 된다.

기본권은 사법권을 구속한다. 사법권은 국민의 기본권을 최대한으로 보장하는 방향으로 재판해야 하며, 기본권을 침해하는 재판은 그 정당성이 부정된다. 따라서 사법권에 의한 기본권침해의 경우에도 그에 대한 구제수단이 마련되어야 한다. 더 나아가서 재판에 대한 헌법소원도 인정되어야 할 것이다.

제3항 기본권의 대사인적 효력(기본권의 효력확장론)

이 문제는 독일과 미국에서 각각 다른 방법으로 접근되고 있다. 스위스 헌법과 포르투갈 헌법은 명문으로 기본권의 대사인적 효력을 규정하고 있다.

1. 미국에서의 접근방법 ─ 공적 관계의제론(미국판례)

미국에서 공적 관계를 의제하여 기본권의 효력을 확장시키기 위한 이론구성으로는 통치기능의 이론, 사법적 집행의 이론, 국유재산의 이론, 국가원조의 이론, 특권부여의 이론 등이 있다.

통치기능의 이론은 성질상 통치기능을 대행하는 사인의 인권침해행위를 국가(주)의 행위로 보고 위헌이라고 한다. 사법적 집행의 이론은 인권침해행위가 재판상의 문제가 되었을 경우에 법원의 개입에 의하여 사법적으로 집행되면, 그것을 위헌적 국가행위로 본다. 국유재산의 이론은 국유재산(주 또는 지방자치단체의 재산)을 임차한 사인이 그 시설에서 인권침해를 행한 경우에 그 사인의 행위를 국가행위로 본다. 국가원조의 이론은 국가(주)로부터 재정적 원조를 받거나, 토지수용권·조세면제 등의 특권을 받고 있는 사인이 인권침해를 하였을 경우에 국가행위로 본다. 특권부여의 이론은 국가에서 특별한 권한이 부여되고, 그러한 한에서 국가의 광범한 규제를 받고 국가와의 사이에 밀접한 관계가 있을 때의 사인의 행위를 국가행위로 본다.

이상의 미연방대법원의 판례에서 확립된 이론들은 헌법의 기본적 인권규정은 어디까지나 국가행위에 대한 제약이라는 이론을 전제로 한다. 다만 실제의 사회문제를 해결하기 위하여 이들 사행위를 되도록 확대하여 공행위로 의제하여 결국 주정부의 행위로 본다. 그러한 한에서 미국의 경우 기본권은 원칙적으로 국가권력에 대해서만 효력을 가진다는 종전의 입장은 그대로 유지되고 있다 하겠다.

2. 독일의 이론 ─ 기본권의 제3자적 효력

독일기본법은 기본권의 대사인적 효력에 대하여 제9조 제3항 제2문에서 예외적인 직접 적용의 경우를 규정하고 있을 뿐 침묵하고 있다. 따라서 이 문제는 전적으로 학설에 맡겨진 문제이다. 이 문제에 대하여 부정설, 직접적용설, 간접적용설이 나뉘어 있다. 현재 기본권의 제3자적 효력을 부정하는 학설은 없는 것으로 보인다.

(1) 직접적용설

직접적용설은 니퍼다이 *H. C. Nipperdey*와 독일의 연방노동법원 그리고 라이스너 *W. Leisner*가 주장하였다.

이 학설은 다음과 같은 세 가지를 그 내용으로 한다. ① 기본권은 일반조항과 같은 매개수단이나 침입구 없이 사인 상호간에 절대적 또는 직접적으로 효력을 갖는다. ② 직접적용설은 특히 전체법질서의 통일성을 강조한다. 곧 헌법은 최고법이기 때문에 모든 법은 헌법의 기초 위에서만 그리고 헌법의 테두리 내에서만 타당하며, 사법(私法)도 이에 대한 예외가 될 수 없다고 한다. ③ 기본권이 사인 상호간에 직접 적용된다고 해서 모든 기본권이 사법질서에서 효력을 가져야 하는 것은 아니다. 헌법의 명문규정상 또는 기본권의 성질상 사인 상호간에 직접 적용될 수 있는 기본권만이 직접 효력을 갖는다. 따라서 어떤 기본권이 사법관계에 직접 적용되어야 하는가는 개별적으로 확정되어야 한다. 또한 이 학설에 따르면 기본권이 사인 간에 적용된다고 하더라도 그 강도는 국가와 개인 사이에서와 같은 강도로 적용되는 것은 아니다. 개인의 기본권은 대등한 당사자 사이의 자유의사에 기초하고 제한의 한계가 지켜지는 한 자율적으로 제한될 수 있다.

이 견해에 대하여는 비판적 평가와 긍정적 평가가 공존한다. 전자에 따르면 직접적용설은 사적 자치와 더불어 전체 사법체계를 뿌리에서부터 뒤흔들 것이라고 한다. 그러나 후자는 다음과 같은 것을 근거로 직접적용설이 정곡을 찌르는 것이라고 평가한다. ① 기본법 제1조 제2항은 (국가기관뿐만 아니라) 독일국민이 인간적 공동체의 기초로서(시민과 국가의 관계에서뿐만 아니라 사인 상호간의 관계에서도) 불가침·불가양의 인권을 고백하고 있다. ② 자유는 국가에 의해서뿐만 아니라 사인들(예컨대 경제적 또는 사회적 강자그룹)과 개인인 사인에 의하여도 위협될 수 있다. ③ 간접적용설이 걱정하는 사적 자치와 계약의 자유는 기본법 제2조 제1항을 통하여 기본권적으로 보호된다. ④ 기본권은 자유를 지켜야지 역사를 보존해서는 안 되기 때문에 기본권의 역사적 방향은 이제는 더 이상 결정적인 것이 아니다.

(2) 간접적용설

이 견해는 헌법을 기초로 하는 전체 법질서의 통일성을 유지함과 동시에 사법질서의 독자성 및 고유법칙성을 존중하고자 한다. 이 견해는 크뤼거 *H. Krüger*에 의하여 제공된 이론적 실마리를 더욱 확충시킨 뒤리히 *G. Dürig*의 영향을 받아 독일연방헌법재판소가 1958년 1월 15일의 뤼트 판결(Lüth – Urteil)에서 채택한 후 독일의 통설과 판례의 입장이 되었다.

간접적용설의 내용은 다음과 같이 간추릴 수 있다. ① 기본권은 주관적·공적 방어권뿐만 아니라 모든 법영역에 적용되는 객관적 가치결단을 포함하기 때문에 기본권은 간접적으로 시민 상호간의 사법관계에 적용된다. ② 따라서 원칙적으로 기본권은 해당 사법영역을 직접적으로 지배하는 규정, 즉 가치충전이 가능하고 필요한 일반조항과 불확정법개념을 통해서 사법관계에 적용된다. ③ 그러나 사회적 권력이 부분영역에 대하여 거대한 경제적 또는 사회적 압력을 행사하여 사실상 국가 자신과 마찬가지로 작용하고 침해한 경우에는 예외적으로 기본권은 직접 구속력을 가진다.

(3) 기본권의 제3자적 효력이 인정되는 결과 발생한 문제의 해결

기본권의 제3자효가 인정되기 때문에 기본권의 충돌이 발생하게 된다. 기본권이 충돌하게 되면 정규법원에 제소되어 재판에서 자신의 기본권을 구제받지 못하는 경우 헌법소원에 의하여 구제받게 될 것이다.

그러나 헌법재판소법 제68조 제1항 본문은 재판작용을 헌법소원의 대상에서 제외시키고 있기 때문에 이 부분에 대해서는 원칙적으로 구제의 길이 막혀 있다.

제 4 항   한국헌법과 기본권의 제3자적 효력

1. 다 수 설

국내의 다수설은 독일이론의 영향을 받아 기본권의 대사인적 효력과 관련하여 간접적용설의 입장을 취하고 있다. 대법원판례도 같은 입장이다.

국내 다수설은 기본권을 대사인적 효력이 부정되는 기본권, 직접 적용되는 기본권, 간접 적용되는 기본권의 세 가지로 분류한다. 우선, 대사인적 효력이 부정되는 기본권으로는 사법절차적 기본권, 청구권적 기본권, 참정권, 소급입법에 의한 참정권제한과 재산권박탈금지 등이 거론된다.

다음으로, 직접 적용되는 기본권에 대해서는 다수설 내에서도 견해의 차이가 있다. 그러나 대체로 인간의 존엄과 가치 및 행복추구권(제10조), 노동3권 및 노동조건의 보호에 관한 권리(제33조 및 제32조 제3항·제4항·제5항), 언론·출판의 자유(제21조) 등이 직접 적용된다고 한다.

끝으로, 나머지 기본권조항은 사법의 일반원칙을 규정한 조항들(민법 제2조, 제103조, 제750조, 제751조)을 통하여 간접 적용된다고 본다.

2. 다수설에 대한 문제제기와 대안

대사인적 효력이 부정되는 기본권이 있다는 점에 대해서는 전혀 이의가 없는 것으로 보인다. 그러나 기본권을 대사인적 효력이 직접 인정되는 기본권과 그렇지 않은 기본권으로 양분하는 것이 타당한가에 대하여는 의문이 제기되고 있다. 이에 대하여는 두 가지 견해가 있다. 제1설은 다수설이 인간의 존엄과 가치에 대

하여 직접적 효력을 인정하는 것은 모든 기본권의 효력을 직접 인정하는 결과가 된다고 하면서, 직접 적용되는 기본권을 제21조의 언론·출판의 자유에 한정시키려고 한다. 제2설은 노동3권처럼 애당초 사인 사이에 적용되는 것을 전제로 한 경우를 제외하고는 동일한 기본권이라 하더라도 개인에 의한 침해인 경우에는 간접 적용되고 거대한 경제적 또는 사회적 권력에 의한 침해인 경우에는 직접 적용된다고 한다.

개인적으로는 헌법 제21조 제4항의 규정을 기본권의 제3자적 직접 효력을 근거지운 규정으로 보는 것은 무리가 있다고 생각한다. 왜냐하면 이 규정은 현대 사회에서 언론·출판이 가지는 중요성, 과제, 기능 등을 고려하면서도 언론의 책임을 분명히 한 것이라 보는 것이 더 설득력 있을 것이기 때문이다. 곧 이 규정은 언론·출판이 자신에게 주어진 커다란 힘을 사용하여 한계를 일탈하지 말 것과 한계를 일탈했을 경우의 결과를 헌법이 규정한 것이라고 보아야 할 것이다.

기본권의 제3자적 효력은 자유권목록만을 가진 독일기본법 하에서 자유권, 특히 노동3권이 국가 이외의 강력한 사인에 의해서도 침해된다는 사실 때문에 문제시되기 시작한 것이다. 따라서 기본권을 침해하는 자가 개인이든 경제적 또는 사회적 권력이든을 불문하고 기본권을 침해받는 자와 동등한 입장에 있는 자인가 그렇지 않은 자인가에 따라 그것을 직접 적용 또는 간접 적용을 정하는 기준으로 삼는 것이 설득력 있다 할 것이다. 더 나아가서 기본권의 사인간의 적용은 사법질서의 독자성과 고유법칙성을 가능한 한 존중하는 것이어야 한다. 그러한 한에서 사인간의 관계에서 노동3권을 제외한 나머지 기본권은 원칙적으로 간접 적용되지만 직접 적용되는 예외가 있다고 이해하면 되겠다.

제 6 절 기본권의 충돌과 경합

제 1 항 기본권의 충돌

1. 개   념

기본권의 충돌은 상이한 기본권의 주체들이 상충하는 여러 이해관계를 관철하기 위하여 나름대로의 기본권규정들을 원용하는 경우에 원용된 여러 기본권 사이에 발생하는 현상이다. 기본권충돌의 대표적인 예로는 임신중절(모의 인격발현권과 태아의 생명권의 충돌), 명예를 훼손시키는 소설의 출판(출판의 자유·예술의 자유와 명예 훼손된 자의 인간의 존엄의 충돌)을 들 수 있다. 기본권의 충돌은 한 기본권이 그의 효력을 주장함에 있어 다른 기본권의 효력을 희생시킨다는데 그 특징이 있다.

기본권의 충돌과 기본권의 외견적 충돌은 구별되어야 한다. 기본권의 외견적 충돌이란 기본권의 충돌처럼 보이나, 사실은 한 기본권주체의 기본권의 보호영역에 속하지 않는 행위, 곧 기본권의 남용 또는 기본권의 한계일탈의 행위가 다른 기본권주체의 기본권의 보호영역과 충돌하는 경우를 말한다. 기본권의 외견적 충돌은 예컨대 화가가 그림을 그리기 위한 재료를 대금도 지불하지 않고 가져가면서 예술의 자유를 주장할 때 화가가 주장하는 예술의 자유와 화구상의 재산권 사이에 발생하게 된다.

2. 기본권의 충돌을 해결하는 방법

기본권의 충돌을 해결하는 방법에는 입법에 의한 해결방법(입법의 자유영역의 이론)과 해석에 의한 해결방법(기본권의 서열질서의 이론, 법익형량이론, 실제적 조화의 이론)이 있다.

(1) 입법의 자유영역의 이론

이 견해는 기본권의 충돌을 예외적인 현상으로 보고, 기본권의 충돌의 경우에는 입법자에게 법률유보를 통하여 생기는 것과 동일한 활동영역이 형성되기 때문에, 그러한 한에서 헌법은 원칙적으로 입법자에게 기본권의 충돌을 해결할 것을 위임했다고 한다.

그러나 일상적으로 반복되는 기본권의 충돌을 그때그때 입법을 통하여 해결한다는 것은 바람직하지도 않을 뿐만 아니라 가능하지도 않다. 무엇보다도 이 견해는 보편적 현상인 기본권의 충돌을 예외적 현상으로 보았다는 점에서 문제가 있다.

(2) 기본권의 서열질서의 이론

이 견해는 기본권 사이에 서열을 정하고 그 서열을 근거로 기본권의 충돌을 해결하려 한다. 서열질서를 정하는 방법으로는 개별기본권에 부착되어 있는 여러 상이한 법률유보로부터 단계화된 기본권의 제한가능성을 도출한다든가, 헌법의 최고가치인 인간의 존엄성의 보장에 각 기본권들이 어느 정도 인접해 있는가를 증명함으로써 또는 비물질적 법익과 물질적 법익을 구별하거나 또는 자유권과 평등권을 구별하는 방법들이 제시되고 있다.

그러나 모든 기본권들은 하나의 대전제로부터 연역된 개별 권리가 아니라, 그 자체가 나름대로의 역사적 배경을 가지고 있는 독립된 보장규정들이기 때문에, 전체 기본권을 관통하는 일반적 서열을 추론해낼 수는 없다. 그러한 한에서 이 이론은 지극히 예외적인 경우에만 기본권충돌에 대한 해결책이 될 수 있다.

(3) 법익형량이론(이익형량이론)

이 이론은 구체적 사건에서 충돌하는 법익을 형량하여 보호받을 가치가 있는 더 높은 서열에 있는 이익을 찾아내되, 하나의 법익에 전적으로 우위를 인정하고 다른 법익은 전적으로 후퇴하도록 하는 것이 아니라 약한 법익이 희생되지 않도록 의미를 발견하는데 치중하려고 한다.

이 이론에 대해서는 그것이 일정한 원칙 없이 그때그때 사정에 따라 판단한다는 점, 기본권의 효력의 우열을 가리기 위한 합리적인 기준을 제시하기가 쉽지 않다는 점, 기본권의 효력의 우열을 결정하는 일은 바로 헌법적 가치질서에 대한 형성기능을 의미하게 된다는 점 등이 문제점으로 지적되고 있다.

(4) 실제적 조화의 이론

이 이론은 기본권이 충돌하는 경우에 모든 기본권의 본질적 내용을 훼손하지 않으면서 그 효력을 최적정화 할 수 있도록 기본권을 조화시켜야 한다고 한다.

이 이론은 결론적으로는 법익형량의 이론과 대단히 유사하다. 그리고 실제적 조화가 의미하는 바가 대단히 추상적이기 때문에 현실적으로 발생하는 기본권충돌을 해결하는 데 독자적인 의미를 가진다고 보기는 어렵다.

(5) 사 견

기본권의 충돌을 해결하는 방법은 예외적인 경우와 일반적인 경우에 각각 다른 방법을 채택할 수밖에 없을 것이다. 예외적인 경우에는 기본권의 충돌은 입법에 의하여 해결된다. 그러나 그러한 경우 그 법에 의하여 보호받는 기본권을 주장하는 기본권주체와 헌법상의 기본권을 주장하는 기본권주체 사이에 발생하는 충돌은 기본권충돌이 아니라 법률에 의한 기본권제한의 문제로 된다.

일반적인 경우에는 기본권의 충돌은 해석을 통하여 해결될 수밖에 없다. 그리고 그 경우 원칙적으로는 여러 가지 문제점에도 불구하고 현실적으로는 법익형량에 의하여 해결될 수밖에 없을 것이다. 그리고 이러한 법익형량은 항상 실제적 조화를 염두에 둔 것이어야 할 것이다. 왜냐하면 실제적 조화의 이론은 숙려 없는 법익형량에 대하여 경고하고 있기 때문이다.

그러한 한에서 기본권의 충돌은 법익형량을 통하여 해결하되, 다음과 같은 점에 주의하여야 할 것이다. 곧 기본권의 충돌을 정의롭게 해결하기 위해서는 우선 관계되는 기본권주체의 어떤 기본권이 문제되어 있는가, 그것들이 어떠한 방법과 정도로 침해되어 있는가, 그리고 이러한 침해를 어떻게 하면 피할 수 있거나 최소화시킬 수 있을 것인가 등을 정확하게 분석하여야 한다. 이러한 분석을 토대로 어떠한 경우에도 충돌하는 모든 기본권의 본질적 내용이 침해되지 않고 개별적인 기본권의 기능이 유지되도록 법익형량을 통하여 기본권의 충돌을 해결하여야 할 것이다.

제 2 항 기본권의 경합

1. 개념과 유형

기본권의 경합이란 동일한 기본권주체의 특정한 행위가 여러 기본권의 구성요건에 해당하는 현상을 말한다. 어떤 집회의 연설자가 국가에 대하여 자기의 행위를 의사발표의 자유와 집회결사의 자유에 해당된다고 주장하는 경우가 그 예이다.

기본권의 경합에는 일반적 기본권과 특별기본권이 경합하는 경우, 제한의 정도가 다른 기본권들이 경합하는 경우, 규범영역이 서로 다른 기본권 사이의 경합의 경우 등 세 가지 유형이 있다.

2. 기본권의 경합을 해결하는 방법

(1) 일반적 기본권과 특별기본권이 경합하는 경우

이 경우에는 특별법우선의 원칙에 따라 해결하면 된다. 그러나 특별법우선의 원칙은 예컨대 평등의 원칙(제11조)과 교육기회의 균등(제31조)과 같이 특별법이 일반법의 범위 내에 속할 때에만 경합을 해결하는 원칙으로 적용될 수 있다. 따라서 이 원칙은 기본권의 경합을 해결하는 일반적인 원칙으로서는 한계를 가진다.

(2) 제한정도가 다른 기본권들이 경합하는 경우

예컨대 절대적 기본권(법률유보가 없는 기본권)과 상대적 기본권(법률유보가 있는 기본권)이 경합하는 경우와 같이 서로 경합관계에 있는 기본권들의 제한정도가 다른 경우에 대해서는 여러 가지 해결책이 시도되고 있다.

1) 구성요건 해당성 여부를 기준으로 해결하려는 견해   이 견해는 기본권의 구성요건을 자세하게 해석함으로써 경합하는 기본권 중 어떤 것은 기본권의 구성요건 내에서 보호되지 않는다고 한다. 예컨대 정치성을 띤 예술은 외관상으로는 예술의 자유와 언론·출판의 자유의 보호법익을 모두 갖춘 것으로 보이지만, 예술의 자유는 정치적으로 중립적인 예술만을 보호하기 때문에, 정치성을 띤 예술은 언론·출판의 자유에 의해서만 보호를 받는다고 한다.

그러나 이 해결책은 다음과 같은 두 가지 이유 때문에 설득력이 없다. ① 형법은 범죄의 구성요건을 자세하게 규정하여 경합을 막으려 했음에도 불구하고 경합범이 발생하는 것을 막을 수 없었다. 따라서 구성요건을 제한적으로 해석하는 방법으로 기본권의 경합을 해결하기는 어려울 것이다. ② 이러한 해결시도는 기본권의 경합을 해결하는 수단이라기보다 경합의 문제가 제기되기 전에 논해져야 할 문제이다.

2) 최약효력설과 최강효력설   최약효력설은 기본권이 경합하는 경우 기본권의 효력은 효력이 약한 기본권의 효력만큼만 나타난다고 하고, 최강효력설은 기본권이 경합하는 경우 효력이 강한 기본권이 유효하다고 한다.

그러나 서로 제한정도가 다른 기본권들 사이의 경합을 최약효력설 또는 최강효력설의 어느 하나만을 가지고 해결하려는 것은 무리가 있다. 왜냐하면 이 두 가지 이론은 그때그때 문제되는 여러 보호법익 중에서 하나 또는 다른 하나만을 염두에 두고 있기 때문이다. 예컨대 사람의 왕래가 복잡한 길거리에서 음악을 연주하는 길거리 예술인의 행위를 공익을 목적으로 제한하려는 경우, 그 길거리 예술인은 예술의 자유와 직업행사의 자유를 동시에 주장할 것이다. 그 경우 국가기관은 이 두 가지 기본권을 서로 분리시켜 형량하지 않으면 안 될 것이다. 그러나 이 경우에 특징적인 것은 사적 이익을 예술의 자유와 직업행사의 자유로 분리해서 고찰하는 것보다 두 개의 보호법익을 누적적으로 고찰하는 것이 사인에게 더 이익이 된다는 점이다. 곧 이 경우 길거리 음악가가 예술의 자유와 직업행사의 자유를 누적해서 주장한다면 아마추어 음악가가 예술의 자유만을 주장하거나 소매상인이 직업행사의 자유만을 주장하는 것보다 그때그때 문제되는 공익에 대한 우위를 증명하는 것이 용이해질 것이다.

(3) 규범영역이 서로 다른 기본권이 경합하는 경우

이 경우에는 1차적으로 관계된 기본권을 기준으로 문제를 해결한다. 즉 이 경우에는 어떤 규범이 1차적으로 관계되었는지를 확인하는 것이 필요하며, 1차적으로 관계된 규범은 그 특별한 의미내용에 따라 해당 사안과 더욱 강한 정도로 실질적 관계를 맺고 있는 규범이 된다.

(4) 한국헌법과 기본권경합의 해결

기본권경합의 문제는 기본권의 효력이 제한가능성에 따라 기본권마다 다르다는 것을 전제로 해서 구성된 이론이다. 그러나 우리 헌법으로부터 제한가능성에 따라 강한 기본권과 약한 기본권을 구별하기는 어렵다. 경우에 따라서는 법률유보가 있는 경우와 법률유보가 없는 경우를 기준으로 강한 기본권과 약한 기본권을 구별할 수도 있으나, 이 또한 절대적인 기준으로 채택하기는 어렵다. 왜냐하면 우리 헌법 제37조 제2항의 일반적 법률유보 때문에 이러한 구별은 그 의미를 많은 부분 상실하기 때문이다.

따라서 우리 헌법 하에서 기본권의 경합은 일반적 기본권과 특별한 기본권이 동일한 규범영역에 속해 있는 경우를 제외하고는 효력이 같으면서도 규범영역이 서로 다른 기본권들 사이의 경합으로 축소된다. 때문에 우리 헌법상 기본권의 경합을 해결하는 데는 어떤 규범이 1차적으로 관계되었는지를 확인하는 것이 필요하다. 그리고 1차적으로 관계된 규범은 그 특별한 의미내용에 따라 해당 사안과 더욱 강한 정도로 실질적 관계를 맺고 있는 규범이 된다.

그러나 개별적인 경우에 기본권주체의 의도와 기본권을 제한하는 공권력의 동기를 감안해서도 1차적으로 관계된 규범을 확정할 수 없는 경우에는 문제의 사안과 관련 있는 모든 기본권을 적용할 수밖에 없다. 이러한 해결책이 기본권의 효력을 가능한 한 강화하는 방법이며, 그러한 해결책은 국가적 이익의 관철보다 개인의 기본권보장이 우위에 있다는 전제에서만 가능하다.

제7절　기본권의 제한

제1항　일반론

1. 기본권제한의 개념

기본권의 제한이란 기본권규정에 의하여 보장된 결정이나 활동의 자유 또는 기본권규정을 통하여 보장된 특정행위나 영역에 대한 보호를 사항적으로 축소시킴으로써 기본권으로부터 이끌어낼 수 있는 개인의 법적 지위를 전적으로 또는 특정한 경우에 감소시키는 공권력의 행위를 말한다. 한마디로 기본권의 제한이란 기본권의 보호영역을 축소시키는 모든 국가행위를 말한다.

2. 기본권의 보호영역과 기본권제한의 상관관계

헌법에 보장된 기본권은 무제한적이거나 내용상 제한될 수 없는 권리가 아니다. 곧 기본권은 법적 권리이기 때문에 국가 내에서 질서 잡힌 공동생활을 보장하기 위하여 제한될 수 있다. 그 결과 그러한 한계를 설정하고 그에 해당되는 기본권을 확정하는 것이 필요하게 된다.

기본권은 각 개별기본권규범에 규정된 권리만을 보장한다. 곧 헌법은 해당 기본권규범의 내용에 속하는 것인 한에서만 그것을 기본권으로서 보장하고 있다. 개별기본권에 특유한 사항적·내용적 범위 즉, 기본권에 의하여 보호되는 생활영역을 기본권의 보호영역(기본권의 구성요건, 기본권의 규범영역)이라 한다.

따라서 기본권의 제한에 앞서 해당 기본권의 보호영역을 확정하는 것이 필요하다. 그 과정은 사고의 진행상 두 단계로 나누어진다. 첫째, 구체적 사례에서 관찰의 대상이 되는 개별기본권규범의 해석을 통하여, 특히 개별적인 지도개념과 그 밖의 구성요건적 기본권의 전제요건들을 개념정의로 확정함으로써 그 내용과 범위를 일반적으로 규정하여야 한다. 더 나아가서 기본권의 보호영역을 확정하기 위해서는 해당 기본권을 고립시켜 고찰하는 것만으로는 충분하지 않고 경우에 따라서는 (예컨대 신앙고백의 자유의 보호영역을 확정하기 위하여 종교의 자유와 언론·출판의 자유를 함께 보아야 하는 것처럼) 해당 기본권을 다른 기본권과 그 밖의 헌법규정들과 체계적인 관련 하에 고찰하는 것이 필요하다.

둘째, 법적으로 심사하여야 할 조치(고권행위)가 개념적으로 특징지어진 기본권영역에 속하는가 여부, 곧 해당 기본권의 보호영역(특히 지도개념)에 포섭될 수 있는 사안인지 여부가 검토되어야 한다. 만약 그렇다면 그 사안은 해당 기본권의 보호영역을 침해한 것이라는 결론을 내릴 수 있다. 더 나아가서 자유권의 경우에는 이러한 기본권의 침해가 헌법적인 제한에 의하여 허용되는 것인가 여부를 검토해야 할 것이다.

결국 기본권의 제한은 어떤 사실이 기본권의 보호영역 내의 것일 때에만 비로소 문제된다. 따라서 기본권의 보호영역에 대한 검토와 기본권의 제한 또는 한계에 대한 검토는 형법에서의 구성요건 해당성에 대한 검토와 정당화이유(위법성조각사유)에 대한 검토의 관계와 매우 비슷하다고 할 수 있다.

3. 기본권제한의 대상과 형태

기본권제한의 대상은 모든 기본권이다. 다만 성질상 제한이 불가능한 (내용적) 절대적 기본권은 예외를 이룬다. 헌법도 제37조 제2항에서 "국민의 모든 자유와 권리는 … 제한할 수 있"다고 하였다. 따라서 독일에서 (법률유보가 없는 형식적) 절대적 기본권의 제한을 위하여 구성된 기본권의 내재적 한계이론을 우리 헌법상 기본권을 해석하는 데 도입할 여지는 거의 없다.

기본권의 제한에는 여러 가지 형태가 있다. 그러나 이곳에서는 기본권의 제한을 일반적 제한과 특별한 제한으로 나누어 설명하기로 한다. 기본권의 일반적 제한으로는 헌법에 의한 제한과 법률에 의한 제한을 들 수 있다. 기본권의 특별한 제한에는 국가긴급권행사에 의한 제한이 있다.

제 2 항 기본권의 일반적 제한

1. 헌법에 의한 제한

헌법이 기본권을 보장하면서 헌법 스스로가 개별기본권에 제한을 명시하는 경우가 있다. 이처럼 기본권 자체에 부가된 규범적 제한을 헌법에 의한 기본권제한(헌법직접적 제한, 헌법유보, 헌법적 한계)이라고 한다.

헌법에 의한 기본권제한의 경우는 기본권의 내용에 제한을 가하는 경우와 기본권의 주체에 대하여 제한을 가하는 두 가지 경우가 있다. 기본권의 내용에 제한을 가한 경우로는 ① 정당설립의 자유를 보장하면서 그 목적이나 활동이 민주적 기본질서에 위배되지 못하도록 제한해 놓은 것(제8조 제4항), ② 언론·출판의 자유를 보장하면서 타인의 명예나 권리 또는 공중도덕이나 사회윤리를 침해하지 못하도록 한 것(제21조 제4항), ③ 국민의 재산권을 보장하면서 그 행사를 공공복리에 적합하게 하도록 제한한 것(제23조 제2항)을 들 수 있다.

기본권의 주체에 대하여 제한을 가한 경우로는 국민의 국가배상청구권을 보장하면서 군인, 군무원, 경찰공무원 등의 배상청구권을 제한한 것(제29조 제2항), 노동3권을 보장하면서 일부 공무원인 근로자에게만 인정하고 주요 방위산업체에 종사하는 근로자의 단체행동권을 제한한 것(제33조 제2항·제3항)을 들 수 있다.

이처럼 헌법이 명시적으로 기본권을 제한하고 있는 경우 입법자는 헌법제정자가 설정한 한계 내에서 그 기본권을 구체적으로 형성할 수는 있으나 그 한계를 넘어 새로운 제한을 가할 수는 없다. 입법자가 헌법 자체에 의하여 제한된 기본권을 구체적으로 형성한 경우 그에 대한 합헌성심사는 법률유보가 있는 기본권을 구체화시키고 현실화시킨 경우보다 더욱 엄격하게 행해진다.

2. 법률에 의한 제한

(1) 법률유보의 개념

헌법은 입법자에게 기본권의 범위와 한계를 확정할 수 있도록 수권하고 있다. 이러한 수권규정을 보통 기본권에 대한 법률유보규정이라 한다. 그에 따라 입법자는 기본권영역에서 기본권을 제한하고 형성하는 두 가지 기능을 행사한다.

개별기본권에 법률유보가 있는 경우에는 입법자는 법률에 의하여 또는 법률을 근거로 기본권을 제한할 수 있다. 전자의 경우에는 입법자 스스로가 기본권을 제한하며 별도의 집행행위를 필요로 하지 않는다. 후자의 경우에는 입법자가 행정권 또는 사법권이 집행할 수 있도록 전제요건을 규정한다.

(2) 법률유보의 유형

법률유보는 규정형식과 제약요건의 부가 여부 및 헌법제정자가 기도한 목적에 따라 세 가지로 유형화할 수 있다. 규정형식에 따르면 법률유보는 개별적 법률유보와 일반적 법률유보로 구분된다. 제약요건에 따르면 법률유보는 단순법률유보와 가중법률유보로 나누어진다. 또한 법률유보는 헌법제정자가 기도한 목적에 따라 기본권제한적 법률유보, 기본권형성적 법률유보, 기본권구체화적 법률유보로 나누어진다.

1) 개별적 법률유보와 일반적 법률유보　　법률유보는 개별기본권조항에 법률유보조항을 두고 있는가 또는 모든 기본권에 적용될 수 있도록 법률유보가 일반적으로 규정되어 있는가에 따라 개별적 법률유보와 일반적 법률유보로 나누어진다.

2) 단순법률유보와 가중법률유보　　단순법률유보란 입법자가 일정한 요건의 제약 없이 개별기본권을 제한할 수 있는 경우를 말한다. 이때 입법자는 보통 공공의 이익을 이유로 해당 기본권을 제한하게 된다. 그렇다고 해서 입법자는 해당 기본권을 무제한적으로 제한할 수는 없으며, 기본권의 제한은 상호작용이론에 따라 제한을 받는다.

그에 반하여 가중법률유보란 헌법에 명시된 일정한 요건에 따라서만 기본권을 제한하는 경우를 말한다. 가중법률유보는 이른바 헌법에 의한 기본권제한(헌법유보)과는 구별되어야 한다. 왜냐하면 가중법률유보의 경우 헌법제정자는 입법자가 법률에 의하여 기본권을 제한할 수 있는 특별한 요건이나 목적을 규범화시키고 있음에 반하여, 헌법에 의한 기본권제한의 경우에는 헌법제정자 스스로가 기본권으로 보장되는 한계를 규정하고 있기 때문이다.

헌법에는 신체의 자유(제12조 제1항 제2문)에 개별적 단순법률유보가 규정되어 있고, 제37조 제2항에는 일반적 가중법률유보가 규정되어 있다. 그러나 우리 헌법상 개별적 단순법률유보는 제37조 제2항의 일반적 가중법률유보 때문에 사실상 큰 의미를 갖지 못한다.

3) 기본권제한적 법률유보, 기본권형성적 법률유보, 기본권구체화적 법률유보

기본권제한적 법률유보는 입법자에게 기본권을 제한하는 기능을 부여한 경우이다. 기본권제한적 법률유보는 본래적 의미의 법률유보라고도 하며, 주로 자유권의 경우 문제된다. 이에 반하여 기본권형성적 법률유보는 입법자에게 기본권의 내용을 구체화하는 권한이 부여된 경우를 말한다. 마지막으로, 기본권구체화적 법률유보에는 입법자에게 기본권의 내용을 자세하게 규정하거나 기본권의 행사를 규제하는 권한을 유보하는 두 가지 경우가 있을 수 있다. 특히 후자의 경우를 기본권규제적 법률유보라고 부르기도 한다.

이러한 기준에 따라 헌법에 규정된 법률유보를 분류하면 제12조의 법률유보와 제37조 제2항의 법률유보는 기본권제한적 법률유보에 속하고, 사회권에 규정되어 있는 법률유보는 대체로 기본권형성적 법률유보에 해당되며, 재산권·참정권·기본권 보장을 위한 기본권(청구권)에 규정되어 있는 법률유보는 기본권구체화적 법률유보라 할 수 있다.

그러나 다수설과 헌법재판소는 기본권구체화적 법률유보를 인정하지 않고 법률유보를 기본권제한적 법률유보와 기본권형성적 법률유보로 구분하고 있다.

(3) 일반적 법률유보

1) 헌법 제37조 제2항　　헌법은 제37조 제2항 전단에서 "국민의 모든 자유와 권리는 국가안전보장·질서유지 또는 공공복리를 위하여 필요한 경우에 한하여 법률로써 제한할 수 있으며"라고 하여 기본권의 제한과 관련하여 일반적 가중 법률유보를 규정하고 있다. 따라서 여기에서는 ① 「국가안전보장·질서유지·공공복리」가 무엇을 뜻하는가, ② 「필요한 경우」가 어떤 의미인가, ③ 여기에서 말하는 법률이란 어떤 범위의 것인가가 밝혀져야 한다.

2) 국가안전보장·질서유지·공공복리　　국가안전보장이란 외부로부터의 국가의 존립과 안전 그리고 이와 관련되는 내부적 안전과 존립을 보장하는데 국한된다. 질서유지란 내부에 있어서의 국가의 존립과 안전의 보장을 의미한다. 그밖에도 질서유지의 개념에는 경찰법적 의미의 공공질서가 포함된다. 공공복리란 매우 불확정적이고 다의적인 개념이다. 다만 국가안전보장이나 질서유지가 소극적인 개념이라면, 공공복리는 적극적인 것이라는 것만은 확실하다. 공공복리란

사회생활을 영위하는 구성원, 곧 개개 국민의 다수의 실질적 이익으로 정의될 수 있다.

3) 「필요한 경우」

① 비례의 원칙의 명문화   필요한 경우란 보호하려는 구체적 법익을 위하여 다른 방법으로는 달성할 수 없는 경우를 말하며, 기본권을 제한하는 경우에도 그 제한은 최소한도에 그쳐야 한다는 것을 말한다. 곧 필요한 경우란 기본권을 제한하는 경우에 비례의 원칙을 지켜야 한다는 것을 헌법에 명문화해 놓은 것이라고 할 수 있다.

② 비례의 원칙   비례의 원칙은 경찰행정법에서 성립하였다. 비례의 원칙은 법치국가원리에서 요청되는 불문의 원칙으로서, 헌법적 서열의 원칙이다. 비례의 원칙은 적합성의 원칙, 필요성의 원칙, 기대가능성의 원칙을 포함한다. 적합성의 원칙이란 법률에 규정된 처분이 법률에서 추구하는 목적을 달성하는데 유효한 수단이어야 할 것을 요구한다. 필요성의 원칙은 법률에서 규정한 처분이 합헌적인 목적을 달성하기 위하여 개인의 자유영역에 대한 침해가 불가피한 것일 것을 요구한다. 필요성의 요청은 법률에 규정된 조치보다 더 가벼운 개입으로서는 목적을 달성할 수 없을 때 충족된다. 기대가능성의 원칙은 협의의 비례의 원칙이라고도 하며 수단과 목적이 서로 적절한 비례관계에 있을 것, 곧 법률에 의하여 제한을 받는 기본권의 주체에게 예상 밖의 제한이 가해지지 않을 것을 요구한다. 독일연방헌법재판소는 비례의 원칙을 처음에는 필요성 → 적합성 → 기대가능성의 순으로 적용하였으나 그 후에 그 순서를 바꾸어 적합성 → 필요성 → 기대가능성의 순서로 적용하고 있다. 특히 비례의 원칙은 기본권을 구체화하는 법률이 기본권을 제한하는 경우 입법자에게 형량의 지침을 제공한다.

③ 헌법재판소와 비례의 원칙   헌법재판소는 비례의 원칙을 과잉금지원칙이라고도 부르면서 그 요소로서 목적의 정당성, 방법의 적정성, 피해의 최소성, 법익의 균형성을 들고 있다. 목적의 정당성은 국민의 기본권을 제한하는 입법은 그 목적이 헌법과 법률의 체계 내에서 정당성을 인정받을 수 있는 것이어야 할 것을 요구한다. 방법의 적정성은 기본권을 제한하는 입법을 하는 경우에 법률에 규정된 기본권제한의 방법은 입법목적을 달성하기 위하여 그 방법이 효과적이고 적절하여야 할 것을 요구한다. 피해의 최소성은 입법권자가 선택한 기본권제한조

치가 입법목적달성을 위하여 적절한 것이라 하더라도 더욱 완화된 수단이나 방법을 모색함으로써 그 제한은 필요최소한이 되도록 할 것을 요구한다. 법익의 균형성은 기본권제한입법에 의하여 보호하려는 이익과 침해되는 사익을 비교형량할때 공익이 더 크거나 적어도 양자 사이에 균형이 유지되도록 할 것을 요구한다.

헌법재판소는 기본권을 제한하는 법률이 목적의 정당성, 방법의 적정성, 피해의 최소성, 법익의 균형성 가운데 어느 하나에라도 저촉이 되면 위헌이 된다고한다. 대법원도 같은 입장을 취하고 있다.

4) 법   률

① 기본권제한법률의 일반적 요건   우선, 기본권을 제한하는 법률은 정당한 절차에 따라 성립되어야 하며, 예컨대 법치국가원리와 같은 객관적 법원리를 침해해서는 안 된다(객관적 헌법의 준수). 다음으로, 기본권을 제한하는 법률은 일반성을 가진 법률이어야 한다. 끝으로, 기본권을 제한하는 법률은 명확해야 한다. 불명확한 법률로는 '막연하기 때문에 무효'라는 이론에 따라 기본권을 제한하지 못한다.

여기에서 말하는 법률에는 형식적 의미의 법률뿐만 아니라 헌법에 의하여 체결·공포된 조약과 일반적으로 승인된 국제법규도 포함된다.

② 특히 개별적 법률과 관련하여   개별적 법률로써 기본권을 제한해서는 안 된다는 원칙은 법 앞의 평등으로부터 근거지어진다. 곧 개별적 법률금지원칙이 가지는 의미는 기본권을 제한함에 있어 평등원칙을 유의하라는데 있다.

법률이 일반적이어야 한다는 것은 법률이 모든 인간과 모든 사항을 규율해야 한다는 의미로, 개별법규나 처분적 법률을 금한다는 것을 뜻한다. 어떤 법률이 개별적 법률에 해당되는가를 확정하는 것은 매우 어렵다. 그러나 전적으로 구체적인 경우나 아주 특정의 수범자만을 대상으로 하는 경우를 개별적 법률이라 할 수 있을 것이다. 개별적 법률은 입법자가 구체적인 사안을 근거로 하여 입법의 흠결이 있다는 것을 인식하고 그러한 동기에서 제정하는 그리고 그 법적 규정들이 미래에는 일반적으로 적용되는 처분법률과는 구별된다.

③ 적시조항과 법적 명확성   우리 헌법에는 규정되어 있지 않지만, 기본법 제19조 제1항 제2문은 기본권을 제한하는 법률은 제한되는 "기본권의 해당 조항을 적시해야 한다"고 규정하고 있다. 이 조항에 주어진 과제는 가능하면 분

명한 법적 명확성을 창출하고 경고기능을 행사하는 것이다.

(4) 법률에 의한 기본권제한의 한계

1) 본질적 내용의 침해금지　　법률유보 하에 있는 기본권이라고 해서 무제한적으로 제한될 수 있는 것은 아니다. 법률유보는 기본권이 제한될 수 있다는 것을 말할 따름이다. 곧 법률유보는 입법자에게 전적으로 임의적이거나 자의적으로 기본권을 제약할 수 있도록 수권하는 것은 아니다. 여기에는 한계가 있다.

헌법 제37조 제2항 후단은 "국민의 모든 자유와 권리는 … 제한하는 경우에도 자유와 권리의 본질적인 내용을 침해할 수 없다"라 하여 기본권제한의 한계를 명시하고 있다. 본질적 내용의 침해금지는 기본권의 내용적 최소핵심을 보호한다는 점에서 주관적 권리를 보호한다.

2) 기본권의 본질적 내용과 관련된 학설　　기본권의 본질적 내용이 무엇인가와 관련해서는 상대설, 절대설, 절충설 및 그 밖에 다양한 견해가 있다.

독일연방최고법원이 주장한 상대설에 따르면 본질적 내용은 개별기본권뿐만 아니라 심지어는 개별적 경우마다 분리시켜 확정되지 않으면 안 된다고 한다. 독일연방헌법재판소가 주장한 절대설은 본질적 내용을 고정된 것, 개별적 경우와 구체적 문제와는 무관한 것으로 이해하면서 제한 후에 남는 것을 본질적 내용이라고 한다. 절충설은 독일연방행정법원이 주장했던 견해로 기본권의 핵심을 절대적으로 보호하는 것을 긍정하지만 공동체의 존립을 위하여 필요한 법익을 보호하기 위해서는 기본권의 침해를 허용한다는 입장이다.

기본권을 가능한 한 최대한으로 보장하여야 한다는 관점에서 절대설이 타당하다고 하겠다. 그러나 기본권에서 전혀 남는 것이 없다 하더라도 기본권을 제약할 수밖에 없는 경우가 있을 수 있다. 이와 관련하여 독일의 지배적 견해와 연방헌법재판소는 그러한 침해가 비례의 원칙을 따른 때에는 본질적 내용이 침해된 것이 아니라는 예외를 발전시켰다.

3) 기본권의 본질적 내용과 관련된 국내학설　　국내에서는 기본권의 본질적 내용과 관련하여 개별기본권마다 다르지만 인간의 존엄과 가치와 밀접하다는 견해, 구체적인 판례에 일임하는 견해, 인간의 존엄과 가치로 보는 견해, 기본권의 본질적 내용은 허용된 제한의 가능성이 끝나는 곳에서 시작된다는 견해 등이 주장되고 있다. 헌법재판소는 기본권의 본질적 내용이라 함은 당해 기본권의 핵이

되는 실체를 말하고, 본질적인 내용의 침해라 함은 그 침해로 말미암아 당해 자유나 권리가 유명무실한 것이 되어버리는 침해를 말한다고 하면서 그 내용은 기본권마다 다르다는 입장을 나타내고 있다.

이상 국내의 학설들은 나름대로 합리적인 근거를 갖는다고 할 수 있다. 그러나 본질적인 내용을 구체적인 판례에 일임하려는 태도는 법실무에 지침을 제공한다는 법학 본연의 임무를 포기한 태도이고, 인간의 존엄과 가치를 기본권의 본질적 내용으로 보는 견해는 기본권의 본질적 내용을 이루는 한 부분에만 집착하고 있어서 기본권마다 다른 고유영역이 있음을 간과하고 있으며, 기본권의 본질적 내용은 허용된 제한이 가능성이 끝나는 곳에서 시작된다는 견해는 바다가 무엇이냐에 대한 질문에 육지가 끝나는 곳에서 바다가 시작된다고 답하는 것처럼 정작 기본권의 본질적 내용이 무엇인가에 대해서는 이야기해주는 바가 없다.

기본권의 본질적 내용은 모든 기본권에 공통된 부분과 개별기본권에 특유한 부분, 곧 하나의 기본권을 다른 기본권과 구별지우는 부분으로 구성된다고 생각한다. 곧 모든 기본권에 공통된 본질적 내용은 그 기본권에 포함된 인간의 존엄과 가치이며, 각 기본권에 특유한 본질적 내용은 기본권마다 다르다고 할 것이다. 이 두 가지는 서로 불가분의 요소를 이루기 때문에 어느 하나를 침해하면 전체로서 그 기본권의 본질적 내용이 침해된다고 할 수 있다. 따라서 기본권의 본질적 내용은 이론과 구체적인 판례에서 밝혀지겠지만, 이론과 판례는 각 기본권에 특유한 본질적 내용만을 밝힐 수 있고 또한 그래야 할 것이다.

(5) 행정법상의 특별관계에 의한 제한

1) 독일에서의 논의

① 이른바 특별권력관계와 기본권의 제한　　특별권력관계란 특별한 법적 원인(법률의 규정이나 당사자의 동의)에 의하여 성립되며 특정의 목적을 달성하기 위하여(예컨대 학생, 군인, 공무원, 수형자) 시민이 국가권력에 대하여 특히 강한 법적 구속(포괄적 지배·복종)하에 있는 법률관계를 말한다. 이 관계는 일반적으로 장기간 계속된다.

바이마르 시대까지 지배적이었던 특별권력관계에 대한 고전적 학설에 따르면 기본권은 특별권력관계에서는 효력이 없었다. 왜냐하면 특별권력관계에 있는 사람들은 국가기구 속에 편입되어 있거나 기본권의 행사를 포기한 것으로 이해되었기 때문이다.

② 특별권력관계이론에 대한 비판과 특별관계에서의 기본권의 제한   그러나 1949년 이후, 곧 본기본법이 제정·발효되고 난 후 특별권력관계이론에 대해서 두 가지 측면에서 문제가 제기되기 시작하였다. 하나는 사람들이 국가내부에도 법률관계가 있다는 것을 인식했다는 점이다. 그렇다면 특별권력관계도 기본권이 효력을 가질 수 있는 법률관계에 속하지 않느냐는 것이다. 다른 하나는 기본권의 효력을 높이기 위해서는 특별권력관계에서도 기본권의 효력을 인정할 필요가 있다는 점이다.

이러한 사정을 고려하여 오늘날에는 특별권력관계라는 용어 대신 특별법관계, 강화된 종속관계 또는 특별의무관계, 특별관계, 특수신분관계 등의 용어가 사용된다. 이러한 표현들은 종래의 특별권력관계이론이 극복되었다는 것을 뜻한다. 그러나 명칭과는 무관하게 일반적인 국민의 국가에 대한 관계와는 달리 또는 그러한 관계에서보다는 더욱 국가와 밀접한 관계에 있는 사람들이 있을 수 있고, 그러한 사람들의 기본권을 일반권력관계에 있는 사람들의 기본권보다 더 제한해야 할 필요성이 있다는 것만은 부인할 수 없다.

이러한 특별관계에서 기본권의 효력을 일정한 한계 내에 제한시키고자 하는 경우 그러한 일은 제한의 개념을 축소함으로써만 가능하다. 이러한 목적에서 울레 *C. H. Ule*는 종래의 특별권력관계를 기본관계와 내부관계로 구분하고, 기본관계, 곧 특별권력관계의 설정·변경·존속에 직접적인 영향을 미치는 관계에서는 기본권의 효력을 인정하고 그 침해에 대해서는 사법적 권리구제도 허용해야 한다고 하였다.

③ 현재 통설의 입장   기본권은 헌법에 규정된 방법에 따라서만, 곧 법률에 의하거나 법률을 근거로 해서만 제한될 수 있으며, 모든 제한은 헌법에 정해진 한계를 지키지 않으면 안 된다. 곧 원칙적으로 이제는 특별권력관계를 근거로 기본권을 제한하는 것은 더 이상 정당화될 수 없으며, 기본권에 대한 모든 본질적 제한은 형식적·실질적 법률의 형태로 된 명시적인 수권을 필요로 한다. 더 나아가서 그러한 관계에서 법률로써 제한할 수 있는 기본권이 있다 하더라도 그에 대한 제한은 그러한 법률관계의 기능(목적)에 불가피한 것이어야 한다.

2) 한국헌법과 특별관계   헌법은 이른바 과거의 특별권력관계에 해당되는

공무원근무관계(제7조, 제29조, 제33조 제2항, 제78조), 병역의무관계(제39조, 제27조 제2항, 제110조), 학생교육관계(제31조), 수형자복무관계(제12조, 제13조, 제27조, 제28조) 등을 규정하고 있다.

이러한 관계는 국가공동체가 기능하는데 불가피한 특별관계이다. 이들은 각기 상이한 고유법칙성을 가진다. 그러한 한에서 그러한 특별관계에 있는 자들의 기본권을 법률로써 최소한으로 제한하는 것은 헌법의 전체취지에 위반되지 않는다. 이들은 국가에 대한 밀접한 관계 때문에 특수한 것으로 보일 뿐 그 본질은 법률에 의한 기본권제한의 한 유형에 속한다. 따라서 기본권침해에 대한 사법적 권리구제수단도 그대로 적용된다. 판례도 대체로 같은 입장에 있다.

예컨대 공무원은 법률에 의하여 표현의 자유가 제한된다(형법 제127조, 국가공무원법 제60조, 지방공무원법 제52조, 정당법 제45조 등). 또한 공무원은 공직에 입후보하기 위해서는 일정기간 이전에 사임하여야 한다(공직선거법 제53조). 이 밖에도 특별관계에 있는 자들은 여러 법률에 의하여 그들의 기본권이 제한된다.

제 3 항   기본권의 특별한 제한

1. 국가긴급권행사에 의한 기본권제한의 특색

법률에 의한 기본권제한이 정상적인 헌정질서 내에서 헌법에 규정되어 있는 다른 법익과의 조화를 생각한 것이라면, 비상사태 하에서의 기본권제한은 헌법 자체를 수호하기 위한 성격이 강하다. 또한 기본권은 헌법의 핵심적 내용을 이루기 때문에 국가긴급권의 행사에 의한 기본권의 제한은 거시적인 안목에서는 기본권보호수단이 되기도 한다. 국가긴급권이 오용 또는 남용되는 경우, 곧 국가긴급권이 헌법질서를 보호하기 위한 목적 외에 사용되는 경우 헌법규정의 유무와는 관계없이 국민의 저항권행사가 인정된다. 국가긴급권이 본래의 취지대로 사용된 경우라 하더라도 비례의 원칙에 비추어 그것이 과도하게 사용되어 국민에게 수인(受忍)할 수 없는 피해를 안겨주었다면 사후에 정당한 보상이 행해져야 함은 물론이다.

헌법은 제76조와 제77조에서 긴급명령 등에 의한 기본권제한과 비상계엄에 의한 기본권제한을 규정하고 있다.

2. 긴급재정·경제명령과 긴급명령에 의한 기본권의 제한

(1) 헌법 제76조

헌법 제76조 제1항은 "대통령은 내우·외환·천재·지변 또는 중대한 재정·경제상의 위기에 있어서 국가의 안전보장 또는 공공의 안녕질서를 유지하기 위하여 긴급한 조치가 필요하고 국회의 집회를 기다릴 여유가 없을 때에 한하여 최소한으로 필요한 재정·경제상의 처분을 하거나 법률의 효력을 가지는 명령을 발할 수 있다"고 하여 긴급재정·경제명령권을 규정하고 있다. 또 동 제2항은 "대통령은 국가의 안위에 관계되는 중대한 교전상태에 있어서 국가를 보위하기 위하여 긴급한 조치가 필요하고 국회의 집회가 불가능한 때에 한하여 법률의 효력을 가지는 명령을 발할 수 있다"고 하여 긴급명령권을 규정하고 있다.

(2) 헌법 제76조에 의하여 제한될 수 있는 기본권

이렇듯 긴급재정·경제명령과 긴급명령은 법률의 효력을 가지므로 헌법 제37조 제2항의 요건(공공복리는 제외됨) 하에서 기본권을 제한할 수 있다. 문제가 되는 것은 이들 명령으로써 제한할 수 있는 기본권의 범위에 대한 것이다. 긴급재정·경제명령권은 "최소한으로 필요한 재정·경제상의 처분을 하거나 법률의 효력을 가지는 명령을 발할 수 있"는 권한이므로 그에 맞추어 재산권, 노동3권, 직업의 자유 등과 같은 경제적 기본권과 그에 관련되는 기본권만을 제한할 수 있다. 그에 반하여 긴급명령에 의하여 제한될 수 있는 기본권은 그러한 제한이 없다고 보아야 할 것이다.

3. 비상계엄에 의한 기본권의 제한

(1) 헌법 제77조

헌법 제77조 제1항은 "대통령은 전시·사변 또는 이에 준하는 국가비상사태에 있어서 병력으로써 군사상의 필요에 응하거나 공공의 안녕질서를 유지할 필요가 있을 때에는 법률이 정하는 바에 의하여 계엄을 선포할 수 있다"고 하여 계엄선포권을 규정하고 있고, 동 제3항은 "비상계엄이 선포된 때에는 법률이 정하는 바에 의하여 영장제도, 언론·출판·집회·결사의 자유, 정부나 법원의 권한에 관하여 특별한 조치를 할 수 있다"고 하여 비상계엄 하에서 기본권을 제한할 수 있음을 명시하고 있다.

(2) 특별한 조치의 내용

비상계엄이 선포되면 헌법 제77조 제3항을 구체화한 계엄법 제9조 제1항에 따라 "체포·구금·압수·수색·거주·이전·언론·출판·집회·결사 또는 단체행동에 대하여 특별한 조치가" 행해질 수 있다. 또한 비상계엄 하에서는 민간인도 군사법원의 재판을 받으며(제27조 제2항, 제110조), 비상계엄하의 군사재판은 일정한 범죄에 한하여 사형선고의 경우를 제외하고는 단심재판이 허용된다(제110조 제4항).

특별한 조치의 내용에 대해서는 계엄법 제9조 제2항·제3항에서 규정하고 있다.

제 8 절 기본권의 보호

제 1 항 기본권보호의 유형

우리 헌법에 기본권의 보호를 위해서 특별히 마련된 것으로 헌법 제37조 제2항에서 추론되는 비례의 원칙과 기본권의 본질적 내용의 침해금지, 개별적 법률의 금지, 제27조의 재판청구권, 제28조의 형사보상청구권, 제29조의 국가배상청구권, 제111조 제1항 제5호의 헌법소원제도를 들 수 있다. 그 밖에도 기본권의 보호와 직접적인 관계는 없으나 간접적으로 관계가 있는 것으로 제107조 제1항과 제111조 제1항 제1호의 위헌법률심사제(구체적 규범통제), 제107조 제3항의 행정심판제도와 제26조의 청원제도가 있다. 이외에도 우리 법에서는 채택되어 있지 않으나 일반 헌법이론적으로 인정된 것과 독일기본법에 규정되어 있는 기본권보호제도로서 추상적 규범통제, 적시조항, 기본권실효제도 및 저항권 등이 있다.

국내의 대부분 교과서는 기본권의 보호를 국가기관별로 나누어 설명하고 있다. 그러나 기본권의 보호를 국가기관별로 나누어 설명하는 방법은 예컨대 청원과 같이 모든 국가기관에 대해 행해지는 경우 중복해서 설명해야 하는 번거로움이 있으며, 특히 그것이 기본권의 침해와 구제란 제목 하에서 행하여질 경우 기본권의 보호를 사후적 보호에 한정시킬 우려가 있다. 따라서 여기에서는 기본권의 보호수단을 기본권의 일반적 보호수단, 사전적 보호수단, 사후적 보호수단 및 기본권의 최종적 보호수단인 저항권 행사의 넷으로 나누기로 한다.

제 2 항   기본권의 일반적 보호수단

헌법 제26조는 "모든 국민은 법률이 정하는 바에 의하여 국가기관에 문서로 청원할 권리를 가진다"라고 하여 청원권을 규정하고 있다.

청원권은 국가권력에 대하여 기본권을 보호하기 위한 가장 오래된 제도 중의 하나이다. 예컨대 영국의 대헌장은 청원권의 행사결과로 알려져 있다. 청원권은 1689년 영국의 「권리장전」에서 최초로 성문화된 것으로 알려져 있다.

청원법 제5조에 규정되어 있는 내용을 제외하고는 국민은 사전·사후에 관계없이 그 내용을 불문하고(법 제4조) 국가기관에 청원을 할 수 있다. 그러한 한에서 청원은 가장 일반적인 기본권 보호수단이라 할 것이다.

제 3 항   기본권의 사전적 보호수단

기본권의 사전적 보호는 기본권이 침해되기 이전에 취해지는 보호로서 헌법개정권자와 입법자에 대한 기본권의 보호를 말한다. 헌법개정권자라 하더라도 일정한 제약 하에 놓여 있으므로, 핵심적인 기본권에 대해서는 침해하지 못한다는 것은 널리 인정되어 있다.

입법자에 대한 기본권의 보호수단으로는 비례의 원칙, 본질적 내용의 침해금지, 기본권을 제한하는 개별적 법률의 금지, 적시조항과 추상적 규범통제를 들 수 있다. 비례의 원칙, 본질적 내용의 침해금지, 기본권을 제한하는 개별적 법률의 금지, 적시조항에 대해서는 이미 살펴보았다.

추상적 규범통제제도는 법률의 합헌성에 대해 의문이 제기되거나 분쟁이 발생한 경우에 구체적 재판과는 무관하게 정부 또는 일정수의 국회의원의 신청에 의해서 헌법재판기관이 법률의 위헌 여부를 심사하고 그 법률이 위헌이라고 판단되는 경우에는 그 효력을 상실시키는 제도를 말한다. 추상적 규범통제제도는 일차적으로는 헌법보장제도로서, 이차적으로는 기본권보호수단으로서 기능한다. 예컨대 독일기본법은 연방정부, 지방정부 또는 연방하원 재적의원 3분의 1 이상의 신청에 의하여 연방헌법재판소가 추상적 규범통제를 하도록 규정하고 있다(동 제93조 제1항 제2호). 그러나 우리 헌법은 이 제도를 채택하고 있지 않다.

제 4 항 기본권의 사후적 보호수단

1. 일 반 론

기본권의 사후적 보호라 함은 기본권이 침해된 경우 이를 사후적으로 구제해 주는 것을 말한다. 헌법은 기본권의 사후적 보호수단으로서 재판청구권(제27조), 형사보상청구권(제28조), 국가배상청구권(제29조), 위헌법률심사제(구체적 규범통제. 제107조 제1항·제111조 제1항 제1호), 행정심판제도(제107조 제3항), 헌법소원심판 제도(제111조 제1항 제5호) 등을 규정하고 있다. 이 밖에도 우리 헌법에는 채택되고 있지 않지만, 독일기본법이 채택하고 있는 기본권실효제도도 기본권의 사후적 보호수단으로 볼 수 있다.

이 중에서 재판청구권이 가장 일반적·직접적인 보호제도이다. 구체적 규범통제제도와 행정심판제도, 기본권실효제도는 간접적인 보호제도라 할 수 있고, 헌법소원심판제도는 특별한 권리보호제도라 할 수 있다. 여기에서는 아직껏 살펴보지 않은 구체적 규범통제제도와 헌법소원심판제도에 대해서만 간단히 언급하기로 한다.

2. 구체적 규범통제

구체적 규범통제는 법률이 헌법에 위반되는 여부가 재판의 전제가 된 경우에 사법기관이 그 법률의 위헌 여부를 심사하고 그것이 위헌인 경우에 무효를 선언하고 그 적용을 거부하는 제도를 말한다. 구체적 규범통제도 추상적 규범통제와 마찬가지로 일차적으로는 헌법보장제도로서 기능하며, 이차적으로는 기본권을 보호하는 기능을 행사한다. 헌법은 위헌심사권과 위헌결정권을 분리시켜 위헌심사권과 위헌결정제청권은 법원(제107조 제1항, 제111조 제1항 제1호)에, 위헌결정권은 헌법재판소(제111조 제1항 제1호)에 각각 귀속하도록 하고 있다.

3. 헌법소원

헌법소원은 공권력의 행사에 의해서 자신의 기본권이 직접 그리고 현실적으로 침해되었다고 주장하는 국민이 헌법재판기관에 직접 기본권의 보호와 구제를 청구함으로써 헌법재판에 의하여 기본권의 보호를 받는 제도를 말한다. 남소를 방지하기 위하여 헌법소원은 모든 법적 수단, 곧 사법적 권리구제절차를 다 마친 후에야 제기할 수 있도록 하는 것이 일반적인 입법례이다.

기본권과 관련하여 행정소송제도가 행정기관에 의한 기본권침해, 규범통제(위헌법률심사)제도가 입법기관에 의한 기본권침해를 염두에 둔 것이라면, 헌법소원제도는 모든 공권력에 의한 기본권침해를 포괄하면서도 특히 사법기관에 의한 기본권침해에 대한 보호라는 측면이 강하다. 헌법소원은 일차적으로는 기본권을 보호하며 이차적으로는 헌법을 보장하는 기능을 한다.

헌법은 헌법소원제도를 채택하여(제111조 제1항 제5호) 공권력의 행사 또는 불행사로 말미암아 기본권을 침해당한 국민은 헌법재판소에 헌법소원을 제기할 수 있게 하였다. 그러나 헌법을 구체화한 헌법재판소법은 제68조 제1항에서 사법적 절차를 다 마친 후에야 헌법소원을 제기할 수 있게 하면서도(헌법소원의 보충성), 법원의 재판을 헌법소원의 대상에서 제외시켜 국민의 기본권 보호에 사각지대(死角地帶)를 만들어 놓았다.

제 5 항 기본권의 최종적 보호수단

기본권의 일반적 보호수단, 기본권의 사전적 보호수단, 기본권의 사후적 보호수단 등을 통해서도 기본권이 보호되지 않는 경우 국민은 기본권을 보호하기 위한 최후적 보호수단으로서 저항권을 행사할 수 있다. 저항권은 일차적으로는 헌법수호의 기능을 하며, 이차적으로는 기본권보호기능을 한다. 저항권은 헌법의 규정 유무와 관계없이 일정한 요건을 충족시킨 경우 행사될 수 있다. 저항권이 인정된다는 것은 최종적인 헌법수호와 기본권보호의 주체는 국민 자신이라는 것을 확인하는 의미를 가진다.

제2장 개별기본권

제1절 기본권보장의 이념과 포괄적 기본권

제1항 인간의 존엄과 가치

1. 헌법규정

헌법은 제10조에서 "모든 국민은 인간으로서의 존엄과 가치를 가지며, … 국가는 개인이 가지는 불가침의 기본적 인권을 확인하고 이를 보장할 의무를 진다"고 규정하고 있다.

이 규정과 관련하여 특히 다음과 같은 세 가지가 문제된다. ① 인간의 존엄과 가치란 무엇인가, ② 인간의 존엄과 가치의 헌법적 의미는 무엇인가, ③ 인간의 존엄과 가치는 이념으로서만 기능하는가 아니면 구체적 기본권으로서도 기능하는가.

2. 인간으로서의 존엄과 가치의 의의

(1) 인간으로서의 존엄과 가치의 개념

인간의 존엄을 언급하고 있는 독일기본법과는 달리 헌법 제10조는 인간으로서의 존엄과 가치를 이야기하고 있다. 따라서 존엄과 가치가 의미하는 바가 무엇인가가 문제된다. 이에 대하여는 학자들마다 각각 상이한 내용들을 들고 있다.

그러나 존엄과 가치라는 표현에 지나치게 연연해 할 필요는 없다. 왜냐하면 존엄이란 존재개념이 아니라 가치개념이고, 이 규정이 헌법의 가치질서적 성격을 명확하게 해주고 있다는 것 이상의 다른 것을 말하고 있는 것은 아니기 때문이다. 곧 이 규정은 모든 국민은 인간으로서 존엄하기 때문에 가치를 인정받으며, 이러한 가치를 최고의 가치로서 헌법이 지향한다는 이외의 다른 뜻은 없는 것으로 생각된다. 따라서 우리는 존엄의 개념을 해석하는 데 그 방향을 맞추어야 한다.

존엄을 해석하는 데는 인간존엄의 정신사적 기초가 다양하고 존엄을 개념사적으로 분석하는 것이 곤란하기 때문에 어려움이 따른다. 그러나 인간의 존엄은 바로 인간은 자기책임능력 있는 인격이라는 의미이며, 인간을 객체로 취급해서는 안 된다는 명제가 인간존엄의 내용이라는 것만은 확실하다. 따라서 헌법의 "모든 국민은 인간으로서의 존엄과 가치를 가진다"는 표현은 모든 국민은 인간을 비인격적 자연과 구별하여 자기 자신을 의식하고 자기 자신의 결단에 의하여 스스로를 규정하며, 자신과 주변세계를 형성할 능력의 주체가 된다는 뜻이다(인격주의적 인간관의 표현). 그리고 인간의 존엄은 모든 구체적 인간의 잠재적 속성으로서 모든 인간에게 평등하게 선존하는 것으로 전제된다.

(2) 인간은 왜 존엄한가?

인간의 존엄을 근거지우기 위한 학설로는 구약성서에 근거를 둔 신의 모상설, 이성능력을 부여받고 있는 존재인 인간의 도덕적·자율적인 자기책임, 곧 인간의 자율성을 근거로 하는 설, 인간 이외의 피조물과 구별되는 인간의 능력(예컨대 언어사용, 도구사용)에서 그 근거를 찾는 자연과학적(경험적·생물학적) 관점 등이 있다. 그러나 통설적인 입장은 윤리적 자기결정능력을 인간적·이성적 존재의 존엄의 근거라고 본 칸트의 예에 따라 인간의 존엄을 인간의 윤리적 자율성으로부터 근거 짓는다.

3. 인간의 존엄의 법적 성격

헌법은 세계관에 있어서는 중립이나, 가치중립적이지는 않다. 이렇게 헌법을 가치의 표현으로 볼 때, 인간의 존엄과 가치는 그 최정점에 위치한다. 따라서 인간의 존엄과 가치는 헌법의 가치질서 내에서 최고의 가치이며, 이 가치를 실현하기 위하여 국가는 존재한다. 그러한 한에서 인간의 존엄과 가치는 헌법의 최고구성원리 또는 헌법에 실정화된 근본규범이라고 할 수 있다. 인간의 존엄과 가치가 헌법의 최고구성원리 또는 헌법에 실정화된 근본규범이라는 이야기는 인간의 존엄과 가치가 헌법국가를 구성하고 통제하는 원리로서 기능한다는 의미를 갖는다.

우선, 헌법국가를 구성하는 원리로서의 인간의 존엄과 가치는 ① 국가생활이 지향하여야 할 목적을 분명히 해줌과 동시에 인간의 존엄과 가치를 실현하기 위한, 인간의 존엄과 가치의 필수적 부분인 또는 인간의 존엄과 가치의 구체적 표현인 기본권에 이념적 출발점을 제공한다. ② 국가생활에 기준을 제공한다. 곧 인간의 존엄과 가치는 국가권력에 대해서는 가치적 실천기준이 되고, 국민에 대해서는 그 누구의 존엄성도 침해해서는 안 된다는 의무를 부여하는 행위규범이 된다. ③ 국가생활이 가치충족적으로 조정되게 하는 구성원리로서 모든 헌법조항과 법령의 효력이 문제될 때 그에 대한 궁극적인 해석기준이 되며, 헌법조항이나 법령 등 법규범에 흠결이 있는 경우 그 보완의 근거가 된다.

다음으로, 인간의 존엄과 가치는 헌법국가를 통제하는 원리로서 헌법국가가 넘을 수 없는 한계를 형성한다. 곧 인간의 존엄과 가치는 국가에 의해서든, 다른 개인에 의해서든 또는 공동체에 의해서든 침해될 수 없는 기준을 제시함으로써 기본권제한의 한계가 되며, 더 나아가서는 헌법개정의 한계가 된다.

그러한 한에서 헌법의 최고구성원리 또는 헌법에 실정화된 근본규범인 인간의 존엄과 가치는 개인인 인간에게 유리한 방향으로 국가생활의 질서를 형성할 것을 요청하며, 그와는 반대되는 모든 경향, 추세, 노력, 시도들을 저지하는 기속적 성격을 가진다.

4. 구체적 권리성 여부

(1) 학설 및 판례

표현이야 어떻든(근본규범성, 국법체계상 최고규범성, 헌법질서상 절대불가침의 최고가치, 헌법이념의 핵심, 최고의 헌법원리 등) 인간의 존엄과 가치가 헌법의 최고원리·최고이념이라는 데에는 의견이 일치하고 있다. 그에 반하여 인간의 존엄과 가치가 이념에 그치는가 아니면 그 자체 구체적인 기본권으로도 기능하는가에 대하여는 견해가 나누어져 있다.

헌법재판소는 인간의 존엄과 가치는 기본원리 내지는 기본이념으로서의 성격과 구체적 기본권으로서의 성격을 동시에 가진 것으로 보고 있다. 한편으로 헌법재판소는 "인간의 존엄과 가치는 다른 헌법규정을 기속하는 최고의 헌법원리이다"라든가, "인간의 존엄과 가치는 개별적 기본권과의 관계에 있어서 목적과 수단의 관계에 있다"라고 하며, 형법 제241조(간통죄)에 대한 합헌결정에서 "헌법 제10조는 … 모든 기본권보장의 종국적 목적(기본이념)이라고 할 수 있는 인간의 본질이며 고유한 가치인 개인의 인격권과 행복추구권을 보장하고 있다"고 하였다. 그러나 다른 한편으로 헌법재판소는 「정기간행물의 등록 등에 관한 법률」제16조 제3항·제19조 제3항(정정보도청구권)에 대한 합헌결정에서 "인간의 존엄성에서 유래하는 개인의 일반적 인격권"을 확인하였고, 민법 제764조(명예권침해에 대한 사죄광고)에 대한 일부위헌결정에서 "사죄광고제도는 헌법에서 보장된 인격의 존엄과 가치 및 그를 바탕으로 하는 인격권에도 큰 위해가 된다"고 하였다.

(2) 사   견

1) 기본권의 이념   인간의 존엄과 가치에서 구체적 기본권성을 인정하든 인정하지 않든 인간의 존엄과 가치가 헌법의 최고원리·최고이념이라는 데에는 의견이 일치되어 있다. 인간의 존엄과 가치는 헌법의 최고원리 또는 구성원리로서 모든 기본권을 지배한다. 곧 개별기본권들은 인간의 존엄의 결과로서 나타나며, 인간의 존엄을 보장한다. 인간의 존엄은 모든 기본권의 효력을 강화시키며, 모든 기본권에 윤곽을 부여한다. 그러한 한에서 인간의 존엄과 가치는 모든 기본권의 이념이라고 할 수 있다.

그렇다면 여기에서 우리는 이념이라는 용어에 주의할 필요가 있다. 이념이란 옳다고 전제되기 때문에 끝없이 추구해야 할 무엇을 말한다. 그러나 이념은 속성상 현실이 되는 순간 이념성을 잃는다. 곧 이념은 현실일 수가 없다. 따라서 인간의 존엄과 가치를 이념이면서 동시에 현실태(現實態)인 기본권이라고 이야기하는 것은 논리적으로 모순된다고 단정할 수는 없다 하더라도 인간의 존엄과 가치를 개별기본권과 동일시할 수는 없다. 왜냐하면 인간의 존엄의 불가침성과 개별적 기본권의 제약성은 서로 상반되기 때문이다.

2) 인간의 존엄과 가치가 구체적 권리로 기능하는 경우

① 인간의 존엄과 가치가 구체적 권리로 기능하는 경우   그러나 인간으로서의 존엄과 가치는 구체적인 기본권에 의하여 보호될 수 없는 인간의 존엄에 대한 침해에 대하여 인간의 존엄을 보호하는 포괄적 구성요건을 내용으로 한다고는 할 수 있을 것이다. 곧 다음과 같은 경우에는 기본권의 이념으로서의 인간

의 존엄과 가치와 다른 헌법조항을 조합하여 또는 그 자체로부터 구체적 권리를 추론해낼 수 있다고 본다.

② 헌법에 열거되지 아니한 권리 　인간으로서의 존엄과 가치는 헌법 제37조 제1항과 결합하여 헌법에 열거되지 아니한 권리를 추론해내는 근거가 된다. 개인적으로는 헌법 제37조 제1항(국민의 자유와 권리는 헌법에 열거되지 아니한 이유로 경시되지 아니한다)은 인간의 존엄과 가치의 실현에 도움이 되는 한 어떤 권리의 실정화 여부와 관계없이 그것을 보호하겠다는 헌법제정자의 의지를 표명한 것이라고 본다. 그러한 한에서 헌법 제37조 제1항은 인간의 존엄을 위하여 반드시 필요하나 인간적 한계 때문에 헌법제정시에 예견하지 못한 권리를 추후에 보완하기 위한 근거규정이며, 제10조의 인간의 존엄과 함께 헌법이 흠결 없는 기본권보장체계를 갖추고 있음을 말해주고 있는 규정이다.

③ 최소한의 생활보호청구권 ＇　인간의 존엄과 가치가 구체적으로 침해될 정도로 경제적으로 열악한 지위에 놓이게 될 때, 헌법 제34조에 의한 구체적 입법이 없다 하더라도 이 규정을 근거로 최소한의 생활보호청구권을 인정할 수 있다. 최소한의 물질적 전제조건이 확보되지 않고는 인간의 존엄과 가치는 공염불(空念佛)에 지나지 않기 때문이다.

④ 일반적 보호청구권 　인간으로서의 존엄과 가치는 일반적 보호청구권으로서 기능한다. 헌법 제10조 제2문에 따라 국가는 '개인이 가지는 불가침의 기본적 인권을 확인하고 이를 보장할 의무'를 지기 때문에 국가는 인간으로서의 존엄과 가치를 침해하지 않을 의무를 진다. 또한 이러한 의무는 사회는 물론 어떤 개인에 의하여 다른 개인의 인간으로서의 존엄과 가치가 침해되지 않도록 감시하고 침해된 경우에는 그 침해를 배제하여야 할 의무를 포함한다. 이러한 국가적 보호의무에 대응하여 개인에게는 보호청구권이 생겨난다. 이 보호청구권은 소구(訴求)할 수 있는 주관적 공권이라는 의미에서 진정한 기본권이자 동시에 객관적 헌법규범이다.

⑤ 생 명 권

가. 생명권 일반

(i) 생명권의 헌법적 근거 　인간의 존엄은 생명권으로서 기능한다. 그러나 생명권의 헌법적 근거에 대해서는 견해의 차이가 있다.

앞에서 인간의 존엄을 헌법의 최고가치라 한 것은 어디까지나 생명을 전제하고 한 이야기이다. 곧 생명과 절연된 인간이란 생각할 수 없다. 논리적인 순서대로 이야기한다면 「인간의 생명 → 인간의 존엄 → 개별기본권」이라고 이야기하는 것이 옳다. 그렇다면 개별기본권으로부터 생명권을 근거 짓는 것은 논리적으로 모순이 있다. 또한 헌법제정자가 생명권을 예견하지 못했다고 볼 수도 없다. 따라서 헌법제정시에 예견하지 못한 권리를 추후에 보완하기 위한 근거규정인 제37조 제1항으로부터 생명권을 근거 지으려는 시도도 그리 타당해 보이지는 않는다. 결국 생명권은 '존엄한 인간존재의 근원'이며, '선험적이고 자연법적인 권리로서 헌법에 규정된 모든 기본권의 전제'라고 할 수밖에 없을 것이다. 따라서 생명권의 헌법적 근거는 헌법 제10조의 인간으로서의 존엄과 가치라고 해야 할 것이다.

(ⅱ) 생명의 개념, 생명의 시기, 생명권의 내용   생명이란 죽음에 대한 반대되는 인간의 육체적 존재형식을 말한다. 생명이 언제 시작되는가는 자연과학적으로 결정된다. 독일연방헌법재판소는 생명의 기원을 수정 후 14일이 지난 태아부터라고 보고 있다. 따라서 수정 후 14일이 지난 태아부터 사망시까지 인간은 생명권을 가지며, 이러한 생명에는 법적으로 등가성(等價性)이 인정된다. 생명권은 죽음과 함께 끝나며, 죽을 권리를 포함하지 않는다. 따라서 자살할 권리를 생명권으로부터 추론할 수는 없다. 생명권은 국가를 포함하는 타인으로부터 생명을 방어하는 방어권과 국가에 대한 생명보호청구권 및 포기불가성을 내용으로 한다.

나. 생명권과 관련된 구체적 문제들   생명권과 관련하여 특히 임신중절과 사형제도 및 안락사가 문제된다.

(ⅰ) 태아의 생명권과 임신중절   생명 및 인간으로서의 존엄과 가치는 연령이나 지적 인식능력과는 무관하므로, 태아는 생명권과 인간으로서의 존엄과 가치를 향유한다. 따라서 임신중절은 태아의 생명권과 인간으로서의 존엄과 가치를 침해하는 것으로 허용될 수 없다. 그러나 예외적으로 태아의 생명권과 모의 생명권이 충돌하는 경우에는 구체적인 경우를 따져 임신중절이 허용되는 경우가 있을 수 있으며, 이는 기본권의 충돌에 대한 일반이론으로 해결되어야 할 문제이다.

그러나 모자보건법 제14조 제1항은 낙태정당화사유를 넓게 규정하고 있다.

(ⅱ) 생명권의 박탈과 사형제도   헌법은 사형제도를 폐지한 여러 나라

들과는 달리 여전히 사형제도를 존치시키고 있다(제110조 제4항 단서). 사형제도
와 관련하여 대법원은 "우리나라의 실정과 도덕적 감정을 고려해서 질서유지와
공공복리를 위해서 사형은 위헌이 아니다"라는 입장을 취하고 있으며, 헌법재판
소도 사형이 최소한 동가치의 다른 생명 또는 공익을 보호하기 위한 불가피한 예
외적인 경우에만 적용되는 한 사형제도는 합헌이라는 입장을 취하고 있다.

그러나 사형제도가 합헌이라고 하는 헌법재판소의 견해를 빌어 생명권을 '존
엄한 인간존재의 근원'이며, '선험적이고 자연법적인 권리로서 헌법에 규정된 모
든 기본권의 전제'라고 한다면 사형제도는 인간으로서의 존엄과 가치와 생명권과
정면으로 모순된다. 또한 생명권이 보호되는 헌법질서 내에서는 이른바 '보호가
치 없는 생명', '생존가치 없는 생명'이라는 개념이 정책결정의 동인(動因)이 되어
서는 아니 된다면, 지극히 예외적인 경우라도 사형선고를 내릴 수는 없다고 하여
야 할 것이다.

(ⅲ) 안락사와 죽을 권리   안락사는 협의의 안락사(적극적 안락사), 도
태(적 안락)사 및 존엄사로 나누어진다. 협의의 안락사는 회생가능성이 없는 환자
의 생명을 의료인이 고통이 없는 방법으로 단절하는 것을 말하고, 도태(적 안락)
사란 사회적으로 생존할 가치가 없다고 인정되는 자에 대한 인위적인 생명단절
행위를 가리키며, 존엄사는 회생의 가망이 없는 불치의 병으로 빈사상태에 빠진
환자에 대하여 본인의 직접적 의사에 의하거나 본인이 무의식인 경우에는 보호
자의 의사에 따라 인간다운 죽음을 맞이할 수 있도록 인위적으로 생명을 단축시
키는 행위를 말한다.

학설은 협의의 안락사와 도태(적 안락)사에 대하여는 살인으로 보아 불허하는
입장을, 존엄사에 대하여는 찬·반견해가 나누어져 있다. 그러나 생명권은 포기불
가성을 그 내용으로 하므로 존엄사 또한 인정되지 않는다고 생각한다.

5. 인간으로서의 존엄과 가치의 주체

인간으로서의 존엄과 가치의 주체는 내·외국인을 불문하는 자연인이다. 여
기서 말하는 인간은 지정육(지영육)의 합일체로서의 인간이기 때문에, 법인은 주
체가 될 수 없다. 인간으로서의 존엄과 가치는 연령과 지적 성숙도, 의사와 능력
과는 무관하다. 따라서 미성년자, 정신병자, 범죄인, 기형아, 태아, 이른바 식물인

간을 막론하고 인간으로서의 존엄과 가치의 주체가 된다.

인간의 사체와 관련해서 문제되는 것은 인간으로서의 존엄과 가치의 주체성 여부가 아니라 인간으로서의 존엄과 가치에 대한 국가의 보호의무 및 객관적 가치와 관련된 것이다. 이러한 보호의무는 특히 해부, 장기이식 등에서 문제되며, 그러한 경우에 인간으로서의 존엄과 가치에 합당하게 모든 과정이 이루어져야 한다.

6. 인간으로서의 존엄과 가치의 제한

인간으로서의 존엄과 가치는 기본권이 아니라 기본권의 이념이다. 따라서 헌법 제37조 제2항이 말하는 '모든 자유와 권리'에는 기본권의 이념인 인간의 존엄과 가치는 포함되지 않는다. 그러므로 이 경우에는 제한될 수 없다.

그러나 인간의 존엄이 구체적 기본권으로 기능하는 경우에는 제37조 제2항이 들고 있는 '모든 자유와 권리'에 해당되며, 따라서 논리적으로는 제한될 가능성을 인정할 수 있을 것이다. 예컨대 인간의 존엄에 대한 보호청구권은 국가의 존립과 자유민주적 기본질서를 보호하기 위한 조치에 의한 제한을 감수하지 않으면 안 된다. 그러나 생명권은 기본권 중의 기본권이며 최소한의 생활보호청구권은 인간다운 생활을 할 권리의 본질적 내용에 속하는 것이므로 법률로써도 제한할 수 없다고 보아야 할 것이다.

제 2 항 행복추구권

1. 헌법규정

헌법은 제10조 제1문 후단에서 "모든 국민은 … 행복을 추구할 권리를 가진다"고 하여 행복추구권을 규정하고 있다.

2. 행복추구권의 개념

행복이란 매우 다의적이고 주관적이며 상대적인 개념이다. 그러나 일반적으로 행복추구권이란 고통이 없는 상태나 만족감을 느낄 수 있는 상태를 실현하는 권리로 개념 정의된다. 행복은 공적·사적인 행복은 물론 물질적·정신적인 행복도 포함하는 개념이다.

이렇게 막연하게 행복을 개념정의한다면 행복추구권은 모든 국민의 당위적인 삶의 지표를 분명히 밝혀 놓은 것이 될 수밖에 없어서 그 법적 의미가 부인되거나 최소화될 수밖에 없게 될 수밖에 없고, 그 내용의 불명확성 때문에 해석론적으로 접근하는 것이 대단히 어렵게 된다. 따라서 불명확한 내용을 좀 더 명확하게 할 필요가 있다. 그 내용의 불명확성을 좀 더 명확하기 위해서는 행복추구를 좀 더 자세하게 서술하거나 또는 행복추구권의 성립사를 확인하는 방법이 있을 수 있다. 그러나 전자의 방법은 전적으로 주관성을 배제할 수 없다는 이유 때문에 후자의 방법이 좀 더 논리적으로 객관적인 설득력을 가진다고 할 수 있다.

독일기본법 제2조 제1항은 표현상으로는 고전적 헌법들에서 전례를 찾아볼 수 없으나, 실제로는 1776년 버지니아 권리장전 제1조(행복과 안전을 추구할 권리), 1789년 프랑스 인권선언 제4조(타인을 해하지 않는 한 모든 것을 할 수 있는 권리)에 표현되어 있는 원칙적인 자유추정에 해당하는 자유로운 인격발현권을 규정하고 있다. 그렇다면 헌법에 규정되어 있는 행복추구권은 표현상으로는 미국과 같은 형태를 취하고 있으나 내용상으로는 독일과 같은 형태라고 판단되고, 그러한 한에서 행복추구권은 인격의 자유로운 발현권을 의미한다 하겠다.

3. 행복추구권의 내용과 적용

(1) 행복추구권의 내용

학설은 행복추구권의 내용으로서 여러 가지를 들고 있다. 헌법재판소는 행복추구권에 일반적 행동자유권과 개성의 자유로운 발현권이 함축되어 있고 행복추구권으로부터 자기결정권이 파생되는 것으로 본다. 또한 헌법재판소는 행복추구권을 포괄적 권리와 구체적 권리의 양 측면을 모두 가진 것으로 넓게 보고 있다. 그러나 대법원은 행복추구권의 내용으로서 만나고 싶은 사람을 만날 권리, 일시오락의 정도에 불과한 도박행위를 할 수 있는 권리, 자신이 먹고 싶은 음식이나 마시고 싶은 음료수를 자유롭게 선택할 권리를 들고 있어 행복추구권을 일반적 행동자유권으로 보고 있다.

개인적으로는 학설과 판례에서 인격권, 인격발현권, 일반적 행동자유권, 자기결정권, 비정형적이고 무규정적인 행동자유권 등을 '일반적 인격권'이라는 말로 부르고, 이러한 '일반적 인격권'을 행복추구권의 구체적 내용으로 보고자 한다. 왜냐하면 예를 들어 종교의 자유의 내용이 신앙(결정)의 자유, 종교적 행위의 자유, 종교적 결사·집회의 자유, 종교교육의 자유 등이라면, 일반적 인격권의 내용은 협의의 인격권(사적 영역과 비밀 영역에 대한 보호청구권)과 인격발현권(일반적 행동의 자유)이라고 할 수 있기 때문이다. 곧 「행복추구권＝인격권＋일반적 행동의 자유＋생명권」 또는 「행복추구권＝일반적 행동자유권＋모기본권」(헌법재판소)으로 보는 것보다 「행복추구권＝일반적 인격권＝협의의 인격권＋인격발현권(일반적 행동의 자유)」이라고 보는 것이 논리적이기 때문이다.

일반적 인격권은 세 가지 유형으로 나누어진다. 제1유형은 인격의 발전을 목적으로 하는 권리, 곧 행위의 자유와 행동의 자유 등을 중심으로 한다. 제2유형은 인격에 관한 권리, 곧 생존의 보호, 정신의 보호, 의사의 보호, 감정·정신생활의 보호 등을 내용으로 한다. 제3유형은 개성에 대한 권리, 이른바 인격의 영역, 곧 개인적 영역, 사적 영역, 비밀영역의 보호, 성명, 명예, 초상, 개인의 특성, 대화, 저작, 사생활비밀분야 등으로 나누어진다.

특히, 제3유형인 인격의 영역 가운데 ① 개인영역은 개인적인 생활과 창조적 활동을 전개할 수 있는 정적과 평온의 영역이다. 이 영역은 피해자에게 치욕, 당혹, 고통을 느끼게 하는 개인적 영역을 누설했을 경우에 침해된다. ② 사적 영역은 직장, 친지, 가족, 친척, 인근에 같이 일상 생활하는 생활영역을 말한다. ③ 비밀영역은 각자가 비밀유지의 이익이 있을 때의 모든 경우를 말한다.

(2) 행복추구권의 적용

이렇듯 행복추구권의 내용은 대단히 포괄적이다(Auffanggrundrecht, 자유권의 경우 잔여사안포섭기본권). 그러나 행복추구권의 내용이 포괄적이라는 것은 그것이 다른 개별기본권의 내용이 구체화되어 있고 특정되어 있는 데 비해 일반적이라는 의미이지, 헌법재판소가 말하듯이 "인간의 존엄과 가치의 유지를 위해 필요한 모든 자유와 권리를 내용으로 한다"는 의미는 아니다.

예컨대 헌법 제17조의 사생활의 비밀과 자유, 제12조의 신체의 자유와 같이 개별기본권규정에 광의의 인격권의 내용이 규정되어 있는 경우가 있을 수 있다. 그 경우에는 특별법우선의 원칙에 따라 개별기본권이 적용되고 일반적 인격권,

곧 행복추구권은 적용되지 않는다. 곧 제10조의 행복추구권은 검토대상인 사안이 개별기본권의 규율대상이 아닌 경우에 적용된다.

그러나 행복추구권은 일반적 자유권이기 때문에 자유권 이외의 기본권과의 관계에서도 보충 적용되어야 하는지에 대해서는 자세한 검토가 필요하다고 본다. 개인적으로는 이 문제는 기본권경합이론에 의해서 대답되어야 하기 때문에 이에 내해서 소극적일 수밖에 없다. 그러한 한에서 다음과 같은 판례는 행복추구권과 공무담임권이 경합되는 경우에 행복추구권 침해 여부를 판단할 필요가 없다고 한 점에서, 즉 '불행'을 '행복'의 반대로 해석했으나 행복추구권＝협의의 인격권＋일반적 행동의 자유라는 점에서 '청구인들이 주장하는 불행이란 결국 교원직 상실에서 연유하는 것에 불과하다'를 '교원직 상실에서 협의의 인격권과 일반적 행동의 자유에 대한 침해가 비롯되었는지'를 등치시킬 수 있는지가 의심된다는 점에서 재고되어야 할 것으로 보인다.

제 3 항   평등의 원리와 평등권

1. 헌법규정

헌법은 제11조 제1항 제1문에서 "모든 국민은 법 앞에 평등하다"라고 하여 평등원리를 선언하고, 동 제2문에서는 "누구든지 성별·종교 또는 사회적 신분에 의하여 정치적·경제적·사회적·문화적 생활의 모든 영역에 있어서 차별을 받지 아니한다"라고 하여 차별금지사유와 차별금지영역을 예시하고 있다. 그런가 하면 동 제2항은 사회적 특수계급을 금지하고, 동 제3항은 영전일대의 원칙을 규정하고 있다.

이 밖에도 헌법전문은 "… 정치·경제·사회·문화의 모든 영역에 있어서 각인의 기회를 균등히 하고 … 국민생활의 균등한 향상을 기할 것"을 선언하고 있고, 여러 조항에서 개별적 평등권을 규정하고 있다.

2. 평등규정의 법적 성격

제11조의 평등규정은 평등의 원리와 일반적 평등권을 동시에 규정하고 있는

것으로 이해된다.

평등규정은 모든 국가생활영역과 모든 기본권에(헌법에 열거된 기본권은 물론 헌법에 열거되지 않은 자유와 권리에도) 적용되고 보장되고 있다. 곧 모든 국가생활 영역과 모든 기본권은 평등의 원리를 토대로 하고 있다. 평등의 원리는 정의라는 객관적 원리의 표현이며, 법질서의 기본명제라고 할 수 있다. 이렇게 국가생활과 법질서에서 가지는 평등원리의 불가결성 때문에 평등의 원리는 법질서 내에서 인간의 존엄과 비슷한 지위를 가진다고 할 수 있다. 따라서 평등의 원리는 모든 국가활동의 척도가 되며, 헌법의 가치체계의 한 지주(支柱)임과 동시에 전체 법질 서의 원칙규범이다. 그렇기 때문에 평등의 원리는 헌법의 핵심요소로서 헌법개정 이 불가능하다. 또한 평등의 원리는 헌법재판의 심사기준이 되는 통제규범으로서 자의적인 입법의 금지기준을 의미한다.

그러나 엄밀하게 말한다면 평등 자체는 중립적인 개념이다. 평등이라는 중립 적 개념이 의미를 가지기 위해서는 한편으로는 평등은 '무엇에 있어서의 평등', '평등한 무엇'과 같이 어떤 실체와 결합되어야만 한다. 그러나 다른 한편으로는 어떤 실체는 평등과 결부되지 않을 때에는 그 의미를 잃게 된다. 곧 인간의 존엄, 자유, 권리가 보장된다고 하더라도 그것이 평등한 인간의 존엄, 평등한 자유, 평 등한 권리가 아닌 한 그러한 보장은 전혀 무의미하다. 따라서 평등의 원리는 헌 법상의 모든 보장의 당위적 상태를 규정하며, 인간의 존엄과의 관계에서는 인간 의 존엄이라는 헌법의 최고이념을 실현함에 있어서 따라야 할 방법상의 지침을 제공한다.

평등의 원리가 정치적 영역에 적용되는 경우 그것은 민주국가의 구성원리로 서 기능하게 된다. 오늘날 평등한 선거권, 평등한 투표권, 평등한 공무담임권 등 으로 구체화되는 평등의 원리가 부정된다면 민주적 정치질서의 형성은 불가능하 다고 하지 않을 수 없다. 또한 평등의 원리는 모든 생활영역에서 기회의 균등을 요구할 수 있는 근거가 된다. 특히 현대 사회국가에서는 사회적 평등을 요구하 고, 국가적 급부에 평등하게 참여할 수 있는 근거가 된다.

그런가 하면 일반적 평등권은 국가권력에 의하여 그의 자연의 평등을 침해받 지 않는 것을 내용으로 하는 개인적 공권으로서 불평등한 입법에 대하여는 위헌 법률심판을, 불평등한 행정처분과 재판에 대하여는 행정쟁송과 상소를 할 수 있게 하는 근거조항이 된다. 또한 평등권에 대한 침해는 헌법소원의 대상이 된다.

3. '법 앞에 평등'의 주체

'법 앞에 평등'은 자연인뿐만 아니라 법인과 법인격 없는 단체에게도 주체성이 인정된다는 데에 대하여는 의견이 일치되어 있다.

그러나 외국인에게 주체성이 인정되는가라는 문제와 관련해서는 부정설(법실증주의자), 제한적 긍정설, 상황적 제한설 등 학설의 대립이 있다. 국내에서는 평등규정에 대한 외국인의 주체성을 전적으로 부정하는 견해는 없는 것으로 보인다. 다만 외국인에게 어떤 근거와 어떤 범위에서 평등권이 인정되는가를 설명함에 있어서는 견해가 나누어져 있다.

앞에서 '법 앞의 평등'은 인간의 존엄이라는 헌법의 최고이념을 실현하기 위한 방법상의 지침을 제공하는 평등의 원리와 국가권력에 의하여 그의 자연의 평등을 침해받지 않는 것을 내용으로 하는 개인적 공권으로서의 성격을 병유하고 있다고 하였다. 그러한 한에서 외국인에게 '법 앞에 평등'의 주체성을 부인하기는 어렵다고 본다. 그러나 개별평등권은 호혜주의 원칙에 따라 제한될 수 있다고 본다.

4. 평등규정의 내용: '법 앞에 평등'

(1) 법의 의미

'법 앞에 평등'에서 말하는 법은 국회의 의결을 거친 형식적 의미의 법률에 한하는 것이 아니라 실질적 의미의 법을 말한다. 그러한 한에서 제11조 제1항의 법은 성문법과 불문법은 물론 자연법까지를 포함한다.

(2) 평등의 의미

1) 상대적 평등　　법 앞에서의 평등은 상대적 평등을 말한다. 곧 법적 평등이라고 함은 종교적인 절대적 무차별 또는 수학적·기계적인 절대적 평등을 뜻하는 것이 아니라, 사실상의 평등은 평등하게, 반대로 사실상의 불평등은 그 특질적 사실에 따라서 불평등하게 법적으로 취급되어야 한다는 상대적 평등을 뜻한다.

이때 주의할 점은 상대적 평등의 관념이 불평등한 것을 불평등하게 법적으로 취급한다는 의미는 모든 국가기관에게 사실에 반하여 자의적으로 취급할 것을 금지하는 것을 말한다는 점이다. 특수한 사실의 차이를 자의적으로 무시하여 기계적 평등을 실현한다는 것은 오히려 불평등을 강제하는 결과가 되기 때문이다. 따라서 상대적 평등이라는 것은 합리적 차별을 인정한다는 것과 같다.

  2) 합리적 차별과 불합리한 차별의 기준　　　　이렇게 평등을 상대적 평등으로 이해하는 경우에 합리적 차별과 불합리한 차별의 기준에 대해서는 인간존엄성설과 입법목적설이 대립되어 있다. 독일연방헌법재판소와 헤세 *Hesse* 등이 주장하는 인간존엄성설에 따르면 인간의 존엄이라는 인격주의이념에 적합한가 위반되는가를 차별 여부의 판단기준으로 삼아야 한다고 한다. 그에 반하여 미국과 일본의 판례와 라이프홀츠 *G. Leibholz*가 주장하는 입법목적설에 따르면 차별이 정당한 입법목적을 달성하기 위하여 불가피하고 또 그것이 사회통념상 적정한 것인가 아닌가를 합리적 차별 여부의 판단기준으로 삼아야 한다고 한다.

  어떻든 독일에서는 자의의 금지를, 미국에서는 합리성을 그 기준으로 들고 있으며, 스위스 연방대법원은 평등은 정의를 뜻하고 정의에 반하는 것은 자의라고 한다. 헌법재판소는 합리성과 자의금지, 정의와 형평 등을 그 기준으로 들고, 합리적 차별 여부는 ① 인간의 존엄성존중이라는 헌법의 최고원리와 ② 정당한 입법목적의 달성 ③ 수단의 적정성이라는 세 가지 복합적 요소를 기준으로 판단하여야 한다고 한다. 또한 헌법재판소는 통제규범으로서의 평등원칙에 대해서는 사법자제적인 태도를 취하고 있으며, 최근에는 독일연방헌법재판소의 '최신의 정식'의 영향을 받아 입법자가 평등원칙에 위반했는가 여부에 대한 심사를 엄격한 심사척도와 완화된 심사척도로 단계화하고 있다. 이때 엄격한 심사를 한다는 것은 자의금지원칙에 따른 심사, 즉 합리적 이유의 유무를 심사하는 것에 그치지 아니하고 비례성원칙에 따른 심사, 즉 차별취급의 목적과 수단 간에 엄격한 비례관계가 성립하는지를 기준으로 한 행사를 행함을 뜻한다.

  결국 법적 평등이 상대적 평등을 의미한다는 것은 개인의 연령·성별 또는 직업 기타 특별한 대인관계 등을 고려하여 정의·도덕·합목적성 등의 요청에 따라서 합리적으로 차별하는 것까지를 금하는 것은 아니라고 해석된다. 그러나 정치적 영역에서는 절대적 평등이, 사회적·경제적·문화적 영역에서는 상대적 평등이 더 강조될 수는 있을 것이다.

3) 역평등과 역차별의 문제 역평등이란 특히 취업과 교육분야에서 유색인과 여성 등 경제적·사회적 약자에 대하여 1972년의 Executive Order 11375에 근거하여 국가가 우선적 처우나 적극적 조치를 함으로써 실질적 평등을 기하려는 평등의 현대적 경향을 말한다. 과부에게는 재산세를 면제해주면서 처를 잃은 남자에게는 이를 면제해주지 않는 법률을 합헌으로 본 미연방대법원의 칸 사건이 그 예이다.

그러나 이는 상대적으로 백인이나 남성에게 불평등을 초래하게 되는 역차별의 문제를 불러일으키고 있다.

⑶ 법정립상의 평등과 법적용상의 평등

바이마르헌법 제109조 제1문은 "모든 독일인은 법률 앞에 평등하다"라고 규정하였다. 그 때문에 '법률 앞에'라는 표현의 규범적 의미와 관련하여 '법률 앞에 평등'에서 법률은 법률제정자에 의하여 제정되는 것이기 때문에 입법자를 구속할 수 없다는 법적용평등설(입법자비구속설)과 '법률'이 '법'에 합치되는 한에서만 정당하다고 볼 수 있기 때문에 법률제정자인 입법자를 구속할 수밖에 없다는 법내용평등설(입법자구속설)이 대립되어 있었다. 본기본법 제3조 제2항은 "모든 인간은 법률 앞에 평등하다"라고 하여 '법률 앞에'라는 표현을 답습하고 있다. 그러나 동 제1조 제3항은 "이하의 기본권은 직접 효력을 갖는 법으로서 입법, 집행 및 사법을 구속한다"고 하여 이 문제를 입법적으로 해결하였다.

헌법은 독일기본법 제1조 제3항과 같은 규정은 없지만, 제10조 제2문의 해석상 기본권이 모든 국가권력을 구속한다는 데에는 이견이 없다. 더 나아가서 제11조 제1항 제1문은 "모든 국민은 법 앞에 평등하다"고 규정하여 '법률 앞에 평등'이 아닌 '법 앞에 평등'이란 표현을 사용하고 있다. 뿐만 아니라 헌법은 의회만능주의와 법실증주의에 대한 불신의 표현으로서 위헌법률심사제도를 확립해 놓고 있다(제111조). 따라서 법 앞에서의 평등은 입법·사법·행정 등 모든 국가권력을 구속하는 것이며, 그것은 법정립에 있어서의 평등(법률의 평등, 법내용의 평등)과 법적용에 있어서의 평등의 양자를 의미한다.

'공정한 기준'에 따라 같은 것과 같지 않은 것, 같이 취급할 사항과 다르게 취급하여야 할 사항을 결정하는 것은 입법권자의 형성의 자유에 속한다. 그리고 이러한 입법권자의 형성의 자유는 가능하면 존중되어야 한다.

그러나 이러한 입법권자의 형성의 자유는 그 입법내용이 정의와 형평에 반하거나 자의적으로 이루어져서는 안 되는 한계가 있다. 곧 법률은 헌법과 '법'에 합치되지 않으면 안 된다. 예컨대 입법권자가 평등권을 침해했는지의 여부는 단순히 제정법률의 형식적 요건이나 내용은 물론 법률의 실질적인 내용을 기준으로 판단해야 하기 때문에, 법률이 형식면에서는 차별대우를 금지하는 것으로 규정하고 있지만, 그 법률의 집행 내지 적용과정에서 차별대우가 불가피하게 되는 경우에는 그것 역시 평등권을 침해한 입법권의 행사라고 평가할 수 있을 것이다.

5. 평등규정의 적용

(1) 차별금지사유

평등규정의 적용에 관하여 제11조 제1항 제2문은 구체적으로 중요한 사항을 예시하고 있다. 그에 따르면 차별의 이유로 해서는 안 되는 사항은 성별·종교·사회적 신분이다. 그렇다고 해서 본 조항의 예시에서 누락된 사항을 차별의 이유로 해도 좋다는 취지는 아니다. 본 조항에 열거되어 있지 아니한 중요한 사항으로는 인습·정치적 신조·학력·출신지역 등이 있으며, 이를 이유로 한 차별도 용인될 수 없다.

성별을 차별금지사유로 삼아서는 안 된다는 것은 구체적으로 남녀평등을 선언한 것이다. 따라서 남녀의 성에 관한 가치판단에 의한 차별은 금지된다. 그러나 남녀의 생리·능력의 차이에 따른 차별은 합리적인 것으로 인정된다. 종교를 차별금지사유로 삼아서는 안 된다는 것은 종교평등을 선언한 것이다. 종교를 이유로 한 차별은 이른바 경향기업에서의 근무관계라든가 종교단체에서 운영하는 사립학교에서 문제된다. 사회적 신분은 출생에 의한 선천적 신분(전과자의 자손, 존·비속 관계)뿐만 아니라, 후천적으로 사회적 평가를 수반하면서 장기간 차지하고 있는 지위도 포함한다. 구체적으로는 귀화인, 전과자, 공무원, 파산자, 노동자, 교원, 농민, 상인, 학생, 변호사 등이 사회적 신분에 해당된다. 그러나 이른바 형법상 신분(상습도박죄, 누범가중, 업무상횡령죄, 업무상 과실치사상죄)으로 형이 가중되는 경우는 사회적 신분에 의한 차별이 아니다.

(2) 차별금지영역

헌법 제11조 제1항 제2문은 차별금지영역으로서 정치적·경제적·사회적 그리고 문화적 모든 영역을 들고 있다. 정치적 영역에서의 차별금지는 참정권의 차별금지, 곧 선거권·공무담임권·피선거권·국민투표권 등에서의 평등을 의미한다. 경제적 영역에서의 차별금지는 조세의 부담, 재산의 수용, 기타 고용·임금과 같은 국민의 경제활동에서 차별되지 아니한다는 것을 의미한다. 사회적 영역에서의 차별금지는 거주, 이전, 공공시설의 이용 및 혼인과 가정생활 등의 영역에 있어서의 차별금지를 가리킨다. 문화적 영역에서의 차별금지란 교육을 받을 권리, 학문, 예술, 기타 문화활동 등의 영역에서의 차별금지를 가리킨다. 다만 헌법 제31조 제1항의 규정에 따라 교육에 있어서 능력에 의한 차별은 허용된다.

6. 헌법상 평등원리의 구현형태

(1) 특권제도의 금지

1) 특수계급제의 부인　　헌법 제11조 제2항은 "사회적 특수계급의 제도는 인정되지 아니하며, 어떠한 형태로도 이를 창설할 수 없다"고 하여 특수계급제를 부인하고 있다. 이는 반상(班常)계급제도를 타파하기 위한 것이다. 그러나 영전에 따르는 연금 등의 보훈제도나 전직 대통령에 대한 예우는 사회적 특수계급제도에 해당하지 아니한다.

2) 영전일대의 원칙　　헌법 제11조 제3항은 "훈장 등의 영전은 이를 받은 자에게만 효력이 있고, 어떠한 특권도 이에 따르지 아니한다"고 하여 영전일대의 원칙을 규정하고 있다. 이는 영전의 세습 등을 방지하여 그로 말미암은 특권을 부인하려는 것이다. 따라서 국가유공자의 자손에게 공무원특별승진을 하게 하거나 처벌을 면제하거나 조세를 감면하는 것은 위헌이 될 것이다. 그러나 훈장에 수반되는 연금이나 유족에 대한 보훈까지 금지되지는 않는다. 공무원이 외국정부로부터 영전을 받을 경우에는 대통령의 허가를 얻어야 한다.

(2) 개별적 평등규정

이 밖에도 헌법은 여러 조항에서 개별적 평등권들을 규정하고 있다. 능력에 따른 교육의 기회균등(제31조 제1항), 근로관계에서 여성에 대한 차별금지(제32조 제4항), 혼인과 가족생활에서 양성의 평등(제36조 제1항), 평등선거의 원칙(제41조 제1항, 제67조 제1항)과 선거운동의 기회균등보장(제116조 제1항), 경제적 복지의 평등(제119조 제2항, 제123조 제2항)을 규정한 것들이 그 예에 속한다.

7. 평등규정의 제한

(1) 헌법에 의한 제한

헌법은 여러 가지 이유에서 헌법 스스로가 '법 앞에 평등'에 대한 예외를 인정하거나 개별평등권을 제한하고 있다. 헌법 스스로가 '법 앞의 평등'에 대한 예외를 규정하거나 개별평등권을 제한한 경우로는 ① 정당의 특권(제8조 제3항·제4항), ② 대통령의 형사상 특권(제84조), ③ 국회의원의 불체포특권(제44조)과 면책특권(제45조), ④ 공무원과 방위산업체 근로자의 근로3권 제한(제33조 제2항·제3항), ⑤ 군인·군무원의 국가배상청구권의 제한(제29조 제2항), ⑥ 군사법원에 의한 재판(제27조 제2항), ⑦ 현역군인의 문관임용제한(제86조 제3항, 제87조 제4항), ⑧ 국가유공자의 우선취업기회보장(제32조 제6항) 등이 있다.

(2) 법률에 의한 제한

1) 평등의 원리　　　평등의 원리는 법률유보의 적용을 받지 않는다. 왜냐하면 평등의 원리는 법정립 과정에서 입법자 스스로를 구속하기 때문이다. 따라서 평등의 원리는 그 원리의 세분화·구체화의 경우에만 법률에 의한 규제가 인정된다. 그것은 법률에 의하여 불평등한 규정을 한다는 것은 그 자체가 이미 평등의 원리에 대한 위배를 의미하기 때문이다.

헌법 제11조에 규정된 "법 앞에 평등"은 평등의 원리와 평등권을 규정하고 있다. 그러한 한에서 헌법 제37조에 의하여 제한되는 것은 평등의 원리가 아니라 평등의 원리가 구체화·세분화된 개별적인 평등권이라 할 것이다.

2) 개별적 평등권이 제한되는 경우　　　개별적 평등권이 제한되는 경우로는 ① 공무원법에 규정된 공무원의 정당가입 금지, 정치활동 제한 ② 군사관계법에 규정된 군인·군무원의 영내거주, 정치활동 제한 ③ 「형의 집행 및 수용자의 처우에 관한 법률」에 규정된 재소자에 대한 서신검열·교화 등 통신과 신체의 자유에 대한 제한 ④ 국가공무원법·공직선거법 등에 규정된 일정범위의 전과자에 대한 공무담임권 제한 ⑤ 출입국관리법에 의한 외국인의 체류와 출국의 제한 ⑥ 교육법에 규정된 피교육자에 대한 평등권 제한 등이 있다.

(3) 긴급명령 등에 의한 제한

평등의 원리에 대하여는 법률유보의 적용이 배제되기 때문에 계엄 또는 비상조치와 같은 국가긴급권이 행사되는 경우에도 평등의 원리만은 그 효력이 정지되지 않는다. 그것은 이러한 경우에도 계엄령에 의한 포고나 비상조치와 같은 조치는 언제나 평등의 원리와 양립될 수 있기 때문이다. 따라서 긴급명령 등에 의하여 제한될 수 있는 것은 헌법 제11조의 평등의 원리가 아니라, 평등의 원리가 구체화·세분화된 개별평등권에 한정된다.

제 2 절 자유권적 기본권

제 1 항 자유권적 기본권 일반론

헌법 제12조에서 제23조에 걸쳐 규정되어 있는 기본권을 보통 자유권적 기본권 또는 줄여서 자유권이라 부른다. 자유권은 1215년 영국의 대헌장 제39조에서 신체의 자유의 형태로 처음 헌법문서에 등장하였으며, 인권발달사에서는 제1세대 인권을 이룬다.

자유권은 원래 국가권력의 침해로부터 개인의 자유영역을 보호하는데 그 목표가 있었다. 따라서 자유권은 일차적으로 방어권으로서 기능한다. 자유권이 방어권으로 기능한다는 말은 자유권은 국가의 소극적인 부작위를 요구할 수 있는 권리이지, 적극적으로 국가의 작위를 요청할 수 있는 권리가 아니라는 의미이다. 또한 자유권은 좁은 의미의 기본권, 곧 주관적 공권이다. 또한 자유권은 객관적인 가치질서로서의 성격도 가지고 있다.

자유권의 본질에 관하여는 견해가 나누어져 있다. 자연법론자들은 헌법의 자유권보장은 국가에 의한 자유권의 창설이 아니라 국가가 전국가적 자연권을 확인하고 선언한 것을 의미한다고 한다. 그에 반하여 법실증주의자들은 자유권의 자연권성을 부정하고 자유권을 헌법이나 법률에 의하여 창설된 권리로 보아 국가 내에서의 자유를 보장한 것으로 해석한다. 헌법은 제10조 제2문에서 "국가는 개인이 가지는 불가침의 기본적 인권을 확인하고 이를 보장할 의무를 진다"고 하고 있고, 제37조 제1항에서 "국민의 자유와 권리는 헌법에 열거되지 아니한 이유로 경시되지 아니한다"고 규정하고 있다. 이는 자유권의 자연권성을 인정한 것이다.

자유권은 자연법상의 인권을 성문화한 것이기 때문에 내·외국인을 불문하고 모든 자연인에게 그 주체성이 인정된다. 법인의 경우에는 원칙적으로 사회적·경제적 자유권 또는 언론·출판의 자유권 등에 한하여 주체성이 인정된다. 또한 자유권은 대국가적 효력과 일반적으로 간접적 대사인적 효력이 인정된다.

근대자유국가에서는 프랑스 인권선언에서 신성불가침의 재산권을 보장한 것이라든지 미국수정헌법 제1조의 절대적 자유권에서 보듯이 자유권은 절대적인 것으로 간주되었다. 그러나 사회적 기본권의 등장과 더불어 자유권과 사회권의 조화를 위하여 재산권의 의무성이 강조되는 데에서 보듯이 자유권 만능주의는 후퇴하기 시작하였다. 따라서 자유권은 내심의 자유와 같은 절대적 자유권을 제외하고는 헌법 제37조 제2항에 따라 제한될 수 있는 권리이다.

자유권은 여러 가지 방법으로 분류된다. 학자에 따라 용어상으로는 차이가 있으나 국내에서는 성격에 따라 고립된 개인의 자유권과 공동생활을 전제로 한 자유권으로 분류하는 방법과 내용에 따라 인신의 자유권, 사생활자유권, 정신적 자유권, 경제적 자유권 등으로 분류하는 방법이 일반화되어 있다.

그러나 고립된 개인의 자유권과 공동생활을 전제로 한 자유권의 분류는 헌법의 인간상(人間像)과 모순된다. 내용에 따라 자유권을 분류하는 방법도 그것들이 서로 중복되는 부분에 대한 정확한 설명을 해줄 수는 없다. 따라서 본서에서는 이러한 분류를 따르지 않고 개별적인 자유권을 헌법조문의 순서에 따라 서술해 나가는 방법을 취하기로 한다.

제 2 항 신체의 자유

1. 헌법규정

헌법은 제12조 제1항 제1문에서 "모든 국민은 신체의 자유를 가진다"고 하여 신체의 자유를 규정하고 있다. 그리고 신체의 자유를 철저히 보장하기 위하여 제12조 제1항 제2문에서부터 제7항에 걸쳐 죄형법정주의(법률유보)와 적법절차의 원리(제1항 제2문), 고문·불리한 진술강요금지(제2항), 사전영장제도(제3항), 변호인의 조력을 받을 권리(제4항), 체포·구속의 이유고지 및 변호인의 조력을 받을 권리의 고지(제5항), 구속적부심사제도(제6항), 자백의 증거능력제한(제7항) 등을 규정하고 있다. 더 나아가서 헌법은 제13조에서 형벌불소급의 원칙과 일사부재리의 원칙(제1항) 및 연좌제의 금지(제3항)를 규정하고 있으며, 재판을 받을 권리와 형사피고인의 무죄추정권(제27조 제1항, 제4항) 그리고 형사보상청구권(제28조)도 보장하고 있다.

2. 신체의 자유

신체의 자유란 좁은 의미에서는 법률에 의하지 아니하고는 신체적 행동의 자유를 제한받지 않는 자유, 곧 자의(恣意)에 의한 체포나 형사소추에 의하여 신체적 구속을 받지 아니하는 것을 내용으로 하는 자유로 이해된다. 그러나 이 자유는 생물학적·신체적 의미의 건강과 정신적·영혼적 의미의 건강이라는 의미에서 신체안전의 자유를 포함하는 것으로 넓게 이해된다. 헌법재판소도 신체의 자유는 신체의 안전성과 신체활동의 임의성·자율성을 내용으로 한다고 한다.

신체의 자유의 주체는 자연인에 한정된다.

3. 신체의 자유의 실효적 보장을 위한 제도들

(1) 신체의 자유를 실효적으로 보장하기 위한 여러 제도들의 체계화

신체의 자유의 실효적 보장을 위한 제도는 제12조 제2항 후단에서부터 제13조까지의 규정과 제27조 제3항 제2문의 지체 없이 공개재판을 받을 형사피고인의 권리 및 제27조 제4항의 유죄확정시까지 무죄추정의 원칙에 한정하여 설명하는 것이 타당하다고 할 수 있다. 이들 규정은 신체의 자유를 보장하기 위한 실체법적 규정과 절차법적 규정으로 나눌 수 있다. 이 중에서 실체법적 규정으로 가장 핵심적인 것은 죄형법정주의이며, 절차법적 규정으로 중요한 것은 적법절차의 원리, 사전영장주의 그리고 구속적부심사제도로 볼 수 있다. 신체의 자유를 보장하기 위한 실체법적 규정들은 주로 대륙법계에서 유래한 것이며, 절차법적 규정들은 주로 영미법계에서 유래한 것으로 알려져 있다.

(2) 죄형법정주의

1) 헌법규정 및 의의   헌법은 제12조 제1항 제2문에서 "누구든지 법률에

의하지 아니하고는 ··· 받지 아니한다"고 하고, 제13조 제1항 전단에서 "모든 국민은 행위시의 법률에 의하여 범죄를 구성하지 아니하는 행위로 소추되지 아니하며 ···"라 하여 죄형법정주의를 규정하고 있다.

이처럼 헌법이 죄형법정주의를 규정하고 있는 이유는 무엇이 처벌될 행위인가를 국민이 알 수 있도록 예측가능한 형식으로 미리 규정하도록 하여 개인의 법적 안정성을 보호하고, 성문의 형벌법규체계를 확립하여 국가형벌권의 자의적 행사로부터 개인의 자유와 권리를 보장하기 위한 것이다.

2) 죄형법정주의원칙의 파생원칙　　죄형법정주의는 "법률 없으면 범죄 없고, 법률 없으면 형벌 없다"라는 표현으로 요약될 수 있다. 이러한 죄형법정주의는 형벌을 정하는 성문법은 반드시 의회에서 제정된 법률이어야 한다는 형벌법의 법률주의, 형벌에 관하여는 일반적으로 관습법을 배척하고 성문법의 규정에만 의하게 하는 형법의 성문법주의(관습형법의 금지), 형벌에 관한 규정은 그 법률 제정 이전의 행위에 소급적용할 수 없다는 형법의 소급법금지(형벌불소급의 원칙), 법률에 규정이 없는 사항에 대하여 그것과 유사한 성질을 가지는 사항에 관한 법률 또는 법률조항을 적용하는 유추해석 금지, 자유형에 대한 선고형의 기간을 재판에서 확정하지 아니하고 행형의 경과에 따라 결정하는 절대적 부정기형의 금지, 명확성의 원칙으로 구성되어 있다.

3) 죄형법정주의와 관련된 몇 가지 문제

① 벌칙규정의 위임문제　　일반적·포괄적 위임은 형벌법의 법률주의에 위배되기 때문에 허용되지 않는다. 그러나 모법이 처벌대상이 되는 행위를 규정함에 있어 그 구체적인 원칙을 제시하고 형벌의 종류와 상한과 폭 등에 대한 명확한 기준을 제시하여 위임하는 것은 허용된다. 반면에 법률에 전혀 근거가 없는 경우에 하위명령 등에서 벌칙을 정하는 것은 위헌이 된다.

법률의 위임이 있을 때에는 지방자치단체는 조례위반에 대한 제재로서 벌칙을 정할 수 있으며(지방자치법 제15조 단서), 행정질서벌에 해당하는 과태료는 죄형법정주의의 규율대상이 아니다.

② 소급입법에 의한 형벌의 강화와 공소시효연장　　헌법 제13조 제2항은 참정권을 제한하거나 재산권을 박탈하는 소급입법을 금지하고 있다. 죄형법정주의의 정신상 소급입법에 의하여 형벌을 강화하는 것도 금지된다고 보아야 한다.

그러나 공소시효를 연장하는 것은 새롭게 형벌을 과하거나 형벌을 강화하는 것이 아니므로 소급효금지원칙에 반하지 않는다.

(3) 적법절차의 원리

1) 헌법규정　　헌법은 제12조 제1항 제2문에서 "누구든지 … 법률과 적법한 절차에 의하지 아니하고는 처벌·보안처분 또는 강제노역을 받지 아니한다"고 하고, 제12조 제3항은 "제포·구속·압수 또는 수색을 할 때에는 적법한 절차에 따라 …"라고 하여 신체의 자유와 관련하여 적법절차의 원리를 보장하고 있다.

2) 내용 및 기능

① 내　　용　　적법절차원리는 수백 년 간에 걸쳐 점진적으로 형성·확대되어 왔으므로 이를 한 마디로 정의하는 것은 거의 불가능에 가깝다. 그러나 이 원리는 가장 추상적인 의미에서 '자유와 정의의 기본원리'라고 부를 수 있다.

적법절차의 원리는 공권력에 의한 국민의 자유와 권리침해는 반드시 실체법상 또는 절차법상 합리적이고 정당하다고 인정되는 절차에 의하여야 할 것을 요구한다. 구체적으로 "법률과 적법한 절차"에서 '법률'은 형식적 의미의 법률만을 의미한다. 그러나 적법절차의 '법'은 실정법 외에도 법의 실질 내지 이념인 정의, 윤리, 사회상규 등을 포함한다. 절차는 원래 권리의 실질적 내용을 실현하기 위하여 채택하여야 할 수단적·기술적 순서나 방법을 말하지만, 적법한 절차에서의 절차는 특히 고지·청문·변명 등 방어기회의 제공절차를 말한다. 헌법재판소는 적법절차를 절차의 적법성뿐만 아니라 절차의 적정성까지를 보장하는 것이라고 한다.

② 기　　능　　적법절차의 원리는 첫째, 모든 국가작용을 지배하는 헌법적 원리라는 점에서 입법작용의 제한원리에 그치는 과잉입법금지와는 구별되며, 둘째, 법률이 정당성을 가지고 있는가를 판단하는 위헌법률심판의 심사기준이 된다.

3) 적　　용　　헌법은 법률과 적법한 절차에 의하여야 할 사항으로 처벌·보안처분·강제노역을 들고 있다. 그러나 처벌·보안처분·강제노역은 예시적인 것에 지나지 않으며, 적법절차에 의하지 아니하고는 신체적·정신적 그리고 재산상 불이익이 되는 일체의 제재를 받지 않는다고 해석하여야 한다. 곧 적법절차의 원리는 모든 기본권에 적용되며, 형사절차뿐만 아니라 행정절차에도 적용된다.

적법절차를 위반한 공권력에 대하여는 헌법소원을 제기할 수 있다.

(4) 사전영장주의

1) 헌법규정   헌법 제12조 제3항은 "체포·구속 …에는 적법한 절차에 따라 검사의 신청에 의하여 법관이 발부한 영장을 제시하여야 한다"고 하여 사전영장주의를 규정하고 있다(제16조 참조).

2) 사전영장주의의 원칙   사전영장주의란 수사기관이 형사절차와 관련하여 체포·구속·압수·수색 등의 강제처분을 함에 있어 검사의 신청에 의하여 법관이 발부한 영장을 사전에 제시하여야 한다는 원칙을 말한다. 사전영장주의는 체포·구속의 필요성 유무를 공정하고 독립적 지위를 가진 사법기관으로 하여금 판단하게 함으로써 수사기관에 의한 체포·구속의 남용을 방지하려는 데 그 의의가 있다.

피의자체포와 피고인구속의 경우에 체포·구속영장에는 "피의자·피고인의 성명, 주거, 죄명, 공소사실의 요지, 인치구금할 장소, 발부연월일, 유효기간과 그 기간을 경과하면 집행에 착수하지 못하며 영장을 반환하여야 할 취지를 기재"하여야 한다(형사소송법 제75조, 제200조의5).

인신을 체포·구금하기 위하여 영장을 제시할 때에 영장을 집행하는 공무원은 반드시 법관의 영장에 의하여 체포·구금을 받은 자는 변호인의 조력을 받을 권리가 있고, 인신구속에 관한 적부의 심사를 법원에 청구할 권리를 가진다는 취지를 피구속자에게 고지하여야 한다(제12조 제4항 제1문, 제12조 제5항 제1문). 이렇듯 즉시 변호인의 조력을 받을 권리와 인신구속에 관한 적부의 심사를 법원에 청구하는 권리를 체포 또는 구금과 동시에 피구속자에게 인정하기 때문에 인신보호영장제도는 신체의 자유를 보장하는 가장 중추적인 제도라 할 수 있다.

3) 사전영장주의의 예외   현행범인 경우와 장기 3년 이상의 형에 해당하는 죄를 범하고 도피 또는 증거인멸의 염려가 있는 자의 경우(제12조 제3항 단서)에는 사전영장주의원칙이 적용되지 않는다. 또한 비상계엄이 선포된 때에는 영장제도에 대하여 특별한 조치를 할 수 있다(제77조 제3항). 그러나 비상계엄 하에서 영장주의에 제한을 가하는 경우에도 법관에 의한 영장제도 자체를 전면적으로 배제할 수는 없다.

구체적으로는 피의자의 긴급체포, 현행범 및 준현행범의 체포, 공무소에 대한 조회, 법원의 신체검사, 공판정에서의 인신구속(이상 대인적인 것), 공판정에서의 압수수색, 법원에 의한 검증, 인신구속의 경우 압수·수색·검증, 임의 제출물 등의 압수(이상 대물적인 것)의 경우에는 사전영장주의가 배제된다. 또한 사전영장주의는 형사사법의 발동에 대한 규정이기 때문에, 행정상의 즉시강제수단으로서 강제격리·강제수용 등의 처분에는 법관의 영장이 필요하지 않다는 것이 통설의 입장이다. 그러나 행정상의 즉시강제의 목적과 형사사법의 목적이 경합할 경우에는 영장주의가 적용되어야 한다.

4) 별건체포·구속　　별건체포·구속이라 함은 중대한 사건(예컨대 살인사건)에 관하여 체포 또는 구속영장을 청구할 정도의 증거를 수집할 수 없는 경우, 이미 증거가 수집된 별도의 경미한 사건(예컨대 폭력사범)으로 체포 또는 구속영장을 발부받아 체포나 구속을 하는 수사방법을 말한다.

별건체포·구속은 ① 수사의 주목적인 본건(중대사건)에 관한 법관의 사전심사가 회피되어 영장주의의 존재의의를 상실하게 하므로 헌법 제12조 제3항에 위배되고, ② 체포·구속의 이유가 본건에 관하여 고지되지 아니하므로 헌법 제12조 제5항에 위반되며, ③ 그것이 자백을 얻기 위한 부당한 수단으로 이용된 경우에는 헌법 제12조 제2항의 고문금지조항에 위반되고, ④ 전체적으로 절차가 공정하지 못하고 부당한 것이라는 의미에서 헌법 제12조 제1항 제2문의 적법절차조항에도 위반된다.

(5) 구속적부심사제도

1) 헌법규정　　헌법 제12조 제6항은 "누구든지 체포 또는 구속을 당한 때에는 적부의 심사를 법원에 청구할 권리를 가진다"고 하여 체포·구속적부심사제도를 채택하고 있다.

2) 의　　의　　구속적부심사제도는 체포·구속을 받은 피의자 또는 변호인 등이 그 적부의 심사를 법원에 청구할 경우, 법관이 즉시 피의자와 변호인이 출석한 공개법정에서 체포 또는 구속의 이유를 밝히도록 하고, 체포 또는 구속의 이유가 부당하거나 적법한 것이 아닐 때에는 법관이 직권으로 피의자를 석방하는 제도를 말한다.

구속적부심사청구권은 인신보호영장제도의 가장 핵심적인 부분으로, 범죄수사 또는 형사소추상의 필요를 이유로 국가권력(특히 행정권)에 의한 인신구속의 남용을 방지하기 위한 것이다. 그와 동시에 체포·구금된 자에게 그 구속의 이유와 절차가 적법한 것이었는가에 대한 여부를 구속과 동시에 법원에 대하여 청구할 수 있도록 하는 의의를 가진다.

3) 구체적 내용

① 청구대상과 청구권자　　모든 범죄에 대하여 체포 또는 구속된 피의자, 그의 변호인, 법정대리인, 배우자, 직계친족, 형제자매, 호주, 가족, 동거인, 고용주는 체포·구속적부심사권을 행사할 수 있다(형사소송법 제214조의2 제1항). 피고인에게는 심사청구권이 인정되지 아니한다.

② 심사기관과 심사절차　　판사가 1인인 지방법원 지원의 경우를 제외하고는 영장을 발부한 법관은 체포·구속적부심사의 심문·조사·결정에 관여할 수 없다.

체포·구속심사를 청구받은 법원은 지체 없이 체포 또는 구속된 피의자를 심문하고 수사관계서류와 증거물을 조사하여 청구가 이유 없다고 인정한 때에는 결정으로써 기각하고, 이유가 있다고 인정한 때에는 결정으로써 체포 또는 구속된 피의자의 석방을 명하여야 한다. 석방된 피의자가 도망하거나 증거를 인멸하는 경우를 제외하고는 동일범죄사실을 이유로 다시 체포하거나 다시 구속할 수 없다(형사소송법 제214조의3).

③ 심사내용　　체포·구속적부의 심사는 영장발부의 요식과 절차에 관한 형식적 사항은 물론 체포·구속사유의 타당성과 적법성에 관한 실질적 사항까지를 심사한다. 체포·구속적부 여부의 판단은 적부심사시를 기준으로 한다.

④ 불복제도　　법원의 체포·구속적부심사의 결정에 대하여는 검사나 피의자 모두 항고할 수 없다.

(6) 신체의 자유에 대한 그 밖의 보장

이 밖에도 신체의 자유를 보장하기 위하여 불리한 진술금지(제12조 제2항), 변호인의 조력을 받을 권리·예외적인 경우의 국선변호인제도(제12조 제4항), 구속이유 등의 고지(제12조 제5항), 자백의 증거능력제한(제12조 제7항), 일사부재리의 원칙(제13조 제1항 후단), 연좌제금지(제13조 제3항), 지체 없이 공개재판을 받을 형사피고인의 권리(제27조 제3항 제2문), 유죄확정시까지 무죄추정을 받을 형사피고인의 권리(제27조 제4항) 등이 규정되어 있다.

제 3 항   거주·이전의 자유

1. 헌법규정

헌법 제14조는 "모든 국민은 거주·이전의 자유를 가진다"라 하여 거주·이전
의 자유를 보장하고 있다.

2. 거주·이전의 자유의 주체

자연인인 국민과 법인에게 주체성이 인정된다. 외국인의 경우에는 입국의 자
유는 제한되나, 출국의 자유는 허용된다는 것이 다수설의 입장이다. 그러나 정확
하게 이야기한다면 외국인의 입국의 자유는 호혜주의원칙에 따라 해결될 문제
이다.

우리나라의 특수한 사정 때문에 북한주민, 특히 북한이탈주민이 우리 영역
내로 들어오는 것을 어떻게 설명하여야 하는가라는 문제가 제기된다. 이 문제를
입국의 자유의 문제로 보는 견해가 있다. 그러나 북한지역을 우리 영토로 보지
않는 한 또한 북한주민을 우리 민족이기는 하나 우리 국민으로 보지 않는 한, 북
한이탈주민이 우리 영역 내로 들어오는 것을 입국의 자유의 행사로 설명할 수는
없다. 북한이탈주민이 우리 통치영역에 들어오는 것을 입국의 자유의 행사로 설
명하기보다는 오히려 정치적 망명권의 행사나 경제적 난민의 문제로 이해하는
것이 타당할 것이다. 그리고 북한주민도 우리와 같은 민족이라는 점을 고려하여
북한이탈주민을 「북한이탈주민의 보호 및 정착지원에 관한 법률」에 의하여 보호
하는 것은 이 문제와는 별개의 문제라 할 것이다.

3. 거주·이전의 자유의 개념 및 내용

거주·이전의 자유라 함은 국가권력의 간섭을 받지 아니하고 자유롭게 자신
의 거주지와 체류지를 결정할 수 있는 자유를 말한다. 원래 거주지는 생활의 근
거지를, 체류지는 일시적으로 머무는 장소를 의미한다. 그러나 헌법이 보호하는
거주·이전은 특정의 목적과 결부된 것만을 뜻하지는 않는다.

거주·이전의 자유는 국내거주·이전의 자유, 국외거주·이전(해외이주·해외어

행·귀국의 자유)의 자유 및 국적이탈·변경의 자유를 내용으로 한다. 그러나 무국
적의 자유는 인정되지 아니한다. 왜냐하면 무국적의 발생을 방지하는 것이 오늘
날 국제적으로 인정되고 있는 국적입법상의 원칙이기 때문이다. 따라서 국적박탈
은 허용되지 아니한다. 또한 탈세의 목적 또는 병역기피의 목적으로 국적을 변경
하는 것은 거주·이전의 자유에 의하여 보호되지 아니한다.

4. 거주·이전의 자유 관련 헌법재판소 결정례

헌법재판소는 한약업사의 허가 및 영업행위에 대하여 지역적 제한을 가한 내
용의 약사법 제37조 제2항은 오로지 국민보건의 유지·향상이라는 공공의 복리를
위하여 마련된 것이고, 그 제한의 정도 또한 목적을 달성하기 위하여 적정한 것
이라 할 것이므로 헌법 제11조의 평등의 원칙에 위배된다거나 헌법 제14조의 거
주·이전의 자유 및 헌법 제15조의 직업선택의 자유 등 기본권을 침해하는 것으
로 볼 수 없어 헌법에 위반되지 아니한다고 하였다. 그리고 대법원과 헌법재판소
는 대도시의 인구집중을 억제하고 공해방지를 위하여 등록세를 중과세하고 있는
지방세법 제138조는 합헌이라 하였다.

그러나 헌법 제37조 제2항에 규정된 이외의 사항, 예컨대 정책적 이유로 거
주·이전의 자유를 제한하는 입법은 위헌의 소지가 있다 할 것이다.

제 4 항 직업선택의 자유

1. 헌법규정

헌법 제15조는 "모든 국민은 직업선택의 자유를 가진다"고 하여 개인의 사회
적·경제적 생활의 기초가 되는 직업의 자유를 보장하고 있다.

2. 직업선택의 자유의 내용

(1) 직업의 개념

직업선택의 자유는 인간이 생활을 유지·영위하기 위하여 그가 원하는 바에
따라 직업을 선택하고 선택한 직업에 종사할 수 있는 자유를 말한다.

직업은 사람이 생활을 유지하기 위해서 필요한 정신적·물질적 수단을 획득하기 위하여 행하는 계속적인 활동을 말한다. 직업은 공공에 해가 되지 않는 것이어야 한다. 따라서 어떤 활동이 직업으로 인정받고 헌법에 의하여 보호받기 위해서는 생활의 기초를 형성하고 필요한 활동이어야 하고, 일정기간 계속되는 활동이어야 하며, 법공동체의 가치관에 의하여 허용된 활동이어야 한다. 그러나 직업이기 위해서 반드시 어떤 활동이 실제로 생계를 보장할 수 있는 활동이어야만 하는 것은 아니며, 일시적 또는 임시적인 활동을 반드시 배제하는 것은 아니다.

(2) 직업선택의 자유의 내용

헌법 제15조는 "직업선택의 자유"라고 하여 제한된 개념을 사용하고 있다. 그러나 그러한 표현에도 불구하고 헌법 제15조는 직업의 자유를 보장하는 것으로 이해하여야 한다. 왜냐하면 직업선택은 직업행사를 전제로 하기 때문이다. 곧 직업에의 종사를 보장하지 않는 직업선택은 그 자체로 무의미하기 때문이다. 결국 직업선택의 자유는 좁은 의미의 직업선택의 자유와 직업행사의 자유를 포함하는 개념이다. 또한 헌법 제15조는 누구도 특정의 직업을 선택하고 종사할 것을 강제받지 않는다는 의미에서 소극적 직업의 자유와 국가는 모든 사람이 특정의 직업을 선택하고 행사하는 데 법적인 장애를 만들어서는 안 된다는 의미에서 적극적 직업의 자유를 보장한다.

따라서 헌법 제15조의 자유는 직업선택의 자유와 그 직업행사의 자유(영업의 자유)를 그 주요내용으로 하며, 이에는 전직(轉職)의 자유 및 무직업의 자유, 또한 겸직의 자유와 경쟁의 자유가 포함된다.

3. 직업선택의 자유의 제한

(1) 제   한

내심의 자유로서의 성격을 갖는 직업결정의 자유를 제외하고는 직업의 자유는 제37조 제2항에 의하여 제한될 수 있다. 예컨대 국가안전보장을 위하여 방위산업물자생산자는 산업통상자원부장관이 지정하며(방위사업법 제35조), 화약류의 제조·판매 등에는 허가가 있어야 한다(「총포·도검·화약류 등 단속법」 제5조·제7조). 질서유지를 위하여 허가를 받아야 숙박업·음식점영업·공중목욕탕영업·광업·수산업·은행업·직업소개업·고물상영업을 할 수 있으며, 의사·치과의사·간호사·조산원·약사 등은 자격이나 면허가 요구된다. 그런가 하면 도선법(제6조 제1호), 광업법(제10조의2) 등에는 외국인의 직업의 자유를 제한하고 있다.

(2) 직업의 자유의 제한에 대한 단계이론

1) 내 용   단계이론이란 독일연방헌법재판소가 1958년 6월 11일의 이른바 약국판결에서 발전시킨 이론으로 직업의 자유를 제한함에 있어서는 직업의 자유를 직업행사의 자유와 직업선택의 자유로 구분하여 방법상 그 침해의 진지성이 적은 방법부터 선택하여 단계순으로 적용하여야 한다는 이론이다. 결국 이 이론은 기본권제한과 관련된 비례의 원칙, 특히 최소침해의 원칙을 직업의 자유의 제한에 적용한 것이라고 할 수 있다. 헌법재판소도 이 이론을 수용하고 있다.

2) 구체적 단계

① 제1단계(직업행사의 자유제한)   직업의 자유에 대한 제한이 불가피한 경우에도 직업선택의 자유보다 더욱 침해가 경미한 직업행사의 자유를 제한하는 방법으로 해야 한다. 직업행사의 자유는 국가안전보장·질서유지·공공복리를 이성적으로 고려하여 그에 대한 제한이 합목적적인 것으로 판단된다면 제한될 수 있다. 이 경우에 비례의 원칙이 준수되어야 한다. 백화점의 바겐세일 회수제한, 택시의 합승행위금지, 택시의 격일제 영업제도, 유흥업소 및 음식점의 영업시간 제한 등이 그 예이다.

② 제2단계(주관적 사유에 의한 직업선택의 자유제한)   직업에 일정한 전문성과 기술성 등을 요건으로 함으로써 개인의 주관적 사유를 이유로 직업선택의 자유를 제한하는 방법이다. 이 경우에도 비례의 원칙이 지켜져야 한다. 법조인이 되고자 하는 자에게 국가시험에의 합격을 요구하는 것을 그 예로 들 수 있다. 주관적 사유에 의한 직업선택의 자유제한은 제37조 제2항의 국가안전보장·질서유지·공공복리를 위해서뿐만 아니라, 입법자가 경제정책적·사회정책적 이유에서 사회적 이익으로 고양시킨 목적을 위해서도 행해질 수 있다는 점에서 제37조 제2항에 열거된 목적을 달성하기 위해서만 행해질 수 있는 객관적 사유에 의한 직업선택의 자유의 제한과 구별된다.

③ 제3단계(객관적 사유에 의한 직업선택의 자유제한)   개인의 자격과는 관계없이 국가안전보장·질서유지·공공복리 같은 객관적 사유를 이유로 직업선택의 자유를 제한하는 방법이다. 예컨대 이 제한은 특정직업의 허용 여부를 그 필

요성의 관점에서 판단하기 때문에 경우에 따라서는(곧 필요성이 없는 경우에는) 직업선택의 자유 자체가 인정되지 않는 경우가 있다. 이처럼 이 제한은 직업의 자유에 대한 중대한 제한이기 때문에 공공의 이익에 대한 명백하고 현존하는 위험을 방지하기 위하여 불가피한 경우에만 허용되며, 침해가 가장 적은 방법으로 목적달성을 추구해야 한다. 일정한 업종에 대한 적정분포, 기존업체보호, 동일업종의 숫자제한 등에 따른 영업허가제·영업지정제·영업특허제, 군수산업의 투자 등에 대한 제한 등이 그 예에 속한다.

3) 단계이론에 대한 평가　　　단계이론을 실제의 사례에 적용하기에는 많은 어려움이 따른다. 그러나 단계이론은 개인의 인격의 발현과 더불어 자유주의적 경제질서·사회질서의 초석이 되는 직업의 자유의 제한에 대한 한계를 제시함으로써 그에 대한 제한은 최소침해의 원칙에 따라 행해져야 한다는 것을 분명히 해주었다는 점에서 그 의미를 발견할 수 있다.

(3) 국가유보의 문제 ― 공무원수의 제한과 직업선택의 자유

어떤 활동이 고권적 수단을 통해서만 해결될 수 있고, 사적 개인의 생활의 기초를 창출해내고 유지하는 데 기여한다는 직업의 개념에 적합하지 않다면, 그러한 활동은 직업선택의 자유의 보호영역에 속하지 않는다. 그리고 이러한 활동은 직업공무원제도에 의하여 규율되어야 하며, 이러한 영역은 국가유보의 영역에 속한다. 그에 따라 국가는 현재의 필요에 따라 공무원수를 정할 수 있으며, 이는 직업선택의 자유를 보장한 헌법 제15조와 모순되지 않는다.

제5항　주거의 자유

1. 헌법규정

헌법 제16조는 "모든 국민은 주거의 자유를 침해받지 아니한다. 주거에 대한 압수나 수색을 할 때에는 검사의 신청에 의하여 법관이 발부한 영장을 제시하여야 한다"고 하여 주거의 자유와 영장주의를 규정하고 있다.

2. 주거의 자유의 의의 및 주체

(1) 주거의 자유의 의의

주거의 자유는 개인이 방해받지 않고, 남에게 관찰되지 않고, 자기의 마음에 드는 것을 하거나 하지 않는 공간적 완전성, 곧 인격의 발현을 방해받지 않는 매개체로서의 공간 또는 사생활의 비밀과 자유의 공간적 차원을 보호하려는 데 그 의의가 있다.

(2) 주거의 자유의 주체

자연인에게만 주체성이 인정되며, 법인에게는 주체성이 인정되지 아니한다는 것이 통설의 입장이다. 회사·공장·학교 등의 복합시설물은 사장·공장장·학교장 등 생활공간의 장이 주체가 되며, 주택·숙박시설의 객실 등의 경우는 입주자·투숙객 등의 현실적인 거주자가 주체가 된다.

3. 주거의 자유의 내용

(1) 주거의 개념

주거란 현재의 거주 여부와는 관계없이 공간적으로 외부와 구획된 모든 사적인 생활공간을 말한다. 주거는 반드시 가옥에 한정되지 않으며 널리 생활이나 업무를 위해 사용되는 모든 시설을 의미한다. 따라서 주거에는 거주용의 주택 외에 회사, 공장, 학교, 작업장, 지하실, 정원 등도 포함된다. 또한 주거는 생활이나 업무를 위해서 사용되는 한 시간적 장단을 가리지 않는다. 따라서 일시적 생활을 위한 천막, 보트, 자동차, 숙박시설의 객실 등도 주거에 포함된다. 그러나 음식점이나 상점 등과 같이 일반의 출입이 허용되어 있는 장소는 영업시간 중에는 주거로 보기 힘들다.

(2) 주거의 자유의 내용

1) 주거의 자유　　주거의 자유는 사적인 생활공간을 권원 없는 침해로부터 보호하는 것을 내용으로 한다. 따라서 거주자나 점유자의 명시적·묵시적·추정적 동의 없이 그의 사적인 생활공간에 들어가는 것은 주거의 자유에 대한 침해가 된다.

판례는 다음의 경우에 주거침입죄를 인정하였다. ① 대리시험자의 시험장입

실의 경우, ② 타인의 처와 간통할 목적으로 그 처의 동의하에 주거에 들어간 경우, ③ 일반인이 대학강의실을 출입하는 경우, ④ 점유할 권원이 없는 자가 점유한 건물이라 하더라도 법적 절차를 따르지 않고 소유자가 들어간 경우. 주거의 자유 — 최소한 이 기본권의 행사 — 는 포기할 수도 있다.

2) 영장주의

① 원　　칙　　주거에 대한 압수나 수색에는 정당한 이유가 있고 검사의 신청에 따라 법관이 발부한 영장을 필요로 한다(제16조 제2문). 정당한 이유란 침입·압수·수색의 구체적 필요성을 뜻한다. 헌법 제16조 제2문에는 적법절차가 명시되어 있지 않으나, 주거에 대한 압수·수색도 적법한 절차에 따라야 한다. 영장에는 압수할 물건과 수색할 장소가 명시되어야 한다(형사소송법 제114조 제1항). 따라서 수개의 압수나 수색을 포괄적으로 허가하는 이른바 일반영장은 허용되지 않는다.

② 영장주의의 적용범위　　영장주의는 형사소송법상의 압수·수색뿐만 아니라 행정상 즉시강제와 사법상(司法上)의 목적에도 적용된다.

특히 행정상의 목적을 위한 주거의 침해에 영장주의가 적용되는가와 관련하여 견해가 나누어져 있다. 그러나 주거침해가 언제나 주거에 대한 압수나 수색을 목적으로 하는 것은 아니다. 따라서 가택수색에 해당하지 않는 경우, 예컨대 행정공무원이 경찰, 소방, 위생, 세무, 영업감독 등의 목적으로 개인의 주거에 들어가는 것은 그것이 법률에 근거가 있고, 그 행위가 행정상의 목적달성을 위해서 꼭 필요한 합리적인 범위 내의 일이라고 평가될 수 있는 경우에는 주거의 자유에 대한 침해라고 볼 수 없다.

또한 민사소송법상의 강제집행절차에 따라 집행관에 의해서 강제집행이 실시되고 집행관이 그의 강제력사용권(민사소송법 제496조)에 의해서 주거에 대한 압수나 수색을 하는 경우도 영장주의의 위반은 아니다. 집행판결이나 집행문에는 이미 주거에 대한 압수나 수색을 허용하는 법관의 의사가 포함되어 있기 때문이다.

③ 영장주의의 예외　　현행범인을 체포하거나 구속영장을 집행하거나 긴급체포를 할 때에는(형사소송법 제200조의3) 합리적인 범위 내에서 영장 없이 주거에 대한 압수나 수색을 하는 것이 허용된다. 곧 이러한 경우에는 피구속자가 현존하는 장소의 수색이나 피구속자가 직접 점유하고 있는 물품의 압수는 영장

없이 할 수 있다(형사소송법 제206조).

4. 주거의 자유의 제한

제37조 제2항에 따라 제한될 수 있다. 구체적인 경우로는 다음과 같은 것을 들 수 있다. ① 형사소송법상의 대물적 강제처분이나 대인적 강제처분을 위한 경우(형사소송법 제106조 이하), ② 풍수해가 발생하였거나 발생할 우려가 있는 경우(자연재해대책법 제25조), ③ 전염병예방을 위한 경우(전염병예방법 제42조), ④ 형사소송법상 현장검증의 경우(형사소송법 제119조), ⑤ 그 밖에 우편법 제5조 제1항, 국제징수법 제26조, 근로기준법 제103조 제1항, 경찰관직무집행법 제7조, 소방법 제5조·제59조 등에 주거의 자유를 제한할 수 있는 경우가 규정되어 있다.

제 6 항 사생활의 비밀과 자유

1. 헌법규정

헌법 제17조는 "모든 국민은 사생활의 비밀과 자유를 침해받지 아니한다"고 하여 사생활의 비밀과 자유를 보장하고 있다.

2. 사생활의 비밀과 자유의 주체

원칙적으로 자연인만이 주체가 되며, 법인은 주체성이 부정된다는 견해가 있다. 그러나 법인 등도 명예의 주체가 될 수 있으므로 그 명예가 훼손되거나 명칭·상호 등이 타인에 의하여 영리의 목적으로 이용당하는 경우에는 권리의 침해를 인정할 필요가 있다. 그러한 한에서 제한적으로 법인에게도 주체성이 인정되어야 한다. 판례도 법인의 경우 그 명예가 훼손된 경우에 주체성을 인정한 바 있다.

3. 사생활의 비밀과 자유의 내용

(1) 개념 및 법적 성격

사생활의 비밀과 자유권은 개인이 자기의사에 반하여 사생활의 영역이 관념적으로 침입되거나 공표되지 않는 권리와 자기 또는 자기의 지배하에 있는 자의 정보가 타인에 의하여 취득·개시될 정도를 결정할 수 있는 권리를 말한다. 사생활이란 공적 생활·사회생활과 구별되는 개인생활을 의미한다.

이 권리는 초기에는 소극적 권리로 이해되었으나, 현재는 적극적인 측면도 함께 강조되고 있다. 대법원도 같은 입장을 취하고 있다.

(2) **구체적 내용**

이 권리는 구체적으로는 사생활비밀의 불가침, 사생활자유의 불가침, 자기정보통제권을 내용으로 한다. 사생활비밀의 불가침과 사생활자유의 불가침이 이 권리의 전통적·소극적 내용에 해당된다면, 자기정보통제권은 이 권리의 적극적 내용이라 할 수 있다.

사생활의 비밀에 대한 불가침은 사적 사항, 명예나 신용, 인격적 징표가 도청, 비밀녹음, 비밀촬영, 초상도용 등으로 사생활이 본인의 의사에 반하여 파악되는 것과, 파악된 사생활의 내용이 공개되는 것을 금지한다는 것이 포함된다. 사생활의 자유에 대한 불가침은 평온한 사생활의 유지, 자신이 원하는 방식의 사생활을 적극적으로 형성하고 전개하는 것, 사생활의 자율성을 방해 또는 간섭받지 않을 것 등을 포함한다. 자기정보통제권은 자기에 관한 정보를 누가 어떤 목적으로 보유하고 있으며, 누구에게 정보를 제공했으며, 그 정보가 정확·적절한 것인가 등에 대하여 통제하는 것, 곧 자기정보열람청구권, 자기정보정정청구권, 개인정보사용중지·삭제청구권을 내용으로 한다. 헌법재판소는 자기정보통제권을 개인정보자기결정권이라고 부르면서, 이를 독자적인 기본권으로서 헌법에 명시되지 않은 기본권에 해당된다고 한다.

4. 사생활의 비밀과 자유의 효력

사생활의 비밀과 자유권에 대하여는 대국가적 효력과 간접적 대사인적 효력이 인정된다. 다만 가족·친지간에는 합리적인 한도 내에서 예외가 인정된다.

5. 사생활의 비밀과 자유의 한계

우선, 사생활침해의 의도가 없는 경미한 사생활침해에 대해서는 수인해야 한다. 예컨대 국가가 행정상 반드시 필요한 여러 가지 국민의 신상에 관한 인적 사항(성명·연령·가족관계·주소·직업·종교·재산정도 등)을 물어보는 것은 사생활에 대한 침해라 할 수 없고, 국민은 그를 수인해야 한다.

다음으로, 국민의 알 권리와 관련하여 사생활의 비밀과 자유가 한계를 가지는 경우가 있다. 이와 관련하여 권리포기이론, 공익이론, 공적 인물이론 등이 있다. 권리포기이론은 예컨대 자살자의 경우와 같이 일정한 조건하에서 사생활의 비밀과 자유를 포기한 것으로 간주한다. 공익이론은 보도적 가치, 교육적 가치, 계몽적 가치 등 공익적 가치가 있는 사실을 알리는 것은 사생활의 비밀과 자유에 대한 침해가 아니라고 한다. 여기에는 공정한 해설, 범죄인의 체포·구금, 공중의 보건과 안전, 사이비종교, 범죄피해자의 공개 등이 포함된다. 공적 인물이론은 연예인, 운동선수, 정치인 등 사회적 유명인의 경우에는 일반인에 비해 사생활이 공개되는 것을 수인해야 할 경우가 많다고 한다.

제 7 항 통신의 자유

1. 헌법규정

헌법 제18조는 "모든 국민은 통신의 비밀을 침해받지 아니한다"고 하여 통신의 자유를 보장하고 있다.

2. 통신의 자유의 내용

(1) 통신의 자유의 개념

통신의 자유란 개인이나 법인이 그 의사나 정보를 우편물이나 전기통신 등의 수단에 의하여 전달 또는 교환하는 경우에 그 내용이 본인의 의사에 반하여 공개되지 아니할 자유를 의미한다. 통신이라고 함은 신서·전신·전화 기타의 우편물 등 통신기관을 통하여 수수(授受)되는 일체의 의사전달수단과 물품을 말한다.

(2) 통신의 비밀의 불가침

통신의 비밀의 불가침이란 ① 신서(信書)의 불법적 개봉을 금지하는 것뿐만 아니라 통신이 발신자로부터 통신기관에 탁송되어 수신자에게 도달되기까지 그 비밀을 인지하는 것을 금지한다(열람금지). ② 통신업무로 알게 된 사실을 남에게 알리는 것을 금지한다(누설금지). ③ 통신업무내용을 정보활동의 목적에 제공하거나 제공받으려는 행위를 금지한다(정보금지). 엽서의 내용은 누구나 볼 수 있는 상태에 있다 하더라도 그 내용은 비밀이 보장되어야 하고, 누가 누구에게 통신을 하였다는 사실도 누설되어서는 안 된다.

(3) 전기통신도청의 금지

통신의 자유와 관련하여 특히 도청이 문제된다. 도청이라 함은 불법적으로 다른 사람의 전기통신의 내용을 해독하는 것, 곧 불법적 청취를 말한다. 도청은 유권기관이 관계법률에 따라 합법적으로 당사자의 동의 없이 전자장치·기계장치 등을 사용하여 통신의 음향·문언·부호·영상을 청취하거나 공독(共讀)하여 그 내용을 지득 또는 해득하거나 전기통신의 송·수신을 방해하는 합법적 청취인 감청과는 구별된다. 도청에는 전화도청과 전화와 관계없이 도청기구를 사용하여 대화를 듣거나 녹음하는 두 가지 경우가 있다. 전화도청은 통신의 비밀과 관계되고, 후자는 사생활의 비밀과 관계된다. 도청으로부터 통신의 자유를 보호하기 위하여 전기통신기본법, 전기통신사업법, 통신비밀보호법 등이 제정되어 있다.

전기통신이란 유선, 무선, 광선 기타의 전자적 방식에 의하여 부호, 문언, 음향 또는 영상을 송신하거나 수신하는 것을 말한다(전기통신기본법 제2조). 누구든지 전기통신사업자가 취급 중에 있는 통신의 비밀을 침해하거나 누설해서는 안 된다(법 제54조). 다만 전기통신을 이용하는 자는 공공의 안녕질서 또는 미풍양속을 해하는 내용의 통신을 해서는 안 된다(법 제53조). 전화에 대한 도청은 금지된다. 누구든지 통신비밀보호법과 형사소송법 또는 군사법원법의 규정에 의하지 아니하고는 우편물의 검열 또는 전기통신의 감청을 하거나 공개되지 아니한 타인의 대화를 청취하지 못한다(통신비밀보호법 제3조).

전화에 의한 협박죄의 현행범을 체포하기 위해 발신장소를 역탐지하는 것이나, 범인으로부터의 전화를 녹음하는 것과 관련하여 위헌설과 합헌설이 나뉘어 있다. 그러나 전화의 역탐지는 현행범인의 체포에 필요하기 때문에, 발신자전화번호통보(안내)제도는 폭력전화와 같은 범죄행위를 방지하고 선의의 피해자에 대하여 사생활의 평온이라는 인권을 보장하여줄 필요가 있기 때문에 필요하다. 통신비밀보호법도 전화에 의한 폭언·협박·희롱 등으로부터 수신인을 보호하기 위하여 전기통신사업법의 규정에 의한 전기통신사업자는 대통령령이 정하는 바에 의하여 수신인의 요구가 있을 때에는 송신인의 전화번호를 수신인에게 알려줄 수 있다(법 제13조)고 규정하고 있다.

3. 통신의 자유의 효력

통신의 자유에는 대국가적 효력과 간접적 대사인적 효력이 모두 인정된다. 따라서 통신비밀보호법 제4조는 불법검열에 의하여 취득한 우편물이나 그 내용 및 불법감청에 의하여 취득 또는 채록된 전기통신의 내용은 재판 또는 징계절차에서 증거로 사용할 수 없다고 규정하고 있다. 또한 사인이 특히 부당하고 위법하게 타인의 통신의 비밀을 침해하는 경우에는 형법상의 비밀침해죄(제316조)로 처벌받거나 민법상 불법행위의 책임을 지게 된다.

4. 통신의 자유의 한계 및 제한

(1) 한   계

통신의 자유는 합법적이고 정당한 통신만을 보호한다. 따라서 허가 없이 행해지는 무선통신은 보호받을 수 없다. 또한 통신을 통한 범죄행위도 통신의 자유에 의하여 보호받을 수 없다. 따라서 통신업무에 종사하는 공무원이 통신물을 통신업무상 필요한 검사의 목적으로 검토하는 것은 통신의 자유에 대한 제한이 아니며, 통신업무를 취급하다가 우연히 범죄사실을 알게 된 경우에 그 사실을 수사기관에 알리더라도 그것은 통신의 자유에 대한 침해가 아니다.

(2) 통신의 자유를 제한·금지하는 법률

통신의 자유를 제한하거나 금지하는 법률조항으로는 다음과 같은 것들이 있다. ① 통신비밀보호법 제5조·제6조는 우편물검열, 전기통신감청, 대화를 녹음·청취할 수 있는 절차를 규정하고 있다. 이때 대통령령이 정하는 정보수사기관의 장이 일반범죄를 수사하기 위해서는 2개월 이내를 기한으로 검사가 신청하고 법원의 허가가 필요하며(제6조), 국가안보를 위해서는 4개월 이내를 기한으로 검사가 신청하고 내국인의 경우에는 고등법원수석부장판사의 허가가, 외국인의 경우에는 대통령의 승인을 필요로 한다(제7조). ② 국가보안법 제8조는 반국가단체와의 통신을 금하고 있다. ③ 전파법 제80조는 대한민국헌법 또는 대한민국헌법에 따라 설치된 국가기관을 폭력으로 파괴할 것을 주장하는 통신을 금하고 있다. ④ 「채무자회생 및 파산에 관한 법률」 제484조 제2항은 파산관재인에게 파산자의

우편물·전보 그 밖의 운송물을 열어볼 수 있게 하고 있다. ⑤ 형사소송법 제107
조는 법원은 일정한 우편물을 압수할 수 있도록 하고 있으며,「형의 집행 및 수
용자의 처우에 관한 법률」제43조 제4항 단서는 일정한 사유가 있는 경우에 서
신검열을 할 수 있도록 하고 있다. ⑥ 그 밖에도 관세법은 신서 이외의 수출입우
편물에 대한 검사를 규정하고 있다.

제 8 항 양심의 자유

1. 헌법규정

헌법 제19조는 "모든 국민은 양심의 자유를 가진다"고 하여 양심의 자유를
보장하고 있다.

2. 양심의 자유의 주체

양심의 자유의 주체는 원칙적으로 자연인에 한정된다. 미성년자가 언제부터
양심의 자유를 독립적으로 행사할 수 있는가 하는 문제는 해당 미성년자의 정신
적 성숙도와 부모의 친권(교육권)을 함께 고려하여 결정된다.

3. 양심의 자유의 내용

(1) 양심의 개념

양심을 정확하게 개념 정의하기는 어렵다. 그러나 일단 양심을 "인간의 내면
에 원래부터 존재하는 옳고 그름에 대한 확신과 이로부터 나오는 의무부과, 곧
특정의 행동을 하거나 하지 못하도록 하는 것", 곧 가치와 비가치에 대한 주관적
의식으로 정의할 수 있다.

양심의 개념과 관련하여 협의의 (윤리적) 양심설과 광의의 (사회적) 양심설이
대립되어 있다. 윤리적 양심설은 양심을 내심의 자유 중 특히 윤리적 성질을 가
지는 면에 한정시키고자 한다. 그에 반하여 사회적 양심설은 양심의 자유는 내심
의 자유이며, 윤리적인 면에 한정시킬 필요가 없다고 한다. 후자가 국내다수설의
입장이나, 헌법재판소의 견해는 분명하지 않다.

사상과 양심을 별도로 규정하고 있는 헌법의 경우에는 양심을 국한시켜 해석할 필요가 있으며, 그러한 경우에는 양심은 윤리적 차원의 내심작용, 사상은 논리적 차원의 형이상학적 사유체계로 구분하는 것이 옳을지도 모른다. 그러나 헌법에는 사상의 자유를 따로 보장한 특별규정이 없다. 따라서 헌법은 사상과 양심을 모두 인간의 내심작용, 곧 세계관·인생관·주의·신조 등을 의미하는 것으로 보아 양자를 일체로 보았다고 생각된다. 그러한 경우에도 윤리적 확신을 빼고 양심에 대하여 이야기할 수 없음은 물론이다.

(2) 양심의 자유의 구체적 내용

1) 양심의 자유의 구체적 내용   양심의 자유의 내용에 대해서는 견해가 나누어져 있다. 헌법재판소는 양심형성 및 결정의 자유, 양심을 지키는 자유(침묵의 자유, 양심추지의 금지, 양심에 반하는 작위의무로부터의 해방), 양심실현의 자유를 그 내용으로 본다.

양심의 자유의 보호법익과 그 핵심은 양심의 불가침의 보장에 있다. 그 보장은 양심의 존재와 양심의 기능을 침해받지 않는 것을 전제로 한다. 이러한 전제하에 개인적으로는 양심의 자유는 양심형성(양심결정)의 자유와 양심유지의 자유를 그 내용으로 하며, 양심유지의 자유는 양심을 언어(침묵의 자유)나 행동(양심추지의 금지)으로 표명하도록 강제당하지 않을 자유 및 양심에 반하는 행동을 강제당하지 않을 자유를 포함한다고 생각한다. 양심의 자유와 관련하여 구체적으로는 다음과 같은 것이 문제된다.

2) 침묵의 자유   침묵의 자유는 형성된 양심을 언어로 외부에 표명하도록 강제되지 아니하는 자유이다. 통설과 헌법재판소는 양심 및 사상의 자유에 침묵의 자유가 포함되어 있는 것으로 본다.

그러나 침묵의 자유는 사실에 관한 지식 또는 기술적 지식의 진술을 거부하는 자유까지를 포함하는 것은 아니다. 이 점에서 침묵의 자유는 형사소송법상의 묵비권과 구별된다. 따라서 소송법상 증인 또는 감정인에게 증언·감정할 것을 강제하는 것은 침묵의 자유를 침해하는 것이 아니다. 또한 신문기자의 취재원에 관한 진술거부권도 알고 있는 사실에 대한 진술거부인 점에서 양심의 자유의 한 내용인 침묵의 자유에 의하여 보장받지는 못한다.

3) 양심의 자유와 사죄광고   양심의 자유와 관련하여 사죄광고의 합헌성

여부가 문제된다. 이 문제와 관련하여 위헌설과 합헌설이 대립되어 있다. 단순한 사죄광고를 명하는 판결은 합헌이지만, 양심에 비추어 승복할 수 없다고 하는 경우에 판결을 강제집행하는 것은 양심의 자유를 침해하는 것으로 보는 위헌설이 다수설이다.

4) 양심의 자유와 집총거부·국기에 대한 경례거부

① 양심적 집총거부   양심의 자유와 관련하여 양심적 집총거부와 국기에 대한 경례거부가 문제된다. 양심적 집총거부와 관련하여 긍정설과 부정설이 대립되어 있다. 긍정설은 집총이 자신의 양심상의 절대악이라고 판단되어 거부할 때에 그 양심결정은 양심의 자유에 의하여 보호되어야 한다고 본다. 부정설은 실정법상 명문규정이 없고 헌법상 국방의무가 있다는 이유로 부정한다.

대법원은 부정설과 견해를 같이하고 있다. 미연방대법원은 전쟁일반이 아니라 특정전쟁, 예컨대 월남전쟁만을 반대하는 자에게는 양심적 병역거부를 부인하였고, "누구도 양심에 반하여 집총병역을 강제받지 아니한다"는 명문규정을 두고 있는 본기본법 하에서도 독일연방헌법재판소는 "특정한 전쟁, 특정한 방식, 특정한 조건이나 특정한 무기로 하는 전쟁을 거부하는 상황조건부 병역거부는 기본법 제4조 제3항에 의하여 보호되지 않는다"고 하여 상황조건부 병역거부를 부인하고 있고, 병역거부의 경우에는 대체의무를 사후적으로 부과하고 있으며, 대체의무에 대한 거부는 허용되지 않는 것으로 본다.

그러나 이 문제는 양심적 집총거부라는 포괄적 문제로 다룰 것이 아니라, 전시나 준전시 또는 국가비상사태시에 사람을 죽이는 전제로서의 집총이냐 아니면 평화시에 단순한 병역의무이행의 일환으로서의 집총이냐를 구분해서 그 해결책을 달리하여야 할 것이다. 전자의 경우에는 양심상의 결정에 우위를 부여하는 것이 이상적이지만 현실적으로는 그것이 불가능할 것이다. 그러나 후자의 경우에는 양심상의 결정이 후퇴되어야 할 것으로 생각된다.

② 국기에 대한 경례거부   국기에 대한 경례거부와 관련하여 대법원은 국기에 대한 경례를 종교상의 우상숭배라 하여 거부한 학칙위반학생의 제적처분은 정당하다고 판시한 바 있다. 미국의 판례는 국기에 대한 경례거부를 인정하고 있다.

5) 양심의 자유에 양심실현의 자유(양심활동의 적극적 자유)가 포함되는가

이 문제와 관련해서는 부정설, 긍정설, 절충설 등 견해의 대립이 있고, 긍정설이 점점 유력해지고 있다. 헌법재판소는 양심을 실현하는 자유를 포함시키나, 대법원은 보안사의 민간인정치사찰을 폭로하기 위한 양심선언을 위하여 부대를 빠져나간 경우를 군무이탈죄로 벌하고 있다.

개인적으로는 양심의 자유에는 양심실현의 자유가 포함되지 않는다고 생각한다. 그 이유는 두 가지로 간추릴 수 있다. 우선, 헌법은 양심을 실현하는 여러 가지 기본권(종교·학문·예술의 자유)을 별도로 규정하고 있으며, 이러한 기본권들에 의하여 보호받지 못하는 양심의 표현은 거의 없으리라 생각된다. 다음으로, 양심실현의 자유를 인정하여 서로 다른 양심을 가진 사람들이 제각기 양심상의 결정을 적극적으로 표명하고 실현하는 경우 다른 법익과 충돌할 수 있고 타인의 권리를 침해할 수도 있다. 그러한 일이 극단으로 치닫는 경우 초개인적인 객관적 질서 대신에 헌법의 인간상과 그에 기초한 인격주의에 반하며 헌법이 추구하는 것과는 반대되는 주관주의가 원칙으로 되고 유아주의(唯我主義)와 무정부상태가 나타날 수도 있다. 그렇게 되면 양심실현의 자유는 본래의 취지대로 보장될 수 없을 것이고, 양심의 자유의 빈틈없는 보호를 위해서 양심실현의 자유를 보장해야 한다는 주장과는 반대로 오히려 양심결정의 자유와 양심유지의 자유마저도 위태로워질 수 있다.

4. 양심의 자유의 한계 및 제한

(1) 학   설

양심의 자유가 어떠한 경우에 어느 정도로 보장되는가에 관해서는 내재적 한계설, 절대적 보장설, 내면적 무한계설 등 세 가지 견해가 나뉘어 있다. 내면적 무한계설이 국내 다수설의 입장이다.

(2) 사   견

양심형성의 자유와 양심유지의 자유 중 침묵의 자유 및 양심추지금지는 인간의 내면적 정신에 한정된 문제로서 어떠한 경우에도 제한될 수 없는 (내용적) 절대적 자유에 속한다. 그러나 양심 및 사상에 반하는 행위를 강요당하지 않을 자유는 제37조 제2항과 계엄 및 긴급명령에 따라 제한이 가능하다고 생각한다.

그러나 이 자유는 다른 어떤 자유보다 더욱 순수한 내심의 자유이기 때문에 국가기관이 적극적으로 제한을 가한다면 이 자유는 무의미해지게 된다. 따라서 이 자유에 대한 국가권력의 관여는 불가피한 최소한에 그쳐야만 한다. 그러한 한에서 이 자유에 대한 제한은 국가안전보장이나 질서유지라는 소극적 목적을 위해서만 가능하고, 공공복리라는 적극적 목적의 실현을 위해서는 가능하지 않다고 본다. 그리고 국가안전보장과 질서유지를 위하여 이 자유를 제한하는 경우에도 그 성질에 비추어 개별적·구체적으로 제한의 가능성과 범위를 결정해야 하지만, 다른 정신적 자유보다도 한층 협소하여야 할 것이다.

제 9 항   종교의 자유

1. 헌법규정

헌법 제20조는 "① 모든 국민은 종교의 자유를 가진다. ② 국교는 인정되지 아니하며, 종교와 정치는 분리된다"고 하여 종교의 자유와 정교분리를 규정하고 있다.

2. 종교의 자유의 주체

종교의 자유는 원칙적으로 자연인에게만 주체성이 인정된다. 그러나 미성년자의 종교의 자유의 주체성 여부는 해당 미성년자의 정신적 성숙도와 부모의 친권(교육권)을 함께 고려하여 결정되어야 한다. 예외적으로 종교단체에는 선교와 예배의 자유에 대한 주체성이 인정된다.

3. 종교의 자유의 내용

(1) 종교의 개념

종교란 신과 피안의 세계에 대한 우주관적(형이상학적) 확신을 의미한다. 종교는 신과 피안과 관련된다는 점에서 그렇지 않은 사상과 구별된다. 또한 종교는 초과학적이라는 점에서 비과학적인 미신과는 구별된다. 또한 종교는 신앙적 양심의 표현으로서 신앙 이외의 것까지를 포함하는 양심보다는 좁은 개념이다.

(2) 종교의 자유의 내용

종교의 자유는 신앙의 자유, 종교적 행위의 자유, 종교적 결사·집회의 자유, 종교교육의 자유를 내용으로 하며, 적극적인 측면과 소극적인 측면을 모두 포함한다. 신앙의 자유는 종교에 관한 일체의 내심작용을 보호한다. 따라서 신앙의 자유는 구체적으로는 신앙선택의 자유, 신앙변경의 자유, 신앙고백의 자유 및 무신앙의 자유를 포함한다. 종교적 행위의 자유는 종교의식과 종교선전의 자유를 말한다. 종교적 결사의 자유는 헌법 제21조의 집회·결사의 자유에 대하여 특별법적 지위를 가지며 일반적 집회·결사보다 한층 더 광범위한 보호를 받는다. 따라서 「집회 및 시위에 관한 법률」은 종교집회에 대하여는 옥외집회 및 시위의 신고제 등의 규정을 적용하지 않는다고 명시하고 있다(법 제13조). 종교의 자유는 종교교육의 자유를 포함한다. 따라서 사립학교에서의 종교교육은 허용되며, 방해받지 아니한다. 그러나 국·공립학교에서는 일반적인 종교교육은 허용되나, 특정의 종교교육은 금지된다(교육법 제6조 제2항).

(3) 정교분리의 원칙

1) 개   념   정교분리의 원칙이란 국가는 국민의 세속적인 생활에만 관여하고 국민의 신앙생활은 국민의 자율에 맡겨 개입하지 않는다는 원칙이다. 곧 정교분리의 원칙이란 국가의 종교적 중립성을 의미한다.

2) 내   용   정교분리원칙은 국교의 부인, 국가에 의한 종교교육·종교활동의 금지, 종교의 정치관여금지·정치의 종교간섭금지 및 국가에 의한 특정종교 우대와 차별금지를 그 내용으로 한다.

종교의 자유는 반드시 국교의 부인을 필연적으로 포함하지는 않는다. 예컨대 그 나라에 특유한 사정 때문에 국교를 가지고 있는 영국, 스페인, 포르투갈과 같은 국가에서도 종교의 자유는 인정되고 있다. 그러나 종교의 자유를 명실상부하게 보장하기 위해서는 국교는 부인되어야 한다. 왜냐하면 국교제도는 국가의 종교화 또는 정치와 종교의 결합을 가져오며, 그렇게 되면 특정종교를 우대하고 다른 종교에 불이익을 가하는 등 종교평등의 원칙이 무의미해지기 때문이다. 또한 종교의 자유는 역사적으로는 국교에 대한 반항과 투쟁의 결과로 쟁취된 것이었다.

종교가 정치에 간섭하거나 종교단체가 정치활동을 하는 것은 정교분리의 원칙상 인정되지 않는다. 그러나 신자가 소속종교단체의 통제나 지시를 받음이 없이 개인적 차원에서 정치활동을 하거나 소속종교단체와는 별도로 같은 종교를 믿는 신자들이 결사를 조직하여 정치활동을 하는 것은 허용된다.

마지막으로,. 정교분리의 원칙상 국가는 특정종교를 우대하거나 차별할 수 없다. 모든 종교에 대하여 동일한 재정적 지원을 하는 것도 무종교의 자유를 고려할 때 부당한 대우에 해당된다.

4. 종교의 자유의 효력

종교의 자유에는 대국가적 효력과 간접적 대사인적 효력이 인정된다. 그러나 교단이 그 구성원에 대하여 교단의 교율(敎律)에 따르게 하거나 합법적인 한계 내에서 교율위반에 대하여 징계권을 행사하는 것은 허용된다.

5. 종교의 자유의 한계 및 제한

종교의 자유 중 신앙의 자유는 내면적 자유로서 어떠한 경우에도 제한할 수 없는 (내용적) 절대적 자유권에 속한다. 그러나 종교의 자유 중 신앙의 자유를 제외한 신앙실현의 자유는 제37조 제2항에 따라 제한될 수 있다. 제한하는 경우에도 그 본질적 내용을 침해할 수 없음은 물론이다.

제10항 언론·출판의 자유

1. 헌법규정

헌법 제21조는 다음과 같은 네 개항을 두어 언론·출판의 자유를 보장하고 있다. "① 모든 국민은 언론·출판의 자유 … 를 가진다. ② 언론·출판에 대한 허가나 검열 … 인정되지 아니한다. ③ 통신·방송의 시설기준과 신문의 기능을 보장하기 위하여 필요한 사항은 법률로 정한다. ④ 언론·출판은 타인의 명예나 권리 또는 공중도덕이나 사회윤리를 침해하여서는 아니된다. 언론·출판이 타인의 명예나 권리를 침해한 때에는 피해자는 이에 대한 피해의 배상을 청구할 수 있다."

2. 언론·출판의 자유의 의의·기능·법적 성격·주체

언론·출판의 자유는 사상·양심 및 지식·경험을 표현하는 자유를 말한다. 따라서 이 자유를 표현의 자유라고도 한다. 이 자유는 양심의 자유, 종교의 자유, 학문과 예술의 자유 등 내심의 자유를 행위로서 외부에 표현하는 자유이기 때문에 외면적 정신활동의 자유라고 할 수 있다. 곧 이 자유는 내심적 정신활동의 연장선상에 있다. 그러나 이 자유의 의의는 자신의 의사를 표현하는 자유를 보호하는 데 그치는 것이 아니다. 이 자유는 고립된 개인이 아니라 사회 내에서 개인과 개인의 관계를 연결해주는 '정신적 의사소통의 자유'(E. Stein의 표현)로서 자신의 의사를 타인에게 전달하는 역할을 수행한다. 인간이 인간인 것이 타인과의 관계에서 비롯되는 것이라면, 언론·출판의 자유는 이러한 관계를 가능하게 하는 전제가 된다.

언론·출판의 자유는 역사적으로는 근대국가의 성립에 있어서 국가권력 내지 군주권력에 대한 제한의 기초이론으로서 자유국가 성립에 커다란 역할을 하였다. 그러나 언론·출판의 자유는 자유민주국가에서는 다른 기능을 수행하고 있다. 민주주의는 국민주권을 핵심으로 한다. 국민주권은 선거에 의하여 행사되며, 이는 표현의 자유를 전제로 한다. 곧 민주정치에 있어서 국정에 관한 표현의 자유는 국정을 보고 듣고 말하고 비판하는 자유이기 때문에 민주정치의 생명선으로 여겨지고 있다. 곧 언론·출판의 자유는 국민의사를 형성하는 민주주의의 구성원리로서 기능하고 있다. 또한 언론·출판의 자유는 사회 내에서 인간의 인격이 직접적으로 표현된 것이기도 하다.

언론·출판의 자유는 개인의 주관적 공권임과 동시에 자유언론제도를 보장하고 있다. 그 밖에도 언론·출판의 자유는 근대헌법의 불가결의 요소로서 객관적인 법질서를 의미한다.

언론·출판의 자유는 모든 자연인에게 주체성이 인정되며, 법인에게는 보도의 자유에 대한 주체성이 인정된다.

3. 언론·출판의 자유의 내용

언론·출판의 자유는 의사표현의 자유, 정보의 자유(알 권리), 보도의 자유,

access권을 내용으로 한다.

(1) 의사표현의 자유

1) 개　　념　　의사표현의 자유란 사상·양심 및 지식·경험 등과 관련된 자신의 의사를 언론·출판에 의하여 외부에 표현하고 전달하며, 자신의 의사표명을 통해서 여론형성에 참여할 수 있는 자유를 말한다.

의사표현의 자유에서 말하는 의사는 넓게 해석되어야 한다. 그 이유는 ① 평가적인 의사와 단순한 사실의 전달을 확연하게 구별하는 것이 쉽지 않기 때문이다. ② 인식론적 근거에서 — 특히 일반대중이 관심을 가지는 과정, 곧 시대사적 사건에서는 — 평가를 수반하지 않는 사실전달이란 존재하지 않기 때문이다. ③ 어떤 사실에 대한 주장은 일반대중이 공적 의사를 형성하는 데 결정적 역할을 하기 때문이다. ④ 의사를 단순한 사실의 전달까지도 포함하는 것으로 이해하여야 의사표현의 자유를 흠결 없이 보호해줄 수 있기 때문이다. 평가적 의사설을 주장하는 입장에서는 단순한 사실의 전달은 보도의 자유에 의하여 보호되기 때문에 의사표현의 자유에서는 평가적 의사만을 보호하는 것으로 이해하는 것이 합리적이라고 한다. 그러나 이 주장은 보도기관의 사실전달만을 고려의 대상으로 한정했다는 문제점이 있다. 따라서 이 주장은 사인에 의한 사실전달을 보호해줄 수 없게 될 것이다. 달리 말하자면 평가적 의사설을 취하는 경우 사인에 의한 사실전달을 보도의 자유에 포함시키지 않는 한 그것을 보호해줄 수 없다. 왜냐하면 일반적인 표현대로 그리고 평가적 의사설을 주장하는 입장의 표현대로 보도의 자유를 매스컴의 자유로 정의하는 한 사인에 의한 사실전달을 일반적인 의미에서 보도라 부를 수는 없을 것이기 때문이다. 따라서 진실이 아닌 사실전달, 왜곡된 설명, 사실의 왜곡, 진실이 아닌 보도, 잘못된 인용이 아닌 한 그것이 평가적인 것이든 또는 사실전달이든 의사표현의 자유에 의하여 보호되는 것으로 보아야 할 것이다.

2) 언론·출판의 뜻　　언론이라고 함은 구두(口頭)에 의한 표현을, 출판이라고 함은 인쇄물에 의한 표현을 말한다. 표현의 자유는 내심(內心)을 외부에 표현하는 자유이므로 언론·출판이라고 할 때의 언론·출판은 사상·양심 및 지식·경험을 표현하는 수단을 모두 의미한다. 예컨대 미국에서는 상징적 표현까지 표현의 자유의 내용이 된다고 한다. 상징적 표현이란 일정한 사상, 의견을 언어와 문서에 의하지 않고 행동으로 표시하여 (예컨대 경찰관에게 사살된 자의 관을 메고 무

언의(침묵의) 행진을 하는 것처럼) 다른 사람에게 전달하는 것을 말한다.

(2) 알 권리(열독의 자유, 정보의 자유)

알 권리는 신문, 방송, TV와 같은 일반적으로 접근할 수 있는 정보원으로부터 의사형성에 필요한 정보를 자유롭게 수집하고, 수집된 정보를 취사·선택할 수 있는 권리를 말한다. 독일기본법 제5조 제1항 제1문은 알 권리를 명문으로 규정하고 있으나, 우리나라에서는 1996년 말 「공공기관의 정보공개에 관한 법률」이 제정되어 국민의 알 권리를 법률차원에서 보호하고 있다.

알 권리는 자유권(정보수집, 취재활동에 대한 침해배제요구)과 청구권(정보공개청구)의 성격을 동시에 가지고 있으며, 그 법적 근거는 헌법 제21조이다. 헌법재판소도 같은 입장이다. 알 권리는 정보수집권과 정보공개청구권을 내용으로 하며, 구체적인 권리이다.

알 권리는 최대한 보장되어야 한다. 그러나 예컨대 국가기밀의 경우처럼 정보의 비공개의 공익이 알 권리보다 큰 경우에는 이를 존중하여야 하므로, 알 권리를 근거로 하여 국가기관에게 모든 정보의 공개를 요구할 수는 없다. 그러나 저속한 간행물의 출판을 전면 금지시키고 출판사의 등록을 취소시킬 수 있도록 한 것은 성인의 알 권리를 침해하여 위헌이다.

(3) 보도의 자유

1) 보도의 자유   표현의 자유에는 사고, 판단, 결단에 의한 의사발표의 자유는 물론이고 지득(知得)한 사실을 일반에게 보도하는 자유가 포함된다. 보도의 자유는 매스컴의 자유를 말하나, 보도는 주로 신문, 통신 기타의 보도기관의 임무이므로 보도의 자유를 신문의 자유라고도 한다. 신문의 자유에는 편집의 자유와 언론기관설립의 자유가 포함된다.

신문의 자유는 일차적으로 제도적 보장으로서의 성격을 가진다. 그러나 이러한 신문의 제도적 보장은 개인의 주관적 권리의 토대가 된다. 따라서 신문에 종사하는 개인들(신문사에서 종사하는 출판자, 편집인, 편집진, 기자, 경리담당자와 광고담당자)은 신문의 자유를 원용할 수 있다.

2) 보도의 자유와 취재의 자유   정확한 내용의 보도를 위해서는 자유로운 취재활동을 전제로 할 것이나 지득한 사실을 전달하는 보도와 적극적으로 사실을 탐지하는 취재는 차원을 달리한다. 따라서 보도의 자유에는 취재의 자유가 당

연히 포함되는 것은 아니다. 그러나 헌법이 공개해야 할 것을 규정한 사항에 대하여는 (예컨대 국회의사 또는 재판의 공개) 합리적인 방법에 의한 취재의 자유가 인정되어 있다.

3) 취재원에 대한 진술거부권 인정 여부   취재의 자유와 관련하여 취재원에 대한 진술거부권이 인정되는지 여부가 문제된다. 이 문제에 대하여는 부정설과 긍정설이 대립되어 있다. 이 문제에 대하여 미국과 일본의 판례는 공정하고 효과적인 법집행이라는 공익을 더욱 중시하여 원칙적으로 취재원에 대한 묵비권을 인정하지 않는 입장이다. 다만 최근에는 양 법익을 형량하여 결정해야 한다는 태도를 보이고 있다. 독일연방헌법재판소는 취재원묵비권을 취재의 자유의 본질적인 내용으로서 인정한다.

4) 보도의 자유와 privacy권   보도의 자유와 privacy권의 충돌이 문제된다. privacy권은 비교적 새로운 권리로 '가만히 있게 하는 권리'(right to be let alone)라고도 한다. 이 권리는 개인이 자기의사에 반하여 사생활의 영역이 관념적으로 침입되거나 공표되지 않을 권리를 의미한다.

오늘날 통속적인 신문, 주간지, 잡지, TV 등에서 자기의 의사에 반하여 사생활이 공표되는 일이 종종 있다. 이러한 경우에는 신문은 공공의 생활과 직접적인 관계가 없는 사생활에 대한 사항에 대하여는 본인의 동의 없이 개입할 수 없는 것이기 때문에, 보도의 내용이 수인(受忍)의 한도를 넘으면 사생활의 침입이 되어 사후 처벌을 받게 된다. 그러나 공인(公人)의 경우에는 privacy권은 어느 정도 제한된다. 또한 누구든지 상대방을 저하시킬 목적으로 공연히 사실을 적시하여 고의로 발언하는 것은 불법행위가 된다.

(4) access권(언론기관접근권)

access권은 언론·출판의 자유와 관련하여 국민·언론 대 국가권력이라는 2중구조가 사적 정부라고도 부를 수 있는 언론기업의 등장으로 국민, 언론, 국가권력이라는 3중구조로의 변화과정에서 발생한 권리라 할 수 있다. access권이란 좁은 의미로 자기와 관계있는 보도에 대한 반론 또는 해명의 기회를 요구할 수 있는 반론권 및 해명권과 넓은 의미로 자신의 의사표현을 위하여 이용할 수 있는 권리를 말한다. 이 권리는 고전적인 언론의 자유가 국가권력의 부작위를 청구하는 의미에서 자유권이라면, 국가권력의 발동을 요구하고 그 실현을 적극적으로 요구하는 청구권으로, 반론권(반론보도청구권)과 의견광고권을 내용으로 한다.

반론보도청구권의 행사방법과 절차 등에 대하여는「언론중재 및 피해구제 등에 관한 법률」에서 정정보도청구권(법 제14조, 제15조), 반론보도청구권(법 제16조) 및 추후보도청구권(법 제17조)의 형태로 자세하게 규정하고 있다.

access권은 언론기관의 보도의 자유와 충돌할 수 있고 의견광고의 행사는 언론기관의 영업의 자유와 충돌할 수 있으므로 헌법을 규범조화적으로 해석하여 양자의 균형 있는 조화가 요구된다.

4. 언론·출판의 자유의 효력

대국가적 효력과 대사인적 효력이 인정된다. 그러나 대법원은 언론·출판의 자유의 대사인적 효력에 대하여 부정적 입장을 취하고 있다.

5. 언론·출판의 자유의 책임

헌법 제21조 제4항 제1문은 "언론·출판은 타인의 명예나 권리 또는 공중도덕이나 사회윤리를 침해하여서는 아니된다"고 규정하고 있다. 이 규정은 헌법에 의한 기본권제한이며, 언론·출판의 책임을 강조한 규정이다.

언론·출판이 타인의 명예나 권리를 침해한 경우에는 민법상의 불법행위를 구성하여 피해자는 불법행위로 인한 손해배상을 청구할 수 있으며(민법 제750조·제751조 참조), 타인의 명예에 대한 침해는 경우에 따라서는 형법상의 명예훼손 등에 의한 형사책임까지를 져야 할 수도 있다(형법 제33장 명예에 관한 죄 참조). 그러나 명예훼손의 행위가 진실이고 오로지 공공의 이익만을 위한 것인 경우에는 면책된다(형법 제310조). 다만 출판물이나 방송에 의한 명예훼손의 경우에는 면책되지 않는다.

공중도덕이나 사회윤리를 침해하는 언론·출판행위의 대표적인 것은 음란문서의 제작·판매 등이다. 음란성의 기준은 작품전체와의 관련에서 동시대의 통상인에 대한 효과를 고려하여 판단하여야 할 것이다. 공중도덕·사회윤리를 침해한 방송국에 대해서는 방송위원회가 그 제재 등을 행하고 있다.

6. 언론·출판의 자유의 제한기준

헌법 제37조 제2항에 따라 언론·출판의 자유를 국가안전보장·질서유지·공공복리를 위하여 법률로 제한하는 경우에도 본질적 내용은 침해될 수 없다. 더 나아가서 기본권제한의 일반원칙을 지켜야 한다. 그 밖에도 언론·출판이 갖는 중요성 때문에 다음과 같은 제한기준들이 제시되어 있다.

(1) 사전제한금지

"언론·출판에 대한 허가나 검열 … 인정되지 아니한다"고 규정하고 있는 헌법 제21조 제2항의 규정상 언론·출판에 대한 허가제와 검열제는 일체 허용되지 않는다.

그러나 언론·출판에 대한 사후통제는 가능하다. 예컨대 언론·출판이 타인의 명예나 권리 또는 공중도덕이나 사회윤리를 침해한 경우에는 사후통제(예컨대 잡지의 배포금지)가 가능하다. 또한 등록이나 신고도 사전검열이 아니므로 허용된다. 더 나아가서 헌법 제77조 제3항에 따라 비상계엄이 선포된 때에는 언론·출판의 자유에 대하여 특별한 조치로서 검열 등 사전통제를 받게 된다. 그 밖에도 수입된 외화, 지나친 외설도서, 불온문서 등은 공중도덕과 사회윤리, 국가이익과 질서유지에 크게 해를 끼칠 염려가 있을 때에 한하여 검열이 용인되고 사후처벌의 대상이 된다.

(2) 사후통제 ─ 표현의 자유의 제한에 관한 합헌성 판단이론

1) 미국의 이론   표현의 자유를 사후적으로 통제하는 데에도 여러 가지 한계가 있다. 표현의 자유를 사후적으로 제한하는 법률의 합헌성 판단기준으로는 명확성의 이론, 이익형량이론, 명백하고 현존하는 위험의 원칙, 우월적 지위의 원칙 등이 있다.

명확성의 이론은 불명확한 법률문구로 표현의 자유를 제한할 수는 없고, 해당 법률조항 등이 막연한 때에는 무효로 한다는 이론이다. 헌법재판소는 명확성의 원칙이란 기본적으로 최대한이 아닌 최소한의 명확성을 요구하는 것이라고 한다. 즉 법문언의 해석을 통해서, 곧 법관의 보충적인 가치판단을 통해서 그 의미 내용을 확인해낼 수 있고, 그러한 보충적 해석이 해석자의 개인적인 취향에 따라 좌우될 가능성이 없다면 명확성의 원칙에 반한다고 할 수 없다고 한다. 헌법재판소는 국가보안법 제7조에 대한 위헌심판, 국가보안법 제9조 제2항에 대한 헌법소원, 군사기밀보호법 제6조 등에 대한 위헌심판 등에서 이 이론을 원용하였다.

이익형량이론은 구체적인 사건에서 표현의 자유를 누리는 데서 얻는 개인의 이익과 표현을 제한하는 법률에서 추구하려는 공공의 이익과를 형량하여 제한하려는 이익의 비중이 클 때, 그 제한을 인정한다는 이론이다. 헌법재판소는 국가보안법 제7조 제1항·제5항에 대한 한정합헌결정에서 이 이론을 적용한 바 있다.

명백하고 현존하는 위험의 원칙은 1919년 솅크 판결에서 홈즈 *Holmes*판사가 주장하고, 1927년 휘트니판결에서 브랜다이스 *Brandeis*판사에 의하여 지지된 이후 미국에서는 통설이 되었다. 이 원칙에서 '명백'이란 표현과 해악 발생 사이에 인과관계가 존재하는 것을, '현존'이란 해악발생이 시간적으로 근접한 것을, '위험'이란 해악발생의 개연성을 뜻한다. 따라서 이 원칙에 따르면 언론자유제한의 합헌성기준은 ① 언론자유를 이 이상 더 허락하면 중대한 해악이 염려될 때, ② 우려되는 위험이 절박했다고 확신될 때, ③ 방지해야 할 해악이 중대하다고 확신될 때이다. 헌법재판소는 반국가단체의 활동을 찬양·고무하는 자에 대해 처벌하는 규정인 국가보안법 제7조 제1항·제5항에 대해서 그 규정들이 국가의 존립·안전을 위태롭게 하거나 자유민주적 기본질서에 실질적 해악을 미칠 명백한 위험성이 있는 행위에 대해서만 적용된다고 선언하여 한정합헌결정을 내리면서 이 법리를 적용한 바 있다.

우월적 지위의 원칙에 따르면 표현·사상의 자유는 헌법상의 자유권 중에서 다른 모든 자유의 기반이며 없어서는 안 될 전제조건이므로, 이를 제한하면 어떤 자유나 정의도 있을 수 없다고 한다. 따라서 언론·출판의 자유와 종교의 자유는 자유권 가운데 우월적 지위가 인정되며, 그 제한입법은 유효한 사회목적의 실현을 위하여 합리적일 뿐 아니라 압도적인 종국적 판단으로 정당화되어야 비로소 인정되게 된다.

2) 사   견   이렇듯 언론·출판의 자유를 제한하기 위한 합헌성 판단이론이 다수 제시되어 있음에도 불구하고 명백하고 현존하는 위험의 원칙을 제외하고는 이미 모두 기본권제한법률의 일반적 요건에서 이야기된 것들이다. 곧 헌법 제37조 제2항은 "국민의 모든 자유와 권리는 국가안전보장·질서유지 또는 공공복리를 위하여 필요한 경우에 한하여 법률로써 제한할 수 있으며"라고 하고 있

다. 이 때 필요한 경우는 비례의 원칙을 표현한 것이며, 법률은 일반성과 명확성을 가진 정당한 절차에 따라 성립된 법률이어야 한다는 것은 이미 공지의 사실이다. 따라서 "언론·출판의 자유에 관해서는 특히 '명백하고 현존하는 위험의 원리', '명확성의 원칙', '과잉금지의 원칙'이 중요한 판단기준이 된다"고 할 필요도 없이, 언론·출판의 자유의 제한에는 기본권제한의 일반원칙을 준수하되, 특히 국가안전보장·질서유지·공공복리에 대한 명백하고 현존하는 위험이 존재할 때에만 그 제한은 가능하며, 그 경우에도 언론·출판의 자유의 본질적 내용은 침해할 수 없다고 설명하는 것으로 충분할 것이다.

제11항 집회·결사의 자유

1. 헌법규정

헌법 제21조 제1항은 "모든 국민은 … 집회·결사의 자유를 가진다"고 하여 집회·결사의 자유를 보장하고 있고, 동 제2항은 "… 집회·결사에 대한 허가는 인정되지 아니한다"고 하여 집회·결사에 대한 허가제를 금지하고 있다.

2. 집회의 자유

(1) 집회의 개념 및 집회의 자유의 기능

집회라 함은 일정한 공동목적을 달성하기 위한 다수인의 일시적 회합을 말한다. 따라서 공동목적을 가지지 않은 도로상이나 시장의 군중은 집회에 해당되지 않는다. 집회는 집회장소에 따라 옥내집회와 옥외집회, 집회목적에 따라 정치적 집회와 비정치적 집회, 공개성 여부에 따라 공개집회와 비밀집회로 분류된다.

오늘날 집회의 자유는 ① 개인의 인격실현과 개성신장을 촉진시키며 의사표현의 실효성을 증대시키고, ② 대의기능이 약화된 경우에 직접민주주의의 수단이 될 수 있으며, ③ 소수의 의견을 국정에 반영함으로써 소수를 보호하는 기능을 한다. 곧 집회의 자유는 언론매체의 대형화·독점화에 따라 자신의 의사를 효과적으로 표현하기 위한 수단을 상실하고 주로 메시지를 받는 입장에 빠진 일반대중의 의사표현의 자유를 보완하는 기능을 한다.

(2) 집회의 자유의 내용

1) 집회의 자유의 내용　　집회의 자유는 집회를 개최하는 자유, 집회를 진행하는 자유, 집회에 참가하는 자유를 내용으로 한다. 또한 집회의 자유에는 소극적으로 집회를 개최하지 아니할 자유와 집회에 참가하지 아니할 자유가 포함된다. 다만 법률상 집회의무가 있을 때에는 소극적 자유는 인정되지 아니한다.

2) 개별적인 문제들

① 집회에 집단적 시위·행진 포함 여부　　집회에 집단적 시위·행진이 포함되는가에 대하여는 부정설과 긍정설의 대립이 있으나, 긍정설이 다수설이다.

「집회 및 시위에 관한 법률」은 시위를 "다수인이 공동목적을 가지고 도로·광장·공원 등 공중이 자유로이 통행할 수 있는 장소를 진행하거나 위력 또는 기세를 보여 불특정다수인의 의견에 영향을 주거나 제압을 가하는 행위"라고 정의하고 있다(법 제2조 제2호). 그러나 헌법재판소는 시위를 "이동하는 집회"로 보면서도 "공중이 자유로이 통행할 수 있는 장소"라는 장소적 제한개념은 시위의 개념요소가 아니라고 한다.

② 집회에서의 연설·토론　　다수설과 판례는 언론의 자유로서 보장된다고 하고, 소수설은 집회의 자유는 언론자유의 특별법적 성격을 띠므로 집회의 자유로서 보장된다고 한다.

개인적으로는 소수설의 입장이 타당하다고 본다. 그러나 언론·출판의 자유와 집회·결사의 자유를 한 조항에서 규정하고 있는 현행헌법 하에서는 어느 설을 택하든 별 차이가 없으리라고 생각한다.

③ 집회에 있어서 공동의 목적의 범위　　이 문제와 관련하여 협의설과 광의설 그리고 최광의설이 대립되어 있다. 개인적으로는 집회의 자유는 의사표현의 자유를 보완하는 기능을 한다고 보기 때문에, 의사표현을 위한 모든 집회를 집회로 보는 광의설이 타당하다고 본다.

④ 평화적 집회와 비평화적 집회의 구별기준　　평화적 집회와 비평화적 집회를 구별하는 기준과 관련하여 심리적 폭력설과 물리적 폭력설이 대립되어 있다. 물리적 폭력설이 다수설이며, 또한 타당하다. 「집회 및 시위에 관한 법률」도 주요도시 내 주요도로에서의 교통소통을 저해하는 농성집회를 제한할 수 있다고 하여(법 제12조) 물리적 폭력설의 입장을 취하고 있다.

(3) 집회의 자유의 제한

1) 「집회 및 시위에 관한 법률」　동 법률은 ① 옥외집회와 시위에 대하여는 사전신고제를 규정하고 있다. 곧 옥외집회나 시위를 개최하기 위해서는 720시간 전부터 48시간 이전에 관할경찰서장에게 신고서를 제출하여야 한다. 신고서를 접수한 관할경찰서장은 신고서를 접수한 때부터 48시간 이내에 주최자에게 그 금지를 통고할 수 있다. 금지통고에 대해서는 10일 이내에 당해 경찰관서의 직근 상급경찰관서의 장에게 이의를 신청할 수 있으며(법 제9조 제1항), 이의신청에 대해서 24시간 이내에 재결서를 발송하지 아니한 때에는 관할경찰관서의 장의 금지통고는 소급하여 그 효력을 잃는다(법 제9조 제2항). ② 질서유지인이 있는 경우를 제외하고는 일출전·일몰후의 집회 및 시위 그리고 교통소통에 방해가 되는 시위를 금지하고 있다(법 제 10조). ③ 옥외집회 장소를 제한하고 있다. 곧 국회의 사당, 법원, 헌법재판소, 외교기관, 4부요인공관, 국무총리공관과 국내주재 외교사절의 숙소의 100m 이내 장소에서는 단순행진을 제외한 옥외집회와 시위가 금지되어 있다(법 제10조). ④ 집회 및 시위장소에 경찰관의 자유로운 출입을 허락하고 있다(법 제17조). ⑤ 절대로 금지되는 집회 및 시위를 규정하고 있다. 법 제5조 제1항에 따르면 헌법재판소의 결정에 의하여 해산된 정당의 목적을 달성하기 위한 집회 또는 시위, 집단적인 폭행·협박·손괴·방화 등으로 공공의 안녕질서에 직접적인 위협을 가할 것이 명백한 집회 또는 시위는 절대로 금지된다.

　　이 법률에 대해서 위헌성이 문제되었으나 대법원은 공공의 질서유지를 위해 제정된 것으로 보아 합헌결정을 하였으며, 헌법재판소도 이 법률에 대하여 한정합헌결정을 내렸다.

2) 우발적 집회와 사전신고제　우발적 집회란 「집회 및 시위에 관한 법률」이 요구하는 사전계획과 주최자 없이, 특히 사전신고를 할 수 없는 상황에서 개최된 집회를 말한다. 형식논리적으로만 이야기한다면 사전신고가 없는 집회인 이상 그에 대해 해산명령을 발하는 것은 합법적이며, 집회의 자유에 대한 침해가 아니라고 할 수 있을 것이다.

　　그러나 사전신고에 의한 집회의 자유의 제한은 사전신고제를 마치 허가제와 같은 것으로 운영하는 것이어서는 안 되며, 집회의 자유를 헌법적으로 보호하고 있는 근본취지에 따라 판단되어야 할 것이다. 곧 사전신고제도는 집회에 의하여 다른 법익이 침해되는 것을 방지하기 위한 것이며, 주무행정관청의 행정적 편의를 위한 것이지 집회 자체를 제한하거나 불가능하게 만드는 것으로 볼 수는 없다. 따라서 우발적 집회도 ① 그 집회의 목적이 자유민주적 기본질서와 조화될 수 있는 일반적인 성질의 것이고, ② 그 집회의 방법이 허용된 것이며, ③ 집회의 목적과 방법이 내적인 관련성을 유지하고 합리적인 비례관계에 있는 한 신고된 집회와 마찬가지로 보호하는 것이 집회의 자유를 보장한 헌법의 정신에 합치될 것이다. 같은 이유에서 긴급집회에 대하여도 가능한 한 보호해주어야 할 것이다.

3) 비상계엄에 의한 제한　　비상계엄이 선포된 때에는 법률이 정하는 바에 의하여 집회의 자유에 대하여 특별한 조치를 할 수 있다(제77조 제3항).

4) 이른바 특별관계에 의한 제한　　이른바 특별관계에 있는 자, 예컨대 군인, 공무원, 수감자 등은 일반국민에 비하여 그 집회의 자유가 많이 제한된다.

3. 결사의 자유

(1) 결사의 개념 및 결사의 자유에 대한 특별규정

결사라 함은 일정한 공동목적을 위하여 다수인이 계속적인 단체를 조직하는 것을 말한다. 이러한 단체는 가입과 탈퇴의 자유가 인정되는 자발적인 단체를 말한다. 따라서 공법상의 결사는 본조항의 결사에 포함되지 아니한다. 헌법재판소는 주택건설촉진법 제3조 제9호 위헌확인심판에서 결사의 자유에 의하여 보호되는 결사의 개념에는 법이 특별한 공공목적에 의하여 구성원의 자격을 정하고 있는 특수단체의 조직활동까지 그에 해당되는 것으로 볼 수 없다고 하여 유주택자의 주택조합결성을 제한한 것은 합헌이라고 하였다.

정당·노동조합·종교단체·학술단체·예술단체 등도 결사의 일종이나, 헌법은 이들을 각각 제8조, 제33조, 제20조, 제22조에서 보장하고 있다. 따라서 이들은 원칙적으로 해당조항의 적용을 받지만, 해당조항에 규정이 없는 사항에 대해서는 제21조의 적용을 받는다.

(2) 결사의 자유의 법적 성격

결사의 자유는 자유권적 기본권이면서 동시에 민주적인 국법질서를 구성하는 객관적 가치질서로서의 성격을 가진다. 또한 결사의 자유는 결사를 제도적으로 보장하는 성격을 가진다.

(3) 결사의 자유의 주체

결사의 자유는 개개인이 결사를 조직하는 의미내용일 때에는 개인의 권리를 의미하고, 결사가 존속하는 의미내용일 때에는 단체의 권리를 의미한다. 따라서 결사의 자유는 자연인으로서의 개인뿐만 아니라 단체, 곧 법인도 주체가 된다. 외국인의 경우에는 호혜주의(상호주의)의 적용을 받는다. 공무원의 경우에는 정치적 결사나 노동조합을 구성하는 것이 제한된다.

(4) 결사의 자유의 내용

1) 결사의 자유의 내용　　결사의 자유는 적극적 결사의 자유와 소극적 결사의 자유를 내용으로 한다. 적극적 결사의 자유에는 단체결성의 자유, 단체존속의 자유, 단체활동의 자유, 결사에의 가입·잔류의 자유가 포함된다. 소극적 결사의 자유에는 단체로부터 탈퇴할 자유와 결사에 가입하지 않을 자유가 포함된다.

2) 공법상의 강제결사와 소극적 결사의 자유　　다수설과 판례는 공적인 과제를 수행하기 위해 공법상 강제결사를 조직하는 것은 소극적인 결사의 자유에 대한 침해로 볼 수 없다고 한다.

개인적으로는 결사의 자유를 폭넓게 보호하는 것이 필요하므로 단순히 공적인 과제를 내세워 소극적 결사의 자유를 제한할 것이 아니라 ① 직업의 전문성 때문에 강제결사가 필요불가결하고, ② 결사구성원 사이의 직업적 동질의식을 초래하는 경우에만 공법상의 강제결사를 허용하는 것이 바람직한 것으로 생각된다.

(5) 결사의 자유의 한계와 제한

결사의 자유는 국가의 존립을 위태롭게 하거나 헌법적대적이거나 자유민주적 기본질서에 위반하는 것이어서는 안 된다. 결사의 자유는 법률이나 비상계엄에 의하여 제한된다.

제12항 학문의 자유와 예술의 자유

1. 헌법규정

헌법 제22조는 "① 모든 국민은 학문과 예술의 자유를 가진다. ② 저작자·발명가·과학기술자와 예술가의 권리는 법률로써 보호된다"고 하여 학문의 자유와 예술의 자유 및 지적 재산권을 보장하고 있다.

2. 학문의 자유

(1) 학문의 자유의 법적 성격과 주체

학문의 자유는 개인의 주관적 공권이자 객관적 법질서를 의미하며, 더 나아가서 대학의 자치를 제도적으로 보장한 것이다. 학문의 자유는 자연인과 대학 및 연구단체에 주체성이 인정된다. 그러나 교수의 자유의 주체는 대학이나 고등교육기관 등에 종사하는 교육자에 한정된다.

(2) 학문의 자유의 내용

1) 학문의 개념 학문이란 계획과 방법론에 따라 자기책임 하에 진리와 진실을 탐구하는 자율적·정신적 활동을 말한다. 곧 학문이란 진리탐구를 뜻하며, 진리탐구란 인간의 생활권 내에서 일어나는 실체적 내지 관념적 현상과 그들 사이의 상호관계를 논리적·철학적·실험적 방법으로 분석·정리함으로써 새로운 사실과 진리를 찾아내려는 모든 인간적 노력의 대명사이다.

학문은 진리와 진실에 대한 탐구과정을 포함한다는 점에서 학문연구의 결과인 지식과는 구별된다.

2) 학문의 자유의 내용 학문의 자유는 학문연구의 자유, 학문활동의 자유를 내용으로 한다. 학문연구의 자유는 연구대상의 선택, 연구방법, 연구과정에서의 자유를 포함하며, 학문활동의 자유는 교수(강학 또는 학설)의 자유, 학문연구결과발표의 자유, 학문을 위한 집회·결사의 자유를 포함한다. 광의의 학문의 자유에는 대학의 자유가 포함되나, 헌법은 이를 제31조 제4항에서 규정하고 있다.

교수의 자유는 학문활동의 자유 중에서 가장 핵심적인 자유로, 교수의 내용이나 방법 또는 학술적 견해의 표명을 자유롭게 할 수 있는 자유이다. 학문활동의 하나인 교수는 자신의 학문활동을 통하여 획득한 인식을 전수한다는 점에서 단순한 지식의 전달을 내용으로 하는 교육(수업)과는 구별된다. 헌법재판소도 교수의 자유와 수업의 자유가 완전히 동일할 수는 없다고 하였다. 그러나 교수의 자유도 헌법질서의 범위 내에서 행해져야 한다.

학문연구결과발표의 자유와 관련하여 발표내용이 학문연구의 결과인 이상 그것을 발표하는 방법이나 대상·장소 등에 의해서 그 보호의 진지성이 달라진다고 볼 수 없다는 발표내용설과 연구결과발표의 자유는 그 발표장소와 상황에 따라 강한 정도의 보호를 받느냐 아니면 일반적인 표현의 자유의 보호를 받느냐가 결정된다는 발표대상·장소설이 대립되어 있다.

개인적으로는 발표내용설이 옳다고 생각한다. 연구결과의 발표가 학문외적인 요소들 때문에 제약을 받는다면 그것은 이미 학문의 자유에 대한 침해가 될 것이기 때문이다.

학문을 위한 집회·결사의 자유는 일반집회·결사의 자유보다 더 많은 보호를 받는다. 따라서 「집회 및 시위에 관한 법률」(제13조)은 학술단체와 학술집회를 그 규제대상에서 제외시키고 있다.

(3) 대학의 자유(대학의 자치)

1) 개념 및 헌법적 근거   학문의 자유는 연혁적으로는 학원의 자유, 특히 대학의 자치 또는 대학의 자유를 의미하였다. 그러나 오늘날 대학의 자유는 넓게 대학을 중심으로 하는 학문연구기관이 그 기관의 운영에 관한 일을 외부로부터 독립하여 자율적으로 결정할 수 있는 자유를 뜻한다.

헌법상 대학의 자유의 근거규정에 대해서는 견해가 나누어져 있다. 그러나 대학의 자율성이 대학의 자치의 핵심인 이상 대학의 자유는 헌법 제31조 제4항에서 그 근거를 찾아야 할 것이다. 헌법재판소도 대학의 자유의 근거를 헌법 제31조 제4항에서 찾고 있다. 그러나 입법론적으로는 제6공화국 헌법에서 신설한 제31조 제4항의 대학의 자율성은 불필요한 중복이다.

2) 내   용   대학의 자유(대학의 자치)는 대학인사·학사·질서·재정 등 대학운영 전반에 대한 교수회의 자치와 학생회의 자치를 내용으로 한다. 그러나 대학운영 전반에 대한 학생회의 발언권이 존중된다 하더라도 학생은 피교육자의 입장에 있으므로 학생회의 자치는 학생회의 운영, 과외활동의 운영 등에 제한되며, 대학운영 전반에 대한 결정참여권에는 일정한 한계가 있을 수밖에 없다.

(4) 학문의 자유의 제한

학문연구의 자유는 절대적 자유권에 속한다. 그러나 학문의 자유 중 학문연구의 자유를 제외한 나머지 자유는 학문의 자유가 자체 내의 통제력을 상실하고 공공의 안녕질서에 중대한 위해를 끼칠 명백하고 현존하는 위험이 있는 경우에

한해서 헌법 제37조 제2항에 따라 제한될 수 있다. 그러나 그 경우에도 학문의
자유의 본질적 내용을 침해할 수는 없다.

3. 예술의 자유

(1) 예술의 자유의 법적 성격과 주체

예술의 자유는 개인의 주관적 공권이자 동시에 객관적 법질서를 의미한다.
예술의 자유는 개인과 법인이 주체가 된다. 이때 법인 또는 단체는 예술의 자유
를 집단적으로 행사하는 것으로 이해된다. 또한 예컨대 음반제조업자나 출판업자
와 같이 예술가와 일반대중을 직접 연결해주는 자들도 부분적으로는 예술의 자
유의 주체가 된다.

(2) 예술의 개념

일반적으로 예술은 미를 추구하는 작용이라고 정의된다. 그러나 예술의 개념
정의와 관련해서는 객관설, 주관설, 형식설, 공제설 등 견해가 대립되어 있다. 객
관설은 예술의 판단에는 일정한 객관적인 예술법칙성이 중요시되어야 한다고 한
다. 주관설은 예술성의 평가에서 중요한 것은 예술가 자신의 판단이기 때문에 법
관은 그 주장을 그대로 받아들여야 한다고 한다. 형식설은 예술을 미학적인 범주
로 끌어들이려는 고정관념에 반대하며 예술을 질적인 내용이 아닌 외형적인 형
태에 따라 형식적으로 이해하려고 한다. 공제설은 예술은 단순한 의사표시도 아
니고 단순한 보도도 아닌 나머지 것이라고 한다.

앞의 여러 학설들이 보여주듯이 예술의 개념을 정의하기는 매우 어렵다. 이
러한 어려움은 특히 오늘날에는 전위예술, 참여예술, 실험적 예술의 분야에서 기
존의 예술관념 내지는 기존의 미적 평가기준이 붕괴되고 있기 때문에 더욱 커
진다.

그러나 어떤 활동을 예술의 자유로 보호하기 위해서는 예술에 대한 개념정의
는 반드시 필요하다. 예술이기 위해서는 대체로 다음과 같은 요소 내지는 특성을
가져야 할 것으로 생각된다. ① 예술은 내용적으로 미를 추구하는 창조적 활동이
다. 곧 예술은 인간의 자유로운 인격의 창조적 발현으로서, 그것은 무엇보다도
구속받지 않는 창의성, 기존의 것에 대한 부정이라는 혁신성을 특색으로 한다.
② 예술은 논리적·체계적 인식작용인 학문과는 구별된다. 곧 예술은 논리만으로

는 설명할 수 없는 주관적인 것이다. ③ 예술은 최소한의 형식적·기능적 요소를 갖는다. 곧 예술은 예술가의 내면이 어떤 형상을 통하여 외부로 표출된 것으로 외부세계와의 커뮤니케이션을 지향하고 있다. ④ 예술이기 위해서는 최소한 그것이 예술이라는 예술가의 주장 외에도 동시대인의 안목에서 그것이 예술로 받아들여져야 한다.

이상을 종합하여 예술은 논리적·체계적으로는 설명하기 어려운 주관적인 미적 체험을 외부와의 커뮤니케이션을 위하여 일정한 형태언어를 통하여 창조적·개성적으로 외부에 표현하는 자율적인 활동으로 정의할 수 있을 것이다.

(3) 예술의 자유의 내용

1) 예술의 자유의 내용　　예술의 자유는 예술창작의 자유, 예술표현의 자유, 예술적 집회·결사의 자유를 내용으로 한다. 예술활동에는 고도의 자율성이 요청되기 때문에 예술적 집회·결사의 자유는 일반적인 집회·결사의 자유보다 고도로 보장된다.

2) 예술의 자유와 관련된 개별적 문제

① 영화·예술작품·음반 등의 사전심의　　예술인들 스스로에 의한 자발적·임의적·권고적 사전심의 등은 허용되지만 국가기관에 의한 일방적·강제적 사전심의는 금지된다.

② 타인의 사생활침해 또는 명예훼손　　영화나 소설 등에서 실명을 표기하여 특정인물의 사생활을 작품화하면 사생활침해나 명예훼손이 성립된다.

③ 예술작품과 음란성 문제　　예술작품이라 하더라도 내용이 음란하거나 외설적인 경우는 예술의 자유의 보호대상이 되지 못하며, 형법상 음란문서제조죄 등(형법 제243조·제244조)으로 처벌된다. 대법원은 음란성의 개념을 "그 내용이 성욕을 자극 또는 흥분시키고 보통인의 정상적인 성적 수치심을 해하고 선량한 성적 도의관념에 반하는 것을 말한다"고 하고, 음란성의 유무는 "작성자의 주관적 의도가 아니라 객관적으로 판단해야 한다"고 하며, 음란성의 판단대상은 "소설에 내포된 전체적 사상의 흐름이 음란할 것을 요한다"고 하여 전체적 관찰방법을 취하고 있다. 헌법재판소는 음란표현도 언론·출판자유의 보호영역 안에 있다고 판단하고 있다.

그러나 예술의 형태를 취하고 있는 작품의 음란성이 문제되는 경우에는 예술이냐 외설이냐의 양자택일의 문제(작품 자체의 문제)로 다룰 것이 아니라, 구체적으로 어떠한 보호가치 있는 법익이 그 작품에 의하여 침해될 수 있는가의 문제(작품이 끼치는 사회적 영향의 문제)로 접근하여야 할 것이다. 예컨대 어떤 작품이 성인에게는 허용될 수 있지만 청소년에게는 심각한 부정적 영향이 우려된다는 판단이 내려지는 경우 무조건적인 전면금지보다도 미성년자의 관람금지와 같은 제한적인 규제방법이 우선되는 것이 예술의 자유에 대한 제한은 ― 예술은 인간의 자유로운 인격의 창조적 발현이라는 속성상 ― 최소한에 그쳐야 한다는 해석과 일치될 것이다.

(4) 예술의 자유의 제한

예술창작의 자유는 절대적 자유권에 속한다. 그러나 예술활동을 통하여 민주적 기본질서, 타인의 권리와 명예보호, 재산권 등을 침해해서는 안 되고, 공중도덕이나 사회윤리를 어기는 예술활동은 헌법 제37조 제2항에 따라 제한될 수 있다.

4. 지적 재산권의 보호

헌법 제22조 제2항의 규정에 의하여 저작자·발명가·과학기술자와 예술가의 권리는 법률로써 보장된다. 현재 저작권법, 공업소유권법, 특허법, 영화법, 공연법 등에 의하여 저작권·산업소유권(특허, 실용신안, 의장, 상표), 예술공연권, 제3의 권리(computer software, 반도체 칩, 영업비밀) 등이 보호되고 있다.

제13항 재 산 권

1. 헌법규정

헌법 제23조는 "① 모든 국민의 재산권은 보장된다. 그 내용과 한계는 법률로 정한다. ② 재산권의 행사는 공공복리에 적합하도록 하여야 한다. ③ 공공필요에 의한 재산권의 수용·사용 또는 제한 및 그에 대한 보상은 법률로써 하되, 정당한 보상을 지급하여야 한다"고 하여 재산권을 보장하고 있다.

그 밖에도 제13조 제2항은 소급입법에 의한 재산권박탈금지를, 제22조 제2항은 지적 재산권인 무체재산권의 보장을, 제121조는 농지경자유전의 원칙과 위탁경영의 예외조항을, 제122조는 국토의 효율적 이용·개발의무를, 제126조는 법률에 의한 사영기업의 국·공유화와 경영의 통제·관리를 규정하고 있다.

2. 재산권의 법적 성격

재산권의 법적 성격과 관련하여 개인적 자유권설, 제도보장설, 권리·제도보장실 등 견해가 대립되고 있다. 재산권을 자유권적 기본권이자 동시에 사유재산제도를 보장한 것으로 보는 권리·제도보장설이 다수설과 판례의 입장이다. 더 나아가서 재산권보장은 객관적 가치질서로서의 성격을 함께 가지고 있다.

제도보장의 핵심은 생산수단의 사유인가 생존에 필요한 물적 수단의 보장인가에 대하여 견해가 나뉘어 있다. 그러나 헌법 제119조의 해석상 제도보장의 핵심은 생산수단의 사유로 보아야 한다.

제23조 제2항의 의무의 성격과 관련해서 헌법적 의무로 보는 견해, 내재적 제약으로 보는 견해, 헌법적 한계로 보는 견해 등 견해가 나뉘어 있다. 헌법재판소는 헌법상의 의무로 본다. 개인적으로는 헌법에 의한 기본권제한 중 기본권의 내용에 제한을 가하는 경우로 보는 것이 타당하다고 생각한다.

3. 재산권의 주체와 객체

자연인과 법인 모두가 주체가 되며, 국가와 지방자치단체도 주체가 된다. 그러나 외국인의 경우는 호혜주의(상호주의)원칙에 따라 국제법과 국제조약이 정하는 바에 따라서만 주체가 된다.

재산권의 내용과 한계는 법률로 정해지기 때문에(제23조 제1항 제2문), 재산권의 범위는 그 시대의 사회적 관념에 따라 재산권을 구체화하는 입법작용에 의하여 정해질 것이다. 곧 재산권의 절대적 개념은 존재하지 않는다. 그러나 보통 재산권은 공·사법상 경제적 가치가 있는 모든 권리를 말한다고 개념 정의되며, 그 재산가액의 다과는 문제가 되지 않는다. 따라서 민법상의 소유권, 물권, 채권은 물론 무체재산권과 특별법상의 권리, 영업상의 권리와 공법상의 제 권리(공무원의 봉급청구권, 연금청구권), 상속권을 포함한다. 그러나 단순한 기대이익, 반사적 이익, 단순한 경제적 기회, 우연히 발생한 법적 지위 등은 재산권에 속하지 않는다. 지적재산권도 재산권에 속하지만 헌법은 제22조 제2항에서 별도로 규정하고 있다.

4. 재산권의 내용

(1) 재산권의 내용

재산권은 사유재산제도의 보장, 사유재산권의 보장, 소급입법에 의한 재산권의 박탈금지를 내용으로 한다.

우선, 재산권은 사유재산제도를 제도적으로 보장하기 때문에 입법기관은 재산권의 내용과 한계를 정하는 입법을 함에 있어 사유재산제도를 폐지하거나 부인하는 법률을 제정할 수 없다. 다음으로, 헌법이 사유재산권을 보장한다는 것은 재산을 소유하고 상속할 수 있을 뿐만 아니라 재산을 사용·수익·처분할 수 있는 권능을 보장한다는 것을 의미한다. 이러한 의미의 재산권은 국가에 대하여 소극적·방어적 성격을 갖는다. 따라서 국가는 과세권을 행사함에 있어서 법률의 근거와 합리적 이유 없이 국민의 재산권을 함부로 침해할 수 없다. 곧 조세법률주의를 무시한 국가의 자의적인 과세권행사는 헌법 제23조 제1항에 의하여 보장된 국민의 재산권을 침해하는 것이다. 마지막으로, 어떠한 경우에도 모든 국민은 소급입법에 의하여 재산권을 박탈당하지 아니한다(제13조 제2항).

(2) 진정소급입법과 부진정소급입법

과거의 사실관계나 법률관계를 규율하기 위한 소급입법에는 진정소급입법과 부진정소급입법이 있다. 진정소급입법은 과거에 완성된 사실 또는 법률관계를 규율대상으로 한다. 부진정소급입법은 이미 과거에 시작하였으나 아직 완성되지 아니하고 진행과정에 있는 사실 또는 법률관계를 규율대상으로 한다.

진정소급입법에 대해서는 입법권자의 입법형성권보다도 당사자가 구법질서에서 기대했던 신뢰를 보호하고 법적 안정성을 도모하기 위해서 특단의 사정이 없는 한 구법에 의하여 이미 얻은 자격 또는 권리를 새 입법을 함에 있어서 존중하여야 한다. 그러나 부진정소급입법의 경우에는 입법형성권을 중시하여야 하므로 특단의 사정이 없는 한 새 입법을 하면서 구법관계 내지 구법상의 기대이익을 존중하여야 할 의무가 발생하지 않는다.

헌법재판소는 진정소급입법을 원칙적으로 인정하지 않는다. 그러나 "일반적으로 국민이 소급입법을 예상할 수 있었거나, 법적 상태가 불확실하고 혼란스러웠거나 하여 보호할 만한 신뢰의 이익이 적은 경우와 소급입법에 의한 당사자의 손실이 없거나 아주 경미한 경우, 그리고 신뢰보호의 요청에 우선하는 심히 중대한 공익상의 이유가 소급입법을 정당화하는 경우 등"에는 예외적으로 진정소급입법이 허용된다고 한다.

5. 재산권의 한계

(1) 법률주의

재산권의 내용과 한계는 법률로 정한다. 이 규정의 성격을 헌법재판소는 기본권형성적 법률유보로 보고 있다. 그러나 이 규정은 기본권구체화적 법률유보에 해당된다.

(2) 재산권행사의 사회적 의무성(사회기속성)

1) 재산권행사의 사회적 의무성의 의미　　재산권의 행사는 공공복리에 적합하도록 하여야 한다(제23조 제2항). 여기서 말하는 공공복리는 제37조 제2항의 공공복리와는 다른 의미를 가진다. 곧 제37조 제2항의 공공복리는 모든 기본권에 대하여 헌법이 일반적으로 유보하고 있는 제약이기 때문에 그 의미내용은 엄격하게 해석되어야 한다. 그에 반하여 제23조 제2항의 공공복리는 특별한 법률에 의한 유보를 의미하기 때문에 그 의미내용은 재산권의 사회성·의무성을 전제로 하는 것으로 정책적 제약까지도 인정하는 것으로 이해된다.

2) 재산권의 사회기속성의 한계설정에 관한 이론　　그렇다 하더라도 재산권의 사회기속성에는 한계가 있다. 재산권의 사회기속성의 한계설정과 관련하여 크게 경계이론(형식적 이론과 실질적 이론)과 분리이론이 대립되어 있다. 형식적 이론은 특별희생이론이라고도 하며, 재산권제한의 효과가 개별적인 성질을 가져서 일종의 특별한 희생을 뜻하게 되는 경우에는 보상이 따르는 재산권의 제한이라고 한다. 특별희생이론은 개별적인 희생을 설명하는 데는 정확한 지침을 제공하나, 집단적인 희생을 설명하는 데는 문제점이 있다. 이러한 문제점을 합리적으로 설명하기 위하여 실질적 이론이 등장하였다. 실질적 이론에는 다시금 보호필요성이론, 사회기속이론, 기대가능성이론(진지성이론), 사적 유용성이론, 상황기속이론 등이 있다.

이상의 이론들에 대하여 독일연방헌법재판소는 1981년 7월 15일의 자갈채취결정에서 이른바 분리이론을 주장하고 있다. 분리이론은 침해의 정도나 범위가 아닌, 침해의 형태 및 목적을 기준으로 공용침해개념을 새롭게 규정한다. 우선, 형태를 기준으로 보면 침해조치가 일반적·추상적일 때는 헌법 제23조 제1항의 내용한계형성규정으로 보며, 개별적·구체적일 때에는 헌법 제23조 제3항의 공용침해로 본다. 다음으로, 목적을 기준으로 보면 내용한계형성규정은 재산권자의 권리와 의무를 미래를 향해서 규율하는 것이 목적이며, 공용침해는 침해를 통해서 재산권자의 법적 지위를 완전하게 또는 부분적으로 박탈하는 것이 목적이라고 한다. 여기에서 새로운 점은 내용한계형성규정으로 볼 수 있는 입법이라도 보상이 전적으로 금지되지는 않는다는 점이다. 곧 동 입법의 한계인 비례의 원칙을 준수하기 위하여 보상이 행해질 수 있다는 것이다. 그러나 이러한 보상은 헌법 제23조 제3항에 근거한 것이 아니라 제23조 제1항 제2문과 제2항 및 법치국가원리에서 추론되는 비례의 원칙의 한 내용이며, 제23조 제3항과 같이 반드시 금전의 형태여야 하는 것도 아니다. 그 이유는 비례의 원칙을 준수하기 위한 방법의 선택은 입법형성의 재량영역 내에 있는 것으로 볼 수 있기 때문이라는 것이다. 헌법재판소도 분리이론에 따라 판결을 한 바 있고, 분리이론에 동조하는 국내학자도 있다.

그러나 분리이론은 우리 헌법과는 달리 사회적 제약을 넘은 재산권침해와 관련하여 공용수용만을 규정하고 있는 독일기본법 제14조 제3항을 근거로 하여 발전된 이론이기 때문에, 헌법 제23조 제3항과 같이 수용·사용·제한을 규정하고 있는 경우에는 채택하기 힘든 이론이다. 따라서 개인적으로는 재산권에 대한 제한이 개별적인 경우에는 특별희생이론을 기준으로 삼고, 재산권에 대한 제한이 집단적일 경우에는 나머지 이론들을 기준으로 삼아 구체적인 경우마다 합리적인 해결을 하는 것이 바람직할 것으로 생각된다.

6. 재산권의 제한

재산권의 제한에는 법률에 의한 제한, 공공필요에 의한 제한, 긴급처분과 비상계엄에 의한 제한이 있다. 여기서는 공공필요에 의한 제한에 대해서만 설명한다.

제23조 제3항의 공공필요는 제37조 제2항의 공공복리보다 더 넓고 적극적인 개념으로, 정책적 제약까지를 포함하며 사회정의의 실현을 위한 것까지를 의미

한다.

공공필요에 의한 제한의 형식에는 공용수용, 공용사용, 공용제한이 있다. 공공필요에 의한 재산권의 수용·사용·제한은 개인의 재산권에 대한 중대한 제약이기 때문에 입법사항에 속하는 것으로서 반드시 법률로써 행해져야 한다. 이것은 조세제도에 있어서 조세법률주의를 채택하고 있는 것과 마찬가지이다.

공공필요에 의해 재산권을 제한하기 위해서는 정당한 보상을 지급하여야 한다. 정당한 보상이란 완전보상을 의미한다. 곧 수용·사용·제한된 재산의 객관적 가액, 곧 시가 전부를 보상하는 것이다. 보상규정은 재산권에 대한 공적 제한에 있어서 필수불가결한 결부조항(結付條項) 또는 불가분조항(不可分條項)이다. 결부조항의 목적은 입법자가 입법작용을 함에 있어서 그가 허용한 침해가 헌법적 의미에서 수용인가 여부 및 공중과 당사자의 이익을 고려하여 어떤 보상이 정당화되는가에 대하여 명심하도록 하려는 것이다. 따라서 보상규정이 없거나 부분적으로 인정하지 않는 공적 제한은 그 자체가 위헌이다.

그럼에도 불구하고 재산권을 제한하는 법률은 존재하여 재산권은 제한되었으나 그 법률에 보상에 대한 규정이 없는 경우가 있을 수 있다. 이러한 경우에 제23조 제3항의 적용 여부와 관련하여 방침규정설, 위헌무효설, 직접효력설 등 견해의 차이가 있다. 판례의 입장은 일정치 않다. 제23조 제3항을 직접 적용하여 보상을 하여야 한다는 것이 다수설의 입장이며, 또한 타당하다. 이 밖에도 독일의 판례와 학설에 의하여 형성·발전된 수용유사침해이론을 원용하려는 움직임이 있다.

그러나 이러한 보상의 원칙에는 예외가 있다. 헌법은 재산권의 행사는 공공복리에 적합하도록 하여야 한다(제23조 제2항)고 규정하고 있을 뿐만 아니라 오늘날의 국가는 사회국가를 지향하여 재산권의 사회성을 강조하고 있다. 이에 따라 보상 없는 재산권의 제한도 있을 수 있다. 예컨대 도시계획법에 의한 녹지대설정 또는 주거지역의 고층건물 건축금지 등과 같이 재산권의 제한이 일반적이고 본질적인 것이 아닐 경우가 그러한 경우에 해당된다.

공공필요에 의한 재산권제한의 경우 그에 대한 보상은 금전보상, 사전보상, 법률주의(토지수용법, 도시개발법, 징발법, 도로법)의 원칙에 따른다. 보상의 방법은 금전보상 외에도 현물보상이 가능하지만 수용법 제45조 제5항·제6항의 채권보상은 정당한 보상방법이라고 보기 어렵다. 보상액의 산정시기는 원칙적으로 보상시기를 기준으로 하고, 보상액의 지급시기가 지체되는 경우에는 지급시기 또는 판결시기를 기준으로 하는 것이 합리적일 것이다.

제 3 절 사회권적 기본권

제 1 항 사회(권)적 기본권 일반론

헌법 제31조에서부터 제36조에 걸쳐 규정되어 있는 기본권을 보통 사회(권)적 기본권 또는 줄여서 사회권이라 부른다. 사람에 따라서는 사회적 기본권을 생존권적 기본권 또는 생활권적 기본권이라고 부르기도 한다. 포괄적으로 사회적 기본권을 규정한 최초의 헌법은 1919년의 바이마르헌법으로 알려져 있다. 인권 발달사에서는 사회권은 제2세대 인권을 이룬다.

오늘날 자유권과 사회권은 국가에 대한 개인의 관계를 규정하는 중추개념이다. 사회권의 문제는 곧 인간의 존엄과 불가분적으로 결합되어 있는 자유권의 문제라고 할 수 있다. 그 이유는 사회권에서 문제되고 있는 것은 자유의 실질적 실현가능성, 곧 자유권을 현실화할 수 있는 외적 조건과 전제에 대한 것이기 때문이다.

사회권을 한마디로 정의하기는 힘들다. 왜냐하면 사회권(사회적 권리)이란 말 중에서 '사회적'(sozial)이라는 형용사를 어떻게 이해하여야 할 것인가에 대해서는 크게 두 가지 견해가 대립되어 있기 때문이다. 그러나 사회적이라는 말은 궁핍, 불합리한 복지수준의 차이 및 그를 통하여 야기되는 종속에 대한 항의라는 의미를 가진다. 곧 '사회적'이라는 말은 "모든 인간에게 그 존엄에 적합한 생활을 보장하기 위하여 복지수준의 차이를 조정하고 그로부터 야기된 종속을 완화하고 제거하는 방향의"라는 의미를 갖는다. 이를 요약하면 "인간다운 생활을 불가능하게 하는 절대적 궁핍으로부터 자유로운"이라고 할 수 있을 것이다.

따라서 사회권은 인권의 활성화를 위해서 경제적·사회적·문화적 조건을 창출해줄 것을 국가에 대하여 적극적으로 요구할 수 있는 권리를 의미한다. 그리고 이러한 조건은 국가의 급부에 의존하기 때문에 사회권은 개인이 국가에 대하여 특정한 급부를 요구하는 직접적인 청구권으로 이해된다. 또한 그러한 국가의 급부는 고도의 경제적 성격을 가지기 때문에 사회권을 경제적 권리라고 부르기도 한다. 뿐만 아니라 이러한 권리는 국가에 대하여 적극적인 급부를 요구할 수 있거나 또는 그러한 국가적 급부에 참여할 수 있는 개인의 적극적 지위에서 발생하기 때문에 이 권리를 사회적 참여권이라고 부르는 사람들도 있다.

　　사회(권)적 기본권의 법적 성격과 관련하여 국내에서는 종래 프로그램규정설과 법적 권리설이 대립되어 있으며, 법적 권리설은 다시 추상적 권리설과 구체적 권리설로 나누어진다. 또한 최근에는 원칙모델에 따른 권리설도 소개되고 있다. 프로그램규정설은 헌법상의 사회적 기본권이란 사법상의 권리와 같은 구체적인 법적 권리가 아니라 단지 입법방침을 규정한 프로그램적인 의미만을 가지는 것이라고 한다. 추상적 권리설에 따르면 국민이 헌법에 규정된 청구권(사회권)을 행사하기 위해서는 헌법상의 규정을 구체화하는 법률이 제정되어야 한다고 한다. 구체적 권리설은 사회적 기본권은 그 기본권내용에 맞는 구체적 입법의 제정을 입법권에 의무지우고 그에 따른 예산조치를 하도록 입법권과 행정권에 의무지우며 그 의무의 불이행에 대한, 곧 국가의 부작위에 대한 위헌성을 법원에 청구할 수 있는 현실적·구체적 권리라고 한다. 알렉시 *R. Alexy*의 원칙모델에 따른 권리설은 사회적 기본권의 규범구조를 개인에게 주관적 권리를 부여하는 규범인가 아니면 국가에게 객관적 의무를 부여하는 규범인가, 구속적 규범인가 아니면 비구속적 규범인가, 권리와 의무를 확정적으로 부여하는가 아니면 잠정적으로 부여하는가 라는 기준에 따라 형량을 통하여 구속적 규범과 비구속적 규범으로 2분한 후 이를 8가지로 분류하고, 모든 사회적 기본권은 일단은 잠정적으로 개인에게 주관적 권리를 부여하지만 이 권리는 형량을 거친 후에야 비로소 확정적인 권리가 될 수 있다고 한다. 곧 사회적 기본권은 권리성을 갖지만 곧바로 확정적인 권리가 될 수 있는 것이 아니라 여러 요소들을 형량하여 다양한 정도로 실현될 수 있다고 한다. 이러한 여러 학설 중 과거에는 추상적 권리설이 다수설이었으나, 점차 구체적 권리설이 다수설화되는 경향에 있다. 판례는 여전히 추상적 권리설의 입장을 고수하고 있는 것으로 생각된다.

　　개인적으로는 헌법에 규정되어 있는 사회적 기본권은 주관적 공권이 아니라,

일차적으로 기본전제를 형성하라는 입법자에 대한 구속적인 헌법위임규정으로 보아야 한다고 생각한다. 그러나 개별적 사회권들이 입법위임규정 외에도 다른 것을 뜻하는지는 구체적인 경우를 따져 개별적으로 판단하여야 할 것이다.

입법위임규정은 입법자에게 구체적 규율정립의 의무를 부과하고 있는 헌법규정을 말한다. 입법위임규정은 특수하고 구체적으로 표현되기 때문에 국가목표규정보다 더 강하게 입법자를 구속한다. 곧 입법위임규정은 국가목표규정보다 더욱 법정립을 의무화시키며 그 이행을 더욱 잘 감시할 수 있다. 뿐만 아니라 부분적이긴 하지만 우리 법에는 그에 대한 헌법적 통제수단이 마련되어 있다. 곧 입법자가 내용과 범위가 정해져 있는 법정립에 대한 명시적인 헌법위임을 이행하지 않을 뿐만 아니라 또한 이러한 위임이 특정범위의 사람들의 개인적 이해관계와 관련이 있는 경우 개별시민은 입법부작위에 대하여 헌법소원을 제기할 수 있다. 또 헌법재판소는 그러한 헌법소원에 대한 판결에서 입법자에게 헌법적으로 요구되는 법률을 정립할 기간을 정하거나 그 기간이 지나도 입법이 행해지지 않으면 법원이 입법부를 대신하여 헌법명령을 집행할 수 있다.

사회적 기본권은 원칙적으로 대국가적 효력만 가진다.

사회적 기본권의 목록은 그 보호방향에 따라 근로의 권리, 사회보장을 받을 권리, 사회적·문화적 발전권, 깨끗한 환경에 대한 권리라는 네 개의 집단으로 구분된다.

제 2 항 교육을 받을 권리

1. 헌법규정

헌법은 제31조 제1항에서 "모든 국민은 능력에 따라 균등하게 교육을 받을 권리를 가진다"고 하여 교육을 받을 권리를 규정하고 있다. 그리고 교육을 받을 권리를 더욱 효과적인 것으로 하기 위하여 제2항에서 제6항에 걸쳐 초등교육 등을 받게 할 의무(제2항), 의무교육무상주의(제3항), 교육의 자주성·전문성·정치적 중립성 및 대학의 자율성(제4항), 국가의 평생교육진흥의무(제5항), 교육에 관한 기본적 사항의 법정주의(제6항)를 규정하고 있다.

2. 교육을 받을 권리의 법적 성격

교육을 받을 권리의 법적 성격에 대해서는 교육의 기회균등, 곧 개별 평등권
이라는 견해와 교육에 대한 적극적 청구권이라는 견해가 나뉘어 있다. 헌법재판
소의 입장은 분명치 않다. 곧 헌법재판소의 판례 중에는 교육을 받을 권리를 프
로그램규정으로 보고 있는 것이 있는가 하면 적극적 평등권이라고 하는 판례도
있다.

이러한 견해의 차이가 있는 것은 학자들이 '능력에 따라 균등하게 교육을 받
을 권리'를 '능력에 따라 교육을 받을 권리'와 '균등하게 교육을 받을 권리'로 나
누어 설명하기 때문이다. 곧 '능력에 따라' 교육을 받을 권리를 강조하면 이 권리
는 적극적 청구권으로 파악되고, '평등하게' 교육을 받을 권리를 강조하면 이 권
리는 개별 평등권으로 이해될 수 있다. 그러나 이러한 구분은 자의적인 것으로
그다지 설득력이 없다. 따라서 '능력에 따라 균등하게' 교육을 받을 권리를 헌법
문언 그대로 대상으로 삼아야 하며, 그 경우 교육을 받을 권리는 개별 평등권으
로서의 성격과 교육에 대한 적극적 청구권의 성격을 모두 가진다고 해석해야 할
것이다. 또한 교육을 받을 권리는 객관적 가치질서로서의 성격도 아울러 가진다.

3. 교육을 받을 권리의 주체

교육을 받을 권리는 어린이뿐 아니라 대학생도 그 주체가 되며, 일반시민도
평생교육의 향유자로서 교육을 받을 권리의 주체가 된다. 그러나 교육을 받을 권
리의 성격상 자연인에게만 보장되고 법인에게는 주체성이 부정된다. 적법한 절차
를 밟아 입국한 외국인도 교육을 받을 권리의 주체가 된다.

4. 교육을 받을 권리의 내용

초등학교교육은 의무교육이기 때문에 헌법 제31조 제1항의 교육을 받을 권
리는 초등학교 이외에서 교육을 받을 권리이다. 교육은 여러 형태가 가능하지만
학교교육이 가장 조직적이고 효과적이며 일반적이기 때문에 주로 학교교육을 의
미한다. 그러나 교육의 목적은 학교나 기타 교육기관에서뿐만 아니라 정치·경
제·사회·문화의 다른 영역에서도 이루어져야 한다. 근래에는 정규적인 학교교육

외에 사회교육·직업교육·노인교육 등 평생교육이 주장되고 있다. 헌법은 이러한 사정을 감안하여 국가에 평생교육을 진흥시킬 의무를 부과하고 평생교육제도를 학교교육제도와 함께 법률로 정하게 하고 있다(제31조 제5항·제6항 참조).

앞에서도 보았듯이 교육을 받을 권리에는 소극적 측면과 적극적 측면이 있다. 교육을 받을 권리의 소극적 측면은 교육기관에 입학하는 데 자의적인 제한을 금지하는 것, 곧 취학의 기회균등을 말한다. 따라서 예컨대 입학시험 등과 같은 자의적인 제한이 아닌 제한은 위헌이 아니다. 이와 관련 초·중등학교의 학군제, 내신제, 학생생활기록부 등이 문제된 바 있으나 헌법재판소는 모두 균등하게 교육을 받을 권리에 대한 침해가 아니라고 하였다. 교육을 받을 권리의 소극적 측면과 관련하여 학교장의 징계권, 특히 퇴학이 문제된다. 학생을 학교에서 퇴학시키는 것은 교육을 받을 권리에 있어서의 기회균등을 부정하는 것이며, 퇴학의 결정은 자유재량행위가 아니다. 초등학교의 수학은 의무교육이기 때문에 초등학교에서의 퇴학은 법적으로 허용되지 않는다.

교육을 받을 권리의 적극적 측면은 국민이 그의 능력에 따라 교육을 향유할 수 있는 국가에 대한 청구권이라 할 수 있다. 능력은 재능, 신체적 적합성과 같은 것이고, 교육의 전제조건과 관계없는 재산상태를 포함하지 않는다. 오히려 경제적 약자에 대하여는 구체적으로 학비를 제공하는 보장이 필요하다 하겠다.

교육을 받을 권리와 관련하여 최근에는 학교·교사측의 교육권과 피교육자의 학습권이 새로운 문제를 제기하고 있다. 교육을 받을 권리는 피교육자가 민주적 교육을 받을 권리를 의미하며, 교육하는 학교나 교사는 이에 대응하는 교육권이 있다는 것이다. 곧 교육의 내용이 문제시되고 있다.

5. 의무교육의 제도적 보장

헌법은 "모든 국민은 그 보호하는 자녀에게 적어도 초등교육과 법률이 정하는 교육을 받게 할 의무를 진다"(제31조 제2항), "의무교육은 무상으로 한다"(제31조 제3항)고 하여 의무교육을 제도적으로 보장하고 있다. 그러므로 헌법이 보장하는 내용의 의무교육제도를 통상의 법률에 의해서 개폐할 수는 없다.

의무교육에 있어서 교육의무의 주체는 학령아동의 친권자 또는 후견인이 된다. 보호자가 적령아동을 취학시킬 의무는 적령아동의 신고와 초등교육과 법률이 정하는 교육에 필요한 최소한의 협조를 하는 의무로 해석된다. 그러나 외국인이 학령아동을 보호하고 있는 경우 (자발적으로 우리의 의무교육을 받게 하기를 원하는 경우에 거부할 이유는 없겠지만) 교육의무의 주체가 된다고는 볼 수 없을 것이다. 왜냐하면 의무교육은 공민교육이기 때문이다.

'의무교육은 무상으로 한다'(제31조 제3항). 따라서 무상의무교육에서의 무상의 범위가 문제된다. 이와 관련하여 무상범위법정설, 취학필수비용무상설, 수업료면제설 등 견해가 대립되어 있다. 그러나 수업료, 교재, 학용품까지를 무상으로 한다는 취학필요비용무상설이 다수설이다.

6. 교육에 관한 원칙규범

교육의 기회균등·자주성·정치적 중립성은 교육제도에 있어서 원칙규범이다 (제31조 제1항·제4항). 그러므로 교육제도에 관한 입법이 이 원칙규범에 위배할 때에는 무효이다(제31조 제6항 참조). 특히 국가의 교육기관에 대한 감독은 교육의 자주성을 침해하지 아니하는 한도에서 인정된다. 왜냐하면 교육기관에 대한 이른바 관료주의적 또는 후견적 감독은 교육의 자주성을 침해하는 것이기 때문이다. 또한 사립학교에 대하여는 사립학교의 성격과 특색을 존중하기 위하여 그 감독방법에서도 충분한 배려가 있어야 한다.

제 3 항 근로의 권리

1. 헌법규정

헌법 제32조 제1항 제1문은 "모든 국민은 근로의 권리를 가진다"고 하여 근로의 권리를 보장하고, 근로의 권리를 한층 실효적인 것이 되게 하기 위하여 국가의 고용증진·적정임금보장노력의무·최저임금제(제1항 제2문), 근로의 의무(제2항), 근로조건의 법정주의(제3항), 여자와 연소자의 근로에 대한 보호(제4항·제5항), 국가유공자 등에 대한 우선적 근로기회부여(제6항)를 정하고 있다.

2. 근로의 권리의 개념·법적 성격·주체

근로의 권리는 근로기회에 대한 청구권으로 이해되고 있다. 또한 근로는 사용자로부터 임금을 받는 대가로 제공하는 육체적·정신적 활동으로 이해된다.

근로의 권리의 법적 성격에 대해서는 견해의 대립이 있다. 개인적으로는 근로의 권리는 사회적 기본권으로서 입법위임규정이라고 생각한다. 따라서 헌법 제32조 제1항 제1문으로부터 근로의 기회에 대한 청구권을 도출할 수는 없다. 그러나 부수적으로 근로의 권리에는 국가에 의하여 근로의 기회를 박탈당하지 아니할 권리라는 자유권적 측면이 함께 있다는 것을 부정할 수는 없다. 또한 근로의 권리는 객관적 가치질서로서의 성격을 갖는다.

판례와 다수설은 근로의 권리의 주체를 자연인인 국민에 한정시키고 있다. 그 경우에도 주체는 주로 생산수단을 소유하지 못한 근로자에 한정되며, 근로의 권리의 본질적 내용을 근로기회제공의 요구로 이해한다면, 제1차적 주체는 근로자 가운데에서도 실업상태에 있는 미취업근로자라고 한다. 그러나 개인적으로는 근로의 권리가 근로자인 인간의 권리인 이상 외국인에게 근로의 권리의 주체능력을 부정할 근거는 없다고 생각한다. 따라서 외국인의 근로의 권리의 주체성 여부(행사능력)는 호혜주의의 원칙에 따라 정해질 문제라고 생각한다.

3. 근로의 권리의 내용

(1) 본질적 내용

근로의 권리의 본질적 내용이 근로기회제공청구권이라는 데에는 의견이 일치되어 있다. 근로의 권리의 내용과 관련하여 문제가 되고 있는 것은 국가가 국민의 근로기회제공청구권에 상응하여 개인에게 일자리를 제공하지 못하는 경우에 국민은 헌법 제32조를 근거로 실업수당을 청구할 수 있느냐 하는 것이다. 이에 대하여 학설은 긍정설(생활비지급청구권설)과 부정설(근로기회제공청구권설)이 대립되어 있다.

그러나 개인적으로는 다음과 같은 몇 가지 이유에서 근로의 권리로부터 실업수당청구권을 추론해내는 것은 문제가 있다고 생각한다. ① 헌법은 사유재산제도를 취하고 있기 때문에 근로의 권리를 실업수당을 요구할 수 있는 구체적 청구권으로 인정할 만한 경제적 기반이 없을 뿐만 아니라 자본주의경제체제를 인정하는 국가에서는 실업수당청구권이 규정되어 있어도 그것이 실현된 예가 없다. ② 근로의 권리의 내용이 무엇인지는 헌법 제32조 자체에서 판단되어야 한다. 곧 바이마르헌법 제163조를 끌어들일 필요도 또 끌어들여서도 안 된다. ③ 헌법 제32조 제1항 제2문에 따르면 "국가는 사회적·경제적 방법으로 근로자의 고용의 증진과 적정임금의 보장에 노력하여야 한다"고 규정되어 있다. 곧 근로의 권리는 고용에 대한 청구권으로 규정되어 있다. 따라서 헌법 제32조 제1항 제2문에 따라 국가가 실업에 대한 예방책으로서 실업보험제도를 운용하고, 그 제도에 따라 실업자에게 생계비를 지급하는 것은 근로의 권리와는 별개의 문제이다. ④ 헌법 제32조 제1항 제2문에서 말하는 사회적·경제적 방법이란 국가가 사회정책, 경제정책을 통하여 직장을 확대하는 것이다. 이러한 정책은 예컨대 완전고용정책, 직업상담, 직업알선, 직업교육, 실업보험 등의 정책에 의하여 달성된다. ⑤ 그러나 헌법 제34조의 인간다운 생활을 할 권리가 생계비지급 내지 실업수당을 청구할 수 있는 근거가 되기 때문에 근로의 권리의 내용에는 생계비지급청구권이 포함되지 않는다는 주장에 대해서는 찬성할 수 없다. 왜냐하면 헌법 제34조 제5항은 생활무능력자에게 적용되는 규정이지 실업자에게 적용되는 규정으로 볼 수 없기 때문이다.

(2) 근로의 권리를 보완하기 위한 제도

헌법은 제32조 제1항 제2문 이하에서 근로의 권리가 실효적인 것이 될 수 있도록 보완적인 제도들을 규정하고 있다.

1) 국가의 고용증진의무　　헌법 제32조 제1항 제2문 전단은 "국가는 사회적·경제적 방법으로 근로자의 고용의 증진에 … 노력하여야 할 의무"를 정하고 있다. 여기에서 사회적 방법은 사회정책에 의한 고용의 증진을 말하고, 경제적 방법이란 경제정책에 의한 고용기회의 확대를 말한다. 이러한 목적을 달성하기 위하여 고용정책기본법, 직업안정법, 근로자직업능력개발법 등이 제정·시행되고 있다.

2) 해고의 자유의 제한　　근로의 권리와 관련하여 이미 일할 자리가 있는 근로자는 그 직장을 해고를 통하여 잃지 않을 권리가 인정되는가가 문제된다. 이에 대하여는 헌법 제32조는 국가와 국민 간에서뿐만 아니라 개별적 노사관계에

도 적용된다는 것을 근거로 긍정하는 견해와 근로의 권리는 국가와 국민과의 관계에 한정된다는 것을 근거로 부정하는 견해가 대립되어 있다.

개인적으로는 기본권의 제3자효를 긍정하는 한 부정설의 입장을 취할 수는 없을 것으로 생각된다. 더 나아가서 계약의 자유는 자본주의경제질서의 지도적 원리이기는 하지만, 근로의 권리와 노동3권은 계약의 자유를 제한한다. 곧 경영주가 근로자를 해고하는 경우에도 근로의 권리가 보장되는 목적을 고려하여야 한다. 따라서 정당한 사유가 없는 해고는 위헌이고 무효이다. 그러나 현실적으로는 경영주가 단기고용계약의 기간이 경과된 후에 그 갱신을 부인함으로써 이 권리를 침해할 염려는 대단히 크다고 할 것이다.

3) 적정임금의 보장·최저임금제실시·동일노동에 대한 동일임금의 원칙

헌법 제32조 제1항 제2문은 "국가는 적정임금의 보장에 노력하여야 하며, 법률이 정하는 바에 의하여 최저임금제를 시행하여야 한다"고 하여 근로자를 위한 적정임금을 보장하고 최저임금제를 시행하도록 하고 있다. 이는 인격과 분리할 수 없는 근로의 특성을 고려함과 동시에 근로자에게 최소한의 생활급을 헌법의 차원에서 보장하려는 것이다. 적정임금은 근로자가 받는 임금이 그 가족의 인간다운 생활을 영위하는 데 적합한 액수인 경우를 말한다. 적정임금은 최저한의 생활보장수단인 최저임금과는 구별된다. 최저임금제의 실시를 위하여 최저임금법이 제정되어 있다.

헌법 제32조 제4항은 "여자의 근로는 특별한 보호를 받으며, 고용·임금 및 근로조건에 있어서 부당한 차별을 받지 아니한다"고 하여 동일노동에 대한 동일임금의 원칙을 규정하고 있다. 이 원칙은 근로기준법 제5조와 남녀고용평등법 제6조의2 제1항에서 다시 확인되고 있다.

4) 근로조건기준의 법정주의·여자와 연소자의 근로의 특별보호·국가유공자 등의 근로기회우선보장

근로조건기준의 법정주의(제32조 제3항)는 당사자의 자유로운 계약에 의한 근로조건에 관하여 법률이 최저한의 제한을 설정한다는 것을 말한다. 현재 근로자를 보호하고 근로자가 근로조건을 감내할 수 있도록 근로기준법이 시행되고 있다. 여자와 연소자의 근로의 특별보호(제32조 제4항·제5항)는 이들이 사회적 약자라는 것을 감안한 규정이다. 국가유공자 등의 근로기회우선보장(제32조 제6항)과 관련해서는 「국가유공자 등 예우 및 지원에 관한 법률」이

제정되어 있다.

4. 근로의 권리의 효력

근로의 권리는 대국가적 효력을 가진다.

여성·연소근로자 보호규정 및 여성의 차별금지에 관한 규정이 제3자인 사용자에 대하여 직접적 효력을 가지는가 여부와 관련하여 긍정설과 부정설이 대립되어 있다. 개인적으로는 여성근로자와 연소근로자는 육체적·생리적·사회적으로 약자인 것이 보통이며, 따라서 이들을 사용자로부터 보호하기 위하여 직접 적용되는 예외를 인정하더라도 무방하리라고 본다.

제 4 항 근로자의 노동3권

1. 헌법규정

헌법 제33조 제1항은 "근로자는 근로조건의 향상을 위하여 자주적인 단결권·단체교섭권 및 단체행동권을 가진다"고 하여 근로자의 노동3권을 보장하고 있다.

2. 노동3권의 법적 성격·주체

노동3권이 어떤 법적 성격을 가지는가에 대해서는 자유권설, 사회적 기본권설, 혼합권설 등 견해가 나누어져 있다. 그러나 자유권적 성격과 사회권적 성격을 동시에 가진다는 혼합권설이 다수설과 판례의 입장이다. 헌법재판소는 초기에는 사회권적 성격을 더 강조하였으나, 최근에는 자유권적 기능을 더 강조하고 있다.

노동3권, 특히 그 중에서도 단결권을 사회권으로 분류하기는 어렵다고 생각한다. 그러나 노동3권은 역사적인 기능에서 그리고 이것들이 근로의 권리와 밀접한 관련을 가진다는 점과 그것이 경제적·사회적 발전을 보장한다는 점에서 사회권과 밀접한 관계를 가진다고 할 수 있다. 결국 노동3권은 헌법재판소도 판시하고 있듯이 "사회적 보호기능을 담당하고 있는 자유권" 또는 "사회권적 성격을 띤 자유권"이라 보는 것이 타당하리라고 본다.

노동3권의 주체는 근로자이다. 근로자란 직업의 종류를 불문하고 사용자와 피용자의 관계에서 근로를 제공하고 그 대가로서 임금·급료 기타 이에 준하는 수입으로 생활하는 자를 말한다. 근로자에는 근로자, (노동력제공의사와 능력이 있는) 실업 중에 있는 근로자, 해고의 효력을 다투고 있는 자, 외국인근로자, 법률이 정하는 공무원 등이 포함된다. 또한 근로자 개인뿐만 아니라 집단에게도 주체성이 인정된다. 특히 단체교섭권의 주체는 근로자 개인이 아니라 근로자단체이다. 그러나 사용자와 자신의 재산으로 생업을 영위하는 자(자영농, 소작인, 어민, 소상공업자, 개인택시운전사 등) 및 자유직업종사자는 근로자에 포함되지 아니한다.

3. 노동3권의 내용

노동3권은 근로자의 자주적인 단결권·단체교섭권·단체행동권을 내용으로 한다.

(1) 단 결 권

근로자의 단결권이란 근로자가 단체교섭을 행하기 위한 목적으로 자주적인 근로자단체를 조직하는 권리를 말한다. 근로자단체는 근로자의 계속적인 단체, 곧 노동조합인 것이 원칙이나, 일시적인 단체(쟁의단)를 제외시킬 이유는 없다. 근로자단체는 조직면에서 ① 자주조직, ② 독립성보장, ③ 반대방향의 이해관계자의 참여금지, ④ 단체협약의 내용을 조직내부에서 관철시킬 수 있는 대의조직 등의 요건을 갖출 것이 요청된다. 근로자의 단결권은 개인적·집단적·적극적 단결권을 포함하며, 결사의 자유에 대해서는 특별법적 성질을 가진다.

단결권에 소극적 단결권이 포함되는가에 대해서는 부정설과 긍정설로 견해가 나뉘어 있다. 헌법재판소는 소극적 단결권은 헌법 제33조 제1항의 단결권에 포함되지 않는다고 한다. 개인적으로는 헌법 제33조 제1항에서 소극적 단결권의 근거를 찾을 수 있다고 생각한다. 그러나 소극적 단결권을 인정한다 하여 그것을 적극적 단결권과 동등하게 보호할 수는 없을 것이다. 왜냐하면 소극적 단결권에는 개인의 자유를 보장하는 순기능과 노동조합의 단결과 힘을 약화시키는 역기능이 있기 때문이다. 따라서 소극적 단결권은 한편으로는 노동조합의 단결과 힘을 약화시키지 않으며, 다른 한편으로는 개인의 자유가 침해되거나 적극적 단결권이 변질되지 않도록 하는 범위 내에서 보호되어야 할 것이다.

또한 노동조합이 노동자의 가입을 강제하여 조직강제, 곧 Union Shop협정을 체결하는 것이 문제된다. 이에도 부정설과 긍정설로 견해가 나누어져 있다. 대법원은 Union Shop협정이 있는 경우에 사용자는 노동조합탈퇴 근로자를 해고할 의무가 있는 것으로 보고 있다.

(2) 단체교섭권

단체교섭권이란 근로자단체, 곧 노동조합이 그 대표자 또는 조합이 위임하는 자를 통하여 사용자(또는 사용자단체)와 근로조건에 관한 교섭을 하고 단체협약(노동협약)을 체결하는 권리를 말한다. 단체교섭권은 노동3권 중 가장 핵심이 되는 권리이다. 왜냐하면 단체교섭을 하기 위하여 근로자는 단결권을 가지며, 단체교섭에서 근로자에게 유리한 근로조건을 실현하기 위하여 단체행동권을 필요로 하기 때문이다.

단체교섭은 근로조건의 유지 또는 개선을 목적으로 하는 것이므로 근로조건과 무관한 사항은 단체교섭의 대상에서 제외된다. 따라서 사용자가 독점적으로 보유하는 경영권·인사권 및 이윤취득권에 속하는 사항은 원칙적으로 단체교섭의 대상이 될 수 없다. 그러나 근로자들의 근로조건이나 지위에 직접 관련되거나 중대한 영향을 미치는 사항에 대해서는 단체교섭이 이루어질 수 있다.

사용자측은 단체교섭에 성의 있게 응해야 하며, 사용자측이 정당한 이유 없이 단체교섭을 거부하면 부당노동행위가 성립된다(「노동조합 및 노동관계조정법」 제81조 제3호). 단체교섭이 성공하면 단체협약이 체결되어 보호받고, 단체교섭이 결렬되면 조정·중재를 거쳐 단체행동의 전제가 된다. 단체교섭권의 정당한 행사에 대해서는 민사상·형사상 책임이 면제된다.

(3) 단체행동권

단체행동권이란 사용자에 대하여 쟁의행위를 할 수 있는 권리이다. 쟁의행위란 동맹파업, 태업, 불매운동(보이코트), 감시행위(피케팅), 시위운동 기타 근로관계 당사자가 그 주장을 관철할 목적으로 행하는 행위로서 업무의 정당한 운영을 저해하는 것을 말한다. 그 밖에도 쟁의행위의 유형으로 생산관리가 있다. 생산관리에 대해서는 사유재산제도와 정면으로 배치되므로 인정하지 않는 견해와 재산권 및 경제질서에 관한 헌법규정과의 규범조화가 가능한 범위 내에서만 허용될 수 있다는 견해가 대립되어 있다. 개인적으로는 생산관리를 엄격한 조건하에서 인정하는 것이 단체행동권의 취지에 비추어 타당하다고 생각한다.

단체행동권의 행사는 국가에 의하여 형사책임을 추급당하지 않는다. 그러나 쟁의행위가 정당성의 한계를 벗어날 때에는 근로자는 업무방해죄(형법 제314조) 등 형사상의 책임을 면할 수 없다. 또한 정당한 쟁의행위는 사용자에 의하여 민사상 불법행위책임을 추급당하지 아니한다. 그러나 단체행동권의 행사로 인한 무노동에는 임금이 지급되지 않는다.

단체행동권의 행사는 그 성질상 필연적으로 다른 법익을 침해하게 마련이다. 따라서 단체행동권의 한계가 특히 문제된다. 단체행동권의 행사에는 목적상의 한계로서 사회적 정의의 원칙에 입각하여 근로조건의 향상을 위해서만 행사되어야 한다는 한계가 있다. 곧 단체행동권의 행사는 근로조건의 유지·개선을 위한 경제적인 목적을 위한 것으로서 사용자와 피용자의 관계에 국한되어야 한다. 따라서 순수한 정치적 파업은 허용되지 않는다. 그러나 최저임금법의 제정이나 노동관계법의 개폐 등과 같은 산업적 정치파업은 허용된다. 그 밖에도 단체행동권의 행사에는 방법상의 한계로서 비폭력적·비파괴적 방법을 사용하여야 하며, 절차상의 한계로서 최후수단으로서만 행사할 수 있다는 한계가 있다.

근로자의 단체행동에 대하여 사용자가 직장폐쇄(「노동조합 및 노동관계조정법」 제46조)를 할 수 있는지가 문제된다. 이 문제에 대하여는 위헌설과 합헌설이 대립되어 있다. 개인적으로는 사용자가 근로자의 단체행동에 대하여 최후의 불가피한 경우에 직장폐쇄로 맞서는 것은 사용자의 재산권행사로 인정된다고 본다.

4. 노동3권의 효력

노동3권은 대국가적 효력을 갖는다. 따라서 근로자는 국가기관에 대하여 적극적인 조치를 요구할 수 있으며(적극적 효력), 근로자의 단결·단체교섭의 요구 또는 쟁의행위 등이 국가권력에 의하여 금지·처벌되어서는 안 된다(소극적 효력).

노동3권의 대사인적 효력과 관련해서는 독일기본법과는 달리 헌법에 명시적인 규정이 없다는 것을 들어 간접적 대사인적 효력만을 인정하려는 견해가 없는 것은 아니나, 노동3권은 직접적 제3자효를 갖는다고 보아야 할 것이다. 왜냐하면 사회적 권력이 부분영역에 대하여 거대한 경제적 또는 사회적 압력을 행사하여 사실상 국가 자신과 마찬가지로 작용하고 침해하는 경우에는 예외적으로 기본권 규범은 직접 구속력을 가지지 않으면 안 되기 때문이다.

5. 노동3권의 제한

(1) 헌법에 의한 제한

1) 공무원의 노동3권 제한　　헌법 제33조 제2항은 "공무원인 근로자는 법률이 정하는 자에 한하여 단결권·단체교섭권 및 단체행동권을 가진다"라고 하여 공무원의 노동3권을 제한하고 있다.

공무원의 노동3권 제한과 관련하여 국민전체봉사자설, 특별권력관계설, 직무성질설 등 견해가 나뉘어 있으나 직무성질설이 통설의 입장이다. 직무성질설은 제한의 근거를 공무원의 신분의 특수성에서 찾을 수 있는 것이 아니라 공무원이 담당하고 있는 직무의 특수성, 곧 그 직무의 공공성에서 찾아야 된다고 한다. 곧 공무원의 직무 중에서 특히 공공성이 강하여 국가적 질서에 대하여 중대한 영향을 미치게 되는 경우에는 공무원의 단결권 등을 제한할 수 있다고 한다. 헌법재판소는 국민전체봉사자설과 직무성질설을 동시에 원용하여 공무원의 노동3권을 제한하면서도, 모든 공무원에 대하여 단체행동권을 전면적으로 금지한 구 노동쟁의조정법 제12조 제2항에 대하여는 헌법불합치결정을 내린바 있다. 「공무원의 노동조합설립 및 운영 등에 관한 법률」에 따르면 6급 이하의 공무원 등은 원칙적으로 노동조합에 가입할 수 있고, 단체교섭도 행사할 수 있다(법 제6조 제1항 참조).

2) 주요방위산업체종사자의 단체행동권 제한　　"법률이 정하는 주요방위산업체에 종사하는 근로자의 단체행동권은 법률이 정하는 바에 의하여 이를 제한하거나 인정하지 아니할 수 있다"(제33조 제3항). 따라서 주요업체가 아닌 경우는 제한할 수 없다. 헌법재판소는 구 노동행위조정법 제12조 제2항을 해석상 주요방위산업체에 종사하는 근로자로 보아 합헌결정하였다.

(2) 법률에 의한 제한

근로자의 노동3권은 헌법 제37조 제2항에 따라 국가안전보장·질서유지·공공복리를 위해 필요한 경우에 한하여 법률로써 제한될 수 있다. 그러나 제한하는 경우에도 그 본질적인 내용은 제한할 수 없다. 또한 과잉제한은 허용되지 않는다.

(3) 비상계엄에 의한 제한

헌법 제77조 제3항은 "비상계엄이 선포된 때에는 법률이 정하는 바에 의하여
영장제도, 언론·출판·집회·결사의 자유, 정부나 법원의 권한에 관하여 특별한
조치를 할 수 있다"고 하여 비상계엄 시에는 근로자의 노동3권을 제한할 수 있음
을 분명히 하고 있다.

제 5 항   인간다운 생활을 할 권리

1. 헌법규정

헌법 제34조 제1항은 "모든 국민은 인간다운 생활을 할 권리를 가진다"고 하
여 인간다운 생활을 할 권리를 보장하고, 이를 실효적인 것으로 하기 위하여 동
제2항에서 제6항에 걸쳐 국가의 사회보장·사회복지 증진의무(제2항), 국가의 여
자에 대한 복지와 권익향상노력(제3항), 국가의 노인과 청소년복지 향상의무(제4
항), 생활무능력자에 대한 국가보호(제5항), 국가의 재해예방의무(제6항)를 규정하
고 있다.

2. 인간다운 생활을 할 권리의 법적 성격·주체

인간다운 생활을 할 권리의 법적 성격에 대해서는 견해가 나뉘어 있다. 헌법
재판소는 인간다운 생활을 할 권리를 최소한의 물질적 생활을 요구할 수 있는 권
리로 보고 그러한 범위 내에서 구체적 권리라고 한다. 또한 헌법재판소는 인간다
운 생활을 할 권리는 모든 국가기관을 기속한다고 한다. 그러나 그 기속의 의미
는 입법부와 행정부에 대해서는 행위규범으로서 작용함에 반하여, 헌법재판소에
대해서는 통제규범으로서 작용한다고 한다. 개인적으로는 인간다운 생활을 할 권
리는 입법위임규정이라고 생각한다. 그러나 생활무능력자의 생계비청구권은 인
간다운 생활을 할 권리의 최소한의 내용으로서 구체적 권리라고 생각한다.

인간다운 생활을 할 권리의 주체와 관련하여 다수설은 국민에게만 주체성을
인정하고 외국인에게는 주체성을 인정하지 않는다. 개인적으로는 외국인의 주체

성 여부는 호혜주의원칙에 따라 결정될 문제라고 본다.

3. 인간다운 생활을 할 권리의 내용

(1) 인간다운 생활을 할 권리의 개념

인간다운 생활이란 개인과 그의 가족에게 건강과 행복, 특히 의식주, 의료 및 필요한 사회적 시설을 확보하기에 충분한 생활(세계인권선언 제25조 제1항)로 정의할 수 있다. 이러한 인간다운 생활의 수준은 일정한 시점에서 객관적으로 확정할 수 있다. 이때 주의해야 할 것은 국가예산이 그것에 충분한가가 아니라, 인간다운 생활이 오히려 국가세입의 계산에 지도적인 역할을 해야 한다는 것이다. 그러나 현실적으로는 여러 가지 제약 때문에 인간다운 생활을 할 권리는 최저생존수준에 머무를 수밖에 없을 것이다.

(2) 사회보장을 받을 권리

헌법 제34조 제2항은 제32조 제1항의 권리가 실현될 수 있도록 사회보장과 사회복지의 증진을 위하여 국가가 노력해야 할 의무를 규정하고 있다. 그에 따라 국민은 국가의 적극적 관여에 따른 사회보장을 받을 권리를 가진다.

사회보장과 사회복지란 일반적으로 국가가 국민의 생활보장을 위하여 급부하는 모든 것을 지칭한다. 그러한 것에는 사회보험제도의 도입, 국가를 통한 경제질서의 조정과 통제, 조세정책을 통한 사회개선이 있다. 이러한 것들 중에서 가장 대표적인 것으로는 사회보험제도를 들 수 있다. 사회보험이란 보험당사자인 국가 또는 공공단체가 특정의 국민에 대하여 발생이 불확정한 일정한 사고에 관하여 그로부터 발생하는 특정의 손실 또는 손해를 보상하거나 일정한 금액을 지급하거나 또는 기타 특정의 보험급부를 수여하는 제도를 말한다. 사회보험의 주요유형에는 의료보험·상해보험·폐질 및 양로보험·실업보험·퇴직연금보험 등이 있다. 그 밖에도 국민은 양로원·고아원·보육시설·조산원·무료시설 등의 사회구호시설의 혜택을 받을 권리를 가진다.

이 권리를 실현하기 위하여 사회보장기본법을 필두로 의료보호법, 생활보호법, 재해구호법, 군인보험법, 영유아보육법, 모자복지법, 모자보건법·아동복지법·노인복지법·장애인복지법, 「장애인·노인·임산부 등의 편의증진보장에 관한 법률」 등이 제정되어 있다.

(3) 생활보호를 받을 권리

헌법 제34조 제5항은 생활능력이 없는 국민에 대한 국가의 보호의무를 규정하고 있다. 따라서 생활능력이 없는 국민은 생활보호를 받을 권리를 가진다.

생활무능력자의 생활보호청구권은 인간다운 생활의 실현을 위한 최소한의 조건이다. 이러한 의미에서 생활무능력자의 생활보호청구권은 사회적 권리의 핵심이자 출발점이 된다. 여기서 생활무능력자라 함은 신체장애, 질병, 노령 기타의 사유로 일할 능력이 없는 자를 뜻한다. 실업자는 헌법 제34조 제5항의 의미에서 생활무능력자가 아니다.

이 권리를 실현하기 위하여 국민기초생활보호법, 의료급여법, 장애인복지법·노인복지법,「국가유공자 등 예우 및 지원에 관한 법률」등이 제정되어 있다. 이들 법에 의한 보호청구권은 구체적·개별적 권리이다. 생활보호기준은 입법부와 행정부의 광범위한 재량사항에 속한다.

(4) 재해예방과 위험으로부터의 보호에 관한 권리

"국가는 재해를 예방하고 그 위험으로부터 국민을 보호하기 위하여 노력하여야 한다"(제34조 제6항). 이를 위하여「재난 및 안전관리 기본법」과 재해구호법이 제정되어 있다.

4. 인간다운 생활을 할 권리의 제한과 한계

인간다운 생활을 할 권리는 이론상으로는 제37조 제2항에 따라 제한될 수 있다. 그러나 이 때 공공복리를 위하여는 제한될 수 없다. 왜냐하면 인간다운 생활을 할 권리 자체가 공공복리의 내용이기 때문이다. 그러나 생활무능력자의 권리는 인간다운 생활을 할 권리의 본질적 내용이므로 제한될 수 없다.

제6항   환 경 권

1. 헌법규정

헌법 제35조는 환경권을 다음과 같이 규정하고 있다. "① 모든 국민은 건강하고 쾌적한 환경에서 생활할 권리를 가지며, 국가와 국민은 환경보전을 위하여 노력하여야 한다. ② 환경권의 내용과 한계에 관하여는 법률로 정한다. ③ 국가는 주택개발정책 등을 통하여 모든 국민이 쾌적한 주거생활을 할 수 있도록 노력하여야 한다."

2. 환경권의 법적 성격·주체

환경권의 법적 성격에 대하여는 견해가 대립되고 있다. 그러나 헌법은 환경권을 모든 국민이 건강하고 쾌적한 환경에서 생활할 권리로 규정하고 있고, 환경권은 산업화의 결과 국민 개개인으로서는 어찌할 수 없는 환경오염과 환경파괴에 직면하여 국가에 대하여 환경의 유지·보존·개선을 요구할 수 있는 권리이기 때문에 사회적 기본권이다. 그러나 환경권은 다른 사회적 기본권과는 다른 특이한 면을 가지고 있다. 왜냐하면 다른 사회적 기본권들이 수범자를 국가에 한정시키고 있음에 반하여(국가는 … 노력하여야 한다), 환경권의 경우에는 수범자가 국가와 국민으로 되어 있고(국가와 국민은 … 노력하여야 한다) 깨끗한 환경을 국가가 침해해서는 안 된다는 방어권적 측면도 가지고 있다. 따라서 환경권은 국가와 국민을 수범자로 하며 부분적으로 방어권적 성격을 동시에 가지고 있는 사회적 기본권이라 할 수 있다. 환경권은 인권발달사에서는 제3세대 인권에 속한다.

환경권의 주체는 원칙적으로 자연인에 한정되며, 법인의 경우 주체성이 부정된다. 환경권의 주체와 관련하여 미래세대, 곧 아직 태어나지 않은 세대에 환경보호청구권을 인정할 것인가라는 문제가 부분적으로 논의되고 있고, 개인적으로도 자연환경은 인류가 생존할 수 있는 전제조건을 이룬다는 점에서 찬성한다. 그러나 이 이야기를 미래세대가 직접 보호청구권을 행사할 수 있다는 의미로 해석해서는 안 될 것이다. 아직 태어나지 않은 세대는 출생을 전제하여 태아에게 인정되는 극소수 예외를 제외하고는 현행법상으로는 권리주체성이 인정되지 않는다. 따라서 이 이야기는 국가는 현재 살고 있는 사람을 보호해야 할 의무가 있는 것처럼 장래에 살게 될 세대를 보호할 의무가 있다는 것, 곧 현재 살고 있는 우리는 오늘 발생시킨 위험에 대하여 후세대를 보호할 의무가 있기 때문에 미래세대가 충분히 그들의 깨끗한 환경에 대한 권리를 누릴 수 있도록 모든 노력을 다해야 한다는 의미로 이해하면 될 것이다.

3. 환경권의 내용

(1) 환경의 개념

환경을 이해하는 데에는 자연환경만을 의미한다는 협의설, 자연환경과 생활환경을 포함한다는 견해, 자연환경 속에서 살 권리, 즉 자연적인 청정한 대기에 관한 권리, 깨끗한 물에 관한 권리뿐만 아니라 보다 좋은 사회적 환경에서 살 권리, 즉 교육권, 의료권, 도로·공원이용권 등도 포함된다는 광의설, 자연환경과 문화적 유산을 의미한다는 견해 등이 있으며, 광의설이 다수설이다.

다수설이 환경을 광의로 이해하는 이유는 환경권에서 말하는 환경은 헌법 제10조 제1문(인간의 존엄과 가치 및 행복추구권), 제35조 제3항(국가의 주택개발정책 등을 통한 쾌적한 주거생활에의 노력), 제34조 제1항(인간다운 생활을 할 권리) 및 제36조 제3항(국민의 보건에 관한 국가보호)을 통합적으로 이해하여야 하기 때문에 광의의 환경을 의미한다고 한다.

그러나 다수설이 들고 있는 논거는 여러 가지 이유에서 설득력이 없다. ① 환경권이 헌법 제35조에 규정되어 있는 이상 환경의 개념은 헌법 제35조의 해석을 통하여 도출되어야 한다. 곧 다수설이 환경을 통합적으로 이해하여야 한다고 하면서 들고 있는 조항들은 1980년 8월 15일 이전과 같이 환경권이 헌법에 규정되어 있지 않았던 때에는 고려의 대상이 될 수도 있었을지 모르나, 현행헌법과 같이 환경권을 규정하고 있는 경우에는 환경을 이해하기 위한 고려의 대상으로 끌어들일 수 없다. ② 그렇기 때문에 광의설에서 환경의 부분으로 이해되는 문화적 유산은 헌법 제9조(전통문화의 계승·발전과 민족문화의 창달에 대한 국가의 노력의무)에 의하여, 교육시설은 헌법 제31조(교육을 받을 권리)에 의하여, 의료시설은 헌법 제36조 제3항(국민보건에 관한 국가의 보호)에 의하여 각각 보호·유지·개선되어야 한다. 그렇지 않고 환경의 개념에 이들을 모두 포함시켜 해석하는 경우 보호법익이 너무 방대해질 뿐만 아니라 헌법 제9조, 제31조, 제36조 제3항 등을 규정한 의미가 소멸될 염려가 있다. 더 나아가서 행정부서 사이의 책임회피를 가져올 수도 있고, 그것은 결국 환경권을 유명무실한 것이 되게 할 우려도 있다. ③ 현행헌법이 과거와는 달리 환경권을 규정한 제35조에 다시 제3항을 새롭게 신설하여 주택개발정책 등을 통하여 모든 국민이 쾌적한 주거생활을 할 수 있게끔

국가가 노력할 의무를 규정하고 있기 때문에 환경을 광의로 이해할 수 있는 근거가 된다는 견해에 대하여도 다음과 같은 이야기를 할 수 있다. 곧 주택문제는 전통적으로 사회보장의 대상일 뿐만 아니라 환경정책에 주택정책은 포함되지 않는다는 것이 그것이다. 따라서 환경권이 보호하려는 보호법익은 자연환경에 국한된다.

(2) 환경권의 내용

환경권의 내용에 대해서도 견해의 대립이 있다. 그러나 환경권의 내용은 환경권의 개념정의와 법적 성격으로부터 추론되어야 한다. 앞에서 환경을 자연환경에 한정했기 때문에 환경권의 내용은 환경부담과 환경위험을 회피하고 최소화하기 위한 조건의 총체, 곧 자연적 생활기반을 복구·유지·개선하고 피해를 회피하거나 제거하며 자연자원을 보호하는 것을 목적으로 하는 조치의 총체에 대한 권리를 내용으로 한다고 할 수 있다. 또한 앞에서 환경권의 법적 성격을 사회권적 성격과 자유권적 성격을 함께 병유하는 것으로 보았기 때문에 결국 환경권의 내용은 이러한 조치를 국가에 대하여 요구할 수 있는 권리(사회권적 측면)와 국가가 자연환경을 파괴하거나 이러한 조치에 대하여 방해를 할 때 그것을 배제할 수 있는 청구권(자유권적 측면)을 그 내용으로 한다고 할 것이다. 전자를 환경복구·유지·개선청구권, 후자를 환경침해배제청구권이란 용어로 표현할 수 있을 것이다.

4. 환경권의 효력

환경권은 대국가적 효력과 간접적 대사인적 효력을 가진다. 논자에 따라서는 국민의 환경보전의무규정(제35조 제1항 제2문)을 근거로 환경권이 직접적 대사인적 효력을 가진다는 견해도 있으나, 헌법의 규정에서 직접 사법상의 환경권이 나오는 것이 아니라는 다수설과 판례의 입장이 옳은 것으로 생각된다.

5. 환경권의 제한과 한계

환경권은 절대적 권리가 아니므로 헌법 제37조 제2항에 따라 국가안전보장·질서유지·공공복리를 위하여 제한될 수 있다. 그러나 환경은 일단 파괴되면 그 회복에는 엄청난 시일과 경비가 소요된다는 점을 감안하여 그 제한에는 극히 신중을 기하여야 할 것이다. 또한 환경권은 합리적인 이유가 있고 경미한 침해인 때에는 이를 수인하고 감수하여야 한다. 그렇다고 해서 생명·건강에 별로 영향을 미치지 않는 환경침해라 하더라도 무조건 수인해야 하는 것은 아니다. 왜냐하면 환경권의 본질적 내용은 제한할 수 없으며, 비례의 원칙에 위반한 침해는 환경권의 본질적 내용에 대한 침해가 되기 때문이다.

6. 환경권의 침해와 구제

환경권은 국가권력과 국민(특히 사기업)에 의하여 침해될 수 있다. 우선, 국가권력에 의하여 환경권이 침해될 경우에는 국가에 대한 청원권의 행사, 행정소송의 제기, 헌법소원, 국가배상청구 등에 의하여 구제받을 수 있을 것이다. 또 행정청의 인·허가의 취소 또는 무효확인을 구하는 행정소송을 제기할 수 있을 것이다. 다음으로, 사인에 의한 환경권의 침해에 대하여는 손해배상청구의 방법이 있다.

그러나 이렇듯 환경침해에 대하여 권리구제의 방법이 있으나, 환경권침해에 대한 권리구제는 그 사법적 권리구제절차에서 소의 이익 내지 원고적격을 정하는 데 어려움이 있다. 사법적 구제절차는 어디까지나 개인의 주관적 공권을 보호하기 위한 것이지, 객관적 법질서의 보호를 위한 것이 아니다. 따라서 소송기술적으로 사법적 권리구제절차에서는 누구든지 자기 자신의 권리를 이유로 해서만 소송을 제기할 수 있기 때문에, 원고적격은 오염된 환경에 의하여 직접 피해를 입은 자에 한정된다고 할 것이다.

이렇듯 환경권침해에 대한 권리구제는 그 당사자적격의 문제뿐만 아니라 인과관계의 입증에서도 어려움이 많기 때문에, 환경산업의 육성·발전에 의한 사전적·예방적 권리보호가 강조되고 있다.

7. 현행 환경권에 대한 입법론적 고찰

환경문제는 인류의 생존조건을 좌우하는 문제라는 점에서 매우 중요한 문제이다. 그러나 인류는 계속해서 환경을 오염시키고 파괴해왔다. 그 결과 1960년대 초부터 환경문제의 심각성을 지적하는 글들이 나타나기 시작했다. 그러나 환경문제에 대한 헌법적 논의는 1970년대에 들어와서야 시작되었다.

우리나라의 경우 이렇다 할 논의 없이 1980년 헌법에서 환경보호를 기본권의 형태로 수용하였다. 때문에 현행 환경권규정은 몇 가지 문제점을 가지고 있다. ① 제35조 제1항은 "모든 국민은 건강하고 쾌적한 환경에서 생활할 권리를 가지며 …"라고 하여 "건강하고 쾌적한 환경"을 환경권의 객체로 규정하고 있다. 그러나 "건강하고 쾌적한"이라는 표현은 더욱 함축적인 표현으로 바꾸는 것이 필요하며, 환경도 환경보호의 대상이 주로 자연환경이라는 점을 감안하여 "자연환경"으로 제한함이 필요하다. 뿐만 아니라 제34조의 인간나운 생활권과의 오해를 피하기 위하여 "에서 생활할"을 "을 향유할"로 바꾸는 것도 생각해 보아야 한다. 곧 제35조 제1항은 "모든 국민은 깨끗한(또는 인간다운) 자연환경을 향유할 권리를 가지며"로 바꾸는 것이 바람직하다. ② 제35조 제2항의 "환경권의 내용과 행사에 관하여는 법률로 정한다"는 표현은 "환경권의 내용에 관하여는 법률로 정한다"라고 바꾸는 것이 바람직하다. 왜냐하면 국민이 환경권을 가지는 이상 그 기본권의 내용(이것은 법률로써 구체적 범위가 정해질 것이다)에 따른 행사는 당연한 것으로 법률로써 환경권의 행사를 구체화할 어떤 이유도 없기 때문이다. ③ 헌법 제35조 제3항은 환경정책과 사회보장정책을 혼동한 것이다. 왜냐하면 전통적으로 주택문제는 사회보장의 대상이기 때문이다. 우리나라의 주택사정을 고려할 때 헌법 제35조 제3항과 같은 내용의 규정은 반드시 필요하다. 그러나 그 위치는 환경권을 규정한 제35조가 아니라 사회보장의 근거규정인 제34조이어야 할 것이다.

다음으로, 환경보호를 현행헌법에서처럼 사회적 기본권형태의 환경기본권으로 규정한 것으로 충분한가에 대하여도 검토해 보아야 한다. 사회적 기본권의 여러 가지 문제점을 차치하더라도 사회적 기본권은 호경기인 경우라고 하더라도 그 최소한이 보장될 뿐이며, 불경기인 경우에는 그나마 무시되는 것이 일반적인 경험이다. 그런가 하면 예외적인 경우라 하지만 주택건설을 핑계로 자연환경을 해하는 경우도 있고, 산이나 강가에 특히 고층아파트를 건설함으로써 자연경관을 파괴시키는 경우도 있으며, 이러한 경우에는 환경기본권만으로는 무력하지 않을 수 없다. 따라서 현행의 환경기본권 외에 환경보호를 헌법의 기본원리 또는 국가목표규정으로 다시 규정하는 것을 검토할 필요가 있다. 이를 위해서는 헌법전문의 "안으로는 국민생활의 균등한 향상을 기하고 밖으로는"의 부분을 "안으로는 국민생활의 균등한 향상을 기하고 환경보호에 힘쓰며 밖으로는"으로 표현하는 방법, 헌법 제9조에 항을 신설하여 국가의 환경보호의무를 선언하는 방법, 헌법 제9조의 앞이나 뒤에 새로운 조항을 신설하여 국가의 환경보호의무를 선언하는 방법 등을 생각해 볼 수 있다. 이렇게 환경보호를 환경기본권 외에 객관적 법규범으로 규정하는 경우 중복을 피하기 위하여 헌법 제35조 제1항 후단의 "국가와 국민은 환경보전을 위하여 노력하여야 한다"는 부분은 "국민은 환경보전을 위하여 노력하여야 한다"로 바꾸어야 할 것이다. 그러나 어떠한 경우에도 환경기본권을 삭제하고 그 대신 환경국가만을 선언하는 방법은 바람직하지 않다 하겠다. 왜냐하면 국가목표규정으로부터는 국민의 주관적 권리가 추론될 수 없으며, 그 결과 최악의 경우에는 헌법에 규정된 환경보호가 유명무실한 것으로 될 수도 있기 때문이다.

제 7 항 혼인·가족·모성보호·보건에 관한 권리

1. 헌법규정

헌법 제36조는 혼인과 가족생활의 보호(제1항), 모성보호(제2항), 국민의 보건권(제3항)을 규정하고 있다.

2. 혼인과 가족제도의 보장

(1) 헌법 제36조 제1항의 법적 성격

"혼인과 가족생활은 개인의 존엄과 양성의 평등을 기초로 성립되고 유지되어야 하며, 국가는 이를 보장한다"(제36조 제1항)는 규정의 법적 성격에 대하여는 견해가 나누어져 있다. 헌법재판소는 이 규정을 혼인제도와 가족제도에 관한 헌법원리를 규정한 것으로 본다.

표현(원칙규범, 헌법원리를 선언한 원칙규범, 헌법적 결단의 표현 등)이야 어떻든 이 조항이 가치결단적 원칙규범이라는 데 대해서는 의견이 일치되어 있다. 문제는 이 조항이 그 밖에도 제도보장적 성격과 사회권적 성격과 자유권적 성격을 동시에 가지고 있거나 그 중 어떤 것을 포함하고 있느냐 하는 것이다.

슈미트의 제도보장론을 토대로 헌법 제36조 제1항을 읽으면 "단순한 입법자가 그 제도 자체를 폐지할 수 없는 혼인과 가족생활은(또는 혼인제도와 가족제도는 헌법적으로 보장되며, 그러한 제도를 기초로 성립된 혼인과 가족생활은) 개인의 존엄과 양성의 평등을 기초로 성립되고 유지되어야 한다"로 읽을 수 있다. 곧 헌법 제36조 제1항은 우리의 전형적이고 전통적인 혼인제도뿐만 아니라 일반적인 혼인제도, 곧 혼인생활과 가족생활의 전제로서의 혼인 자체를 헌법적으로 보장하고 있는 부분과 그것이 구체적으로 어떤 모습을 띠어야 할 것인가에 대한 당위의 두 부분으로 구성되어 있다. 따라서 제36조 제1항이 전제하는 우리의 전형적이고 전통적인 고래의 혼인·가족제도가 인간의 존엄과 남녀평등을 기초로 한다고 보기는 어렵다는 이유에서 헌법 제36조 제1항에서 제도보장적 성격을 부인하면서(혼인과 가족생활의 전제가 되는 혼인과 가족이라는 제도 자체의 설명은 포기하거나 논외로 치고) 뒷부분의 당위만을 강조하는 것은 설득력이 부족하다 할 것이다.

이렇게 헌법 제36조 제1항에서 제도보장적 성격을 인정할 때 다음으로 문제되는 것은 그 밖에도 같은 조항에 주관적 권리가 포함되어 있는가 하는 점이다. 이 조항에 사회권적 성격이 있다고 보는 견해는 이 조항이 체계상 사회권규정에 위치하고 있다는 점과 인간다운 생활을 보장하기 때문에 사회권적 성격을 가진다고 한다. 그러나 우선 헌법의 체계는 체계화시키려는 노력에도 불구하고 완결된 것이 아니기 때문에 체계상 그 위치가 사회권들 사이에 있다는 것만으로 사회권이라는 판단은 내릴 수 없다는 점을 지적하고자 한다. 다음으로, 인간다운 생활을 보장한다는 점이 사회권적 성격을 가졌다는 결론을 내릴 충분조건은 아니라는 점이다. 사회권의 전개과정과 이념 및 특성에서 사회권인가 아닌가를 판단하는 데 결정적인 요소는 개인에 대한 국가의 경제적·물질적 급부이다. 그러나 헌법 제36조 제1항으로부터는 혼인과 가족생활에 대한 국가의 경제적·물질적 급부의무와 그에 상응하는 국민의 청구권을 도출해내기가 어렵다. 따라서 헌법 제36조 제1항은 사회권적 성격을 가진다고 볼 수 없다.

그에 반하여 이 규정으로부터는 혼인할 자유를 추론해낼 수 있다. 곧 이 규정은 혼인과 가족생활에 대한 가치결단적 원칙규범이자 제도보장인 동시에 더 나아가서 단지 이미 성립하여 있는 혼인관계만을 보호하려는 데 있지 않고 또한 새로운 혼인관계를 맺을 것을 기본권적으로 보호하고 있다고 보아야 한다. 따라서 헌법 제36조 제1항은 스스로 선택한 상대방과 혼인을 맺을 권리 내지는 자유를 본질적인 구성부분으로 표현하고 있다고 보아야 한다.

(2) 헌법 제36조 제1항의 주체·내용

혼인할 자유는 전국가적 자연권으로서 국민과 외국인 그리고 무국적자를 포함하는 모든 자연인에게 그 주체성이 인정된다.

헌법 제36조 제1항은 일부일처제의 제도적 보장과 개인의 존엄과 양성의 평등에 기초한 혼인할 자유와 부부평등을 내용으로 하는 가족제도의 보장을 그 내용으로 한다.

(3) 혼인할 자유의 제한

헌법 제36조 제1항에서 다른 법적 성격 외에도 혼인할 자유를 추론할 수 있다고 하면 이제 이 자유권은 개별적인 법률유보가 규정되지 않은 이른바 절대적 기본권이라는 이야기가 된다. 그럼에도 불구하고 혼인할 자유는 개인의 존엄과 양성의 평등을 기초로 행사되어야 하기 때문에 절대적 자유라고는 할 수 없다. 곧 개인의 존엄과 양성의 평등, 결혼 당사자의 자율적인 의사결정 및 인륜에 반하는 중혼(민법 제810조), 축첩, 인신매매적 결혼, 약취·유인적 결혼 등은 금지된다. 그뿐만 아니라 합리적인 근거에서 혼인의 자유를 제한 또는 금지하는 것도 위헌이라고 할 수 없다. 그러한 예에 속하는 것으로는 미성년자와 피성년후견인의 혼인에 부모나 성년후견인의 동의를 얻도록 한 것(민법 제808조)과 일정한 범위 내의 근친혼을 금지한 것(민법 제809조 제2항) 등이 있다.

3. 모성보호

헌법 제36조 제2항은 모성보호를 위한 국가의 노력의무를 규정하고 있다. 따라서 모성, 곧 자녀를 가진 여성은 이러한 국가적 노력의무에 대응하여 모성의 건강뿐만 아니라 모성이 제2세 국민을 출산하고 양육하는 데 필요한 경제적·사회적 여건을 조성해줄 것을 국가에 청구할 수 있다. 모성보호청구권은 사회적 기본권이다.

모성보호를 위하여 모자보건법과 모·부자복지법이 제정되어 있다. 모자보건법은 모성의 생명과 건강을 보호할 것을 규정하고 있고, 모·부자복지법은 모자가정의 생활안정과 복리증진을 도모할 것을 규정하고 있다.

4. 보 건 권

헌법 제36조 제3항은 "모든 국민은 보건에 관하여 국가의 보호를 받는다"고 하여 국민보건에 관한 국가의 보호의무를 규정하고 있다. 이 규정을 근거로 국민은 국가에 대하여 자신과 가족의 건강의 보호를 받을 권리 및 이를 위한 적극적인 보건행정의 실시를 요청할 수 있는 권리를 가진다. 이를 보건권이라 한다.

보건권의 법적 성격에 대하여는 견해가 대립되어 있다. 개인적으로는 보건권은 공권력에 의한 건강침해에 대하여 방어할 수 있는 측면(자유권적 성격)과 자신과 가족의 건강에 대하여 국가의 적극적 배려를 청구할 수 있는 측면(사회권적 성격)을 동시에 가진다고 생각한다. 그러나 보건권의 주된 성격은 사회적 기본권으로 보아야 할 것이다. 왜냐하면 국가는 국민보건을 보호하기 위하여 여러 가지 보건정책을 적극적으로 실시할 것이며, 그 결과는 결국 보건시설의 확충과 보건을 위한 물질적 급부로 나타날 것이기 때문이다.

자연인인 국민이 보건권의 주체가 된다는 데에는 의문이 없다. 보건권의 성질상 법인은 보건권의 주체가 될 수 없다. 다수설은 외국인의 보건권의 주체성을 원칙적으로 부정한다. 그러나 외국인의 주체성을 부정할 이유는 없다고 생각되며, 이는 호혜주의원칙에 따라 결정될 문제라고 본다.

보건권은 국가에 의한 건강의 침해금지라는 소극적 내용과 국가에 대하여 국민의 위생과 건강을 유지하는데 필요한 시설이나 환경을 요구하는 적극적 내용을 가진다. 보건권을 구체화하는 법률로서 대표적인 것으로는 보건의료기본법, 국민건강증진법, 국민건강보험법 등이 있다.

제 4 절 참정권적 기본권

제 1 항 참정권적 기본권 일반론

참정권은 국민이 국가의 구성원으로서 국가권력의 창설과 국가의 권력행사 과정에 참여함으로써 자신의 정치적 견해를 국정에 반영할 수 있는 권리이다. 달리 표현한다면, 참정권은 피치자인 국민이 치자의 입장에서 공무원을 선거하고 공무를 담임하는 권리이다. 참정권을 정치권이라고 부르는 학자도 있다.

참정권은 오늘날의 민주정치에 있어서는 국민이 국가권력의 창설과 국가의 사의 형성과정에 참여하거나 국가기관을 구성하며 국가권력행사를 통제 내지 견제하는 기능을 하며, 그를 통하여 국가권력에 정당성을 부여한다. 또한 현실적인 정치사안에 대한 국민의 다양한 의사가 선거와 국민투표 등을 통하여 구체적인 모습으로 나타나기 때문에 참정권은 국민의 정치적 공감대를 형성하기 위하여 필수적인 수단이라고 할 수 있다. 따라서 참정권은 민주정치에서 필수적인 민주적·정치적 권리이며, 개별적인 국민의 능동적인 공권이다. 참정권은 국민주권의 표현이다.

다수설은 참정권을 전국가적 자연권이 아닌 국가내적인 권리로 보는데 의견이 일치되어 있다. 그러나 참정권이 권리만을 내용으로 하느냐 또는 권리와 동시에 의무를 포함하느냐에 대해서는 권리설과 권리·의무병존설이 대립되어 있다.

저자는 이미 다른 곳에서 기본권은 모두 인권(전국가적 자연권)에서 유래한 것이며, 인권이 헌법에 수용된 것이 기본권이라는 입장을 밝힌 바 있다. 그러한 한에서 참정권도 전국가적 자연권을 헌법에 실정화한 것이라고 생각한다. 곧 참정권도 인권과는 관계없이 헌법에 의하여 비로소 창설된 권리로 생각될 수는 없으며, 다만 헌법제정자가 여러 가지 사정을 고려하여 원칙적으로 국민인 자만이 그것을 행사할 수 있도록 그 주체를 한정한 것으로 해석하는 것이 타당할 것이다.

참정권이 권리 외에 (법적) 의무를 포함하고 있는가 하는 문제는 헌법의 어디에도 선거에 참여가 강제되고 있지 않은 점으로 보아 이를 부정할 수밖에 없다. 그러나 참정권이 법적 의무를 포함하고 있지 않다는 것은 기권자에 대하여 제재를 가하는 것을 금지하는 것일 뿐, 참정권을 국가의 이익을 위하여 적절하게 행사할 도의적 의무까지를 부인하는 것으로 해석할 수는 없다. 또한 참정권은 국가권력창설적·정당성부여적 기능 때문에 객관적 가치질서로서의 성질도 함께 가지고 있다.

참정권은 원칙적으로 국민에게만 주체성이 인정된다. 그러나 국민이 참정권을 행사하려면 일정한 연령에 달하여야 한다. 헌법은 제24조에서 "모든 국민은 법률이 정하는 바에 의하여 선거권을 가진다"라고 하여 선거연령을 법률에 위임하고 있고, 이 규정을 구체화한 공직선거법은 만 19세로 선거권자를 정하고 있다. 또한 헌법 제25조는 공무담임권에 대해서도 법률로 정하도록 하고 있다. 이에 따라 공직선거법은 국회의원과 지방의회의원은 25세 이상, 대통령은 40세 이상, 지방자치단체의 장 중 특별시장, 광역시장, 도지사, 구·시·군의 장은 25세 이상으로 피선거권연령을 정하고 있다(법 제16조). 공무원의 경우에도 헌법 제25조에 따라 개별 공무원관계법률에서 연령 등에 대하여 제한을 둘 수 있다.

법인이 참정권의 주체가 되는가 하는 문제에 대해서는 견해가 나누어져 있다. 개인적으로는 기본권은 일차적으로 자연인에게만 귀속되며, 예외적으로 법인을 구성하는 구성원인 자연인의 기본권행사를 용이하게 해주고 촉진시켜주는 한에서만 법인에게 기본권주체성이 인정된다고 본다. 그렇다 하더라도 정당을 포함하여 법인에게 참정권의 주체성을 인정할 수는 없다고 생각한다. 왜냐하면 예외적으로 법인에게 기본권의 주체성을 인정하는 경우라 하더라도 개인에게 참정권을 인정하면서 법인에게도 참정권을 인정한다면 그것은 평등의 원리에 반하기 때문이다.

참정권은 국민의 권리이기 때문에 외국인에게는 주체성이 인정되지 않는다는 것이 국내다수설의 입장이다. 그러나 개인적으로는 참정권도 전국가적 자연권이 헌법에 수용된 것이라고 보기 때문에, 일정한 조건을 갖춘 장기체류외국인에게는 호혜주의적인 입장에서 단계적으로 선거권을 부여하는 것이 이론적으로나 국제적인 조류에도 부합할 것으로 생각한다.

참정권은 선거권, 공무담임권, 광의의 국민투표권을 내용으로 한다. 광의의 국민투표, 곧 국민이 직접 국정에 참여할 수 있는 제도에는 국민표결(협의의 국민투표), 국민소환(국민파면, recall), 국민발안(국민입법, initiative)이 있다. 우리 헌정사상 국민투표제도는 1954년 11월 29일의 제2차 개헌에 의하여 그 제7조의2에 주권의 제약·영토의 변경 등 중대사항에 대하여 국민투표를 규정함으로써 처음 도입되었다. 국민발안제도는 1962년 헌법에서 채택된 바 있다. 동 헌법은 "헌법개정의 제안은 … 국회의원선거권자 50만인 이상의 찬성으로써 한다"(제119조 제2항)고 규정하였다. 그러나 국민소환제도는 아직까지 채택된 바 없다. 현행헌법은 공무원선거권(제24조)·공무담임권(제25조)·협의의 국민투표권(제72조, 제130조)을 규정하고 있다. 참정권은 국민이 국가의 의사형성에 참여하는 방법에 따라 직접적 참정권(국민발안권, 국민투표권, 국민소환권)과 간접적 참정권(선거권, 피선거권)으로 분류할 수 있다.

참정권은 대국가적 효력을 가진다.

참정권은 헌법 제37조 제2항에 따라 제한될 수 있다. 선거권과 피선거권을 제한하는 법률로는 공직선거법(법 제18조·제19조 참조)과 국민투표법(법 제9조)이 있다.

참정권에는 기본권제한적 법률유보 외에도 기본권구체화적 법률유보가 규정되어 있다. 곧 입법자에게는 참정권의 내용을 자세하게 규정할 수 있는 권한이 부여되어 있다. 따라서 입법자는 참정권을 구체화하는 과정에서 참정권이 제한되는 일이 없도록 각별한 주의를 기울일 것이 요청된다. 이러한 주의의무를 다하지 않아 국민의 참정권이 제한되는 경우 그러한 법률은 위헌임을 면하기 어렵다 할 것이다. 헌법재판소는 공직선거에 입후보하는 데 과다한 기탁금을 내도록 하여 경제력이 약한 계층의 참정권을 제한한 법률조항, 선거운동원이 아닌 사람의 선거운동을 금지한 (구)대통령선거법을 참정권을 구체화하는 과정에서 참정권을 제한한 것으로 보아 위헌선언한 바 있다. 그러나 여론조사결과공표를 금지하는 공직선거법 제108조는 국민의 알 권리와 참정권을 제한하여 위헌인 것은 아니라고 한다.

그러나 국가안전보장·질서유지·공공복리를 위해서도 소급입법에 의하여 참정권을 제한하는 것은 허용되지 아니한다(제13조 제2항).

제2항 선 거 권

1. 헌법규정

헌법 제24조는 "모든 국민은 법률이 정하는 바에 의하여 선거권을 가진다"고 하여 선거권을 규정하고 있다. 그 밖에도 헌법 제41조 제1항은 "국회는 국민의 보통·평등·직접·비밀선거에 의하여 선출된 국회의원으로 구성한다"고 하고 있고, 헌법 제67조 제1항은 "대통령은 국민의 보통·평등·직접·비밀선거에 의하여

선출된다"고 하고 있으며, 헌법 제118조 제2항은 "지방의회의 조직·권한·의원선
거와 지방자치단체의 장의 선임방법 기타 지방자치단체의 조직과 운영에 관한
사항은 법률로 정한다"고 규정하고 있다.

2. 선거권의 의의

선거권이란 국민이 공무원을 선거하는 권리를 말한다. 여기서 공무원이라 함
은 최광의의 공무원을 의미한다. 곧 여기서 말하는 공무원이란 국가기관과 지방
자치단체를 구성하는 모든 자를 말한다. 헌법은 원칙적으로 간접민주정을 채택하
고 있기 때문에, 공무원선거권은 국민의 참정권 중 가장 핵심적인 것이다.

3. 선거권의 법적 성격

선거권의 법적 성격과 관련해서는 자연권설, 공무설(기능설), 권리설(주관적
권리설), 권한설(자격설), 이원설 등 견해가 나누어져 있다. 이 중에서 선거를 국
가를 위한 공무의 성질과 공법에 의하여 보장된 주관적 권리로서의 성격을 동시
에 가지는 것으로 이해하는 이원설이 국내 다수설의 입장이다. 선거권의 법적 성
격에 대한 헌법재판소의 입장은 분명하지 않다. 곧 참정권을 불가침의 기본권으
로 이해하는가 하면, 구체적 권리성을 부정하기도 한다. 특히 지방자치단체장선
거권에 대해서는 의견이 분분하다.

개인적으로는 선거권을 전국가적 자연권인 인권이 헌법에 실정화된 것으로
(다수설과의 차이점), 개인의 공권인 동시에 공무로 이해하는 것(다수설과의 공통점)
이 옳을 것으로 생각한다. 또한 선거권의 행사는 법적 의무는 아니나, 윤리적·도
의적 의무로 보는 것이 타당할 것이라고 본다.

4. 선거권의 내용

헌법과 법률에 규정된 국민의 선거권에는 대통령선거권(제67조), 국회의원선
거권(제41조, 공직선거법 제2장), 지방의회의원과 지방자치단체장의 선거권(제118
조 제2항, 공직선거법 제15조) 등이 있다. 이들 선거에서 선거권을 행사하기 위해서
는 만 19세 이상이라는 요건과 선거인명부에 등재라는 요건을 충족하여야 한다.
특히 지방선거에서 선거권을 행사하기 하기 위해서는 이들 요건 외에도 선거일

공고일 현재 당해 지방자치단체의 관할구역 안에 주민등록이 되어 있을 것(공직선거법 제15조 제2항)이라는 거주요건을 충족하여야 한다.

법률에 의하여 그 밖의 특정 공무원에 대한 선거권도 부여할 수 있다. 그러나 현재로는 선거제공무원은 거의 없다.

5. 선거권의 제한

선거권은 결격사유가 있으면 행사할 수 없다. 결격사유에 대해서는 공직선거법 제18조가 규정하고 있다. 곧 ① 금치산선고를 받은 자, ② 금고 이상의 형의 선고를 받고 그 집행이 종료되지 아니하거나 그 집행을 받지 아니하기로 확정되지 아니한 자, ③ 선거법으로 100만 원 이상의 벌금형의 선고를 받은 후 5년 또는 형의 집행유예의 선고를 받고 그 형이 확정된 후 10년을 경과하지 아니하거나 징역형의 선고를 받고 그 집행을 받지 아니하기로 확정된 후 또는 그 형의 집행이 종료되거나 면제된 후 10년을 경과하지 아니한 자(형이 실효된 자 포함), ④ 법원의 판결에 의하여 선거권이 정지 또는 상실된 자는 선거권을 행사할 수 없다.

그러나 학설상으로는 선거사범의 경우를 제외하고는 형사책임과 주권자의 권리는 별개의 것이기 때문에 선거권을 인정하는 것이 헌법의 정신에 합치된다는 견해가 주장되고 있다. 타당한 주장이라고 생각한다.

제 3 항   공무담임권

1. 헌법규정

헌법 제25조는 "모든 국민은 법률이 정하는 바에 의하여 공무담임권을 가진다"고 하여 공무담임권을 규정하고 있다.

2. 공무담임권의 개념과 법적 성격

공무담임권은 일체의 공무를 담임하는 권리를 말한다. 공무를 담당하기 위해서는 법률이 정하는 바에 의하여 선거에서 당선되거나 임명에 필요한 자격을 구비하거나 선발시험 등에 합격하여야 한다. 따라서 공무담임권은 피선거권보다는 더 넓은 개념이다. 그러나 피선거권은 공무담임권 중 가장 중요한 것이라 할 수 있다.

특히 피선거권의 법적 성격에 대하여 자격설과 권리설이 대립되어 있다. 피선거권을 입후보와 당선을 조건으로 하여 공무원이 될 수 있는 헌법상의 기본적 권리라고 하는 권리설이 국내 다수설의 입장이다.

3. 공무담임권의 내용

공무담임권은 피선거권과 공직취임권(협의의 공무담임권)을 내용으로 한다.

피선거권에는 국회의원피선거권, 대통령피선거권, 지방의회의원 및 지방자치단체의 장 피선거권 등이 있다. 그러나 이들 공직에 피선되기 위해서는 일정한 요건을 갖추어야 한다. 국회의원에 피선되기 위해서는 한국국민이어야 하고, 연령이 만 25세 이상이어야 한다(공직선거법 제16조 제2항). 대통령에 피선되기 위해서는 국회의원의 피선거권이 있고 선거일 현재 40세에 달하여야 하며(제67조 제2항), 5년 이상 국내에 거주해야 한다(법 제16조 제1항). 지방의회의원과 지방자치단체의 장으로 피선되기 위해서는 지방선거의 선거권이 있는 자로서 만 25세 이상이어야 하며, 선거일 현재 계속하여 60일 이상 그 지방자치단체의 관할구역 안에 주민등록이 되어 있어야 한다(법 제16조 제3항).

선거직 이외의 공직에 취임할 수 있는 공직취임권에 대해서는 국가공무원법, 교육공무원법, 국회법, 법원조직법, 헌법재판소법 등에 그 임용조건과 자격기준 등이 자세하게 규정되어 있다.

4. 공무담임권의 제한

(1) 피선거권의 제한

국회의원피선거권, 대통령피선거권, 지방의회의원 및 지방자치단체의 장 피선거권은 다음의 각 경우에는 행사할 수 없다. ① 금치산선고를 받은 자, ② 선거범으로서 100만 원 이상의 벌금형의 선고를 받고 그 형이 확정된 후 5년 또는 형의 집행유예의 선고를 받고 그 형이 확정된 후 10년을 경과하지 아니 하거나 징역형의 선고를 받고 그 집행을 받지 아니하기로 확정된 후 또는 그 형의 집행이 종료되거나 면제된 후 10년을 경과하지 아니한 자(형이 실효된 자 포함), ③ 법원의 판결에 의하여 선거권이 정지 또는 상실된 자, ④ 금고 이상의 형의 선고를 받고 그 형이 실효되지 아니한 자, ④ 법원의 판결 또는 다른 법률에 의하여 피선거권이 정지 또는 상실된 자(법 제19조).

(2) 공직취임권의 제한

선거직 이외의 공직에 취임할 수 있는 공직취임권의 제한과 관련하여 헌법재판소는 금고 이상의 형을 받고 그 집행유예의 기간이 완료된 날로부터 2년을 경과하지 아니한 자를 공무원 결격 및 당연퇴직사유로 하고 있는 국가공무원법 제69조 중 제33조 제1항 제4호 및 지방공무원법 제31조 제4호와 자격정지 이상의 선고유예판결을 받은 경우 당연 퇴직을 규정한 경찰공무원법 제21조, 제7조 제2항 제5호를 합헌으로 결정한 바 있다. 또한 헌법재판소는 공무원정년제도에 대해서도 입법정책의 문제로 보아 합헌결정을 하였다. 그러나 군필자에 대한 가산점제도에 대해서는 위헌결정을 하면서도 국가유공자와 그 유족 등 취업보호대상자에 대한 가산점제도에 대해서는 합헌결정을 하였다.

제 4 항 국민투표권(국민표결권)

1. 헌법규정

헌법은 제72조(대통령은 필요하다고 인정할 때에는 외교·국방·통일 기타 국가안위에 관한 중요정책을 국민투표에 붙일 수 있다)와 제130조 제2항(헌법개정안은 국회가 의결한 후 30일 이내에 국민투표에 붙여 국회의원선거권자 과반수의 투표와 투표자 과반수의 찬성을 얻어야 한다)에서 협의의 국민투표권(국민표결권)을 규정하고 있다.

2. 국민투표권의 개념과 유형

협의의 국민투표권, 곧 국민표결권은 국민이 중요한 법안이나 정책을 국민투표로써 결정하는 권리를 말한다. 국민표결에는 레퍼렌덤(협의의 국민표결)과 플레비지트(국민결정)가 있다. 레퍼렌덤은 입법과정 등에 국민이 참여하는 것으로, 헌법에 규정된 절차에 따른 국민투표를 말한다. 플레비지트는 정치적 결단에 국민이 참여하는 것으로 헌법에 규정이 없음에도 또는 헌법의 규정을 무시하고 하는 국민투표를 말한다. 일반적으로 플레비지트는 신임투표적 성격이 강하다.

국민표결은 1802년 나폴레옹에 의하여 플레비지트의 형태로 처음 실시된 것으로 알려져 있고, 레퍼렌덤은 스위스에서 유래하는 것으로 알려져 있다.

국민표결, 특히 플레비지트에 대해서는 겉으로는 국민주권의 사상에 충실한 것처럼 보이지만, 실제로는 독재를 정당화하는 수단으로 악용될 수 있는 소지가 많다는 비판이 행해지고 있다.

3. 국민투표권의 내용

현행헌법상 국민투표권은 대통령이 중요정책을 국민투표에 회부하는 경우(제72조)와 헌법개정의 경우(제130조 제2항)의 두 가지가 있다.

중요정책에 대한 국민투표는 대통령의 판단에 따른 임의적인 것이며, 헌법개정안에 대한 국민투표는 필수적인 사항이라는 점에서 차이가 있다. 중요정책에 대한 국민투표의 방식으로 헌법개정을 위한 국민투표는 실시할 수 없으며, 국민투표에 의한 법률제정도 허용되지 않는다. 중요정책에 대한 국민투표에 대하여는 의결정족수에 관한 규정이 없지만 헌법개정안에 대한 국민투표의 의결정족수가 준용되어야 할 것이다.

헌법에 규정된 제도는 아니지만 지방자치법은 "지방자치단체의 장은 지방자치단체의 폐치·분합 또는 주민에게 과도한 부담을 주거나 중대한 영향을 미치는 지방자치단체의 주요결정사항 등"에 대하여는 주민의 의사를 물을 수 있도록 하는 주민투표제를 규정하고 있다(법 제13조의2).

4. 국민투표권의 제한과 한계

국민투표권은 헌법 제37조 제2항에 따라 제한될 수 있다. 그러나 그 경우에도 그 본질적 내용은 침해할 수 없다.

국민투표법은 만 19세 미만자(법 제7조)와 투표일 현재 공직선거법 제18조의 규정에 따라 선거권이 없는 자(법 제9조)에게는 국민투표권을 인정하지 않고 있다.

제 5 절 기본권보장을 위한 기본권(청구권적 기본권, 절차기본권)

제 1 항 기본권보장을 위한 기본권 일반론

기본권보장을 위한 기본권은 국민이 적극적으로 국가에 대하여 특정한 행위를 요구한다든가 국가의 보호를 요청한다든가 하는 주관적 공권을 말한다. 청구의 대상이 되는 국가적 행위는 입법·사법·행정과 같은 국가작용일 수도 있고 경제적 급부일 수도 있다.

국내에서는 기본권보장을 위한 기본권이란 용어 대신에 청구권적 기본권이란 용어가 일반화되어 있다. 그러나 청구권적 기본권과 수익권이란 용어는 ① 경제적·물질적 급부를 주된 목적으로 하는 사회적 기본권과 혼동을 가져올 염려가 있으며, ② 기본권보장을 위한 기본권은 권리 자체가 목적이 아니라 다른 권리나 이익을 확보하는 것이 목적이기 때문에 기본권보장을 위한 기본권이라는 명칭을 사용하는 것이 본질에 더욱 적합하다고 생각한다.

기본권보장을 위한 기본권은 다른 기본권들이 실체법적 권리인데 반해서 이러한 실체법적 권리들을 실현시키기 위한 절차적인 권리라는 점에 그 특성이 있다. 기본권보장을 위한 기본권은 구체적으로는 다음과 같은 점에서 다른 기본권들과는 차이가 있다. ① 자유권적 기본권이 국가로부터의 자유를 의미하는 소극적 성질을 가지는데 반하여, 기본권보장을 위한 기본권은 국가에 대한 청구를 내용으로 하는 적극적 성질을 가진다. ② 사회권적 기본권은 사회적 문제를 해결하기 위해서 비교적 늦게 등장하였다. 그에 반하여 기본권보장을 위한 기본권은 자유권과 더불어 기본권 보장사에서 가장 오래된 기본권 중의 하나이다. 그런가 하면 사회권적 기본권은 입법 등의 조치가 있어야 비로소 효력을 가지지만, 기본권보장을 위한 기본권은 헌법규정에 의해서 직접 효력이 발생한다. ③ 참정권적 기본권은 능동적 권리인데 반하여, 기본권보장을 위한 기본권은 국가에 대하여 일정한 국가적 행위를 요구할 수 있는 적극적 권리이다.

기본권보장을 위한 기본권은 주관적 공권이자 동시에 객관적 가치질서로서의 성격을 가진다. 국내다수설은 기본권보장을 위한 기본권을 원칙적으로 헌법에 의해 실정적으로 인정되는 국가내적인 시민의 권리라고 한다. 그러나 개인적으로는 기본권보장을 위한 기본권도 자연권이 실정화된 것으로 본다. 실체법적 기본권이 자연권에서 유래하였다면, 그를 보장하기 위한 절차적 기본권도 자연권에서 유래한 것이라고 보는 것이 논리적으로 일관될 것이기 때문이다.

기본권보장을 위한 기본권은 다른 기본권이 침해된 경우에 그 회복 또는 구제를 위한 권리이다. 따라서 기본권의 주체가 될 수 있는 자는 누구나 기본권보장을 위한 기본권의 주체성이 인정되며, 자연인은 국민이나 외국인을 불문하고 원칙적으로 그 주체성이 인정된다. 사법인은 물론 공법인에게도 널리 그 주체성이 인정된다. 공법인에게 기본권보장을 위한 기본권의 주체성이 인정되는 것은 그것이 개인적 권리가 아닌 객관적 절차원칙을 포함하고 있기 때문이다.

기본권보장을 위한 기본권에는 대국가적 효력이 인정된다. 기본권보장을 위한 기본권은 대국가적 권리이기 때문에 원칙적으로는 대사인적 효력이 부정된다.

기본권보장을 위한 기본권은 우선 헌법에 의하여 직접 제한되는 경우가 있다. 군인·군무원·경찰공무원 기타 법률이 정하는 공무원은 손해배상청구권이 제한되고(제29조 제2항), 군사법원에 의한 재판을 받아야 하는 경우에는 재판청구권이 제한된다(제27조 제2항). 또 기본권보장을 위한 기본권은 대통령의 긴급명령(제76조)에 의하여 제한될 수 있고, 비상계엄이 선포된 경우에는 법원의 권한에 관한 특별조치에 의해 제한될 수 있다(계엄법 제10조). 다음으로, 기본권보장을 위한 기본권은 헌법 제37조 제2항에 따라 법률에 의해 제한될 수 있다. 그러나 제한하는 경우에도 그 본질적 내용은 침해될 수 없다.

헌법은 기본권보장을 위한 기본권으로서 청원권(제26조), 재판청구권(제27조), 형사보상청구권(제28조), 국가에 대한 손해배상청구권(제29조), 범죄피해자구조청구권(제30조)을 규정하고 있다. 그 밖에도 위헌법률심사청구권(제107조 제1항), 헌법소원청구권(제111조 제1항 제5호), 구속적부심사청구권(제12조 제6항), 재산상손실보상청구권(제23조 제3항)도 기본권보장을 기본권이나, 이들은 이미 다른 곳에서 설명하였거나 나중에 설명될 것이다.

제2항 청원권

1. 헌법규정

헌법 제26조는 "① 모든 국민은 법률이 정하는 바에 의하여 국가기관에 문서로 청원할 권리를 가진다. ② 국가는 청원에 대하여 심사할 의무를 진다"고 하여 청원권을 규정하고 있다. 또한 헌법 제89조 제5호는 "정부에 제출 또는 회부된 정부의 정책에 관계되는 청원의 심사"는 국무회의의 심의를 거치도록 규정하고 있다.

2. 청원권의 개념·법적 성격·주체와 객체

청원권은 국민이 국가기관에 대하여 문서로 의견이나 희망을 표시할 수 있는 권리이다.

청원권의 법적 성격과 관련해서는 견해가 나누어져 있다. 헌법재판소는 청원권을 의견이나 희망을 진술하여 국가가 이를 수리·심사할 것을 청구할 수 있는 적극적인 청구권적 기본권으로 본다.

청원권은 역사적으로는 자유권의 형태로 시작되었다. 그리고 이러한 요소가 아직까지도 남아 있는 것을 부인하기는 어렵다 할 것이다. 또한 청원권은 국민이 표시한 의견이나 희망에 대하여 국가가 이를 수리·심사할 것을 요청하는 측면이 있다는 것도 부인하기는 힘들다 할 것이다. 따라서 개인적으로는 청원권을 자유권과 청구권의 이중적 성격을 가진 것으로 보고자 한다.

청원권은 자연인과 사법인에게 주체성이 인정된다. 또한 외국인에게도 주체성이 인정된다. 다만 사실상 노무에 종사하는 공무원을 제외하고는 공무원·군인 등의 경우 그 직무에 관련된 청원이나 집단적 청원에 대해서는 합리적인 제한을 할 수 있을 것이다(국가공무원법 제66조 제1항 참조). 수형자는 집단적인 청원은 할 수 없지만, 처우에 대하여 불복이 있을 때에는 법무부장관 또는 순회점검공무원에게 청원할 수 있다(「형의 집행 및 수용자의 처우에 관한 법률」 제6조).

헌법은 청원제출대상기관을 국가기관이라고만 하고 있다. 그러나 헌법을 구체화한 청원법은 청원제출대상기관을 ① 국가기관, ② 지방자치단체와 그 소속기관, ③ 법령에 의하여 행정권한을 가지고 있거나 행정권한을 위임 또는 위탁받은 법인·단체 또는 그 기관이나 개인으로 규정하고 있다(법 제3조).

3. 청원권의 내용

헌법은 청원사항에 대하여 아무런 규정을 두고 있지 않다. 헌법을 구체화한 청원법은 중요한 청원사항으로 피해의 구제, 공무원의 비위의 시정 또는 공무원에 대한 징계나 처벌의 요구, 법률·명령·규칙의 제정·개정·폐지, 공공의 제도 또는 시설의 운영, 기타 공공기관의 권한에 속하는 사항 등(청원법 제4조)을 예시적으로 열거하고 있다.

청원사항은 원칙적으로 제한이 없다. 청원법 제5조는 청원이 수리되지 않는 경우를 규정하고 있다. 그런가 하면 동일내용의 청원서를 동일기관에 2개 이상 또는 2개 기관 이상에 제출하는 것도 금지된다(이중청원의 금지). 청원서를 접수한 관서가 이 사실을 발견한 때에는 후에 접수한 청원서는 이를 취급하지 않는다(법 제8조). 또한 청원은 타인을 해할 목적으로 허위의 사실을 적시하여 제출해서는 안 되며(법 제11조), 이를 위반한 자는 5년 이하의 징역 또는 1천만 원 이하의 벌금에 처해진다(법 제13조).

청원은 국민의 권리 또는 이익이 침범되었을 때에만 할 수 있는 것이 아니고, 침범될 우려가 있을 때에도 할 수 있다. 곧 청원은 사전·사후를 불문한다.

청원은 반드시 문서로 하여야 한다. 그 이유는 청원을 평온하게 하기 위한 것이다. 청원서에는 청원인의 성명·주소·직업을 기재하고 청원의 이유와 취지를 명시하여야 하며, 공동청원의 경우에는 3인 이하의 대표자를 선임해서 청원서에 표시해야 한다(법 제6조).

청원서는 청원사항을 주관하는 관서에 제출하고, 청원서를 접수한 기관이 청원사항이 그 기관이 관장하는 사항이 아니라고 인정할 때에는 그 청원사항을 관장하는 기관에 청원서를 이송하고 이를 청원인에게 통지하여야 한다(법 제7조). 이는 청원의 제도적 가치를 증대시키기 위한 것이다.

국가기관은 청원을 접수·심사·처리하고 그 결과를 청원인에게 통지하여야 한다(법 제9조 제1항·제2항). 그러나 재결할 의무는 없다. 청원을 한 국민은 청원을 하였다는 이유로 차별대우를 받거나 불이익을 받지 않는다(법 제12조).

4. 국회청원(국회법 제123조-제126조)

국회청원을 하고자 하는 자는 의원의 소개를 얻어 청원서를 제출하여야 하고, 의장은 청원서를 접수한 후 그 청원요지서를 작성하여 각 의원들에게 배부함과 동시에 그 청원을 소관위원회에 회부하여 심사하게 한다. 위원회는 청원심사 후 그 의결로써 청원을 본회의에 회부할 것을 결정할 수 있으며, 본회의에 회부하지 않기로 한 청원에 대해서는 의장이 이를 청원인에게 통지하여야 한다.

국회가 채택한 청원으로서 정부에서 처리함이 타당하다고 인정되는 청원은 의견서를 첨부하여 정부에 이송하며, 이 경우 정부는 그 처리결과를 지체 없이 국회에 보고하여야 한다.

국회청원의 경우에도 재판에 간섭하거나 국가기관을 모독하는 청원은 접수하지 않으며, 위원회는 청원을 담당하게 하기 위하여 청원소위원회를 두어야 한다.

제 3 항 재판청구권

1. 헌법규정

헌법 제27조는 "① 모든 국민은 헌법과 법률이 정한 법관에 의하여 법률에 의한 재판을 받을 권리를 가진다. ② 군인 또는 군무원이 아닌 국민은 대한민국의 영역 안에서는 중대한 군사상 기밀·초병·초소·유독음식물공급·포로·군용물에 관한 죄 중 법률이 정한 경우와 비상계엄이 선포된 경우를 제외하고는 군사법원의 재판을 받지 아니한다. ③ 모든 국민은 신속한 재판을 받을 권리를 가진다. 형사피고인은 상당한 이유가 없는 한 지체없이 공개재판을 받을 권리를 가진다. ④ 형사피고인은 유죄의 판결이 확정될 때까지는 무죄로 추정된다. ⑤ 형사피의자는 법률이 정하는 바에 의하여 당해 사건의 재판절차에서 진술할 수 있다"라고 하여 재판청구권을 규정하고 있다.

2. 재판청구권의 개념 및 주체

재판청구권이란 행정부의 자의적인 판단을 배제하고 독립된 법원에서 신분이 보장된 법관에 의해 적법한 절차에 따른 공정한 재판을 받을 권리를 말한다. 헌법에 규정되어 있는 기본권이 실질적인 것이 되려면 그에 대한 보장책이 철저하게 마련되어 있어야 한다. 그러한 보장책에는 행정절차적 보장과 사법절차적 보장이 있으며, 그중에서도 가장 대표적이고 결정적인 것이 재판청구권이라 할 수 있다.

재판청구권은 자연인과 법인에 주체성이 인정되며, 외국인에게도 주체성이 인정된다.

3. 재판청구권의 내용

재판청구권은 헌법과 법률이 정한 법관에 의한 재판을 받을 권리, 법률에 의한 재판을 받을 권리, 신속한 공개재판을 받을 권리 및 공정한 재판을 받을 권리를 주된 내용으로 한다. 그 밖에도 헌법은 형사피해자의 재판상진술권을 재판청구권의 한 내용으로 보장하고 있다.

(1) 헌법과 법률이 정한 법관에 의한 재판을 받을 권리

1) 재판을 받을 권리

① 재판을 받을 권리의 유형과 재판청구의 요건   재판이라 함은 구체적 사건에 관하여 사실의 확정과 그에 대한 법률의 해석적용을 그 본질적인 내용으로 하는 일련의 과정이다. 재판에는 민사재판·형사재판·행정재판·헌법재판이 있다. 따라서 재판을 받을 권리란 민사재판청구권·형사재판청구권·행정재판청구권·헌법재판청구권을 말한다.

재판을 청구하려면 재판을 청구할 자격이 있는 자가 법적 판단을 구하기에 적합한 사건에 관하여 소를 제기할 이익이 있는 경우라야 한다. 곧 재판을 청구하려면 당사자적격·권리보호사건·소의 이익이라는 세 가지 요건을 갖추어야 한다.

② 대법원의 재판을 받을 권리   헌법 제27조는 상고심, 곧 대법원에서 재판을 받을 권리에 대해서는 명문의 규정을 두고 있지 않다. 이와 관련하여 헌법재판소는 헌법 제27조의 재판을 받을 권리에 모든 사건에 대해서 대법원의 재판을 받을 권리가 포함되는 것은 아니며, 모든 사건에 대하여 상고를 할 수 있게 하느냐 않느냐는 특단의 사정이 없는 한 입법정책의 문제로 입법자는 상고를 제

한하는 법률규정을 제정할 수 있다고 한다. 그러나 개별입법이 상소권을 전면 인정하지 않는 것은 상소권을 본질적으로 침해하는 것이므로 위헌이라고 한다.

개인적으로는 이 문제를 단순히 헌법 제27조에 대법원의 재판을 받을 권리를 명문으로 규정하고 있지 않다고 해서 바로 입법정책의 문제라고 보는 것은 문제가 있다고 생각한다. 오히려 헌법은 법원의 조직을 대법원과 각급법원으로 하고 있기 때문에(제101조 제2항) 헌법상 명문규정은 없지만 국민의 재판을 받을 권리는 대법원과 각급법원에서 재판을 받을 권리를 의미하고, 그러한 한에서 특별한 이유가 없는 한 국민은 대법원에서 재판을 받을 권리를 가진다고 해석하여야 할 것이다. 또한 헌법이 예외적으로 비상계엄하의 군사재판을 일정한 경우에 한하여 단심으로 할 수 있도록 하면서도 사형을 선고하는 경우에는 예외를 둔 것(제110조 제4항)과 특별법원인 군사법원의 상고심을 대법원으로 하고 있는 것(제110조 제2항)도 원칙적으로 국민은 대법원에서 재판을 받을 권리를 가진다는 것을 말해 주는 것이라 할 수 있다. 따라서 헌법상의 재판청구권은 상고심절차에 의한 재판 받을 권리까지도 당연히 포함하는 것은 아니라는 헌법재판소의 전제는 원칙과 예외를 혼동한 것이라 할 수 있으며, 매우 신중한 헌법차원의 검토가 선행되어야 한다는 지적은 매우 타당하다고 생각한다.

③ 군사재판을 받지 아니할 권리   군인 또는 군무원이 아닌 국민은 대한민국의 영역 안에서는 중대한 군사상 기밀·초병·초소·유독음식물공급·포로·군용물에 관한 죄 중 법률이 정한 경우와 비상계엄이 선포된 경우를 제외하고는 군사법원의 재판을 받지 아니한다(제27조 제2항).

2) '헌법과 법률에 정한 법관'에 의한 재판을 받을 권리   헌법과 법률이 정한 법관이란 다음의 요건을 구비한 법관을 말한다. ① 헌법 제101조 제3항에 따라 제정된 법원조직법 제41조, 제42조에서 규정하고 있는 자격을 갖추어야 한다. ② 헌법 제104조와 법원조직법 제41조가 규정한 절차에 따라 적법하게 임명되어야 한다. ③ 헌법 제105조와 제106조에 따라 임기·정년·신분이 보장되어야 한다. ④ 헌법 제103조에 따라 헌법과 법률에 의하여 그 양심에 따라 독립하여 심판할 수 있어야 한다. ⑤ 법원의 구성과 관할 및 그 사무분배 등에 관한 법률의 규정에 의하여 권한이 있어야 한다. ⑥ 제척 기타의 사유로 법률상 당해 재판에 관여하는 것이 금지되지 아니하여야 한다.

국민은 이상의 요건을 갖추지 않은 자에 의한 재판을 원칙적으로 거부할 수 있다. 그러나 이상의 요건을 갖추지 않은 자에 의한 재판이라고 하더라도 헌법에 정한 예외가 있거나(군사재판), 불복할 경우에 정규법원에 정식재판을 청구할 길이 열려 있는(약식절차, 통고처분, 행정기관에 의한 재결 또는 결정) 경우에는 헌법과 법률에 의한 법관에 의한 재판을 받을 권리가 침해된 것이라고 보기는 어렵다. 다만 헌법과 법률에 정한 법관이 아닌 배심원이 사실심뿐만 아니라 법률심에까지 관여한다면 그것은 위헌이 될 것이다.

(2) 법률에 의한 재판을 받을 권리

국민은 법률에 의한 재판을 받을 권리를 가진다. 법률에 의한 재판이라 함은 합헌적인 실체법과 절차법에 따라 행해지는 재판을 말한다.

법률의 범위는 재판의 유형에 따라 다르다. 형사재판의 경우는 죄형법정주의의 원칙이 적용되므로 실체법은 형식적 의미의 법률에 한정되나(제76조의 긴급명령·긴급재정경제명령 포함), 민사재판·행정재판의 경우는 그러한 제한이 없으므로 실체법은 모든 성문법과 관습법·조리와 같은 불문법을 포함한다. 그러나 재판의 종류를 불문하고 절차법에 관한 한 형식적 의미의 법률에 의하여야 한다. 다만 대통령의 긴급명령과 긴급재정경제명령 및 헌법 제108조에 따라 소송절차를 정하는 대법원규칙과 헌법 제113조 제2항에 따라 심판절차를 정하는 헌법재판소규칙은 예외가 된다.

(3) 신속한 공개재판을 받을 권리

모든 국민은 신속한 재판을 받을 권리를 가진다(제27조 제3항 제1문). 신속한 재판이란 지연되지 않은 재판을 말한다. 그러나 어떤 경우에 재판이 지연되었는가는 사건의 내용, 심리의 곤란 여부, 지연의 원인과 정도, 피고인에 대한 불리한 영향 등을 종합적으로 판단하여야 한다.

헌법은 형사피고인에게만 공개재판을 받을 권리를 보장하고 있다(제27조 제3항 제2문). 그러나 공개재판을 받을 권리는 일반국민의 권리이기도 하다. 공개재판이란 재판의 공정성을 확보하기 위하여 재판의 심리와 판결을 이해관계가 없는 제3자에게도 공개하는 재판을 말한다. 그러나 국가의 안전보장 또는 안녕질서를 방해하거나 선량한 풍속을 해할 염려가 있을 때에는 심리에 한하여 공개하지 않을 수도 있다(제109조 단서). 그러나 심리를 비공개로 하는 경우에도 판결(선고)

은 반드시 공개하여야 한다(제109조 제1문).

(4) 공정한 재판을 받을 권리

공정한 재판이란 정당한 재판을 말한다. 정당한 재판이란 신속하고 공개된 법정의 법관의 면전에서 당사자주의와 구두변론주의가 보장되어 있는 재판을 말한다. 따라서 순수한 소송사건에서 권리·의무의 종국적 확정은 공개법정에서 대심(對審)구조에 의하여야 한다.

그러나 비송사건절차, 가사소송절차, 파산절차 등과 같이 실체적 권리·의무의 존재를 전제로 하여 법원이 후견적·감독적 입장과 합목적성의 견지에서 재량권을 행사하여 사인간의 법률관계의 내용을 구체적으로 형성하는 경우에는 임의적 구두변론주의를 택한다 하더라도 그것만으로 정당한 재판을 받을 권리를 침해하는 것은 아니다.

또한 정당한 재판은 원칙적으로 관할권을 가진 법원에서 하는 재판이어야 한다.

(5) 형사피해자의 재판상(재판절차, 공판절차)진술권

헌법은 "형사피해자는 법률이 정하는 바에 의하여 당해사건의 재판절차에서 진술할 수 있다"(제27조 제5항)고 하여 형사피해자의 재판상진술권을 규정하고 있다.

형사피해자는 문제된 범죄행위로 말미암아 법률상 불이익을 받게 되는 자이다. 형사피해자는 당해사건의 재판절차에 증인으로 출석하여 자신이 입은 피해의 내용과 사건에 관하여 의견을 진술할 수 있다. 제27조 제5항의 형사피해자는 모든 범죄행위로 인한 피해자이기 때문에, 생명과 신체에 대하여 피해를 입은 제30조의 범죄피해자보다 넓은 개념이다.

4. 재판청구권의 제한 및 한계

헌법은 국회의 자율권을 존중하는 취지에서 국회에서 행한 국회의원에 대한 자격심사와 징계 및 제명처분에 대해서는 법원에 제소할 수 없도록 하고 있다(제64조 제4항).

재판청구권은 헌법 제37조 제2항에 따라 제한될 수 있다. 그러나 제한하는 경우에도 본질적 내용을 침해하여서는 안 된다. 예컨대 법관에 의하여 적어도 한 차례의 검토심리의 기회가 보장될 것과 그 접근기회가 사실상 가능할 것은 재판청구권의 본질적 내용에 속하므로 제한될 수 없다. 그 밖에도 재판청구권을 제한하는 경우에는 비례의 원칙과 명확성의 원칙 등을 준수하여야 한다. 재판청구권을 제한하는 법률로는 법원조직법, 헌법재판소법, 민사소송법, 형사소송법, 행정소송법, 군사법원법, 소액사건심판법 등이 있다.

군인과 군무원 등은 일반법원이 아닌 군사법원에 의한 재판을 받는다(제110조). 이는 특별관계에 의하여 헌법 제27조의 재판을 받을 권리가 제한되는 경우이다.

또한 비상사태시 법원의 권한에 대하여 특별한 조치를 하는 경우 국민의 재판청구권이 제한될 수 있다. 특히 비상계엄 하에서는 일반국민도 군사법원의 재판을 받아야 하며, 상소까지 제한되는 경우가 있다(제27조 제2항, 제77조 제3항, 제110조 제3항 참조).

제4항   형사보상청구권

1. 헌법규정

헌법 제28조는 "형사피의자 또는 형사피고인으로서 구금되었던 자가 법률이 정하는 불기소처분을 받거나 무죄판결을 받은 때에는 법률이 정하는 바에 의하여 국가에 정당한 보상을 청구할 수 있다"고 하여 형사보상청구권을 규정하고 있다.

2. 형사보상청구권의 개념

형사보상청구권이란 형사피의자나 형사피고인으로 구금되었던 자가 불기소처분이나 무죄판결을 받은 경우 그가 입은 정신적·물질적 손실을 국가에 대해 청구할 수 있는 권리를 말한다.

3. 형사보상의 본질 및 형사보상청구권의 법적 성격

형사보상의 본질과 관련해서는 손실보상설, 손해배상설, 이분설 등 견해의 대립이 있다. 그러나 형사보상을 국가의 형사사법작용으로 인해 야기된 인권침해의 결과에 대한 책임을 국가에게 지움으로써 사후적으로나마 국민의 권리를 구제해주려는 무과실·결과책임으로서의 손실보상이라고 하는 손실보상설이 다수설의 입장이다. 헌법이 제29조와는 분리하여 제28조에서 형사보상청구권을 인정하는 것은 제29조와는 다른 책임, 곧 국가에 대하여 원인행위의 비난가능성과는 관계없이 결과책임을 지우는 것으로 해석하여야 한다. 따라서 다수설의 입장은 타당하다.

형사보상청구권의 법적 성격과 관련해서는 프로그램적 규정설과 직접적 효력규정설이 대립되어 있다. 형사보상에 관한 법률이 제정되어 있지 않더라도 직접적으로 형사보상을 청구할 수 있다는 직접적 효력규정설이 다수설이다. 그러나 헌법 제28조는 "법률이 정하는 불기소처분"이라고 정하고 있으므로, 형사보상청구의 구체적인 대상과 내용 및 절차는 법률이 정하는 바에 따른다.

4. 형사보상청구권의 주체

형사피고인, 형사피의자, 그 상속인(청구하지 않고 사망하거나 사형이 집행된 경우) 및 외국인이 주체가 된다. 법인은 주체가 될 수 없다.

5. 형사보상청구권의 성립요건과 내용

형사보상청구권이 성립되기 위해서는 ① 형사피의자 또는 형사피고인으로서 미결구금, 형집행으로 구금이 되었을 것을 요한다. 이때의 구금에는 형의 집행을 위한 구치나 노역장유치의 집행이 포함된다. 그러나 불구속으로 조사를 받거나 기소된 자는 형사보상을 청구할 수 없다. ② 형사피의자인 경우는 법률이 정하는 불기소처분을 받아야 한다. 이때의 불기소처분은 협의의 불기소처분, 곧 무혐의·범죄불성립·공소권 없음의 경우에 한정되고, 기소유예처분이나 기소중지처분은 제외된다(형사보상법 제26조). ③ 형사피고인인 경우는 무죄판결(무죄·면소·공소기각)을 받아야 한다. 무죄판결의 경우에도 허위자백, 경합범 중 일부에 대해 무죄판결이 있는 경우, 형사미성년자, 심신장애를 이유로 무죄판결이 행해지는 경우에는 법원은 재량으로 청구의 전부 또는 일부를 기각할 수 있다(동법 제3조 참조). ④ 형사보상책임은 무과실의 결과책임이므로 관계기관의 고의나 과실을 필요로 하지 않는다.

형사보상은 정당한 보상, 곧 형사보상청구권자가 입은 손실액의 완전한 보상이어야 한다. 형사보상청구의 절차와 방법에 대하여는 형사보상법에 자세하게 규정되어 있다.

제5항 국가배상청구권

1. 헌법규정

헌법 제29조는 다음과 같은 2개항을 두어 국가배상청구권을 규정하고 있다. "① 공무원의 직무상 불법행위로 손해를 받은 국민은 법률이 정하는 바에 의하여 국가 또는 공공단체에 정당한 배상을 청구할 수 있다. 이 경우 공무원 자신의 책임은 면제되지 아니한다. ② 군인·군무원·경찰공무원 기타 법률이 정하는 자가 전투·훈련 등 직무집행과 관련하여 받은 손해에 대하여는 법률이 정하는 보상 외에 국가 또는 공공단체에 공무원의 직무상 불법행위로 인한 배상은 청구할 수 없다." 헌법 제29조를 구체화한 법으로 국가배상법이 제정·시행되고 있다.

2. 국가배상청구권의 개념·법적 성격·주체와 객체

국가배상청구권이란 국민이 공무원의 직무상 불법행위로 손해를 받은 경우에 국가 또는 공공단체에 대하여 손해의 배상을 청구할 수 있는 권리이다.

국가배상청구권의 법적 성격과 관련해서는 프로그램규정설과 직접효력규정설, 청구권설과 재산권설 및 절충설, 사권설과 공권설이 대립되어 있다. 직접효력규정설, 청구권설, 공권설이 다수설이다. 그러나 판례는 국가배상법을 사법으로 보고 국가배상에 관한 소송을 민사소송의 절차에 따르도록 하고 있다.

국가배상청구권은 원칙적으로 자연인인 국민과 법인에게 주체성이 인정된다. 외국인의 경우에는 호혜주의(상호주의)원칙에 따라 주체성이 인정된다(국가배상법 제7조). 군인과 군무원에게는 이중배상이 금지된다(제29조 제2항). 국가배상책임을 지는 것은 국가와 공공단체, 곧 국가기관, 지방자치단체, 공공조합, 영조물법인 등이다. 그러나 외국공관원은 국가기관이 아니므로 국가는 외국공관원의 불법행위에 대하여 책임을 지지 아니한다.

3. 국가배상청구권의 내용

(1) 국가배상청구권의 성립요건

국가배상청구권이 성립하기 위하여는 공무원의 직무상 불법행위로 손해가 발생하여야 한다(제29조 제2항, 국가배상법 제2조 제1항).

1) 공 무 원　　여기서 공무원은 최광의의 공무원, 곧 널리 공무를 위탁받아 이에 종사하는 모든 자를 말한다. 이때의 공무원은 일반적으로 기관구성원인 자연인을 의미하지만 기관 자체가 포함되는 경우도 있다. 판례는 소집중인 향토예비군, 시청소차운전수, 철도건널목간수, 철도차장, 소방원, 통장, 집달관 등은 공무원으로 보나, 의용소방대원, 시영버스운전수, 자원봉사자는 공무원이 아니라고 한다. 우리나라에 주둔중인 미군, 주한미군부대고용원, 카튜사 등은 공무원이 아니지만, 이들의 직무상 불법행위로 발생한 손해에 대해서도 한미상호방위조약 제4조에 의한 민사특별법에 따라 우리 정부가 배상하고 있다.

2) 직무상 행위　　직무의 범위와 관련하여 견해의 대립이 있으나, 권력행위 외에 관리행위까지를 포함하는 것으로 보는 광의설이 통설·판례의 입장이며, 또한 옳다. 왜냐하면 헌법상 권력행위에 한한다는 명문규정이 없을 뿐만 아니라, 국가배상법 제5조는 "도로, 하천 기타 공공의 영조물의 설치 또는 관리에 하자가 있기 때문에 타인에게 손해를 발생하게 하였을 때"에도 국가 또는 지방자치단체에 배상책임을 인정하고 있고, 국가의 사법상의 작용에 의한 손해발생에 대하여는 권리구제의 방법이 따로 있기 때문이다.

'직무를 집행함에 당하여'의 해석과 관련하여 주관설과 객관설(외형설)이 대립되어 있다. 그 범위에 직무행위 자체와 직무행위의 외형을 갖춘 행위를 포함하면서, 주관적 의사와 관계없이 외관을 객관적으로 관찰하여 직무행위의 여부를 판단하려는 객관설이 통설·판례의 입장이다.

3) 불법행위　　불법행위란 고의·과실(책임성)에 의하여 법령에 위반한(위법성) 행위를 말한다. 불법행위의 유형으로는 작위·부작위·행위의 지체 등이 있다. 법령위반에 있어서 법령은 법률·명령·관습법을 불문한다. 국가배상청구권은 그 성립요건으로 고의·과실을 요한다는 점에서 고의·과실을 요구하지 않는 재산상 손실보상청구권 및 형사보상청구권과 다르다. 따라서 고의·과실에 대한 입증책

임은 피해자에게 있다.

4) 타인에 대한 손해의 발생　　손해는 재산적·정신적·소극적·적극적 손해를 모두 포함하며, 가해자인 공무원과 가세한 자 이외의 타인에게 발생하여야 한다(손해의 타인성). 손해의 발생과 불법행위 사이에는 상당인과관계가 있어야 한다.

(2) 국가배상책임의 본질

국가 또는 지방자치단체가 지는 배상책임의 본질과 관련해서는 대위책임설(법인의제설), 자기책임설, 중간설(절충설) 등 견해의 대립이 있다. 이 중에서 국가의 배상책임은 국가가 공무원의 책임을 대신 지는 것이 아니라 기관의 행위를 통해 지는 자기책임이라고 하는 자기책임설이 다수설이다. 연혁적으로도 국가배상책임은 국가무책임의 원칙에서 국가책임의 원칙으로, 대위책임의 원칙에서 자기책임의 원칙으로 발전하여 왔다. 그러나 대법원은 중간설의 입장에 있다.

(3) 배상책임자

1) 국가책임과 공무원책임　　피해자는 국가 또는 지방자치단체에 대해서만 배상을 청구할 수 있는가 아니면 국가 또는 공공단체와 공무원의 양쪽에 대하여 선택적으로 청구할 수 있는가에 대하여 선택적 청구권설(긍정설)과 대국가적 청구권설(부정설)이 대립되어 있다. 대법원은 선택적 청구권을 인정하였다가 그 후에는 선택적 청구권을 부정하였다. 그러나 최근에는 종전의 입장을 바꾸어 공무원 개인이 경과실인 경우는 국가가 책임을 지고, 공무원 개인이 고의 또는 중과실이고 또 그 행위를 직무수행으로 볼 수 있는 경우에는 국가가 공무원과 함께 책임을 지지만, 공무원 개인이 고의 또는 중과실이지만 그것을 직무수행으로 볼 수 있는 경우에는 국가와 공무원에 대하여 선택적으로 청구할 수 있다고 한다. 그러나 배상책임자가 누구인가 하는 문제는 결국 배상책임의 성질을 어떻게 보느냐의 문제로 환원된다. 앞에서 배상책임의 성질을 자기책임으로 보았기 때문에 피해자는 국가 또는 공공단체에 대하여만 청구권을 행사할 수 있다고 생각한다.

국가나 공공단체가 손해를 배상한 경우에는 고의나 중과실을 한 공무원에게 구상권을 청구할 수 있다. 그러나 가해공무원에게 경과실이 있는 데 지나지 아니한 경우에는 구상권을 행사할 수 없다.

2) 선임·감독자와 비용부담자가 다를 경우　　국가 또는 지방자치단체에 대하여 배상을 청구함에 있어 공무원의 선임·감독자가 봉급, 급여 등 비용부담자

와 다를 경우에는 피해자는 선택적으로 청구할 수 있다(국가배상법 제6조 제1항). 이때에는 손해를 배상한 자가 내부관계에서 손해를 배상할 책임이 있는 자에 대하여 구상권을 행사할 수 있다(법 제6조 제2항). 내부관계에서 손해를 배상할 책임이 있는 자는 가해공무원을 선임·감독하는 자로 보아야 한다.

(4) 배상청구의 절차·배상의 범위·소멸시효

1) 배상청구의 절차   국가배상법 제9조는 "이 법에 의한 손해배상의 소송은 배상심의회의 배상금지급 또는 기각의 결정을 거친 후에 한하여 이를 제기할 수 있다"고 하여 배상심의전치주의를 규정하고 있다. 다만 배상결정의 신청이 있은 날로부터 3월을 경과한 때에는 결정을 거치지 아니하고 소송을 제기할 수 있다. 이때 일반법원에 민사소송법에 의한 손해배상청구소송을 제기하는 것이 원칙이나, 예외적으로 행정소송법(제10조)에 따라 행정소송진행 중 변론이 종결될 때까지 소송병합절차에 따라 손해배상청구소송을 병합할 수도 있다.

배상심의회에는 일반배상심의회와 특별배상심의회(국방부)가 있고, 일반배상심의회에는 지구배상심의회와 본부배상심의회(법무부)가 있다(국가배상법 제10조). 지구배상심의회는 신청일로부터 4주일 이내에 배상금의 지급 또는 기각의 결정을 하여야 한다(법 제13조 제1항).

2) 배상의 범위   배상의 범위는 정당한 배상, 곧 당해 불법행위와 상당인과관계에 있는 모든 손해이다. 국가배상법 제3조는 라이프니츠 *Leibniz*식에 의한 배상을 규정하고 있다. ① 생명의 해를 입은 때의 월급액이나 월실수액 또는 평균임금에 장래의 취업가능기간을 곱한 액의 유족배상과 장례비, ② 신체의 해를 입힌 경우에는 요양비와 요양기간 중의 손실액의 휴업배상 및 장해배상, ③ 물건에 해를 입힌 경우에는 그 물건의 교환가액이나 수리비, 휴업배상, ④ 생명·신체에 대한 침해 및 물건의 멸실·훼손으로 인한 손해 이외의 손해는 불법행위와 상당인과관계가 있는 범위 내에서의 배상 등. 그러나 국가배상법의 규정은 하나의 기준을 제시한 것이지 배상의 상한선을 제시한 것은 아니라 할 것이다.

생명·신체의 침해로 인한 국가배상청구권은 양도·압류하지 못한다(법 제4조). 그러나 재산의 침해에 대한 배상금은 양도가 가능하다.

3) 소멸시효   국가배상법 제8조의 규정에 의해 민법상의 소멸시효를 준용한다.

4. 국가배상청구권의 제한

(1) 헌법 제29조 제2항에 의한 제한

헌법 제29조 제2항은 군인·군무원·경찰공무원 기타 법률이 정한 자의 국가배상이중청구를 금지하고 있다.

또한 헌법 제29조 제2항을 구체화한 국가배상법 제2조 제1항 단서도 "군인·군무원·경찰공무원 또는 향토예비군대원이 전투·훈련 기타 직무집행과 관련하거나 국방 또는 치안유지의 목적상 사용하는 시설 및 자동차·함선·항공기 기타 운반기구 안에서 전사·순직 또는 공상을 입은 경우에 본인 또는 그 유족이 다른 법령의 규정에 의하여 재해보상금·유족연금·상이연금 등의 보상을 지급받을 수 있을 때에는 이 법 및 민법의 규정에 의한 손해배상을 청구할 수 없다"고 규정하고 있다.

국가배상법 제2조 제1항 단서에 대해서는 한정위헌결정과 단순합헌결정이 함께 내려져 있다. 그러나 국가배상법 제2조 제1항은 보상과 배상의 차이, 곧 사회보장적 성격의 보상과 불법행위적 책임의 성격을 가진 배상의 차이를 간과한 것으로 문제가 있는 규정이라 할 것이다. 대법원은 경찰관이 숙직실에서 숙직하다가 연탄가스중독으로 사망한 경우 공무원연금법에 의한 순직연금 외에도 손해배상청구소송이 가능하다는 판례를 남기고 있다.

(2) 법률에 의한 제한

국가배상청구권은 헌법 제37조 제2항에 따라 국가안전보장·질서유지 또는 공공복리를 위하여 필요한 경우에 법률로써 제한할 수 있다. 그러나 이 경우에도 평등의 원칙·비례의 원칙 등 헌법상의 원칙을 지켜야 하며, 국가배상책임의 내용과 범위, 국가배상청구권의 절차 등의 문제에 국한되어야지, 국가배상청구권의 본질적 내용을 제한해서는 안 된다. 예컨대 국가배상책임을 전면적으로 부인하는 입법과 배상기준을 지나치게 낮게 규정하는 입법은 국가배상청구권의 본질적 내용을 침해하는 것으로 재고되어야 할 것이다.

(3) 긴급명령에 의한 제한

국가배상청구권은 예외적으로 제76조에 의해서도 제한될 수 있다.

제 6 항 범죄피해자구조청구권

1. 헌법규정

헌법 제30조는 "타인의 범죄행위로 인하여 생명·신체에 대한 피해를 받은 국민은 법률이 정하는 바에 의하여 국가로부터 구조를 받을 수 있다"고 하여 범죄피해자구조청구권을 규정하고 있다.

2. 범죄피해자구조청구권의 법적 성격·주체

범죄피해자구조제도의 본질에 대해서는 국가책임설, 사회보장설, 사회분담설 등 견해의 대립이 있다. 그러나 범죄피해자구조제도의 본질을 어느 하나의 학설만으로 설명할 수는 없다고 생각한다. 왜냐하면 범죄피해자구조제도는 범죄발생에 대한 국가책임이론과 사회책임이론에 그 근거를 두고 있고, 범죄자(가해자)의 배상능력이 없음을 전제로 하는 보충적인 성질을 갖는 제도이기 때문이다. 그러한 한에서 범죄피해자구조청구권의 법적 성격은 사회보장적 성격이 농후한 청구권으로 볼 수 있을 것이다.

헌법 제29조는 범죄피해자구조청구권의 주체를 '타인의 범죄로 인하여 생명·신체에 대한 피해를 받은 국민'이라고만 규정하고 있다. 그러나 이를 구체화한 범죄피해자구조법에 따르면 그 주체는 타인의 범죄행위로 인하여 사망한 자의 유족이나 중장해를 당한 자이다(법 제1조). 이때의 유족은 배우자와 자녀, 부모, 손, 조부모, 형제자매의 순이며(법 제5조), 태아는 유족의 범위를 정함에 있어서 이미 출생한 것으로 본다(법 제5조 제2항). 외국인의 경우는 상호보증이 있는 경우에 한하여 주체가 될 수 있다. 범죄피해자구조청구권은 대한민국의 주권이 미치는 영역에서 발생한 범죄행위로 인한 피해자만이 주체가 될 수 있다(법 제2조).

그 밖에도 자기 또는 타인의 형사사건의 수사 또는 재판에서 수사단서의 제공·진술·증언 또는 자료제출과 관련하여 피해를 입은 자 또는 그 유족에게도 구조금을 지급하도록 하고 있다(법 제3조 제1항).

3. 범죄피해자구조청구권의 내용

(1) 범죄피해자구조청구권의 개념

범죄피해자구조청구권이란 타인의 범죄행위로 인하여 생명·신체에 대한 피해를 입은 경우에 국가에 대해 경제적 구조를 청구할 수 있는 권리를 말한다.

(2) 피해자구조금

구조금은 유족구조금과 장해구조금이 있다. 유족구조금의 경우 유족 중에서 선순위자에게 지급하고, 동순위의 유족이 2인 이상인 때에는 균분하여 지급한다. 구조금은 일시금으로 지급한다(법 제4조). 구조금의 금액은 피해자 또는 유족의 생계유지상황과 정도를 참작하여 대통령령으로 정한다(법 제9조). 구조금의 지급을 받을 권리는 그 구조결정이 당해 신청인에게 송달된 날로부터 2년간 행사하지 아니하면 시효소멸한다(법 제17조).

(3) 범죄피해자구조청구권의 성립요건

1) 성립요건   범죄피해자구조청구권이 성립되기 위해서는 다음과 같은 세 가지 요건을 충족하여야 한다. ① 타인의 범죄행위로 피해자가 사망 또는 중장해를 입어야 한다. 따라서 긴급피난의 경우는 청구가 가능하나, 정당행위·정당방위·과실에 의한 행위로 발생한 피해는 청구할 수 없다(법 제2조). ② 가해자가 불명하거나 무자력하여 피해의 전부 또는 일부를 배상받지 못하여야 한다(법 제3조). ③ 피해자의 생계유지가 곤란해야 한다(법 제3조). 다만 형사절차에 대한 협조와 관련하여 범죄피해자가 된 경우에는 생계유지 곤란 여부를 불문한다.

2) 구조금을 지급하지 아니할 수 있는 경우   적극적 요건이 충족된 경우에도 구조금을 지급하지 아니할 수 있는 경우가 있다. 곧 친족간의 범죄인 경우, 피해자에게 귀책사유가 있는 경우, 기타 사회통념상 구조금의 전부 또는 일부를 지급하지 아니함이 상당하다고 인정되는 경우에는 구조금의 일부 또는 전부를 지급하지 않을 수 있다(법 제6조).

3) 범죄피해자구조금의 환수   국가는 구조금을 받은 자가 ① 사위 기타 부정한 방법으로 구조금의 지급을 받은 경우, ② 구조금을 지급받은 후 구조금을 지급하지 아니할 수 있는 사유가 발견된 경우, ③ 과오급된 경우에 해당될 때에는 심의회의 결정을 거쳐 그가 받은 구조금의 전부 또는 일부를 환수할 수 있다

(법 제16조).

4) 다른 급여나 배상과의 관계(범죄피해자구조청구권의 보충성)   피해자가 범죄피해를 원인으로 하여 국가배상법 기타 법령에 의한 급여 등을 지급받을 수 있는 경우에는 구조금을 지급하지 아니하며, 이미 다른 방법으로 손해배상 등을 받은 경우에는 그 받은 금액의 한도 내에서 구조금을 삭감할 수 있다(법 제8조, 제9조).

(4) 범죄피해자구조금 청구절차

범죄피해자구조금은 당해 범죄피해의 발생을 안 날로부터 1년 이내 또는 당해 범죄피해가 발생한 날로부터 5년 이내에 주소지·거주지 또는 범죄발생지를 관할하는 지방검찰청에 설치된 범죄피해구조심의회에 신청하여야 한다(법 제12조). 신청을 받은 심의회는 신청인·관계인의 조사, 피해자건강상태의 진단, 행정기관 기타 필요단체에의 조회 등 필요한 조사를 하고(법 제15조), 신속하게 신청의 인용 여부를 결정해야 한다(법 제13조). 이때 피해정도의 불명 등 신속하게 결정할 수 없는 사정이 있는 때에는 대통령령이 정하는 금액의 범위 내에서 가구조금의 지급을 결정할 수 있다(법 제14조). 심의회가 피해의 구조를 결정하면 피해자는 구조금을 지급받을 권리를 취득한다. 구조금수령권은 양도·압류·담보로 제공할 수 없다.

제 6 절 국민의 기본의무

제 1 항 국민의 기본의무 일반론

국민의 기본의무란 국민이 국가구성원으로서 부담하는 여러 의무 가운데서 특히 헌법이 규정하고 있는 의무를 말한다.

국민의 의무가 헌법규범화된 것은 1789년의 프랑스인권선언과 그 선언의 내용을 그대로 받아들인 1791년의 프랑스헌법에서 간접적으로 납세의 의무를 규정한 것이 처음이라고 할 수 있다. 1795년의 프랑스헌법은 '인간과 시민의 권리·의무의 선언'을 규정하고 사회의 방위의무, 법률에의 복종의무 등의 내용으로 구성된 9개조의 의무목록을 규정하였다. 1919년의 바이마르헌법은 납세의무와 병역 의무 외에도 새로운 의무에 대하여 자세한 규정을 두어 국가의 사회적 성격을 강조하고 자유의 개인주의원칙을 수정한 최초의 헌법으로 알려져 있다. 오늘날 국민의 기본의무에 대하여는 각국 헌법이 대부분 규정하고 있으나, 그 구체적 내용은 나라마다 다르다. 그러나 독일기본법처럼 국민의 기본의무에 대하여 의식적으로 침묵하고 있는 헌법도 있다.

헌법은 국민의 기본의무로서 제38조에서 납세의 의무를, 제39조 제1항에서 국방의 의무를, 제31조 제2항에서 교육을 받게 할 의무를, 제32조 제2항에서 근로의 의무를, 제35조 제1항에서 환경보전의 의무를, 제23조 제2항에서 재산권행사의 공공복리적합의무를 규정하고 있다. 헌법은 헌법과 법률의 준수의무·국가수호의 의무에 대해서는 규정하고 있지 않으나, 이는 자명한 것으로 받아들여지고 있다.

국민의 기본의무의 법적 성격과 관련해서는 전국가적 의무로 보는 견해와 실정법상의 의무로 보는 견해가 나누어져 있다. 그러나 국민의 기본의무를 전국가적 의무라고 보는 경우 그것은 무제한의 의무를 의미하고, 무제한의 의무라는 것은 헌법국가와 법치국가의 원리에 위반되게 된다. 따라서 기본의무라고 하는 것은 국가공동체를 형성하고 유지하기 위한 국민의 실정법상의 의무에 지나지 않는다고 하는 것이 다수설의 입장이다.

또한 국민의 기본의무의 법적 성격과 관련하여 그것이 직접적인 효력을 갖는 것인지, 헌법윤리적인 선언적 효력만을 갖는 것인지에 대해서 견해가 나누어져 있다. 개인적으로는 국민의 기본의무의 내용은 헌법에 의해서 직접 정해지는 것이 아니라, 법률에 의해서 비로소 구체화된다는 점에서 국민의 기본의무는 간접적 효력 내지 선언적 효력을 가진다고 생각한다. 그러한 한에서 국민의 기본의무에 첨부되어 있는 법률유보는 입법자에게 기본의무의 내용을 자세하게 규정할 것을 유보한다는 점에서 기본권구체화적 법률유보와 같은 것이라고 할 수 있다.

국민의 기본의무는 진정기본의무와 부진정기본의무, 인간의 의무와 국민의 의무, 선험적 의무와 비선험적 의무, 고전적 의무와 현대적 의무 등 여러 가지 방법으로 분류할 수 있다. 그러나 국민의 의무를 납세의 의무, 국방의 의무와 같은 고전적 의무와 교육의 의무, 근로의 의무, 환경보전의무, 재산권행사의 공공복리

적합의무 등 현대적 의무로 나누는 방법이 일반화되어 있다. 고전적 의무를 국가
존립에 필요한 의무라 한다면, 현대적 의무는 사회국가·환경국가의 실현을 위한
의무라 할 수 있다. 또 고전적 의무의 특성이 방어적이라 한다면, 현대적 의무는
권리와 의무가 혼합된 형태를 띠고 있다.

제 2 항 개별적 기본의무

1. 납세의 의무

헌법 제38조는 "모든 국민은 법률이 정하는 바에 의하여 납세의 의무를 진
다"고 하여 납세의 의무를 규정하고 있다.

납세의 의무는 자의적 과세로부터 재산권을 침해당하지 아니한다는 소극적
성격과 국민이 주권자로서 스스로 국가공동체의 재정력을 부담한다는 적극적 성
격을 공유하고 있다.

납세의 의무의 주체는 국민이다. 국민에는 자연인과 법인이 포함된다. 또한
납세의무에 대응하는 과세권의 발동은 모든 경제주체를 그 대상으로 하기 때문
에 외국인이라 할지라도 국내에 재산을 가지고 있거나 조세의 대상이 되는 행위
를 할 때에는 납세의 의무를 진다. 다만 치외법권이 있는 경우나 조약에 특별한
규정이 있는 경우에는 납세의 의무가 면제된다.

납세란 조세의 납부를 말한다. 조세란 반대급부 없이 국가가 부과하는 일체
의 강제적·일방적인 경제적 부담을 말한다. 따라서 일정한 반대급부를 내용으로
하는 사용료나 수수료의 징수, 전매수입, 공채수입 등은 조세에 해당되지 않는다.

납세의 의무는 가장 기본적인 국민의 의무이다. 그러나 납세의 의무는 국민
의 재산권에 대한 일종의 제한이기 때문에 헌법 제11조에 의거 국민의 담세능력
에 따라 공평하게 부과되어야 하며(조세공평주의), 국회가 제정한 형식적 의미의
법률에 따라서만 부과할 수 있다(조세법률주의). 헌법 제59조는 '조세의 종목과 세
율은 법률로 정한다'고 규정하고 있다. 그러나 그 밖에도 납세의무자·과세물건·
과세표준 등의 과세요건과 납세의 시기·방법 등 징세절차 등도 법률로 정하여야
할 것이다. 결국 조세법률주의는 과세요건이 법률로 명확히 규정되어야 할 것뿐

만 아니라, 조세법의 목적이나 내용이 기본권보장이라는 헌법이념과 그를 뒷받침하는 헌법상의 원칙들에 합치할 것을 요구한다 하겠다.

납세의무를 구체화하는 대표적인 법률로는 국세기본법과 국세징수법이 있다.

2. 국방의 의무

헌법 제39조는 "① 모든 국민은 법률이 정하는 바에 의하여 국방의 의무를 진다. ② 누구든지 병역의무의 이행으로 인하여 불이익한 처우를 받지 아니한다"고 하여 국방의 의무를 규정하고 있다.

국방의 의무는 법률에 의하지 아니하고는 국방의 의무를 부과하지 못하게 하여 국민의 신체의 자유를 보장하는 소극적 측면과 주권자인 국민이 국토를 보위하여 국가를 보존하려는 적극적 측면을 병유하고 있는 의무이다. 국방의 의무는 납세의 의무와는 달리 타인에 의한 대체적 이행이 불가능한 일신전속적 성격을 가진 의무이다.

국방의 의무는 모든 국민이 주체가 된다. 국방의 의무는 크게 직접적인 병력제공의무와 간접적인 병력형성의무 및 방공의 의무로 구별할 수 있고, 그에 따라 주체도 다르다고 할 수 있다. 곧 직접적인 병력제공의무는 병역법 제2조에 따라 남자인 국민만 주체가 되며 그 의무주체는 연령에 따라 그 범위가 제한된다. 이에 대하여 간접적인 병력형성의무는 남녀를 가리지 아니하고 모든 국민이 부담하며, 방공의 의무는 외국인을 포함하는 모든 자연인이 주체가 된다.

국방의 의무란 외국 또는 외적의 침략에 대하여 국가의 독립을 유지하고 영토를 보전하기 위한 국가방위의 의무를 말한다. 국방의 의무의 범위에 대하여는 국방의 의무는 병력제공의 의무만을 의미한다고 하는 협의설과 병력제공의 의무 외에 방공·방첩·전시근무 등 국방에 필요한 모든 의무를 포함한다고 하는 광의설이 대립되어 있다. 광의설이 다수설의 입장이다. 헌법재판소도 병역의 의무를 광의로 해석하여 전투경찰공무원으로 복무하는 것도 병역의무이행의 일환으로 보고 있다.

국방의 의무는 법률이 정하는 바에 의하여만 부과되어야 한다. 국방의 의무를 구체화하는 법률로는 군복무의무를 규정한 병역법, 예비군복무의무를 규정한 향토예비군설치법, 민방위에 관한 민방위기본법 등이 있다.

헌법 제39조 제2항은 병역의무의 이행으로 인한 불이익처우금지를 규정하고 있다. 이와 관련하여 헌법재판소는 군법무관이었던 자가 전역 후 변호사개업을 함에 있어서 개업지를 제한한 변호사법 제10조 제2항을 헌법 제39조 제2항에 위반된다고 선언한 바 있다. 그러나 전투경찰대원으로 전임되는 것은 헌법 제39조 제2항에 위반되지 않는다고 하였다.

3. 교육을 받게 할 의무

헌법 제31조 제2항은 "모든 국민은 그 보호하는 자녀에게 적어도 초등교육과 법률이 정하는 교육을 받게 할 의무가 있다"고 하여 교육을 받게 할 의무를 규정하고 있다.

교육을 받게 할 의무란 친권자나 후견인이 보호하는 자녀에게 적어도 초등교육과 법률이 정하는 교육을 받게 할 의무를 말한다.

교육을 받게 할 의무의 법적 성격에 대해서는 윤리적 의무설과 법적 의무설이 대립되어 있다. 법적 의무설이 다수설의 입장이며, 또한 옳다고 생각된다. 따라서 교육기본법과 초·중등교육법은 초등학교에 취학시킬 의무를 이행하지 않은 보호자가 의무이행의 독려를 받고도 이행하지 않은 경우에 100만 원 이하의 과태료에 처하도록 규정하고 있다(초·중등교육법 제68조).

교육을 받게 할 의무의 주체는 학령아동의 친권자 또는 후견인이다. 보호자의 적령아동을 취학케 하는 의무는 적령아동의 신고와 초등교육과 법률이 정하는 교육에 필요한 최소한의 협조를 하는 의무로 해석된다. 그러나 외국인이 학령아동을 보호하고 있는 경우 (자발적으로 우리의 의무교육을 받게 하기를 원하는 경우에 거부할 이유는 없겠지만) 교육의무의 주체가 된다고는 볼 수 없을 것이다. 왜냐하면 의무교육은 공민교육이기 때문이다.

4. 근로의 의무

헌법 제32조 제2항은 "모든 국민은 근로의 의무를 진다. 국가는 근로의 의무의 내용과 조건을 민주주의원칙에 따라 법률로 정한다"라고 하여 근로의 의무를 규정하고 있다.

근로의 의무란 국민이 노동을 통하여 국가의 부를 증식하는데 기여할 의무를 말한다. 근로의 의무는 인간다운 생활을 보장하기 위한 법률상의 전제로서의 의의를 가진다. 근로란 육체적 노동과 정신적 노동을 포함하는 넓은 의미의 근로를 말한다.

근로의 의무의 법적 성격에 대해서는 법적 의무설과 윤리적 의무설이 대립되어 있다. 윤리적 의무설이 국내 다수설의 입장이다.

근로의 의무의 법적 성격은 국가체제와 다른 헌법규정과 관련하여 이해하여야 한다. 기본권이해에 있어서 권리와 의무의 일치성을 강조하는 사회주의국가에서와는 달리, 인간으로서의 존엄과 가치가 존중되고(제10조) 강제노역이 금지되며(제12조 제1항), 사유재산제가 보장되는(제23조 제1항) 헌법 하에서는 근로의 의무는 제32조 제2항 제2문의 경우를 제외하고는 윤리적·도의적 의무로 이해하여야 할 것이다.

근로의 의무의 주체는 대한민국국민에 한정된다.

근로의 의무의 내용은 국민의 자유나 권리를 침해하지 않도록 민주주의 원칙에 따라 법률로써 정하여야 한다(제32조 제2항 제2문).

5. 환경보전의무

헌법 제35조 제1항 후단은 "국가와 국민은 환경보전을 위하여 노력하여야 한다"라고 하여 환경보전의 의무를 규정하고 있다.

환경보전의무의 법적 성격에 대해서는 윤리적·도의적 의무설과 법적 의무설이 대립되고 있다. 법적 의무설이 다수설의 입장이며, 옳다고 생각한다. 환경보전의무는 특히 권리대응적 성격이 강한 의무이다.

환경보전의무는 인류의 의무이다. 따라서 국민은 물론 외국인과 법인도 환경보전의무의 주체가 된다.

환경보전의무는 환경을 오염시키지 않을 의무, 공해방지시설을 할 의무 등을 내용으로 한다. 개인 또는 기업이 환경을 오염시키거나 공해방지시설을 해태한 경우에는 국민은 그 배제를 청구할 수 있고, 국가도 그에 대한 제재를 가할 수 있다. 이러한 의무들에 대해서는 환경정책기본법, 자연환경보전법, 해양오염방지법, 수질환경보전법, 대기환경보전법, 환경개선비용부담법 등에서 규정되어 있다.

6. 재산권행사의 공공복리적합의무

헌법 제23조 제2항은 "재산권의 행사는 공공복리에 적합하도록 하여야 한다"고 하여 재산권행사의 공공복리적합의무를 규정하고 있다.

재산권행사의 공공복리 적합의무의 법적 성격에 대해서는 윤리적 의무설(재산권제한설), 법적 의무설(재산권행사의무설), 헌법원리설이 대립되어 있다. 그러나 재산권행사의 공공복리적합의무는 헌법에 의한 재산권의 제한으로 보아야 할 것이다.

헌법 제23조 제2항에서 말하는 공공복리는 헌법 제37조 제2항의 공공복리와는 다른 의미를 가진다. 곧 제37조 제2항의 공공복리는 모든 기본권에 대하여 헌법이 일반적으로 유보하고 있는 제약이기 때문에 그 의미내용은 엄격하게 해석되어야 한다. 그에 반하여 제23조 제2항의 공공복리는 특별한 법률에 의한 유보를 의미하기 때문에 그 의미내용은 재산권의 사회성·의무성을 전제로 하는 것으로 정책적 제약까지도 인정하는 것으로 이해된다.

대법원은 공공복리적합의무의 범위 내에서는 보상이 요구되지 않는다고 한다. 그러나 헌법재판소는 개발제한구역제도 자체는 합헌이나, 개발제한구역의 지정으로 말미암아 토지소유자에게 사회적 제약의 범위를 넘는 가혹한 부담이 발생하는 예외적인 경우에 대하여 보상규정을 두지 않은 것은 위헌이라고 한다.

재산권행사의 공공복리 적합의무의 내용으로는 토지를 적극적으로 이용·개발할 의무, 재산권을 남용하지 않을 의무 등이 있다. 헌법은 국토의 이용·개발과 보전을 위하여 법률로써 개간을 명하고, 토지소유권과 묘지의 면적 등을 법률로써 제한할 수 있도록 하고 있다. 재산권행사의 공공복리 적합의무를 구체화하고 있는 법률로는 농지법, 농어촌정비법, 국토이용관리법 등이 있다.

제 3 편

국가작용과 국가기관

제1장 국가작용과 국가기관 일반론

제1절 국가작용의 본질과 국가기관의 구성

제1항 국가작용의 본질

1. 국가작용의 본질과 헌법관

국가작용에 대한 이해는 국가관, 헌법관, 기본권관에 따라 다르다. 종래 국가작용이 무엇인가에 대해서는 크게 세 가지 견해가 대립되어 왔다.

법실증주의 헌법관을 대표하는 켈젠 *H. Kelsen*은 국가와 법을 동일시하고, 국가작용은 강제질서인 법질서를 실현시키기 위한 법작용으로 보아, 국가작용을 자기목적적인 것으로 본다. 따라서 켈젠에게 국가작용과 국민의 기본권은 무관한 것으로 이해된다.

결단론적 헌법관의 창시자인 슈미트 *C. Schmitt*는 인간의 전국가적 자유와 권리의 실현(시민적 법치국가의 본질적 측면)과 국민에 의한 민주적 정당성(민주주의의 본질적 측면)을 국가작용의 중요한 목적으로 생각한다. 그러나 슈미트에 있어서도 법치국가는 선존하는 국가질서를 전제로 하기 때문에 기본권과 국가작용은 단절된 것으로 이해될 수밖에 없다.

통합론적 헌법관의 창시자인 스멘트 *R. Smend*는 국가작용은 자기목적적인 작용이 아니라 기본권적 가치의 실현을 위해서 마련된 헌법상의 통합기능적인 메커니즘이며, 정치적 통합의 실질적인 원동력으로서의 기본권을 실현시키기 위

한 하나의 기능구조로 이해한다. 따라서 스멘트에게 기본권적 가치는 모든 국가
작용의 가치기준이며 그 정당성근거를 의미하며, 기본권적 가치를 무시한 국가작
용은 정당성을 인정받을 수 없다.

2. 학설에 대한 검토와 사견

우선, 켈젠의 국가작용에 대한 이해는 목적(기본권실현)과 수단(국가작용)을
혼동하고 있다. 다음으로, 슈미트의 국가작용에 대한 이해는 기본권의 실현을 국
가작용의 중요한 목적으로 보았다는 점에서는 그 공적을 인정할 수 있다. 그러나
법치국가원리를 형식적으로 이해하여 기본권과 국가작용을 단절된 것으로 보았
다는 점에서 문제가 있다. 끝으로, 스멘트의 국가작용에 대한 이해는 헌법의 통
일성을 강조하여 기본권과 국가작용의 이념적·기능적 관련성을 분명히 해주었다
는 점에서 커다란 공적이 있다. 그러나 스멘트는 기본권의 의무성 및 책임성을
지나치게 부각시키고 있으며 기본권의 정치적 기능만을 강조한 나머지 기본권이
가지는 인권유래성 및 권리성에 대한 정당한 평가와 기본권이 가지는 다른 기능
을 무시하고 있다는 점에서 문제가 있다.

헌법은 인간의 존엄을 실현하기 위하여 정치적 통일과 정의로운 경제질서를
형성하는 국가적 과제의 수행원리와 국가 내에서의 갈등을 극복할 절차 및 국가
작용의 조직과 절차의 대강을 규정하는 국가의 법적 기본질서이며, 국가는 국민
과 영토로 구성된 조직인 동시에 제 가치의 질서이다. 헌법은 인간의 존엄이라는
기본가치를 실현하기 위하여 여러 가지 기본권을 보장하고 있다. 기본권을 실현
하기 위해서 국가는 활동하지 않으면 안 된다. 곧 일반적으로 통치작용으로 표현
되는 국가작용은 기본권실현이라는 목적을 지향하지 않으면 안 된다. 국가작용을
담당하기 위하여 일반적으로 통치기구로 표현되는 국가기관이 필요하며, 국가기
관은 기본권실현이라는 국가작용을 정의롭고 효율적으로 실현할 수 있도록 구성
되지 않으면 안 된다. 따라서 국가기관에 의한 국가작용은 그 행사에 있어서 기
본권적 한계를 가질 수밖에 없으며, 국가작용이 기본권적 가치를 침해할 때 그
정당성은 인정될 수 없다.

제 2 항 국가작용 일반

국가작용은 크게 입법작용과 집행작용 및 사법작용으로 나누어진다.

1. 입법작용

(1) 입법의 개념에 대한 학설

헌법 제40조는 "입법권은 국회에 속한다"라고 규정하여 국회의 입법권을 규정하고 있다. 입법의 개념에 대하여는 실질설, 형식설, 절충설(양립설) 및 제4설이 대립되어 있다. 실질설은 입법을 국가기관이 일반적·추상적 성문법규범을 정립하는 작용이라고 한다. 형식설은 입법을 법률의 내용 여하를 불문하고 형식적 의미의 법률을 제정하는 작용이라고 한다. 절충설(양립설)은 법률이라는 개념은 원칙적으로는 형식적 의미로 사용되나, 때로는 실질적 의미로 사용될 수도 있다고 한다. 제4설은 입법은 국가의 특정된 활동형식으로서 일반성, 추상성 및 국가공권력에 의한 가능성을 요소로 하는 국가의 의사표시인 법규범의 정립작용을 가리키며, 제정주체에 관한 한 중립적인 성질을 갖는다고 한다. 그러나 이 견해는 입법의 개념과 국회가 갖는 구체적인 입법권의 개념을 구별하면서 헌법 제40조를 국회중심입법의 원칙을 천명한 것이라고 한다. 그리고 국회가 갖는 입법기능의 의의와 성질을 두 가지로 요약한다. ① 적어도 법률의 형식으로 이루어지는 법규범의 정립작용만은 그 내용이 무엇이든 간에 반드시 국회가 하여야 한다. ② 국민의 권리·의무의 형성에 관한 사항을 비롯해서 국가의 통치조직과 작용에 관한 기본적이고 본질적인 사항은 반드시 법률로 정하여야 한다.

(2) 입법의 개념에 대한 사견

결국 문제가 되는 것은 '입법권은 국회에 속한다'는 헌법 제40조의 규정에서 입법이 무엇을 의미하는가 하는 것이다. 여기에서 입법을 실질적 의미의 입법으로 이해하게 되면 행정입법, 사법입법, 자치입법은 국회입법에 대한 예외가 될 것이다. 그에 반해서 헌법 제40조의 입법을 형식설에 따라 이해하면 국회입법은 형식적 의미의 법률을 제정하는 작용이 되어 국회입법을 제외한 나머지 입법작용은 행정부, 사법부, 지방자치단체의 고유업무가 될 것이다.

입법의 개념은 '국가기관이 일반적·추상적 법규범을 정립하는 작용'으로 이해

되는 것이 옳다. 그러나 그렇게 되면 '입법'작용에서 말하는 '입법'과 국회'입법'권
에서 말하는 '입법'이 동일한 것을 의미하는가가 문제된다. 그러나 용어가 같은 이
상 같은 것을 의미한다고 해석되어야 할 것이다. 그렇다면 행정입법·사법입법·
자치입법은 국회입법에 대한 예외인가 하는 것이 문제된다. 그러나 행정입법·사
법입법·자치입법은 국회입법에 대한 예외가 아니다. 다만 제정주체와 규율대상
에서 차이가 있을 뿐이다. 따라서 중요한 것은 국회입법, 곧 법률로써 규정하지
않으면 안 되는 사항을 확정하는 것이다. 그리고 이때 국민의 권리·의무에 대한
사항과 국가기관 및 국가작용에 관한 기본적이고 본질적인 사항은 국회입법, 곧
법률에 유보되어 있다고 보아야 한다.

2. 집행작용

집행작용은 통치행위와 협의의 행정작용을 포괄하는 개념이다.

(1) 통치행위

1) 통치행위의 개념 및 종류　　　통치행위란 실체법적으로는 국가의 최고정
치기관의 행위로서 특히 정치성이 강한 행위를 말하며, 절차법적으로는 고도의
정치성을 가졌기 때문에 그 성질상 사법심사로부터 제외되는 행위를 말한다. 통
치행위는 실정법에 의하여 인정된 것이 아니라, 여러 민주주의국가에서 통치를
위한 현실적 요구, 곧 합목적성과 현실적인 필요성과 관련하여 판례를 통하여 성
립되었다.

무엇을 통치행위로 볼 것인가에 대하여는 견해가 일치되어 있지 않으나, 다
음과 같은 것을 통치행위로 보아도 무방할 것이다. 외국국가나 정부의 승인, 선
전과 강화, 조약의 비준과 동의 등 외교관계에 관련된 행위, 국무총리 등의 임명
과 국회에 의한 동의 및 해임건의 등, 대통령의 비상조치·계엄선포 및 그 해제,
국가중요정책의 국민투표에의 부의, 사면권의 행사와 일반사면의 경우 국회의 동
의, 국군통수권의 행사, 영전의 수여, 헌법개정안의 제안, 법률안의 제안 및 거부
권의 행사 등.

2) 통치행위의 주체　　　통치행위의 개념은 행정권을 중심으로 하여 발달하
였다. 따라서 집행권의 장(長)인 대통령 또는 수상이 통치행위의 주체가 된다는
것은 분명한 사실이다. 통치행위의 주체로서 문제가 되는 것은 입법부와 사법부

도 통치행위의 주체가 될 수 있느냐 하는 것이다. 우선, 근대입헌주의운동의 결과 종래 군주에 의해서 통일적으로 행사되던 통치권이 군주와 의회에 의해서 분할 행사되게 되었다. 이와 같은 역사적 사실로 인해 오늘날 행정부뿐 아니라 입법부에도 통치행위의 주체성이 인정되게 되었다. 의회가 행하는 통치행위에는 여러 가지가 있을 수 있으나, 특히 국가의 주요정책이 법률의 형태로 나타날 때는 법률의 형식에 의한 통치행위라는 개념을 사용할 수 있을 것이다. 그러나 개인적으로는 입법부는 통치행위를 스스로 행하는 면보다는 집행부에 대한 감독권을 통해서 집행부의 통치행위에 영향을 미치는 면이 더 클 것으로 생각한다.

다음으로, 사법부의 본래의 기능은 정치적인 형성행위와는 거리가 먼 법적용을 통하여 분쟁을 해결함으로써 법질서를 유지하는 데 있다. 따라서 사법부는 정치적인 형성행위를 본질로 하는 통치행위의 주체가 될 수 없다.

3) 통치행위의 특질   통치행위는 정치적인 형성작용인 것이 본질이기 때문에, 단순한 집행작용과는 상이한 특질을 가지고 있다. 곧 단순한 집행작용인 행정행위는 특수한 예외적인 경우를 제외하고는 무제한 재판의 대상이 됨에 반하여, 통치행위는 비규범적인 정치작용임을 그 본질로 한다.

통치행위의 본질이 비규범적인 정치작용이라는 말은 결코 통치행위가 면책행위라는 것을 의미하는 것은 아니다. 그것은 '다만 통치행위가 규범적인 판단의 대상에서 제외되는 행위라는 것을 의미할 뿐이다. 이렇게 보면 통치행위의 특질은 사법통제로부터의 자유에 있다고 할 수 있다. 그러나 그러한 경우에도 결코 무제한한 자유를 뜻한다고 볼 수는 없고, 다만 실정법으로부터의 자유를 의미하는 것으로 생각해야 할 것이다. 그러한 의미에서 통치행위도 헌법의 정신이나, 형평의 원칙 또는 사회정의에 위반할 정도로 비법행위(非法行爲)일 수는 없다. 따라서 통치행위의 특질로서 법치주의원리로부터의 자유를 드는 경우에도 그것은 법률로부터의 자유일 뿐, 법으로부터의 자유를 뜻한다고 볼 수는 없다.

4) 통치행위의 한계   이처럼 통치행위를 비규범적인 행위라고 하는 경우에는 그 규범 속에 헌법규범이 포함되지 않은 것으로 해석해야 한다. 더욱이 국가라는 조직단체를 살펴볼 때, 통치행위의 주체가 되는 모든 헌법기관은 결국 헌법의 조직원리에 따라 비로소 통치행위의 주체로서 기능하는 것이기 때문에, 헌법을 떠나서는 그들의 통치행위주체성이 상실된다고 보아야 한다.

이런 의미에서 헌법상의 통치행위와 초헌법적인 혁명행위를 구별할 필요가 있다. 헌법상의 통치행위는 그 타당성근거가 국민주권사상에 입각한 정당성이론에 있지만, 초헌법적인 혁명행위는 사실상의 힘을 배경으로 하기 때문이다. 따라서 통치행위가 혁명행위가 아닌 통치행위로서 받아들여지기 위해서는 그것이 어디까지나 헌법의 테두리 안에서 이루어져야 하는 것이고, 헌법을 떠나서 통치행위를 인정할 수는 없는 것이다.

이와 같이 볼 때, 통치행위를 인정함에는 다음과 같은 몇 가지 한계가 필요하다. ① 어떤 행위가 통치행위에 속하는가에 대한 판단은 법원의 권한에 속한다. 법원은 독립성을 가진 유권적 법해석기관이므로 그 권한으로서 모든 행위에 대한 사법심사 여부를 판단하지 않으면 안 되는 까닭이다. ② 법원이 어떤 국가행위를 판례로써 통치행위로 확정함에 있어서는 여러 학설을 근거로 하여 통치행위의 효과성과 사법권의 독립에 필요한 최소한의 범위에서 이를 인정해야 한다. 통치행위의 확대는 그만큼 법치주의의 희생을 초래하는 것이기 때문이다. ③ 통치행위는 그것이 자유재량행위이므로 사법심사의 대상이 될 수 없다는 이른바 자유재량행위설은 무엇이 통치행위에 속하는가를 결정하는 데 하나의 이론적 근거가 될 수 있다. 따라서 통치행위는 원칙적으로 사법심사의 대상이 될 수 없지만, 자유재량의 한계를 넘는 행위는 '월권행위'(ultra vires)로서 사법심사의 대상이 된다.

(2) 행정작용

1) 형식적 행정개념과 실질적 행정개념　　행정을 무엇으로 이해할 것인가와 관련하여 크게 형식적 행정개념과 실질적 행정개념이 대립되어 있다. 형식적 행정개념은 행정을 행정부의 권한에 속하는 작용으로 이해한다. 실질적 행정개념은 행정을 그 작용의 성질에 착안하여 파악하려 한다.

그러나 형식적 행정개념에 따르면 정부가 행정권 이외에 행사하고 있는 입법작용(예컨대 헌법 제75조의 대통령령제정, 제95조의 총리령·부령의 제정)이나 사법작용(예컨대 헌법 제107조 제3항의 행정심판)을 행정으로 이해하게 되는 모순을 드러내게 된다. 따라서 행정은 실질적으로 이해하는 것이 합리적이다.

2) 행정의 개념　　행정의 개념정의와 관련하여 공제설, 국가목적실현설, 기관태양설, 사회형성활동설 등 견해가 대립되어 있다. 이러한 여러 학설 중 국내에서는 사회형성활동설이 지배적인 견해이다.

오늘날 행정은 복잡·다양한 많은 사항을 다루고 있으므로, 행정을 소극설, 적극설의 어느 하나만으로 남김없이 정의할 수는 없다. 곧 양자(공제설과 사회형성활동설)를 종합하는 것이 필요하다. 따라서 행정은 국가작용 가운데서 입법작용과 사법작용을 제외한 작용으로 법 밑에서 행해지는 사회형성활동이다.

이러한 개념정의에 따라 행정작용의 개념적 징표를 다음과 같이 여섯 가지로 정리할 수 있다. ① 행정은 국가작용 가운데서 입법작용과 사법작용을 제외한 작용이다. ② 행정은 사회형성적 국가작용이다. ③ 행정은 공공복리 내지 공익의 실현을 목적으로 하는 국가작용이다. ④ 행정은 적극적이고 미래지향적인 국가작용이다. ⑤ 행정은 개별적 사안에 대하여 구체적 조치를 취하는 국가작용이다. ⑥ 행정은 법규적 통제를 받으면서도 폭넓은 자유활동영역이 인정되는 국가작용이다.

3. 사법작용

사법의 본질과 관련해서는 성질설, 기관설(기능설), 형식설 등 견해가 나누어져 있다. 이 중에서 성질설이 국내의 다수설이며, 또한 옳다. 따라서 사법작용이란 법적 분쟁이 발생하는 경우 분쟁당사자 중 일방 당사자의 청구에 따라 독립된 지위를 가진 기관(우리나라의 경우에는 법원과 헌법재판소)이 제3자적 입장에서 무엇이 법인가를 판단하고 선언함으로써 법을 유지하는 국가작용이라 할 수 있다. 약간의 뉘앙스의 차이는 있지만 헌법재판소도 사법의 본질은 법 또는 권리에 관한 다툼이 있거나 법이 침해된 경우에 독립적인 법원이 원칙적으로 직접 조사한 증거를 통한 객관적 사실인정을 바탕으로 법을 해석·적용하여 유권적인 판단을 내리는 작용이라고 하여 같은 입장에 있다.

제 3 항 국가기관 일반

1. 국가기관의 개념

헌법 제1조 제2항은 국민주권의 원리를 선언하고 있다. 그러나 이 국민은 추상적 통일체이기 때문에 이들의 의사를 현실에서 실현하기 위해서는 제도적 장치가 필요하며, 그것을 우리는 국가기관으로 부르고 있다. 달리 표현한다면, 국가기관은 국가작용을 담당하는 기관을 말한다. 앞에서 국가작용을 입법작용, 집행작용, 사법작용으로 나누었다. 헌법상 국가기관으로는 입법작용을 담당하는 국회, 집행작용을 담당하는 정부, 사법작용을 담당하는 법원과 헌법재판소가 있다.

2. 국민의 국가기관성 여부

(1) 학 설

옐리네크는 국가기관을 제1차적 국가기관과 제2차적 국가기관으로 나누었다. 옐리네크에 따르면 국민은 제1차적 국가기관이다. 현재 국내에서는 국민의 국가기관성 여부에 대해서 긍정하는 견해와 부정하는 견해가 나누어져 있다.

(2) 사 견

국민은 국가의 구성요소이며 주권자·기본권주체·피치자로서의 지위를 가진다. 그리고 이념적 통일체인 국민이 최고의 독립성을 가지고 국가의사를 불가분적으로 결정해야 한다는 주장은 하나의 의제이며 허구에 지나지 않는다. 오늘날에는 국민주권은 과거와는 다른 의미, 곧 자주적 국가질서의 기본적인 전제를 형성하는 것으로 이해되기 때문에, 국민주권은 국가질서의 정당성에 대한 근거 내지 기준으로 작용하며 국가질서가 지향해야 할 바를 제시한다. 따라서 국민주권원리는 소극적으로는 어떠한 형태의 군주국도, 전체주의적 또는 독재적 국가형태도 부정되어야 함을 뜻하며, 적극적으로는 대한민국의 국가적 질서가 자유국가적·국민국가적 질서라야 한다는 것을 뜻할 뿐만 아니라 또한 우리나라의 국가권력의 정당성이 국민에게만 있고, 모든 국가권력의 행사를 최후적으로 국민의 의사에 귀착시킬 수 있다는 뜻이지, 국민이 직접 국가권력을 행사한다거나 직접 국가작용을 담당하다는 뜻이 아니다. 따라서 국민은 국가기관을 구성할 수는 있어도 국가기관 자체일 수는 없다.

제 4 항 국가기관의 구성원리

국가작용이 주권자인 국민의 기본권을 실현한다는 목적을 지향해야만 한다면, 국가기관은 기본권실현이라는 국가작용을 정의롭고 효율적으로 실현할 수 있도록 구성되지 않으면 안 된다. 국가기관의 구성원리로는 권력분립의 원리, 정부형태, 공무원제도, 지방자치제도를 들 수 있다.

제 2 절 권력분립의 원리

제 1 항 권력분립원리의 의의

권력분립의 원리란 특히 대의제국가에서 다양한 국가작용으로 나타나는 국가적 과제를 그 성질과 기능에 따라 여러 국가기관에 분산시킴으로써 기관 상호간의 견제와 균형을 통하여 국민의 자유와 권리를 보호하려는 국가기관의 구성원리를 말한다.

권력분립의 원리는 한편으로는 국가권력의 남용을 억제하고 방지하는 소극적 성격을 가지며, 다른 한편으로는 국가기관을 구성하는 적극적 성격을 가진다. 또한 이 원리는 자기목적적 원리인 민주주의원리와는 달리 구체적인 역사적 상황에 대처하기 위한 정치적 지혜의 표현으로서 기술적 조직원리이기 때문에 민주주의가 아닌 다른 국가형태와도 결합될 수 있는 중립적 원리이다. 그러나 오늘날 권력의 분립은 기본권보장과 더불어 (대의제)민주주의와 법치주의의 본질적 특징으로 생각되고 있다.

"권력은 부패하기 마련이며, 절대권력은 절대로 부패하게 되어 있다"라는 액튼 *Acton*의 말에서 보듯이, 이 원리는 인간에 대한 비관론 내지 회의론을 근거로 하여 발전되었다. 따라서 과거에는 권력의 수평적 분할과 균형에 치중하였다. 그러나 현대에는 권력의 통제에 더욱 중점을 두고 권력의 수평적 분할 외에도 조직적·기능적 권력분립에도 관심이 집중되고 있다.

제 2 항 고전적 권력분립론

권력분립의 이론적 실마리는 멀리는 그리스의 아리스토텔레스 *Aristoteles*에게서 발견할 수 있다. 그러나 현대까지 헌정의 실제와 헌법이론에 커다란 영향을 미치고 있는 것은 로크와 몽테스키외의 권력분립론이다.

로크는 「시민정부2론」에서 자연법사상, 국민주권이론, 사회계약설을 근거로 전래된 보통법의 내용을 정리하여 권력의 균형보다 권력의 분리에 중점을 둔 권력분립론을 주장하였다. 로크에 따르면 국가권력은 입법권·집행권·외교권(동맹권, 연합권)·대권으로 4분되며, 이 중에서 입법권은 의회에, 나머지 권한은 군주에게 주어야 한다고 한다. 로크의 권력분립론에서는 사법권에 대한 언급은 없다. 이러한 로크의 권력분립론을 기능중심으로 관찰하면 4권분립론이 되고, 기관중심으로 보면 2권분립론이 된다. 로크의 입법부우위의 2권분립론은 영국의 의원내각제에 전형적으로 제도화되어 있다.

몽테스키외는 「법의 정신」에서 국가권력을 입법권·집행권(국제법적 사항의 집행권)·사법권(시민권적 사항의 집행권)으로 3분하였다. 몽테스키외의 권력분립론은 로크와는 달리 권력의 기능적 분리는 물론 권력상호간의 견제와 균형까지를 강조한 것이 특색이다. 그러나 그가 억제와 균형을 특히 강조한 것은 입법부와 집행부 사이에서이고, 사법권에 대해서는 소극적 독립성을 강조하였다. 몽테스키외의 3권분립론은 미국식 대통령제의 성립에 커다란 영향을 준 것으로 알려져 있다.

몽테스키외의 3권분립론은 19세기 3권 외에 군주를 제4의 권력으로 보는 콩스땅 B. Constant에 의하여 부분적으로 보완되었다. 그는 이 제4의 권력을 적극적 통치기능을 수행하는 것으로 보지는 않았다. 그러나 그는 이 제4의 조정적·완화적·중립적 권력이 체제의 통일성을 보장해줄 때에만 입법·집행·사법이라는 적극적 통치기능을 담당하는 권력들이 제대로 기능할 수 있을 것으로 생각하였다. 곧 이 제4의 중립적 권력이 법률에 대하여 거부권을 행사하고 의회해산권을 행사함으로써 입법부의 행위를 교정하고, 행정부구성원들을 임명하고 파면함으로써 집행부의 행위를 통제하고 제한하며, 법관을 임명하고 사면권을 행사함으로써 사법부에 제약을 가할 수 있으리라는 것이다.

비록 권한의 범위에 있어서 정도의 차이는 있을 수 있고 그리고 국가기관의 범위 내에서 인식될 수 있는 것은 아니라 하더라도, 권력분립을 채택하고 있는 헌법에서는 그러한 제4의 권력의 존재를 부정할 수 없다. 우리 헌법 하에서도 많은 문제가 있기는 하지만 국가원수로서의 대통령을 이러한 제4의 중립적 권력으로 볼 수 있을 것이다.

제 3 항 현대적 권력분립론

봉건군주제하에서 군주의 권력을 제한·분산·통제·균형시키려는 의도로 주장된 고전적 권력분립론은 봉건사회의 몰락과 국민주권사상의 관철(자유민주적 평등사회의 등장)과 더불어 현실성을 잃게 되었다. 그 밖에도 다원사회의 등장(사회적 이익집단의 등장과 그 정치적·사회적 영향의 증가), 정당국가의 등장(정당국가의 대두로 인한 권력통합현상), 사회국가의 발전(사회국가적 급부기능의 확대), 헌법재판의 강화로 인한 사법국가화경향, 헌법관의 변화 등 때문에 고전적 권력분립론은 수정될 수밖에 없게 되었다.

이러한 권력분립이론의 현대적 문제상황에 직면하여 고전적 권력분립이론을 현대적 상황에 맞게 기능적으로 수정하려는 시도가 나타나게 되었다. 그러한 시도의 대표적인 것으로는 뢰벤슈타인 *K. Loewenstein*의 국가기능3분론과 캐기 *W. Kägi*의 다원주의적 국가기능분립론을 들 수 있다. 이곳에서는 뢰벤슈타인의 국가기능3분론에 대해서만 설명하기로 한다.

뢰벤슈타인은 권력분립이 시대에 낙후된 이론이라는 것을 지적하고, 권력분립을 국가기능의 분리로 대치할 것을 주장하면서 국가기능을 정책결정기능, 정책집행기능, 정책통제기능으로 3분하고, 정책통제를 다시 수평적 통제(법률안거부권·의회해산권·위헌심사권과 같은 공권력 사이의 통제와 양원제와 부서와 같은 공권력기관 내부의 통제)와 수직적 통제(연방과 주 사이의 권력통제와 이익집단들의 정부통제)로 나누는 국가기능3분론(정치동태적 기능분류이론, 동태적 권력분립이론)을 주장하고 있다. 뢰벤슈타인은 정책결정, 정책집행, 정책통제의 세 가지 기능이 여러 권력주체에 의하여 협동적으로 행해지는 경우에 효과적인 권력통제가 이루어진다고 하면서도 특히 정책통제에 핵심적인 의미를 부여한다. 특히 정책통제가 효과적이기 위해서는 분산된 권력과 통제된 권력의 두 요소가 함께 작용해야 한다고 하고, 분산된 권력으로 공무원 임명에 대한 국회의 동의, 부서, 헌법개정에 대한 필수적 국민투표를 들고 있으며, 통제된 권력으로 내각불신임권, 내각의 의회해산권, 법률안거부권, 위헌법률심사제를 들고 있다.

이러한 뢰벤슈타인의 국가기능3분론의 특징은 ① 기능적 권력통제의 추구, ② 수평적·수직적 권력분배, ③ 수평적 권력분립으로서의 유권자, ④ 수평적 권력통제로서의 기관내 통제, ⑤ 연방주의에 대한 새로운 해석(국가형태론에서 권력분립론으로)으로 간추릴 수 있다. 그렇다고 하더라도 뢰벤슈타인의 국가기능3분론의 의미를 국가의 기능분류 그 자체에 있는 것으로 보기는 어렵다. 오히려 뢰벤슈타인은 그러한 분류를 기초로 국가기능을 분리시키고 국가기능을 통제함으로써 정치권력을 효과적으로 통제할 수 있는 정치형태의 모델을 제시하려고 했다는 점에서 그의 국가기능3분론의 의미를 찾아야 할 것이다. 그가 정책통제에 핵심적 의미를 부여하는 이유가 바로 거기에 있다고 할 것이다.

제 4 항 권력분립의 현실적 유형

앞에서 영국은 2권분립을, 미국은 3권분립을 채택하고 있다고 하였다. 그러나 권력분립의 기능은 현실적으로는 일반적으로 받아들여진 범주 내에 고정되지 않으며 그 정치적 실제도 헌법에 쓰인 대로만은 되지 않는다. 따라서 정치현실에서는 다양한 형태의 권력분립의 유형이 있을 수 있으며, 대만헌법의 5권분립에서 보는 것처럼 2권분립이나 3권분립에 한정되는 것도 아니다. 더구나 의회다수당의 지도층에 의하여 행정부가 구성되고, 국회 다수당의 당수가 행정부의 수반이 되는 것이 관례인 의원내각제헌법 하에서의 권력분립을 엄격한 의미에서 권력분립이라고 부를 수 있을지도 의심스럽다 하지 않을 수 없다.

이러한 현상을 도외시하고 국내에서 일반적으로 행해지고 있는 방법에 따르면, 현실적으로 존재하는 권력분립의 유형은 입법부와 행정부의 관계 및 입법부와 사법부의 관계를 중심으로 분류할 수 있다. 입법부와 행정부의 관계를 중심으로 할 경우 엄격분리형(프랑스의 1791년 헌법·공화력 3년헌법·1848년 헌법, 필리핀헌법, 미국헌법), 균형형(의원내각제국가), 입법부우위형(회의정부제국가), 행정부우위형(제한군주제국가, 신대통령제국가)으로 나눌 수 있다. 그리고 입법부와 사법부의 관계를 중심으로 할 경우 입법부우위형(영국), 균형형(미국), 사법부우위형(1920년 오스트리아헌법, 1948년 이태리헌법, 1949년 본기본법, 1978년 스페인헌법)으로 나눌 수 있다.

제 5 항 한국헌법에 구체화된 권력분립원리

1. 개   관

헌법에는 권력의 분리·독립 및 견제·균형이라는 권력분립이론의 고전적 요소와 권력의 기능적 통제라는 권력분립이론의 현대적 요소가 모두 반영되어 있다.

그러나 엄격하게 말한다면 헌법은 대통령에게 국가원수와 행정부수반의 지위와 그에 따르는 막강한 권한을 부여하고 있기 때문에, 실질적으로는 대통령이 입법부나 사법부에 대해 우월적 지위를 가지고 있어, 권력이 대통령에게 집중되어 있는 형태를 취하고 있다. 대통령이 헌법기관인 헌법재판소장과 헌법재판소재판관을 임명하고(제111조 제2항·제3항), 대법원장과 대법관을 임명하는 것(제104조 제1항·제2항), 영전수여권을 가지는 것(제80조), 사면권을 가지는 것(제79조 제1항·제2항), 헌법개정안제안권을 가지는 것(제128조 제1항), 국민투표부의권을 가지는 것(제72조), 국가긴급권을 가지는 것(제76조, 제77조), 법률안을 직접 제출할 수 있는 권한을 가지는 것(제52조) 등이 이를 입증해준다.

2. 권력의 분리·독립

헌법은 권력을 분리·독립시켜 입법권은 국회에(제40조), 집행권은 대통령과 대통령을 수반으로 하는 정부에(제66조), 사법권은 법관으로 구성된 법원과 헌법재판소에(제101조 제1항, 제111조 제1항) 각각 부여하고 있다.

3. 권력의 견제·균형

권력의 견제와 균형은 국가기관구성에 있어서의 견제·균형과 권력행사에 있어서의 견제·균형으로 이분화할 수 있다.

(1) 국가기관구성에 있어서의 견제·균형

국가기관구성에 있어서의 견제·균형의 방법으로는 다음과 같은 것이 채택되어 있다. ① 국가기관담당자의 임기가 정해져 있다. ② 국무총리, 감사원장, 대법원장, 대법관, 헌법재판소장을 대통령이 임명하는 데 국회의 동의가 필요하다. ③ 대통령이 국무위원과 대법관을 임명하는 데 국무총리와 대법원장의 제청이 각각 필요하다. ④ 헌법재판소와 중앙선거관리위원회 구성에 대통령과 국회와 대법원장이 함께 관여하고 있다.

(2) 국가권력행사에 있어서의 견제·균형(국가기관간의 견제·균형)

국가권력행사에 있어서의 견제·균형에는 행정부에 대한 견제·균형, 입법부에 대한 견제·균형 및 사법부에 대한 견제·균형이 있다. 우선, 행정부에 대한 견제·균형의 방법으로는 국회의 재정에 관한 권한(제54조 이하), 국회의 긴급재정·경제처분승인권(제76조 제3항), 계엄해제요구권(제77조 제5항), 국회의 국무총리·국무위원에 대한 해임건의(제63조), 중요 외교·군사행위에 대한 국회동의권(제60조), 탄핵소추권(제65조), 법원의 명령·규칙·처분에 대한 위헌·위법심사권(제107조 제2항), 헌법재판소의 탄핵심판, 권한쟁의심판, 헌법소원심판권(제111조 제1항), 선거관리사무의 기능적 분산(제114조 제1항), 대통령의 겸직금지(제83조), 법원의 행정소송과 선거소송권 등이 있다.

다음으로, 입법부에 대한 견제·균형의 방법으로는 정부의 법률안제출권(제52조), 대통령의 법률안공포·거부권(제53조), 국민투표부의권(제72조), 정부의 행정입법권(제75조, 제95조), 예산안편성권(제54조 제2항), 법원의 위헌법률심사권(제107조 제1항), 헌법재판소의 위헌법률심판권(제111조 제1항) 등이 있다.

끝으로, 사법부에 대한 견제·균형의 방법으로는 국회의 재정에 관한 권한(제54조 이하), 탄핵소추권(제65조), 국정감사·조사권(제61조), 대통령의 사면·감형·복권(제79조) 등이 있다.

4. 기관내부의 권력통제

기관내부의 권력통제방법으로는 집행기능을 대통령과 행정부로 2원화(제66조, 제86조), 감사원설치(제97조 이하), 각종 자문기관설치(제90조, 제91조, 제92조, 제93조, 제127조 제3항), 법원조직에 있어서의 합의제와 부(部)제(제102조 제1항), 법원의 심급제(제101조 제2항), 부서제도(제82조), 국무회의의 심의(제88조, 제89조) 등을 들 수 있다.

제 3 절 정부형태

제 1 항 정부형태의 개념 및 분류

1. 개   념

정부형태란 자유민주적 헌정체제의 국가권력구조에서 권력분립원리가 적용되는 형태를 말한다. 곧 정부형태는 입법부, 사법부, 행정부 사이에 권력이 어떻게 배분되어 있는가, 그 배분된 권력을 어떻게 행사하는가, 이들의 관계는 어떠한가의 문제, 특히 정책수립·정책수행기관인 행정부와 입법부 사이에서 권력분립원리가 구체적으로 적용되는 형태를 말한다.

사람에 따라서는 정부형태와 통치형태(정치형태, 헌정체제, 정치체제)를 혼용하는 경우도 있다. 그러나 통치형태는 정부형태보다 광범위한 개념이므로 정부형태와 통치형태는 개념상 구별하여야 하며, 더 정확하게는 국가유형과 국가형태와 정부형태를 구별하여야 한다.

2. 분   류

(1) 정부형태의 분류

정부형태는 행정부와 입법부의 상호관계에 따라 양자가 공화·협조관계에 있는 의원내각제와 양자가 상호독립관계에 있는 대통령제로 크게 나눌 수 있다. 그 밖의 다양한 정부형태는 이 두 가지 기본형태를 해당 국가의 정치실정에 맞게 변형시킨 것에 지나지 않는다. 그러나 매우 예외적인 것이기는 하지만 의원내각제와 대통령제의 어느 유형에 속하는 것으로 분류할 수 없는 제3의 유형인 회의정부제(회의제)도 독자적 정부형태로 보아야 할 것이다.

이 밖에도 정부형태에 대한 여러 가지 새로운 분류방법이 소개되고 있다. 그러나 그러한 분류방법은 정부형태를 규범적인 차원에서가 아니라, 정치현상을 분석하는 차원에서 분류한 것이고, 그 결과 정부형태와 정부형태와 구별해야 할 개념을 구별하지 않고 있으므로 이곳에서는 취할 수 없다.

(2) 이원정부제는 독자적 정부형태인가

1) 뒤베르제의 반대통령제이론　　이원정부제의 이론적 체계를 처음으로 제시한 학자는 프랑스의 뒤베르제 *M. Duverger*로 알려져 있다. 뒤베르제는 이를 반대통령제라고 부르면서 그 본질적 요소로서 대통령제적 요소로서의 국민의 보통선거에 의한 대통령선거와 의원내각제적 요소로서의 의회의 대정부불신임권을 든다. 그에 반하여 뒤베르제는 다른 학자들이 이원정부제의 본질적 요소로 들고 있는 집행부의 의회해산제도와 국가긴급권은 나라에 따라 차이가 있으므로 이를 이원정부제의 본질적 요소로 보지 아니한다. 뒤베르제는 이원정부제에 속하는 헌법유형을 취하고 있는 국가로서 바이마르공화국, 1919년 이후의 핀란드, 1929년 이후의 오스트리아, 1937년 이후의 아일랜드, 1962년 이후의 프랑스, 1976년 이후의 포르투갈을 들고 있다.

2) 이원정부제의 요소 — 국내학자들의 견해　　국내에서는 학자에 따라 세부적인 점에서는 견해를 달리하고 있지만, 일반적으로 이원정부제의 요소로서 다음과 같은 것을 들고 있다. ① 이원정부제란 의원내각제적 요소와 대통령제적인 요소가 결합되어 있다. ② 집행권이 이원적 구조를 취하고 있다. 곧 집행권이 대통령과 내각(수상)으로 구성되고 대통령과 내각(수상)이 각기 실질적 권한을 갖는다. ③ 국민으로부터 선출된 대통령은 의회에 대하여 독립되어 있으며 의회에 대하여 책임을 지지 않는다. ④ 대통령은 의회해산권을 가지며 위기시에 국가긴급권을 행사한다. ⑤ 의회는 내각불신임권을 갖는다.

3) 이원정부제의 독자적 정부형태 여부에 대한 국내학자들의 입장　　이원정부제의 독자적 정부형태 여부와 관련하여 국내다수학자들은 이를 부정하고 있다. 이에 반하여 일부학자들은 이원정부제의 독자적 정부형태성을 인정하고 있을 뿐만 아니라, 더 나아가서 1998년 이후 김대중 정권 하의 정부형태를 이원정부제로 분류하기도 한다.

개인적으로는 우선, 이원정부제의 독자적 정부형태를 인정하기는 어려울 것으로 생각한다. 왜냐하면 이원정부제는 "굳이 대통령제라고 볼 수도 없고, 그렇다고 일원적 의원내각제라고 볼 수도 없는 절충형 정부형태가 매우 다양한 모습으로 나타나고" 있는 현상을 이론적으로 설명하려는 시도에 불과할 뿐, 그것을 고정된 정부형태로 볼 수는 없기 때문이다. 그에 대한 증거로서 이 견해의 주장

자도 인정하고 있듯이 이원정부제를 가장 활발하게 실천하고 있는 것으로 평가
할 수 있는 프랑스 제5공화국에서조차 이를 의원내각제적인 시각에서 보기도 하
고 대통령제적인 시각에서 보기도 하는 다양한 견해가 존재할 뿐만 아니라 이원
정부제의 헌정사적 변용이 끝나지 않았다는 점이 지적되고 있다는 점을 들 수
있다.

　다음으로, 1998년 이후 김대중 정권 하의 정부형태를 이원정부제로 분류하는
데 대해서도 동의할 수 없다. 왜냐하면 헌법이 1987년 이후 다시 개정되었다면
모르겠거니와 같은 헌법을 이른바 공동정부가 성립했고, 이른바 공동정부를 구성
하는 양당의 약속에 따라 변칙적으로 운용한다고 해서 1998년 이전의 정부형태
가 대통령제였던 것이 1998년 이후에 이원정부제로 변하는 것은 아니겠기 때문
이다. 곧 헌법규범에 따라 정치현실을 해석해야지, 정치적 현실에 따라 헌법규범
을 해석할 수는 없는 일이다. 양당 간의 합의문은 양당 간의 정략적 약속에 불과
하다. 따라서 그것을 지키고 지키지 않고의 문제는 규범적 효력을 갖지 못하는
양당 간의 정치적 도의(?)의 문제이거나 적나라한 권력투쟁의 문제일 수는 있으
나, 그 합의문이라는 것이 정부형태의 선택권자인 모든 국민의 합의에 기초하여
마련된 헌법보다 상위의 그 무엇일 수는 없다. 정치현실이 헌법을 좌우하는 것이
아니라, 헌법이 정치현실을 정당화한다. 간혹 헌법규범과 헌법현실의 모순을 이
야기하면서 헌법현실에 헌법을 맞출 것을 주장하는 사람들이 있다. 그러나 헌법
규범에 반하여 실현되는 내용은 헌법현실, 곧 실현된 헌법일 수는 없다. 또한 헌
법에 반하는 헌법현실이라고 하는 것은 존재하지 않으며, 존재해서도 안 된다.
헌법에 반하는 현실을 헌법현실이라고 표현하는 것은 헌법에 반하는 선택을 포
함하고 있기 때문에, 헌법적 고찰에서 지양되어야 한다(헌법해석의 문제). 오히려
중요한 것은 그러한 현실에 주목하고, 헌법에 반하는 현실의 발생을 방지하거나
헌법에 반하는 현실을 다시금 헌법과 일치시키기 위하여 필요한 것을 행하는 것
이다(헌법정책의 문제).

제 2 항 의원내각제

1. 의원내각제의 개념 및 유래

의원내각제(내각책임제)는 내각(집행부)의 존속이 의회의 신임에 종속되어 있는 정부형태, 곧 의회에서 선출되고 의회에 대해서 정치적 책임을 지는 내각을 중심으로 국정이 운용되는 정부형태를 말한다. 의원내각제는 영국헌법상의 다른 제도들과 마찬가지로 역사와 함께 형성·발전해 온 역사적 산물로서, 17세기 영국에서 헌정관행으로 성립되었다.

2. 의원내각제의 유형

의원내각제의 유형에는 고전적(전통적) 의원내각제, 외견적 의원내각제, 건설적 의원내각제 등 여러 가지 유형이 있다.

고전적 의원내각제에는 두 가지 유형이 있다. 하나는 내각과 의회다수파가 형식적으로는 일치하지만 실질적으로는 내각이 강한 영국형 의원내각제(내각책임제)이다. 다른 하나는 프랑스 제3공화국과 프랑스 제4공화국에서 보는 바와 같이 강한 의회와 약한 정부를 특징으로 하는 프랑스형 의원내각제이다. 그러나 일반적으로는 강한 의회와 약한 정부를 특징으로 하는 프랑스형의원내각제를 고전적 의원내각제로 부르고 있다.

외견적 의원내각제란 바이마르 공화국이나 프랑스 제5공화국의 이원정부제적 의원내각제를 말한다.

건설적 의원내각제(통제된 의원내각제)란 독일기본법 하에서와 같이 강한 정부와 약한 의회를 특징으로 하는 정부형태이다. 독일에도 대통령이 있다. 그러나 연방대통령은 연방의회에서 재적과반수로 선출된 자를 연방수상으로 임명하고, 연방장관은 연방수상의 제청으로 연방대통령에 의하여 임면되기 때문에 대통령은 조각권을 비롯한 여러 권한을 의례적으로만 가지고 있고, 실질적으로는 연방수상이 행정을 전담하고 있다. 또한 독일기본법은 내각불신임과 관련하여 의회의 다수로써 후임자를 선출하지 않은 상태로는 현수상에 대한 불신임을 의결할 수 없도록 하는 이른바 건설적 불신임제도를 규정하고 있다.

3. 의원내각제의 특색

의원내각제의 가장 본질적인 요소는 의회의 다수파에 의하여 정부가 구성된다는 점이다(의존성의 원리). 이러한 의원내각제의 본질적 요소로부터 다음과 같은 것을 의원내각제의 특색으로 정리할 수 있을 것이다. ① 집행부가 이원적 구조, 곧 명목상의 대통령과 실질적 권한을 갖는 내각의 이원적 구조를 가진다. ② 의회의 내각불신임권과 정부의 의회해산권에 의하여 권력의 균형을 이룬다. ③ 입법부와 행정부는 형식상 독립이나 실질적으로는 협조하는 공화와 협조관계에 있다. 이러한 입법부와 행정부의 공화관계는 각료의 의원직 겸직 가능, 정부의 법률안제출권, 각료의 의회출석·발언권과 의회의 각료에 대한 의회출석·발언요구권, 국무총리 및 국무회의제도, 부서제도 등을 통하여 확보된다. ④ 내각의 각료는 의회의 의원임을 원칙으로 하며, 내각이 의회에 의하여 구성되므로 민주적 정당성이 일원화된다.

4. 의원내각제의 장·단점

의원내각제의 장점으로는 보통 다음과 같은 것들이 이야기되고 있다. ① 내각의 존속과 진퇴가 국민의 대표기관인 의회의 의사에 의존하기 때문에 민주적 요청을 만족시킨다. ② 내각이 의회에 대하여 책임을 짐으로써 책임정치를 실현할 수 있다. ③ 내각의 의회해산권과 의회의 내각불신임권 행사로 정치적 대립을 해결하는 데 용이할 뿐만 아니라 중립적인 국가원수가 정치적 대립을 조정할 수도 있다. ④ 내각이 입법부의 신임을 유지하기 위하여 유능한 정치적 인재를 등용하게 되어 결과적으로 의회의 신임을 고양시킬 수 있다.

그에 반하여 의원내각제의 단점으로는 일반적으로 다음과 같은 것이 이야기되고 있다. ① 정당이 난립할 경우 정국이 불안해진다. ② 입법부가 정권탈취를 위한 정쟁장소로 될 수 있다. ③ 내각의 존속이 입법부의 신임에 좌우되기 때문에 강력한 정치를 실현할 수 없다. ④ 내각과 원내다수파가 합세할 경우 다수결의 횡포를 가져올 수 있으며, 이에 대한 견제장치가 없다.

제 3 항   대통령제

1. 대통령제의 개념 및 유래

대통령제(대통령중심제, 대통령책임제)란 의회로부터 독립하고 의회에 대해서 정치적 책임을 지지 않는 대통령을 중심으로 국정이 운영되고, 대통령에 대해서만 정치적 책임을 지는 국무위원에 의해 구체적인 집행업무가 행해지는 정부형태를 말한다.

대통령제는 몽테스키외의 3권분립론을 받아들인 1787년 미연방헌법에서부터 시작된 것으로 알려져 있다.

2. 대통령제의 유형

대통령제의 유형으로는 전통적 대통령제인 미국형 대통령제와 미국형 대통령제의 변형인 신대통령제, 이원정부제가 있다.

미국형 대통령제(고전적 대통령제)는 완전한 3권분립형 대통령제를 말한다. 미국의 대통령은 행정부의 수반으로서 국민에 의하여 4년 임기로 선출된다. 대통령은 의회에 대하여 책임을 지지 않으며 의회해산권도 갖지 않는다. 그에 상응하여 의회도 정부불신임권을 행사할 수 없다. 미국형대통령제는 현실적으로는 대통령의 개인적 정치역량과 의회의 집행부통제력의 강약에 따라 집행부가 의회보다 우위에 있는 해밀턴형, 의회가 집행부에 대하여 우위를 차지하는 매디슨형, 집행부와 의회가 대등한 지위에 있는 제퍼슨형 등으로 운용되고 있다.

신대통령제는 형식적으로는 미국형 대통령제에 가까운 권력분립적인 형태를 취하고 있으나, 실질적으로는 대통령제라는 명칭과 관계 없이 대통령에게 권력이 통합되어 있는 권위주의적 대통령제를 말한다. 뢰벤슈타인은 권력분립이 명목적이며, 대통령의 권력행사에 대한 대안이 없는 경우를 신대통령제라 부르면서, 1935년 필수츠키 *Pilsudsky*정권 하의 폴란드, 나세르 *Nasser*정권 하의 이집트, 고 딘 디엠 *Ngo Dinh Diem*정권 하의 베트남, 이승만정권 하의 한국 등을 그 대표적인 예로 들고 있다.

이원정부제란 의원내각제적 요소와 대통령제적 요소를 함께 가지고 있는 정부형태를 말한다. 이원정부란 평상시에는 수상이(의원내각제적 요소), 비상시에는 대통령이(대통령제적 요소) 집정하는 정부를 말한다. 이원정부제 하에서는 행정부는 의회에 의하여 구성되고, 대통령은 국민에 의하여 직선되는 것이 보통이다. 뒤베르제는 이 제도를 반대통령제라 부르고 있으며, 바이메 *K. v. Beyme*도 대권을 소유하고 국민에 의하여 간선되며 무책임과 장기적 지위를 점하고 있는, 곧 공화국에 전제군주제의 기능을 도입한 대통령제를 반대통령제라 부르고 있고, 벨로프 *M. Beloff*도 반대통령제에 대하여 언급하고 있다. 이원정부제의 대표적인 경우로는 바이마르헌법과 드골 *De Gaulle*헌법(프랑스 제5공화국헌법)의 정부형태를 들 수 있다.

3. 대통령제의 특색

대통령제의 고전적 형태인 미국형 대통령제의 특색을 한마디로 간추린다면 그것은 입법부와 집행부의 상호분리·독립(독립성의 원리)이라는 말로 표현할 수 있다. 미국형 대통령제는 구체적으로는 다음과 같은 특색을 갖는다. ① 집행부는 대통령을 정점으로 일원화되고 내각은 대통령의 비서에 불과하다. ② 대통령은 국민에 의해 선출되고, 집행부의 구성원은 대통령이 임명하고 대통령에 대해서만 책임을 진다. ③ 의회의 구성원은 집행부의 구성원이 될 수 없다. ④ 의회는 정부에 대하여 불신임권이 없으며, 정부는 의회해산권이 없다. ⑤ 정부는 법률안제출권은 없으나, 그 대신 법률안거부권이 있다. ⑤ 대통령과 의회가 국민에 의하여 구성되는 이원적 민주적 정당성의 구조를 띤다.

4. 대통령제의 장·단점

대통령제는 ① 행정부와 입법부가 상호 독립되어 있기 때문에 대통령의 임기동안 집행부가 안정되어 행정부가 강력한 행정을 수행할 수 있으며, ② 정부가 법률안거부권을 통해 국회다수파의 횡포를 견제할 수 있다는 장점이 있다.

그에 반하여 대통령제의 단점으로는 ① 대통령의 임기가 고정되어 있어서 그때그때 요구되는 조정을 할 수 있는 여지가 없으며, 대통령의 독주시 독재화의 염려가 있다는 점, ② 의회가 극단으로 내달릴 때 집행부의 기능이 정지될 염려가 있으며, 극단적인 경우에는 정국불안으로 쿠데타가 발발할 염려가 있다는 점을 들 수 있다.

제 4 항 회의정부제

1. 회의정부제의 개념

회의정부제(집단정부제)란 일반적으로 행정부에 대한 의회의 절대적 우위로 특징지워지는 정부형태, 곧 행정부의 성립과 존속은 의회에 의존하지만 행정부는 의회를 해산시킬 수 없으므로 행정부가 전적으로 의회에 종속하는 정부형태를 말한다.

2. 회의정부제의 유형

회의정부제의 오래된 형태로는 영국의 장기의회에 의한 통치형태를 들 수 있다. 근대에 들어서는 프랑스혁명기의 국민공회정부제에서 그 모습을 볼 수 있다. 회의정부제의 현대적 유형으로는 넓은 의미에서 중화인민공화국과 북한 등의 인민회의제를 들고 있다. 5·16군사쿠데타 후의 국가재건최고회의도 회의정부제의 유형에 속하는 것으로 볼 수 있다는 견해도 있다.

그러나 북한의 인민회의제를 회의정부제의 유형으로 볼 수 있을지는 의심스럽다. 왜냐하면 북한의 최고인민회의는 실제로는 당의 정책을 합법화시켜주는 외견상의 입법기관에 지나지 않으며, 예산승인을 위한 단순한 통법기관에 지나지 않기 때문이다. 또한 5·16군사쿠데타 후의 국가재건최고회의도 국민의 선거에 의하여 선출된 국민의 대표기관이 아니라는 점에서 회의정부가 아니라 군사평의회에 지나지 않는 것으로 보아야 할 것이다.

3. 회의정부제의 특색

회의정부제의 특색은 한 마디로 의회가 국가권력의 정점에 위치하고 모든 국가기관에 대해서 절대적으로 우월한 지위를 가지고 있다는 것으로 요약할 수 있다. 이러한 특색은 다음과 같은 점에서 나타난다. ① 집행부는 집단지도체제이며, 집행부의 구성원은 의회에 의하여 선임되고 의회에 대하여 연대책임을 진다. 의회는 언제라도 집행부를 불신임할 수 있지만, 집행부는 의회를 해산할 수 없다. ② 집행부가 의회에 의하여 선임되기 때문에 집행부의 존립은 의회의 존립에 전적으로 종속된다. 따라서 의회가 해산되면 집행부도 퇴진한다. ③ 의회는 항상 개회하고, 정기적인 선거를 통하여 선거민에게만 책임을 진다. ④ 국가원수가 없는 것이 특색으로, 국가원수가 있다 하더라도 의례적이고 명목적인 기능만을 가진다. ⑤ 권력체계가 일원화되어 있으므로 의회는 원칙적으로 단원제이다. ⑥ 의회가 사법까지 장악한다. 이는 영국이나 프랑스의 혁명법원의 예에서 확인될 수 있다.

제 5 항 한국헌법상의 정부형태

현행헌법의 정부형태는 변형된 것이기는 하지만 대통령제를 원칙으로 하고, 그에 의원내각제적 요소가 가미되어 있다.

현행헌법은 원칙적으로 다음과 같은 점에서 대통령제를 채택하고 있다. ① 대통령은 국가원수인 동시에 행정부수반의 지위를 갖는다(제66조 제1항·제4항). ② 대통령은 국민에 의해 직접 선출되고(제67조 제1항), 국민으로부터 직접 그 대표성을 부여받고 있다. ③ 대통령은 5년의 임기 동안(제70조) 탄핵소추의 경우(제65조)를 제외하고는 국회에 대해 정치적 책임을 지지 않으며, 국회도 대통령에 대하여 불신임결의를 할 수 없다. ④ 대통령에게 국회해산권이 없다. ⑤ 대통령에게 법률안거부권이 있다(제53조 제2항). ⑥ 국무회의는 의결기관이 아니고 심의기관으로서(제88조) 단순한 대통령보좌기관에 불과하다.

그러나 현행헌법은 다음과 같은 점에서는 의원내각제적 요소를 가미하고 있다. ① 대통령·국무총리·15인 이상 30인 이하의 국무위원으로 구성되는 심의기관으로서의 국무회의를 두고 있고(제88조, 제89조), 임명에 국회의 동의를 필요로 하는 국무총리제를 두고 있다(제86조 제1항). ② 국무총리는 대통령의 명을 받아 행정각부를 통할하고(제86조 제2항), 국무위원의 임명을 대통령에게 제청하며, 국무위원의 해임을 건의할 수 있다(제87조 제1항·제3항). ③ 국회는 국무총리와 국무위원에 대한 해임을 대통령에게 건의할 수 있다(제63조 제1항). ④ 대통령의 국법상 행위에는 국무총리와 국무위원의 부서가 있어야 한다(제82조). ⑤ 정부도 법률안을 제출할 수 있다(제52조). ⑥ 국무총리·국무위원·정부위원은 국회나 그 위원회에 출석하여 발언할 수 있고, 국회와 그 위원회도 이들을 출석시켜 답변을 요구할 수 있다(제62조 제1항·제2항). ⑦ 국무위원은 국회의원직을 겸할 수 있다(제43조, 국회법 제29조 제1항).

제 4 절 공무원제도

제 1 항 헌법규정 및 연혁

헌법 제7조는 "① 공무원은 국민전체에 대한 봉사자이며, 국민에 대하여 책임을 진다. ② 공무원의 신분과 정치적 중립성은 법률이 정하는 바에 의하여 보장된다"라고 하여 공무원의 헌법상 지위(제1항)와 직업공무원제도(제2항)에 대하여 규정하고 있다. 이 밖에도 제29조 제1항에는 공무원의 직무상의 불법행위에 대한 국가배상책임이, 제33조 제2항에는 공무원의 근로3권 제한이, 제65조에는 공무원에 대한 탄핵소추와 탄핵심판이 각각 규정되어 있다.

이처럼 헌법이 공무원에 대하여 자세하게 규정하고 있는 이유는 기본권실현을 지향하는 국가작용이 국가기관, 특히 현실적으로는 공무원에 의하여 담당되기 때문이다. 달리 표현하면, 공무원은 국가작용의 인적 수단이자 도구이기 때문이다. 직업공무원제도가 국가기관의 필수적 구성원리로 간주되는 이유가 여기에 있다.

직업공무원제도는 대략 15세기 무렵부터 오늘에 이르기까지 오랜 시간을 두고 점진적으로 성립되어 왔다. 그러나 직업공무원제도를 헌법에 처음으로 규정한 것은 1919년 바이마르헌법(제128조 – 제131조)으로 알려져 있다. 우리 헌법은 공무원의 헌법상 지위에 대하여는 건국헌법에서부터 규정하고 있었다. 그러나 직업공무원제는 제3차 개정헌법(제2공화국헌법)에서 처음으로 도입하였다. 동 헌법은 경찰의 중립에 대해서도 명문화한 바 있다.

제 2 항 공무원의 개념과 범위

1. 개   념

일반적으로 공무원이란 직접 또는 간접으로 국민에 의하여 선임되어 국가나 공공단체의 공무를 담당하고 있는 자를 말한다.

그러나 공무원의 개념에는 최광의, 광의, 협의 등 여러 가지 공무원개념이 있으며, 구체적인 경우에 따라 그 적용이 다르다. 최광의의 공무원은 일체의 공무담당자를 말한다. 여기에는 선거직공무원은 물론 사법상 계약·특허·사무위임·법률규정에 의하여 한정된 공무를 담당하거나 공무원으로 간주되는 사인(私人)을 포함한다. 광의의 공무원은 국가 또는 공공단체와 광의의 공법상 근무관계를 맺고 공무를 담당하는 기관구성자만을 말한다. 여기에는 국가의 최고기관구성자와 명예직공무원을 포함한다. 협의의 공무원은 국가 또는 자치단체와 특별행정법관계를 맺고 공무를 담당하는 기관구성자만을 말한다.

2. 실정법상 공무원의 범위

(1) 국가공무원법상의 공무원

1) 경력직공무원과 특수경력직공무원   국가공무원법은 공무원을 경력직공무원과 특수경력직공무원으로 구분하고 있다(법 제2조 제1항). 경력직공무원은 실적과 자격에 의하여 임용되고 그 신분이 보장되며 평생토록(정년까지) 공무원으로 근무할 것이 예정되는 공무원을 말한다. 이에는 일반직공무원, 특정직공무원, 기능직공무원이 있다(법 제2조 제2항). 특수경력직공무원은 경력직공무원 이외의 공무원을 말한다. 이에는 정무직공무원, 별정직공무원, 계약직공무원, 고용직공무원이 있다(법 제2조 제3항).

2) 정무직공무원   정무직공무원은 일반직공무원과는 달리 국가의 최고정책의 수립에 직접·간접으로 참여하고, 정치적 소신에 따른 정치활동을 통하여 국가와 국민에 봉사하는 공무원을 말한다. 정무직공무원의 대표적 예로는 대통령, 국회의원, 국무위원 등을 들 수 있다. 국가배상법은 정무직공무원을 선거에 의하여 취임하거나 임명에 있어서 국회의 동의를 요하는 공무원이라 개념정의하

고, 앞에서 든 예 외에도 정무직공무원에 대하여 자세하게 규정하고 있다(법 제2조 제3항 제1호 참조).

(2) 국가배상법상의 공무원

국가배상법상의 공무원은 널리 공무를 위탁받아 이에 종사하는 자를 말한다. 따라서 국가배상법상의 공무원에는 공무원법상의 공무원은 물론 조세의 원천징수자, 집달관, 각종 위원 등이 포함된다.

제3항 공무원의 헌법상 지위

1. 헌법규정

헌법 제7조 제1항은 "공무원은 국민전체에 대한 봉사자이며, 국민에 대하여 책임을 진다"라고 하여 국민전체에 대한 봉사자라는 공무원의 헌법상 지위와 그에 따르는 국민에 대한 책임을 명시하고 있다.

2. 국민전체에 대한 봉사자

(1) 국민전체에 대한 봉사자로서의 공무원

1) 의 의 '공무원은 국민전체에 대한 봉사자'라는 헌법 제7조 제1항 전단의 표현은 헌법 제1조의 국민주권주의의 제도적 구현으로서의 의미를 가진다. 국민전체에 대한 봉사란 국민전체의 이익을 위한 봉사를 말하며, 일부 국민이나 어떤 정당의 이익을 위한 봉사를 금지한다는 뜻이다. 이때의 공무원은 최광의의 공무원을 말한다.

2) 공무원과 국민의 관계 공무원과 국민의 관계에 대해서는 헌법적 대표설과 이념적 대표설(다수설)이 대립되어 있다. 다수설에 따르면 공무원은 국민의 법적 대표(위임대표)가 아니라 이념상 국민전체의 수임자로서 국민에 대하여 충성·성실 등을 내용으로 하는 정신적·윤리적 봉사관계에 있다고 한다.

(2) 공무원의 국민에 대한 책임

국민에 대한 책임의 성질이 무엇이냐에 대해서는 법적 책임설과 정치적·윤리적 책임설이 대립되어 있다.

그러나 개인적으로는 헌법 제7조의 국민에 대한 공무원의 책임의 성질은 헌법 제7조의 규정과 그 밖의 헌법규정 및 그들을 구체화한 법률규정들을 전체적으로 관찰하여 이해하는 것이 적절할 것으로 생각한다. 그러한 한에서 헌법 제7조에 규정된 국민에 대한 책임은 정치적·윤리적 책임과 법적 책임을 포함하고 있는 것으로 생각된다. 정치적 책임은 선거, 국무총리·국무위원에 대한 국회의 해임건의, 불법행위를 한 공무원의 처벌청원 등을 통하여 물을 수 있고, 법적 책임은 탄핵제도, 국가배상제도, 해임, 징계·변상·형사책임 등에 의하여 물을 수 있다.

제 4 항   직업공무원제도

1. 헌법규정·개념·범위

헌법 제7조 제2항은 "공무원의 신분과 정치적 중립성은 법률이 정하는 바에 의하여 보장된다"라고 하여 직업공무원제도를 칼 슈미트의 의미에서 제도적으로 보장하고 있다. 직업공무원제도를 구체화하는 일반법으로는 국가공무원법과 지방공무원법이 있으며, 특별법으로는 교육공무원법·경찰공무원법·소방공무원법·외무공무원법 등이 있다.

직업공무원제도는 정권교체에 관계없이 행정의 독자성을 유지하기 위하여 헌법 또는 법률에 의하여 공무원의 신분이 보장되는 공무원제도를 말한다. 헌법 제7조 제2항이 말하는 공무원은 협의의 공무원을 말한다. 따라서 헌법 제7조 제2항이 말하는 공무원은 일반직·특정직·기능직과 같은 경력직공무원만을 의미하며, 정무직·별정직·계약직·고용직과 같은 특수경력직공무원을 포함하지 않는다.

2. 직업공무원제도의 내용

직업공무원제도는 공무원의 정치적 중립성보장과 신분보장 및 채용과 승진에 있어서의 성적주의를 내용으로 한다. 공무원의 정치적 중립이란 정치활동의 금지, 구체적으로는 집권당의 영향으로부터의 독립과 정당에 대한 불간섭·불가담을 의미하는 소극적 중립을 뜻한다.

공무원의 신분보장이란 정권교체시나 동일한 정권하에서 정당한 이유 없이 해임당하지 않는 것을 의미한다. 국가공무원법에 따르면 공무원은 형의 선고, 징계처분 또는 동법에 정하는 사유에 의하지 아니하고는 그 의사에 반하여 휴직·강임·면직을 당하지 않으며(법 제68조, 지방공무원법 제60조), 또한 일정한 사유에 해당하는 경우가 아니면 징계처분을 당하지 않는다(법 제78조 참조). 그러나 정부조직의 개폐나 예산의 감소 등에 의하여 폐직 또는 과원이 되었을 때에는 직권면직이 가능하다(법 제70조 제3항). 공무원은 위법·부당한 징계처분 기타 그 의사에 반하는 불리한 처분에 대하여는 소청심사를 청구할 수 있고 행정소송도 제기할 수 있다. 공무원의 신분보장과 관련하여 정년제도, 특히 정년연령 등이 헌법 제7조에 위반되지 않는가 하는 것이 문제될 수 있다. 이 문제에 대하여 헌법재판소는 ① 정년제도가 정년연령 시까지의 근무계속을 보장함으로써 안심하고 직무에 전념하게 하고, ② 공무원의 계획적인 교체에 의해 연령구성의 고령화를 방지하고 조직을 활성화하여 공무능률을 유지·향상시키는 목적을 가진다고 하여 합헌으로 판단하였다. 또한 헌법재판소는 계급정년제도에 대해서도 합헌으로 보고 있다.

채용과 승진에 있어서의 성적주의는 정실인사를 배제하고 자격이나 능력을 기준으로 인사행정을 행함을 말한다. 공무원법은 "공무원의 임용은 시험성적·근무성적 기타 능력의 실증에 따라 행한다"(법 제26조, 지방공무원법 제25조)라고 하여 성적주의를 명문화하고 있다. 따라서 공무원채용시험에서의 제대군인가산점제도는 위헌이다.

3. 공무원의 권리와 의무

공무원도 국민인 이상 헌법상 보장된 기본권과 헌법이 부과하는 기본의무의 주체가 된다. 그 밖에도 공무원은 일반국민과는 달리 공무원이라는 신분에서 그에 따르는 권리와 의무의 주체가 된다. 개별법에 규정되어 있는 공무원의 권리·의무를 간추려 정리하면 다음과 같다.

공무원의 권리에는 신분상 권리와 재산상 권리가 있다. 공무원의 신분상 권리에는 신분보유권, 직위보유권, 직무수행권, 직명사용권 및 제복착용권, 행정쟁송권 등이 있으며, 공무원의 재산상 권리에는 보수청구·수령권, 연금청구·수령권, 실비변상수령권 등이 있다.

공무원의 의무에는 가장 기본적인 의무인 성실의 의무 외에도 직무전념의 의무(직장이탈금지의 의무·영리행위금지의 의무·겸직금지의 의무 등), 법령준수의 의무, 합법적인 직무상 명령에 복종할 의무, 친절·공정의 의무, 업무상 비밀준수의 의무, 품위유지의 의무 등이 있다.

4. 공무원의 기본권제한과 그 한계

공무원의 기본권제한에는 헌법에 의한 제한과 법률에 의한 제한이 있다. 전자에 속하는 것으로는 정치운동의 제한(제7조 제2항), 이중배상금지(제29조 제2항), 근로3권의 제한(제33조 제2항)이 있다. 후자에 속하는 것으로 국가공무원법 제64조는 영리업무 및 겸직금지를, 제65조는 정치운동의 금지를, 제66조는 집단행위의 금지를 규정하고 있다. 이 밖에도 경찰관의 제복착용과 군인의 영내거주가 있다.

그러나 공무원의 기본권을 제한하더라도 그 본질적 내용을 침해해서는 안 된다(제37조 제2항).

제 5 절   지방자치제도

제 1 항   지방자치 일반

1. 헌법규정 및 연혁

헌법은 지방자치에 대하여 다음과 같은 두 개의 규정을 두고 있다. 곧 제117조는 "① 지방자치단체는 주민의 복리에 관한 사무를 처리하고 재산을 관리하며, 법령의 범위 안에서 자치에 관한 규정을 제정할 수 있다. ② 지방자치단체의 종류는 법률로 정한다"라고 하여 지방자치단체의 권한에 대하여 규정함과 동시에 지방자치단체의 종류에 대한 법률주의를 정하고 있고, 제118조는 "① 지방자치단체에 의회를 둔다. ② 지방의회의 조직·권한·의원선거와 지방자치단체의 장의 선임방법 기타 지방자치단체의 조직과 운영에 관한 사항은 법률로 정한다"라고 하여 지방자치단체에 의회를 둘 것과 지방자치단체의 구성에 대한 법률주의를 규정하고 있다.

현대의 지방자치는 여러 나라에서 유래한 여러 가지 제도를 종합하여 완성되었다. 그중에서 중요한 것으로는 영국의 주민자치, 독일의 조합 및 단체사상, 프랑스의 단체권력과 지방분권사상을 들 수 있다.

우리나라의 경우 지방자치에 관한 규정은 건국헌법에서부터 존재해왔다. 그러나 6·25의 발발로 1952년에야 최초의 지방의회가 구성되었다. 제2공화국헌법 하에서는 시·읍·면장까지도 주민이 직접 선거하였으나, 그것은 1년에도 못미친 아주 짧은 기간에 지나지 않았다. 제3공화국헌법은 부칙에서 지방의회구성시기를 법률로 정하도록 하였으나 실시되지 못하였다. 제4공화국헌법은 지방의회구성을 조국의 평화통일시까지로 미루어 사실상 지방자치를 폐지하였다. 제5공화국헌법은 지방의회의 구성을 지방자치단체의 재정자립도를 감안하여 순차적으로 하되 그 구성시기는 법률로 정한다는 규정을 두었으나, 지방의회가 구성되지는 않았다. 제6공화국 들어 1991년에 지방의회가 구성되고 1995년에는 지방의회의원선거와 지방자치단체의 장 선거가 동시에 치러짐으로써 지방자치에 관한 헌법규정이 현실이 되었고, 본격적인 지방자치시대에 들어갔다.

2. 지방자치의 의의

지방자치란 지역중심의 지방자치단체가 독자적인 자치기구를 설치하여 그 자치단체의 고유사무를 국가기관의 간섭 없이 스스로의 책임 아래 처리하는 것을 말한다.

이러한 지방자치는 자유민주주의이념을 구현하는 데 이바지하고, 권력분립원리의 지방차원에서의 실현과 정치적 다원주의를 실현시켜주며, 지방의 균형있는 발전과 참정권 등의 기본권신장에도 크게 기여하는 역할을 한다.

3. 지방자치의 유형과 그 유형별 특색

지방자치의 유형에는 주민의 자기통치를 기본원리로 하여 성립된 주민자치(영·미형의 정치적 의미의 자치)와 지방분권사상을 기초로 하여 성립된 단체자치(독·불형의 법적 의미의 자치)가 있다.

　　주민자치의 특색으로는 일반적으로 다음과 같은 것을 들고 있다. ① 자치권은 자연법상의 고유권이다. ② 자치기관은 국가의 지방행정청으로 의결기관과 집행기관이 분리되어 있지 않다. ③ 자치단체의 고유사무와 위임사무의 구별이 불명확하다. ④ 자치단체의 권한은 법률에 의하여 개별적으로 부여된다. ⑤ 지방세는 독립세이다. ⑥ 자치단체에 대한 통제는 법원에 의해 소극적으로 이루어진다.

　　단체자치는 주민자치와는 거의 정반대의 특색을 가지고 있다. ① 자치권은 전래된 권리로서 실정법상의 권리이다. ② 자치기관은 국가로부터 독립된 기관으로 의결기관과 집행기관이 분리되어 있다. ③ 자치단체의 고유사무와 위임사무의 구별이 명확하다. ④ 자치단체의 권한은 국가에 의하여 일반적·포괄적으로 부여된다. ⑤ 지방세는 부가세이다. ⑥ 자치단체에 대한 통제는 행정청에 의하여 적극적으로 이루어진다.

　　일반적으로 주민자치가 단체자치보다 민주주의원리에 적합한 것으로 평가되고 있다.

4. 지방자치권의 본질 및 지방자치의 법적 성격

　　지방자치권의 본질에 대해서는 자치고유권설과 자치권위임설이 대립되어 있다. 오늘날 지방자치는 헌법과 법률의 범위 내에서의 자치를 의미하며, 국가와 절연된 지방자치는 생각할 수 없다. 따라서 자치권위임설이 타당하며 또한 통설의 입장이다.

　　지방자치권의 본질을 자치권위임설로 보는 한, 지방자치제도의 법적 성격은 헌법상의 제도적 보장으로 볼 수밖에 없다. 지방자치제도의 헌법적 보장은 자치고권을 포함하는 자치기능보장, 자치단체보장, 자치사무보장을 본질적 내용으로 한다.

　　지방자치의 본질적 내용을 확정하기 위해서 여러 가지 견해가 주장되고 있다. 헌법재판소는 지방자치의 본질적 내용을 "국민주권의 기본원리에서 출발하여 주권의 지역적 주체로서의 주민에 의한 자기통치의 실현"으로 보고 있다.

5. 지방자치의 기능

　　과거에는 지방자치제도를 민주주의의 불가결의 요소로 보았다. 헌법재판소도 지방자치와 민주주의의 관계를 강조하고 있다. 따라서 전통적으로 지방자치에 대하여는 다음과 같은 기능이 인정되었다. 국가와 사회의 갈등해소, 행정목적의 달성, 민주주의의 실현, 지역발전효과, 제도보장.

그러나 "지방자치제가 반드시 민주주의의 전제조건은 아니다"(G. Langrod)라는 말에서 보듯이, 현대에 들어오면서 지방자치와 민주주의의 관계는 그렇게 자명한 것인 것만은 아니게 되었다. 이러한 인식 위에 오늘날 지방자치에는 전통적 기능 외에도 기본권실현기능, 기능적 권력분립기능, 기능분배의 기능(보충성의 원리) 등이 첨가되게 되었다.

제 2 항 우리나라의 지방자치제도

1. 유   형

우리나라에서 채택되고 있는 지방자치는 단체자치형(집행기관과 의결기관의 분리, 자치단체에 대한 국가의 감독)을 주로 하고 주민자치형이 보완된 혼합형으로 평가되고 있다.

2. 지방자치단체의 개념 및 종류

지방자치단체란 국가 내의 일정 지역을 기초로 하고 그 지역의 주민을 구성원으로 하여 국가로부터 부여된 지방행정을 담당하는 단체(공법인)를 말한다.

지방자치단체의 종류는 법률로 정한다(제117조 제2항). 지방자치법에 따르면 지방자치단체는 일반자치단체와 특별자치단체가 있다. 일반자치단체는 광역자치단체(특별시, 광역시, 특별자치도, 도)와 기초자치단체(자치구, 시, 군)로 나누어진다(법 제2조 제1항). 특별자치단체는 일반자치단체 외에 특정한 목적을 수행하기 위하여 필요한 경우에 별도로 설치되는 단체이며, 그 설치·운영에 필요한 사항은 대통령령으로 정한다(법 제2조 제3항·제4항). 이 밖에도 2개 이상의 지방자치단체가 하나 또는 둘 이상의 사무를 공동으로 처리할 필요가 있을 때 설치하는 지방자치단체조합이 있다(법 제159조). 그 예로는 수도권매립지운영관리조합, 한국지역정보개발원, 부산 진해 경제자유구역청, 부산-거제간 연결도로건설조합 등을 들 수 있다.

지방자치단체의 명칭과 구역은 종전과 같이 하고, 명칭과 구역을 바꾸거나 지방자치단체를 폐지하거나 설치하거나 나누거나 합칠 때에는 법률로 정한다. 다만, 지방자치단체의 관할구역 경계변경과 한자 명칭의 변경은 대통령령으로 정한다(법 제4조 제1항).

3. 지방자치단체의 기관

지방자치단체의 기관으로는 의결기관인 지방의회와 집행기관인 자치단체의 장이 있다. 그 밖에도 광역자치단체에 교육위원회를 설치한다.

(1) 지방의회

지방의회는 임기 4년으로 주민에 의해 선출되는 지방의회의원으로 구성된다(법 제32조). 지방의회의원에게는 일정한 월정액의 의정활동비, (공무여행 시) 여비 및 직무활동에 대한 월정수당이 지급된다(법 제33조). 지방의회는 조례의 제정 및 개폐·예산의 심의·확정·결산의 승인, 중요재산의 취득·처분, 공공시설의 설치·처분 등에 관한 사항을 의결한다(법 제39조).

(2) 지방자치단체의 장

지방자치단체의 장(특별시장, 광역시장, 도지사, 시장, 군수, 구청장)은 임기 4년으로 주민에 의해 선출되며 3기까지 계속 재임할 수 있다(법 제93조-제95조). 지방자치단체의 장은 당해 지방자치단체를 대표하고 그 사무를 총괄하며(법 제101조), 소속직원을 지휘·감독하며 그 임면·교육훈련·복무·징계 등에 관한 사항을 처리한다(법 제105조).

지방자치단체의 부단체장(특별시 3인, 광역시와 특별자치시 및 도와 특별자치도는 2인)은 시·도지사의 제청으로 행정자치부장관을 거쳐 대통령이 임명하며, 기초자치단체의 경우는 당해 자치단체장이 임명한다(법 제110조).

(3) 지방교육자치기구

1) 개 관 「지방교육자치에 관한 법률」은 광역자치단체인 시·도에만 지방교육자치를 시행하도록 하면서 교육전문집행기관으로 교육감을 두도록 하였다(법 제18조). 2014년 6월 기점으로 교육전문의결기관이었던 교육위원회는 효력을 상실하고, 현재 교육위원회는 지방의회의 상임위원회 차원으로 운영되고 있

316 제 3 편 국가작용과 국가기관

다. 따라서 이제는 더 이상 교육의원은 존재하지 않는다. 다만, 「제주특별자치도 설치 및 국제자유도시 조성을 위한 특별법」에 의해 제주도에서만 교육의원을 선출하고 있다.

2) 교 육 감　　교육감은 시·도의 교육·학예에 관한 사무의 집행기관으로(법 제18조 제1항), 교육·학예에 관한 소관사무로 인한 소송이나 재산의 등기 등에 대하여 당해 시·도를 대표한다(법 제18조 제2항).

교육감도 주민의 보통·평등·직접·비밀선거에 따라 선출하고(법 제43조), 임기는 4년으로 하되 계속적인 재임은 3기로 제한된다(법 제21조). 교육감의 선거에 관해서는 정당이 후보자를 추천할 수 없으며, 이처럼 동법이 따로 규정하고 있는 사항을 제외하고는 공직선거법상의 시·도지사선거에 관한 규정을 준용한다(법 제46조, 제49조).

교육감후보자는 당해 시·도지사선거의 피선거권이 있어야 하고, 후보자는 후보자등록신청개시일로부터 과거 1년 동안 정당의 당원이 아니어야 하며(법 제24조 제1항), 교육경력 또는 교육행정경력이 3년 이상 있거나 두 경력을 합하여 3년 이상 있는 자이어야 한다(법 제24조 제2항).

4. 지방자치단체의 권한

지방자치단체는 "주민의 복리에 관한 사무를 처리하고 재산을 관리하며, 법령의 범위 안에서 자치에 관한 규칙을 제정할 수 있다"(제117조 제1항). 따라서 지방자치단체는 자치행정권, 자치재정권 및 자치입법권을 갖는다.

(1) 자치행정권

1) 고유사무처리권　　지방자치단체는 주민의 복리를 위하여 사무처리권(고유사무처리권)을 갖는다. 지방자치단체는 그 사무를 처리함에 있어 주민의 편리 및 복리증진을 위하여 노력하여야 하며(법 제8조 제1항), 법령이나 상급지방자치단체의 조례에 위반하여 사무를 처리해서는 안 된다(법 제8조 제3항).

2) 위임사무처리권　　그 밖에도 지방자치단체는 위임사무도 처리한다(법 제9조). 위임사무에는 단체위임사무와 기관위임사무가 있다.

단체위임사무란 법령에 의하여 국가 또는 상급지방자치단체로부터 위임된 사무를 말한다(법 제9조 제1항). 대표적인 단체위임사무로는 국세징수법에 의한

시·군의 국세징수사무, 하천법에 의한 국유하천의 점용료 등의 징수사무, 전염병
예방법에 의한 예방접종사무, 지역보건법에 의한 보건소운영, 농촌진흥법에 의한
농촌지도소운영, 국민기초생활보장법에 의한 생활보호사무 등이 있다. 단체위임
사무의 소요경비는 지방자치단체와 국가(상급자치단체)가 분담한다.

기관위임사무는 전국적으로 이해가 있는 사무로서 국가 또는 광역자치단체
로부터 지방자치단체의 집행기관에 위임된 사무를 말한다. 이 사무를 위임받은
집행기관은 국가의 하급기관과 동일한 지위에서 사무를 처리한다. 기관위임사무
의 소요경비는 전액을 원칙적으로 국가(상급자치단체)가 부담한다.

(2) 자치재정권

지방자치단체는 자치재정권(재산관리권과 지방재정권)을 갖는다. 따라서 지방
자치단체는 기본재산을 유지하고 적립금의 설치·관리 및 처분을 할 수 있고, 조
세를 부과하고 사용료·분담금·수수료 등을 징수할 수 있으며, 공공시설의 설
치·관리 및 처분을 할 수 있다(법 제22조).

(3) 자치입법권

지방자치단체는 법령의 범위 안에서 자치에 관한 규칙을 제정할 수 있는 권
한, 곧 자치입법권이 있다.

자치입법에는 지방의회가 법령의 범위 내에서 의결로써 제정하는 조례(법 제
22조, 제39조 제1항 제1호)와 지방자치단체의 장이 법령 또는 조례의 범위 내에서
제정하는 규칙(법 제23조)이 있다. 조례의 제정은 지방의회의 고유사항이다. 지방
의회가 조례로 결정할 수 있는 사항은 자치사무와 단체위임사무에 한하는 것이
원칙이나, 기관위임사무의 경우에도 개별법령에서 조례로 정하도록 위임하고 있
는 경우에는 조례를 제정할 수 있다. 또한 조례로써 주민의 권리제한·의무부
과·벌칙을 정할 때에는 반드시 법률의 위임이 있어야 한다. 조례의 제정 또는 개
폐는 광역자치단체의 경우는 행정자치부장관에게, 기초자치단체는 시·도지사에
게 그 전문을 첨부해서 보고해야 한다(법 제28조). 지방의회의 조례제정권은 지방
자치단체의 장의 재의요구권(법 제26조 제3항)과 제소권에 의한 통제를 받는다(법
제172조).

(4) 주민투표회부권

지방자치단체의 장은 지방자치단체의 주민에게 과도한 부담을 주거나 중대

한 영향을 미치는 지방자치단체의 주요결정사항 등을 주민투표에 붙일 수 있다. 주민투표의 대상·발의자·발의요건·기타 투표절차 등에 관하여는 따로 법률로 정한다(법 제14조). 주민투표권자는 19세 이상의 주민 중 투표인명부 작성기준일 현재 다음의 하나에 해당하는 자이다. ① 그 지방자치단체의 관할구역에 주민등록이 되어 있는 사람 또는 「재외동포의 출입국과 법적 지위에 관한 법률」 제6조에 따라 국내기소신고가 되어 있는 재외국민, ② 출입국 관계 법령에 따라 대한민국에 계속 거주할 수 있는 자격을 갖춘 외국인으로서 지방자치단체의 조례로 정한 사람(주민투표법 제5조 제1항).

5. 지방자치단체에 대한 국가의 감독

지방자치단체의 사무처리는 해당 주민과 일반국민의 이해관계에 직접·간접으로 영향을 준다. 뿐만 아니라 지방자치의 운영은 국가행정에도 커다란 영향을 미친다. 그에 따라 국가는 광역행정정책의 필요성 때문에 지방자치를 감독할 필요가 있다.

지방자치단체에 대한 국가의 감독방법으로는 입법적 통제, 사법적 통제, 행정적 통제 및 기타 방법이 있다. 현재 지방자치단체에 대한 중앙행정기관의 감독권으로는 감독관청의 자치사무감사권(법 제171조), 자치단체장의 명령·처분에 대한 시정명령 및 취소권(법 제169조 제1항), 지방의회 의결사항에 대한 재의요구지시권(법 제172조 제1항) 외에도 지방의회 재의결사항에 대한 제소지시 및 직접제소권(법 제172조 제4항)과 직무이행명령 및 대집행권이 있다(법 제170조).

그러나 지방자치단체에 대한 국가의 감독은 필요한 최소한에 그쳐야 하며, 그 정도를 지나칠 때에는 지방자치의 본질을 침해하는 것이 된다. 이와 관련 직무이행명령권과 제소지시권 및 직접제소권 등은 지방자치의 본질 또는 지방자치의 현대적 기능과 조화되기 어렵다는 점에서 문제가 있는 규정이라 하겠다.

제 2 장 국　회

제 1 절　의회주의

제 1 항　의회제도의 연혁

의회제도가 언제 그리고 어디에서 시작되었는지에 대해서는 정확히 이야기할 수 없다. 그러나 보통 근대의회의 선구로서의 명예는 1285년 개최된 영국의 모범의회에게 주어지고 있다. 그리고 중세등족회의에서 근대의회로 발전하는 과정에서 일어난 변화를 간추리면 다음과 같다. ① 등족회의의 3부제가 양원제로 발달하였다. ② 대표는 출신계급대표에서 전 국민의 대표로 되었다. ③ 군주에 대한 청원서제출권은 근대의회의 법률안발안권으로 되었다. ④ 등족회의의 조세승인권은 근대의회의 예산심의권으로 되었다. ⑤ 등족회의의 명령적 위임(강제위임)은 근대의회의 무기속위임(자유위임)으로 되었다.

제 2 항　의회주의의 개념

의회주의는 대단히 다의적인 개념이다. 의회주의라는 용어는 시대와 국가에 따라, 그리고 그것을 사용하는 사람에 따라 그 뜻이 다르다. 그러나 이를 크게 분류하면, 의회가 권력의 최정상에 자리하고 있으면서 다른 국가권력에 대하여 시원적 역할을 했던 19세기의 의회주의에 대한 개념과, 행정권이 강화되고 사회국가에 대한 요청이 높아지고 정당이 국가정치에서 차지하는 비중이 높아진 현대

국가의 의회주의에 대한 개념으로 양분할 수 있다.

의회주의의 고전적 개념을 대표하는 칼 슈미트는 의회주의를 행정부에 대한 의회, 곧 국민대표의 지배로 개념 정의하였다. 그리고 이러한 의미의 의회주의가 통용되는 시민적 법치국가의 의회는 여당과 야당 사이에 정치적 의견이 공개토론(토론과 반대토론, 설득과 타협)됨으로써 국민의 전체의사가 일반의사로 완성될 수 있는 장소이자 국민적 교양과 이성을 대표하며 그 안에 국민의 예지를 통합할 수 있는 장소로 간주되었다.

이러한 슈미트식의 고전적 의회주의의 이념적 전제는 실제로 충족된 바 없다. 뿐만 아니라 이러한 의회주의의 이념적 전제는 특히 사회적 정의와 사회적 안전을 요구하는 국민의 요청이 원인이 되어 나타난 의회에 대한 행정부의 상대적 지위강화 및 정당국가의 출현으로 여러 면에서 변화되어 있다. 따라서 의회주의의 개념은 수정되지 않으면 안 된다. 그리고 이를 위해서는 의회주의의 특징적인 요소들을 살펴보아야 할 것이다. 오늘날 의회주의를 개념짓는 특징적 요소로서 ① 국민의 보통·평등선거권에 기초하여 성립된, 곧 민주적으로 선출된 집합체를 통하여 권위 있는 국가의사가 형성될 것, ② 정부에 대하여 대표기관이 실효성 있는 통제권한을 가질 것이 요구된다.

따라서 우리는 의회주의를 보통·평등선거권에 기초를 둔 국민으로부터 민주적으로 선출된 합의체국민대표기관인 의회가 행정부와 균형을 이루면서 국가의 기본정책결정에 입법을 통해 참여하는 정치원리라고 정의할 수 있다. 그리고 이러한 의미의 의회주의는 영국형 의원내각제에서뿐만 아니라 미국형 대통령제에서도 그 모습을 찾아볼 수 있다고 보아야 한다. 왜냐하면 의회주의는 하나의 정치원리, 곧 이념이고 그 결과 실제에 있어서는 다양한 형태로 나타날 수 있기 때문이다.

제 3 항 의회주의의 이념적 전제

의회주의의 이념적·사상적 근거는 영국과 유럽대륙에 있어서 커다란 차이가 있다. 영국의 의회주의는 어떤 이론이나 이념의 산물이 아니라 어디까지나 군주의 권력에 대하여 오랜 역사를 두고 투쟁해 온 구체적 경험과 정치적 관습의 산

물이다. 그것은 외부로부터 고립된 섬나라인 영국의 지정학적 위치와 또한 영국
사회구조의 유연성과 같은 그 사회학적 이유에 기초한 정치제도를 의미한다. 따
라서 영국의회주의의 이념적·사상적 근거에 대해서는 의회의 위치는 14세기에
나타나고 18세기에 블랙스톤 *W. Blackston*과 버크 *E. Burke*에 의하여 실현된
무기속위임사상의 확립과 같이 한다는 것을 지적함으로써 충분하다.

이에 반하여 의회제도가 대륙에 이식되고부터는 이론화하여 실천과 관습이
아니라 뚜렷한 이론과 이념, 특히 정신사적 입장에서 문제되게 된다. 그러한 경
향은 다른 어느 곳에서보다 특히 독일에서 뚜렷하다. 독일에서는 바이마르민주주
의의 위기의 해라고 불리는 1923년에 의회주의에 대한 두 가지의 상반된 견해가
슈미트와 트뢸치 *E. Troeltsch*에 의하여 주장되었다. 슈미트는 「현대 의회주의의
정신사적 상황」에서 버크, 벤담 *Bentham*, 기조 *Guizot*, 밀 *J. S. Mill* 등과 같은
자유주의 정치이론가들의 견해를 인용하면서 의회정치를 토론에 의한 정치라 정
의하고 의회제도의 정신사적 기반을 공개성과 토론의 개념으로 규정하였다. 그리
고 이러한 공개토론에 의하여 추구되는 것은 다름 아닌 진리와 정의 그 자체의
발견이라고 한다.

이에 반하여 트뢸치는 의회주의의 정신적 기반을 유럽공동체의 자연법적 전
통에서 구하면서, 의회민주주의는 인권, 이성, 정의 및 진보라는 이념들과 내면적
관련성을 가지고 있다고 한다.

그러나 슈미트는 의회가 아닌 의회이론의 역사를 논증의 지표로 삼고 있으
며, 그가 지적하는 의회이론의 역사는 19세기 전반기에 국한되었다는 점에서 비
판을 면할 수 없을 것이다. 결국 이상주의적인 의회주의의 모델을 설정하여 그에
적합하지 못한 현대의 의회현실을 의회주의의 몰락으로 이해한 것은 슈미트의
결정적 잘못이라고 할 수밖에 없을 것이다. 따라서 발표 당시 별 주목과 반응을
얻지 못했던 트뢸치의 견해는 히틀러 *Hitler*의 독재와 동독에서 마르크스주의 독
재체제의 현실을 체험한 후 싹튼 의회주의의 참다운 정신사적 기반을 이해하려
는 자각적 노력에 실마리가 되었다 할 것이다.

제 4 항   의회주의의 원리

의회주의의 본질적 원리가 무엇인지에 대해서 학설은 구체적인 내용에 있어
서 일치를 보이고 있지 않다. 그러나 대부분의 국내학자들은 슈미트와 견해를 같
이하여 의회주의의 본질적 원리로서 토론과 공개성, 대표의 원리를 들면서 거기
에 다수결의 원리를 하나 더 첨가하고 있다. 보통 의회주의의 본질은 의원이 각
자 자신의 의견을 개진하고, 그것을 상호 토론으로 대립시켜 서로 상대방을 이론
적으로 설득시킴으로써 변증법적인 고차원의 의견을 얻게 하는 데 있다고 한다.

제 5 항   의회주의의 변질

그러나 이러한 의회주의의 본질적 원리들은 이념적인 것일 뿐, 국가가 적극
적으로 사회문제·경제문제에 관여하는 사회국가로 이행함에 따라 거대하고 적극
적인 행정권의 형성과 그것에의 권력집중이 필연적으로 되며 선거권이 확대되어
대중적 정당제도가 발달한 현대사회에서는 이상적으로 기능하고 있지 않다.

우선, 공개토론의 원리를 보면, 토론을 연애에 비교하면서 그 속에 give and
take의 정신이 표현되어 있다고 한 낭만적·목가적 견해가 없는 것은 아니지만,
이러한 견해는 고전적인 견해가 되고 말았다. 오늘날 의회에서의 의견은, 슈미트
가 공개토론의 장소라는 의회의 본질적 요소로서 지적한 의사의 공개성, 토론장
소로서의 본회의중심과는 달리, 사실상 위원회 또는 정당과 교섭단체 내지는 정
당연합의 소위원회가 닫혀진 문의 배후에서 결정하고 있다. 현실적으로 볼 때 의
회에서 의원은 정당에 구속되어 정당의 방침에 따른 의견을 표명하며 투표하는
거수기에 지나지 않는다. 그리고 의회에서 각파의 세력비에 반하여 얻은 결론은
이미 확정된 것이며, 이런 분파에서 자기 당의 의사를 결정하는 것은 모두 이해
관계적·계층적 구속성에 의한 것이지, 결코 진리와 정의 자체를 추구하는 공개
토론에서 올바른 중용을 취한 결과는 아니다. 곧 공개토론의 원리는 그 목적에서
부터 매우 멀어져 있다.

그런가 하면 대표의 원리도 오늘날 민주정이 선거권의 확대로 대중민주정으
로 이행한 결과 구조적으로 변질되고 있다. 곧 라이프홀츠 *G. Leibholz*가 적절히

지적한 바와 같이, 자유주의적·대의적 민주주의가 정당국가적 민주주의로 이전함에 따라 국민의 보편의사는 정당에 의하여 형성되고 국민의 의사는 정치적 대표의 원리가 아닌 자동성의 원리에 의하여 형성되고, 의회는 점차 종래의 고유한 성격을 상실하여 의회는 공개토론의 광장이 아니라 이미 정당대표들에 의하여 작성된 의견을 전시하는 장소에 불과하게 된다.

다수결원리에 대해서도 예외는 인정되지 않는다. 곧 다수결원리도 그것이 기능하기 위한 전제와 한계는 간과된 채 (예컨대 현실의 의회정치에 있어서 대립되는 소수자들에게 의사를 표시할 기회를 전혀 부여하지 않든가 또는 토론과 설득의 과정을 생략한 채) 다수결로써 결정을 내리는 것과 같은 다수자의 횡포가 여러 곳에서 자행되고 있다.

이렇듯 의회주의의 본질적 원리들이 이념형대로 작용하지 못하고 있기 때문에 슈미트는 의회주의의 이념적 전제의 탈락을 확인하고 있고, 브라이스 *J. V. Bryce*는 그의 역저 「근대민주정」에서 세계 주요국가들의 의회정을 검토하고 난 후 이를 개괄하여 입법부의 쇠퇴와 입법부의 병리를 지적하였다.

제 6 항 의회주의의 현대적 의의

그러나 의회주의라는 것이 국민의 대표기관인 의회로 하여금 국가의 의사를 결정하게 하고 국정운영의 중추기관이 되게 하는 원리라고 한다면 그것은 국민주권사상과 자유민주주의의 사상을 그 안에 담고 있는 가장 민주적인 정치원리일 수밖에 없다. 결국 의회주의에 대한 태도결정은 바로 민주주의에 대한 태도결정인 것이다.

뿐만 아니라 오늘날과 같이 사회국가적·행정국가적·정당국가적 요소가 강한 국가에서도 의회는 국가의 기본적 정책형성에 참여하고, 그것을 입법을 통하여 행사하며, 또한 그렇게 함으로써 행정권을 감독하고 억제하며 통제하는 기능을 담당하고 있다. 곧 의회는 국민 다수의 바람과 걱정을 토론의 광장에 반영시킴으로써 권력의 남용으로부터 국민의 자유를 수호하고, 토론을 통하여 지도하며 법률의 집행을 감독하는 기능을 담당하고 있을 뿐만 아니라 또한 행정이 부당할 때에는 이를 비판하여 공개적으로 토론하고 그 정도가 지나칠 때에는 행정부에 대하여 책임을 추궁하는 역할을 하고 있다고 할 것이다.

제 2 절   국회의 헌법상 지위

제 1 항   국회의 헌법상 지위에 대한 학설

국회의 헌법상 지위를 어디에서 이끌어 내느냐에 대해서는 국내학자들 사이에 국회의 헌법상 지위는 국가형태, 헌법유형, 정부형태에 의하여 정해진다고 하는 견해와 국회의 지위는 의회주의의 본질에서 이끌어내야 한다는 견해가 대립되어 있다.

개인적으로는 국회의 헌법상 지위를 설명함에 있어서 일반론(또는 원칙론)과 구체적인 헌법해석론을 구별해야 한다고 생각한다. 달리 말하자면, 일반적인 의회의 지위를 논하는 데는 의회제도의 발전사와 의회주의의 본질이 그 지표가 될수 있겠지만, 우리 헌법상의 국회의 지위를 논함에 있어서는 우리의 구체적인 헌법규정을 근거로 해야 한다는 이야기이다. 의회주의는 정치원리(또는 정치이념)이고, 정치원리로서의 의회주의는 구체적인 헌법을 제·개정함에 있어서 방향을 제시한다. 그렇다고 해서 그것이 현실적인 헌법에 그대로 표현되는 것은 아니다. 언제나 구체적인 국가의 사정에 따라 어느 정도의 변형은 불가피하며, 경우에 따라서는 그 변질된 정도가 지나치기 때문에 의회주의의 쇠퇴가 이야기되는 것이다. 이러한 경우 문제가 되는 것은 원리나 이념에 합치하지 않는 헌법규범에 대한 정비·개선책을 제시하는 것이다. 그러나 그것은 헌법해석론은 아니다.

헌법상 국회는 국민의 대표기관으로서의 지위, 입법기관으로서의 지위, 국정통제기관으로서의 지위를 갖는다.

제 2 항   국회의 헌법상 지위

1. 국민의 대표기관으로서의 지위

(1) 헌법규정

국회의 국민대표성을 명문으로 규정하고 있는 독일기본법과는 달리, 우리 헌법은 국회의 국민대표성을 명시적으로 규정하고 있지 않다. 비록 헌법이 국회의 구성원인 국회의원이 국민대표기관임을 명시하는 규정을 두고 있지는 않으나, 헌법은 국회의 국민대표성을 여러 곳에서 간접적으로 규정하고 있다. 국민주권원리를 규정한 헌법 제1조 제2항, 공무원의 국민전체에 대한 봉사자임을 규정하고 있는 헌법 제7조 제1항, 국회의원을 국민의 보통·평등·직접·비밀선거에 의하여 선출할 것을 규정하고 있는 헌법 제41조 제1항, 국회의원의 불체포특권을 규정하고 있는 헌법 제44조, 국회의원의 면책특권을 규정하고 있는 헌법 제45조, 국회의원의 국가이익우선의무와 양심에 따른 직무수행을 규정하고 있는 헌법 제46조 제2항 등이 그러한 규정들이다.

(2) 대표의 성격

국회가 국민을 대표한다고 할 때 대표의 성격과 관련하여 그것이 구속력을 갖는가 여부와 관련하여 크게 법적 대표설과 정치적 대표설이 나누어져 있다. 그리고 법적 책임설이나 정치적 책임설은 우리 헌법규정을 근거로 한 논증이 아니라는 한 가지 점에서는 공통되고 있다. 그러나 앞에서도 본 바와 같이 국회의 헌법상 지위가 우리 헌법규정을 통해서 확인되어야 한다면, 국회가 국민을 대표한다고 할 때의 대표의 성격도 우리 헌법규정을 통해서 확인되어야 할 것으로 생각한다.

헌법의 어디에도 국회의원에게 명령적 또는 강제적 위임을 지시하고 있는 규정은 없다. 따라서 국회가 국민을 대표한다고 할 때 대표의 성격을 정함에 있어서는 헌법이 국회의원에게 강제적 위임을 인정하고 있지 않다(제45조)는 것이 척도가 되어야 할 것으로 본다. 그러한 한에서 개인적으로는 정치적 대표설이 타당하다고 본다.

(3) 국민대표기관으로서의 국회의 지위변질

오늘날에는 정당정치의 발전과 국회의원의 정당기속 때문에 국회는 국민의 대표기관이 아니라 정당대표기관들이 당리당략에 따라 경우에 따라서는 투쟁하고 경우에 따라서는 타협하는 기관으로 전락한 듯한 인상을 주고 있다. 이에 국민의 국회에 대한 불신은 커져만 가고 있고, 그러한 불만은 최근 들어 특히 각종 시민단체의 등장으로 이어지고 있다.

헌법은 이에 대한 대책으로 위헌법률심사제를 채택하고 있으나, 그것만으로는 부족하다. 그 밖에도 국회의원에 대한 소환제와 특정 입법에 대한 국민투표제 등이 도입될 필요성이 있다. 그러나 가장 중요한 것은 정당이 국민의 정치의사형성이라는 본연의 임무에 충실하는 것이 필요하며, 그를 위해 가장 필요한 것은 진정한 당내민주주의를 실천하는 것일 것이다.

2. 입법기관으로서의 지위

헌법은 제40조에서 "입법권은 국회에 속한다"라고 하여 국회의 입법기관으로서의 지위를 명시하고 있다.

이때의 입법권은 법률제정권이며, 법률에 유보되어 있는 사항은 국민의 권리·의무사항과 국가기관 및 국가작용에 관한 기본적이고 본질적인 사항이라는 것은 이미 앞에서 살펴보았다.

입법기관으로서의 지위는 국회의 가장 본질적이고 고유한 지위이다. 그러나 이 지위는 위임입법의 증대와 국회의 통법부화 현상 등으로 많은 도전을 받고 있다. 그렇다고 해서 국회의 입법기관으로서의 지위가 부정되거나 과소평가될 수는 없다. 이에 대한 대책으로 직능대표제의 실시와 국회전문위원회의 확대개편 등이 제시되고 있다.

3. 국정통제기관으로서의 지위

헌법은 국회의 국정통제기관성을 확인할 수 있는 여러 가지 규정을 가지고 있다. 국무총리·국무위원에 대한 국회출석요구권·질문권·해임건의권(제61조, 제62조), 탄핵소추의결권(제65조), 재정에 관한 권한(제54조-제59조), 긴급명령승인권과 긴급재정·경제명령승인권(제76조), 계엄해제요구권(제77조), 국정감사·조사권(제61조)에 대한 규정 등이 그것이다.

국회의 국정통제기관으로서의 지위는 통치권행사의 절차적 정당성을 확보하기 위한 것으로, 권력분립주의의 내용인 견제와 균형이 표현된 것이다. 현대국가에서 국회의 국민대표기관으로서의 지위 및 입법기관으로서의 지위는 약화되고 있는 반면, 그에 비해서 국정통제기관으로서의 지위는 이전보다 더 강조되고 있다.

제 3 절 국회의 구성과 조직

제 1 항 국회의 구성

국회를 구성하는 방법에는 국회를 두 개의 상호 독립한 합의체기관으로 구성하는 양원제와 하나의 합의체기관으로 구성하는 단원제의 두 가지 방법이 있다.

1. 양 원 제

양원제는 영국의 귀족원과 서민원에서 유래하였다. 세계적으로 양원제를 택하고 있는 국가는 현재 감소추세에 있다.

현재 양원제를 채택하고 있는 국가들은 그 구체적인 사정에 따라 각각 다른 이유에서 다른 유형의 양원제를 채택하고 있다. ① 한 나라의 사정이 매우 격리된 2개의 계급으로 분리되어 있을 때에는 정치조직의 면에도 그것이 반영되어 양원제가 채택되게 된다. 영국의 귀족원형 양원제가 그 예이다. 이론적으로는 몽테스키외가 이 유형의 양원제를 주장하고 있다. ② 연방국의 경우에는 주(또는 지방支邦)의 이해관계를 반영하기 위하여 양원제가 채택된다. 미국이나 독일의 주대표형 양원제가 그 예이다. 그러나 프랑스는 1875년 이래 단일국가이면서도 준지역대표형 양원제를 채택하고 있다. ③ 단일국가로서 특권계급도 존재하지 않는 경우에는 양원제의 필요성은 존재하지 않는다. 그러나 단일국가에서도 특별한 지식·재능·경험을 이유로 양원제를 채택하는 경우가 있다. 우리나라 제2공화국의 참의원이나 일본의 참의원과 같은 민선형 양원제 또는 아일랜드나 독일 바이에른주의 직능대표형 양원제가 그 예이다. 이론적으로는 브라이스가 이 유형의 양원제의 필요성을 강조하고 있다.

양원제의 장점으로는 다음과 같은 것을 들 수 있다. ① 의안의 심의에서 신중과 공정을 기할 수 있다. ② 파쟁을 조정하고 부패를 방지할 수 있다. ③ 국회 다수파의 전제와 횡포를 방지하여 국민의 권익을 옹호할 수 있다. ④ 정부와 한 원(院)이 충돌하는 경우 다른 원이 조정할 수 있다. ⑤ 연방국가의 경우 지방이익을 고려할 수 있다.

그에 반하여 양원제의 단점으로는 다음과 같은 것이 이야기되고 있다. ① 이중절차를 통하여 심의가 지연되고 국고가 낭비된다. ② 책임의 소재가 불명확하다. ③ 정부에 대한 의회의 지위가 상대적으로 약화된다.

양원의 관계는 독립조직의 원칙, 독립의결의 원칙, 의사일치의 원칙, 동시활동(의사병행)의 원칙으로 요약된다. 곧 양원은 조직과 권한 및 활동에서 서로 독립적이며, 양원의 의견이 일치하는 경우에만 의회의 의결로 한다. 단 양원은 동시에 개회하고 폐회한다.

대부분의 나라에서는 하원이 우월한 지위에 있다. 그러나 미국은 건국당시 지방분권주의가 강하였기 때문에 각 지방을 대표하는 상원이 하원보다 우월한 지위를 갖는다. 그 결과 대통령의 권한대행순위에 있어서도 부통령을 겸직하게 되어 있는 상원의장이 하원의장보다 순위가 앞선다. 또한 상원의원의 임기는 6년이며 하원의원의 임기는 2년이다. 이는 일반적으로 상원은 보수적이며, 하원은 상대적으로 진보적이라는데 근거한다.

2. 단 원 제

루소 *J. J. Rousseau*, 시이예스 *E. J. Sieyès* 등이 주장하였다. 특히 시이예스는 "제2원이 제1원과 같은 결의를 한다면 제2원은 불필요한 존재이고, 제2원이 제1원과 다른 결정을 한다면 제2원은 해로운 존재이다"라고 하여 단원제를 역설한 바 있다. 역사적으로는 1791년 프랑스헌법이 최초로 단원제를 채택하였다.

일반적으로 양원제의 장점은 단원제의 단점으로 작용하고, 양원제의 단점은 단원제의 장점으로 작용한다.

3. 한국헌법상 국회의 구성

(1) 국회의 구성

현행헌법은 단원제를 채택하고 있다. 헌정사적으로는 1952년 제1차 헌법개정에서 양원제를 채택하였으나 실시되지 않았고, 1960년 제2공화국헌법이 민의원과 참의원의 양원제를 단기간 채택·운영한 바 있다.

국회는 국민의 보통·평등·직접·비밀선거에 의하여 선출된 지역구의원으로 구성되며(제41조 제1항), 비례대표제가 가미될 수 있다(제41조 제3항). 국회의원정수는 법률로 정하되 200인 이상으로 한다(제41조 제2항). 현재의 국회의원정수는 253개 선거구에서 다수대표제에 의하여 선출되는 지역구의원 253인과 비례대표제에 의하여 선출되는 비례대표국회의원 47인을 합한 300명이며(공직선거법 제21조 제1항), 임기는 4년이다(제42조).

(2) 의원선출

선거권자는 만 19세 이상의 국민으로(법 제15조 제1항), 결격사유가 없어야한다. 결격사유는 공직선거법 제18조에 규정되어 있다.

피선거권자는 만 25세 이상의 국민으로(법 제16조 제2항), 결격사유가 없어야한다. 결격사유는 공직선거법 제19조에 규정되어 있다.

후보자에 대하여는 공직선거법 제47조 이하에 규정되어 있다. 지역구후보자는 후보자등록신청개시일로부터 2일간 정당원은 소속정당의 추천장, 비정당원은 지역구에 주민등록된 선거권자 300인 이상 500인 이하가 기명·날인한 추천장을 첨부하여 관할 지역선거관리위원회에 등록신청한다(법 제48조 제2항 제2호, 제49조 제1항·제2항). 비례대표후보자는 후보자등록신청개시일로부터 2일간 정당이 순서를 정하여 추천한 비례대표후보자명부와 본인의 승락서를 첨부하여 중앙선거관리위원회에 신청한다(법 제49조 제2항). 지역구후보자등록신청자는 등록신청시 1,500만원을 중앙선거관리위원회규칙이 정하는 바에 따라 관할지역선거구관리위원회에 기탁하여야 한다(법 제56조 제1항 제2호).

(3) 국회의원선거일

임기만료로 인한 총선거는 만료일 전 50일 이후 첫 번째 수요일에(법 제34조 제1항 제2호), 보궐선거는 전년도 10월 1일부터 3월 31일까지의 사이에 그 선거의 실시사유가 확정된 때에는 4월 중 마지막 수요일에, 4월 1일부터 9월 30일까지의 사이에 그 선거의 실시사유가 확정된 때에는 10월 중 마지막 수요일에(법 제35조 제2항), 선거의 일부무효로 인한 재선거는 확정판결 또는 결정의 통지를 받은 날부터 30일 이내에(법 제35조 제3항) 실시한다.

제 2 항 국회의 조직

헌법은 국회의 기관과 관련하여 의장 1인과 부의장 2인을 선출하도록 규정하고 있고(제48조), 위원회와 교섭단체 등 나머지 사항에 대하여는 국회법에서 규정하고 있다. 또한 이 밖에도 의정활동 보조기관이 있다.

1. 의장·부의장

의장 1인과 부의장 2인은 국회에서 무기명투표로 선거하되 재적의원 과반수 득표로 당선된다. 재적의원 과반수의 득표자가 없는 경우에는 2차투표를 하고, 2차투표에서도 당선자가 없을 때에는 최고득표자와 차점자에 대하여 결선투표를 하여 다수득표자를 당선자로 한다(법 제15조). 의장과 부의장은 모두 국회의 기관이기 때문에 그 어느 쪽이 궐위되더라도 지체 없이 보궐선거를 해야 한다(법 제16조).

의장 유고시 의장이 지정하는 부의장이 의장을 대리하며(법 제12조 제1항), 의장이 심신상실 등 부득이한 사유로 의사표시를 할 수 없게 되어 직무대리자를 지정할 수 없을 때에는 소속의원수가 많은 교섭단체소속의 부의장의 순으로 의장의 직무를 수행한다(법 제12조 제2항). 의장과 부의장이 모두 유고시에는 임시의장을 선출한다(법 제13조). 총선 후 최초의 임시회합(의원임기개시 후 7일에 집회)은 국회사무총장이 공고한다(법 제14조). 그 밖에도 의장 등 선거시에는 최다선의원이나 최다선의원 중 연장자가 의장직무를 대행하는 경우가 있다(법 제18조).

의장과 부의장의 임기는 2년이며, 보궐선거로 위 직에 취임한 자의 임기는 전임자의 잔임기간이다(법 제9조).

의장은 국회를 대표하고 의사를 정리하며, 질서를 유지하고 사무를 감독한다(법 제10조). 그에 따라 의장에게는 다음과 같은 여러 가지 권한이 주어지고 있다.

임시회집회공고권(법 제5조), 의사일정작성·변경권(법 제76조 이하), 원내 각 위원회에의 출석·발언권(법 제11조), 국회에서 의결된 의안의 정부이송권(법 제98조 제1항), 대통령이 확정법률을 공포하지 않을 때의 법률공포권(제53조 제6항, 법 제98조 제2항), 의원에 대한 청가수리권(법 제32조 제1항), 폐회중의 의원사직허가권(법 제135조 제1항 단서), 원내 및 회의의 질서유지에 관한 권한(법 제145조), 방청허가권(법 제152조) 등이 그것이다.

의장·부의장의 사임에는 국회의 동의가 필요하며(법 제19조), 원칙적으로 의원 이외의 직을 겸할 수 없다(법 제20조). 따라서 의장과 부의장은 일반의원과는 달리 국무위원직을 겸할 수 없다. 또한 의장은 당적을 보유할 수 없다(법 제20조의2).

2. 위 원 회

위원회란 본회의의 의사진행을 원활하게 할 목적으로 구성된 소수 의원들의 합의체기관을 말한다. 국회법은 국회의 운영에 있어 상임위원회중심주의와 본회의결정주의를 취하고 있기 때문에, 위원회는 실질적으로 국회기능의 가장 중요한 부분을 대신하고 있다고 볼 수 있다. 따라서 위원회를 소국회라 부르는 사람도 있다.

위원회의 기능에는 순기능과 역기능이 있다. 위원회의 순기능으로는 의안심의의 능률향상, 안건의 효율적 처리, 전문지식을 토대로 한 심도 있는 의안심사, 회의운영의 탄력성보장 등을 들 수 있다. 그에 반하여 위원회의 역기능으로는 대정부 통제기능의 약화, 이익단체나 압력단체의 로비로 의안처리의 공정성저해, 당리당략적인 이유로 인한 의사방해의 용이성, 의원에게 폭넓은 국정심의의 기회박탈 등이 거론된다.

위원회에는 상임위원회, 특별위원회, 소위원회, 전원위원회 및 연석회의가 있다. 역사적으로는 특별위원회가 상임위원회보다 먼저 생겨났으나, 의회제도가 확립되면서부터 점차 특별위원회의 기능은 감소되고 상임위원회가 주류를 이루게 되었다.

상임위원회는 일정한 의안을 심의하기 위하여 상설적으로 설치된 위원회를 말한다. 현행 국회법상으로는 17개의 상임위원회가 있으며, 그 소관사무는 법정되어 있다(법 제37조). 상임위원회의 위원정수는 국회규칙으로 정하지만, 정보위원회의 위원정수는 12인으로 한다(법 제38조). 상임위원회위원은 교섭단체의 소속의원수의 비율에 따라 각 교섭단체대표의원의 요청으로 국회의장이 선임하며(법 제48조 제1항), 그 위원은 2년 동안 재직한다(법 제40조 제1항). 의원은 2 이상의 상임위원회의 위원이 되고, 각 교섭단체의 대표의원은 국회운영위원회의 위원이 되며, 국회운영위원회 또는 정보위원회의 위원은 겸할 수 있다(법 제39조, 제48조 제3항 단서). 상임위원회위원장은 당해 상임위원 중에서 임시의장의 예에 준하여 국회본회의에서 선출한다(법 제41조 제2항). 상임위원회에는 각 교섭단체별로 간사 1인을 두며, 간사는 위원회에서 호선한다(법 제50조). 국회의장은 상임위원회의 구성원이 될 수 없으며(법 제39조 제2항), 위원회에 출석·발언은 할 수 있으나 표결권은 없다(법 제11조).

특별위원회는 여러 개의 상임위원회 소관사항과 관련되거나 특히 필요하다고 인정한 안건을 효율적으로 심사하기 위하여 본회의의 의결로 두는 위원회이다(법 제44조 제1항). 특별위원회는 원칙적으로 임시적인 기구이고(법 제44조 제2항), 그 안건이 국회에서 의결될 때까지만 존속한다(법 제44조 제3항). 이와 같은 특별위원회를 일반특별위원회라 한다.

일반특별위원회 외에 임기 1년에 50인으로 구성되는 예산결산특별위원회(법 제45조)와 윤리특별위원회(법 제46조) 및 윤리심사자문위원회(법 제46조의2)가 있다. 이와 같은 특별위원회는 상설적으로 설치·운영된다는 점에서 일반특별위원회와 구별된다. 그 밖에도 처음부터 활동기간을 정하고 그 활동기한의 종료시까지만 존속하는 한시적인 비상설특별위원회로 인사청문특별위원회가 있다. 인사청문특별위원회의 구성과 운영에 관하여 필요한 사항은 따로 법률로 정한다(법 제46조의3 제2항).

특별위원회의 위원도 상임위원회의 위원과 마찬가지로 교섭단체의 소속의원수의 비율에 따라 국회의장이 선임하며(법 제48조 제4항), 위원장은 위원회에서 호선한다(법 제47조 제1항). 다만 예산결산특별위원회의 위원장은 예산결산특별위원회의 위원 가운데서 임시의장 선거의 예에 준해서 본회의에서 선거한다(법 제45조 제4항).

소위원회는 상임위원회나 특별위원회에서 파생된 일종의 소특별위원회적인 성격을 지닌 것이라고 할 수 있다. 소위원회제도는 상임위원회나 특별위원회의 급증하는 업무부담을 효과적으로 수행하기 위한 하나의 방편으로 생겨났으며, 특히 미국에서 활성화되고 있다. 국회법은 정보위원회를 제외한 각 상임위원회는 그 소관사항을 분담·심사하기 위하여 상설소위원회를 둘 수 있도록 규정하고 있다(법 제57조 제2항).

전원위원회는 국회의원 전원으로 구성되는 위원회이다. 전원위원회는 위원회의 심사를 거치거나 위원회가 제안한 의안 중 정부조직에 관한 법률안, 조세 또는 국민에게 부담을 주는 법률안 등 주요의안을 심사한다. 전원위원회는 재적의원 4분의 1 이상의 요구가 있을 때 구성한다(법 제63조의2).

둘 이상의 위원회가 연석하여 개최하는 연석회의는 일종의 의견조정장치이므로, 곧 독립위원회가 아니므로 토론은 할 수 있으나 표결은 할 수 없다(법 제63조 제1항).

위원회는 본회의 의결이 있거나 의장 또는 위원장이 필요하다고 인정할 때, 재적위원 4분의 1 이상의 요구가 있을 때 개회한다(법 제52조). 상임위원회는 폐회중에도 최소한 월 2회(정보위원회는 월 1회) 정례적으로 개최하되, 그중 1회는 미리 그 개회의 주(週)와 요일을 지정하여 자동개회한다(법 제53조). 위원회는 재적위원 5분의 1 이상의 출석으로 개의하고, 재적위원 과반수의 출석과 출석위원 과반수의 찬성으로 의결한다(법 제54조).

위원회는 공청회와 청문회를 열 수 있으며(법 제64조, 제65조), 소관사항에 관하여 법률안과 의안을 제출할 수 있다(법 제51조 제1항). 그러나 대안의 제시는 원칙적으로 위원회에서 원안을 심사하는 동안에만 인정된다.

3. 교섭단체

20인 이상의 의원을 가진 정당은 하나의 교섭단체를 구성한다. 그러나 동일정당소속의원이 아니라도 20인 이상으로 교섭단체를 구성할 수 있다(법 제33조 제1항). 교섭단체에는 의원총회와 대표의원(원내총무)을 둔다. 교섭단체는 원내발언의 순서나 상임위원회 위원배정 등의 권한을 갖는다.

4. 의정활동보조기관

그 밖에도 국회의 의정활동을 보조하는 기관으로 국회사무처(법 제21조), 국회도서관(법 제22조), 국회예산정책처(법 제22조의2), 국회입법조사처(법 제22조의3)가 있다.

제 4 절   국회의 운영과 의사원칙

국회의 운영과 국회의 의사원칙에 대하여는 헌법과 국회법에 자세하게 규정되어 있다. 그러나 국회의 운영과 국회의 의사원칙에 대하여 규정되어 있지 않은 경우에는 국회의 자율권에 의하여 국회규칙으로 정하거나 국회의 관례에 따른다.

제 1 항   국회의 운영

국회는 회기, 정기회와 임시회, 회계연도 등에 따라 운영된다(제44조, 제47조, 제54조 제2항·제3항).

1. 입법기·회기·회계연도

입법기(의회기)란 총선에서 선출되어 구성된 국회의원들의 임기개시일부터 임기만료일 또는 국회가 해산되기까지의 기간을 말한다.

회기란 입법기 내에서 의회가 실제로 활동할 수 있는 기간, 곧 집회일로부터 폐회일까지의 기간을 말하며, 입법기는 원칙적으로 여러 회기로 구분된다. 국회의 회기에는 정기회, 임시회가 있다. 그러나 회기제도는 필연적인 것은 아니다. 회기가 특별히 의미를 가지는 경우는 미국의 경우와 같이 회기불계속의 원칙이 적용되어, 회기 중에 처리하지 못한 의안이 자동적으로 폐기되는 경우이다. 국회는 회기 중이라도 의결로 일정한 기간을 정하여 활동을 중지할 수 있는데, 이를 휴회라 한다. 그러나 휴회 중이라도 대통령의 요구가 있거나, 의장이 긴급한 필요가 있다고 인정할 때 또는 재적의원 4분의 1 이상의 요구가 있으면 회의를 재개한다(국회법 제8조 제2항). 회기가 끝나면 국회는 폐회하며, 다음 회기까지 그 활동을 중지한다.

회계연도란 국가예산편성과 집행의 기준이 되는 기간을 말한다. 우리나라의 회계연도는 매년 1월 1일에 시작하여 12월 31일에 종료한다(국가재정법 제2조). 정부는 회계연도마다 예산을 편성하여 회계연도 개시 90일 전까지 국회에 제출하고, 국회는 회계연도 30일 전까지 예산을 의결하여야 하기 때문에(제54조 제2항), 회계연도는 매년 9월 1일에 집회되는 국회의 정기회(제47조 제1항, 국회법 제4조) 운영에 커다란 영향을 미친다.

2. 정기회와 임시회

매년 1회 정기적으로 소집되는 회의를 정기회라 한다. 정기회는 매년 1회(제47조 제1항) 9월 1일(그 날이 공휴일이면 그 다음 날)에 집회한다(법 제4조). 정기회의 회기는 100일을 초과할 수 없다(제47조 제2항). 정기회에서는 일반적으로 예산안을 심의·확정하고, 법률안 또는 그 밖의 의안을 심의·통과시키며, 국정을 감사한다.

임시회란 국회가 필요에 따라 수시로 집회하거나 국회의원총선거가 있는 달을 제외한 2, 4, 6월의 1일에 집회하는 회의를 말한다(법 제5조의2 제2항 제1호). 임시회는 대통령 또는 재적의원 4분의 1 이상의 요구로 집회한다. 대통령이 임시회의 집회를 요구할 때에는 기간과 집회요구의 이유를 명시하여야 한다(제47조 제3항). 임시회의 회기는 30일을 초과할 수 없고(제47조 제2항), 의장이 집회기일 3일 전에 공고한다(법 제5조 제1항). 의장은 내우·외환·천재·지변 또는 중대한 재정·경제상의 위기, 국가의 안위에 관계되는 중대한 교전상태나 전시·사변 또는 이에 준하는 국가비상사태에 있어서는 집회기일 1일 전에 공고할 수 있다(법 제5조 제2항). 국회의원총선 후 최초의 임시회는 국회의원 임기개시 후 7일에 집회한다(법 제5조 2항). 임시회의 의안은 임시회의 집회이유에 따라 다르다.

국회는 연중 상시 운영하며, 이를 위하여 의장은 각 교섭단체 대표의원과의 협의를 거쳐 원칙적으로 매년 12월 31일까지 다음 연도의 국회운영기본일정을 정하여야 한다. 국회기본일정은 국회의원총선거가 있는 월과 8월·10월 및 12월을 제외한 짝수월 1일에 임시회를 집회하되, 위 임시회의 회기 중 1주는 정부에 대하여 질문을 하도록 작성한다(법 제5조의2 제1항, 제2항 제1호 및 제3호).

제 2 항 국회의 의사원칙

국회의 의사는 민주성의 요청과 능률성의 요청을 충족시키는 것이어야 한다. 헌법과 국회법은 이러한 요청을 충족시키기 위하여 국회의 의사원칙으로서 의사공개의 원칙, 회기계속의 원칙, 일사부재의의 원칙, 정족수의 원칙을 채택하고 있다.

1. 의사공개의 원칙

헌법 제50조 제1항 본문은 "국회의 회의는 공개한다"고 하여 의사공개의 원칙을 규정하고 있다. 따라서 국회의 의사절차는 공개회의를 원칙으로 하여야 한다. 의사공개의 원칙은 국회는 민의의 전당이므로 그 회의를 주권자인 국민이 비판하고 감시할 수 있도록 함으로써 책임정치를 구현할 수 있도록 하기 위한 것이다.

의사공개의 원칙은 방청의 자유, 국회의사록의 공표나 배부의 자유, 보도의 자유를 그 내용으로 한다. 국회법은 원칙적으로 국회의 회의를 녹음·녹화·촬영·중계방송할 수 있도록 하고 있다(법 제149조의2).

오늘날 국회가 위원회를 중심으로 운영될 뿐만 아니라 정보위원회의 운영에만 비공개를 규정하고 있기 때문에(법 제54조의2 제1항), 의사공개의 원칙은 본회의와 위원회 모두에 적용된다.

헌법은 제50조 제1항 단서에서 "다만 출석의원 과반수의 찬성이 있거나 의장이 국가의 안전보장을 위하여 필요하다고 인정할 때에는 공개하지 않을 수 있다"고 하여 의사공개의 원칙에 대한 예외를 규정하고 있다. 비공개를 발의하는 데는 의원 10인 이상의 찬성을 요한다(법 제75조 제1항). 비공개회의 내용의 공개 여부에 대해서는 헌법은 법률에 위임하였고(제50조 제2항), 법률은 본회의의 의결 또는 의장의 결정으로 비밀유지 등 필요가 없을 때에는 이를 공표할 수 있게 하고 있다(법 제118조 제4항).

2. 회기계속의 원칙

헌법 제51조 본문은 "국회에 제출된 법률안 기타의 의안은 회기 중에 의결되지 못한 이유로 폐기되지 아니한다"고 하여 회기계속의 원칙을 규정하고 있다. 회기계속의 원칙이 채택되고 있는 이유는 국회를 매회기마다 독립된 별개의 국회가 아니라 입법기 중에는 일체성과 동일성을 가지는 의회로 보기 때문이다.

그러나 회기계속의 원칙은 한 입법기 내에서만 효력이 있으므로, 국회의원의 임기가 만료된 경우에는 회기가 계속되지 않는다(제51조 단서).

3. 일사부재의의 원칙

일사부재의의 원칙이란 의결된 안건은 동일회기 중에 다시 발의하거나 제출하지 못한다는 원칙을 말한다. 국회법은 원내소수파의 의사방해를 막기 위하여 발언횟수제한 및 시간의 제한(법 제103조, 제104조), 교섭단체별 발언자수 제한(법 제104조, 105조) 등을 규정하고 있다. 그럼에도 불구하고 일사부재의의 원칙은 소수파에 의한 의사방해를 배제하고, 의사의 능률을 도모하는 가장 실효성 있는 수단으로서 기능한다.

헌법에는 일사부재의의 원칙에 대한 규정은 없다. 다만 국회법 제92조가 "부결된 안건은 같은 회기 중에 다시 발의 또는 제출하지 못한다"라고 하여 일사부재의의 원칙을 정하고 있다. 따라서 일사부재의의 원칙은 헌법상의 원칙이 아니라 국회법상의 원칙이다.

일사부재의의 원칙은 절대적인 것이 아니다. 따라서 다음의 경우에는 일사부재의의 원칙이 적용되지 아니한다. ① 일단 의제로 채택되었으나 철회되어 의결에 이르지 아니한 경우, ② 동일의안이라도 전회기에 의결한 것을 다음 회기에 다시 심의하는 경우, ③ 동일안건에 대하여 새로운 사유의 발생을 이유로 다시 심의하는 경우, ④ 위원회의 의결을 본회의에서 다시 심의하는 경우.

4. 정족수의 원칙

정족수란 회의를 진행하고 의사를 결정하는 데 필요한 출석자수를 말한다. 정족수는 다수결의 원리에 의하여 운영되는 국회에서 자율성을 보장하고 소수를 보호하며 정치적 평화를 보장함으로써, 궁극적으로는 국회의 의사결정에 민주적 정당성과 절차적인 정당성을 부여한다.

정족수에는 의사정족수(개의정족수)와 의결정족수가 있다. 의사정족수란 국회의 회의가 성립하기 위한 최소한의 출석자수를 말한다. 국회는 재적의원 5분의 1 이상의 출석으로 개의하며, 회의 중 이에 미달된 때에는 회의의 중지 또는 산회를 선포한다(법 제73조). 위원회의 의사정족수도 같다(법 제54조).

의결정족수란 국회의 의결이 유효하기 위한 최소한의 참석의원수를 말한다. 의결정족수는 다시 일반의결정족수와 특별의결정족수로 나누어진다. 국회는 헌법 또는 법률에 특별한 규정이 없는 한 재적의원 과반수의 출석과 출석의원 과반수의 찬성으로 의결한다. 가부동수인 때에는 부결된 것으로 본다(제49조, 법 제109조). 위원회의 의결정족수도 또한 같다(법 제54조).

헌법은 특히 신중을 요하는 의안의 의결에 대해서는 일반의결정족수에 대한 가중적 예외를 규정하고 있다. 이러한 예외적인 의결정족수를 특별의결정족수라 한다. 이에는 재적의원 4분의 1 이상 찬성(제47조 제1항의 국회임시회소집요구), 재적의원 과반수의 출석과 출석의원 3분의 2 이상 찬성(제53조 제4항의 법률안재의결), 재적의원 3분의 1 이상 찬성(제63조 제2항과 제65조 제2항의 국무총리·국무위원해임건의발의, 대통령이외자탄핵소추발의), 재적의원 과반수 이상 찬성(제77조 제5항의 계엄해제요구, 제128조 제1항의 헌법개정안발의, 제63조 제2항의 국무총리·국무위원해임건의, 제65조 제2항의 대통령탄핵소추발의·대통령이외자탄핵의결), 재적의원 3분의 2 이상 찬성(제130조 제1항의 헌법개정안의결, 제64조 제3항의 의원제명, 제65조 제2항의 대통령탄핵소추의결) 등 여러 경우가 있다.

국회에서는 전자투표에 의한 기록표결을 원칙으로 한다. 다만, 투표기기의 고장 등 특별한 사정이 있을 때에는 기립투표로 가부를 결정할 수 있다(법 제112조 제1항). 그러나 이에는 다음과 같은 예외가 있다. ① 의장 또는 국회의원의 동의로 본회의의 의결 또는 재적의원 5분의 1 이상이 찬성한 경우에는 기명·전자·호명 또는 무기명투표를 할 수 있다(법 제112조 제2항). ② 헌법개정안은 기명투표로 한다(법 제112조 제4항). ③ 대통령으로부터 환부된 법률안에 대한 재의결, 국회에서 실시하는 각종 선거, 국무총리 또는 국무위원에 대한 해임건의안, 탄핵소추안, 인사에 관한 안건(단 겸직으로 인한 의원사임과 위원장사임에 대하여 의장이 각 교섭단체대표의원들과 협의한 경우는 그렇지 아니하다)에 대해서는 무기명투표로 한다(법 제112조 제5항). ④ 위원회에서는 거수로도 표결할 수 있다(법 제71조).

제 5 절 국회의 권한

어느 국가를 막론하고 의회는 입법기관과 국정통제기관으로서의 지위를 가진다. 그 결과 의회는 입법에 관한 권한, 국정통제에 관한 권한, 의회내부 사항에 관한 자율적 권한을 행사한다는 점에서는 공통점을 가진다고 할 수 있다.

헌법상 국회의 권한은 권한행사의 실질적 성질과 권한행사의 형식을 중심으로 구별할 수 있다. 전자를 기준으로 할 때 국회의 권한은 입법에 관한 권한, 재정에 관한 권한, 헌법기관구성에 관한 권한, 국정통제에 관한 권한, 국회내부사항에 관한 권한으로 나눌 수 있고, 후자를 기준으로 할 때는 의결권, 동의권, 승인권, 통고권(예컨대 국회법 제137조에 규정된 의장의 궐원통지권), 통제권 등으로 나눌 수 있다. 아래에서는 국회의 권한을 권한행사의 실질적 성질을 중심으로 살펴보기로 한다.

제 1 항 입법에 관한 권한

국회의 입법에 관한 권한에는 의회 본래의 권한으로서의 법률제정권과 헌법개정발의·의결권, 조약의 체결·비준에 대한 동의권 및 국회규칙제정권이 있다.

1. 법률제정권

(1) 법   률

법률이란 국회가 헌법에 규정된 일정한 입법절차에 따라 심의·의결하고 대통령이 서명·공포함으로써 효력이 발생하는 헌법하위의 법규범을 말한다. 법률은 원칙적으로 일반적·추상적이어야 한다. 일반적이라 함은 법률이 불특정 다수인에게, 곧 모든 사람에게 적용되어야 하는 것을 말하고, 추상적이라 함은 법률이 모든 사건에 적용되어야 함을 뜻한다.

헌법은 "입법권은 국회에 속한다"(제40조)고 하여 국회중심입법주의를 규정하고 있다. 따라서 헌법이 금지하지 않는 것이고, 다른 국가기관에 명시적으로 위임한 것이 아니면 국회는 모든 국가작용에 관하여 법률로 규율할 수 있다. 그러나 국민의 권리·의무의 형성을 내용으로 하는 법규사항과 통치조직과 작용에 관한 기본적인 사항과 국가중요정책사항, 곧 입법사항(법률사항)은 반드시 법률로써 규율하지 않으면 안 된다.

(2) 처분적 법률

처분적 법률이란 일반적·추상적 법률과는 달리 개별적·구체적 사항을 규율하는 법률을 말한다. 곧 처분적 법률이란 입법자가 아주 구체적인 사안과 관련하여 특정의 구체적 목적을 실현시키기 위해 제정한 법률을 말한다. 국내에서는 처분적 법률을 자동집행력을 가지는 법률로 이해하고 있으나, 이는 잘못이다.

처분적 법률에는 일정한 범위의 국민만을 대상으로 하는 개별인적 법률, 개별적·구체적인 상황 또는 사건을 대상으로 하는 개별사건적 법률, 적용기간이 한정된 한시적 법률이 있다.

처분적 법률은 과거에는 기본권을 침해할 위험성이 있을 뿐만 아니라 권력분립의 원칙과 평등의 원칙에 위배된다는 점 때문에 부정적인 평가를 받아왔다. 그러나 사회국가·행정국가의 등장과 더불어 국민의 인간다운 생활과 사회복지의 실현, 비상적 위기상황에 대처하기 위한 수단으로 처분적 법률의 필요성이 재인식되게 되었다. 그러나 처분적 법률은 예외적인 것이기 때문에 합리적 이유가 있는 범위 내에서 극히 예외적인 경우에만 제정할 수 있는 것으로 이해되어야 한다.

헌법은 위헌법률심사를 구체적 규범통제에 한정시키고 있다(제107조 제1항). 따라서 처분적 법률이 위헌소지가 있을 때 그것을 심사하기 위해서는 재판의 전제성의 요건을 충족시켜야 하는지 여부가 문제될 수 있다. 개인적으로는 처분적 법률이라 하더라도 헌법규정상 재판의 전제가 된 경우에만 심사할 수 있다고 생각한다. 헌법재판소는 별도의 집행행위 없이 법률규정 자체에 의하여 직접 기본권이 침해된 경우, 그 법률규정에 대한 헌법소원을 인정하여 결과적으로는 헌법소원을 통한 위헌법률심사를 하고 있다.

(3) 법률의 제정절차

법률은 일반적으로 법률안의 제출 → 법률안의 심의 → 법률안의 의결 → 의결된 법률안의 정부에의 이송 → 대통령의 서명과 공포라는 절차를 거쳐 제정되며 발효한다.

1) 법률안은 국회의원과 정부가 제출할 수 있다(제52조). 국회의원이 법률안을 발의하는 경우에는 의원 20인 이상의 찬성을 얻어 의장에게 제출하며, 예산상 조치가 필요한 경우는 예산명세서를 제출하여야 한다(국회법 제79조). 국회법상 위원회도 법률안을 제출할 수 있다. 위원회가 그 소관사항에 관하여 법률안을 제출하는 경우에는 위원장이 제출자가 되며, 20인 이상의 찬성이란 요건은 필요 없다(법 제51조).

정부가 법률안을 제출하는 경우에는 국무회의의 심의를 거쳐(제89조 제3호) 국무총리와 관계국무위원의 부서를 받은 후(제82조) 대통령이 문서로 국회의장에게 제출하여야 한다.

2) 제출된 법률안은 국회의장이 이를 인쇄하여 의원에게 배부하고 본회의에 보고한 후 소관 상임위원회에 회부하고 상임위원회에서 심사·토의·가결한 후, 본회의에 상정한다.

소관위원회가 불분명한 경우에는 의장이 국회운영위원회와 협의·결정하고 협의가 이루어지지 않을 경우에는 의장이 결정한다(법 제81조 제2항). 위원회는 법률의 주요내용 등을 입법예고할 수 있으며, 본회의에 부의할 필요가 없다고 결정된 경우 이를 폐기할 수 있다(법 제87조, 이른바 보류함). 그러나 폐기결정이 본회의에 보고된 후 7일 이내에 30인 이상의 의원의 요구가 있을 때에는 본회의에 부의하여야 한다. 본회의에서 위원회가 폐기한 의안을 의결하는 것을 위원회의 해임이라고 한다.

위원회에서 심의가 끝난 법률안은 법제사법위원회에서 자구수정과 체계정립 후(법 제86조 제1항) 본회의에 회부된다.

본회의에 회부된 법률안은 심사보고 후 의원의 질의가 끝나면 토의에 부쳐 이를 종결한 후에 표결한다. 법률안은 축조 낭독하여 심의하되 의장은 이를 생략할 수 있다. 본회의에서는 재적의원 과반수의 출석과 출석의원 과반수의 찬성으로 의결한다(제49조). 법률안의 수정동의에는 일반법률안의 경우 의원 30인 이상,

예산안의 경우에는 의원 50인 이상의 찬성이 필요하다(법 제95조 제1항).

3) 국회에서 의결된 법률안이 정부에 이송되면 대통령은 이송된 날로부터 15일 이내에 서명·공포한다(제53조 제1항). 대통령의 법률안 서명·공포에는 국무회의의 심의(제89조 3호)와 국무총리 및 관계국무위원의 부서가 필요하다(제82조).

공포는 관보에 게재함으로써 한다. 통설과 판례에 따르면 관보에 게재된 시기는 관보가 서울의 중앙보급소에 도달하여 일반국민이 구독할 수 있는 상태에 놓인 최초의 시점이다(최초구독가능성설).

그러나 법률안에 대하여 이의가 있을 때에는 대통령은 15일 이내에 이의서를 붙여 환부하고 재의를 요구할 수 있다. 국회의 폐회 중에도 같다(제53조 제2항). 대통령이 이 기간 내에 재의의 요구도 없이 공포를 하지 아니한 때에는 그 법률안은 법률로서 확정된다(제53조 제5항). 재의의 요구가 있을 경우 재적의원 과반수의 출석과 출석의원 3분의 2 이상의 찬성으로 재의결하면 법률로서 확정되고(제53조 제4항), 다시 대통령에게 송부되어 5일 이내에 대통령이 공포하여야 한다. 그러나 대통령이 정한 기간 내에 공포하지 않으면 국회의장이 공포한다(제53조 제6항). 국회의장이 법률을 공포한 때에는 대통령에게 이를 통지하여야 한다(법 제98조 제3항).

대통령의 서명과 국회의 재의결은 법률의 성립요건이고, 공포는 법률의 효력발생요건이다. 따라서 법률에 시행일이 명시된 경우에도 시행일 이후에 공포된 때에는 시행일에 관한 법률규정은 그 효력을 상실한다.

4) 법률은 특별한 규정이 없으면 공포한 날로부터 20일을 경과함으로써 효력이 발생된다(제53조 제7항). 국민의 권리와 의무에 관한 법률은 30일이 경과함으로써 발효한다.

5) 위헌법률심사권이 국회의 입법절차에도 미치는가 여부에 대하여 긍정설과 부정설의 입장이 대립되어 있으나, 권력분립의 원칙과 자주성존중의 원칙을 논거로 하는 부정설이 다수설이다. 헌법재판소는 헌법소원심판과 권한쟁의심판을 통하여 실질적으로 입법절차에 대한 심사를 하고 있다.

(4) **법률제정권(국회입법권)의 한계**

국회의 법률제정권은 합헌성의 원칙과 체계적합성의 원칙에 의한 한계가 있다. 합헌성의 원칙이란 법률은 헌법에 합치되어야 한다는 원칙을 말한다. 합헌성의 원칙은 구체적으로는 헌법의 기본원리와 기본이념을 위배한 법률제정금지, 헌법의 일반유보조항침해 법률금지, 헌법의 개별적·구체적 명문규정위배 법률금지로 나타난다. 체계적합성의 원리란 법규범 상호간에는 동일법률 내에서는 물론 상이한 법률 사이에서도 수직·수평관계를 불문하고 규범구조나 규범내용면에서 상호 모순되어서는 안 된다는 원리를 말한다.

법률제정권의 한계를 벗어난 법률은 무효가 된다. 위헌법률 여부는 헌법재판소가 결정한다.

2. 헌법개정발의·의결권

국회는 국회재적의원 과반수의 찬성으로 헌법개정을 제안할 수 있다. 헌법개정은 국회 외에도 대통령이 국무회의의 심의를 거쳐 제안할 수 있다(제128조 제1항).

헌법개정안이 국회에 제안되면 국회는 이를 정부에 이송하고 대통령이 20일 이상의 기간 이를 공고하며, 국회는 헌법개정안이 공고된 날로부터 60일 이내에 의결하여야 한다. 국회의 의결은 재적의원 3분의 2 이상의 찬성을 얻어야 한다(제130조 제1항).

헌법개정안은 수정통과시킬 수 없다. 왜냐하면 수정의결은 공고제도에 위반되기 때문이다. 헌법개정안은 역사적 책임소재를 분명히 하기 위해서 기명투표를 한다(국회법 제112조 제4항).

3. 조약의 체결·비준에 대한 동의권

조약의 체결·비준은 대통령의 권한에 속한다(제73조). 그러나 일정한 사항에 대한 조약에 관하여는 반드시 국회의 동의를 받아야 한다(제60조 제1항). 이는 대통령의 자의를 방지하고 국민의 권리·의무 및 국가재정에 미치는 영향을 고려하여 국민적 합의를 얻기 위해서이다. 더 나아가서 국회의 동의는 대통령의 비준행위를 정당화시키고 조약의 국내법상의 효력의 근거를 마련해주는 의미도 있다.

조약에 대한 동의권이 가지고 있는 의의를 감안한다면, 조약의 체결에 대한 국회의 동의는 사전동의라야 한다. 사전이라 함은 조약에 대한 기속적인 동의의사가 확정되기 전이라는 뜻이다. 즉 기속적인 동의의사가 비준에 의하여 표현되는 경우에는 비준 전을 의미하고, 서명만으로 기속적인 동의의사가 표현되는 경우에는 서명 전을 뜻한다.

국회의 동의권 중에 수정권이 포함되는가에 관하여는 수정부정설과 수정긍정설로 견해가 나누어져 있다. 수정부정설이 다수설의 입장이다. 그러나 조약 상대국과의 협의를 통하여 수정하도록 조건부로 동의하는 것은 무방하다 할 것이다.

사전동의가 요구되는 경우 사전동의가 행해지지 않으면 조약은 비준 또는 서명될 수 없고, 그 결과 조약은 성립되지 않으며 효력도 발생하지 않는다. 조약의 효력이 발생한 후에 동의가 거부되는 경우에 대하여는 무효설, 유효설, 조건부무효설, 조건부유효설 등 견해가 대립되어 있다. 그러나 국제조약법은 조건부무효설의 입장을 취하고 있다.

헌법은 일정한 조약의 체결·비준에 대해서만 국회의 동의를 필수적 요건으로 하고 있을 뿐(제60조 제1항), 조약의 종료에 대해서는 언급하고 있지 않다. 더 나아가서 헌법은 대통령에게 대외관계와 외교문제에 관한 일반적인 권한을 부여하고 있다. 따라서 조약의 종료는 국회의 동의 없이 국무회의의 심의를 거쳐 대통령이 단독으로 행할 수 있다.

4. 국회규칙제정권

국회는 법률에 저촉되지 아니하는 범위 안에서 의사와 내부규율에 관한 규칙을 제정할 수 있다(제64조 제1항). 국회규칙제정권은 권력분립의 결과 국회의 자주성과 독자성을 존중하기 위한 것이다.

국회규칙은 원칙적으로 그 규율대상이나 효력이 그 기관 내에 미치는 것이 원칙이지만, 국회방청규칙처럼 국회의 구성원뿐만 아니라 의사당이나 원내에 입장하는 제3자에게도 그 효력이 미치는 경우가 있다.

제 2 항   재정에 관한 권한

1. 개   관

헌법의 재정에 관한 규정은 실체법적 규정과 절차법적 규정으로 구성되어 있다. 재정에 관한 실체법적 규정으로는 제38조의 법률에 의한 납세의무와 제59조의 조세법률주의를 들 수 있다. 재정에 관한 절차법적 규정으로는 제54조와 제56조의 국회의 예산 및 추가경정예산의 심의·확정권, 제55조 제1항의 계속비에 대한 국회의 의결권, 제99조의 국회의 결산심사권, 제55조 제2항의 예비비설치에 관한 의결권과 그 지출승인권, 제58조의 국채의 모집과 예산 외에 국가의 부담이 될 계약의 체결에 대한 의결권을 들 수 있다.

2. 재정에 관한 헌법원칙

재정이라 함은 공권력의 주체가 공공의 수요를 충족시키기 위하여 필요한 재원(財源)을 조달하고 재산을 관리·사용·처분하는 일체의 행위를 말한다. 재정작용은 집행작용에 속한다. 그러나 재정작용은 국민의 재산권과 납세의 의무 등 국민의 권리·의무에 커다란 영향을 미치므로, 헌법은 국민의 대표기관인 국회에 재정에 관한 권한을 부여하고 있다. 국회의 재정에 관한 권한을 관통하는 원칙은 한마디로 의회의결(입법)주의로 요약된다.

의회의결(입법)주의(제54조, 제59조)는 ① 납세의무의 내용과 한계의 명시(공평과세의 원칙), ② 조세의 부과·징수 작용의 절차와 한계규정(조세법률주의), ③ 국가재정작용(재산의 관리·사용·처분)에 대한 민주적 통제·감시(재정통제주의)로 이루어져 있다.

3. 조세법률주의

(1) 헌법규정

헌법은 "조세의 종목과 세율은 법률로 정한다"(제59조)라고 하여 조세법률주의를 규정하고 있다.

(2) 조세의 개념과 종류

조세라 함은 국가나 지방자치단체 등 공권력의 주체가 재원조달의 목적으로 과세권을 발동하여 반대급부 없이 일반국민으로부터 강제적으로 부과, 징수하는 과징금을 말한다.

조세에는 국세와 지방세가 있다. 국세에는 국세기본법과 국세징수법이, 지방세에는 지방세법이 각각 적용된다. 조세는 아니나 조세에 준하는 것(준조세)으로서 법률에 근거하여 엄격한 규제를 요하는 경우로는 부담금, 수수료 및 국무회의 심의를 거쳐 대통령이 승인하는 국가독점사업의 요금, 행정권으로 규정하는 국공립병원의 입원료·국공립도서관·미술관 입장료가 있다.

(3) 조세법률주의

조세법률주의란 조세 및 기타 공과금의 부과·징수는 반드시 법률로써 하여야 한다는 원칙을 말한다. 조세법률주의는 1215년의 영국대헌장에서 확인되었으며, 그 사상적 기초는 국민대표의 동의에 의한 과세이다.

조세법률주의는 과세요건 법정주의, 과세요건 명확주의, 소급과세금지의 원칙, 합법성의 원칙, 납세자의 권리보호원칙을 내용으로 한다. 따라서 조세의 종목과 세율뿐만 아니라 과세권의 남용의 우려가 있는 사항은 모두 법률로 정하여야 한다. 따라서 납세의무자, 납세물건, 과세표준, 세율, 과세절차까지 법률로 정하여야 한다. 대법원은 조세를 대통령령에 위임할 수 있으며, 과세대상을 대통령령에 위임한 것도 합헌이라고 한다.

조세에는 일년세주의와 영구세주의가 있다. 일년세주의는 조세를 매년 의회의 의결을 거쳐 부과하는 것을 말하며, 영구세주의는 조세를 한 번 법률의 형식으로 국회의 의결로 정하면 매년 계속해서 과세할 수 있게 하는 것을 말한다. 헌법은 조세의 종목과 비율은 법률로 정하게 하였고, 법률의 효력은 별도의 규정이 없는 한 영구적이며, 헌법에 일년세주의를 규정하지 않은 것으로 보아 헌법은 영구세주의를 택하고 있다.

조세법률주의는 현대의 복잡한 경제현실 때문에 그것을 모두 법률로 정하기가 곤란할 뿐만 아니라, 그것을 모두 법률로 정할 경우 과세대상의 적정한 결정이 어려워 공평과세에 의한 국민의 재산권보호에 미흡할 수도 있기 때문에 예외가 인정되고 있다. 그 대표적인 것으로는 조례에 의한 지방세의 세목규정, 조약에 의한 협정관세율, 긴급재정·경제처분 및 명령에 의한 예외를 들 수 있다.

조세법률주의는 법률제정권의 일반적 한계와 조세평등의 원칙을 존중해야 한다. 특히 조세납부자의 담세능력을 무시한 획일적인 세율정책 등은 조세법률주의의 한계를 일탈한 것이다.

4. 예산심의 · 확정권

(1) 예 산

예산이란 1회계연도에 있어서 국가의 세입 · 세출의 예정준칙을 내용으로 하고 국회의결로써 성립하는 법규범의 일종을 말한다.

예산의 형식을 결정하는 방법에는 예산법률주의와 예산비법률주의(예산특수의결주의)가 있다. 영국, 미국, 독일, 프랑스 등은 예산을 법률의 형식으로 규율하는 예산법률주의를 채택하고 있으며, 일본, 스위스 등은 법률과는 다른 예산이라는 특별한 법형식으로 규율하는 예산비법률주의를 채택하고 있다. 헌법은 제40조의 입법권과는 별도로 제54조에서 국회의 예산심의권을 규정하여 법률과 예산의 형식을 구별하고 있으며, 일년예산주의를 채택하고 있다. 따라서 우리나라는 일본, 스위스 등의 예에 따라 예산비법률주의를 채택하고 있다.

예산의 성격과 관련하여 승인설(비법규설)과 법규설(법형식설)의 대립이 있다. 그러나 예산은 단순한 세입 · 세출의 견적표가 아니라 정부의 행위를 규율하는 법규범으로서 법률과 양립되는 국법의 한 형식이라는 법규설이 다수설이며, 또한 옳다.

예산도 법규범의 일종이고 예산과 법률이 모두 국회의 의결을 거쳐 제정된다는 점에서는 양자가 동일하다. 그러나 예산과 법률은 형식과 성립절차와 효력면에서 다음과 같은 차이가 있다. ① 예산은 예산의 형식을 취함에 반하여, 법률은 법률의 형식으로 성립된다. ② 예산은 정부만이 제안하고, 정부의 동의 없이 국회가 증액 또는 신설할 수 없으며(삭감은 가능), 대통령에게 거부권이 없다. 그에 반하여 법률은 국회의원(10인 이상)과 정부가 제안하며, 국회는 법률안을 자유롭게 수정 · 삭제할 수 있으며, 대통령이 거부권을 가진다. ③ 예산은 당해회계연도에 한하여 국가기관만을 구속하며 의결로 효력을 발생한다(예산일년주의). 그에 반하여 법률은 폐지시까지 국가와 모든 국민을 구속하며 공포로 효력을 발생한다.

예산과 법률은 상호불변관계 · 상호구속관계에 있다. 곧 예산과 법률은 별개의 국법형식이므로 서로가 서로를 변경시킬 수 없다는 점에서는 상호불변관계에 있다. 그러나 예산에는 지출이 계상되어 있어도 그에 대한 법률의 근거가 없으면 정부는 지출할 수 없으며, 법률에는 지출이 인정되더라도 예산에 계상되어 있지 않으면 지출할 수 없다는 점에서는 상호구속관계에 있다. 따라서 예산과 법률이 불일치한 경우에는 추가경정예산이나 예비비제도 등을 통하여 조정하거나, 법률의 시행기일을 연기하거나, 법률의 시행을 일시유예하거나, 지체 없이 필요한 법률을 제정함으로써 그 불일치를 조정하여야 한다.

(2) 예산의 성립절차

1) 예산의 성립절차　　예산은 편성 → 제출 → 심의 → 의결의 절차를 밟아 성립된다.

예산안은 일년예산주의, 회계연도독립의 원리, 예산총계주의, 예산단일주의, 예산구분주의를 기본원리로 하여 정부에서 편성된다.

예산안은 각 부처의 예산요구를 취합하여(5월 31일 한) 기획재정부에서 작성하고 국무회의의 심의를 거친 후(제89조 제4호) 대통령의 승인을 얻어 회계연도 개시 90일 전까지 국회에 제출하여야 한다(제54조 제2항). 정부는 제출한 예산안을 본회의 또는 위원회의 동의를 얻어 수정 또는 철회할 수 있다(국회법 제90조 제2항).

예산안은 정부의 시정연설을 청취한 후 상임위원회의 예비심사와 매년 9월 2일 구성되는 예산결산특별위원회의 종합심사를 거쳐 회계연도 30일 전까지 국회본회의에서 의결·확정된다. 국회본회의에서 의결·확정된 예산은 정부로 이송되어 대통령이 서명하고 국무총리 및 관계 국무위원이 부서한 후 전문을 붙여 관보에 게재하여 공고한다(「법률 등 공포에 관한 법률」 제8조, 제11조 참조).

2) 예산심의권의 한계　　국회의 예산심의권에는 다음과 같은 한계가 있다. ① 예산안의 발안권은 정부에만 있으며, 국회에는 발안권이 없다. 국회에는 삭제, 감액권(소극적 수정권)만 인정된다. 그러나 정부의 동의가 있는 경우에는 증액하거나 새 비목을 설치할 수 있다(제57조). ② 조약이나 법률로써 확정된 금액(법률비)과 채무부담행위(의무비)로서 전년도에 이미 국회의 의결을 얻은 금액은 삭감할 수 없다(통설). ③ 예산이 수반되는 국가적 사업을 규정한 법률이 존재하고, 정부가 이를 위한 예산안을 제출할 때에는 국회의 예산심의권은 이에 구속된다.

3) 예산의 내용과 종류　　예산은 총칙, 세입세출예산(예비비 포함), 계속비, 명시이월비, 국고채무부담행위 등으로 구성되어 있다(국가재정법 제19조).

헌법 제55조 제1항은 예산일년주의에 대한 예외로서 계속비를 정하고 있다.

계속비라 함은 수년도에 걸친 사업의 경비에 관하여 미리 일괄하여 국회의 의결을 얻고, 이를 변경할 경우를 제외하고는 다시 의결을 얻을 필요가 없는 경비를 말한다. 계속비는 사업목적, 경비총액, 연간(5년 이내) 및 각 연도에 지출할 금액을 미리 정하여 국회의 의결을 얻어야 한다(국가재정법 제23조).

예비비란 예측할 수 없는 예산 외의 지출 또는 예산초과지출에 충당하기 위하여 일반회계 예산총액의 100분의 1 범위 내에서 따로 항목을 두어 마련된 경비를 말한다. 이러한 예비비는 총액으로 국회의 의결을 얻어야 하며, 그 지출은 차기국회의 승인을 얻어야 한다(법 제22조). 예비비의 지출에 대하여 국회의 승인을 얻지 못한 때에는 지출행위의 효력에는 영향이 없으나, 정부는 정치적 책임을 져야 한다.

예산의 종류에는 본예산과 추가경정예산, 확정예산과 임시예산, 일반회계예산과(총예산)과 특별회계예산이 있다.

(3) 예산의 불성립·변경

예산은 회계연도개시 30일 전까지 국회에서 의결되어야 한다(제54조 제2항 후단). 그러나 이때까지 예산이 의결되지 않을 경우 헌법이나 법률에 의하여 설치된 기관 또는 시설의 유지·운영, 법률상 지출의무의 이행, 이미 승인된 사업의 계속에 대해서는 전년도 예산에 준하여 집행할 수 있다(제54조 제3항, 법 제55조). 이를 임시예산(준예산, 잠정예산)이라 한다.

정부는 예산에 변경을 가할 필요가 있을 때에는 추가경정예산안을 편성하여 국회에 제출하여야 한다(제56조). 추가경정예산안에 대한 심의는 본예산심의와 같은 절차와 방법을 따른다.

5. 결산심사권

감사원은 세입·세출의 결산을 매년 검사하여 대통령과 다음 연도 국회에 그 결과를 보고하여야 한다(제99조, 국가재정법 제60조·제61조). 따라서 국회는 예산집행의 적부에 대한 사후심사권을 행사한다.

결산절차에 대해서는 국가재정법에서 자세하게 규정하고 있다. 그 절차는 각 부처의 장 결산보고서 제출(다음 연도 2월말 한) → 기획재정부장관의 세입·세출 결산보고서 작성 → 국무회의 심의 → 대통령의 승인(법 제58조, 제59조) → 감사원

에 제출(다음 연도 4월 10일 한) → 감사원의 검사 후 보고서작성·보고서 기획재정
부장관에 송부(다음 연도 5월 20일 한) → 다음 연도 5월 31까지 국가결산보고서
국회에 제출(법 제60조, 제61조) → 소관상임위원회, 예산결산위원회, 본회의 순으
로 각각 부의하여 의결의 순서로 행해진다.

국회는 결산을 심사한 결과 그 집행이 부당·위법하다고 인정할 때에는 정부
에 정칙적 책임은 물론 탄핵소추 등 법적 책임을 물을 수 있다.

6. 그 밖의 정부재정행위에 대한 권한

(1) 국채모집 등에 대한 동의권

헌법 제58조는 "국채를 모집하거나 예산 외에 국가의 부담이 될 계약을 체결
하려 할 때에는 정부는 미리 국회의 의결을 얻어야 한다"고 하여 국채모집 등에
관한 국회의 동의권을 정하고 있다.

국채모집 등에 관한 의결권은 정부의 재정행위에 대한 국회의 통제권을 의미
한다. 예산 외에 국가의 부담이 될 계약의 예로는 외국차관의 정부지불보증행위,
외국인고용계약, 임차계약 등을 들 수 있다. 제58조의 계약은 사법상의 계약이다.

(2) 그 밖의 정부재정행위에 대한 국회의 권한

그 밖에도 국회는 긴급재정경제처분·명령에 대한 승인권(제76조 제3항), 예비
비지출에 대한 동의권(제55조 제2항 제2문), 재정적 부담을 지우는 조약의 체결·
비준에 대한 동의권(제60조 제1항)을 가지며, 기금에 대하여 통제권을 가진다. 기
금이라 함은 특정한 사업을 계속적이고 탄력적으로 수행하기 위하여 세입세출예
산 외에 운영할 수 있도록 조성된 자금을 말한다. 기금의 관리·운영에 대해서는
국가재정법이 규율하고 있다.

제 3 항   헌법기관구성에 관한 권한

국회는 국가기관 중에서 가장 민주적 정당성이 강한 기관이다. 따라서 헌법
은 국회가 다른 국가기관의 구성에 참여하여 그 기관의 민주적 정당성을 높이고
경우에 따라서는 견제기능을 하도록 하고 있다.

대통령선거에서 최고득표자가 2인 이상인 때에는 국회의 재적의원 과반수가

출석한 공개회의에서 다수표를 얻은 자를 당선자로 한다(제67조 제2항, 국회법 제
112조 제6항). 국회는 헌법재판소재판관 3인(제111조 제3항)과 중앙선거관리위원
회위원 3인(제114조 제2항)을 선출하고, 국무총리임명(제86조 제1항), 대법원장과
대법관의 임명(제104조 제1항·제2항), 헌법재판소의 장의 임명(제111조 제4항), 감
사원장의 임명(제98조 제2항)에 대하여 동의권을 가진다.

제 4 항 국정통제에 관한 권한

1. 개   관

앞에서도 보았듯이 현대국가에서는 의회의 대표기관으로서의 지위와 입법기
관으로서의 지위는 약화되고 있는 반면, 그에 비해서 국정통제기관으로서의 지위
는 이전보다 더 강조되고 있다. 이에 따라 헌법에서도 국회가 국정을 통제할 수
있는 권한을 여러 곳에서 규정하고 있다. 탄핵소추의결권(제65조), 국정감사·조
사권(제61조), 긴급명령과 긴급재정·경제처분 및 그 명령에 대한 승인권(제76조
제3항), 계엄해제요구권(제77조 제5항), 국방·외교정책에 대한 동의권(제60조), 국
무총리 또는 국무위원에 대한 해임건의권(제63조), 일반사면에 대한 동의권(제79
조 제2항), 국무총리·국무위원 등의 국회출석요구 및 질문권(제62조 제2항)이 그
것이다. 이러한 국회의 국정통제권을 유형화하면 직접통제권과 간접통제권, 사전
통제권과 사후통제권, 일반적 통제권과 개별적 통제권으로 분류할 수 있다.

2. 탄핵소추의결권

(1) 탄핵의 개념

탄핵이란 일반적인 사법절차나 징계절차에 따라 소추하거나 징계하기가 곤
란한 집행부의 고위직공무원이나 법관 또는 선거관리위원회위원과 같이 신분이
보장된 공무원이 직무상 중대한 비위를 범한 경우에 이를 의회가 소추하여 처벌
하거나 파면하는 제도를 말한다.

(2) 탄핵소추기관과 탄핵소추대상자

헌법 제65조 제1항에 따라 국회가 탄핵소추를 한다. 양원제를 채택하고 있는

국가에서는 일반적으로 하원을 탄핵소추기관으로 하고 있다.

헌법 제65조 제1항에 따르면 탄핵대상자는 대통령, 국무총리, 국무위원, 행정 각부의 장, 헌법재판소재판관, 법관, 중앙선거관리위원회 위원, 감사원장, 감사위 원, 기타 법률이 정한 공무원이다. 기타 법률이 정한 공무원은 입법으로 결정될 것이다. 그러나 탄핵제도의 의의에서 판단컨대 일반적인 사법절차나 징계절차에 따라 소추하거나 징계하기가 곤란한 고급공무원이 이에 해당된다고 할 수 있다. 그러한 공무원의 범위에 대해서는 다양한 견해가 있으나, 검찰총장, 검사, 각 처 장, 정부위원, 각군 참모총장, 고위외교관, 별정직공무원 등이 그에 해당된다고 보면 될 것이다. 개별법에서는 검찰청법에서 검사를, 경찰법에서 경찰청장을 탄 핵소추대상자로 규정하고 있다.

(3) 탄핵소추사유

헌법은 탄핵소추사유를 " … 그 직무집행에 있어서 헌법이나 법률을 위배한 때"(제65조 제1항)라고 정하고 있다. 따라서 '직무집행'과 '헌법이나 법률에 위배' 가 무엇을 뜻하는지가 문제된다.

직무집행행위는 현직에서의 공무수행에 한정된다. 그러한 한에서 공무수행과 무관한 사생활이나 취임 전·퇴직 후의 활동을 근거로 탄핵소추를 할 수는 없다.

헌법과 법률에 위배한다고 할 때 헌법은 형식적 헌법과 헌법적 관행을 포함 하며, 법률은 형식적 의미의 법률 및 법률과 동등한 효력을 가지는 국제조약, 일 반적으로 승인된 국제법규, 긴급명령까지를 포함한다. 그러나 이때의 헌법과 법 률에 위배한다는 것은 고의·과실·무지에 의한 헌법위반 또는 법률위반을 요구 하므로, 단순한 정치적 무능력이나 정책결정상의 과오, 단순한 부도덕 등은 해임 건의사유가 될 수는 있으나 탄핵소추사유는 되지 않는다.

(4) 탄핵소추의 발의와 의결

대통령을 소추하는 경우에는 국회재적의원 과반수의 발의가 있어야 하며, 대 통령 이외의 고급공무원을 소추하는 경우에는 재적의원 3분의 1 이상의 발의가 있어야 한다(제65조 제2항). 탄핵소추가 발의되면 국회의장은 본회의에 보고하 고, 본회의는 의결로 법제사법위원회에 회부하여 조사하게 할 수 있다. 대통령을 소추하는 경우에는 재적의원 3분의 2 이상의 찬성이 필요하며, 대통령 이외의 고 급공무원을 소추하는 경우에는 재적의원 과반수의 찬성이 있어야 한다(제65조 제

2항).

탄핵소추의 의결은 무기명투표로 하며(국회법 제130조 제2항), 피소추자의 성명, 직위, 탄핵소추사유를 표시한 소추의결서로써 하여야 한다(법 제133조).

(5) 탄핵소추의결의 효과

탄핵소추의 의결을 받은 자는 소추의결서가 본인에게 송달된 때로부터 헌법재판소의 탄핵심판이 있을 때까지 그 권한행사가 정지된다(제65조 제3항, 법 제134조 제2항). 따라서 탄핵소추가 의결된 이후에 행해진 직무행위는 위헌·무효이다. 또한 소추의결서가 송달되면 임명권자는 피소추자의 사직원을 접수하거나 해임할 수 없다(법 제134조 제2항). 그러나 파면은 허용된다. 왜냐하면 탄핵결정의 효과도 공직으로부터 파면됨에 그치기(제65조 제4항 제1문) 때문이다. 탄핵소추를 받은 자가 결정선고 이전에 파면되면 헌법재판소는 탄핵심판청구를 기각하여야 한다(헌법재판소법 제53조 제2항). 헌법재판소의 탄핵심판에 있어서 소추위원은 국회법제사법위원장이 맡는다.

3. 국정감사 · 조사권

(1) 헌법규정

헌법은 제61조에서 국회의 국정감사·조사권을 규정하고 있다. "① 국회는 국정을 감사하거나 특정한 국정사안에 대하여 조사할 수 있으며, 이에 필요한 서류의 제출, 또는 증인의 출석과 발언이나 의견의 진술을 요구할 수 있다. ② 국정감사 및 조사에 관한 절차 기타 필요한 사항은 법률로 정한다."

현재 국정감사 및 조사에 관한 절차 기타 필요한 사항을 정한 법으로는 국회법과 「국정감사 및 조사에 관한 법률」이 있다. 국회의 국정감사와 국정조사에 관하여 국회법이 정한 것을 제외하고는 「국정감사 및 조사에 관한 법률」이 정하는 바에 따른다(국회법 제127조).

(2) 개   념

국정조사권이라 함은 의회가 그 입법에 관한 권한, 재정에 관한 권한, 국정통제에 관한 권한 등을 유효·적절하게 행사하기 위하여 국정일반 또는 특정한 국정사안에 관하여 조사를 할 수 있는 권한을 말한다.

그러나 헌법은 국정조사와 국정감사를 구별하여 사용하고 있다. 일반적으로 국정조사는 부정기적 특정국정조사를 말하고, 국정감사는 정례적 일반국정조사를 말한다.

(3) 연 혁

국정조사는 1689년 영국의회가 특별위원회를 구성하여 아일랜드 전쟁에서의 실패원인을 규명하고, 책임소재를 규명한 것이 그 효시로 알려져 있다. 그러나 국정조사권을 처음으로 규정한 헌법은 바이마르헌법이며, 미연방헌법은 학설과 판례를 통하여 인정하였다.

우리 헌법의 경우 건국헌법 때부터 국정감사에 관한 규정을 두었다. 그러나 1972년 헌법에서 삭제되었다가, 1975년 6월 개정된 국회법(제121조, 제122조)에서 국정조사에 대한 법률적 근거를 마련하고, 1980년 헌법에서 특정사항에 대한 국정조사권을 규정하였고, 현행헌법은 국정감사권과 국정조사권을 같이 규정하고 있다.

(4) 법적 성격

국정감사권과 국정조사권의 법적 성격에 대해서는 독립적 권한설(고전적 이론)과 보조적 권한설(기능적 이론)이 대립되어 있다. 우리나라에서는 보조적 권한설이 다수설이다.

그러나 개인적으로는 국정감사·조사권이 독립적 권한이냐 보조적 권한이냐 하는 것은 관점에 따라 다를 수 있을 뿐만 아니라 그것이 국정조사의 실제에 영향을 주는 것도 아니기 때문에 논의의 실익이 없다고 생각한다.

(5) 주 체

헌법은 국회가 "국정을 감사하거나 특정한 국정사안에 대하여 조사할 수" 있다고만 정하고 있다. 그러나 국회법 제127조와 「국정감사 및 조사에 관한 법률」 제2조·제3조에 따라 본회의와 상임위원회가 모두 국정감사·국정조사의 주체가 된다. 또한 국정조사를 위한 특별위원회도 구성될 수 있다(「국정감사 및 조사에 관한 법률」 제3조). 양원제를 취하는 국가의 경우에는 각원이 주체가 된다.

(6) 시기, 기간 및 절차

국정감사는 「국정감사 및 조사에 관한 법률」에 따라 소관 상임위원회 별로 매년 9월 10일부터 20일간 행한다. 단 본회의의 의결에 의하여 그 시기를 변경할 수 있다. 국정감사는 상임위원장이 국회운영위원회와 협의하여 작성한 감사계획서(감사반의 편성·감사일정·감사의 요령 등 사항기재)에 의하여 행한다.

국정조사는 국회재적의원 3분의 1 이상이 조사요구서(조사의 목적, 조사할 사안의 범위, 조사를 시행할 위원회 등 기재)를 국회의장에게 제출 → 본회의보고 → 특별위원회 구성 또는 해당 상임위원회 회부, 조사위원회 확정 → 조사위원회는 조사의 목적, 조사할 사안의 범위와 조사방법, 필요기간 및 소요경비 등을 기록한 조사계획서 본회의에 제출 → 본회에서 의결(반려 또는 승인, 기간연장 또는 단축)의 절차에 따라 필요가 있을 때마다 행해진다(법 제3조).

(7) 대상기관·범위

국정감사의 대상기관에 대하여는 「국정감사 및 조사에 관한 법률」 제7조에 규정되어 있으며, 이는 위원회선정 대상기관과 본회의승인 대상기관으로 나눌 수 있다. 위원회선정 대상기관으로는 정부조직법 기타 법률에 의하여 설치된 국가기관, 지방자치단체 중 특별시·광역시·도(위임사무), 정부투자기관, 한국은행, 농·수·축협중앙회가 있으며, 본회의승인 대상기관으로는 지방행정기관, 지방자치단체, 감사원법에 의한 감사원의 감사대상기관이 있다. 시·도의 고유사무에 대하여는 국정감사를 할 수 없으나, 시·군·구의 경우에는 고유·위임사무 모두에 대하여 감사할 수 있다(법 제7항 제4호). 국정조사의 대상기관은 조사계획서에 의하여 정하여진다.

국정감사는 국정감사권의 한계를 지키는 한 널리 국정일반에 대하여 할 수 있기 때문에 그 대상에 제한이 없다. 그에 반하여 국정조사의 대상은 조사계획서에 기재된 사안에 국한된다(제61조, 법 제3조).

(8) 행사방법

국정감사와 국정조사는 공개로 한다. 다만 위원회의 의결로 달리 정할 수 있다(국회법 제12조).

국회는 국정을 감사하거나 조사하기 위하여 필요한 서류의 제출 또는 증인의 출석과 증언이나 의견의 진술을 요구할 수 있다(제61조 제1항). 이러한 요구를 받은 자 또는 기관은 「국회에서의 증언·감정 등에 관한 법률」에서 특별히 규정한 경우 외에는 그에 응하고 협조해야 한다(「국정감사 및 조사에 관한 법률」 제10조 제1항·제4항). 정당한 이유 없이 그러한 요구에 응하지 않거나 증인과 감정인의 출석과 감정을 방해한 경우에는 벌금형에 처해진다(「국회에서의 증언·감정 등에 관한 법률」제12조).

(9) 결과의 처리

국정감사와 국정조사의 결과는 감사 또는 조사의 경과와 결과 및 처리의견을 기재하고 그 중요근거서류를 첨부한 감사 또는 조사보고서로 작성되어 의장에게 제출되고, 의장에 의하여 본회의에 보고된다(「국정감사 및 조사에 관한 법률」제15조).

국회는 감사 또는 조사보고서를 토대로 정부에 그 시정을 요구하거나, 정부 또는 해당기관에서 처리함이 타당하다고 인정되는 사항은 정부 또는 해당기관에 이송하거나 또는 탄핵소추나 해임건의와 같은 적절한 조치를 할 수 있다. 시정요구를 받거나 이송받은 사항에 대해서 정부나 해당기관은 이를 지체 없이 처리하고 그 결과를 국회에 보고하여야 한다(법 제16조).

(10) 한 계

「국정감사 및 조사에 관한 법률」제8조는 "감사 또는 조사는 개인의 사생활을 침해하거나 계속중인 재판 또는 수사중인 사건의 소추에 관여할 목적으로 행사되어서는 아니된다"라고 하여 국정감사·조사권의 한계에 대하여 부분적으로만 규정하고 있다.

그러나 일반적으로 국정감사권과 국정조사권에는 권력분립상의 한계, 기본권보장상의 한계, 중대한 국가이익상의 한계, 국회기능상의 한계가 있다. ① 권력분립상의 한계로서 국정감사·조사는 직접 행정처분을 하거나 취소하거나 정치적 압력을 가하는 것이어서는 안 되며, 사법권의 독립에 간섭해서는 안 된다. ② 기본권보장상의 한계로서 국정감사·조사는 사생활 등을 문제 삼아서는 안 되며, 증인이나 참고인에게 불리한 진술을 강요해서는 안 된다. ③ 중대한 국가이익상의 한계로서 군사·외교·대북관계 등 국가기밀에 관한 사항 등에 대하여는 증언이나 서류제출이 제한된다(「국회에서의 증언·감정 등에 관한 법률」제4조 제1항 단서). ④ 국회기능상의 한계로서 국정조사권은 입법·재정·인사기능을 확보하기 위한 보조적 수단이므로 국회의 기능과 무관한 사항을 그 대상으로 할 수 없다.

4. 국무총리·국무위원해임건의권

헌법 제63조는 국회의 국무총리·국무위원해임건의권을 규정하고 있다. "①

국회는 국무총리·또는 국무위원의 해임을 대통령에게 건의할 수 있다. ② 제1항의 해임건의는 국회재적의원 3분의 1 이상의 발의에 의하여 국회재적의원 과반수의 찬성이 있어야 한다."

국무총리·국무위원해임건의권은 행정부에 대한 감시·비판과 행정부구성에 대한 견제의 기능을 하나, 대통령제에서는 이례적인 제도이다.

해임건의사유에 대해서는 헌법에 명시적인 규정이 없다. 일반적으로 대표적인 해임건의사유로는 직무집행에서 헌법위반 또는 법률위반이 있는 경우, 정책의 수립과 집행에서 중대한 과오를 범한 경우, 부하직원의 과오나 범법행위에 대하여 정치적 책임을 추궁하는 경우, 대통령이나 국무총리를 잘못 보좌한 경우를 들고 있다. 따라서 해임건의사유는 탄핵소추사유보다 더 광범위하고 포괄적이다. 해임건의권의 행사에는 횟수의 제한이 없다.

해임건의는 국무총리 또는 국무위원에 대하여 개별적으로 또는 일괄적으로 할 수 있다. 해임건의를 하려면 재적의원 3분의 1 이상의 발의와 재적의원 과반수의 찬성이 필요하다(제63조 제2항). 해임건의안이 발의되면 본회의에 보고된 때로부터 24시간 이후 72시간 이내에 무기명투표로 표결한다. 이 기간 내에 표결하지 아니한 때에는 해임건의안은 폐기된 것으로 본다(국회법 제112조 제7항).

현행헌법상 대통령에의 해임건의가 법적 구속력을 가지는가에 대하여는 견해가 나누어져 있다. 개인적으로는 이전 헌법들과는 달리 현행헌법에는 해임건의의 대통령에 대한 법적 구속력을 근거지우는 어떠한 표현도 찾아볼 수 없기 때문에, 대통령은 해임할 법적 구속을 받지 않는 것으로 해석하여야 할 것으로 생각한다. 그러나 전혀 기속력이 없는 해임건의는 헌법에 명문규정이 없더라도 가능한 것이기 때문에 입법론적 측면에서 해임건의권은 무의미한 규정, 곧 개정되어야 할 규정이라고 할 수 있을 것이다.

5. 국무총리·국무위원에 대한 국회출석요구권 및 질문권

헌법 제62조는 국무총리·국무위원에 대한 국회출석요구권 및 질문권을 규정하고 있다. "① 국무총리·국무위원 또는 정부위원은 국회나 그 위원회에 출석하여 국정처리상황을 보고하거나 의견을 진술하고 질문에 응답할 수 있다. ② 국회나 그 위원회의 요구가 있을 때에는 국무총리·국무위원 또는 정부위원은 출석·

답변하여야 하며, 국무총리 또는 국무위원이 출석요구를 받은 때에는 국무위원 또는 정부위원으로 하여금 출석·답변하게 할 수 있다."

국무총리·국무위원 국회출석요구권 및 질문권은 대통령제국가에서는 이례적인 제도이다. 그러나 우리나라에는 이 제도가 있으므로 해서 각료는 국회에 출석·발언·응답할 수 있고, 국회는 정부에 대하여 영향력을 행사할 수 있다. 결국 이 제도는 대통령제 정부형태를 취하는 헌법 하에서 집행부와 국회가 긴밀한 공화·협조관계를 유지하고, 국회의 집행부통제에 효력을 주려는 의도 하에서 의원내각제적 요소를 가미한 것이라고 볼 수 있다.

국회의 요구로 국회에 출석하여 답변하여야 하는 자는 국무총리, 국무위원, 정부위원이다. 정부위원은 부·처·청의 처장·차관·청장·차장·실장·국장 및 차관보와 국민안전처의 본부장을 말한다(정부조직법 제10조). 국회법 제121조 제4항은 이 밖에도 본회의 또는 위원회는 특정한 사안에 대하여 질문하기 위하여 대법원장·헌법재판소장·중앙선거관리위원회위원장·감사원장 또는 그 대리인의 출석을 요구할 수 있다고 하고 있다. 그러나 대통령은 국회에 출석·발언할 권한만 있고, 의무는 없다(제81조).

국회의 질문에는 정부에 대한 서면질문, 대정부질문, 긴급현안질문의 세 종류가 있으며, 각각 그 절차가 다르다.

의원은 정부에 대하여 서면으로 질문할 수 있다. 의장은 질문서를 정부에 이송하고, 정부는 질문서를 받은 날로부터 10일 이내에 서면으로 답변하여야 하며, 그 기간 내에 답변하지 못할 때에는 그 이유와 답변할 수 있는 기한을 통지하여야 한다(법 제122조). 국회본회의는 회기 중 기간을 정하여 국정전반 또는 국정의 특정분야를 정하여 질문을 할 수 있다. 이를 대정부질문이라 한다. 대정부질문을 할 때 의원의 질문은 20분을, 보충질문은 5분을 초과할 수 없다(법 제122조의1 제2항). 대정부질문을 하고자 하는 의원은 미리 질문의 요지와 소요시간을 기재한 질문요지서를 구체적으로 작성하여 의장에게 제출하여야 하며, 의장은 늦어도 질문시간 48시간 전까지 질문요지서가 정부에 도달되도록 송부하여야 한다(법 제122조의2 제7항). 긴급현안질문이란 국회의 회기 중 대정부질문시에 제기되지 아니한 사안으로서 긴급히 발생한 중요특정현안문제 또는 사건에 대하여 의원 20인 이상의 찬성으로 대정부질문을 요청할 수 있도록 하는 제도이다. 긴급현안질문을 요구하는 의원은 질문요구서를 본회의 개의 24시간 전까지 의장에게 제출해야 한다. 긴급현안질문시간은 총 120분이며, 연장할 수 있다. 긴급현안질문을할 때 의원의 질문은 10분을, 보충질문은 5분을 초과할 수 없다(법 제122조의3).

국회에 출석·답변요구를 받은 각료는 그 요구를 거부할 수 없다. 다만, 대리출석하게는 할 수 있다. 그러나 국회에 출석·답변하기를 거부한 경우에 대하여는 규정이 없으므로 그 제재는 정치적 통제에 맡겨질 수밖에 없을 것이고, 극단적인 경우에는 해임건의 또는 탄핵소추의 사유가 될 것이다.

6. 그 밖의 국회의 국정통제에 관한 권한

이들 외에도 헌법은 국회에 긴급명령과 긴급재정·경제처분 및 그 명령승인권(제76조 제3항), 계엄해제요구권(제77조 제5항), 국방 및 외교정책에 대한 동의권(제60조 제2항), 일반사면에 대한 동의권(제79조 제2항)을 부여하고 있다.

제 5 항 국회(내부사항에 관한) 자율권

1. 헌법규정

헌법 제64조는 국회내부사항에 관한 자율권을 규정하고 있다. "① 국회는 법률에 저촉되지 아니하는 범위 안에서 의사와 내부규율에 관한 규칙을 제정할 수있다. ② 국회는 의원의 자격을 심사하며, 의원을 징계할 수 있다. ③ 의원을 제명하려면 국회재적의원 3분의 2 이상의 찬성이 있어야 한다. ④ 제2항과 제3항의처분에 대하여는 법원에 제소할 수 없다."

2. 내   용

(1) 개   관

국회의 자율권이란 국회가 다른 국가기관의 간섭이나 개입 없이 자주적으로자신의 조직·활동 및 내부사항에 대해서 결정할 수 있는 권한을 말한다. 국회내부사항에 관한 자율권은 집회 등에 관한 권한, 내부조직권(원내조직권, 자주조직권), 의사에 관한 권한, 질서유지에 관한 권한, 의원의 신분에 관한 권한, 규칙제정권을 그 주요내용으로 한다. 이 중에서 집회 등에 관한 권한, 내부조직권, 의사에 관한 권한, 규칙제정권에 대해서는 이미 다른 곳에서 살펴보았다. 따라서 아래에서는 질서유지에 관한 권한, 의원의 신분에 관한 권한에 대해서만 살펴보기로 한다.

(2) 질서유지에 관한 권한(내부경찰권, 의원가택권)

국회의 질서유지에 관한 권한은 내부경찰권과 의원가택권을 포함한다. 내부경찰권은 원내의 질서유지를 위하여 원내에 있는 어떤 자에 대하여서든지 명령하고 강제할 수 있는 권한을 말한다. 국회의 내부경찰권은 국회의장에게 속하며, 의장은 경위와 파견경찰관의 협력을 받아 이를 관장한다. 의원가택권 또는 국회가택권은 국회의 의사에 반하는 국회 내의 침입을 금지하고 필요하다고 인정될 때에는 퇴장을 요구할 수 있는 권한을 말한다. 의원가택권도 의장이 관장한다.

(3) 의원의 신분에 관한 권한(신분자율권)

의원의 신분에 관한 권한에는 사직허가권, 자격심사권, 의원징계권이 있다. 국회는 그 의결로 의원의 사직을 허가할 수 있다. 그러나 폐회 중에는 의장이 사직을 허가할 수 있다. 사직의 허가 여부는 토론 없이 표결한다(국회법 제135조).

의원이 다른 의원의 자격에 대하여 이의가 있을 때에는 30인 이상의 연서로 자격심사를 의장에게 청구할 수 있다(법 제138조). 의원의 자격이란 의원이 헌법상 의원으로서 지위를 보유하는 데 필요한 자격을 말한다. 의원의 자격심사는 윤리특별위원회의 예심을 거쳐(법 제140조), 본회의에서 재적의원 3분의 2 이상의 찬성으로 의결한다(법 제142조 제3항). 자격심사의 결과에 대해서는 법원에 제소할 수 없다(제64조 제4항).

의원이 청렴의무위반·이권운동 등 헌법상의 품위규정위반, 2회의 윤리위반 통고, 의사에 관한 국회법상의 규정위반, 「국정감사 및 조사에 관한 법률」의 규정위반, 공직자윤리법상의 징계사유에 해당될 때에는 국회는 의원을 징계할 수 있다(제64조 제2항, 법 제155조). 징계요구권자는 의장, 위원장, 의원 20인 이상, 모욕당한 의원 등이며, 징계요구시한은 사항에 따라 3일 또는 5일이다(법 제155조 - 제157조). 징계사건은 윤리특별위원회가 심사하고 본회의에서 의결하며(법 제162조), 징계의 의결은 의장이 공개회의에서 선포한다(법 제163조 제4항). 징계의 종류에는 공개회의에서의 경고, 공개회의에서의 사과, 30일 이내의 출석정지, 제명이 있다(제64조 제3항, 법 제163조 제1항). 제명을 결정하려면 국회 재적의원 3분의 2 이상의 찬성이 있어야 한다(제64조 제3항). 징계처분에 대하여는 법원에 제소할 수 없다(제64조 제4항).

3. 자율권의 한계

의회의 자율권도 헌법이나 법률을 위반하지 않는 범위 내에서만 허용된다. 따라서 국회의 의사절차·입법절차에 헌법이나 법률의 규정을 명백히 위반한 흠이 있는 경우에는 그것을 자율권의 문제라고 할 수 없다.

제 6 절   국회의원

제 1 항   국회의원의 법적 지위

1. 국회의원의 헌법상의 지위

헌법에는 국회의원의 지위를 명시하고 있는 규정은 없다. 그러나 헌법의 여러 규정들로부터 국회의원은 국회의 구성원으로서의 지위, 국민의 대표기관으로서의 지위 및 정당의 대표자(구성원)로서의 지위를 가진다고 할 수 있다.

(1) 국회의 구성원으로서의 지위

헌법 제41조 제1항은 "국회는 국민의 보통·평등·직접·비밀선거에 의하여 선출된 국회의원으로 구성한다"고 하여 국회의원이 국회의 구성원임을 명시하고 있다.

국회구성원으로서의 국회의원은 국회의 기관은 아니며 국회의 기관구성원이라 할 수 있다. 왜냐하면 기관의 본질은 그 기관의 행위를 어떤 단체의 행위로서 귀속시킬 수 있다는 데 있는데 국회와 국회의원 간에는 그러한 관계가 성립되지 않기 때문이다. 국회의원은 국회구성원의 지위에서 국회의 운영 및 활동에 관한 권한과 그 밖의 권리를 가지며 의무를 부담한다.

(2) 국민의 대표기관으로서의 지위

국회의원이 국민의 대표기관이라는 말은 국회의원이 국민의 대표기관인 국회의 구성원이면서 동시에 국회의원직 하나하나가 헌법기관으로서, 국민의 대표기관인 국회와는 별개로 독립된 국민의 대표기관이라는 말이다. 국회의원의 국민대표성은 국회의원의 무기속위임(자유위임)에서 표현된다.

헌법에는 국회의원이 국민의 대표기관이라는 명문규정은 없다. 그러나 특히 무기속위임을 간접적으로 표현하고 있는 헌법 제45조와 제46조 제2항(그 밖에도 헌법 제1조 제2항, 제7조 제1항, 제41조 제1항, 제44조 등을 들 수 있을 것이다)을 근거로 판단할 때 국민은 국민전체를 대표한다고 할 수 있다.

국회의원이 국민의 대표기관로서의 지위를 가진다고 할 때 대표의 성격과 관련하여 정치적 대표설과 법적 대표설 등 견해가 나뉘어 있다. 헌법재판소는 분명한 표현을 하고 있지는 않으나 국민과 국회의원의 상호관계를 자유위임관계에 있는 것으로 보고 있기 때문에 정치적 대표설의 입장에 서 있는 것으로 생각된다. 이 중에서 정치적 대표설이 다수설이며, 또한 옳다. 따라서 국회의원에 대해서는 선거나 여론 등의 방법으로 정치적 책임을 물을 수 있다.

(3) 국민의 대표기관으로서의 지위와 정당대표자로서의 지위의 관계

학설은 국회의원의 국민의 대표기관으로서의 지위가 정당의 구성원으로서의 지위와 충돌할 때에는 국민의 대표기관으로서의 지위가 우선한다고 한다.

개인적으로는 국회의원의 국민대표기관으로서의 지위는 헌법기관으로서의 지위인 반면에, 국회의원의 정당대표자(구성원)로서의 지위는 헌법기관인 아닌 국민의 의사와 국가의사를 중개하는 중개자적 기관으로서의 준헌법기관인 정당의 구성원으로서의 지위이기 때문에, 당연히 국회의원은 국민대표기관으로서의 지위를 우선해야 한다고 생각한다.

그러나 현실적으로는 국회의원이 정당에 기속되고 있는 것이 사실이다. 따라서 정당제민주주의 하에서도 무기속위임의 원칙이 그 기능을 발휘할 수 있도록 다음과 같은 세 가지가 요청된다 하겠다. ① 당내민주주의를 현실화하여야 한다. ② 교차투표, 자유투표를 인정하여야 한다. ③ 탈당의 자유를 보장하여야 한다.

2. 의원자격의 발생과 소멸

(1) 의원자격의 발생시기와 임기

의원자격의 발생시기와 관련하여 당선결정설, 취임승락설, 임기개시설 등 견

해가 나누어져 있다. 그러나 헌법과 법률이 정한 임기개시와 동시에 의원자격이
발생한다고 하는 임기개시설이 다수설이며, 또한 옳다.

국회의원의 임기는 4년이며(제42조), 임기는 총선거에 의한 전임의원의 임기
만료일의 다음 날부터 개시한다(공직선거법 제14조 제2항).

(2) 의원자격의 소멸

다음의 경우에는 의원자격이 소멸한다.

① 임기만료(제42조), 사망

② 선거소송의 결과 선거무효나 당선무효의 유죄판결이 확정된 경우

　가. 피선거권이 없었던 사실이 임기개시 후에 발견된 경우

　나. 당선된 의원의 선거사무장 또는 회계책임자가 정해진 비용의 200분
　　　의 1 이상을 초과지출한 이유로 징역형 또는 300만 원 이상의 벌금형
　　　을 선고받은 경우 또는 회계책임자가 정치자금법 제49조의 죄를 범
　　　하여 징역형 또는 300만 원 이상의 벌금형을 선고받은 경우

　다. 당선된 의원이 선거법 또는 정치자금법 제49조 위반으로 징역형 또는
　　　100만 원 이상의 벌금형을 선고받은 경우

　라. 당선된 의원의 선거사무장·회계책임자 또는 후보자의 직계존·비속
　　　및 배우자가 공직선거법 제230조 내지 제234조 또는 제257조 제1항
　　　중 기부행위를 한 죄 또는 정치자금법 제45조 제1항의 정치자금 부정
　　　수수죄를 범하여 징역형 또는 300만 원 이상의 벌금형의 선고를 받은
　　　경우

　마. 기타 사유로 대법원에서 선거무효 또는 당선무효가 선고된 경우

③ 퇴직의 경우(국회법 제136조)

　가. 공직선거법 제53조의 규정에 의하여 사직원을 제출하여 공직선거후
　　　보자로 등록한 때

　나. 의원이 법률에 규정된 피선거권이 없게 된 경우

④ 국회의 허가를 받아 사직한 경우(법 제135조 제1항)

⑤ 제명(제64조 제3항), 무자격판정(제64조 제2항, 법 제142조 제3항)

⑥ 당적변경과 소속정당의 강제해산

　　비례대표국회의원은 합당·해산 또는 제명 외의 사유로 당적이탈·변경,

이중당적을 가지고 있을 때에는 퇴직된다(법 제192조 제4항).

⑦ 국회해산

국회의 결정에 따라 자진해산한 경우

제 2 항 국회의원의 권리와 의무

전체국민의 대표이면서 동시에 국회의 구성원인 국회의원에게는 그 지위에 따르는 여러 가지 권한과 권리가 주어져 있으며, 그에 상응하는 의무도 부과되고 있다.

1. 국회의원의 권한과 권리

(1) 국회의 운영과 활동에 관한 권한

국회의원의 국회의 운영과 활동에 관한 권한으로는 임시회집회요구권(제47조 제1항), 각종 의안발안권(제52조, 제128조 제1항, 제65조 제2항, 국회법 제79조), 질문권(제62조 제2항, 법 제122조 – 제122조의3), 질의권, 찬반토론권(법 제106조 제1항), 표결권(제49조) 등이 있다.

(2) 수당과 여비를 받을 권리

국회의원은 수당과 여비를 받을 권리를 가진다(법 제30조). 이 권리는 월정수당(세비), 입법활동비, 특별활동비, 여비를 포함한다. 세비의 성격에 대해서는 수당설(비용변상설)과 보수설의 대립이 있다. 국회법과 「국회의원수당 등에 관한 법률」은 실비전보설에 입각하고 있다(법 제1조).

그러나 의원직이 과거와 같이 단순한 명예직이 아니라 엄연한 하나의 직업으로 인정받는 현실을 감안할 때 현행법의 태도는 문제가 있다 하겠다. 그러한 한에서 개인적으로는 세비는 근무의 대가인 동시에 의원과 그 가족의 생계유지를 위한 급여로서의 성격을 갖는다고 생각한다.

(3) 국유교통수단의 무료이용권

의원은 국유의 철도, 선박과 항공기를 무료로 이용할 수 있다. 다만, 폐회 중에는 공무의 경우에 한한다(국회법 제31조). 이 권리는 의원의 신분상의 특권이 아니고, 의정활동에 대한 지원으로서의 성격을 갖는다.

2. 국회의원의 의무

국회의원의 의무는 헌법상의 의무와 국회법상의 의무로 나눌 수 있다. 국회의원의 헌법상의 의무로는 국민전체에 대한 봉사의무(제7조 제1항), 겸직금지의 의무(제43조), 청렴의 의무(제46조 제1항), 국가이익우선의 의무(제46조 제2항), 이권개입(지위남용)금지의 의무(제46조 제3항)가 있다.

국회의원의 국회법상의 의무로는 다음과 같은 것들이 있다. 본회의와 위원회에 출석할 의무(법 제155조 제2항 제8호), 의사에 관한 법령과 국회규칙을 준수할 의무(법 제6장), 회의장의 질서를 준수하고 국회의 위신을 손상하지 않을 의무(법 제145조, 제25조), 다른 의원을 모욕하거나 다른 의원의 발언을 방해하지 않을 의무(법 제46조, 제147조), 국정감사·국정조사에 있어서 주의의무(법 제155조 제2항 제6호), 의장의 질서유지에 관한 명령에 복종할 의무(법 제145조).

제 3 항   국회의원의 특권

1. 의   의

앞에서 국회의원은 그 자체로서 독립된 헌법기관이면서 국민의 대표기관이라고 하였다. 국민의 대표기관인 국회의원은 합의체인 국회의 구성원으로서 활동하기도 하지만 개인으로서도 활동한다. 특히 국회의원이 개인으로서 국익을 추구하는 국민대표기관의 역할을 소신껏 양심에 따라 수행할 수 있기 위해서는 막강한 조직을 가진 행정부, 소속정당, 사회의 거대세력들 및 유권자집단, 심지어는 동료 국회의원(들)으로부터 어떤 보호장치가 있지 않으면 안 된다. 이러한 필요를 충족시켜주는 헌법적 장치가 국회의원의 특권이라 할 수 있다. 국회의원의 특권에는 면책특권과 불체포특권이 있다.

2. 면책특권

헌법 제45조는 "국회의원은 국회에서 직무상 행한 발언과 표결에 관하여 국회외에서 책임을 지지 아니한다"고 하여 국회의원의 발언·표결에 관한 면책특권을 규정하고 있다.

면책특권의 기원은 멀리 1397년 영국의 Haxey's Case까지 거슬러 올라갈 수 있다. 그러나 그것이 명문화된 것은 1689년 영국의 권리장전이 처음이라 할 수 있으며, 근대헌법으로서 면책특권을 처음으로 수용한 것은 미연방헌법이다. 면책특권은 집행부의 부당한 탄압을 배제하고, 선거민·사회적 세력·정당의 수뇌부로부터 독립(당내민주주의의 근거)을 보장해주는 의의가 있다.

면책특권은 위법·유책의 행위이지만 처벌을 면제하는 것, 인적 처벌조각사유에 해당된다. 면책특권은 의원 개인의 특권이자 의회의 특권으로 포기할 수 없다. 면책특권은 국회의 의결로도 그 효력을 제한할 수 없다는 점에서 불체포특권과 구별된다.

면책특권이 인정되는 자는 국회의원에 한정된다. 따라서 지방의회의원에게는 면책특권이 인정되지 아니한다. 의원이 국무위원직을 겸하고 있는 경우에 대해서는 견해가 나누어져 있다. 개인적으로는 면책특권은 국회의원에게만 인정되는 것이기 때문에, 양직을 겸하고 있는 경우에는 의원인 자격에서 행한 원내발언에 대해서만 면책특권을 인정하여야 한다고 본다.

면책특권의 대상은 국회의원이 국회에서 직무상 행한 발언과 표결이다. 국회라 함은 의사당, 본회의나 위원회가 개최되고 있는 장소, 기타 국회가 활동하고 있는 모든 장소(예컨대 국정감사장)를 말한다(실질적 기능의 중시). 직무상 행한 발언과 표결은 직무행위 그 자체는 물론 직무부수적 행위(예컨대 본회의와 위원회에서 발언할 내용을 발언 직전에 원내기자실에서 출입기자들에게 배포하는 행위)를 포함한다. 그러나 직무상의 행위에 사담, 야유, 난투 등은 포함되지 않는다.

면책의 효과는 임기 중·임기 후를 불문하고 국회 외에서 민·형사상의 책임을 지지 않는다는 것이지, 적법행위로 된다는 것을 의미하지는 않는다. 따라서 국회 내에서 행한 발언과 표결을 문제삼아 공소가 제기되었을 때에는 공소를 기각해야 할 것이다. 그러나 국회 내에서 징계책임을 묻거나, 소속정당으로부터 제명되거나 선거구민에 대하여 정치적 책임을 질 수는 있다.

의원이 국회 내에서 한 발언과 표결이라 하더라도 그것을 다시 원외에서 발표하거나 출판하는 경우에는 면책되지 아니한다. 그러나 공개회의의 회의록을 그대로 공개한 경우는 면책된다(국회법 제118조 참조). 회의록공표가 무방한 것은 면

책특권의 효력 때문이 아니고, 국민의 알 권리 내지 의원의 의정활동보고책임 또
는 언론의 자유의 효과 때문이다.

3. 불체포특권

헌법 제44조는 "① 국회의원은 현행범인인 경우를 제외하고는 회기중 국회
의 동의 없이 체포 또는 구금되지 아니한다. ② 국회의원이 회기 전에 체포 또는
구금된 때에는 현행범인이 아닌 한 국회의 요구가 있으면 회기 중 석방된다"고
하여 국회의원의 불체포특권을 규정하고 있다.

불체포특권은 영국의 Privilege of Parliament Act(1603)에 기원을 두고 있으
나, 근대헌법에서 의원의 불체포특권을 처음 명문화한 곳은 미연방헌법이다. 불
체포특권은 집행부의 불법한 억압으로부터 국회의 자주적 활동을 보장함과 동시
에 의원의 국민대표기관으로서의 활동을 보호해준다는 의미를 동시에 갖고 있다.

불체포특권의 법적 성질은 국회의 특권이자 의원 개인의 특권이라는 것이 다
수설의 입장이다. 따라서 의원 개인은 불체포특권을 포기할 수 없다. 불체포특권
은 형사책임의 면제가 아닌 유예라는 점에서 임기 후까지 형사소추가 면제되는
면책특권과 구별된다.

우선, 불체포특권은 회기 중에는 의원을 체포할 수 없다는 것을 그 내용으로
한다. 회기 중이란 집회일로부터 폐회일까지의 기간(휴회기간 포함)을 말한다. 체
포, 구금이란 형사소송법상의 강제처분과 행정상의 강제처분(경찰관직무집행법상
의 보호조치, 감호처분, 격리처분 등)을 포함한다. 다음으로, 불체포특권은 회기 전
에 체포, 구금한 때에도 국회의 요구가 있으면 석방해야 한다는 것을 내용으로
한다. 회기 전은 회기가 시작되기 이전 및 전회기를 말한다. 석방요구를 발의하
려면 재적의원 4분의 1 이상의 연서로 그 이유를 첨부한 요구서를 의장에게 제출
하여야 하며(국회법 제28조), 그 의결은 재적의원 과반수의 출석과 출석의원 과반
수의 찬성으로 의결한다(제49조). 그러나 석방요구는 회기 전 현행범에게는 인정
되지 아니한다.

그러나 다음과 같은 경우에는 불체포특권이 인정되지 아니한다. ① 불체포특
권은 현행범인에게는 인정되지 아니한다. 현행범인은 범죄의 실행 중에 있거나
실행 직후에 있는 자(형사소송법 제211조)를 말한다. 국회 내의 현행범인은 체포한

후 의장의 지시를 받아야 하고, 의원의 경우에는 의장이 명령이 있어야 체포할 수 있다(국회법 제150조 단서). 이는 국회의 자율권을 존중하기 위한 것이다. ② 국회의 동의가 있는 경우에는 불체포특권이 인정되지 아니한다. 국회의 동의를 받기 위해서는 관할법원의 판사는 영장을 발부하기 전에 체포동의요구서를 정부에 제출하여야 하며, 정부는 이를 수리한 후 국회에 체포동의를 요청하여야 한다(법 제26조). 이때 국회는 구속되지 아니한다(국회의 재량사항). 그러나 동의에는 조건과 기한을 붙일 수 없다는 것이 다수설의 입장이다. 또한 전회기에 국회의 동의가 있더라도 현회기에서는 석방을 요구할 수 있다. ③ 회기 전에 체포, 구금되고 또 현행범인이 아닌 경우에도 국회의 석방요구가 없으면 불체포특권은 인정되지 아니한다.

제 3 장   대통령과 행정부

제 1 절   대통령의 헌법상 지위

제 1 항   일 반 론

대통령의 헌법상 지위는 정부형태에 따라 다르다. 미국형대통령제하의 대통령은 원칙적으로 입법권, 사법권과 동렬에 있다. 의원내각제하의 대통령은 원칙적으로는 형식적, 의례적인 권한을 갖는 명목적, 상징적 국가원수에 지나지 않는다. 그러나 예외적으로 부진정한(변형된) 의원내각제하의 대통령은 실질적인 권한 내지 헌법상의 특권을 갖는 명실상부한 국가원수로서의 지위를 갖는다. 라틴아메리카, 아프리카, 중동, 동남아 등 국가의 대통령은 입법부나 사법부에 대하여 월등하게 우월한 지위를 갖고 있다. 뢰벤슈타인은 이를 신대통령제라 부르고 있다.

제 2 항   헌법상 대통령의 지위

1. 헌법규정

우리 역대헌법에 채택된 대통령제의 공통점은 한 마디로 미국형대통령제가 아닌 언제나 변형된 대통령제였고, 대통령이 언제나 입법부, 사법부에 대하여 절대적 또는 상대적으로 우월적 지위를 점하여 왔다는 말로써 표현할 수 있다.

현행헌법은 제66조 제1항과 제66조 제4항에서 대통령의 지위를 정하고 있다.

곧 제66조 제1항은 "대통령은 국가의 원수이며, 외국에 대하여 국가를 대표한다"
고 하고, 제66조 제2항과 제3항은 국가원수로서의 대통령에게 각각 "국가의 독
립·영토의 보전·국가의 계속성과 헌법을 수호할 책무"와 "조국의 평화적 통일을
위한 성실한 의무"를 부과하고 있다. 그런가 하면 제66조 제4항은 "행정권은 대
통령을 수반으로 하는 정부에 속한다"고 하고 있다. 따라서 대통령은 국가원수로
서의 지위와 행정부수반으로서의 지위를 갖는다.

2. 국가원수로서의 지위

국가원수는 대외적으로 국가를 대표하고, 대내적으로 국민의 통일성·전체성
을 대표할 자격을 가진 국가기관을 말한다. 국회가 다원적 이익의 대표를 의미한
다면, 국가원수로서의 대통령은 전체적 국가이익과 국가적 통일의 대표를 의미
한다.

국가원수로서의 대통령의 지위는 ① 대외적으로 국가를 대표할 지위(제66조
제1항 후단, 제73조), ② 국가와 헌법의 수호자로서의 지위(제66조 제2항, 제69조,
제76조, 제77조, 제8조 제4항, 제91조 제2항), ③ 국정의 통합·조정자로서의 지위(제
128조 제1항, 제72조, 제47조 제1항, 제81조, 제52조, 제79조. 그 밖에 제66조, 제92조,
제93조도 연관이 있음), ④ 헌법기관구성자로서의 지위(제98조 제2항, 제104조 제1
항·2항, 제111조 제2항·제4항, 제114조 제2항)로 분류할 수 있다.

3. 행정부수반으로서의 지위

대통령의 행정부수반으로서의 지위는 ① 행정의 최고지휘권자·최고책임자로
서의 지위, ② 행정부조직권자로서의 지위, ③ 국무회의의장으로서의 지위를 포
함한다.

제 2 절 대통령직

제 1 항 대통령선거

대통령선거는 직선제를 원칙으로 한다. 곧 대통령은 국민의 보통·평등·직접·비밀선거에 의하여 선출한다(제67조 제1항). 그러나 이 선거에서 최고득표자가 2인 이상인 때에는 국회의 재적의원 과반수가 출석한 공개회의에서 다수표를 얻은 자를 당선자로 한다(제67조 제2항). 또한 대통령후보자가 1인일 때에는 그 득표수가 선거권자 총수의 3분의 1 이상이 아니면 대통령으로 당선될 수 없다(제67조 제3항).

대통령선거에 관한 사항은 법률로 정하며(제67조 제5항), 그에 따라 공직선거법이 제정되어 있다. 대통령선거권자는 만 19세 이상의 국민으로서(법 제15조) 결격사유가 없어야 한다. 결격사유는 공직선거법 제18조에 자세하게 규정되어 있다. 또한 선거를 하기 위해서는 선거인명부에 올라 있어야 한다(법 제37조). 대통령에 피선될 수 있는 자는 선거일 현재 5년 이상 국내에 거주하고 있는(법 제16조 제1항) 40세에 달한 자(제67조 제4항, 법 제16조 제1항)로서 결격사유가 없어야 한다. 결격사유는 공직선거법 제19조에 규정되어 있다. 40세 이상이란 규정은 헌법이 기본권행사능력을 명시한 유일한 예이다.

대통령선거에는 정당의 추천을 받거나 무소속으로 입후보할 수 있다. 대통령후보자는 대통령선거일 전 24일부터 2일간 중앙선거관리위원회에 등록을 신청하여야 한다. 대통령후보등록시에 정당이 추천하는 때에는 1인의 후보자에 대하여 정당의 추천서와 본인의 승낙서를 첨부하여야 하고(법 제47조, 제49조), 무소속후보자는 5개 이상의 시·도에서 각 700인 이상 총 3,500인 이상 6,000인 이하의 추천장을 첨부하여야 한다(법 제48조 제2항 제1호). 또한 후보등록 시에 대통령후보자는 3억원을 기탁하여야 하며, 후보자의 득표수가 유효투표총수의 100분의 10 이상 100분의 15 미만을 득표한 경우에는 기탁금의 100분의 50, 유효득표총수의 100분의 10 미만을 득표한 경우에는 기탁금 전액이 국고에 귀속된다(법 제56조, 제57조). 정당은 후보자등록 후에는 후보자의 추천을 취소 또는 변경할 수 없다. 다만, 후보자가 등록기간 중 사퇴 또는 사망하거나 소속정당의 제명이나 중앙당의 시·도창당승인취소 외의 사유로 등록이 무효가 된 때에는 예외로 한다 (법 제50조 제1항). 또한 선거권자도 후보자에 대한 추천을 취소 또는 변경할 수 없다(법 제50조 제2항).

대통령선거구는 전국을 단위로 하고(법 제20조), 투표구는 읍·면·동에(법 제31조), 개표소는 구·시·군선거관리위원회가 공고한다(법 제173조).

대통령선거는 임기만료의 경우에는 임기만료일 70일 내지 40일 전에 선거하며(제68조 제1항), 선거일은 그 임기만료일 전 70일 이후 첫 번째 수요일이다(법 제34조 제1항 제1호). 궐위의 경우에는 60일 이내에 선거를 실시하며(제68조 제2항), 선거일은 늦어도 선거일 전 50일까지 대통령 또는 대통령권한대행자가 공고한다(법 제35조 제1항).

대통령선거에 대한 소송에는 선거소송과 당선소송이 있다. 선거소송은 선거인, 정당 또는 후보자가 선거일로부터 30일 이내에 당해 선거구선거관리위원회위원장을 피고로 대법원에 제기하며(법 제222조), 당선소송은 이의가 있는 정당 또는 후보자가 당선결정일로부터 30일 이내에 당선인이나 중앙선거관리위원회위원장을 피고로 대법원에 제기한다. 국회결선투표에 대한 대통령당선소송에서는 중앙선거관리위원회위원장 또는 국회의장을, 당선소송 중 당선인이 사망한 경우에는 법무부장관을 각각 피고로 한다(법 제223조).

선거에 관한 소송은 다른 소송에 우선하여 신속히 재판하여야 하며, 180일 이내에 처리하여야 한다(법 제225조).

제 2 항 대통령 취임선서 및 임기

대통령당선자는 대통령직에 취임함으로써 대통령으로서의 신분을 취득하고 그 직무를 수행할 수 있다. 대통령은 취임에 즈음하여 다음의 선서를 한다. "나는 헌법을 준수하고 국가를 보위하며 조국의 평화적 통일과 국민의 자유와 복리의 증진 및 민족문화의 창달에 노력하여 대통령으로서의 직책을 성실히 수행할 것을 국민 앞에 엄숙히 선서합니다"(제69조).

대통령의 임기는 5년으로 하며, 중임할 수 없다(제70조). 임기연장 또는 중임

변경을 위하여 헌법을 개정할 수는 있으나, 그 개정은 그 헌법개정 제안 당시의 대통령에 대하여는 효력이 없다(제128조 제2항).

제 3 항   대통령의 권한행사방법

1. 헌법규정

헌법 제82조는 "대통령의 국법상 행위는 문서로써 하며, 이 문서에는 국무총리와 관계 국무위원이 부서한다. 군사에 관한 것도 같다"라고 하여 대통령의 권한행사방법을 규정하고 있다. 또한 헌법 제89조에는 국무회의의 필수적 심의사항을 규정하고 있고, 제90조에서부터 제93조까지에는 대통령의 자문기관이 규정되어 있다. 그런가 하면 대통령의 권한행사 중 어떤 것은 국회의 동의나 승인을 받도록 되어 있다.

따라서 대통령의 권한행사는 문서로써 하되 각종 자문기관의 자문과 국무회의의 심의를 거치며, 경우에 따라서는 국회의 동의나 승인을 받되, 국무총리와 관계 국무위원의 부서가 있어야 할 수 있다.

2. 문서에 의한 행사

대통령의 국법상 행위는 문서로써 한다(제82조). 국법상 행위란 헌법과 법령이 대통령의 권한으로 하고 있는 모든 행위를 말한다. 대통령의 국법상 행위를 문서로써 하도록 한 것은 국민에게 예측가능성과 법적 안정성을 보장하고, 그에 관한 증거를 남기며, 권한행사에 있어 신중을 기하도록 하려는 것이다. 대통령이 국법상 행위를 문서로 하지 않은 경우에는 무효가 된다.

3. 부   서

부서란 대통령의 서명에 이어 국무총리와 관계 국무위원이 서명하는 것을 말한다. 부서는 영국에서 유래하였다.

부서는 대통령의 전제를 방지하고 국무총리와 국무위원의 책임소재를 분명히 하기 위한 것이다. 부서의 법적 성격에 대해서는 물적 증거설과 복합적 성질설이 대립되어 있다. 그러나 대통령의 국정행위에 대한 포괄적 보좌기관으로서의 책임을 지겠다는 의미와 대통령의 국정행위가 절차적으로 정당하게 이루어질 수 있도록 기관내 통제권을 행사한다는 의미를 함께 갖는 복합적 성질의 행위로 보는 견해가 다수설의 입장이다.

부서 없는 대통령의 국법상 행위의 효력에 대해서는 유효설과 무효설이 대립되어 있다. 개인적으로는 다음과 같은 이유에서 무효설이 옳다고 생각한다. 즉 문서로써 하지 않은 대통령의 국법행위는 무효이다. 그리고 이 문서는 완전할 것이 요구되며, 이 문서가 완전하기 위해서는 부서가 있어야 한다. 뿐만 아니라 부서는 대통령의 국무행위에 참여하였다는 단순한 확인적 성격만을 가지는 것은 아니다.

4. 대통령의 권한행사에 대한 통제

대통령의 권한행사에는 국무회의의 심의, 자문기관의 자문을 통한 대내적 통제와 국민, 정당, 국회, 법원, 헌법재판소를 통한 대외적 통제가 있다.

제4항   대통령권한대행

대통령이 궐위되거나 사고로 인하여 직무를 수행할 수 없을 때에는 국무총리, 법률이 정한 국무위원의 순서로 그 권한을 대행한다(제71조). 그러나 제68조 제2항의 규정상 대통령궐위 시 권한대행은 60일 이내에서만 가능하다. 궐위란 대통령이 재위하지 않게 된 경우로 사망, 탄핵결정에 의한 파면, 피선자격상실, 사임의 경우를 포함하며, 사고란 대통령이 재위하고 있으나 그 권한행사가 정지되어 있는 경우로 신병, 탄핵소추가 의결된 경우를 포함한다.

대통령이 궐위된 경우는 명백하므로 별 문제가 없으나, 대통령이 사고인 경우는 대통령권한행사의 사유가 있는가 없는가에 대한 판단을 누가 할 것인가가 문제된다. 이 문제에 대하여 학설은 탄핵소추가 의결된 경우처럼 사고가 명백한 경우를 제외하고는 권한대행의 필요 여부와 그 기간은 제1차적으로는 대통령이 결정한다는 데 대해서는 견해가 일치되어 있다. 또한 의식불명 등으로 인하여 이를 결정할 수 없을 때에 누가 이것을 결정할 것인가에 대하여 미리 법으로 규정하여 둘 필요가 있다는 데 대해서도 학설은 일치된 견해를 보이고 있다. 문제는 현행헌법 하에서 그러한 경우에 어떤 기관이 그 사유의 존부와 대행기간을 정하느냐는 것인데, 이에 대해서는 프랑스헌법의 예를 들어 헌법재판소가 정하는 것이 바람직하다는 견해와 헌법 제89조 제1호, 제5호, 제7호, 제17호를 근거로 국무회의의 심의를 거쳐 그 권한대행기간을 정할 수밖에 없다는 견해가 대립되어 있다. 대통령은 국민이 직선하되, 예외적인 경우에는 국민의 대표기관인 국회에서 선출하도록 하고 있다(제67조 제2항). 따라서 개인적으로는 이 경우에도 국회에서 그 권한대행사유가 존재하는가 여부와 그 권한대행기간을 정하는 것이 바람직하다고 본다.

대통령의 궐위와 사고시 권한대행자의 직무범위가 현상유지냐 여부에 대해서 견해가 대립되고 있다. 그러나 여기에서 중요한 것은 비록 단기간이라 하더라도 국민이 선출하지 않은, 곧 민주적 정당성을 결여한 국무총리 또는 국무위원이 그 권한을 대행한다는 점이다. 따라서 대통령 권한대행자는 잠정적인 관리자에 불과하며, 그러한 한에서 그의 직무범위는 현상유지적인 것에 한정되어야 한다고 본다.

제 5 항 대통령의 형사상특권

대통령은 내란 또는 외환의 죄를 범한 경우를 제외하고는 재직 중 형사상의 소추를 받지 아니한다(제84조). 형사소추란 원래 공소제기를 뜻하나, 이 규정에서 말하는 소추란 체포·구속·수색·검증까지를 포함한다고 보는 것이 통설의 입장이다. 대통령재직 중에는 내란 또는 외환의 범죄를 제외하고는 공소시효가 정지된다. 그러나 내란죄의 경우에도 「헌정질서파괴범죄의 공소시효 등에 관한 특례법」에 따라 공소시효가 배제된다.

대통령의 형사상 특권은 재직 중 국가원수로서의 권위를 유지하기 위한 것이므로 퇴직한 뒤에는 형사상 소추될 수 있으며, 재직 중이라도 민사상 책임은 면제되지 아니한다.

제 6 항 대통령의 의무

대통령에게는 직무상의 의무와 겸직금지의 의무가 있다. 곧 대통령은 헌법을 준수하고 국가를 보위하며 조국의 평화적 통일과 국민의 자유와 복리의 증진 및 민족문화의 창달에 노력하여 대통령직을 성실히 수행할 직무상의 의무(제69조)와 그를 위해 법률이 정하는 공·사의 직을 겸직하지 않을 의무(제83조)가 있다. 그 밖에도 대통령은 선거에서 중립을 지켜야 할 의무가 있다.

제 7 항 전직대통령의 예우

전직대통령은 「전직대통령 예우에 관한 법률」이 정하는 바에 따라 예우를 받으며(제85조), 직전대통령은 헌법상 임의기관인 국가원로자문회의가 구성되는 경우에는 국가원로자문회의의 의장이 되고 그 밖의 대통령은 그 위원이 된다(제90조).

그러나 다음의 경우에는 전직대통령으로서의 예우를 하지 않는다. ① 재직 중 탄핵결정을 받아 퇴임한 경우, ② 금고 이상의 형이 확정된 경우, ③ 형사처분을 회피할 목적으로 외국정부에 대하여 도피처 또는 보호를 요청한 경우, ④ 대한민국의 국적을 상실한 경우(「전직대통령 예우에 관한 법률」 제7조 제2항). 또한 국민의 알 권리를 충족시키기 위하여 전직대통령에게 증언 등의 진술을 요구하는 것은 예우에 어긋난다고 볼 수 없다.

제 8 항 대통령의 자문기관

대통령직을 수행하는데 자문하기 위하여 여러 가지 자문기관을 두고 있다. 대통령의 자문기관에는 제3공화국 헌법 이래 헌법상 필수기관인 국가안전보장회의와 임의적 자문기관인 국가원로자문회의, 민주평화통일자문회의, 국민경제자문회의가 있고, 헌법기관이 아닌 법률상의 자문기구로서 국가과학기술자문회의가 있다.

국가안전보장에 관련되는 대외정책·군사정책과 국내정책의 수립에 관하여 국무회의의 심의에 앞서 대통령에게 자문하는 기관이 국가안전보장회의이다(제91조 제1항). 국가안전보장회의는 제5차 개정(제3공화국)헌법에서 처음 신설된 헌법상 대통령의 필수자문기관이다. 국가안전보장회의의 조직과 직무범위 및 기타 필요한 사항은 법률로 정한다(제91조 제3항). 이에 대한 법으로 국가안전보장회의법이 있다. 국가안전보장회의는 의장인 대통령(제91조 제2항)과 대통령, 국무총리, 통일부장관, 외교부장관, 국방부장관, 국가정보원장과 대통령이 위촉하는 약간의 위원으로 구성된다(국가안전보장회의법 제2조 제1항). 국가안전보장회의는 국가안전보장에 관련되는 대외정책·군사정책과 국내정책의 수립에 관하여 대통령의 자문에 응한다(법 제3조). 국가안전보장회의는 국무회의의 전심기관이나 국가안전보장회의를 거치지 아니하고 국무회의에 상정하여도 그 효력과 적법성에는 영향이 없다.

국가원로자문회의는 국정의 중요한 사항에 관한 대통령의 자문에 응하기 위하여 국가원로로 구성될 수 있는 대통령의 자문기관이다(제90조 제1항). 국가원로자문회의는 제5공화국 헌법에서 국정자문회의로 처음 규정하였으며, 그 지위는 대통령의 임의적 자문기관이다. 국가원로자문회의의 조직과 직무범위 기타 필요한 사항은 법률로 정한다(제90조 제3항). 이에 따라 1988년 국가원로자문회의법이 개정되었으나 위헌성이 문제되어 1989년 3월 폐지되었다. 국가원로자문회의의 의장은 직전(直前) 대통령이 된다. 다만 직전대통령이 없을 때에는 대통령이 지명한다(제90조 제2항). 국가원로자문회의는 국정의 중요사항에 대하여 대통령의 자문에 응하거나 기타 필요한 사항을 심의한다.

민주평화통일자문회의란 평화통일정책의 수립에 관한 대통령의 자문에 응하기 위하여 둘 수 있는 대통령의 자문기관이다(제92조 제1항). 민주평화통일자문회의는 제5공화국헌법에서 평화통일정책자문회의로 처음 규정한 대통령의 임의적 자문기관이다. 민주평화통일회의의 조직 및 직무범위는 법률로 정한다(제92조 제2항). 이에 대한 법으로 민주평화통일자문회의법이 있다. 민주평화통일자문회의의 의장은 대통령이 되며, 자문위원은 서울특별시·광역시·도 및 시·군·구의회의 의원을 포함하는(민주평화통일자문회의법 제10조) 대통령이 위촉하는 7천명 이상의 자문위원으로 구성된다(법 제3조). 민주평화통일자문회의는 민주평화통일자문회의의 회의에서 위임한 사항과 의장이 명한 사항을 처리하기 위하여 상임위

원회를 두며(법 제18조), 서울특별시·광역시·특별자치시·도·특별자치도·이북
5도 및 재외동포별로 지역회의를, 시·군·구 및 해외지역별로 지역협의회를 둘
수 있다(법 제29조). 민주평화통일자문회의의 직무는 조국의 민주적 평화통일에
관한 국민적 합의를 확인하고, 범민족적 의지와 역량을 집결하여 민주적 평화통
일을 달성함에 필요한 제반정책의 수립 및 추진에 관하여 대통령에게 건의하고
그 자문에 응하는 것이다(법 제2조). 민주평화통일자문회의는 2년에 1회 의장이
소집한다. 다만 의장이 필요하다고 인정하거나 재적위원 3분의 1 이상의 요구가
있을 때에도 소집된다(법 제20조).

국민경제자문회의는 국민경제의 발전을 위한 중요정책의 수립에 관하여 대
통령의 자문에 응하기 위하여 설치할 수 있는 대통령의 자문기관이다(제93조 제1
항). 국민경제자문회의는 현행헌법에서 신설하였다. 국민경제자문회의의 조직·직
무범위 기타 필요한 사항은 법률로 정한다(제93조 제2항). 1999년 8월 31일에 국
민경제자문회의법이 제정되었다.

국가과학기술자문회의는 과학기술의 혁신과 정보 및 인력의 개발을 통한 국
민경제의 발전을 위하여 설치될 수 있는 대통령의 자문기관이다(제127조 제1항·
제3항). 국가과학기술자문회의는 헌법기관이 아닌 법률상의 자문기구로, 1991년
국가과학기술자문회의법이 제정되어 있다. 국가과학기술자문회의의 조직과 직무
범위에 대하여 자세한 사항은 국가과학기술자문회의법에 규정되어 있다.

제 3 절 대통령의 권한

제 1 항 대통령의 권한의 분류

대통령의 권한을 설명하는 방법은 학자에 따라 차이가 있다. 그러나 개인적
으로는 대통령의 권한을 지위에 따라 나누는 것이 논리적이라고 생각한다. 왜냐
하면 지위와 권한은 불가분의 관계에 있을 뿐만 아니라, 대통령의 권한을 내용에
따라 분류하는 경우 외교에 관한 권한이나 위헌정당해산제소권 또는 영전수여권
등은 내용상 속하여야 할 적당한 장소를 찾기가 어렵기 때문이다.

따라서 이곳에서는 대통령의 권한을 그 지위에 따라 크게 국가원수로서의 권한과 행정부수반으로서의 권한으로 나누고, 권가원수로서의 권한을 다시 4분하고 행정부수반으로서의 권한을 2분하기로 한다. 다만 설명의 필요상 행정부수반으로서의 권한은 하나로 통일하여 다루기로 한다. 그러므로 대통령의 권한은 다음과 같이 5분될 것이다. ① 대통령은 대외적으로 국가를 대표할 지위에서 국가의 대표 및 외교에 관한 권한(제73조)과 영전수여권(제80조)을, ② 국가와 헌법의 수호자의 지위에서 국군통수권(제74조), 비상적 권한(제76조, 제77조), 위헌정당해산제소권(제8조 제4항)을, ③ 국정의 통합·조정자로서의 지위에서 국회임시회집회요구권(제47조 제1항), 법률안제출권(제52조), 중요정책에 대한 국민투표부의권(제72조), 사면권(제79조), 국회출석·발언권(제81조)을, ④ 그리고 헌법기관구성자로서의 지위에서 헌법기관구성권(제98조 제2항, 제104조 제1항·제2항, 제111조 제2항·제4항, 제114조 제2항)을 각각 갖는다. ⑤ 또한 대통령은 행정부의 수반으로서 그에 상응하는 권한을 갖는다.

제 2 항 대통령의 개별적 권한

1. 국가대표자인 지위에서의 대통령의 권한

(1) 외교에 관한 권한

대통령은 국가의 대표로서 조약을 체결·비준하고, 외교사절을 신임·접수 또는 파견하며, 선전포고와 강화를 할 뿐만 아니라(제73조), 국군을 외국에 파견하는 권한을 가진다(제60조 제2항). 더 나아가서 헌법에 명문의 규정은 없지만 대통령은 국가대표자인 지위에서 국제법적 의미의 국가승인·정부승인·교전단체승인 등을 할 수도 있다. 외교에 관한 권한은 어느 나라이건 할 것 없이 국가원수에게 공통적으로 주어져 있는 권한이다.

대통령이 외교에 관한 권한을 행사하기 위해서는 국무회의의 심의를 거쳐(제89조 제2호－제6호) 국무총리와 관계국무위원이 부서한 문서로써 하여야 한다(제82조). 또한 대통령이 중요한 조약을 체결·비준하거나(제60조 제1항), 외국군대를 우리나라에 주류시키려면 국회의 동의를 받아야 한다(제60조 제2항).

(2) 영전수여권

대통령은 국가의 대표로서 법률이 정하는 바에 의하여 훈장 기타의 영전을 수
여한다(제80조). 영전수여권 또한 전통적으로 대표적인 국가원수의 권한에 속한다.

대통령이 영전수여권을 행사하기 위해서는 국무회의의 심의를 거쳐(제89조
제8호), 국무총리와 관계국무위원이 부서한 문서로써 해야 한다(제82조). 또한 대
통령은 이 권한을 행함에 있어 영전일대의 원칙과 특권불인정원칙(제11조 제3항)
을 지켜야 한다. 영전수여에 관한 법률로는 상훈법이 있다.

2. 국가와 헌법수호자인 지위에서의 대통령의 권한

(1) 국군통수권

1) 군사제도의 2대원칙   헌법상의 군사제도에는 군정분리주의와 군정통합
주의가 있다. 군정분리주의는 군령권(지휘권·내부적 편제권·교육권·기율권)과 군
정권(군정에 관한 섭외사항·군령의 공포와 시행·재정에 관한 사항·인사사항)을 분리
시켜 일반 행정부가 아닌 국가원수 직속하의 독립한 군정기관으로 하여금 관장
케 하는 군사제도이다. 군정분리주의는 과거 제정독일이나 패전 전의 일본에서
채택하였다. 그에 반하여 군정통합주의는 군령과 군정을 국가행정에 통합시킴으
로써 정부의 책임으로 함과 동시에 이 두 작용에 대하여 의회가 통제하도록 하는
군사제도이다. 오늘날 대부분의 국가는 군정통합주의를 채택하고 있다.

2) 헌법상의 군사제도   헌법도 대통령은 헌법과 법률이 정하는 바에 의하
여 국군을 통수한다(제74조)고 하여 군정통합주의를 채택하고 있으며, 그에 대한
법률로 국군조직법·향토예비군설치법·군인사법·계엄법 등이 있다.

국군최고사령관으로서 국군을 지휘·통솔하는 국군통수권은 대통령의 국가원
수의 지위, 그것도 국가와 헌법의 수호자의 지위에서 가지는 권한이다. 왜냐하면
역사적으로 항상 군통수권은 국가원수에게 속하여 왔으며, 군통수권을 상실한 국
가원수는 국가원수로서 기능할 수 없었기 때문이다.

대통령의 국군통수권의 행사는 군사에 관한 중요사항의 경우 국가안전보장
회의의 자문과 국무회의의 심의를 거쳐 국무총리와 관계국무위원이 부서한 문서
로 하여야 하며(제91조, 제89조 제6호, 제82조), 선전포고를 하거나 국군을 외국에
파견하기 위해서는 국회의 사전동의가 있어야 한다(제60조 제2항). 또한 대통령은

침략적 전쟁의 목적으로 국군통수권을 행사해서도 안 된다.

(2) 비상적 권한

1) 비상적 권한 일반   전쟁·내란 또는 경제공황과 같은 비상사태가 발생한 경우 국가는 평상시와는 달리 일정한 국가기관에게 권력을 집중시켜 이러한 위기를 극복하는 것이 관례이다. 이를 위기정부라 하며, 위기정부에 주어지는 권한을 국가긴급권 또는 비상적 권한이라 한다. 입헌주의국가에서는 헌법상 근거가 없는 국가긴급권, 곧 초헌법적인 비상조치권은 인정될 수 없다.

헌법에 규정된 국가긴급권, 곧 입헌적 독재라고 하더라도 그것은 정상적인 것은 아니므로 그를 정당화하는 근거가 필요하다. 그 정당화근거는 다음과 같은 세 가지로 간추릴 수 있다. ① 평상시의 법치주의적 국가기구로는 국가적 비상사태를 효율적으로 대처하기가 어렵다. 곧 민주적 입헌국가의 복잡한 정치조직은 정상상태 하에서 기능하도록 설계되어 있기 때문에 국가의 위기 시에는 효율적으로 대처하기가 어렵다. ② 헌법은 평상시뿐만 아니라 비상시에도 그 효력을 유지해야 한다. 그러나 헌법이 비상사태를 극복하기 위하여 아무런 배려도 하고 있지 않다면, 그러한 상황을 극복해야 하는 책임 있는 국가기관으로서는 헌법을 무시하는 방법 이외의 다른 방법은 없게 된다. 곧 초헌법적 또는 불문법적 긴급권을 인정하지 않기 위해서도 국가긴급권을 헌법에 규정해놓는 것이 요구된다. ③ 국가긴급권을 헌법에 실정화하여 그 발동요건, 기간 그리고 한계 등을 규정해놓음으로써 비상사태 하에서 국가긴급권의 남용을 다소간이나마 방지할 수 있다.

헌법상 대통령의 비상적 권한에는 긴급명령권, 긴급재정·경제처분 및 그 명령권, 계엄선포권이 있다. 이들은 헌법보호의 비상적 수단이다.

2) 긴급명령권

① 헌법규정   헌법 제76조 제2항은 "대통령은 국가의 안위에 관계되는 중대한 교전상태에 있어서 국가를 보위하기 위하여 긴급한 조치가 필요하고 국회의 집회가 불가능한 때에 한하여 법률의 효력을 가지는 명령을 발할 수 있다"라고 하여 대통령의 긴급명령권을 규정하고 있다.

② 긴급명령의 개념·종류·성격   긴급명령이란 통상적인 입법절차만으로는 대처할 수 없는 국가의 안위에 관계되는 비상적 사태가 발생한 경우에 국회의 집회가 불가능한 경우에 한하여 대통령이 이를 극복하기 위하여 발동하는 예외

적인 긴급입법조치를 말한다.

긴급명령에는 국회의 집회 여부와 관계없이 발하는 광의의 긴급명령(협의의 긴급명령과 비상명령 포함)과 국회가 소집될 수 없는 경우에 발하는 협의의 긴급명령이 있다. 현행헌법의 긴급명령은 후자에 속한다.

긴급명령은 입법사항을 규정할 수 있는 국가긴급권이다.

③ 긴급명령의 발동요건　　긴급명령을 발하기 위해서는 실질적 요건과 절차적 요건을 충족하여야 한다. 긴급명령을 발하기 위해서는 실질적으로 다음과 같은 세 가지 요건이 충족되어야 한다. ① 국가의 안위에 관계되는 중대한 교전상태가 발생하여야 한다. 여기서 말하는 중대한 교전상태란 외국과의 전쟁(정규전)뿐만 아니라 이에 준하는 내란·사변(비정규전)까지를 포함한다. 또한 그 교전상태는 직접적으로 국가의 안위에 관계되는 중대한 것이어야 한다. 이러한 위기상황에 대한 판단은 일차적으로 대통령이 하지만, 사후에 국회의 통제를 받는다. ② 국가를 보위하기 위하여 긴급한 조치가 필요하여야 한다. 여기서 국가를 보위한다는 것은 국가안전보장을 방어하는 것을 말하며, 긴급한 조치가 필요하다는 것은 그러한 조치가 없으면 국가안전을 방어하는 목적달성이 불가능한 것을 말한다. ③ 국회의 집회가 불가능하여야 한다. 국회의 집회가 불가능하다는 것은 국회의 집회가 사실상 불가능한 경우와 국회재적의원 과반수가 집회에 불응하는 경우를 포함한다.

긴급명령을 발하기 위해서는 실질적 요건 외에도 다음과 같은 절차적 요건을 충족하여야 한다. ① 국무회의의 심의(제89조 제5호)와 국가안전보장회의의 자문을 거쳐야 하며(제91조), 문서로써 하되 국무총리와 관계 국무위원의 부서가 있어야 한다(제82조). ② 지체 없이 국회(폐회 중 또는 휴회 중인 경우 임시회소집)에 보고하여 승인을 얻어야 한다(제76조 제3항). 이 때 의결정족수는 제49조를 적용하여야 한다. ③ 대통령은 긴급명령을 발한 후에 국회에 보고하여 승인을 요청했다는 사실과 그 승인 여부를 지체 없이 공포하여야 한다(제76조 제5항).

④ 긴급명령의 한계　　긴급명령은 국가를 보위하기 위한 긴급조치이다. 따라서 이 긴급조치로써는 ① 국가를 보위하기 위한 목적 이외의 목적으로는 발급할 수 없다. 곧 긴급상태를 수습하는 것이 아니라 적극적인 공공복리를 증진시키기 위해서는 발급할 수 없다. ② 긴급명령은 법률적 효력을 가진 것이므로 헌법

을 개정할 수 없다. 곧 긴급명령으로써는 헌법적 효력을 가진 명령이나 헌법에 반하는 명령을 발할 수 없다. ③ 제76조 제3항의 규정상 국회에 보고하여 승인을 얻어야 하기 때문에 국회를 해산할 수 없다. ④ 국회나 헌법재판소 및 법원의 권한에 대하여 특별한 조치를 할 수 없다. ⑤ 제77조의 규정상 군정을 실시할 수 없다.

⑤ 긴급명령의 효력   긴급명령의 효력은 국회의 승인 여부에 따라 다르다. 긴급명령이 국회의 승인을 얻은 경우에는 법률대위명령으로서 효력을 발생한다. 그러나 긴급명령이 국회의 승인을 얻지 못한 경우에는 그 처분 또는 명령은 그때부터 효력을 상실하며, 이 경우 그 명령에 의하여 개정 또는 폐지되었던 법률은 그 명령이 승인을 얻지 못한 때부터 당연히 효력을 회복한다(제76조 제4항).

⑥ 긴급명령에 대한 통제   긴급명령에 대한 통제로는 우선, 국회에 그에 대한 승인 여부가 전적으로 유보되어 있다(제76조 제4항). 따라서 긴급명령에 대한 국회의 통제권은 절대적인 것이라 할 수 있다. 또한 국회의 승인은 수정승인권을 포함한다. 다음으로, 긴급명령은 법원에 의해서도 통제된다. 곧 긴급명령이 헌법이나 법률에 위반되는지의 여부가 재판의 전제가 된 경우에는 헌법재판소에 위헌심판을 제청할 수 있다(제107조 제2항). 끝으로, 헌법재판소도 위헌법률심판이나 헌법소원심판을 통하여(제111조 제1항 제1호·제5호) 긴급명령을 통제할 수 있다.

3) 긴급재정·경제처분 및 그 명령권

① 헌법규정   헌법 제76조 제1항은 "대통령은 내우·외환·천재·지변 또는 중대한 재정·경제상의 위기에 있어서 국가의 안전보장 또는 공공의 안녕질서를 유지하기 위하여 긴급한 조치가 필요하고 국회의 집회를 기다릴 여유가 없을 때에 한하여 최소한으로 필요한 재정·경제상의 처분을 하거나 이에 관하여 법률의 효력을 가지는 명령을 발할 수 있다"라고 하여 대통령의 긴급재정·경제처분 및 그 명령권을 규정하고 있다.

② 긴급재정·경제명령권의 성격   긴급재정·경제명령권은 입법사항을 규정할 수 있는 국가긴급권이다.

③ 긴급재정·경제처분 및 그 명령의 발동요건   긴급재정·경제처분 및 그 명령을 발하기 위해서는 실질적 요건과 형식적 요건을 충족하여야 한다. 긴급

재정·경제처분 및 그 명령을 발하기 위해서는 실질적으로 다음과 같은 네 가지 요건을 갖추어야 한다. ① 내우·외환·천재·지변 또는 중대한 재정·경제상의 위기가 발생하여야 한다. 이에 대한 제1차적 판단권자는 대통령이지만, 사후에 국회의 통제를 받는다. ② 국가의 안전보장 또는 공공의 안녕질서를 유지하기 위하여 긴급한 조치가 필요하여야 한다. 따라서 공공복리를 증진시키는 것과 같은 적극적인 목적을 실현하기 위해서는 발급될 수 없다. ③ 국회의 집회를 기다릴 여유가 없어야 한다. 따라서 긴급재정·경제처분 및 그 명령을 발할 수 있는 경우는 국회가 폐회중이어서 임시회의 집회에 필요한 3일을 기다릴 여유조차 없는 경우에 한정된다. 왜냐하면 국회가 휴회중인 경우에는 언제라도 재개가 가능하기 때문이다. ④ 최소한으로 필요한 처분이어야 한다.

긴급재정·경제처분 및 그 명령을 발급하기 위해서 갖추어야 할 형식적 요건은 긴급명령권의 경우와 같다.

④ 긴급재정·경제처분 및 그 명령의 내용   긴급재정·경제처분 및 그 명령은 재정사항과 경제사항만을 그 내용으로 할 수 있다. 이 점이 모든 사항을 대상으로 할 수 있는 긴급명령권과의 커다란 차이이다.

⑤ 그 밖의 사항, 예컨대 형식, 절차, 효력, 통제 등은 긴급명령의 경우와 같다.

4) 계엄선포권

① 헌법규정 및 다른 국가긴급권과의 차이   헌법 제77조 제1항은 "대통령은 전시·사변 또는 이에 준하는 국가비상사태에 있어서 병력으로써 군사상의 필요에 응하거나 공공의 안녕질서를 유지할 필요가 있을 때에는 법률이 정하는 바에 의하여 계엄을 선포할 수 있다"고 하여 대통령의 계엄선포권을 규정하고 있다. 이에 대한 법으로 계엄법이 있다.

따라서 긴급명령이나 긴급재정·경제처분 및 그 명령권이 헌법에 따라 직접 그 효력이 발생함에 반하여, 계엄선포권은 헌법상의 권리이긴 하지만 헌법을 근거로 제정된 법률에 따라 발동되는 국가긴급권이라는 점에서 차이가 있다. 또한 다른 국가긴급권들은 긴급처분 또는 긴급입법적 성질을 가짐에 반하여, 계엄선포권은 입법기능을 제외한 행정·사법분야에서 한시적인 군정을 가능하게 한다는 점에서 본질적인 차이가 있다.

② 계엄선포의 요건   계엄을 선포하기 위해서는 다음의 두 가지 요건을 충족하여야 한다. ① 전시·사변 또는 이에 준하는 비상사태는 이미 발생한 것이어야 한다. 따라서 그러한 가능성이 존재한다는 것만으로는 계엄을 선포할 수 없다. 이러한 사태에 대한 판단은 대통령이 하나, 사후에 국회의 통제를 받는다. ② 그러한 비상사태를 해결하기 위하여 병력동원이 필요한 경우여야 한다.

③ 계엄선포절차   대통령이 국무회의의 심의를 거쳐 선포하여야 하며(제89조 제5호), 계엄선포의 이유·종류·시행일·지역 그리고 계엄사령관을 공고하여야 한다(계엄법 제3조). 국방부장관 또는 행정자치부장관은 계엄선포의 사유가 발생한 경우 국무총리를 거쳐 대통령에게 계엄의 선포를 건의할 수 있다(법 제2조 제6항). 또한 계엄을 선포한 후에는 대통령은 지체 없이 국회에 통고하여야 한다(제77조 제4항). 국회가 폐회중인 경우에는 지체 없이 임시회를 요구하여야 한다.

④ 계엄의 종류   계엄에는 비상계엄과 경비계엄이 있다. 비상계엄은 전시·사변 또는 이에 준하는 국가비상사태에 있어서 적과 교전상태에 있거나 사회질서가 극도로 교란되어 행정 및 사법의 수행이 현저히 곤란한 경우에 선포한다. 경비계엄은 전시·사변 또는 이에 준하는 국가비상사태에 있어서 일반 행정기관만으로는 치안을 확보할 수 없는 경우에 선포한다. 또한 계엄은 선포된 후에 그 지역을 확대·축소할 수 있으며, 또 사태의 변화에 따라 계엄의 종류도 변경할 수 있다(법 제2조 제4항).

⑤ 계엄의 효력

가. 일반적 효력

계엄은 그것이 비상계엄이냐 또는 경비계엄이냐에 따라 그 효력이 다르다. 다만 국회의원은 현행범인인 경우를 제외하고는 체포 또는 구금되지 아니한다는 점은(법 제13조) 모든 계엄에 공통된다.

나. 비상계엄의 효력

비상계엄의 효력은 다음과 같은 세 가지로 요약할 수 있다. ① 비상계엄이 선포된 때에는 법률이 정하는 바에 의하여 영장제도, 언론·출판·집회·결사의 자유, 정부나 법원의 권한에 관하여 특별한 조치를 할 수 있다(제77조 제3항). ② 행정·사법사무가 군대의 관할사항으로 된다. 사법사무는 재판작용을 제외한 사법행정사무, 곧 사법경찰, 검찰, 공소제기, 형의 집행, 민사비송사건 등을 말한다. 또한 비상계엄하의 군사재판은 군인·군무원의 범죄나 군사에 관한 간첩죄의 경우와 초병·초소·유독음식물공급·포로에 관한 죄 중 법률이 정한 경우에 한하여 단심으로 할 수 있다. 다만, 사형을 선고한 경우에는 그러하지 아니하다(제110조 제4항). ③ 기본권에 대한 특별조치를 할 수 있다. 계엄법 제9조에 따르면 "① 비상계엄지역 안에서 계엄사령관은 군사상 필요한 때에는 체포·구금·압수·수색·거주·이전·언론·출판·집회·결사 또는 단체행동에 대하여 특별한 조치를 할 수 있다. 이 경우에 계엄사령관은 그 조치내용을 미리 공고하여야 한다. ② 비상계엄지역 안에서는 사령관은 법률이 정하는 바에 의하여 동원 또는 징발할 수 있으며, 필요한 경우에는 군수로 제공할 물품의 조사·등록과 반출금지를 명할 수 있다. ③ 비상계엄지역 안에서는 계엄사령관은 작전상 부득이한 경우에는 국민의 재산을 파괴 또는 소훼할 수 있다."

계엄법 제9조에 규정된 거주·이전의 자유에 대한 제한의 위헌 여부에 대해서는 계엄법 제9조에 규정된 거주·이전의 자유의 제한이 헌법 제77조 제3항을 예시규정으로 보느냐, 한정적 규정으로 보느냐에 따라 견해가 나누어져 있다. 개인적으로는 개인의 기본권을 가능하면 더 보호할 수 있는 방법인 한정적 규정으로 보는 견해에 동의한다.

다. 경비계엄의 효력

경비계엄이 선포되면 군사에 관한 행정·사법사무가 군대의 관할에 속하게 된다(법 제7조 제2항). 경비계엄으로는 국민의 자유와 권리를 제한할 수 없으며, 군사법원의 관할도 평상시와 동일하다.

⑥ 계엄의 해제   대통령은 비상사태가 평상상태로 회복하거나, 국회가 재적의원 과반수의 찬성으로 그 해제를 요구하거나(제77조 제5항) 국방부장관이나 행정자치부장관이 국무총리를 거쳐 해제건의를 하면 국무회의의 심의를 거쳐 해제하고 이를 공고하여야 한다(법 제11조 제3항). 국회의 계엄해제요구에 대통령이 응하지 않을 경우 그것은 탄핵소추사유가 된다.

계엄이 해제되면 평상상태로 복귀한다(법 제12조 제1항). 다만 대통령이 필요

하다고 인정할 때에는 군사법원의 재판권은 1개월 연장할 수 있다(법 제12조 제2
항). 이에 대해서는 국민은 비상계엄이 선포시행중인 경우를 제외하고는 군법회
의의 재판을 받지 않을 권리를 가진다는 견해가 학설상으로는 다수설이다. 그러
나 판례는 합헌으로 본다.

 ⑦ 계엄에 대한 통제   계엄에 대한 통제방법으로는 국회에 의한 통제방
법, 법원에 의한 통제방법 그리고 헌법재판소에 의한 권리구제방법이 있다. 우
선, 국회는 계엄의 해제를 요구할 수 있다. 이 때 국회의 해제요구에 대통령이 응
하지 않으면 탄핵소추사유가 된다. 다음으로, 법원에 의해서도 계엄은 통제된다.
계엄에 대한 사법적 심사가 가능한가에 대하여 통치행위라는 이유로 사법심사
를 할 수 없다는 견해와 계엄사령관의 포고령이나 구체적 처분을 대상으로 사법
심사를 할 수 있다는 견해가 나누어져 있다. 그러나 개인적으로는 무엇이 통치행
위인가에 대한 판단권은 법원에 속하며, 통치행위라 하더라도 재량권을 일탈한
부분은 월권행위이므로 사법심사의 대상이 되어야 한다고 본다. 끝으로, 계엄선
포나 계엄에 관한 특별조치로 기본권이 침해된 경우에는 헌법소원을 제기할 수
있다.

 (3) 위헌정당해산제소권

 대통령은 국가와 헌법의 수호자인 지위에서 위헌정당해산제소권을 갖는다.
헌법은 "정당의 목적이나 활동이 민주적 기본질서에 위배될 때에는 정부는 헌법
재판소에 그 해산을 제소할 수 있고 …"(제8조 제4항)라 하여 위헌정당해산제소권
을 규정하고 있다. 위헌정당해산제도는 방어적 민주주의의 표현으로서 헌법수호
에 커다란 기여를 한다.

3. 국정통합·조정자인 지위에서의 대통령의 권한

 대통령은 국정통합·조정자의 지위에서 헌법개정안발안권, 국회임시회집회요
구권, 법률안제출권, 법률안공포권, 국가중요정책에 대한 국민투표부의권, 사면·
감형·복권에 관한 권한, 국회출석·발언권을 가진다. 다른 것들은 이미 다른 곳
에서 언급했기 때문에 이곳에서는 국가중요정책에 대한 국민투표부의권과 사면
권에 대해서만 살펴보기로 한다.

(1) 국가중요정책에 대한 국민투표부의권

헌법 제72조는 "대통령은 필요하다고 인정할 때에는 외교·국방·통일 기타 국가안위에 관한 중요정책을 국민투표에 붙일 수 있다"고 하여 대통령의 국가중요정책에 대한 국민투표부의권을 규정하고 있다. 이 조항의 전신은 제2차 개정헌법에서 신설된 제7조의2로서, 1972년 헌법에서 좀 더 포괄적으로 규정한 것을 현행헌법이 그대로 계승한 것이다.

국가중요정책에 대한 국민투표는 헌법 제130조 제2항의 헌법개정안에 대한 국민투표와 더불어 헌법이 예외적인 직접민주제를 규정하고 있는 것이며, 그 종류는 헌법개정안에 대한 국민투표가 필수적 국민투표인 것과는 달리 임의적 국민투표이다. 국민투표가 헌법에 규정된 사항(예컨대 정책의 결정이나 법안의 의결)에 대한 것이면 레퍼랜덤, 헌법에 규정되지 않은 사항(예컨대 영토의 변경, 주권의 제약, 정권의 정통성)에 대한 것이면 프레비시트가 될 것이다.

국민투표에 부의하는 사항은 외교, 국방, 통일 기타 국가안위에 관한 중요정책으로, 이곳에 열거된 것은 한정적인 것이다. 다만 기타 국가안위에 관한 중요정책에 대한 구체적인 사항은 대통령의 재량에 따라 결정될 것이다. 그렇다고 하더라도 국민투표에 의한 입법은 불가능하다고 보아야 한다. 왜냐하면 기타 국가안위에 관한 중요정책에는 법률제정은 속하지 않기 때문이다. 또한 헌법 제10장의 규정상 헌법개정도 국민투표에 부의하는 사항에서 제외된다.

대통령이 일단 어떤 사항을 국민투표에 붙인 이상 국민의 다수결로 나타나는 결과는 모든 국가기관을 구속한다고 보아야 한다. 따라서 국민투표 후에 대통령은 국민의사에 반하는 정책결정은 할 수 없다고 본다.

중요한 국가정책에 대한 국민투표는 찬반투표로 결정하는 것이 일반적이다. 국민투표의 방법에 관한 구체적인 사항은 국민투표법에 규정되어 있다.

(2) 사 면 권

헌법 제79조 제1항은 "대통령은 법률이 정하는 바에 의하여 사면·감형 또는 복권을 명할 수 있다"고 하여 넓은 의미에서 대통령의 사면권을 규정하고 있다. 이에 대한 법률로는 사면법이 있다. 국가원수의 사면권은 군주제에서 행해지던 은사권의 유물적 제도이다. 영국에서 헨리 7세 때부터 행해지던 보통법상의 은사권을 사면권으로 처음 규정한 헌법은 미연방헌법으로 알려져 있다.

사면은 협의의 사면과 감형 및 복권을 포함한다. 협의의 사면은 형사소송법이나 그 밖의 형사법규에 정한 절차에 의하지 아니하고 형의 선고의 효과 또는 공소권을 소멸시키거나 형집행을 면제시키는 국가원수의 행위를 말한다. 감형은 형의 선고를 받은 자에 대하여 선고받은 형을 경감하거나 형의 집행을 감경하여 주는 국가원수의 행위를 말한다. 복권은 죄를 범하여 형의 선고를 받은 자가 그 형의 선고의 부수적 효력으로서 다른 법령에 의하여 자격이 상실 또는 정지된 경우에 그 상실 또는 정지된 자격을 회복시켜주는 국가원수의 행위를 말한다.

협의의 사면에는 일반사면(대사)과 특별사면(특사)이 있다. 일반사면이란 특정범죄를 지정하여 이에 해당하는 모든 범죄인에 대하여 형의 선고의 효과를 전부 또는 일부 소멸시키거나 형의 선고를 받지 아니한 자에 대하여 공소권을 소멸시키는 것을 말한다. 일반사면은 대통령령으로써 하되 국무회의의 심의를 거치고 국회의 동의를 얻어야 한다(제89조 제9호, 제79조 제2항). 특별한 규정이 없는 한 일반사면으로 형의 선고는 그 효력을 상실하고, 형의 선고를 받지 아니한 자에 대하여는 그 공소권이 상실된다(사면법 제5조 제1항 제1호). 그러나 형의 선고에 의한 기성의 효과는 변경되지 아니한다(법 제5조 제2항). 이에 반하여 특별사면은 이미 형의 선고를 받은 특정인에 대하여 형의 집행을 면제하는 것이다. 특별사면은 검찰총장이 상신신청하고 법무부장관이 상신하면 대통령이 명(命)으로써 한다. 특별사면은 형의 집행을 면제하는 효과를 가져온다. 그러나 형의 선고에 의한 기성의 효과는 변경되지 아니한다(법 제5조 제1항 제2호, 제2항).

감형에는 일반감형과 특별감형이 있다. 죄 또는 형의 종류를 정하여 일반적으로 행하는 일반감형은 국무회의의 심의를 거쳐 대통령령으로써 하며, 특정인에 대한 특별감형은 법무부장관의 상신으로 국무회의의 심의를 거쳐 대통령이 명(命)으로써 한다(제89조 제9호, 법 제5조 제1항 제3호·제4호, 제8조, 제9조). 감형도 그 종류를 불문하고 형의 선고에 의한 기성의 효과는 변경되지 아니한다(법 제5조 제2항).

복권은 자격이 상실 또는 정지된 자 중에서 형의 집행이 종료하거나 집행을 면제받은 자에 대해서만 행해진다(법 제6조). 복권에는 일반복권과 특별복권이 있다. 죄 또는 형의 종류를 정하여 일반적으로 행하는 일반복권은 대통령령으로써 하고(법 제8조 제1항), 특정한 자에 대하여 행하는 특별복권은 법무부장관의 상신에 따라 대통령이 명(命)으로써 한다(법 제9조). 복권은 종류를 불문하고 국무회의의 심의를 거쳐야 하며(제89조 제9호), 그 효과는 장래에 향해서만 발생한다.

헌법상 사면권의 한계에 대해서는 명문규정이 없다. 그러나 일반적으로 다음 사항을 사면권의 한계로 들고 있다. ① 국가이익과 국민화합의 차원에서 행사되어야 하고 정치적으로 남용되거나 당리당략적 차원에서 행사되어서는 안 된다. ② 권력분립의 원칙상 사법권의 본질을 침해해서는 안 된다. ③ 탄핵 등의 정치적 책임을 질 자에 대해서는 공소권의 소멸이나 탄핵소추권소멸을 해서는 안 된다. ④ 사면의 결정에 사법부의 의견이 반영되어야 한다. ⑤ 국회는 일반사면에 대한 동의 여부를 심리함에 있어 대통령이 제안하지 아니한 죄의 종류를 추가할 수 없다.

4. 헌법기관구성자인 지위에서의 대통령의 권한

대통령은 헌법기관구성자인 지위에서 헌법기관구성권을 각각 갖는다. 구체적으로 대통령이 가지는 헌법기관구성권은 감사원장·감사위원임명권(제98조 제2항), 대법원장 및 대법관임명권(제104조 제1항·제2항), 헌법재판소장·헌법재판소재판관임명권(제111조 제2항·제4항), 중앙선거관리위원회위원 중 3인 임명권(제114조 제2항)이다. 이 중 감사원장, 대법원장·대법관, 헌법재판소장의 임명에는 국회의 동의가 필요하다.

5. 행정부수반인 지위에서의 대통령의 권한

대통령은 행정의 최고지휘권자·최고책임자로서 법률안거부권과 행정입법권을 가지며, 행정부조직권자로서는 행정부구성권과 공무원임면권을 갖는다. 또한 대통령은 정부의 권한에 속하는 중요정책에 대한 심의기관인 국무회의의장으로서의 지위와 그에 따른 권한을 갖는다.

(1) 행정의 최고지휘권자·최고책임자로서의 권한

1) 법률안거부권

① 헌법규정 및 의의   헌법 제53조 제2항 제1문은 "법률안에 이의가 있을 때에는 대통령은 제1항의 기간 내에 이의서를 붙여 국회로 환부하고, 그 재의를 요구할 수 있다"고 하여 대통령의 법률안거부권을 규정하고 있다.

법률안거부권(법률안재의요구권)은 미연방헌법에서 유래하였다. 미국의 대통령제 하에서는 정부에 법률안제출권이 없어 법률의 제정에 정부가 관여하지 못하게 되어 있다. 따라서 의회가 매우 부당한 법률을 제정하는 경우 또는 정부가 집행할 수 없는 법률을 제정하는 경우에 그것을 저지할 필요가 있고 그에 대한 헌법적 제도로서 대통령의 법률안거부권이 채택되었다. 그러나 우리 헌법은 대통령을 수반으로 하는 정부에 법률안제출권을 인정하고 있다. 따라서 대통령의 법률안거부권은 긍정적으로 기능하기보다는 오히려 부정적으로 기능할 가능성이 많다는 것이 일반적인 평가이다. 우리 헌법이 대통령에게 법률안거부권을 인정하고 있는 것은 우리 헌법상의 대통령제가 변형된 대통령제임을 확인시켜주는 또 하나의 증거라 하겠다.

② 법적 성격　　법률안거부권이 어떤 법적 성격을 가지느냐에 대해서는 정지조건적 권한설, 해제조건적 권한설, 취소권설 및 공법특유의 제도설 등 여러 가지 견해가 대립되어 있다. 국내의 다수설은 거부권을 법률안이 의회에서 재의결되지 않는다는 조건하의 소극적인 권한, 곧 조건부 정지적 거부권으로 보고 있다. 따라서 대통령은 법률안을 재의에 붙였다 하더라도 의회가 의결하기 전에는 언제든지 이를 철회할 수 있으며, 또 의회도 이를 번복할 수 있다.

③ 종　　류　　법률안거부방법에는 환부거부와 보류거부의 두 가지 방법이 있다. 환부거부는 정해진 기간 내에 거부하는 법률안을 의회에 환송하여 재의토록 하는 방법이며, 보류거부는 국회의 폐회 또는 해산으로 정해진 기간 내에 환송이 불가능한 경우 그 법률안이 자동으로 폐기되는 경우를 말한다.

헌법은 대통령이 법률안에 대하여 이의가 있을 때에는 15일 이내에 이의서를 붙여 국회에 환부토록 하고 있다(제53조 제1항, 제2항). 또한 대통령은 법률안의 일부에 대하여 또는 법률안을 수정하여 재의를 요구할 수도 없다(제53조 제3항).

현행헌법 하에서도 보류거부가 인정되는가에 대해서는 그를 긍정하는 견해와 부정하는 견해가 나누어져 있다. 개인적으로는 헌법은 환부거부만을 인정하고 있기 때문에 보류거부는 인정되지 않으며, 국회의원의 임기가 만료되어 폐회된 경우에는 임기만료에 따른 법률안폐기이지 보류거부가 아니라는 해석론이 타당한 것으로 보인다.

④ 행사사유 및 행사절차　　대통령이 법률안거부권을 행사하기 위해서는

정당하고 합리적인 사유가 있어야 한다. 법률안거부권의 행사사유로는 법률안이 헌법과 상위법에 위반되는 것으로 판단되는 경우, 법률안의 집행이 불가능한 경우, 국가이익에 위배되는 경우, 정부에 대한 부당한 압박을 내용으로 하는 경우의 넷을 들 수 있다.

대통령의 법률안거부권은 법률안이 정부로 이송되어 온 날로부터 15일 이내에, 국무회의의 심의를 거친 후, 그 법률안에 이의서를 붙여, 국회로 환부하여 재의를 요구하는 절차에 따라 행사된다.

2) 행정입법권

① 헌법규정   헌법 제75조는 "대통령은 법률에서 구체적으로 범위를 정하여 위임받은 사항과 법률을 집행하기 위하여 필요한 사항에 관하여 대통령령을 발할 수 있다"고 하여 대통령에게 위임명령과 집행명령을 발할 권한, 곧 행정입법권을 주고 있다.

② 행정입법의 필요성과 유형   오늘날 행정입법이 요구되는 이유는 다음과 같은 네 가지로 요약할 수 있다. ① 전문적·기술적 사항에 대한 입법이 증대하였다. ② 사정의 변화에 즉응하여 기민하게 적응할 필요가 있다. ③ 법률의 일반적 규정으로써는 지방적 사정과 같은 특수사정을 규율하기가 곤란하다. ④ 객관적 공정성이 요구되는 경우에 국회가 그것을 일괄적으로 처리하는 것이 반드시 적절하지 못한 분야가 있다.

행정입법은 여러 가지로 구분되나, 보통 그 성질에 따라 법규명령과 행정명령(행정규칙)으로 나누는 것이 일반적이다. 법규명령은 다시 위임명령과 집행명령으로 나누어진다. 헌법적 관점에서 행정입법의 주종을 이루는 것은 대통령이 발하는 법규명령으로서의 위임명령과 집행명령이다.

③ 법규명령   법규명령은 행정기관이 헌법에 근거하여 국민의 권리·의무에 관한 사항(법규사항)을 규정하는 명령을 말한다. 따라서 법규명령은 형식적으로는 행정입법이나, 실질적으로는 법률과 다를 바 없는 법규범이다. 법규명령은 여러 가지 분류가 가능하나, 일반적으로 성질과 형식에 따라 구분되고 있다. 법규명령은 성질에 따라 위임명령과 집행명령으로 구분된다. 위임명령과 집행명령은 어느 것이나 궁극적으로는 법률을 집행하기 위한 명령인 점에서는 공통된다. 그러나 위임명령은 상위법규범으로부터 위임을 받아 법률의 규정을 보충하기 때

문에 새롭게 권리나 의무를 창설할 수 있는 명령임에 반하여, 집행명령은 상위법의 집행세목이나 집행절차를 구체화하기 위한 명령이기 때문에 새롭게 권리나 의무를 창설할 수 없다는 점에서 구별된다. 따라서 집행명령은 일종의 법률시행세칙이다. 또한 법규명령은 형식에 따라, 곧 제정주체에 따라 대통령령, 총리령 그리고 부령으로 구분된다. 일반적으로 대통령령은 총리령과 부령보다 상위에 있으나, 총리령과 부령 사이에는 그런 위계가 없는 것으로 이해되고 있다.

④ 행정명령(행정규칙)   행정명령(행정규칙, 행정내규)은 행정기관이 자신의 고유권한으로 헌법상 근거 없이 제정하는 국민의 자유와 권리와는 직접적인 관계가 없는 법규범으로 행정조직 내부에서만 효력을 가지는 법규범을 말한다. 과거에는 법규명령과 행정명령을 대국민적 효력이 있느냐 또는 행정기관 내부에서만 효력을 가지느냐를 근거로 구별하였다. 그러나 구체적인 명령이 법규명령이냐 행정규칙이냐 하는 문제는 반드시 획일적으로 판단할 수 없다. 최근에는 판례도 행정명령의 법규성을 예외적·부분적으로 인정하려는 경향이 있다.

⑤ 위임의 형식과 법규명령제정의 한계   법률이 명령에 위임하는 형식에는 일반적·포괄적 위임과 개별적·구체적 위임이 있다. 헌법 제75조는 "구체적으로 범위를 정하여 위임받은 사항"을 명시하고 있기 때문에 일반적·포괄적 위임은 불가능하다. 이와 관련하여 법규명령제정의 한계가 문제가 된다.

법규명령의 제정의 한계에는 형식적 한계와 실질적 한계가 있다. 위임명령의 형식적 한계로는 법규명령을 제정할 수 있는 정당한 권한을 가진 행정청이 모법인 상위법의 범위 내에서 제정한 것이어야 한다는 것을 들 수 있다. 여기에서 문제되는 것은 재위임의 문제이다. 이 경우 위임명령, 곧 대통령령이 위임받은 사항에 관하여 대강만을 규정하고 특정사항을 범위를 정하여 하위명령, 곧 총리령·부령 등에 다시 위임하는 것은 무방하나, 법률에서 위임받은 사항을 전혀 규정하지 아니하고 그대로 재위임하는 것은 복위임금지의 법리를 인정할 것도 없이 실질적으로 수권법의 내용을 변경하는 결과를 가져오기 때문에 허용되지 아니한다는 것이 통설과 판례의 입장이다.

법률에 의한 위임이 일반적으로 인정된다 하더라도 그것은 무한정 인정되는 것은 아니다. 헌법 제40조의 국회입법권과의 관계에서 그 입법권을 침해하지 않는 범위 내에서만 법규명령(위임명령)이 인정된다는 것을 명심하지 않으면 안 된다. 따라서 무제한적이고 포괄적인 백지위임은 인정되지 않는다. 그러므로 위임명령의 제정이 허용되는 경우는 일차적으로는 법률의 보충적 규정의 경우와 해석규정의 경우이다. 법률에 대한 특례적 경우도 인정해야 한다는 견해가 있을 수 있으나, 이는 부정되어야 한다. 왜냐하면 명령에 의하여 법률에 대한 특례가 용이하게 인정되게 되면 수권법을 파괴할 우려가 크기 때문이다. 따라서 국적취득의 요건(제2조 제1항), 조세의 종목과 세율(제59조), 지방자치단체의 종류(제117조 제2항) 등과 같은 국회의 전속사항은 위임명령으로 규정할 수 없다. 또한 벌칙, 곧 처벌의 종류와 정도는 죄형법정주의에 입각하여 반드시 법률과 적법한 절차로써 정하여야 한다(제12조 제1항). 그러나 처벌의 수단과 정도(양형)는 수권법에서 최고한도를 정한 후 그 범위 안에서 구체적인 범위를 정하도록 위임할 수 있다.

(2) 행정부조직권자로서의 권한

1) 행정부구성권　　대통령은 행정부조직권자로서 국회의 동의를 얻어 국무총리를 임명하고(제86조 제1항), 국무총리의 제청으로 국무위원을 임명하며(제87조 제1항), 국무위원 중에서 국무총리의 제청으로 행정각부의 장을 임명한다(제94조). 또한 대통령은 국회의 동의를 얻어 감사원장을 임명하며, 감사원장의 제청으로 감사위원을 임명할 뿐만 아니라(제98조 제2항·제3항), 중앙선거관리위원회위원 3인을 임명한다(제114조 제2항).

2) 공무원임면권

① 공무원임명권　　대통령은 행정부조직권자로서 헌법과 법률이 정하는 바에 의하여 공무원을 임면한다(제78조). 임면이란 단순한 임명과 면직은 물론 보직·전직·휴직·징계처분 등이 포함된다.

그러나 국가공무원법에 따르면 행정기관소속 5급 이상 공무원은 소속장관의 제청으로 행정자치부장관의 협의를 거쳐 국무총리를 경유하여 대통령이 임면하고(법 제32조 제1항), 그 밖의 공무원은 그 소속된 부(部)의 장관이 일체의 임용권을 가진다(법 제32조 제2항). 그리고 소속장관은 그 임용권의 일부를 대통령령이 정하는 바에 따라 그 소속기관의 장에게 위임할 수 있다(법 제32조 3항).

② 공무원임명권의 제약　　대통령의 공무원임명권은 권력분립주의와 공직제도의 기본원리 및 헌법과 법률의 규정에 의하여 다음의 경우에는 제한된 권리로서의 성격을 갖는다. 임명에 법정된 자격을 요하는 경우, 임명에 다른 기관의

제청을 요하는 경우(국무위원·행정각부의 장·감사위원 등), 임명에 다른 기관의 선거 또는 지명을 요하는 경우, 임명에 국회의 동의를 요하는 경우(국무총리·감사원장 등), 임명에 국무회의의 심의를 요하는 경우(제89조 제16호에 규정된 공무원)가 그 예이다.

  ③ 공무원면직권의 제약 대통령의 공무원면직권은 공직자에 대한 헌법상의 신분보장과 직업공무원제도상의 신분보장에 의하여 제한된다.

제 4 절 행 정 부

제 1 항 행정부 일반론

1. 정부의 개념

 정부의 개념에는 광의, 협의, 최협의 및 그 밖의 것 등 여러 개가 있다. 광의의 정부란 국가 그 자체 또는 국가권력을 행사하는 모든 국가기관을 말한다. 국가보안법 제1조에서 사용하는 국가의 개념은 최광의의 정부에 해당된다. 협의의 정부란 입법부 및 사법부와 대립되는 집행부를 의미한다. 헌법 제66조 제4항과 정부조직법 제11조에서 말하는 정부란 협의의 정부를 말한다. 최협의의 정부란 내각책임제 정부형태에서 국가원수(대통령 또는 군주)를 제외한 내각을 말한다. 경우에 따라서 정부는 경제주체로서의 국가, 곧 국고(國庫)의 의미로 사용되기도 한다.

2. 행정부의 구조

 보통 헌법학에서 정부라 할 때에는 협의의 정부, 곧 입법부 및 사법부에 대립되는 집행부란 뜻으로 사용된다. 집행부에 선거관리위원회가 포함되는가에 대해서는 견해가 나누어지지만, 집행부는 대통령과 (행)정부로 이루어지고 (행)정부는 국무총리·국무위원·국무회의·각종자문회의·행정각부·감사원으로 구성된다는 데에는 견해가 일치되어 있다. 이러한 분류는 정부라는 장(章) 아래 절(節)을 분리하여 제1절에는 대통령, 제2절에는 행정부를 규정하면서 행정부 내에서 국무총리와 국무위원·국무회의와 각종자문회의·행정각부·감사원의 순서로 규정하고 있는 헌법의 구조와도 일치된다.

그러나 개인적으로는 대통령의 각종 자문기관을 행정부에 포함시키는 것은 문제가 있다고 생각한다. 물론 국무회의와 자문기관은 하나는 대통령의 정책심의 기관으로, 다른 하나는 정책자문기관으로서 비슷한 지위를 가진다고 할 수 있다. 그러나 그 구성원을 볼 때 국무회의는 실질적으로 행정을 담당하는 자들로 구성됨에 반하여, 각종 자문기관의 경우에는 정책에 대한 자문만을 할 뿐 실질적인 행정에는 전혀 관여하지 않고 있다. 그에 따라 각종 자문기관은 협의의 행정부의 수반인 대통령의 정책자문기관이라기보다는 국가원수로서의 대통령의 정책자문 기관이라고 보는 것이 합당할 것으로 판단된다. 따라서 행정부는 행정부수반으로서의 대통령과 그를 보좌하는 국무총리·국무위원·국무회의·행정각부·감사원으로 구성된다고 할 수 있다. 그러나 행정부수반으로서의 대통령에 대해서는 이미 앞에서 설명하였기 때문에, 이곳에서는 그를 제외한 나머지 행정기관에 대해서만 살피기로 한다.

제 2 항   국무총리

1. 헌법규정 및 제도의 의의

헌법 제86조는 다음과 같이 국무총리에 대하여 규정하고 있다. "① 국무총리는 국회의 동의를 얻어 대통령이 임명한다. ② 국무총리는 대통령을 보좌하며, 행정에 관하여 대통령의 명을 받아 행정각부를 통할한다. ③ 군인은 현역을 면한 후가 아니면 국무총리로 임명될 수 없다."

전통적 대통령제에서는 대통령의 궐위시나 유고시에 대비하여 부통령을 두고, 의원내각제에서는 수상 또는 국무총리를 두어 행정에 관한 최고의 권한을 부여하는 것이 보통이다. 따라서 대통령제를 채택하고 있는 헌법이 국무총리제도를 두고 있는 것은 이례적인 것이기 때문에 헌법정책적인 측면에서는 많은 비판이 가해지기도 하며, 개인적으로도 그러한 비판에 공감한다.

그러나 해석론적으로는 헌법에 국무총리를 두고 있는 것은 헌법에 의원내각제적 요소가 가미된 것으로 볼 수 있다. 아무튼 헌법상 국무총리제도가 가지는 의의를 다음과 같은 몇 가지로 간추릴 수 있다. ① 부통령을 두고 있지 않으므로 대통령유고시에 그 권한대행자가 필요하다. ② 대통령을 대신하여 국회에 출석하여 국정처리상황을 보고하거나 의견을 진술하고 질문에 응답함으로써 입법부와 행정부의 공화관계를 유지할 대행자가 필요하다. ③ 대통령제의 능률을 극대화하기 위하여 대통령을 보좌하고 또 집행부수반인 대통령의 의견을 받들어 집행부를 통할·조정하는 보좌기관이 필요하다.

2. 국무총리의 헌법상 지위

국무총리의 지위는 대통령의 첫째가는 보좌기관이란 한 마디로 요약할 수 있다. 국무총리는 대통령의 첫째가는 보좌기관으로서 대통령의 국법행위에 부서한다(제82조). 국무총리는 대통령의 첫째가는 보좌기관으로서 구체적으로는 대통령권한대행 제1순위자로서의 지위, 행정부의 제2인자로서의 지위, 국무회의의 부의장으로서의 지위, 대통령 다음 가는 상급행정기관으로서의 지위를 가진다.

3. 국무총리직

국무총리는 국회의 동의를 얻어 대통령이 임명하며(제86조 제1항), 현역군인이 아니어야 한다(제86조 제3항). 국무총리의 임명에 대한 국회의 동의는 재적의원 과반수의 출석과 출석의원 과반수의 찬성으로써 의결한다(제49조).

이렇게 국무총리의 임명에 국회의 동의를 얻도록 한 것은 대통령제 헌법에서는 이례적인 것이다. 그러나 국회의 동의를 얻도록 한 것은 ① 국민의 대표기관인 국회의 관여를 보장함으로써 국무총리직에 민주적 정당성을 부여하고, ② 강력한 대통령제에서 집행부의 독선과 독주를 견제하여 권력의 균형을 유지하며, ③ 집행부와 입법부의 융화를 도모하고, ④ 국회의 신임을 배경으로 한 강력한 행정을 추진할 수 있도록 뒷받침하기 위한 것이다. 문민주의는 군국주의화를 방지하기 위한 것이다.

국회가 국무총리임명에 동의를 하지 않을 경우 대통령이 국무총리서리를 임명할 수 있는가가 논란이 된 바 있고, 대통령과 국회의원간의 권한쟁의심판이 청구되었으나 각하되어 본안결정이 이루어지지 못하였다. 학설상으로는 헌법 제86

조 제1항이 "국무총리는 국회의 동의를 얻어 대통령이 임명한다"고 규정하고 있
으므로 국회가 동의하지 아니한 국무총리서리를 임명하는 것은 위헌이라는 견해
가 다수설의 입장이다.

헌법과 법률(국회법 제29조 제1항)에 국무총리의 국회의원겸직을 금하는 규정
이 없으므로 국무총리는 국회의원직을 겸할 수 있다. 국무총리의 국회의원겸직
또한 대통령제헌법에서는 이례적인 것이나, 이는 국정을 의원내각제적으로 운영
할 수 있게 하기 위한 것으로 이해되고 있다.

국무총리는 대통령이 해임하거나, 국회가 재적의원 3분의 1 이상의 발의·재
적의원 과반수의 찬성으로 대통령에게 해임을 건의할 수 있다(제63조). 국회의 국
무총리 해임건의권은 대통령의 독주를 견제하기 위한 것이나, 대통령은 국회의
해임건의에 구속되지 아니한다.

국무총리 사고시에는 부총리가 그 직무를 대행하고, 국무총리와 부총리가 모
두 사고로 직무를 수행할 수 없는 경우에는 대통령이 지명하는 국무위원(지정대
리)이 대행하며, 대통령의 지명이 없는 경우에는 정부조직법 제26조 제1항에 규
정된 순서에 따른다(정부조직법 제22조).

4. 국무총리의 권한

국무총리는 대통령의 첫째가는 보좌기관으로서 대통령권한대행 제1순위권
(제71조), 부서권(제82조), 국무위원과 행정각부의 장의 임명제청권(제87조 제1항)
과 국무위원해임건의권(제87조 제3항), 국무회의에서의 심의권(제88조), 행정각부
통할권(제86조 제2항), 총리령을 발하는 권한(제95조), 국회출석·발언권(제62조)
등을 가진다.

특히 국무총리의 행정각부의 장의 임명제청과 국무위원해임건의가 대통령을
구속하는가와 관련하여 견해가 나누어지고 있다. 개인적으로는 국무총리는 헌법
상 대통령을 보좌하는 기관에 불과하므로 그의 행정각부의 장의 임명제청과 국
무위원의 해임건의는 대통령을 구속하지 않는다고 본다.

또한 국무총리가 해임되거나 사임한 경우 그가 임명제청한 국무위원들도 사
임하여야 하는가에 대해서도 사임필요설과 사임불요설이 대립되어 있다. 그러나
국무총리의 임명제청권은 명목적인 권한에 지나지 않으므로, 다른 국무위원이나

행정각부의 장은 사임할 이유가 없다고 본다.

5. 국무총리의 책임

국무총리는 대통령과 국회에 대하여 정치적·법적 책임을 진다. 대통령은 국무총리를 임명하였고, 국회는 국무총리의 임명에 동의하였기 때문이다. 곧 국무총리는 대통령에 대하여는 보좌의무와 행정각부 통할책무를 지며, 국회에 대하여는 국회의 요구가 있을 때 정부를 대표해서 출석·답변·보고하여야 하고(제62조 제2항), 국회가 정치적 책임을 물어 해임건의를 하고 대통령이 그를 받아들이면 물러나야 하며(제63조), 국회가 탄핵을 하면 그에 따른 책임을 진다(제65조, 헌법재판소법 제53조·제54조).

제 3 항 국무위원

1. 헌법규정 및 의의

헌법 제87조는 국무위원에 대하여 규정하고 있다. "① 국무위원은 국무총리의 제청으로 대통령이 임명한다. ② 국무위원은 국정에 관하여 대통령을 보좌하며, 국무회의의 구성원으로서 국정을 심의한다. ③ 국무총리는 국무위원의 해임을 대통령에게 건의할 수 있다. ④ 군인은 현역을 면한 후가 아니면 국무위원으로 임명될 수 없다."

국무위원제도는 미국식 대통령제에서는 이질적 요소이다. 국무위원은 성격상으로는 의원내각제의 각료와 대통령제의 각부 장관의 중간에 위치한다. 현역군인을 국무위원으로 임명할 수 없도록 한 것은 군국주의를 사전에 예방하기 위한 것이다.

2. 국무위원의 헌법상 지위

국무위원은 헌법상 국무회의의 구성원이자 대통령의 보좌기관으로서의 지위를 가진다. 우선, 국무위원은 국무회의의 구성원으로서 국무회의에 의안을 제출할 수 있으며, 그 심의에 참가한다(제87조 제2항, 제89조 제17호). 국무회의의 구성원으로서의 지위가 대통령이나 국무총리와 동일한 지위를 가지는가에 대해서는 긍정하는 입장과 부정하는 입장이 나누어져 있다. 그러나 헌법상 국무회의는 의결기관이 아니라 심의기관에 지나지 않기 때문에(제88조 제1항), 국무위원이 대통령과 동일한 지위를 가진다고 보기는 어렵다고 생각한다. 그러나 국무위원은 국무회의의 심의에 있어서는 국무총리와 동일한 지위에 있는 것으로 볼 수 있다.

다음으로, 국무위원은 대통령의 보좌기관으로서의 지위에서 국정에 관하여 대통령을 보좌할 권한과 책임이 있다(제87조 제2항). 국무위원의 대통령에 대한 보좌는 주로 정책보좌를 의미하기 때문에, 행정각부의 장은 국무위원 중에서 임명된다. 따라서 일반적으로 국무위원은 동시에 행정각부의 장으로서 자신이 담당한 업무와 관련하여 대통령을 보좌한다. 국무위원은 대통령의 국법상 행위에 부서한다(제82조).

3. 국무위원의 임면

국무위원은 국무총리의 제청으로 대통령이 임명하며(제87조 제1항), 군인의 경우에는 현역을 면하여야 한다(제87조 제4항). 국무총리의 제청 없이 한 대통령의 임명행위의 효력과 관련하여 유효설과 무효설의 대립이 있다. 다수설은 국무총리의 국무위원 임명제청은 대통령의 명시적·묵시적 승인을 전제로 하는 보좌적 기능이라는 의미에서 명목적인 권한에 불과하므로 그것은 유효요건이 아니라 적법요건에 지나지 않는다고 한다.

국무위원의 수는 15인 이상 30인 이하이다(제88조 제2항).

국무위원의 해임은 대통령의 자유이다. 국무총리는 국무위원의 해임을 건의할 수 있으며(제87조 제3항), 국회도 해임을 건의할 수 있다(제63조). 그러나 어느 경우에도 대통령은 구속받지 않는다.

국무위원은 대통령권한대행권(제71조), 국무회의 소집요구권(정부조직법 제12조 제3항), 의장을 통하여 국무회의에 의안을 제출할 권한(제89조 제17호), 국무회의에서의 출석·발언·심의권(제87조 제2항), 부서권(제82조), 국회출석·발언권(제62조 제1항) 등을 갖는다.

국무위원은 대통령과 국회 및 국무총리에 대해서 정치적·법적 책임을 진다. 곧 대통령은 언제나 국무위원을 해임할 수 있다. 국무위원은 국회에 대해서는 국회의 요구에 따라 언제든지 국회에 출석·답변하여야 하고(제62조 제2항), 국회가 정치적 책임을 물어 해임건의를 하고 대통령이 그를 받아들이면 물러나야 하며 (제63조), 국회가 탄핵을 하면 그에 따른 책임을 진다(제65조). 또한 국무위원은 그를 임명제청한 국무총리에 대해서도 정치적 책임을 지며, 이는 국무총리의 해임건의의 형태로 나타난다(제87조 제3항).

제 4 항 국무회의

헌법은 국무회의에 관하여 2개 조항을 할애하고 있다. 곧 제88조는 "① 국무회의는 정부의 권한에 속하는 중요한 정책을 심의한다. ② 국무회의는 대통령·국무총리와 15인 이상 30인 이하의 국무위원으로 구성한다. ③ 대통령은 국무회의의 의장이 되고, 국무총리는 부의장이 된다"고 하여 국무회의의 업무와 구성에 대하여 규정하고, 제89조는 국무회의의 심의사항에 대하여 자세하게 규정하고 있다. 국무회의의 명칭은 건국헌법에서는 국무원, 제2차 개정헌법에서부터 제4차 개정헌법까지는 내각으로 부르다가, 제5차 개정헌법에서부터 국무회의로 변경되어 현행헌법에서도 그대로 사용되고 있다.

국무회의는 미국식 대통령제에서는 대통령을 보좌하는 임의적인 자문기관이나, 내각책임제에서는 집행에 대하여 일체의 권한을 가지는 의결기관인 것이 보통이다. 우리 헌법사에서 국무회의는 제1공화국과 제2공화국(제3차 개정헌법)에서는 의결기관이었으나, 제3공화국 이후에는 의결기관도 그렇다고 자문기관도 아닌 심의기관이다.

헌법상 국무회의는 헌법상의 필수기관이고 집행부의 최고·최종 정책심의기관으로 독립된 합의제 심의기관이다. 따라서 국무회의는 대통령에 소속된 대통령의 하급기관이 아니다. 이렇게 단순한 심의권 밖에 없는 국무회의를 두고 있는 제도적 의의는 ① 대통령이 정책을 결정함에 있어서 신중을 기하게 하고, ② 행정각부의 정책을 조정·통합하게 하며, ③ 행정각부의 정책의 특수성을 반영하게 하고, ④ 대통령의 전제나 독선을 방지하려는 데 그 의의가 있다.

국무회의는 의장인 대통령과 부의장인 국무총리 그리고 국무총리의 제청으로 임명되는 15인 이상 30인 이하의 국무위원으로 구성한다(제88조). 의장이 사고로 인하여 직무를 수행할 수 없을 때에는 부의장인 국무총리가 그 직무를 대행하고, 의장과 부의장이 모두 사고일 때에는 정부조직법 제26조 제1항에 규정된 순서에 따라 그 직무를 대행한다(법 제22조).

국무회의는 대통령이 스스로 또는 국무위원의 요구에 의하여 소집하며, 합의제기관이므로 의결의 형식을 취한다. 또한 국무회의는 구성원 과반수의 출석으로 개의하고 출석원 3분의 2 이상의 찬성으로 의결한다(국무회의규정 제6조).

국무회의에는 국무회의의 구성원이 아닌 국무조정실장·법제처장·국가보훈처장·식품의약품안전처장 그 밖에 법률이 정하는 공무원(대통령비서실장·국가정보원장 등)도 출석하여 발언할 수 있다(법 제13조 제1항). 그러나 이들은 국무회의의 구성원이 아니므로 의결에는 참여할 수 없다.

국무회의의 심의사항은 제89조에 자세하게 규정되어 있으며, 그 내용은 국정 전반에 걸친다. 헌법 제89조에 규정되어 있는 사항은 그것이 어느 기관의 관할에 속하는 것이든 반드시 국무회의의 심의를 거쳐야 한다.

국무회의에서의 심의가 효력발생요건인가 적법요건인가에 대해서는 견해가 나누어진다. 개인적으로는 제89조가 "다음 사항은 국무회의의 심의를 거쳐야 한다"고 규정하고 있는 이상 비록 국무회의가 의결기관이 아닌 심의기관이라고 하더라도, 그리고 또한 대통령이 국무회의 심의결과에 구속되지 않는다 하더라도, 국무회의의 심의는 효력발생요건으로 보아야 한다고 생각한다.

제 5 항 행정각부

헌법은 행정각부에 대하여 3개 조항을 할애하고 있다. 곧 제94조는 "행정각부의 장은 국무위원 중에서 국무총리의 제청으로 대통령이 임명한다"고 하여 행정각부의 장의 임명에 대해서 규정하고 있고, 제95조는 "… 행정각부의 장은 소관사무에 관하여 법률이나 대통령의 위임 또는 직권으로 … 부령을 발할 수 있다"고 하여 행정각부의 장의 부령제정권을 규정하고 있으며, 제96조는 "행정각부의 설치·조직과 직무범위는 법률로 정한다"고 하여 행정각부의 구성에 관한 법률주의를 규정하고 있다.

행정각부란 대통령을 수반으로 하는 행정부의 구성단위로서, 국무회의의 심

의를 거쳐 대통령이 결정한 정책과 그 밖의 행정부의 권한에 속하는 사항을 집행
하는 중앙행정기관을 말한다. 따라서 행정각부는 대통령이나 국무총리의 단순한
보조기관이 아니라, 그들의 하위에 있는 행정관청이다.

행정각부의 설치·조직과 직무범위는 법률로 정하며(제96조), 그에 대한 법률
로 정부조직법이 있다. 정부조직법에 따르면 현재 17부가 있다(법 제26조 제1항).

행정각부에 장관 1인과 차관 1인(기획재정부·미래창조과학부·외교부·행정자치
부·문화체육관광부·산업통상자원부·국토교통부에는 차관 2인)을 두되, 장관은 국무
위원으로 보하고, 차관은 정무직으로 한다(법 제26조 제2항).

행정각부의 장은 국무위원 중에서 국무총리의 제청으로 대통령이 임명한다
(제94조). 따라서 국무위원이 아닌 자는 행정각부의 장이 될 수 없고, 현역군인은
행정각부의 장이 될 수 없다. 이렇게 국무위원 중에서 행정각부의 장을 임명하는
것은 정책기획과 정책심의 및 정책집행을 유기적으로 통일시키기 위한 것이다.

행정각부의 장은 독임제행정관청으로 소관사무를 통할하고 소속공무원을 지
휘·감독하며(정부조직법 제7조), 소관사무에 관하여 지방행정의 장을 지휘·감독
하는 권한(법 제26조 제3항)인 소관사무집행권과 부령발포권(제95조)이 있다. 곧
17부의 장관은 법규명령인 위임명령, 집행명령(직권명령), 비법규명령인 행정명령
(행정규칙)을 발할 수 있다. 부령은 관계 행정각부의 장이 서명하고 관보에 공포
하며, 특별한 규정이 없는 한 공포한 날로부터 20일을 경과함으로써 효력을 발생
한다(제53조 제7항, 「법령 등 공포에 관한 법률」 제13조). 또한 행정각부의 장은 소
속공무원 임용제청권(5급 이상 공무원)·임용권(6급 이하 공무원)을 가진다(국가공무
원법 제32조).

제 6 항 감 사 원

1. 헌법규정

헌법은 제97조에서부터 제100조에 걸쳐 감사원에 대하여 규정하고 있다. 곧
헌법 제97조는 "국가의 세입·세출의 결산, 국가 및 법률이 정한 단체의 회계검사
와 행정기관 및 공무원의 직무에 관한 감찰을 하기 위하여 대통령소속하에 감사

원을 둔다"고 하여 감사원의 권한과 지위를, 제98조는 감사원의 구성을, 제99조
는 감사원의 의무를, 제100조는 감사원법의 헌법적 근거를 각각 규정하고 있다.

제3공화국헌법 이전에는 감사원이 존재하지 않았다. 곧 건국헌법에는 직무감
찰권을 가지는 감찰위원회와 회계검사권을 가지는 심계원이 분리되어 있었는데,
제3공화국헌법이 이 양자를 통합시켜 감사원을 두었고 이것이 현행헌법에서도
그대로 이어지고 있다.

2. 감사원의 지위와 구성

감사원은 국가원수로서의 대통령 소속하의 헌법상 독립된 합의제관청(제97
조, 감사원법 제11조 이하)으로 헌법상 필수기관이며, 독립된 기관이다. 곧 감사원
은 조직상으로는 국가원수인 대통령에 소속되나, 기능상·직무상으로는 대통령으
로부터 독립된 기관이다. 감사원을 합의제관청으로 한 이유는 감사원의 독립성을
보장함과 동시에 그 직무를 신중하고 공정하게 처리하도록 하기 위한 것이다.

감사원은 원장을 포함한 5인 이상 11인 이하의 감사위원으로 구성하며(제98
조 제1항), 감사원의 조직·직무범위·감사위원의 자격·감사대상공무원의 범위 기
타 필요한 사항은 법률로 정한다(제100조). 이에 따라 감사원법이 제정되어 있으
며, 동법은 감사원은 원장을 포함하여 7인의 감사위원으로 구성된다고 규정하고
있다(법 제3조).

감사원장은 국회의 동의를 얻어 대통령이 임명하고, 감사위원은 원장의 제청
으로 대통령이 임명하며, 임기는 4년으로 1차에 한하여 중임할 수 있다(제98조 제
2항·제3항). 감사원장의 사고 시에는 선임감사위원 순으로 권한을 대행한다(법 제
4조).

감사위원의 정년은 65세이며(감사원장의 정년은 70세, 법 제6조 제2항), 탄핵결
정이나 금고 이상의 형의 선고를 받았을 때나 장기의 심신쇠약으로 직무를 수행
할 수 없게 된 때가 아니면 그 의사에 반하여 면직되지 아니한다(법 제8조). 감사
위원은 일정한 공직이나 보수를 받는 직을 겸할 수 없고(법 제9조), 정당에 가입
하거나 정치운동에 관여해서는 안 된다(법 제10조).

3. 감사원의 권한

감사원은 예산 및 회계검사와 보고권, 직무감찰권(제97조, 제99조) 및 규칙제정권을 갖는다.

감사원은 세입·세출의 결산을 매년 검사하여 대통령과 다음 연도 국회에 보고할 권한과 의무가 있다(제97조, 제99조). 감사원의 회계검사대상에는 필요적 검사사항과 선택적 검사사항이 있다. 필요적 검사사항은 국가의 회계와 법률로 정한 단체의 회계(지방자치단체, 한국은행, 정부가 2분의 1 이상 투자한 기관)이며(법 제22조), 선택적 검사사항은 감사원이 인정한 사항과 국무총리의 요청이 있는 사항이다(법 제23조).

감사원은 행정기관 및 공무원의 직무에 대하여 소극적인 비위감찰권과 적극적인 행정감찰권(근무평정, 행정관리의 적부심사분석과 그 개선 등)이 있다(법 제33조, 제34조). 그러나 국회·법원 및 헌법재판소의 공무원은 감찰대상에서 제외된다(법 제24조 제3항). 또한 국무총리로부터 국가기밀에 속한다는 소명이 있는 사항, 국방부장관으로부터 군기밀 또는 작전상 지장이 있다는 소명이 있는 사항은 감찰할 수 없다(법 제24조 제4항). 또한 감사원은 감사결과와 관련 변상책임유무의 판정권(법 제31조), 징계처분 및 문책의 요구·권고권(법 제32조), 시정·주의 등의 요구·권고권(법 제33조), 법령·제도·행정의 개선요구·권고권(법 제34조의2), 수사기관에의 고발권(법 제35조), 재심의청구처리권(법 제36조-제40조)을 가진다.

감사원은 감사원규칙제정권을 가진다(법 제52조). 감사원규칙은 행정명령(행정규칙)이다. 헌법상 근거 없는 법규명령을 인정할 수 없기 때문이다.

제 5 절 선거관리위원회

제 1 항 헌법규정 및 의의

헌법은 정부의 장(章)이 아닌 별개의 장에서 선거관리위원회에 대하여 규정하고 있는 바, 제7장(제114조-제116조)이 그에 해당된다. 곧 헌법 제114조 제1항

은 선거관리위원회의 설치목적을, 제2항은 중앙선거관리위원회의 구성을, 제3항
에서 제5항까지는 선거관리위원회위원의 임기·정치적 중립성·신분보장을, 제6
항은 규칙제정권을, 제7항은 각급선거관리위원회의 조직·직무범위 및 기타 필요
한 사항의 법률주의를 각각 규정하고 있으며, 이에 따라 선거관리위원회법이 제
정되어 있다. 그런가 하면 제115조는 선거관리위원회의 일반적 권한을 규정하고
있고, 제116조는 선거운동과 선거공영제에 관하여 규정하고 있다.

　　우리 헌법사에서 중앙선거관리위원회를 헌법기관으로 격상시킨 것은 제2공
화국 헌법이며, 각급 선거관리위원회를 헌법에 처음으로 규정한 것은 제3공화국
헌법에서부터이다. 이렇게 헌법이 선거관리위원회를 헌법에 규정하고 있는 이유
는 선거와 국민투표 그리고 정당사무를 공정하게 처리함으로써 대의민주주의의
기반을 확립하기 위한 것이다.

제 2 항　선거관리위원회의 헌법상 지위, 구성

　　선거관리위원회는 선거와 국민투표의 공정한 관리와 정당에 관한 사무를 처
리하는 헌법상 필수적 합의제독립기관이다. 선거관리위원회의 업무는 그 성질상
행정작용에 해당되지만, 그 조직과 기능면에서는 입법·행정·사법부로부터 완전
히 독립된 기관으로서의 지위를 갖는다. 그런가 하면 중앙선거관리위원회는 9인
의 선거관리위원으로 구성되는 합의제기관이며, 헌법상 반드시 설치하여야 하는
필수적 헌법기관이다.

　　중앙선거관리위원회는 대통령이 임명하는 3인, 국회에서 선출하는 3인과 대
법원장이 지명하는 3인의 위원으로 구성하며, 위원장은 위원 중에서 호선한다(제
114조 제2항). 위원의 임기는 6년으로 연임제한이 없으며(제114조 제3항), 법관에
준하는 강력한 신분보장을 받는다(제114조 제5항). 그 대신 선거관리위원회의 중
립성과 독립성을 위해서 선거관리위원의 정당가입이나 정치활동은 금지된다(제
114조 제4항).

　　선거관리위원회에는 중앙선거관리위원회 밑에 특별시·광역시·도선거관리위
원회(9인), 구·시·군선거관리위원회(9인), 읍·면·동선거관리위원회(7인)가 있다.

제 3 항 선거관리위원회의 권한, 의무, 의사

중앙선거관리위원회는 선거와 국민투표의 관리권, 정당사무관리권과 정치자금배분권(정치자금의 기탁, 기탁된 정치자금과 국고보조금을 각 정당에 배분하는 사무)(제114조 제6항, 정당법 제7조, 제35조, 정치자금법 제22조, 제23조, 제25조, 제27조) 및 규칙제정권을 갖는다(제114조 제6항). 특히 각급 선거관리위원회는 선거인명부의 작성 등 선거사무와 국민투표사무에 관하여 관계 행정기관에 필요한 지시를 할 수 있으며, 그러한 지시를 받은 당해 행정기관은 그에 응하여야 한다(제115조 제1항, 선거관리위원회법 제16조).

각급 선거관리위원회는 선거권자의 주권의식을 높이기 위하여 계몽을 실시하여야 한다. 특히 선거나 국민투표가 실시될 때에는 그 주관하에 여러 가지 방법으로 투표방법·기권방지 기타 선거 또는 국민투표에 관하여 필요한 계도를 실시하여야 한다(법 제14조).

각급 선거관리위원회는 위원 과반수의 출석으로 개의하고, 출석위원 과반수의 찬성으로 의결한다. 위원장은 표결권을 가지며, 가부동수인 때에는 결정권을 가진다(법 제10조 제1항·제2항).

제 4 장 법 원

제 1 절 법원의 헌법상 지위

제 1 항 일 반 론

법원이 헌법상 어떤 지위를 가지는가에 대해서는 견해가 일치되어 있지 않다. 그러나 법원의 헌법상 지위는 헌법규정을 근거로 확정되어야 한다. 헌법상 법원의 지위를 확정하는 데 있어 가장 핵심적인 헌법조항은 "사법권은 법관으로 구성된 법원에 속한다"(제101조 제1항)라는 규정이다. 곧 법원의 기본적 지위는 사법기관으로서의 지위이며, 따라서 사법작용이 무엇이냐에 따라 헌법상 법원의 지위는 정해질 것이다. 앞에서 사법작용이란 법적 분쟁이 발생하는 경우 분쟁당사자 중 일방 당사자의 청구에 따라 독립된 지위를 가진 기관이 제3자적 입장에서 무엇이 법인가를 판단하고 선언함으로써 법을 유지하는 국가작용이라고 정의하였다. 이러한 사법작용의 정의로부터 법원은 사법기관으로서의 지위 외에도 소극적·중립적 권력으로서의 지위, 헌법수호기관으로서의 지위 그리고 기본권보장기관으로서의 지위를 갖는다고 할 수 있다.

제 2 항 법원의 헌법상 지위

1. 사법기관으로서의 지위

사법에 관한 권한은 원칙적으로 법원이 행사한다(제101조 제1항).

그러나 이에는 헌법상 다음과 같은 예외가 있다. ① 헌법재판 중 위헌법률심판, 탄핵심판, 위헌정당심판, 권한쟁의심판, 헌법소원심판은 헌법재판소의 관할로 되어 있다(제111조 제1항). ② 국회의원의 자격심사나 징계처분은 국회의 자율에 맡기고 있다(제64조 제2항). ③ 행정소송과 관련하여 그 전심절차인 행정심판은 행정기관도 다룰 수 있다(제107조 제3항). ④ 사면·복권·감면은 대통령의 권한사항으로 하고 있다(제79조).

2. 소극적·중립적 권력으로서의 지위

사법작용은 분쟁당사자 중 일방 당사자의 청구에 따라 독립된 지위를 가진 기관이 제3자적 입장에서 법을 유지하는 작용이다. 곧 국회가 법률을 형성하거나 정립하고 정부가 법률을 집행하고 정책형성을 하는 등 적극적인 국가작용을 행함에 반하여, 법원은 법을 인식하고 판단하고 유지하는 소극적인 작용을 담당한다.

그런가 하면 객관적인 법을 인식하고 판단하고 유지하기 위해서 법원은 정치적으로 중립적일 수밖에 없다. 법원의 중립성은 한편으로는 사법작용의 본질에서 오는 개념필연적 사항이기도 하지만, 다른 한편으로는 사법부에 대한 요청이기도 하다. 오늘날의 정당국가적 민주주의하에서 법원의 정치적 중립성은 특히 요구되고 있다. 헌법은 제103조에서 "법관은 헌법과 법률에 의하여 그 양심에 따라 독립하여 심판한다"고 함으로써 사법권의 독립과 법원의 정치적 중립성을 강조하고 있다.

그러나 법원의 정치적 중립성은 법원의 구성과 재원에서 정치적 기관인 국회와 정부에 의존하고 있기 때문에 실제로는 위협받고 있다. 곧 대법원장과 대법관은 국회의 동의를 얻어 대통령이 임명하고(제104조 제1항·제2항), 법원의 예산안은 정부가 편성하고 국회가 심의·확정한다(제54조). 더 나아가서 대통령은 비상계엄을 선포하여 법원의 권한에 대하여 특별한 조치를 할 수도 있다(제77조 제3항).

3. 헌법의 수호자로서의 지위

헌법상 헌법수호의 기능은 대통령과 헌법재판소 그리고 법원에 분산되어 있다. 그러나 대통령의 헌법수호자로서의 지위는 비상사태에서 기능하는 측면이 강한 반면, 법원과 헌법재판소의 그것은 전적으로 평상시에 작용하는 점에서 차이가 있다.

또한 평상시 헌법수호의 기능은 대부분의 경우 그리고 중요한 부분에서 헌법재판소가 담당하고 있다(제111조 제1항). 따라서 법원의 헌법수호자로서의 기능은 부차적인 것이라 할 수밖에 없다. 곧 법원은 명령·규칙의 위헌·위법 심사(제107조 제2항), 헌법재판소에의 위헌법률심사의 제청(제107조 제1항), 선거에 대한 재판 등을 통하여 헌법수호의 기능을 부분적으로 수행하고 있을 뿐이다.

4. 기본권보장기관으로서의 지위

역사적으로 군주와의 투쟁에서 법원은 의회와 함께 기본권보장자로서 기능하여 왔다. 현행 헌법하에서도 법원은 국민의 자유와 권리를 보호하는 기능을 담당하고 있다. 곧 헌법 제27조 제1항에 따라 '모든 국민은 헌법과 법률이 정한 법관에 의하여 법률에 의한 재판을 받을 권리를 가지며', 그 결과 법원은 기본권보장자로서의 지위를 가진다. 특히 법원의 기본권보장자로서의 역할은 행정부의 명령·규칙·처분에 대한 위헌·위법심사에서 두드러진다. 그러나 공권력에 의한 기본권침해에 대한 최종수단인 헌법소원에 대한 심판권이 헌법재판소에 있기 때문에(제111조 제1항 제5호), 최종적인 기본권보장자로서의 지위는 헌법재판소에 있다고 보아야 한다.

제 2 절   사법권의 독립

제 1 항   헌법규정

헌법 제101조 제1항은 "사법권은 법관으로 구성된 법원에 속한다"고 하여 사법권이 법원에 속한다는 것을 규정하고, 제103조는 "법관은 헌법과 법률에 의하여 그 양심에 따라 독립하여 심판한다"고 하여 법관의 독립을 규정함으로써 사법권의 독립을 분명히 하고 있다. 그런가 하면 대법원과 각급법원의 조직에 대한 법률주의를 규정하고 있는 제102조 제3항과 대법원의 규칙제정권을 규정하고 있는 제108조는 제101조 제1항에 대한 보조규정으로서, 법관의 자격에 대한 법률주의를 규정하고 있는 제101조 제3항과 법관의 임기와 정년을 규정하고 있는 제105조와 법관의 신분을 보장하고 있는 제106조는 제103조에 대한 보조규정으로서 사법권의 독립과 밀접한 관련이 있는 규정이다.

제 2 항   사법권의 독립의 의의

사법권의 독립이란 사법권을 행사하는 법관이 구체적 사건을 재판함에 있어 절대적으로 독립하여 누구의 지시나 명령에도 구속되지 아니하는 것을 말한다. 따라서 사법권의 독립은 최종적인 판결이나 결정의 독립은 물론 판결이나 결정에 이르는 모든 심리절차의 독립을 포함하는 개념이다. 사법권의 독립은 판결의 자유를 목표로 하며, 법원의 독립(자율성)과 법관의 독립을 그 내용으로 한다.

사법권을 다른 국가권력에서 분립시켜 체계적으로 고찰한 것은 몽테스키외라고 알려져 있다. 그러나 사법권의 독립은 1776년 버지니아 권리장전이 공정한 형사소송절차와 배심제도를 보장함으로써(제8조－제11조) 성문화되었으며, 1787년의 미연방헌법 제3조 제1항은 오늘날과 같은 형태의 사법권의 독립을 선언한 최초의 헌법문서로 알려져 있다.

사법권의 독립은 연혁적으로는 관방사법을 부정하고 민주사법을 지향하려는 것이었다. 그러나 현대에는 그 자체가 목적이 아니라 권력분립원리의 실천, 법질서의 안정성유지 및 국민의 자유와 권리를 완전하게 보장하기 위하여 공정하고 정당한 재판을 확보하기 위한 것이라는 데 그 의의가 있다.

제 3 항   법원의 독립

법원의 독립은 권력분립의 원리에 따라 법원이 국회와 정부로부터 독립하여 상호 견제와 균형을 이룰 것을 내용으로 한다.

우선, 법원의 독립은 국회로부터의 독립을 내용으로 한다. 따라서 국회와 법원은 조직·구성·운영·기능면에서 상호 독립적이어야 한다.

그러나 법원은 국회의 입법에 의하여 구성되고 법관은 법률에 따라 재판한다. 이것은 법치주의의 요청일 뿐 법원이 국회에 예속됨을 뜻하지는 않는다. 국회는 법원에 대하여 국정감사·조사권, 대법원장과 대법관에 대한 임명동의권, 법원예산심의·확정권과 법관탄핵소추권을 가지며, 이에 대하여 법원은 위헌법률심사제청권을 가짐으로써 상호 견제와 균형을 이루고 있다. 법원의 국회로부터의 독립은 특히 대법원에 소송절차·법원의 내부규율 및 사무처리에 관한 규칙제정권을 부여하고 있는 제108조에 잘 표현되어 있다.

국회로부터의 법원의 독립과 관련하여 가장 문제가 되는 것은 국정감사·조사권의 한계와 사법권의 한계이다. 국회는 법원에 대하여 국정감사·조사권을 가지나, 계속중인 재판 또는 수사중인 사건의 소추에 관여할 목적으로 감사 또는 조사를 해서는 안 된다(「국정감사 및 조사에 관한 법률」 제8조). 이에 대응하여 법원도 국회의 내부행위에 대하여는 관여할 수 없다. 예컨대 국회가 행한 국회의원에 대한 자격심사·제명·징계에 대해서는 국회의 자율권을 보장하기 위해 법원에 제소할 수 없게 되어 있다(제64조 제4항).

다음으로, 법원의 독립은 정부로부터의 독립을 내용으로 한다. 따라서 정부와 법원은 조직·운영·구성·기능면에서 상호 독립적이어야 한다. 그 결과 정부의 구성원과 법관의 겸직은 금지되며, 법원이 행정처분을 할 수 없듯이 정부도 재판에 간섭하거나 영향력을 미칠 수 없다. 법원의 정부로부터의 독립은 대법원과 각급법원의 조직에 대한 법률주의를 규정하고 있는 제102조 제3항과 법관자격의 법률주의를 규정하고 있는 제101조 제3항에 규정되어 있다.

그러나 법원은 행정처분이나 명령·규칙에 대하여 행정재판권과 위헌명령심사권을 가지고 있는 반면, 정부는 사법부예산의 편성권과 사면·감형·복권 등의 권한을 가지고 있어 이를 통하여 서로 견제와 균형을 이루고 있다.

제 4 항 법관의 독립

1. 법관의 직무상 독립과 신분상 독립의 상호관계

헌법 제103조는 "법관은 헌법과 법률에 의하여 그 양심에 따라 독립하여 심판한다"고 하여 법관의 독립을 규정하고 있다. 법관의 독립은 직무상 독립(물적 독립)과 신분상 독립(인적 독립)으로 이루어진다. 법관의 신분상 독립은 법관의 직무상 독립을 보장하기 위한 수단적 의미를 가진다.

2. 법관의 직무상 독립

(1) 법관의 직무상 독립의 내용

법관의 직무상 독립(재판상 독립, 물적 독립, 실질적 독립)은 헌법과 법률 및 양심에 따른 심판과 독립하여 하는 심판을 내용으로 하며, 독립하여 하는 심판은 다시 외부작용으로부터의 독립 및 사법부 내부에서의 독립을 내용으로 한다.

(2) 헌법과 법률 및 양심에의 구속

1) 헌법과 법률에 의한 심판   헌법과 법률에 의한 심판은 헌법을 정점으로 하는 법질서의 통일성을 유지하고, 재판의 정당성을 보장하기 위한 것이다. 여기에서 헌법은 성문헌법과 헌법적 관습을 포함한다. 법률은 형사재판의 경우에는 형식적 의미의 법률(예외 제76조)이나, 민사재판의 경우에는 일체의 성문법과 이에 저촉되지 아니하는 모든 불문법을 말하며, 절차법의 경우에는 형식적 법률(예외 제76조, 제108조)을 뜻한다.

법관이 이러한 법규에 의하여 재판을 하는 경우에 ① 법률일 때에는 그 폐지 여부, 신·구법 여부, 일반법 또는 특별법 여부, 그 위헌 여부 등을 심사하여야(문제시되는 경우 헌법재판소에 심사제청)하며, ② 그 밖의 법규일 때에는 그 효력 여하, 다른 법규와의 위계 여하, 위헌·위법 여부를 심사하여야 한다. 그 결과 위헌 또는 위법인 경우에는 적용을 거부할 수 있으나, 단순히 부당하다는 이유만으로는 적용을 거부할 수 없다.

2) 양심에 따른 심판   여기서 양심이란 법관으로서의 양심, 곧 법의 해석, 특히 재판을 직무로 하는 자의 법조적 양심인 법적 확신을 말한다. 인간적 양심

과 법조적 양심이 충돌하는 경우 법관은 법조적 양심을 우선해야 한다.

(3) 독립하여 하는 심판

1) 독립하여 하는 심판의 의미   독립하여 하는 심판이란 법관이 재판에 있어서 헌법과 법률 및 자신의 양심을 제외한 어떠한 외부적 간섭이나 영향을 받지 아니하고, 재판결과에 대해서도 형사상·징계상의 책임을 추궁당하지 않음을 의미한다. '독립하여 하는 심판'의 '독립'은 외부작용으로부터의 독립과 사법부 내부로부터의 독립을 포함한다.

2) 외부작용으로부터의 독립   법관의 외부작용으로부터의 독립은 소송당사자로부터의 독립과 사회적·정치적 세력으로부터의 독립을 내용으로 한다. 법관은 재판을 함에 있어 소송당사자로부터 독립하여야 한다. 법관의 소송당사자로부터의 독립을 보장하여 공정한 재판을 할 수 있도록 각종 소송법에는 법관에 대한 제척·기피·회피제도가 마련되어 있다.

사회적·정치적 세력으로부터의 독립이란 그것이 국가기관이나 사회적·정치적 세력이나 또는 국민이나를 불문하고 법관이 재판을 함에 있어 부당한 압력을 행사해서는 안 된다는 것을 의미한다. 따라서 재판 자체에 간섭하는 내용의 비판이나 사전에 재판에 영향을 미치기 위하여 법관에게 직접 위협을 가하는 집단적 행동 또는 법관의 전속적 권한에 속하는 사실인정이나 유·무죄의 판단 자체를 대상으로 하는 비판, 형사피고인의 무죄추정의 원칙을 부정하는 정도의 비판은 인정될 수 없다. 그에 반하여 법관의 법해석 및 사실인정에 적용된 법규에 대한 학문적인 비판으로서의 판례평석 및 사법의 민주화를 위한 비판 등은 인정된다고 할 것이다.

3) 사법부 내부로부터의 독립   법관은 심급제에 관계없이 재판권행사에 있어 상급심법원의 지휘·감독 및 그 밖의 간섭을 받지 않는다. 또한 법관은 합의 재판에 있어서도 독립하여 그 직권을 행사하고 법원장이나 다른 법관의 지시에 따르지 않는다.

이와 관련하여 문제가 되는 것은 법원조직법 제8조 "상급법원의 재판에 있어서의 판단은 당해 사건에 관하여 하급심을 기속한다"이다. 이 규정의 의미는 하급심이 상급법원의 지시에 따라 재판하여야 한다는 것이 아니라, 상급법원이 파기·취소·환송의 판결을 내린 경우 그 상급법원의 판결에서 이루어진 법률상의 판단이 하급심법원을 기속한다는 뜻이다. 따라서 이는 계층적인 상소제도를 인정하는 결과일 뿐 법관의 독립을 규정한 헌법 제103조에 위반되는 것은 아니다.

3. 법관의 신분상 독립

(1) 법관의 신분상 독립의 의의

법관의 신분상 독립(또는 인적 독립)은 법관의 신분보장을 내용으로 하며, 법관의 직무상 독립을 목적으로 한다. 법관의 신분상 독립은 법관인사의 독립, 법관자격의 법률주의, 법관의 임기제 등을 내용으로 한다.

(2) 법관인사의 독립

헌법상 대법원장은 국회의 동의를 얻어 대통령이 임명한다(제104조 제1항).

그러나 대법관은 대법원장의 제청으로 국회의 동의를 얻어 대통령이 임명하며(제104조 제2항), 대법원장과 대법관이 아닌 법관은 대법관회의의 동의를 얻어 대법원장이 임명하며(제104조 제3항), 판사의 보직은 대법원장이 행한다(법원조직법 제44조). 또한 법관의 인사에 관한 기본계획의 수립 및 인사운영을 위하여 대법원장의 자문기관으로 법관인사위원회를 두고 있다(법 제25조의2).

(3) 법관자격의 법률주의

법관의 자격은 법률로 정한다(제101조 제3항). 이에 대한 법률로 법원조직법이 있다. 동법은 법관의 자격을 사법시험에 합격하여 사법연수원의 소정과정을 마친 자와 변호사의 자격이 있는 자로 규정하고 있다(법 제42조 제2항).

(4) 법관의 임기제·연임제·정년제

법관의 임기는 10년으로 하며 연임될 수 있다(제105조 제3항). 다만 대법원장과 대법관의 임기는 6년으로 대법원장은 중임할 수 없으며, 대법관은 법률이 정하는 바에 의하여 연임할 수 있다(제105조 제2항·제3항). 법관의 임기제는 법관의 보수화와 관료화를 막기 위한 것이며, 연임제는 법관의 전문성·숙련성을 확보하기 위한 것이다. 연임이란 법관의 임기가 만료되어 당연퇴직하는 법관이 계속하여 법관으로 임명되는 것이며, 중임이란 임기종료 후 연임이나 재임명 등의 방법으로 다시 법관직에 취임할 수 있는 것을 말한다. 또한 법관의 정년은 법률로 정한다(제105조 제4항). 법원조직법은 대법원장과 대법관의 정년은 70세, 그 밖의 법관의 정년은 65세로 정하고 있다(법 제45조 제4항).

(5) 법관의 신분보장

헌법 제106조는 법관의 그 밖의 신분보장에 대하여 규정하고 있다. 그에 따르면 법관의 파면은 탄핵 또는 금고 이상의 형의 선고에 의해서만 가능하고(제106조 제1항, 법 제46조), 법관에 대한 정직·감봉 기타 불이익처분은 대법원에 설치된 법관징계위원회의 징계처분으로 가능하다(제106조 제1항, 법 제46조, 제48조). 법관의 징계에는 견책·감봉·정직이 있다(법관징계법 제3조). 법관의 퇴직은 법관이 중대한 심신상의 장해로 직무를 수행할 수 없을 때 법률이 정하는 바에 따라 할 수 있으며(제106조 제2항), 대법관인 경우에는 대법원장의 제청에 의하여 대통령이, 그 밖의 법관인 경우에는 대법원장이 퇴직을 명할 수 있다(법원조직법 제47조). 그 밖에도 법관에게 병역의무·법률연수·질병요양 등 사유가 있을 때에는 대법원장은 법관의 휴직을 허가할 수 있다(법 제51조).

(6) 법관의 정치적 중립·겸직금지·파견근무·겸임

법원조직법 제49조는 법관에게 재직 중 국회 또는 지방의회의 의원이 되는 일과 정치운동에 관여하는 일을 금지함으로써 법관에게 정치적 중립을 요구하고 있다. 이는 공무원의 정치적 중립을 요구하는 헌법규정(제7조 제2항)의 구체화라 할 것이다.

법관은 대법원장의 허가 없이 보수 있는 직무에 종사하거나, 대법원장의 허가 없이 보수의 유무를 불문하고 국가기관 이외의 법인·단체 등의 고문·임원·직원 등의 직위에 취임하거나, 금전상의 이익을 목적으로 하는 업무에 종사하거나 그 밖에 대법원규칙으로 정한 일은 겸직할 수 없다(법 제49조, 「법관이 관여할 수 없는 직무 등에 관한 규칙」 제2조).

법관은 다른 행정부서의 공무원이 될 수 없다(법 제49조). 그러나 다른 국가기관의 요청이 있고, 그 요청이 타당하다고 인정되며 당해 법관이 동의하는 경우 대법원장이 그 기간을 정하여 파견근무를 허가할 수 있다(법 제50조).

(7) 법관의 보수

법관의 보수는 그 직무와 품위에 상응하도록 법률로 정한다(법 제46조 제2항, 「법관의 보수에 관한 법률」 참조).

제 3 절 법원의 조직과 관할

제1항 법 규 정

법원은 최고법원인 대법원과 각급법원으로 조직되며(제101조 제2항), 그 조직은 법률로 정한다(제102조 제3항). 이에 따라 법원조직법이 제정되어 있다. 동법에 따르면 법원에는 대법원, 고등법원, 특허법원, 지방법원, 가정법원, 행정법원의 6종류가 있다(법 제3조 제1항). 또한 지방법원과 가정법원의 사무의 일부를 처리하게 하기 위하여 그 관할구역 내에 지원, 소년부지원, 시·군법원, 등기소를 둘수 있다(법 제31조, 제39조, 제33조, 제34조, 제36조). 여기에서는 대법원의 조직과 관할 및 특별법원에 대해서만 다룬다.

제2항 대법원의 조직과 관할

1. 대법원의 조직

(1) 구   성

대법원은 대법원장과 대법관으로 구성되며(제102조 제2항), 대법관의 수는 대법원장을 포함하여 14인이다(법 제4조 제2항). 또한 대법원에는 대법관이 아닌 법관을 둘 수 있으며(제102조 제2항 단서), 이에 따라 대법원장은 판사 중에서 재판연구관을 지명하여 대법원에서 사건의 심리 및 재판에 관한 조사·연구에 종사하게 할 수 있다(법 제24조).

(2) 구성원의 임명과 그 권한

1) 대법원장   대법원장은 만 45세 이상, 20년 이상의 법조경력을 가진 자 중에서 국회의 동의를 얻어 대통령이 임명하며(제104조 제1항), 임기는 6년으로 중임할 수 없고(제105조 제1항), 정년은 70세이다(법 제45조 제4항).

대법원장은 법원을 대표하는 법원의 수장으로서 대법원의 일반사무를 관장하며, 대법원의 직원과 각급법원 및 그 소속기관의 사법행정사무에 관하여 직원을 지휘·감독한다(법 제13조 제2항). 따라서 대법원장은 법원을 대표할 권한, 대법관임명제청권, 헌법재판소재판관 3인 지명권, 중앙선거관리위원회위원 3인 지명권, 일반법관의 임명권과 보직권, 법원공무원임명·지휘·감독권, 법원업무에 관련된 법률제정·개정에 대한 국회에의 서면의견제출권을 가진다. 다만, 대법원장이 행한 처분에 대한 행정소송의 피고는 법원행정처장으로 한다(법 제70조).

대법원장의 궐위·유고시에는 선임대법관이 그 권한을 대행한다(법 제13조 제3항).

2) 대 법 관   대법관은 만 45세 이상, 20년 이상의 법조경력을 가진 자 중에서 대법원장의 제청으로 국회의 동의를 얻어 대통령이 임명하며(제104조 제2항), 임기는 6년으로 연임할 수 있고(제105조 제2항), 정년은 70세이다(법 제45조 제4항).

대법관은 최고법원인 대법원의 구성원으로서 사법권을 행사하고, 대법관회의의 구성원으로서 소관사항에 관하여 의결권을 가진다(법 제16조).

(3) 대법관전원합의체와 대법원의 부

1) 대법관전원합의체   대법원에는 대법관전원의 3분의 2 이상으로 구성되고 대법원장이 재판장이 되는 대법관전원합의체를 둔다(법 제7조 제1항).

2) 대법원의 부   또한 대법원에 부를 둘 수 있으며(제102조 제1항), 부는 대법관 3인 이상으로 구성한다(법 제7조 제1항 단서). 부에는 일반부와 특정부가 있다. 대법원장은 필요하다고 인정하는 경우에 특정한 부로 하여금 행정·조세·노동·군사·특허 등 사건을 전담하여 심판하게 할 수 있다(법 제7조 제2항). 특별부는 재판의 전문성을 발휘하도록 하기 위한 것이다.

(4) 대법관회의

1) 구성 및 의사   대법관회의는 대법관으로 구성되며, 대법원장이 그 의장이 된다(법 제16조 제1항). 대법관회의는 대법관 전원의 3분의 2 이상의 출석과 출석인원 과반수의 찬성으로 결정하고, 가부동수인 때에는 의장이 결정권을 갖는다(법 제16조 제2항·제3항).

2) 의결사항   대법관회의는 주로 사법행정에 관한 다음 사항을 의결한다. ① 판사의 임명에 대한 동의(법관의 보직권은 대법원장이 단독으로 행사), ② 대법원규칙의 제정과 개정 등에 관한 사항, ③ 판례의 수집·간행에 관한 사항, ④ 예

산요구, 예비금지출과 결산에 관한 사항, ⑤ 다른 법령에 의하여 대법관회의의 권한에 속하는 사항, ⑥ 특히 중요하다고 인정되는 사항으로서 대법원장이 부의한 사항(법 제17조).

(5) 부속기관

대법원의 부속기관으로 법원행정처, 사법연수원, 사법정책연구원, 법원공무원교육원, 법원도서관, 대법원장비서실, 재판연구관, 법관인사위원회(이상 필수기관), 사법정책자문위원회(임의기관)이 있다(법 제19조 – 제25조의2).

법원행정처는 사법행정사무를 관장하고, 사법연수원은 판사와 예비판사의 연수와 사법연수생의 수습을 관장하고, 사법정책연구원은 사법제도 및 재판제도의 개선에 관한 연구를 담당하고, 법원공무원연수원은 법원직원·집행관 등의 연수 및 양성에 관한 사무를 관장한다. 또한 법원도서관은 재판사무를 지원하고 법률문화를 창달하며, 대법원장비서실은 대법원장의 사무를 보좌하며, 법관인사위원회는 대법원장의 법관인사운영에 관하여 자문하며, 사법정책자문위원회는 대법원장의 자문기관이다. 재판연구관은 대법원에서 사건의 심리 및 재판에 관한 조사·연구를 행한다.

2. 대법원의 관할 및 권한

(1) 대법원의 관할 일반

대법원은 상고심, 명령·규칙의 위헌·위법 여부의 최종심사, 위헌법률심사의 제청, 선거소송을 관할한다. 또한 대법원은 규칙제정권을 갖는다(제108조).

(2) 최종심판권

1) 대법원의 최종심판권   대법원은 고등법원 또는 항소법원·특허법원의 판결에 대한 상고사건, 항고법원·고등법원 또는 항소법원·특허법원의 결정·명령에 대한 재항고사건, 다른 법률에 의하여 대법원의 권한에 속하게 된 사건에 대해서 최종심판권을 갖는다(법 제14조). 다른 법률에 의하여 대법원의 권한에 속하는 사건으로는 공직선거법에 의한 대통령·국회의원선거소송사건과 시·도지사선거소송사건(법 제222조, 제223조)과 국민투표법에 의한 국민투표무효소송사건(법 제92조) 및 지방자치법에 의한 기관소송사건(법 제169조 제2항, 제170조 제3항, 제172조 제3항·제6항)이 있다.

2) 대법원의 심판   대법원의 심판은 대법관전원의 3분의 2 이상의 합의체에서 행한다. 그러나 명령·규칙의 위헌·위법결정, 종전 대법원판례의 변경, 부에서 재판함이 적당하지 아니함을 인정하는 경우 등을 제외하고는 대법관 3인 이상으로 구성된 부에서 먼저 사건을 심리하여 의견이 일치된 때에 한하여 그 부에서 재판할 수 있다(법원조직법 제7조 제1항). 합의심판에서는 헌법과 법률에 별도의 규정이 없으면 과반수로써 결정하며(법 제66조 제1항), 대법원재판서에는 합의에 관여한 모든 대법관의 의견을 표시하여야 한다(법 제15조).

(3) 규칙제정권

1) 헌법규정   헌법 제108조는 "대법원은 법률에 저촉되지 아니하는 범위 안에서 소송에 관한 절차, 법원의 내부규율과 사무처리에 관한 규칙을 제정할 수 있다"고 하여 대법원의 규칙제정권을 규정하고 있다.

2) 제도적 의의   대법원의 규칙제정권은 법원의 자율권의 하나로서 ① 법원의 독립성과 자주성을 확보하고, ② 대법원규칙의 규율사항은 국민의 권리·의무와 직접적인 관계가 적을 뿐만 아니라 전문적이고 기술적인 사항이므로 재판에 정통한 대법원이 실정에 맞는 규칙을 제정할 수 있도록 하고, ③ 사법부 내에서의 대법원의 통제권과 감독권을 강화하고 그 실효성을 확보하기 위한 것이다.

3) 제정주체와 절차   대법원규칙을 제정하기 위해서는 대법관회의의 의결을 거쳐야 하며, 의결된 후 15일 이내에 법원행정처장이 공포절차를 밟고, 공포는 관보에 게재함으로써 한다(「대법원규칙의 공포에 관한 규칙」 제4조).

4) 대상과 범위   대법원규칙은 소송에 관한 절차, 법원의 내부규율 및 사무처리에 관한 사항(제108조)을 대상으로 한다. 그러나 소송에 관한 절차사항(감치 또는 과태료에 처하는 재판에 관한 사항)은 단순히 사법부 내부의 사항에 그치는 것이 아니라 법원소속공무원과 소송관계인까지도 구속하므로 이에 대한 사항은 기술적·세부적 사항에 한정되어야 한다.

대법원규칙으로 정할 범위는 형사소송에 관한 규칙, 각급법원에 배치할 판사의 수, 대법관회의의 운영, 법원도서관의 조직과 운영, 사법정책자문위원회의 조직과 운영, 판례심사위원회, 사법연수원의 운영, 대법원장비서실의 조직과 운영, 법원행정처의 기구와 사무분장, 조사관·집행관의 수수료, 법정에서의 방청·촬영, 법원직원의 보수 등이다. 그러나 제108조에 규정된 사항은 예시적인 것이며,

그것을 대법원규칙의 전속적 규율사항으로 볼 수는 없다. 따라서 이러한 사항을 법률이나 법률의 위임에 기한 대통령령 등으로 정할 수 있다.

　　5) 효　력　　대법원규칙은 공포한 날로부터 20일이 경과함으로써 효력이 발생하며(「대법원규칙의 공포에 관한 규칙」 제6조), 대법원규칙과 법률이 경합하는 경우에는 헌법 제37조 제2항과 제40조의 해석상 법률이 우선한다. 왜냐하면 대법원규칙은 형식적·실질적 효력이 명령 또는 규칙에 해당되기 때문이다.

제 3 항　특별법원

1. 특별법원의 개념

　　특별법원이 무엇이냐라는 문제에 대해서는 특수법원설과 예외법원설이 대립되어 있다. 특수법원설은 법관의 자격이 있는 자가 재판을 담당하고 대법원에 상고가 인정되더라도 그 관할이나 대상이 한정된 사건만을 담당하는 법원을 특별법원으로 이해한다. 그에 반하여 예외법원설은 특별법원이란 법관이 아닌 자가 재판을 담당하거나 대법원을 최종심으로 하지 아니하거나 일반법원의 독립성에 관계되는 규정들이 적용되지 아니하는 법원을 말한다고 한다. 예외법원설이 다수설이며 또한 옳다.

　　헌법상 사법권은 법관으로 구성된 법원에 속하며, 법원은 최고법원인 대법원과 각급법원으로 조직되며(제101조 제1항·제2항), 모든 국민은 헌법과 법률이 정한 법관에 의한 재판을 받을 권리를 가지기(제27조) 때문에, 군사법원(제110조) 이외의 특별법원의 설립은 불가능하다.

2. 군사법원

(1) 헌법규정

　　헌법은 제110조에서 군사법원에 대하여 규정하고 있다. "① 군사재판을 관할하기 위하여 특별법원으로서 군사법원을 둘 수 있다. ② 군사법원의 상고심은 대법원에서 관할한다. ③ 군사법원의 조직·권한 및 재판관의 자격은 법률로 정한다. ④ 비상계엄하의 군사재판은 군인·군무원의 범죄나 군사에 관한 간첩죄의 경우와 초병·초소·유독음식물공급·포로에 관한 죄 중 법률이 정한 경우에 한하여 단심으로 할 수 있다. 다만, 사형을 선고한 경우에는 그러하지 아니하다."

현재 군사법원법이 제정되어 있다.

(2) 군사법원의 연혁

제2차 개정헌법(1954)에서 군사재판제도를 신설하여 군법회의를 설치하고, 현행헌법에서 군사법원으로 개칭하였다. 군사법원은 헌법상 유일한 특별법원이지만, 임의적 헌법기관이다(제110조 제1항 참조).

(3) 군사법원의 설치

군사법원에는 고등군사법원과 보통군사법원이 있다(군사법원법 제5조). 고등군사법원은 국방부에 설치하며, 보통군사법원은 국방부·국방부직할통합부대·각군 본부 및 편제상 장관급장교가 지휘하는 예하부대 또는 기관에 설치한다(법 제6조). 군사법원의 조직에 관하여 필요한 사항은 대통령령으로 정한다(법 제6조 제4항).

(4) 군사법원의 구성

1) 군사법원의 구성 일반　군사법원은 재판관(군판사와 심판관)과 관할관으로 구성된다(법 제22조 제3항, 제7조). 군판사는 법관의 자격이 있는 소속 군법무관 중에서 각군 참모총장 또는 국방부장관이 임명한다(법 제23조 제1항·제2항). 심판관은 법관의 자격이 없는 자로서 법에 관한 소양이 있고 인격과 학식을 갖춘 장교 중에서 관할관 또는 참모총장이 임명한다(법 제24조).

관할관은 군사법원의 행정사무를 관할한다. 보통군사법원의 관할관은 군사법원이 설치되는 부대와 지역의 사령관·장 또는 책임지휘관이 되며, 고등군사법원의 관할관은 국방부장관이 된다(법 제7조).

2) 고등군사법원의 구성　고등군사법원은 재판관 3인 또는 5인으로 구성하며, 재판장은 선임재판관이 된다(법 제22조). 재판관의 지정권은 관할관에게 있으며(법 제25조), 관할관은 군판사 3인을 재판관으로 지정한다. 다만 관할관이 지정한 사건의 경우 군판사 3인과 심판관 2인을 재판관으로 지정하며, 군판사인 재판관 중 1인을 주심군판사로 지정한다(법 제27조).

3) 보통군사법원의 구성　보통군사법원은 재판관 1인 또는 3인으로 구성하며, 재판장은 선임재판관이 된다(법 제22조). 재판관은 관할관이 지정하며(법 제

25조), 군판사 2인과 심판관 1인을 재판관으로 하고, 군판사인 재판관 중 1인을 주심군판사로 지정한다(법 제26조).

(5) 군사법원의 관할

군사법원은 원칙적으로 군인 또는 군무원에 대해서만 재판하고, 군인 또는 군무원이 아닌 국민은 예외적으로만 군사법원의 재판을 받는다.

고등군사법원은 보통군사법원의 재판에 대한 항소·항고사건과 그 밖의 법률에 의하여 고등군사법원의 권한에 속하는 사건을 심판한다(법 제10조). 보통군사법원은 군인·군무원 등의 군형법위반사건, 국군부대의 간수하에 있는 포로가 범한 죄, 군사기밀보호법 제13조의 죄와 그 미수범, 계엄법위반사건 등을 심판한다(법 제2조, 제3조, 제11조).

(6) 군사법원의 심판

군사법원의 재판관은 헌법과 법률에 의하여 그 양심에 따라 독립하여 심판하며, 재판관·검찰관·변호인은 재판에 관한 직무상의 행위로 인하여 징계 기타 어떠한 불이익처분도 받지 않는다(법 제21조). 군사재판의 심리와 판결은 공개한다. 다만, 안녕질서를 해할 염려가 있을 때 또는 군사기밀을 보호할 필요가 있을 때에는 군사법원의 결정으로 재판의 심리에 한하여 공개하지 아니할 수 있다(법 제67조). 재판의 합의는 공개하지 않으며, 법률에 다른 규정이 없으면 재판관 과반수의 의견에 의한다(법 제69조). 대법원은 군사법원판결의 상고사건에 대하여 심판한다(법 제9조).

제 4 절 사법절차와 운영

제 1 항 재판의 심급제

1. 심급제의 의의

법률상의 분쟁이 생겼을 경우 그에 대한 판단을 1회의 판단에 그치지 않고 여러 종류의 법원으로 하여금 반복(反覆)심판시킬 경우에 그 종류가 다른 법원 사이의 심판의 순서를 심급이라 한다. 헌법은 여러 규정에서 간접적으로 심급제를 규정하고 있다. 법원을 최고법원인 대법원과 각급법원으로 조직하게 하고 있는 제101조 제2항, 명령·규칙에 대한 최종심사권을 대법원에 부여하고 있는 제107조 제2항, 군사법원의 상고심을 대법원으로 규정하고 있는 제110조 제2항 및 비상계엄하의 단심군사재판을 예외적인 현상으로 규정하고 있는 제110조 제4항 등이 그 예이다. 그런가 하면 법원조직법은 법원의 심판권과 관련하여 3심제를 규정하고 있다. 이렇게 헌법과 법원조직법이 심급제를 채택하고 있는 것은 법관의 사실판단과 법률적용에서 있을 수 있는 잘못을 사법절차를 통해 시정함으로써 재판의 공정성을 기하고 그럼으로써 국민의 자유와 권리보호에 만전을 기하려는 것이다.

2. 3심제의 원칙

앞에서도 보았듯이 헌법은 심급제를 규정하고 있을 뿐 반드시 3심제를 요구하고 있지는 않다. 3심제의 원칙은 법원조직법에서 항소, 상고제도와 항고, 재항고제도를 규정함으로써(법 제14조, 제28조, 제28조의4, 제32조, 제40조, 제40조의4) 법률차원에서 인정하고 있다. 따라서 심급제도 자체는 헌법상 필수적인 것이지만, 반드시 모든 재판이 3심제이어야 하는 것은 아니다.

3심제의 원칙은 민사재판과 형사재판 그리고 행정재판에 적용되고 있다. 따라서 민사사건과 형사사건에 관한 소송 중 합의부관할사건은 지방법원합의부 → 고등법원 → 대법원의 순으로 진행되고, 소액사건·경미한사건·지방(가정)법원단독판사 관할사건은 지방(가정)법원(지원)단독부 → 지방(가정)법원(본원)합의부 → 대법원의 순으로 진행된다. 행정사건도 행정(지방)법원(지원)합의부 → 고등법원 → 대법원의 순으로 진행되며, 또한 군사재판도 제110조 제4항의 예외를 제외하고는 보통군사법원 → 고등군사법원 → 대법원의 순으로 진행된다.

그러나 3심제의 원칙은 「상고심절차에 관한 특례법」이 민사소송·가사소송·행정소송·특허소송의 상고사건의 경우 중대한 법령위반과 부당한 법률해석 및 대법원판례와 상반되는 해석을 한 경우를 제외하고는 더 이상 심리를 속행하지 아니하고 판결로 상고를 기각할 수 있도록 하는 심리불속행제도를 채택함으로써 부분적으로 제한되고 있다.

3. 3심제에 대한 예외

(1) 단 심 제

1) 대통령·국회의원 및 시·도지사선거소송   대통령선거와 국회의원선거 그리고 시·도지사선거에 관한 소송은 대법원의 전속관할이다(공직선거법 제222조, 제223조). 따라서 이들 소송은 단심일 수밖에 없다. 이처럼 이들 선거에 관한 소송을 단심제로 하면서 처리기간을 180일 이내로 제한하고 있는 이유는 선거소송이 헌법재판으로서의 성격을 가질 뿐만 아니라 심급제를 통하여 그 기간이 장기화되는 경우 소의 이익이 상실될 우려가 있기 때문이다.

2) 군사법원에 의한 비상계엄하의 일정한 재판   비상계엄하의 군사재판은 군인·군무원의 범죄나 군사에 관한 간첩죄의 경우와 초병·초소·유독음식물공급·포로에 관한 죄 중 법률이 정한 경우에 한하여 단심으로 할 수 있다. 그러나 사형이 선고된 경우에는 대법원의 최종심이 보장된다(제110조 제4항).

(2) 2심제

특허소송의 경우 제1심은 특허법원에서 관할하고 제2심은 대법원에서 관할하는 2심제(복심제)를 채택하고 있다. 특허소송의 2심제는 특허심판의 기술적 전문성과 밀접한 관련이 있다.

4. 배심제와 참심제

(1) 배 심 제

배심제란 법률전문가가 아닌 국민 중에서 선출된 일정수의 배심원으로 구성되는 배심이 심판을 하거나 기소하는 제도를 말한다.

배심은 그 임무에 따라 심리배심과 기소배심, 의무적인 것이냐 여부에 따라 법정배심과 청구배심으로 나누어진다. 심리배심은 공판배심, 심판배심, 소배심이라고도 하며, 심판 또는 심리를 행한다. 그에 반하여 기소배심은 대배심이라고도 하며, 기소 여부를 결정한다. 법정배심은 배심이 의무적으로 결정된 경우의 배심을 말하며, 청구배심은 일정한 자의 청구에 따라 행하여지는 배심을 말한다.

배심제는 ① 국민의 참여를 통하여 관료적 사법에 대한 국민의 불신을 막을 수 있고, ② 일반적인 법규를 구체적 사건에 적용하는 데 있어서 일정한 조정을

통하여 융통성을 불어넣어주며, ③ 일반국민을 교육하는 효과가 있어 법과 질서
를 존중하는 사회적 분위기를 진작시킬 뿐만 아니라 ④ 배심의 평결은 여러 계층
의 정서와 관점에 기초하고 있으므로 더 나은 판단방법이 될 수 있는 등 긍정적
으로 기능하기도 한다. 그에 반하여 ① 배심원들에게 사실인정의 판단능력이 결
여되어 있어 그 평결이 흔히 타협에 의하는 경우가 많으며, ② 배심원의 선정에
공정성을 기하기가 어려운 점 등은 배심제에 대한 부정적 평가를 내리는 원인이
된다.

우리 헌법은 배심제를 채택하고 있지 않다.

(2) 참 심 제

참심제란 선거나 추첨에 의하여 국민 중에서 선출된 자, 곧 참심원이 직업적
인 법관과 함께 합의체를 구성하고, 이 합의체가 사실문제와 법률문제를 판단하
고 유죄 여부 및 형량을 결정하는 제도를 말한다. 배심제는 배심원이 법관으로부
터 독립하여 판정을 내림에 반하여, 참심제는 참심원이 법관과 더불어 합의체를
구성하여 재판한다는 점에서 양자는 구별된다.

우리나라에서는 해양안전심판원의 경우에 참심제를 규정하고 있다(「해양사고
의 조사 및 심판에 관한 법률」 제14조).

(3) 국민사법참여제

일반국민이 형사재판과정에 참여하는 국민사법참여제가 2008년부터 배심제
와 참심제의 혼합·병렬형으로 시행되고 있다. 그러나 우리의 국민사법참여제는
배심원의 평결과 양형에 관한 의견에 권고적 효력만을 규정하고 있어 문제점이
지적되고 있다.

제 2 항 재판의 공개제

1. 헌법규정 및 의의

헌법 제109조는 "재판의 심리와 판결은 공개한다. 다만, 심리는 국가의 안전
보장 또는 안녕질서를 방해하거나 선량한 풍속을 해할 염려가 있을 때에는 법원
의 결정으로 이를 공개하지 아니할 수 있다"고 하여 재판의 공개제를 규정하고

있다.

재판의 공개제는 재판의 심리와 판결이 일반인의 방청이 허용된 공개법정에서 행하여져야 한다는 것, 곧 재판비밀주의를 배척함을 뜻한다. 재판의 공개제는 재판의 심리와 판결을 공개함으로써 여론의 감시 하에 재판의 공정성을 확보하고 소송당사자의 인권을 보장하며, 나아가 재판에 대한 국민의 신뢰를 확보하는 데 그 의의가 있다.

2. 재판공개제의 내용

(1) 재판공개의 원칙

재판공개제는 재판공개의 원칙, 곧 재판의 심리와 판결은 공개하여야 한다는 것(제109조 본문)을 내용으로 한다.

여기서 심리라 함은 법관 앞에서 원고와 피고가 심문을 받고 변론을 함을 말하며, 판결이란 그 사건의 실체에 대한 법원의 판단을 말한다. 따라서 공개를 요하는 것은 민사소송에서의 구술변론절차와 형사소송에서의 공판절차, 민사소송에 준하는 행정소송과 특허소송에서의 구술변론절차 및 사건의 실체에 대한 법원의 판단고지이다.

그러나 심리에 해당되지 않는 공판준비절차나 심리의 합의과정, 판결에 해당되지 않는 비송사건절차나 소송법상의 결정, 명령은 공개할 필요가 없다. 또한 재판공개의 원칙은 원하는 모든 사람에게 방청을 허용한다는 뜻은 아니므로 법정의 수용능력을 이유로 한 방청인수의 제한은 허용된다.

(2) 재판공개의 원칙에 대한 예외

헌법은 "심리는 국가의 안전보장 또는 안녕질서를 방해하거나 선량한 풍속을 해할 염려가 있을 때에는 법원의 결정으로 이를 공개하지 아니할 수 있다"(제109조 단서)고 하여 공익목적을 위한 비공개의 경우만을 규정하고 있다. 그러나 재판은 소송당사자의 이익을 위하여 비공개할 수도 있으며, 그에 따라 소년사건과 가사사건은 그 보도가 제한되고 있다(소년법 제68조, 가사소송법 제10조 등).

그러나 재판의 공개정지를 결정하면 법원은 그 이유를 제시하여 선언하여야 한다(법원조직법 제57조 제2항). 공개정지는 절대적인 비공개와 상대적인 비공개로 나눌 수 있으며, 후자는 재판장이 적당하다고 인정하는 사람만은 법정에 남을 수

428 제 3 편 국가작용과 국가기관

있도록 허가하는 경우이다(법 제57조 제3항). 심리를 비공개로 하는 경우에도 판결은 반드시 공개하여야 한다.

3. 법적 효과

공개의 규정에 위반한 경우 그 재판은 헌법위반으로 상고이유가 된다. 형사소송법은 항소사유로 규정하고 있으며(법 제361조의5 제9호), 민사소송법은 절대적 상고이유라는 것을 명시하고 있다(법 제424조 제1항 제5호). 또한 공개의 규정에 위반하여 행해진 재판에 대해서는 재판에 대한 헌법소원을 인정하고 있지 않은 헌법재판소법 제68조 제1항의 규정에도 불구하고 헌법소원이 가능하여야 할 것이다.

제 3 항   법정질서유지

1. 사법절차에 있어서 법정질서유지의 기능

법정질서의 유지는 법원의 심리와 판결이 공개되어야 하는 경우 특히 중요한 의미를 갖는다. 법정질서가 유지되지 않으면 실체적 진실발견의 과정인 법원의 심리가 제대로 행해질 수 없으며, 실체적 진실발견과정에 흠이 있는 경우 그 결과인 판결도 실체적 진실발견의 결과 그 자체를 의미한다고는 볼 수 없다. 재판공개의 원칙이 공정한 재판의 전제로서 작용한다면, 법정의 질서유지는 재판공개의 원칙이 본래의 목적대로 기능하기 위한 전제가 된다. 따라서 재판공개의 원칙을 채택하고 있는 나라에서는 예외 없이 법정의 질서를 유지하기 위한 장치를 마련하고 있다.

2. 법정질서유지권

법정질서유지권의 주체는 원래 법원이다. 그러나 그것이 신속·적정하고 수시로 행사되어야 하는 특수성 때문에 법정을 대표하는 재판장이 행사하도록 하고 있다(법원조직법 제58조 제1항).

법원조직법상 재판장은 법정의 존엄과 질서를 해할 우려가 있는 자에 대하여 입정을 금지하거나 퇴정을 명령하고 기타 법정의 질서유지에 필요한 명령을 하며(법 제58조), 재판장의 허가 없는 법정 내에서의 녹화·촬영·중계방송 등은 금지된다(법 제59조). 또한 재판장은 법정의 질서를 유지하기 위해서 반드시 필요하다고 판단하는 경우에는 언제든지 관할경찰서장에게 경찰관의 파견을 요구할 수 있고 파견된 경찰관을 지휘하여 법정 안팎의 질서를 유지한다(법 제60조). 더 나아가서 재판장은 법정질서를 유지하기 위한 재판장의 명령을 어기거나 폭언·소란 등의 행위로 법정의 심리를 방해하거나 재판의 위신을 현저히 훼손한 사람에게 감치처분, 곧 20일 이내의 기간 그 신체의 자유를 구속하거나 100만 원 이하의 과태료에 처하거나 이를 병과할 수 있다(법 제61조).

3. 법정질서유지권의 한계

법정질서유지권은 시간적·장소적·대인적 한계가 있다. 곧 법정질서유지권은 ① 시간적으로는 개정 중이거나 이에 근접한 전·후시간이 아니면 행사할 수 없다. ② 장소적으로는 법정과 법관이 직무를 수행하는 장소에서만 할 수 있다. ③ 대인적으로는 소송관계인과 법정에 있는 자(검사, 법원서기, 일반방청인 등)에게만 행사할 수 있다.

재판장은 이러한 한계 내에서 법정질서유지권을 행사함에 있어 질서유지명령·처분이 재판공개의 원칙을 지키기 위한 수단에 지나지 않음을 주의해야 한다. 따라서 재판공개의 원칙을 채택한 결과 있을 수 있는 다소의 법정소란행위라든지 보도기관의 보도활동에 대해서까지 질서유지명령이나 처분을 발한다면, 그것은 오히려 비례의 원칙을 어기는 것이 될 것이다.

제 5 절 사법권의 한계

사법권의 한계는 법원의 심판에서 제외되는 사항이 있는가 여부에 대한 문제이다. 사법권의 한계에는 규범상의 한계(헌법상의 한계와 국제법상의 한계), 사법본질상의 한계 및 헌법정책·헌법이론상의 한계가 있다.

제 1 항   규범상의 한계

1. 헌법상의 한계

헌법은 "사법권은 법관으로 구성된 법원에 속한다"(제101조 제1항)는 것을 명문으로 규정하면서도 그에 대한 예외로서 다음과 같은 세 가지를 규정하고 있다. ① 법원은 헌법재판소의 권한으로 되어 있는 사항, 곧 위헌법률심판·탄핵심판·위헌정당해산심판·권한쟁의심판·헌법소원심판(제111조 제1항)에 대해서는 권한이 없다. 다만 법원은 위헌법률심판제청권(제107조 제1항)만을 가진다. ② 국회는 의원의 자격을 심사하고 의원을 징계하며 경우에 따라서는 제명할 수 있다. 그러나 이에 대하여는 법원에 제소할 수 없다(제64조 제2항·제3항·제4항). ③ 우리 국민은 대한민국의 영역 안에서 중대한 군사상 기밀·초병·초소·유독음식물공급·포로·군용물에 관한 죄 중 법률이 정한 경우와 비상계엄이 선포된 경우에는 군사법원의 재판을 받으며(제27조 제2항), 특히 비상계엄하의 군사재판은 군인·군무원의 범죄나 군사에 관한 간첩죄의 경우와 초병·초소·유독음식물공급·포로에 관한 죄 중 법률이 정한 경우에 한하여 단심으로 할 수 있다(제110조 제4항 본문). 따라서 위의 경우에 법원은 권한이 없으며, 특히 군사법원의 단심재판이 허용되는 범위 내에서는 대법원조차 권한이 없다.

2. 국제법상의 한계

국제법상 사법권이 제약되는 경우로는 치외법권자와 조약의 경우를 들 수 있다. 치외법권이란 외국인이 체류국가의 법적용을 받지 않고 본국법에 따르는 국제법상의 특권을 말한다. 외국의 원수와 그 가족 및 한국국민이 아닌 그 수행자, 신임받은 외교사절과 그 직원 및 가족과 한국국민이 아닌 고용원, 승인받고 한국영역 내에 주둔하고 있는 외국의 군인 또는 군함 등은 국제법상 치외법권을 누린다. 그러나 한미상호방위조약 제4조에 의한 한미행정협정 제22조에 의하여 주한미군의 구성원이나 군속, 그 가족에 대해서는 형사재판권은 미치나 민사재판권은 미치지 않는다.

제60조 제1항의 국회의 동의를 얻은 조약은 헌법재판소가 그 위헌 여부를 심

사하며, 명령·규칙과 같은 효력을 가지는 일반적인 조약(행정협정)은 법원이 그 위헌 여부를 심사한다. 따라서 제60조 제1항의 국회의 동의를 얻은 조약에 대해서는 법원이 심사하지 못한다.

제 2 항 사법본질상의 한계

사법작용은 법적 분쟁이 발생하는 경우 분쟁당사자 중 일방 당사자의 청구에 따라 독립된 지위를 가진 기관이 제3자적 입장에서 무엇이 법인가를 판단하고 선언함으로써 법을 유지하는 국가작용이다.

이러한 사법작용의 본질상 법원은 구체적인 사건에 관하여(구체적 사건성), 소를 제기할 수 있는 자의 청구가 있어야 하고(당사자적격), 그 청구와 관련하여 소송을 수행할 실질적 이익이 있어야 하며(소의 이익), 진실하고도 현존하는 또는 급박한 문제인 경우에(사건의 성숙성)만 심판할 수 있다. 따라서 구체적인 쟁송이 없거나, 소송의 정당한 당사자가 아니거나, 소송에 의해서 얻을 실질적인 이익이 없거나, 또는 추상적이고 잠재적인 사건의 경우에는 법원은 그를 심판할 수 없다.

제 3 항 헌법정책·헌법이론상의 한계

종래 사법권에 대한 헌법정책·헌법이론상의 한계로서 문제되어 온 것은 국회의 자율기능·행정부의 자유재량행위·특별관계(일반적인 표현으로는 특별권력관계 또는 특수신분관계)에서의 처분·적극적인 형성재판(행정소송상 이행판결) 및 통치행위이다.

1. 국회의 자율기능

국회의 자율기능, 곧 국회가 행하는 신분자율권·조직자율권·의사자율권의 행사는 국회의 독자적인 자율적 영역을 뜻하기 때문에 사법부가 그 당·부당을 가릴 문제가 아니라고 생각되어 왔다.

그러나 최근에 이에 대해서도 명백하고 현저한 의사절차상의 잘못이 있고 그

것이 국회의 의사결정에 직접적인 영향을 미쳤다고 인정할 만한 충분한 근거가 있는 경우에는 헌법재판의 과정에서 그에 대한 심사가 가능하다는 외국의 판례가 있고, 그것이 국내에서도 소개되고 있다.

개인적으로는 이러한 판례에 찬성하지만, 이것을 마치 사법권이 국회의 자율기능에 확대된 것으로 이해하는 것은 문제라고 본다. 따라서 위 외국의 판례에 찬성한다고 하더라도 그것은 잘못 행사된 의회의 자율기능이 헌법재판의 대상으로 된 것에 불과하기 때문에 국회의 자율기능은 여전히 사법권의 한계로 남아 있다고 생각한다.

2. 행정부의 자유재량행위

종래 행정행위에는 법에 엄격히 기속되는 기속행위와 행정청의 재량에 맡겨진 재량행위가 있으며, 다시 재량에는 무엇이 법인가를 판단하는 합법성판단에 대한 재량과 무엇이 합목적적인가를 판단하는 합목적성판단에 대한 재량이 있다고 보아 전자를 기속재량행위, 후자를 자유재량행위라 부르는 것이 일반화되어 있다.

이러한 자유재량행위가 법원의 심판대상이 되는가에 대해서는 견해가 나뉘어 있었지만, 현재는 재량권을 현저히 일탈하거나 재량권의 목적을 어긴 행위에 대한 심사와 어떤 행정행위가 자유재량행위인가의 여부의 심사는 법원의 심판에 속한다는 것이 통설 및 판례의 입장이다. 그러나 정확히 말한다면 모든 재량은 법치국가에서는 법(특히 법률) 내에서의 재량이라는 점에서 종래와 같은 의미의 자유재량행위라는 개념은 인정될 수 없다고 하여야 할 것이다. 다만, 행정청의 판단여지가 인정되는 경우에는 법원에 심사권이 없다 할 것이다.

3. 특별관계에서의 처분

종래 특별권력관계에 있는 사람들은 국가기구 속에 편입되어 있다거나 또는 특별권력관계는 특별한 고유법칙을 가지며 특별권력관계에 있는 사람들은 기본권의 행사를 포기하였다는 등의 이유를 들어 특별권력관계에서 행해진 처분에 대해서는 사법심사가 배제된다는 것이 지배적인 견해였다.

그러나 오늘날에는 특별권력관계라는 용어가 특별법관계, 강화된 종속관계,

특별의무관계, 특별관계, 특별신분관계라는 용어로 대체되어 있고, 이러한 관계에서의 행위도 사법심사의 대상이 된다는 것이 지배적인 학설로 굳어져 있다. 특히 기본권과 관련해서는 특별관계에서도 기본권은 헌법에 규정된 방법에 따라서만, 곧 법률에 의하거나 법률을 근거로 해서만 제한될 수 있으며, 모든 제한은 헌법에 정해진 한계를 지켜야만 하고 그에 대한 판단은 법원의 심사사항이라는 것에 의견이 일치되어 있다. 헌법재판소와 대법원은 특별권력관계라는 말을 여전히 사용하면서도 그러한 관계에서 공권력의 발동으로 권리를 침해당한 자는 그 위법·부당한 처분의 취소를 구할 수 있다는 것을 분명히 확인하고 있다.

4. 적극적인 형성판결

법원이 행정처분의 취소 또는 무효확인의 판결을 하는 외에 행정청을 대신하여 직접 어떤 처분을 하거나 어떤 처분을 명하는 이행판결을 할 수 있을 것인가에 대하여는 의견이 나누어져 있다. 그러나 사법은 소극적인 것을 본질로 하고 본질적인 것에 충실할 때 그 임무에 충실할 수 있기 때문에 적극적인 형성판결은 할 수 없다고 보아야 한다. 대법원도 적극적인 이행판결을 부인하고 있다.

5. 통치행위

(1) 통치행위에 관한 학설 개관

사법권의 한계와 관련하여 가장 문제가 되는 것은 통치행위의 문제이다. 그러나 통치행위의 개념, 통치행위의 주체, 통치행위의 특질, 통치행위의 한계 등에 대해서는 이미 앞에서 설명하였기 때문에, 여기에서는 통치행위의 인정 여부에 대한 학설만을 검토하고 개인적인 생각을 정리하기로 한다. 통치행위에 대해서는 그를 부정하는 학설과 긍정하는 학설이 나누어져 있다.

통치행위부정설에는 통치행위전면부정설과 사법심사를 받지 않는 행위는 인정하나 통치행위는 부정하는 학설이 있다. 통치행위긍정설에는 법이론에 근거를 둔 학설과 법정책에 근거를 둔 학설이 있다. 법이론에 근거를 둔 학설에는 내재적 제약설(권력분립설)과 자유재량행위설이 있고, 법정책에 근거를 둔 학설에는 사법자제설이 있다.

(2) 법이론에 근거를 둔 학설

1) 내재적 제약설　　내재적 제약설은 권력분립의 원칙을 근거로 법원의 권한에는 통치행위에 대하여 사법심사를 할 수 없는 내재적 한계가 있다고 한다. 스멘트 *R. Smend*, 슈미트 *C. Schmitt*, 마샬 *Marshall*(Marbury v. Madison) 등이 이 견해를 취하고 있다.

2) 자유재량행위설　　자유재량행위설은 행정행위를 기속행위와 재량행위로 나누고, 통치행위는 정치문제이며 정치문제는 대체로 헌법적 결정에 의한 통치자의 자유재량행위이므로 통치행위는 행정행위이지만 법원에 의한 사법적 심사에서 제외되는 행정행위라고 한다. 프랑스의 다수설적 입장이다.

(3) 법정책에 근거를 둔 학설

사법자제설은 통치행위도 법률문제를 포함하고 있는 이상 사법심사의 대상이 되는 것이 마땅하지만, 통치행위가 사법심사의 대상에서 제외되는 것은 사법의 자제에 의하여 법원은 정치분야의 문제에 대한 판단에 개입하는 것을 회피하여 그 정치분야를 담당하는 각 기관의 결정을 존중하려는 것이라고 한다. 슈나이더 *H. Schneider*, 포르스트호프 *E. Forsthoff*, 프랑크 *J. P. Frank* 등이 주장하였다.

(4) 국내학설과 판례

1) 국내학설과 판례　　우리나라의 학자들은 기본권이 침해된 경우를 제외하고는 대체적으로 통치행위의 필요성을 인정하고 있다.

헌법재판소는 이른바 "국제그룹해체에 대한 위헌결정" 이후 통치행위를 부인해오고 있으며, 통치행위가 헌법재판의 대상이 된다는 것을 확인하고 있다. 그러나 헌법재판소는 아직 헌법재판상 통치행위를 부인한다는 취지의 일반적 표현은 하지 않고 있다. 이는 만일의 경우에 사법적 자제에 근거한 정치문제의 이론을 원용할 가능성을 전면 배제하지는 않으려는 의도로 해석된다. 이를 입증하듯 헌법재판소는 2004년에 통치행위라는 용어 대신 '고도의 정치적 결단이 요구되는 사안'이라는 용어를 사용하면서 그에 대한 판단을 회피하였다. 이에 대하여 대법원은 비상계엄의 선포나 확대행위와 같은 통치행위가 사법심사의 대상이 되는지 여부에 대하여 한정적 긍정론을 펴고 있다.

2) 사　　견　　통치행위에 대하여 사법심사를 거부하는 이론적 근거에 대

해서는 법논리적인 측면에서 볼 때 통치행위부정설이 간단·명료하고 국민의 기
본권보장을 위해서도 적당하다고 볼 수 있다. 그러나 통치행위를 부정하는 경우
실제로 발생하는 정책적·합목적적·현실적인 필요성을 해결할 수 없다.

   이러한 필요성을 해결하기 위하여 통치행위를 인정하여야 할 이유가 있다.
이 경우 통치행위를 법이론적인 측면에서 인정하면 통치행위의 범위는 비교적
좁게 되어 그 한계에서 법치주의·법적 안정성의 요청에는 합치되나 현실적인 요
청에 적응하지 못할 경우가 생길 수 있다. 그에 반하여 통치행위를 법정책적인
측면에서 인정하면 현실의 요청에는 부합할지 모르나 통치행위의 범위는 그때그
때의 정치상황에 의하여 크게 변동할 염려가 있다. 이러한 이율배반을 해결하기
위해서는 헌법정책적 고려에 의한 사법권의 자율적 자제필요성과 국민주권사상
에 근거를 둔 정당성이론의 조화, 곧 사법자제설과 내재적 제약설의 조화가 요청
된다. 그러나 이 경우에도 사법자제설이 내재적 제약설보다 더 큰 비중을 차지한
다고 보아야 할 것이다. 왜냐하면 통치행위의 주체는 국민에 의해서 선거된 헌법
기관이기 때문에 그 권력이나 그가 행하는 통치행위가 정당화된다는 정당성이론
(내재적 제약설)은 그 표현이 가지는 설득력에도 불구하고 헌정실제에서 많은 문
제점을 내포하고 있기 때문이다.

   끝으로, 통치행위를 인정한다는 것은 그 통치행위를 행한 자에게 책임을 묻
지 않는다는 것이지, 통치행위의 결과 행해진 국민의 기본권침해에 대해서도 면
책되는 것은 아니라는 것을 분명히 할 필요가 있다. 곧 법원은 통치행위를 심사
하여 그것이 통치행위라면 그 주체에게는 면책을 주고, 그 통치행위에 의하여 국
민의 기본권이 침해되었으면 침해된 기본권을 회복시켜야 하는 것이지, 그것을
통치행위라고 하여 처음부터 심사하지 말아야 하고 심지어는 처음부터 심사하지
않아도 되는 것은 아니라는 것이다.

제 5 장   헌법재판소

제 1 절   헌법재판 일반론

제 1 항   헌법재판의 의의

1. 헌법재판의 개념

(1) 헌법재판의 개념

헌법재판은 경성헌법의 최고규범성을 전제로 하여 헌법적 분쟁, 곧 헌법의 규범내용 또는 그 밖의 헌법문제에 관한 분쟁이 발생하는 경우 분쟁의 당사자 중 일방 당사자 또는 국가기관의 청구에 따라 독립된 지위를 가진 기관이 제3자적 입장에서 이를 유권적으로 해석하여 헌법의 규범력을 유지하는 작용이다.

헌법재판에는 협의의 헌법재판과 광의의 헌법재판이 있다. 좁은 의미에서 헌법재판이라 함은 법원이나 헌법재판소와 같은 특정의 국가기관이 의회가 제정한 법률의 헌법위반 여부를 심사하고, 그것이 헌법에 위반된다고 판단하는 경우에는 그 법률의 효력을 상실하게 하든가 그 적용을 거부하는 제도, 곧 위헌법률심사제를 말한다. 위헌법률심사제에는 구체적 규범통제와 추상적 규범통제가 있다. 구체적 규범통제는 법률의 위헌 여부가 재판의 전제가 된 경우에 소송당사자의 신청 또는 법원의 직권에 의해서 규범심사를 하는 제도이며, 추상적 규범통제는 법률의 위헌 여부가 재판의 전제가 되지 않은 경우라도 법률의 위헌 여부에 다툼이 생긴 경우에 일정한 국가기관의 신청에 의해서 독립한 헌법재판기관이 그를 심사·사정하는 제도이다. 우리 헌법은 구체적 규범통제만을 채택하고 있다. 오늘날과 같은 형태의 위헌법률심사제(구체적 규범통제)는 1803년 미연방대법원에서 마샬 *Marshall*대법원장이 *Marbury v. Madison*사건에서 위헌법률은 무효이며, 무엇이 법인가를 선언하는 일은 연방헌법에 따라 분명히 사법부의 권한이자 임무라고 선언한 데서 비롯되었다.

이에 대해서 넓은 의미의 헌법재판이라 함은 헌법에 대한 쟁의나 의의를 사법절차에 따라 해결하는 작용 일체를 말한다. 이에는 헌법 제111조 제1항에 규정된 사항, 곧 위헌법률심판·탄핵심판·정당해산심판·권한쟁의심판·헌법소원심판과 그 밖에도 선거소송이 속한다.

(2) 헌법재판의 기능

헌법재판 일반의 기능을 한 마디로 말한다면 헌법보호기능 또는 헌법질서 수호기능이란 말로 표현할 수 있다.

개별헌법재판의 기능이 다르다는 전제하에 헌법재판의 기능은 순기능과 역기능으로 나눌 수 있다. 헌법재판의 순기능으로는 다음과 같은 여섯 가지를 들수 있다. ① 헌법질서를 수호하는 기능을 한다(모든 헌법재판, 특히 탄핵심판, 위헌정당해산심판). ② 민주주의이념을 구현하는 기능을 한다(헌법소원심판, 위헌정당해산심판). ③ 권력을 통제하고 개인의 자유와 권리를 보호하는 기능을 한다(헌법소원심판, 위헌법률심판). ④ 정당국가에서 법률의 합헌성을 보호함으로써 원내의 소수자를 보호하는 기능을 한다(위헌법률심판). ⑤ 정치적 투쟁의 해결을 중립기관에 일임함으로써 정치적 평화를 정착시키는 기능을 한다(위헌법률심판, 권한쟁의심판). ⑥ 연방국가의 경우에는 연방과 지방간의 분쟁을 조정하여 연방제를 유지하는 기능을 한다.

그러나 헌법재판에는 역기능도 있다. 사법의 정치화라든지 보수적 사법 때문에 사회발전이 지연되는 경우가 헌법재판의 부정적 측면이다.

제 2 항 헌법재판의 본질

헌법재판의 본질(또는 법적 성격)과 관련하여 정치작용설, 입법작용설, 사법작용설, 제4종국가작용설 등 견해가 나누어져 있다.

정치작용설은 헌법재판은 실존하는 정치적 통일체의 종류와 형식에 관한 근본결단인 헌법문제에 대한 다툼, 곧 헌법분쟁을 전제로 하고 있으며, 진정한 헌법분쟁은 항상 정치적 분쟁일 수밖에 없기 때문에 그 해결방법은 사법작용이 아니라 정치적 결단에 따른 정치적 작용이 될 수밖에 없다고 한다. 입법작용설은 헌법재판, 특히 그 중에서도 규범통제는 헌법을 보충하고 그 내용을 형성하는 기능이기 때문에 입법이지 사법이 아니라고 한다. 사법작용설은 헌법재판을 헌법규범에 대한 법해석작용이라고 한다. 제4종국가작용설은 헌법재판은 국가의 통치권행사가 언제나 헌법정신에 따라 행해질 수 있도록 입법·행정·사법 등의 국가작용을 통제하는 기능이기 때문에 사법작용일 수도 없고 입법작용일 수도 없을 뿐만 아니라 그렇다고 행정작용일 수도 없는 독특한 성격을 갖는 제4의 국가작용이라고 한다.

이러한 여러 학설 중 사법작용설이 다수설이며 또한 옳다.

제 3 항 헌법재판의 한계

헌법재판도 사법작용인 이상 헌법재판에도 규범적 한계, 본질적 한계, 정책적·이론적 한계가 있다. 우선, 헌법재판이 규범적 한계를 가진다는 이야기는 헌법이 헌법재판소의 관할사항으로 규정하고 있는 사항만을 헌법재판은 대상으로 삼을 수 있다는 이야기이다. 따라서 헌법재판소가 재판권을 행사할 수 있는 사항은 법원의 제청에 의한 법률의 위헌심판, 탄핵의 심판, 정당의 해산심판, 국가기관 상호간·국가기관과 지방자치단체간 및 지방자치단체 상호간의 권한쟁의심판, 법률이 정하는 헌법소원에 관한 심판의 5가지에 한정된다.

다음으로, 헌법재판은 사법작용이기 때문에 심판의 청구가 있고, 구체적 사건성·당사자적격·소의 이익·사건의 성숙성 등 요건을 갖추어야만 심사할 수 있다. 여기에서 통치행위가 헌법재판의 한계에 해당되는지가 문제되나, 앞에서 자세하게 논하였기 때문에, 통치행위는 헌법재판의 한계에 해당되지 않는다는 것을 재확인하는 것으로 만족하기로 한다. 그러나 예컨대 우리 정부가 아프리카의 어떤 국가와 수교를 맺음에 있어 처분할 수 있는 예산의 범위 내에서 일정액의 개발원조를 하는 것이 합목적적인가라는 문제와 같이 개별적 쟁점에 관하여 어떤 관련법규도 제시할 수 없는 경우는 사법판단적격성이 없는 경우로서 헌법재판소는 재판할 수 없다. 곧 헌법재판은 정치적 기준만이 주어져 있고 법적 기준이 주어져 있지 않은 문제는 결정해서도 안 되고 결정할 수도 없다.

마지막으로, 헌법재판에는 정책적·이론적 한계가 있다. 이 한계를 헌법재판의 기능적 한계라고도 한다. 헌법재판의 정책적·이론적 한계는 일반적으로는 다음과 같이 표현된다. 헌법재판소는 다른 국가기관을 통제하는 경우에 다른 국가기관의 기능까지 행사해서는 안 된다. 곧 헌법재판소는 자신의 과제를 행사함에 있어서 권력분립원리의 요청을 지켜야 한다.

제 4 항   헌법재판담당기관의 유형

불문헌법국가에서는 헌법재판이 부정되며, 대부분의 성문헌법국가는 헌법재판에 대하여 긍정적이다.

헌법재판제도를 채택하고 있는 나라들에서도 헌법재판을 담당하는 기관은 일정하지 않다. 독립된 헌법재판소를 두고 있는 경우, 일반법원에서 헌법재판을 하는 경우, 정치적 기관으로 하여금 헌법재판을 담당하게 하는 3가지로 유형화할 수 있다.

독립된 헌법재판소를 두고 있는 경우는 대체로 광의의 헌법재판을 하고 있으며, 위헌법률심판도 추상적 규범통제까지를 포함하고 있고 법률의 위헌성을 인정하는 경우에는 그 효력을 전면적으로 상실하게 하고 있다. 독일, 오스트리아, 이탈리아, 포르투갈, 스페인, 터키, 러시아 등이 그 예이다. 일반법원에서 헌법재판을 담당하고 있는 경우는 관할사항을 협의의 헌법재판, 특히 구체적 규범통제에 한정시키고 있으며, 법률에 위헌성을 인정하는 경우에도 당해사건에서만 법률의 적용을 거부하고 있다. 미국, 중남미제국, 호주, 캐나다, 일본, 인도 등이 그 예이다. 그런가 하면 1958년 프랑스헌법의 헌법평의회와 같이 정치적 기관에 헌법재판을 담당하게 하는 경우도 있다.

우리나라의 경우 위헌법률심사는 건국헌법에서는 부통령을 위원장으로 하고, 대법관 5인·국회의원 5인 등 11인으로 구성된 헌법위원회에서, 1960년 헌법에서는 대통령·법원·참의원이 각 3인씩 선출한 심판관들로 구성된 헌법재판소에서

하였다. 1962년 헌법은 법원에 위헌법률심판권을 부여하였고, 1972년 헌법은 헌법위원회에서 위헌법률심판을 관할하게 하였다. 그러나 1972년 헌법은 대법원에 실질적인 합헌판단권을 부여하였을 뿐만 아니라 대법원에 불송부결정권까지 부여하였기 때문에 대법원이 위헌심사제청을 회피하여 위헌법률심사가 단 한 번도 이루어지지 못하였다. 1980년의 헌법에서는 헌법위원회에 위헌법률심판권을 부여하였고, 현행 1987년 헌법에서는 헌법재판소가 위헌법률심판을 담당하고 있다.

제 2 절 헌법재판소의 헌법상 지위·구성과 조직

제 1 항 헌법재판소의 헌법상 지위

1. 헌법재판소의 헌법상 지위

헌법재판소는 헌법재판을 전담하는 기관이므로 헌법재판소는 일차적으로는 헌법재판기관이다. 그런데 헌법재판은 헌법문제에 관한 분쟁을 유권적으로 해석하여 헌법의 규범력을 유지하는 작용이므로 헌법재판소는 헌법의 최종적 해석기관으로서의 지위와 헌법수호기관으로서의 지위를 아울러 갖는다. 대통령의 헌법수호자로서의 지위가 비상시에 국가긴급권을 발동하여 헌법을 수호하는 기능을 하는 것이라면, 헌법재판소의 헌법수호작용은 평상시에 작용하는 점에서 차이가 있다.

헌법상 헌법재판기관으로서의 헌법재판소에게는 법원의 제청에 의한 법률의 위헌여부심판권, 탄핵심판권, 정당해산심판권, 권한쟁의심판권, 헌법소원심판권이 부여되어 있다. 이러한 권한을 행사하는 중에 헌법재판은 헌법질서를 수호하는 기능, 민주주의이념을 구현하는 기능, 권력을 통제하고 개인의 자유와 권리를 보호하는 기능, 정치적 평화를 정착시키는 기능을 한다. 이러한 헌법재판소의 권한과 기능으로부터 헌법재판소는 부차적으로 기본권보장기관으로서의 지위, 권력의 통제·순화기관으로서의 지위, 정치적 평화보장기관으로서의 지위를 갖는다.

2. 헌법재판소와 대법원의 관계

(1) 원칙적인 관계

헌법재판소와 대법원은 원칙적으로 독립적이고 동등한 관계에 있다. 따라서 두 기관이 기능적 한계를 지키는 한, 곧 헌법재판소가 일반재판을 하지 않고 대법원이 헌법재판을 하지 않는 한, 두 기관 사이에 마찰이 있을 수 없다.

(2) 양 기관의 갈등을 불러일으킬 수 있는 조항과 실제

그러나 헌법은 이 두 기관 사이에 갈등을 일으킬 수 있는 조항을 가지고 있다. 그 첫째는 위헌법률심판권을 헌법재판소에 부여하면서(제111조 제1항 제1호) 명령·규칙·처분에 대한 최종심판권을 대법원에 부여하여(제107조 제2항) 규범통제권을 이원화시켜 놓은 것이고, 그 둘째는 헌법재판소에 헌법소원심판권을 부여하면서(제111조 제1항 제5호) 법원의 재판은 그 대상에서 제외시킨 것이다(헌법재판소법 제68조 제1항 본문).

그리고 이러한 조항들을 둘러싸고 사실상 헌법재판소와 대법원 사이에는 여러 차례 커다란 마찰이 있었다. 한 번은 1990년 10월 15일 헌법재판소가 법무사법시행규칙 제3조 제1항에 대한 헌법소원을 받아들여 위헌결정을 한 때이고, 다른 한 번은 헌법재판소가 1997년 12월 24일에 구 소득세법 제23조 제4항 단서 등에 대한 헌법재판소의 위헌결정에 따르지 아니한 대법원의 판결을 취소하고 헌법소원청구인에 대한 동작세무서장의 7억여 원 상당의 양도소득세 등 부과처분도 함께 취소한 때였다. 특히 두 번째의 경우에 대법원은 1998년 9월 25일에 헌법재판소가 취소한 위 판결을 인용하여 구 소득세법 제23조 제4항 단서 등에 의거한 양도소득세부과처분을 적법하다고 판시하여 헌법재판소의 결정을 무시하였다.

(3) 이 문제에 대한 학계의 입장과 사견

1) 학계의 입장   이 문제와 관련하여 학자들은 헌법재판소법 제68조 제1항 중에서 "법원의 재판을 제외하고는"이라는 11글자를 삭제하는 것이 가장 좋은 방법이라는 입법론을 제시하고 있거나 아니면 양 기관이 헌법상의 역할과 기능을 존중하고 상호 협력함으로써 사법부로서의 조화를 이룩하고 사법부의 위상을 제고하는 것이 바람직하다는 덕담(德談)식의 중재안을 내놓고 있다.

2) 사 견 일반론적·원칙론적으로 말한다면 이 문제는 궁극적으로는 (헌)법개정을 통하여 규범통제의 권한을 일원화시키고, 헌법재판소법 제68조 제1항 중에서 "법원의 재판을 제외하고는"이라는 표현을 삭제하는 것이 가장 바람직하다고 할 수 있다. 그러나 문제는 그때까지 현행헌법질서 내에서 헌법재판소와 대법원의 관계를 어떻게 해석하여야 할 것인가 하는 것이다. 이 문제는 매우 복잡한 문제이기 때문에 여기서는 간단하게 결론만 말하기로 한다.

우선, 헌법 제107조 제2항과 관련해서는 다음과 같은 이야기를 할 수 있다. 우리 헌법질서 내에서 재판작용은 사실심과 법률심 그리고 헌법심으로 분류할 수 있으며, 사실심과 법률심에 있어서는 분명히 3심제를 원칙으로 하고 사실심과 법률심에 관한 법인식작용에서는 대법원을 최고법원으로 하고 있다. 그러나 헌법심을 본질로 하는 헌법재판은 심급의 문제와는 다른 목적을 추구하는 헌법인식기능이며, 또 헌법재판소의 지위는 대법원을 정점으로 하는 사법부의 조직과는 다른 차원에서 이해되어야 한다. 따라서 '최고법원인 대법원'(제101조 제2항)과 '최종적'(제107조 제2항)이라는 규정의 뜻은 사법부 내에서의 대법원의 위상을 명확히 한 것이지, 헌법보호적인 헌법인식기능을 하는 헌법재판을 포함하는 모든 재판작용에 있어서의 대법원의 지위를 분명히 한 것이라고 볼 수는 없다. 그렇다면 위헌명령·규칙심사권은 원칙적으로 헌법재판소의 권한에 속하나, 예외적으로 위헌명령·규칙이 재판의 전제가 되는 경우에 한하여 대법원이 사법부 내에서 최종적으로 심사할 권한을 가진다고 헌법 제107조 제2항을 해석할 수 있다. 따라서 이러한 예외적인 경우를 제외하고는 위헌명령·규칙에 대한 심판권은 헌법재판소에 있으며, 그 결과 명령·규칙이 직접 국민의 기본권을 침해하는 경우에는 헌법소원의 대상이 될 수 있음은 당연하다 하겠다.

다음으로, 법원의 재판을 헌법소원심판의 대상에서 제외하고 있는 헌법재판소법 제68조 제1항 본문은 위헌이다. 그 이유는 다음과 같다. ① 동 조항은 행정쟁송제도와 규범통제제도가 각각 행정권과 입법권에 의한 기본권침해에 대한 방어수단으로 발전되어온 것임에 반하여, 헌법소원제도는 사법권에 의한 기본권침해에 대한 방어수단으로 고안된 것이라는 헌법소원의 유래와 본질을 무시 또는 간과한 규정이다. ② 동 조항이 법원의 재판을 헌법소원의 대상에서 제외함으로써 입법작용에 의한 기본권침해의 경우와 예컨대 재판을 거부하거나 재판을 지지부진하게 하여 국민의 신속한 재판을 받을 권리(제27조 제3항)를 침해한 때 그리고 법률의 위헌여부심판의 제청신청이 기각된 때(헌법재판소법 제68조 제2항)를 제외하고는 사법작용과 행정작용에 의한 기본권침해에 대한 구제가 불가능하게 되었다. 그 결과 헌법재판소법 제68조 제1항 본문은 헌법 제27조 제1항에 의하여 보장된 재판청구권을 합리적 이유 없이 과도하게 침해하고 있다.

제 2 항 헌법재판소의 구성과 조직

1. 헌법재판소의 구성

헌법은 헌법재판소의 구성과 관련하여 제111조에 3개항을 두고 있다. "헌법재판소는 법관의 자격을 가진 9인의 재판관으로 구성하며, 재판관은 대통령이 임명한다"(제111조 제2항). "헌법재판소재판관 중 3인은 국회에서 선임하는 자를, 3인은 대법원장이 지명하는 자를 임명한다"(제111조 제3항). "헌법재판소의 장은 국회의 동의를 얻어 재판관 중에서 대통령이 임명한다"(제111조 제4항).

2. 헌법재판소의 조직

(1) 조직 일반

"헌법재판소의 조직과 운영 기타 필요한 사항은 법률로 정한다"(제113조 제3항). 이에 따라 헌법재판소법이 제정되어 있다. 동법에 따르면 헌법재판소는 헌법재판소장, 헌법재판소재판관, 재판관회의 및 보조기관으로 조직되어 있다.

(2) 헌법재판소의 장

헌법재판소의 장은 국회의 동의를 얻어 재판관 중에서 대통령이 임명한다(제111조 제4항, 법 제12조 제2항). 헌법재판소장은 헌법재판소를 대표하고, 사무를 총괄하며, 소속공무원을 지휘·감독한다(법 제12조 제3항). 헌법재판소장이 궐위되거나 부득이한 사유로 직무를 수행할 수 없을 때에는 다른 재판관이 헌법재판소규칙이 정하는 순서에 의하여 그 권한을 대행한다(법 제12조 제4항). 헌법재판소장의 정년은 70세이며(법 제7조 제2항), 보수와 대우는 대법원장에 예에 따른다(법 제15조).

(3) 헌법재판소재판관

헌법재판소의 재판관은 헌법재판소장을 포함하여 9인으로 하고(제111조 제2항), 재판관은 국회의 인사청문을 거쳐 임명·선출 또는 지명된다(법 제6조 제2항).

헌법재판소재판관으로 임용되려면 법관의 자격을 가진 사람으로서(제111조 제2항) 15년 이상 다음의 직에 있었던 40세 이상자이어야 한다. ① 판사·검사·변호사, ② 변호사의 자격이 있는 사람으로서 국가기관·국공영기업체·「공공기관의 운영에 관한 법률」 제4조에 따른 공공기관 또는 그 밖의 법인에서 법률에 관한 사무에 종사한 사람, ③ 변호사의 자격이 있는 사람으로서 공인된 대학의 법률학 조교수 이상의 직에 있던 사람(법 제5조 제1항).

재판관은 헌법과 법률 그리고 양심에 따라 독립하여 심판한다(법 제4조). 헌법재판소재판관의 임기는 6년으로 연임할 수 있다(제112조 제1항, 법 제7조 제1항). 헌법재판소재판관은 정당에 가입하거나 정치에 관여할 수 없고(제112조 제2항, 법 제9조), 각급의회의 의원직·그 밖의 공무원직·법인과 단체의 고문·임원 및 지방자치단체의 장의 직을 겸하거나 영리를 목적으로 하는 사업을 영위할 수 없는 대신(법 제14조), 탄핵 또는 금고 이상의 형의 선고에 의하지 아니하고는 파면되지 아니한다(제112조 제3항, 법 제8조). 헌법재판소재판관의 정년은 70세이며(법 제7조 제2항), 보수와 대우는 대법관의 예에 따른다(법 제15조 제1항).

(4) 재판관회의

재판관회의는 재판관전원으로 구성하며, 의장은 헌법재판소장이 된다(법 제16조 제1항). 재판관회의는 7명 이상의 출석과 출석인원 과반수의 찬성으로 의결한다(법 제16조 제2항). 의장은 의결에서 표결권을 가진다(법 제16조 제3항).

다음 사항은 반드시 재판관회의의 의결을 거쳐야 한다. ① 헌법재판소규칙의 제정과 개정 등에 관한 사항. ② 예산요구, 예비금지출과 결산에 관한 사항. ③ 사무처장, 사무차장, 헌법재판연구원장, 헌법연구관 및 3급 이상 공무원의 임면에 관한 사항. ④ 특히 중요하다고 인정되는 사항으로서 헌법재판소장이 부의하는 사항(법 제16조 제4항).

(5) 보조기관

헌법재판소의 보조기관으로 헌법재판소의 행정사무를 처리하는 사무처와 헌법재판소장의 명을 받아 사건의 심리와 심판에 관한 조사·연구에 종사하는 헌법연구관·헌법연구관보가 있다(법 제19조, 제19조의2). 또 헌법재판소에는 헌법 및 헌법재판연구와 헌법연구관, 사무처 공무원 등의 교육을 위해서 헌법재판연구원을 둔다(법 제19조의4).

제 3 절   헌법재판소의 일반심판절차

제 1 항   개   관

헌법은 헌법재판소의 심판절차에 대해서는 "헌법재판소에서 법률의 위헌결정, 탄핵의 결정, 정당해산의 결정 또는 헌법소원에 관한 인용결정을 할 때에는 재판관 6인 이상의 찬성이 있어야 한다"(제113조 제1항)라고만 규정하고 있을 뿐, 나머지 사항에 대해서는 법률에 위임하고 있다. 이에 따라 헌법재판소법이 제정되어 있다.

헌법재판소법은 심판절차를 일반심판절차와 특별심판절차로 나누고 있다. 헌법재판소법에 규정이 없는 경우에는 원칙적으로 민사소송에 관한 법령을 준용하며, 예외적으로 탄핵심판의 경우에는 형사소송에 관한 법령을 준용하고 권한쟁의 심판과 헌법소원심판의 경우에는 행정소송법을 준용하도록 하고 있다(법 제40조).

제 2 항   일반심판절차

1. 심판주체와 당사자

(1) 심판의 주체

헌법재판은 원칙적으로 재판관전원으로 구성되는 재판부에서 관장하며, 재판장은 헌법재판소장이 된다(법 제22조). 그러나 헌법소원의 경우 사전심사를 위하여 재판관 3인으로 구성되는 지정재판부를 둘 수 있다(법 제72조 제1항). 이는 남소를 예방하고, 기본권보장에 신속·철저를 기하기 위한 것이다. 재판관이 헌법재판소법 제24조에 규정된 제척·기피·회피사유에 해당되는 경우에는 당해 직무집행에서 배제된다.

(2) 당사자와 소송대리인

정부가 당사자인 경우 법무부장관이 정부를 대표한다. 기타의 경우, 특히 사인의 경우 변호사강제주의를 채택하고 있다(법 제25조). 따라서 변호사강제주의가 적용되는 것은 사인이 당사자가 되는 탄핵심판과 헌법소원심판이다.

2. 심판청구

헌법재판소에 심판청구를 하려면 심판청구서를 제출하여야 한다. 단, 위헌심판의 경우에는 법원의 제청서, 탄핵심판의 경우에는 국회의 소추의결서의 정본으로 이를 갈음한다(법 제26조). 헌법재판소가 청구서를 접수한 때에는 지체 없이 그 등본을 피청구기관 또는 피청구인에게 송달하여야 한다(법 제27조). 청구서의 송달을 받은 피청구인은 그에 대응하는 답변서를 제출할 수 있다(법 제29조).

3. 심리와 평의

(1) 심   리

1) 심리정족수   재판부는 재판관 7명 이상의 출석으로 사건을 심리한다(법 제23조 제1항).

2) 심리방식   탄핵심판, 정당해산심판, 권한쟁의심판은 구두변론에 의하고(법 제30조 제1항), 위헌법률심판, 헌법소원심판은 서면심리에 의하되, 다만 재판부는 필요하다고 인정하는 경우에는 변론을 열어 당사자·이해관계인 그 밖의 참고인의 진술을 들을 수 있다(법 제30조 제2항 단서). 서면심리는 합목적성심사가 아닌 합법성 여부만을 심사한다. 곧 법률의 형식적 합법성(성립·발효절차)과 실질적 합법성(내용)만을 심사한다.

3) 심리의 원칙

① 공개주의   구두변론의 경우 심판의 변론과 결정의 선고는 공개한다. 그러나 서면심리와 평의는 공개하지 아니한다(법 제34조 제1항). 또한 심리는 국가의 안전보장 또는 안녕질서나 선량한 풍속을 해할 염려가 있을 때에는 헌법재판소의 결정으로 공개하지 아니한다(법 제34조 제2항).

② 일사부재리의 원칙   헌법재판소는 이미 심판을 거친 동일사건에 대하

여는 다시 심판할 수 없다(법 제39조).

4) 의견서의 제출   위헌법률심판(법 제68조 제2항의 헌법소원심판 포함)과 헌법소원심판에서 당해 소송사건의 당사자와 국가기관 또는 공공단체·법무부장관 등은 헌법재판소에 그 심판에 관한 의견서를 제출할 수 있다(법 제44조, 제74조 제1항·제2항).

5) 증거조사와 자료제출   재판부는 사건의 심리를 위하여 필요하다고 인정하는 때에는 당사자의 신청에 따라 또는 직권에 의하여 증거조사를 할 수 있다(법 제31조). 또한 결정으로 다른 국가기관 등에 대하여 심판에 필요한 사실을 조회하거나 기록의 송부나 자료의 제출을 요구할 수 있다(법 제32조).

6) 심판의 지휘와 심판정의 질서유지   재판장은 심판정의 질서와 변론의 지휘 그리고 평의의 정리를 담당한다(법 제35조).

7) 심판비용   심판비용은 국가가 부담함을 원칙으로 한다. 그러나 당사자의 신청에 따른 증거조사의 비용은 신청인에게 부담시킬 수 있으며(법 제37조 제1항), 헌법소원의 경우에는 신청인에게 공탁금 납부를 명할 수 있다(법 제37조 제2항).

(2) 평   의

재판부의 사건심리가 끝나면 결정을 하기 위해 재판관회의에서 재판관들이 모여 사건을 논의하는 절차가 필요하다. 이를 평의라 한다. 평의는 공개하지 않는다(법 제34조 제1항 단서). 평의에서는 주심재판관이 사건에 대한 검토내용을 요약 발표하고, 최종적으로 표결한다. 이를 평결이라 한다. 평결을 하는 방법에는 쟁점별 평결방식과 주문별 평결방식이 있다. 헌법재판소는 주문별 평결방식을 따르고 있다.

제 3 항   종국결정

재판부가 심리를 마친 때에는 종국결정을 한다(법 제36조 제1항). 헌법재판소는 청구서를 접수한 날로부터 180일 이내에 종국결정을 선고하여야 한다. 그러나 재판관의 궐위로 7인의 출석이 불가능한 때에는 그 궐위된 기간은 심판기간에 산입하지 아니한다(법 제38조). 헌법재판소는 이 규정을 훈시규정으로 보고 있다.

재판부는 종국심리에 관여한 재판관 과반수의 찬성으로 결정한다. 다만 법률의 위헌결정, 탄핵심판결정, 정당해산결정, 헌법소원에 관한 인용결정, 헌법재판소의 판례변경을 위해서는 재판관 6인 이상의 찬성이 있어야 한다(제113조 제1항, 법 제23조 제2항).

결정서에는 사건번호와 사건명, 당사자와 심판수행자 또는 대리인, 주문, 이유, 결정일자를 기재한 후 심판에 관여한 재판관 전원이 서명·날인하여야 한다(법 제36조 제2항). 심판에 관여한 재판관은 결정서에 의견을 표시하여야 한다(법 제36조 제3항).

심판청구가 적법하고 이유가 있을 경우에는 인용결정을 하고, 심판청구가 부적법할 경우에는 각하결정을 하며, 심판청구가 적법하지만 이유가 없을 경우에는 기각결정을 한다. 그러나 위헌법률심판의 경우에는 합헌결정과 위헌결정 그리고 변형결정을 한다.

종국결정이 선고되면 서기는 지체 없이 결정서정본을 작성하여 이를 당사자에게 송달하여야 하고(법 제36조 제4항), 종국결정은 관보에 게재함으로써 이를 공시한다(법 제34조 제5항).

제 4 항 가처분절차

헌법재판소법은 정당해산심판(법 제57조)과 권한쟁의심판(법 제65조)에 대해서만 가처분에 관한 규정을 두고 있다. 그러나 헌법재판소는 헌법소원심판과 위헌법률심판에서도 가처분을 인정하고 있다.

제 4 절 위헌법률심판

위헌법률심판에는 법원의 제청에 의한 위헌법률심판(헌가형)과 헌법재판소법 제68조 제2항의 헌법소원심판(위헌심사형 헌법소원심판, 헌바형)이 있다.

제1항 법원의 제청에 의한 위헌법률심판

위헌법률심판은 제청 → 심판 → 종국결정의 순서로 진행된다. 제정절차는 직권 또는 당사자의 신청에 의한 법원의 위헌제청결정 → 위헌제청결정서의 대법원 송부(대법원 외의 법원의 경우) → 위헌제청결정의 헌법재판소 송부의 순으로, 심판절차는 위헌제청결정서 접수 → 사건부호·사건명 부여 → 사건의 배당 → 서면심리 → 필요시 변론 → 자료 제출 요구 등의 순서로 진행된다.

1. 위헌법률심판의 제청

(1) 제청권자

1) 제청권자   법률이 헌법에 위반되는 여부가 재판의 전제가 되는 경우 법원의 제청에 의하여 헌법재판소가 법률의 위헌 여부를 심판한다(제107조 제1항). 영장담당법원과 군사법원을 포함하는 모든 법원에게 위헌법률심판청구권이 있으며, 제청은 당사자의 신청 또는 직권에 의하여 당해사건을 담당하는 법원이 한다(헌법재판소법 제41조).

소송당사자의 신청이 있는 경우에는 법원은 결정으로써 심판을 제청할 수도 있고 그 신청을 기각할 수도 있다. 당사자의 위헌법률심판제청신청에 대한 법원의 기각결정에 대해서는 신청당사자가 헌법재판소에 위헌심사형 헌법소원을 청구할 수 있을 뿐이다(법 제68조 제2항).

2) 합헌결정권   법원의 위헌법률심판제청권에 법률의 합헌결정권(합헌판단권)이 포함되는가와 관련하여 대법원과 헌법재판소 그리고 학자들 사이에 견해가 나누어져 있다.

이 중에서 법원에 합헌판단권이 있다는 견해가 다수설이며, 또한 옳다. 왜냐하면 법률의 합헌판단권은 헌법과 법률에 의하여 그 양심에 따라 독립하여 심판하는 법관(제103조)의 당연한 권한이기 때문이다. 그렇다고 하더라도 법원은 조금이라도 위헌의 의심이 있는 경우에는 헌법해석의 통일성을 위하여 위헌제청심판을 해야 할 것이며, 결코 합헌·기각결정을 해서는 안 될 것이다.

(2) 제청요건

위헌법률심판을 신청하려면 재판의 전제성을 갖추어야 한다.

1) 재   판   헌법재판소법 제41조 제1항에서 말하는 재판이란 형식과 심급을 불문한 모든 법원의 재판을 말한다. 곧 판결과 결정, 명령이 포함되며, 또한 종국판결뿐만 아니라 형사소송법 제201조에 의한 지방법원판사의 영장발부에 관한 재판도 포함된다.

2) 전 제 성   재판의 전제성이 충족되기 위해서는 구체적 사건성, 당사자적격, 소의 이익 등 사법권발동의 요건을 충족해야 할뿐만 아니라, 그 밖에도 다음과 같은 세 가지 조건을 충족해야 한다. ① 구체적 사건이 법원에 계속되어 있거나 계속 중이어야 한다. ② 위헌 여부가 문제되는 법률 또는 법률조항이 당해 소송사건의 재판에 적용되는 것이어야 한다. ③ 그 법률이 헌법에 위반되는지의 여부에 따라 당해사건을 담당한 법원이 다른 내용의 재판을 하게 되는 경우이어야 한다. 이때 다른 내용의 재판을 하게 되는 경우란 (i) 원칙적으로 제청법원이 심리중인 당해사건의 재판의 결론이나 주문에 어떠한 영향을 주는 것뿐만이 아니라 (ii) 문제된 법률의 위헌 여부가 비록 재판의 주문 자체에는 영향을 주지 않는다고 하더라도 재판의 결론을 이끌어내는 이유를 달리하는 데 관련이 있거나 또는 (iii) 재판의 내용과 효력에 관한 법률적 의미가 전혀 달라지는 경우를 말한다.

3) 재판의 전제성 여부에 관한 판단   재판의 전제성 여부에 관한 판단은 헌법재판소가 독자적인 심사를 하기보다는 특단의 사정이 없는 한 제청법원의 법률적 견해를 존중하여야 할 것이다. 다만 법원의 견해가 명백히 잘못된 경우에 한하여 헌법재판소가 직권으로 조사할 수 있다. 따라서 재판의 전제성에 대한 판단자료가 없다 하더라도 제청법원의 견해가 명백히 잘못되었다는 정황이 보이지 않는 한 적법성이 인정된다.

(3) 제청절차

대법원 이외의 법원이 위헌법률심판을 제청하고자 하는 때에는 대법원을 거쳐야 한다(법 제41조 제5항). 위헌제청을 대법원을 경유토록 한 것은 법원에 의한 제청은 당해 재판의 진행을 정지하게 할 뿐만 아니라 사법행정적으로 당해 법률을 적용해야 할 다른 사건들의 재판도 정지하게 하여야 하기 때문에 그 사법행정적 기능을 하기 위한 것이지, 대법원에 불송부결정권을 주려는 것은 아니다.

(4) 제청의 효과

법원이 법률의 위헌심판을 헌법재판소에 제청한 때에는 당해 소송사건의 재판은 헌법재판소의 위헌 여부의 결정이 있을 때까지 정지된다(법 제42조 제1항 본문 참조). 법원으로서는 헌법재판소의 위헌심판의 결과를 기다려서 재판을 하여야 하고, 만일 위헌결정이 있을 경우에는 그에 따른 입법시정의 결과를 감안하여 재판을 하여야 하기 때문이다. 다만 법원이 긴급하다고 인정한 경우에는 종국재판 외의 소송절차를 진행할 수 있다(법 제42조 제1항 단서).

2. 위헌법률심판의 대상

(1) 원 칙

위헌법률심판의 대상에는 형식적 법률, 곧 공포된 것으로 위헌판결시를 기준으로 현재 효력을 가지고 있는 형식적 의미의 법률과 법률과 동일한 효력을 가지는 조약과 긴급명령·긴급재정경제명령 등을 포함한다.

(2) 예 외

그러나 이에는 다음과 같은 예외가 있다. 곧 이미 폐지된 법률의 경우에도 그 침해의 이익이 현존하는 때에는 심판의 대상이 될 수 있다. 그러나 헌법의 일부는 위헌법률심판의 대상이 되지 않는다.

입법의 부작위가 위헌법률심판의 대상이 되는가가 문제된다. 부진정입법부작위가 예외적으로 헌법소원심판의 대상이 되는 경우는 있겠으나, 입법부작위가 위헌법률심판의 대상이 된다고는 볼 수 없다.

3. 위헌법률심판의 내용

헌법재판소는 제청된 법률 또는 법률조항의 위헌 여부만을 심사한다(법 제45조). 곧 위헌법률심판은 법률이 헌법에 합치하는가(합헌성) 여부를 판단함에 그치고, 법률이 헌법의 목적에 합치하는가(합목적성) 여부는 판단의 대상이 되지 않는다. 법률의 합헌성판단에는 법률의 형식적 합헌성판단과 실질적 합헌성판단이 포함된다. 법률의 합헌성판단에는 헌법과 자연법 및 헌법의 기본원리 등이 그 심판의 기준으로 작용한다.

4. 결정의 형식

헌법재판소법은 결정의 유형으로서 합헌결정과 위헌결정만을 규정하고 있다

(법 제45조). 그러나 이 두 가지 유형만으로는 위헌법률심판에서 나타나는 모든 문제를 포괄할 수 없기 때문에 헌법재판소는 그 밖에도 다양한 변형결정을 함께 채택하고 있다.

(1) 합헌결정(단순합헌결정)

합헌결정은 위헌을 인정하지 않는, 따라서 법률의 효력을 유지하는 것이다. 합헌결정은 "… 법률은 헌법에 위반되지 아니한다"라는 주문형식을 취하며, 적어도 재판관 5인 이상의 합헌의견이 있어야 가능하다.

(2) 위헌결정(단순위헌결정)

위헌결정은 위헌을 인정하여 법률의 효력을 상실하게 하는 것이다. 위헌결정은 "…법률은 헌법에 위반된다"라는 주문형식을 취한다. 헌법재판소에 의하여 전부 위헌결정된 대표적인 법률로는 「반국가행위자의 처벌에 관한 특별조치법」이 있다.

(3) 변형결정

1) 변형결정의 개념과 유형

① 변형결정의 개념   헌법재판소법은 합헌과 위헌의 두 가지 결정형식만을 예정하고 있으며, 위헌결정을 하는 경우에도 일반법규는 즉시무효, 형벌법규는 소급무효라는 제도를 규정하고 있다. 그러나 결정의 주문의 방식·형태에 관한 선택은 헌법재판관의 재량사항에 속한다. 따라서 헌법재판관은 규범통제에서 제기되는 모든 문제를 적절히 해결하기 위하여 합헌과 위헌의 결정형식 외에도 변형된 결정형식을 취하는 경우가 있다. 이렇게 합헌결정과 위헌결정을 제외한 제3의 결정형식을 통틀어 변형결정이라 한다.

헌법재판소는 법적 안정성과 국회의 입법권존중필요성 및 복잡다양한 헌법상황에 비추어 유연·신축성 있는 판단을 해야 할 필요성을 근거로 해서 변형결정은 허용된다고 본다.

② 변형결정의 유형   무엇을 변형결정으로 볼 것인가에 대해서는 견해가 나누어져 있다. 그러나 개인적으로는 정형결정과 변형결정은 그 결정주문의 형식을 근거로 나누는 것이라고 생각한다. 그러한 한에서 헌법재판소법이 예정하고 있지 않은 결정형식을 변형결정이라고 생각한다. 헌법재판소는 1999. 7. 20. 헌법재판통계내규를 헌법재판소내규 제42호로 제정하면서 법률 또는 법률조항에 대

한 결정유형을 위헌, 헌법불합치, 한정위헌, 한정합헌, 합헌으로 분류하고 종래 일부위헌결정으로 분류하던 결정은 모두 한정위헌결정으로 보고 있어 헌법불합치결정, 한정위헌결정 및 한정합헌결정을 변형결정으로 보고 있다. 이곳에서도 헌법재판소의 견해를 따르기로 한다.

2) 한정합헌결정   한정합헌결정이란 해석 여하에 따라서는 위헌이 되는 부분을 포함하고 있는 법령의 의미를 헌법의 정신에 합치하도록 한정적으로 해석하여 위헌판단을 회피하는 결정형식이다. 헌법합치적 해석 또는 합헌적 법률해석이라고도 하며, 변형결정 중에 가장 흔한 결정형식이다.

한정합헌결정의 주문은 일반적으로 "이러한 해석하에(또는 "… 인 것으로 해석하는 한") 헌법에 위반되지 아니한다"라는 주문형식을 취한다. 헌법재판소는 한정합헌결정도 위헌결정(질적 일부위헌결정)의 범주에 드는 것이므로 재판관 6인 이상의 찬성을 요하며, 그 효력은 합헌으로 해석된 부분 이외에는 무효라는 입장을 취하고 있다.

헌법재판소법 제47조 제1항은 "법률의 위헌결정은 법원 기타 국가기관 및 지방자치단체를 기속한다"라고 규정하고 있어 합헌적 법률해석에 의한 한정합헌결정의 경우 기속력이 있는 것인지가 문제된다. 이에 대하여 헌법재판소는 초기에는 한정합헌의 기속력에 대해서는 언급하지 않으면서, 적어도 제소법원은 한정합헌결정의 기판력을 받고 헌법 제107조 제1항의 규정상 구속을 받는다고 하다가, 그 후에는 한정합헌결정의 기속력을 정면으로 인정하고 있다.

3) 한정위헌결정   한정위헌결정이란 불확정개념이나 다의적인 해석가능성이 있는 조문에 대하여 한정축소해석을 통하여 얻어진 일정한 합헌적 의미를 넘어선 확대해석은 헌법에 위반되어 채택할 수 없다는 뜻의 결정을 말한다. 한정위헌결정은 질적 일부위헌결정이다. 한정위헌결정도 위헌결정의 범주에 속하므로 재판관 6인 이상의 찬성을 요한다.

한정위헌결정의 주문은 "…인 것으로 해석되는 한 헌법에 위반된다" 또는 "…인 경우에 적용되는 것으로 해석하는 한 위헌이다"로 표현된다.

4) 헌법불합치결정   헌법불합치결정이란 법률의 위헌성을 인정하면서도 입법자의 입법형성의 자유를 존중하고 법의 공백과 혼란을 피하기 위하여 일정 기간 당해 법률이 잠정적인 계속효를 가진다는 것을 인정하는 결정형식을 말한

다. 헌법불합치결정에는 "…은 헌법에 합치하지 아니한다"라는 주문형식을 취하는 단순헌법불합치결정(적용중지형 헌법불합치결정)과 "…은 헌법에 합치되지 아니한다. 다만 …은 …까지는 적용할 수 있다"는 주문형식의 경과규정부 헌법불합치결정(잠정적용형 헌법불합치결정)이 있다.

이 밖에도 헌법불합치결정에는 입법촉구결정(아직은 합헌인 결정)이 속한다. 입법촉구결정이란 결정 당시에는 합헌적 법률이지만 위헌법률이 될 소지가 있다고 인정하여 헌법에 완전히 합치하는 상태를 실현하기 위하여 또는 장차 발생할 위헌의 상태를 방지하기 위하여 입법자에게 당해 법률의 개정 또는 보완 등 입법을 촉구하는 결정을 말한다. 그러나 우리나라의 경우 아직까지 정식으로 입법촉구결정을 내린 바는 없다는 것이 국내의 다수설이다.

헌법불합치결정도 위헌결정의 일부이므로 재판관 6인 이상의 찬성이 있어야 하고, 다른 국가기관에 대하여 구속력을 가진다.

제 2 항 헌법재판소법 제68조 제2항의 헌법소원심판(위헌심사형 헌법소원)

1. 의   의

위헌심사형 헌법소원심판이란 법원이 당사자의 위헌법률심판을 이유 없음을 이유로 기각한 경우에 당사자가 이를 헌법소원심판으로 다루는 경우의 심판을 말한다(법 제68조 제2항).

헌법재판소법 제41조 제4항은 위헌 여부 심판의 제청에 관한 결정에 대하여는 항고할 수 없다고 규정하고 있다. 결국 당사자는 법원의 제청결정이나 제청결정 기각에 대하여는 독립하여 항고할 수 없게 된다. 따라서 헌법재판소법 제41조 제4항은 법원에게 개정전 헌법과 같은 불송부결정권을 주게 되는 결과를 가져오며, 그에 대한 구제책으로서 마련된 것이 헌법재판소법 제68조 제2항이라 하겠다. 위헌심사형 헌법소원은 우리 법제 하에만 있는 특유한 제도이다.

2. 성   격

위헌심사형 헌법소원의 법적 성격과 관련하여 헌법소원으로 보는 입장과 위헌법률심판으로 보는 입장이 대립되어 있다.

개인적으로는 위헌헌심사형 헌법소원은 그 본질상 위헌법률심판이라고 생각한다. 왜냐하면 위헌심사형 헌법소원의 경우에는 헌법소원의 전제요건인 침해된 기본권이 존재하지 않을 뿐만 아니라 헌법재판소법 제41조 제4항과의 관계에서 살피거나 위헌심사형 헌법소원에 위헌법률심판에 관한 규정을 준용하고 있는 헌법재판소법 제75조 제6항을 볼 때 그것은 분명해지기 때문이다. 또한 이러한 생각은 입법자의 입법의사에서도 확인된다.

헌법재판소는 거의 일관되게 위헌법률심판으로 보는 입장을 취하고 있다.

3. 청구권자와 청구요건

일반법원의 재판절차에서 재판의 전제가 되는 법률에 대하여 위헌 여부 심판제청을 하였다가 법원으로부터 그 신청이 이유 없다고 하여 기각(또는 각하)결정을 받은 소송당사자가 청구권자가 된다.

위헌심사형 헌법소원을 청구하기 위해서는 재판의 전제성이라는 위헌법률심판의 제청요건이 요구된다. 특히 위헌법률심판의 제청이 기각된 날로부터 30일 이내에 청구하여야 한다(법 제69조 제2항). 기각된 날이란 특별한 사정이 없는 한 기각결정을 송달받은 날이다.

4. 결정형식

"법률이 헌법에 위반된다/위반되지 않는다"라는 형식의 결정형식을 취해야 하며(법 제75조 제6항), 필요한 경우 변형결정도 할 수 있다.

제 3 항 위헌법률심판의 결정

1. 위헌법률심판의 결정

법률의 위헌결정에는 헌법재판소재판관 6인 이상의 찬성이 있어야 한다(제113조 제1항). 이때 소송당사자 및 법무부장관은 법률의 위헌 여부에 대한 의견서를 제출할 수 있다(법 제44조). 헌법재판소의 결정서는 결정일로부터 14일 이내에 대법원을 경유하여 제청법원에 송달한다(법 제46조). 헌법재판소의 종국결정은 관보에 게재함으로써 이를 공시한다(법 제36조 제5항).

2. 위헌결정의 효력

위헌결정은 기속력과 원칙적 장래효 및 예외적 소급효를 가진다.

(1) 기 속 력

위헌결정은 법원 기타 국가기관 및 지방자치단체를 구속하며(법 제47조 제1항), 자기구속성 때문에 헌법재판소도 이를 취소·변경할 수 없다. 그러므로 헌법재판소의 결정에 대한 헌법소원심판청구는 불가능하다. 위헌결정의 기속력은 결정주문만이 아니라 결정주문을 뒷받침해주는 주요논거도 함께 갖는다고 보아야 할 것이다.

(2) 장 래 효

"위헌으로 결정된 법률 또는 법률의 조항은 그 결정이 있는 날로부터 효력을 상실한다"(법 제47조 제2항 본문). 이와 같이 구체적 규범통제이면서 위헌결정이 내려진 법률 또는 법률조항의 효력을 절대적으로 상실시키는 제도를 객관적 규범통제라고도 한다.

(3) 소 급 효

헌법재판소는 다음의 두 가지 경우에는 위헌결정에 대하여 예외적으로 소급효를 부여하고 있다. 곧 첫째로, ① 법원의 제청이나 헌법소원의 청구 등을 통하여 헌법재판소에 법률에 대한 위헌결정의 계기를 부여한 당해 사건, ② 위헌결정이 있기 전에 이와 동종의 사안으로 헌법재판소에 위헌심판제청을 하였거나 법원에 위헌심판신청을 한 경우의 당해 사건, ③ 따로 위헌제청신청은 아니하였으나 당해 법률 또는 법률조항이 재판의 전제가 되어 법원에 계속 중인 사건, ④ 위헌결정 이후에 이와 동일한 사유로 제소된 일반사건에 대하여는 구체적 규범통제의 실효성을 보장하기 위하여 소급효를 인정하고 있다.

둘째로, ① 당사자의 권리구제를 위한 구체적 타당성의 요청은 현저한 반면에 ② 소급효를 인정하여도 법적 안정성을 침해할 우려가 없고 ③ 나아가 구법에 의하여 형성된 그 밖의 기득권자의 이득이 해쳐질 사안이 아닌 경우로서 ④ 소급효의 부인이 오히려 정의와 형평 등 헌법적 이념에 심히 배치되는 때에는 소급효를 인정하고 있다.

또한 헌법재판소법 제47조 제3항은 "제2항에도 불구하고 형벌에 관한 법률 또는 법률의 조항은 소급하여 그 효력을 상실한다. 다만, 해당 법률 또는 법률의 조항에 대하여 종전에 합헌으로 결정한 사건이 있는 경우에는 그 결정이 있는 날의 다음날로 소급하여 효력을 상실한다"고 규정하고 있다. 따라서 소급하여 효력이 상실된 조항에 근거한 유죄의 확정판결에 대하여는 재심을 청구할 수 있다(법 제47조 제4항). 그러나 소급효를 인정할 경우 그 조항에 의하여 형사처벌을 받지 않은 자들에게 형사상의 불이익이 미치게 되는 경우에는 소급효가 배제된다.

제 5 절   헌법소원심판

제 1 항   헌법소원심판 일반

1. 헌법규정과 연혁

헌법은 제111조 제1항 제5호에서 법률이 정하는 헌법소원의 심판을 헌법재판소의 관장사항으로 규정하고 있다.

헌법소원제도의 가장 오래된 형태를 신성로마제국의 제국재판소에서 찾을 수 있다는 견해도 있다. 그러나 헌법소원이라는 명칭은 19세기 후반에 처음 나타나며, 아마도 오늘날과 비슷한 형태로 헌법소원을 규정한 것은 행정청의 행위에 의하여 주관적 공권이나 사권을 침해받았다고 생각하는 바이에른에 주소를 가진 모든 자연인과 법인에게 국사재판소에 헌법소원제기권을 부여한 1919년 8월 14일의 바이에른헌법 제93조로 생각된다. 그리고 헌법소원은 1951년 3월 12일 나치독재 하에서 철저하게 인간의 존엄을 유린당한 독일의 연방헌법재판소법에서 국가권력에 대한 국민의 특수한 권리보호라는 현재의 상태로 규정되었다.

우리 헌법은 헌법소원을 현행헌법에서 처음으로 도입하였다.

2. 헌법소원의 개념과 본질

헌법소원이라 함은 공권력의 행사 또는 불행사에 의하여 헌법상 기본권을 침해당한 자가 법률에 다른 구제절차가 없는 경우 직접 헌법재판소에 대하여 당해 공권력작용의 위헌성을 확인하고 권리를 구제해줄 것을 청구하는 특수한 구제절차이다.

헌법소원의 본질적 징표는 국가에 대한 국민의 특수한 권리보호라는 점과 보충성으로 축약된다. 우선, 헌법소원의 본질적 특징은 국가에 대한 국민의 특수한 권리보호라는 점에서 찾을 수 있다. 곧 헌법소원은 입법·행정·사법권의 모든 행위는 기본권적합성에 따라 심사되어야 한다는 목적을 가진 국가에 대한 국민의 특수한 권리보호제도이며, 특별한(비정규)권리보호(수단)이다. 이러한 특징으로부터 다음과 같은 추론이 가능하다. ① 헌법소원은 다른 법적 수단과 병행해서 선택적으로 행사하거나 또는 달리 규정된 소송수단을 간이화하거나 회피하기 위하여 존재하고 있는 것이 아니다. ② 그렇기 때문에 헌법재판소는 헌법소원에 관한 법률의 헌법합치적 해석의 경우와는 달리 상고심이나 초상고심으로써 기능하지는 않는다. 따라서 헌법소원에는 정지효(집행정지적 효과)와 이심효(移審效, 상급심으로의 이행효과)가 없다는 점에서 일반적인 상소와 구별된다.

다음으로, 헌법소원의 본질적 특색은 보충성에 있다. 곧 헌법소원은 기본권에 대한 침해를 다른 방법으로는 구제할 수 없는 경우에 한하여 허용되는 특별한 권리구제수단이다. 이러한 제한은 법적 안정성의 이유에서 다른 법원이나 행정청의 법률상 유효한 또는 취소할 수 있는 결정은 예외적인 경우에만 문제되어야 하고 헌법재판소는 불필요한 헌법소원을 통해서 자신의 다른 임무를 일탈해서는 안 된다는 데에서 그 인정근거를 찾을 수 있다. 뿐만 아니라 헌법소원의 보충성의 원칙은 헌법재판소의 업무부담을 경감시켜주는 역할도 한다.

3. 헌법소원의 기능

헌법소원은 기본권보호와 헌법질서수호라는 이중적 기능을 한다. 왜냐하면 헌법소원의 헌법적 의미는 주관적 권리보호의 측면을 지나서 모든 공권력에 대하여 헌법합치적으로 행동할 것을 요구하고 있기 때문이다. 곧 헌법소원의 결과로 인해 법의 모든 영역에 대한 객관적 가치질서인 기본권이 명확해진다. 그러나 이러한 양 기능 중 어느 기능이 우선이냐는 문제가 제기되는 경우 헌법소원은 우선적으로 개인의 자유영역을 보장하고 있는 개인적 권리보호의 기능을 하고 있다고 보아야 한다. 개인적 권리로서의 기본권을 보호할 목적으로 기본권을 해석한 결과 그것이 객관적 헌법질서를 수호하게 되는 것이지, 그 반대라고 생각할수는 없다. 그리고 이러한 생각은 기본권의 이중성을 인정하는 경우에도 마찬가지로 타당한 것이다. 이러한 관점에서 헌법소원의 객관적 기능을 지나치게 강조하는 나머지 헌법소원의 주관적 보호기능을 상대화하는 경향에 대하여 그것을절차적인 면에서 뿐만 아니라 기본권이론의 측면에서도 문제가 있다는 지적은매우 설득력을 가진 것으로 생각된다.

제 2 항   헌법소원심판의 요건

헌법소원심판을 청구할 수 있는 자는 공권력의 행사 또는 불행사로 인하여헌법상 보장된 기본권이 침해되었다고 주장하는 모든 기본권주체이다(헌법재판소법 제68조 제1항). 그러나 헌법소원심판을 청구하려면 헌법소원심판청구의 실질적요건과 형식적 요건을 갖추어야 한다.

1. 헌법소원심판청구의 실질적 요건

헌법소원심판을 청구하려는 자는 공권력의 행사 또는 불행사에 의한 기본권침해 · 당사자적격 · 보충성의 원칙 · 소의 이익이라는 실질적 요건을 갖추어야 한다.

(1) 공권력의 행사 또는 불행사(헌법소원심판의 대상)

공권력의 행사 또는 불행사와 관련하여 헌법개정권력과 입법부작위, 통치행위, 법원의 재판, 행정처분 등을 공권력에 포함시킬 것인가가 문제되고 있다.

1) 헌법개정권력   헌법에 의하여 설치되고 구성된 헌법재판소가 그 존립의 기초가 되는 헌법규정을 심사한다는 것은 국민주권의 원칙에 반한다. 따라서헌법개정권력은 여기서 말하는 공권력에 포함되지 않으며, 헌법규정에 대한 헌법소원은 인정되지 않는다.

2) 입법부작위   입법부작위에는 진정입법부작위와 부진정입법부작위가있다. 진정입법부작위란 입법자가 헌법상 입법의무가 있는 어떤 사항에 관하여전혀 입법을 하지 아니함으로써 입법행위의 흠결이 있는 경우를 말하고, 부진정입법부작위란 입법자가 헌법상 입법의무가 있는 어떤 사항에 관하여 입법은 하

였으나 그 입법의 내용·범위·절차 등이 당해사항을 불완전·불충분·불공정하게 규율함으로써 입법행위에 흠결이 있는 경우를 말한다.

부진정입법부작위가 발생하는 경우로는 다음과 같은 경우를 들 수 있다. ① 헌법상 위임받은 법률규정에서 특정내용이 처음부터 배제된 경우, ② 법률의 개정·폐지로 입법의무불이행의 경우가 생긴 경우, ③ 법률제정시에는 아무런 문제가 없었으나, 상황의 변화로 인하여 법률을 개정하여야 하는 상황에서 법률개정이 없는 경우, ④ 경과규정을 두고 있지 않는 경우 등이다. 따라서 부진정입법부작위는 적극입법의 위헌성을 부작위의 측면에서 다루고 있는 것이라고 할 수 있다.

진정입법부작위에 대하여는 원칙적으로 헌법소원이 인정되지 않는다. 그러나 예외적으로 다음의 경우에는 헌법소원이 인정된다. ① 법에서 기본권을 보장하기 위해 명시적으로 입법위임을 했음에도 불구하고 입법자가 이를 행하지 않은 경우, ② 법해석상 특정인에게 구체적 기본권이 생겨 이를 보장하기 위한 국가의 작위의무 내지 보호의무가 발생하였음이 명백함에도 불구하고 입법자가 아무런 입법조치를 취하지 않은 경우.

부진정입법부작위는 해당 법규 자체를 대상으로 그것이 헌법위반이라는 적극적인 헌법소원(위헌확인소원)을 제기하여야 하고, 입법부작위 그 자체를 헌법소원의 대상으로 삼을 수는 없다.

3) 통치행위   앞에서 자세히 살폈듯이 통치행위에 대하여 헌법소원대상성을 부인할 이유가 없다.

4) 법원의 재판   헌법재판소법 제68조 제1항은 법원의 재판을 헌법소원의 대상에서 제외시키고 있다. 따라서 법원의 판결이나 결정을 대상으로 제기한 헌법소원은 부적법하다. 이때의 법원의 재판에는 종국판결 이외에 본안전 종국판결 및 중간판결이 모두 포함되고 기타 소송절차의 파생적·부수적 사항에 관한 공권적 사항도 포함된다.

그러나 헌법재판소는 법원이 헌법재판소의 기속력있는 위헌결정(단순위헌결정은 물론 한정합헌, 한정위헌결정과 헌법불합치결정을 포함)에 반하여 그 효력을 전부 또는 일부 상실하거나 위헌으로 확인된 법률을 적용함으로써 국민의 기본권을 침해한 경우에는 예외적으로 법원의 재판도 헌법소원심판의 대상이 된다고 하였다. 헌법재판소의 결정은 자기기속력 때문에 이를 변경·취소할 수 없으며, 이는 법적 안정성을 위하여 불가피한 일이기 때문에 헌법소원의 대상으로 삼을 수 없다는 것이 헌법재판소의 일관된 입장이다.

5) 행정처분·법원의 재판을 거친 원행정처분   행정처분에 대한 헌법소원 인정 여부와 관련하여 헌법재판소는 행정처분에 대한 행정쟁송절차를 거치고 난 후에 원행정처분에 대하여 제기한 헌법소원사건에서 "원행정처분의 기초가 되는 사실관계의 인정과 평가 또는 단순한 일반법규의 해석과 적용의 문제는 원칙적으로 헌법소원심판의 대상이 될 수 없다"고 판시한 바 있다. 그러나 헌법재판소의 위헌결정에 의해 효력을 상실한 법률조항을 적용하여 한 처분에 대해서는 헌법소원대상성을 인정하여 그 처분을 취소하였다.

(2) 당사자적격

헌법소원심판을 청구하려면 당사자적격으로서의 자기관련성, 직접성과 현재성의 원칙을 충족하여야 한다.

1) 자기관련성(기본권주체성)   자기관련성이란 침해된 기본권이 청구인 자신의 것이어야 함을 뜻한다. 자기관련성은 공권력의 행사 또는 불행사의 직접적인 상대방에게만 해당되므로 간접적이고 사실적인 경제적 이해관계가 있을 뿐인 제3자의 경우에는 자기관련성이 없다. 그러나 공권력작용의 직접적인 상대방이 아닌 제3자라 하더라도 공권력작용이 그 제3자의 기본권을 직접적이고 법적으로 침해하고 있는 경우에는 그 제3자에게 자기관련성이 있다.

자연인뿐만 아니라 공법인과 법인격 없는 단체에게도 기본권주체성이 인정되며, 따라서 자기관련성이 인정된다.

2) 직 접 성   공권력의 행사 또는 불행사로 기본권의 침해를 받은 자란 기본권을 직접적으로 침해받은 자를 의미하는 것이지 간접적 또는 반사적으로 불이익을 받은 자를 의미하는 것이 아니다. 또한 법령을 직접 다루지 아니하고는 권리구제가 불가능하거나 무의미한 경우에는 직접성을 인정하여 법령에 대한 직접적 헌법소원을 인정하고 있다.

3) 현 재 성   폐지된 법률과 침해행위가 종료된 처분을 대상으로 한 헌법소원은 원칙적으로 소의 이익이 없어 각하된다. 그러나 다음의 경우에는 현재성이 인정된다. ① 폐지되었더라도 심판의 이익이 현존하는 경우, ② 그 해명이 헌

법적으로 중요한 의미를 지니고 있는 경우, ③ 그러한 침해행위가 앞으로도 반복될 위험이 있는 경우, ④ 부분적으로는 미래의 침해의 현재성도 인정된다.

(3) 보충성의 원칙

헌법소원심판청구는 기본권에 대한 다른 구제절차가 없을 때에만 인정된다(법 제68조 제1항 단서). 헌법재판소법 제68조 제1항 단서에서 말하는 다른 권리구제절차란 공권력의 행사 또는 불행사를 직접 대상으로 하여 그 효력을 다툴 수 있는 권리구제절차를 의미하는 것이지, 사후적·보충적 구제수단인 손해배상청구나 손실보상청구 또는 사후보충적 또는 우회적인 소송절차를 의미하는 것이 아니다.

그러나 다른 절차에 의하더라도 권리구제의 기대가능성이 없거나, 우회적이거나 또는 구제절차의 허용이 불확실한 경우에는 보충성의 원칙에 대한 예외가 인정된다. 그러한 경우로는 정당한 이유 있는 착오의 경우나 기대가능성이 없는 경우를 들 수 있다. 또한 법령 자체에 의한 직접적인 기본권침해 여부가 문제되었을 경우에는 그 법률의 효력을 직접 다투는 것을 소송물로 하여 일반법원에 구제를 구할 수 있는 절차가 존재하지 아니하므로 이 경우에는 다른 구제절차를 거칠 필요 없이 바로 헌법소원을 청구할 수 있다.

(4) 권리보호의 법익(심판의 이익)

헌법소원심판은 기본권구제를 목적으로 하는 주관적 쟁송이기 때문에, 기본권의 침해상태가 종료하면 그 심판의 이익을 상실한다. 그러나 예외적으로 헌법보호의 이익이 있는 때에는 그 객관적 심판의 이익도 있다.

2. 헌법소원심판청구의 형식적·절차적 요건

헌법소원심판을 청구하기 위해서 갖추어야 할 형식적 요건은 청구형식의 구비·변호사선임 및 심판청구기간의 준수 등이다.

(1) 청구형식의 구비

헌법소원심판의 청구는 서면으로써 하여야 하고, 심판청구서에는 청구인 및 대리인, 침해된 권리, 침해의 원인이 되는 공권력의 행사 또는 불행사, 청구이유, 기타 필요한 사항을 기재하여야 한다(법 제71조 제1항).

(2) 변호사선임

헌법소원의 심판청구서에는 대리인의 선임을 증명하는 서류를 첨부하여야
한다(법 제71조). 따라서 헌법소원심판을 청구하려면 변호사를 선임하여야 한다.
다만 당사자가 변호인의 자격이 있는 때에는 그러하지 아니하다(법 제25조). 헌법
소원심판을 청구하고자 하는 자가 변호사를 대리인으로 선임할 자력이 없는 경
우에는 헌법재판소에 국선대리인을 선임하여줄 것을 신청할 수 있다(법 제70조
제1항).

(3) 심판청구기간의 준수

1) 공권력의 행사로 인한 기본권침해의 경우   공권력의 행사에 대한 헌법
소원은 청구사유가 있음을 안 날로부터 90일, 그 사유가 있은 날로부터 1년 이내
에 청구하여야 한다(법 제69조 제1항 본문). 안 날이란 공권력행사에 의한 기본권
침해의 사실관계를 특정할 수 있을 정도로 현실적으로 인식하여 심판청구가 가
능해진 경우를 말한다. 청구기간이 도과한 경우에도 정당한 사유가 있는 경우에
는 헌법소원의 심판청구는 적법하다.

법률에 대한 헌법소원은 법률이 공포된 사실을 안 날로부터 90일, 공포된 날
로부터 1년 이내에 청구하여야 한다. 단 법률의 공포 후 법률해당사유가 발생하
여 비로소 기본권이 침해된 경우에는 그 사유가 발생하였음을 안 날로부터 90일,
그 사유가 발생한 날로부터 1년 이내에 청구하여야 한다.

다른 법률에 의한 구제절차를 거친 헌법소원은 그 최종결정을 통지받은 날로
부터 30일 이내에 청구하여야 한다(법 제69조 제1항 단서).

2) 공권력의 불행사로 인한 기본권침해의 경우   그러나 공권력의 불행사는
그 불행사가 계속되는 한 기본권침해의 부작위가 계속된다 할 것이므로, 공권력
에 대한 헌법소원심판은 그 불행사가 계속되는 한 기간의 제약 없이 적법하게 청
구할 수 있다. 입법부작위에 대해서도 청구기간의 제약 없이 언제든지 헌법소원
을 청구할 수 있다.

(4) 공탁금의 납부

헌법재판소는 헌법소원심판의 청구인에 대하여 헌법재판소규칙으로 정하는
공탁금의 납부를 명할 수 있다(법 제37조 제2항). 이는 헌법소원의 남소를 예방하
기 위한 것이다.

3. 헌법소원에 대한 심판

(1) 서면심리주의

헌법소원에 관한 심판은 서면심리를 원칙으로 한다. 다만 재판부가 필요하다고 인정하는 경우에는 변론을 열어 당사자·이해관계인 그리고 그 밖의 참고인의 진술을 들을 수 있다(법 제30조 제2항).

(2) 헌법소원에 대한 사전심사

1) 지정재판부　　헌법재판소장은 재판소의 부담을 경감하기 위하여 3인으로 구성되는 지정재판부를 두어 헌법소원에 대한 사전심사를 하게 할 수 있다(법 제72조 제1항). 지정재판부는 헌법소원을 각하하거나 재판부에 심판회부결정을 한 때에는 14일 이내에 청구인에게 그 사실을 통지하여야 한다(법 제73조 제1항).

2) 지정재판부의 각하결정　　다음의 경우에는 지정재판부의 재판관전원이 일치된 의견에 의한 결정으로 심판청구를 각하하여야 한다. ① 다른 구제절차를 경유하지 않은 경우, ② 청구기간이 경과한 경우, ③ 대리인의 선임이 없는 경우, ④ 심판청구가 부적법한 경우 등(법 제72조 제3항).

3) 지정재판부의 심판회부결정　　지정재판부는 청구를 각하하지 않는 경우에는 결정으로 헌법소원을 재판부의 심판에 회부하여야 한다. 헌법소원심판청구 후 30일이 경과할 때까지 각하결정이 없으면 심판에 회부하는 결정이 있는 것으로 본다(법 제72조 제4항). 이 경우 헌법재판소장은 법무부장관, 청구인이 아닌 당해 사건의 당사자에게 그 사실을 통지하여야 한다(법 제73조 제2항).

(3) 전원재판부의 심판

지정재판부에서 헌법소원을 전원재판부에 회부하면 전원재판부는 기본권의 침해 여부, 기본권의 의미 여하, 침해의 직접성과 현재성 여부 등을 심판한다. 이때 전원재판부는 심판청구서에 기재된 청구취지에 관계없이 청구인의 주장요지를 종합적으로 판단하여야 한다.

4. 헌법소원의 결정

(1) 결정의 유형

헌법재판소가 심리를 마치면 결정을 한다. 헌법소원의 결정유형에는 심판절차종료선언결정·각하결정·기각결정 및 인용결정이 있다.

심판절차종료선언결정은 청구인이 사망하였으나 수계할 당사자가 없는 경우 민사소송법 제211조에 의하여 심판절차를 종료하거나 또는 청구인이 헌법소원청구를 취하하는 경우에 절차를 종료하는 결정이다. 각하결정은 형식적·절차적 요건에 흠결이 있는 경우, 곧 심판청구가 부적법한 경우에 행해진다. 각하결정이 내려지는 경우 청구인이 납부한 공탁금의 전부 또는 일부가 헌법재판소의 명령으로 국고에 귀속될 수 있다(법 제37조 제3항). 기각결정은 헌법소원심판청구가 이유 없는 경우에 내려진다. 헌법재판소는 청구기각결정시 그 심판청구가 권리의 남용이라고 인정되는 경우에는 청구인이 납부한 공탁금의 전부 또는 일부를 국고에 귀속시키도록 명할 수 있다(법 제37조 제3항). 인용결정은 공권력의 행사 또는 불행사로 말미암아 헌법상 보장된 기본권이 침해되었음을 인정하는 결정형식이다.

(2) 인용결정

1) 인용결정　　헌법소원에 대한 인용결정을 하기 위해서는 헌법재판소 재판관 6인 이상의 찬성이 있어야 한다(제113조 제1항).

헌법재판소가 헌법소원을 인용할 때에는 인용결정서의 주문에서 침해된 기본권과 침해의 원인이 된 공권력의 행사 또는 불행사를 특정하고, 기본권침해의 원인이 된 공권력의 행사를 취소하거나, 그 불행사가 위헌임을 확인할 수 있다(법 제75조 제2항·제3항). 또한 헌법재판소는 공권력의 행사 또는 불행사가 위헌인 법률 또는 법률의 조항에 기인한 것이라고 인정할 때에는 인용결정에서 당해 법률 또는 법률의 조항이 위헌임을 선고할 수 있다(법 제75조 제5항).

2) 인용결정의 효력　　헌법소원이 인용되면 다음과 같은 효력을 발휘하게 된다. ① 헌법소원에 대한 인용결정은 기속력을 갖는다. 곧 헌법소원에 대한 인용결정은 소원제기인과 피청구인을 비롯한 모든 국가기관과 지방자치단체를 기속한다(법 제75조 제1항). ② 헌법재판소가 법률 또는 법률조항의 위헌임을 선고한 경우에는 위헌법률심판에서의 위헌결정의 효력에 관한 규정이 준용된다(법 제75조 제6항). ③ 특히 헌법재판소가 공권력의 불행사에 대한 헌법소원을 인용하는 결정을 한 때에는 피청구기관이나 피청구인은 결정취지에 따라 새로운 처분을 하여야 한다(법 제75조 제4항). ④ 헌법재판소의 결정에 대하여 재심이 허용되는가에 대하여는 명문의 규정이 없다. 그러나 헌법재판소는 다음과 같은 경우에는

매우 제한적이지만 재심을 허용할 수 있다는 입장을 취하고 있다. "헌법재판소법 제68조 제1항에 의한 헌법소원(권리구제형 헌법소원) 중 행정작용에 속하는 공권력작용을 대상으로 하는 권리구제형 소원절차에 있어서는, 사안의 성질상 헌법재판소의 결정에 대한 재심은 재판부의 구성이 위법한 경우 등 절차상 중대하고도 명백한 위법이 있어서 재심을 허용하지 아니하면 현저히 정의에 반하는 경우에 한하여 제한직으로 허용될 수 있다." 또 2001년의 결정에서는 판단유탈을 이유로 하는 재심은 허용된다고 함으로써 종래의 판례를 변경한 바 있다.

제 6 절   탄핵심판·정당해산심판·권한쟁의심판

제 1 항   탄핵심판

헌법은 탄핵을 2원화시켜 국회에는 탄핵소추의결권을, 헌법재판소에는 탄핵심판권을 부여하고 있다. 탄핵제도 일반과 탄핵소추기관, 탄핵소추사유, 탄핵소추의 발의와 의결, 탄핵소추의결의 효과 등에 대해서는 국회 편에서 설명하였다. 여기에서는 탄핵심판에 대해서만 간단히 살피기로 한다.

1. 탄핵심판기관

헌법상 탄핵심판기관은 헌법재판소이다(제111조 제1항 제2호). 그러나 입법례로는 미국이나 영국처럼 상원에서 탄핵심판이 행해지는 나라, 독일이나 이탈리아처럼 헌법재판소가 탄핵심판을 결정하는 나라, 일본처럼 탄핵법원에서 이를 관할하도록 하는 나라 등 여러 가지 유형이 있다.

2. 탄핵심판의 절차

탄핵심판은 소추위원(국회법제사법위원회의 위원장)이 증거 기타 심판에 필요한 서류를 첨부한 소추의결서의 정본을 헌법재판소에 제출함으로써 개시된다(헌법재판소법 제49조).

헌법재판소는 소추의결서를 받은 때에는 지체 없이 그 등본을 피소추자 또는 피소추자의 변호인에게 송달하고, 직권 또는 신청에 의하여 증거조사를 하며(법 제31조), 결정으로 다른 국가기관 또는 공공단체의 기관에 대하여 심판에 필요한 사실을 조회하거나 기록의 송부나 자료의 제출을 요구할 수 있다(법 제32조). 이 때 형사소송법이 적용되며(법 제40조 제1항), 필요에 따라서는 피소추자를 소환하여 신문할 수 있다(법 제52조). 소추위원은 변론에 있어 피소추인을 신문할 수 있다(법 제49조 제2항 후단).

탄핵심판은 구두변론에 의한다(법 제30조). 탄핵사건의 심판은 변론의 전 취지와 증거조사의 결과를 종합하여 정의 및 형평의 원리에 따라 행한다. 따라서 당사자가 변론기일에 출석하지 아니한 때에는 다시 기일을 정해야 하고, 다시 정한 기일에도 출석하지 아니한 경우에는 그 출석 없이 심리할 수 있다(법 제52조). 헌법재판소는 동일한 사유에 관하여 형사소송이 계속하는 동안에는 심판절차를 정지할 수 있다(법 제51조).

헌법재판소는 재판관 6인 이상의 찬성으로 탄핵을 결정할 수 있다(제113조 제1항). 그러나 피소추인이 결정선고 전에 당해 공직에서 파면된 때에는 심판청구를 기각하여야 한다(법 제53조 제2항).

3. 탄핵결정의 효력

탄핵결정이 선고되면 피소추자는 공직에서 파면된다. 그러나 민사상·형사상 책임은 면책되지 아니한다(제65조 제4항, 동법 제54조 제1항). 따라서 탄핵결정이 있은 후에도 민·형사상 별도로 소추할 수 있다. 탄핵결정에 의하여 파면된 자는 탄핵의 결정선고가 있은 날로부터 5년이 경과할 때까지 일체의 공직에 취임할 수 없다(법 제54조 제2항).

탄핵결정의 효력과 관련하여 두 가지가 문제된다. 첫째는 '5년을 경과하지 아니하면 공무원이 될 수 없다'는 헌법재판소법 제54조 제2항의 규정이 '파면함에 그친다'라는 헌법규정에 모순되는 것이 아니냐 하는 것이고, 둘째는 헌법재판소의 탄핵결정에 대하여 대통령이 사면할 수 있는가 하는 것이다. 첫 번째 문제에 대하여는 탄핵제도의 본질상 그 정도의 제한은 위헌이라고 볼 수 없다는 것이, 두 번째 문제에 대하여는 사면이 가능하다면 탄핵결정은 무의미하다는 것이 통설의 입장이며, 개인적으로도 옳다고 생각한다.

제2항 정당해산심판

1. 헌법규정

헌법은 정당의 해산에 대하여 세 개의 조항을 두고 있다. 그 하나는 "정당의 목적이나 활동이 민주적 기본질서에 위배될 때에는 정부는 헌법재판소에 그 해산을 제소할 수 있고, 정당은 헌법재판소의 심판에 의하여 해산된다"는 제8조 제4항의 규정이고, 다른 하나는 정당해산의 제소에 국무회의의 심의를 거칠 것을 규정한 제89조 제14호의 규정이며, 또 다른 하나는 정당의 해산심판을 헌법재판소의 관장사항으로 한 제111조 제1항 제3호의 규정이다. 여기에서는 제111조 제1항 제3호와 직접적으로 관련된 사항만을 다루기로 한다.

정당해산의 심판절차에 대해서는 헌법재판소법이 자세하게 규정하고 있다.

2. 정당해산의 제소

정부는 정당의 목적이나 활동이 민주적 기본질서에 위배될 때에는 국무회의의 심의를 거쳐 그 해산을 제소할 수 있다(제8조 제4항, 제89조 제14호, 헌법재판소법 제55조). 정당해산의 제소여부·제소시기 등은 전적으로 정부의 재량사항에 속한다.

그러나 정부가 위헌정당의 해산을 제소하는 경우에는 법무부장관이 정부를 대표해서 피제소정당과 제소이유를 기재한 정당해산심판청구서를 헌법재판소에 제출하여야 한다(법 제56조). 정부는 같은 사유로 같은 정당을 헌법재판소에 제소할 수 없다(일사부재리의 원칙, 법 제39조).

3. 정당해산제소의 심리

정당해산심판은 헌법재판소장을 재판장으로 하고 7인 이상의 재판관이 출석한 재판부에서 심판한다. 심판절차는 구두변론주의와 공개주의를 원칙으로 한다(법 제30조, 제34조). 정당해산심판에는 민사소송에 관한 법령의 규정을 준용한다(법 제40조).

헌법재판소는 정당해산심판의 청구를 받은 때에는 청구인의 신청 또는 직권으로 종국결정의 선고시까지 피제소정당의 활동을 정지하는 결정을 할 수 있다(법 제57조). 정당해산심판의 제소가 있는 때, 가처분 결정을 한 때 및 그 심판이 종료한 때에는 헌법재판소장은 그 사실을 국회와 중앙선거관리위원회에 통지하여야 한다(법 제58조).

4. 정당해산의 결정과 집행

헌법재판소에서 정당해산의 결정을 할 때에는 재판관 6인 이상의 찬성이 있어야 한다(제113조 제1항). 헌법재판소의 정당해산결정은 모든 국가기관을 구속한다. 헌법재판소가 정당의 해산을 명하는 결정을 한 때에는 그 결정서를 피제소정당 외에 국회·정부 및 중앙선거관리위원회에 송달해야 한다(법 제58조 제2항).

정당의 해산을 명하는 결정이 선고된 그 순간부터 그 정당은 해산된다(법 제59조). 정당해산결정은 중앙선거관리위원회가 정당법의 규정에 따라 집행한다(법 제60조). 해산결정의 통지를 받은 중앙선거관리위원회는 그 정당의 등록을 말소하고 지체 없이 그 뜻을 공고하여야 한다(정당법 제40조).

5. 정당해산결정의 효과

헌법재판소의 정당해산결정이 있으면 그 시점에서부터 해산결정을 받은 정당은 불법결사가 되어 정당으로서의 모든 특권을 상실한다. 그 효과는 다음과 같이 세 가지로 간추릴 수 있다. ① 해산된 정당의 대표자와 간부는 해산된 정당의 강령(또는 기본정책)과 동일하거나 유사한 대체정당을 창설하지 못하며(법 제42조), 해산된 정당의 명칭과 동일한 명칭은 정당의 명칭으로 다시 사용하지 못한다(법 제43조 제2항). ② 해산된 정당의 잔여재산은 국고에 귀속된다(법 제41조 제3항). ③ 해산된 정당의 소속의원은 당연히 의원직을 상실한다. 이는 방어적 민주주의의 자연스런 결론이다.

제3항　권한쟁의심판

1. 헌법규정 및 연혁

헌법 제111조 제1항 제4호는 헌법재판소에 국가기관 상호간, 국가기관과 지방자치단체 및 지방자치단체 상호간의 권한쟁의에 관한 심판권을 부여하고 있다. 이를 줄여 권한쟁의심판권이라고 부른다.

우리 헌법이 권한쟁의심판제도를 채택한 것은 제2공화국 헌법이 처음이었다. 그러나 제2공화국헌법의 권한쟁의심판은 그 대상을 국가기관 상호간의 쟁의에 한정한 것이었다. 따라서 현행헌법의 권한쟁의심판은 제도적으로 더 확대된 것이라 할 수 있다.

2. 권한쟁의심판의 개념, 종류와 당사자

권한쟁의심판이란 국가기관(지방자치단체 포함) 사이에 권한의 존부나 범위에 대하여 분쟁이 발생한 경우에 독립적 지위를 가진 제3의 기관이 그 분쟁을 해결하는 심판을 말한다. 권한쟁의에는 특정사항이 자신의 관할에 속한다는 것을 주장하는 적극적 권한쟁의와 자신의 관할에 속하지 아니한다고 주장하는 소극적 권한쟁의가 있다.

권한쟁의심판의 종류는 국가기관 상호간의 권한쟁의심판·국가기관과 지방자치단체간의 권한쟁의심판 및 지방자치단체 상호간의 권한쟁의심판의 3종류가 있다(제111조 제1항 제4호, 헌법재판소법 제62조).

권한쟁의심판의 당사자가 될 수 있는 기관은 일차적으로 국회, 정부, 법원, 중앙선거관리위원회와 같은 국가기관과 각급 지방자치단체 및 교육위원회이다. 그러나 이차적으로는 독자적인 권능과 의무를 가지고 헌법기관의 기능에 참여하는 국회상임위원회나 교섭단체도 권한쟁의심판의 당사자가 된다고 보아야 할 것이다. 헌법재판소는 국회의원의 권한쟁의심판당사자능력에 대하여 처음에는 부정적이었으나, 곧 긍정적인 입장으로 태도를 바꾸었다.

그러나 사인은 권한쟁의심판의 당사자가 될 수 없다.

3. 권한쟁의심판의 청구사유·청구서의 기재사항·청구기간

권한쟁의심판을 청구하기 위해서는 국가기관 상호간, 국가기관과 지방자치단체간 및 지방자치단체 상호간에 권한의 존부 또는 범위에 관하여 다툼이 있어야 한다. 다만 심판청구는 피청구인의 처분 또는 부작위가 헌법이나 법률에 의하여 부여받은 청구인의 권한을 침해하였거나 침해할 현저한 위험이 있어야 한다(헌법재판소법 제61조).

권한쟁의심판의 청구서에는 ① 청구인과 심판수행자 또는 대리인, ② 피청구기관, ③ 심판대상이 되는 피청구기관의 처분 또는 부작위, ④ 청구의 이유, ⑤ 기타 필요한 사항 등을 기재하여야 한다(법 제64조).

권한쟁의심판은 그 사유가 있음을 안 날로부터 60일 이내에, 그 사유가 있은 날로부터 180일 이내에 청구하여야 한다. 이 기간은 불변기간이다(법 제63조).

4. 권한쟁의심판의 심리와 결정

권한쟁의심판은 구두변론에 의하며, 재판부가 변론을 할 때에는 기일을 정하고 당사자와 관계인을 소환하여야 한다(법 제30조).

권한쟁의심판의 결정은 재판관 7인 이상이 참석하고 참석재판관 과반수의 찬성으로 한다(법 제23조). 헌법재판소는 권한의 존부 또는 범위에 관하여 판단하며, 처분 또는 부작위가 청구인의 권한을 침해한 때에는 이를 취소하거나 무효를 확인할 수 있다(법 제66조). 또 헌법재판소는 직권 또는 청구인의 신청에 의하여 종국결정의 선고 시까지 심판대상이 된 피청구기관의 처분의 효력을 정지하는 가처분결정을 할 수 있다(법 제65조).

헌법재판소의 결정은 모든 국가기관과 지방자치단체를 기속한다. 그러나 처분의 취소는 그 처분의 상대방에 대하여 이미 발생한 효력에는 영향을 미치지 아니한다(법 제67조).

제 6 장   경제헌법

제 1 절   경제헌법 일반론

제 1 항   경제헌법의 개념

1. 경제헌법의 개념

(1) 경제헌법의 개념

경제헌법이란 용어는 광의로도 사용되고 협의로도 사용된다. 광의의 경제헌법은 경제생활과 관계되어 있는 모든 규범을 의미하며, 이에는 헌법 이외에도 법규명령과 행정행위까지 포함된다. 반면에 협의의 경제헌법은 헌법에 규정되어 있는 경제에 관한 규범의 총체를 의미한다.

일반적으로 헌법학자들은 경제헌법을 협의로 이해하고 있으며, 이 책의 경우에도 경제헌법을 그렇게 이해하기로 한다. 그렇게 이해하는 경우 헌법 제9장 경제편 외에도 사유재산제의 보장, 직업선택의 자유, 거주·이전의 자유, 근로의 권리와 노동3권 등도 경제헌법의 한 부분으로 다루어야 한다. 그러나 이들에 대해서는 이미 기본권편에서 다루었기 때문에 이곳에서는 헌법 제9장 경제편에 한정하여 서술하기로 한다.

(2) 경제헌법과 구별되어야 할 개념

일반적으로 경제헌법과 혼용되고 있으나, 구별되어야 할 개념으로 경제질서 또는 경제체제(또는 경제유형)가 있다. 경제질서와 경제체제가 오래 전부터 경제학이나 정치학에서 사용되어 온 개념이라면, 경제헌법은 최근에 법학, 특히 헌법학에서 사용되기 시작한 개념이다.

일반적으로 경제질서란 경제생활의 구성과 흐름에 적용되는 규정과 제도의 전체, 곧 특정의 시점에서 현실화되어 있는 경제적 상태 또는 경제적 존재의 상태를 말한다. 따라서 경제질서란 예컨대 경제적 행위, 경제적 규범 등이 병렬·종합된 상태를 말한다.

경제질서와 경제체제의 관계에 대해서는 두 개의 상반되는 견해가 있다. 대부분의 학자들은 경제질서를 경제에 관한 전체 사회적·법적 조직으로 이해하고 그것을 경제체제라 표현한다. 곧 경제체제와 경제질서를 동의어로 이해하는 경우가 일반적이다. 그에 반하여 소수이기는 하지만 양자를 다른 것으로 이해하는 학자도 있다. 예를 들면 좀바르트 W. Sombart는 경제체제를 경제적 인간의 행동태도, 동기, 목적에 의해서 뿐만 아니라 현실로 실현되어 있는 경제질서 및 구조에 의하여 특징지어지는 사회의 경제방식으로 이해하여 경제질서를 경제체제의 한 부분으로 본다. 그에 반하여 오이켄 W. Eucken은 순수시장경제와 중앙통제경제라는 두 개의 이념형의 경제체제를 가정하고 경제체제를 실제화된 경제질서의 한 부분으로 보고 있다.

2. 경제질서의 유형

경제질서의 유형은 크게 자본주의적 자유시장경제질서, 사회주의적 계획경제질서(또는 사회주의적 중앙관리경제질서) 그리고 사회적 시장경제질서의 셋으로 나눌 수 있다. 자본주의적 자유시장경제질서란 자유방임적 경제질서로서 경제에 대한 국가의 관여는 최소한의 질서유지를 위해서만 허용되는 경제질서를 말한다. 자본주의적 자유시장경제질서의 특징으로는 경제에 대한 결정권이 개개의 경제참여자들을 통하여 경제의 자율적인 결정절차에 분산되어 있는 것을 들 수 있다. 이러한 특징은 사유재산제, 이윤추구의 원리, 직업선택의 자유, 시장경제와 자율적 가격기구, 노동의 상품화 등에서 표현되고 있다.

사회주의적 계획경제질서는 인간에 의한 인간의 경제적 착취의 배제와 전체 인민의 복리와 수요의 충족을 이념으로 표방한 경제질서를 말한다. 사회주의적 계획경제질서의 특징으로는 모든 생산수단의 사회화와 중앙집권적 계획경제, 모든 경제과정에서의 전면적 국가통제, 직업선택의 자유와 거주·이전의 자유의 박탈, 사유재산제와 이윤추구의 부인, 공동생산과 공동분배를 들 수 있다.

사회적 시장경제질서는 1919년 바이마르헌법에서 처음 규정된 것으로 자본주의 시장경제질서에 계획경제 내지 통제경제가 가미된 경제질서를 말한다. 곧 사회적 시장경제질서는 자본주의와 사회주의 사이에서 제3의 경제질서를 찾으려는 하나의 대안 또는 시장경제에 있어서 자유의 원리를 사회적 정의와 접목시키려는 시도로 볼 수 있다. 사회적 시장경제질서는 법치주의를 토대로 하여 경제적 자유와 정치적 안정 및 사회적 정의를 동시에 조화롭게 보장할 것을 지향한다. 사회적 시장경제질서의 특징으로는 사유재산제의 보장, 화폐가치안정, 경기부양, 경쟁의 자유 및 일시적 경기침체 등의 경우에 국가의 간섭 등을 들 수 있다.

이러한 세 가지 경제질서의 유형 가운데 자본주의적 자유시장경제질서와 사회주의적 계획경제질서는 순수한 이념형에 가깝다. 따라서 현실적으로는 자본주의적 자유시장경제질서를 채택하는 경우에도 그리고 사회주의적 계획경제질서를 채택하는 경우에도 각각 그 단점을 보완하기 위하여 계획적 요소를 도입하기도 하고, 경쟁적 요소를 도입하기도 한다.

제2항 경제헌법의 연혁

자유주의와 개인주의에 기초하여 제정된 서구의 자유주의헌법들은 초기 자본주의이념에 따라 경제활동은 개인의 자유에 방임하고 국가가 개인의 경제활동에 간섭하지 아니하는 것을 원칙으로 삼았다. 따라서 서구의 자유주의헌법들은 재산권을 보장하는 규정은 두었지만 경제조항은 따로 두지 아니하였다. 그리고 자본주의 경제기구는 봉건사회의 경제기구가 가졌던 중세적인 침체성을 타파하고 생산력을 증대시켜 인류문화의 향상을 위한 물질적 기반을 확보하는데 커다란 기여를 하였다.

그러나 자본주의가 고도로 발전하면서 현격한 빈부의 차가 초래되어 다음과 같은 문제들이 발생하였다. ① 소수자에 의한 자본의 독점으로 자본가와 노동자, 유산자와 무산자 사이에 첨예한 대립이 발생하여 심각한 사회의 불안상태를 초래하였다. ② 실업자의 홍수와 경제적 공황을 초래하였다. ③ 토지소유관계에서 자본주의는 대지주와 소작인의 대립을 가져왔으며, 토지에 대한 일부 지주의 기업적 독점을 초래하였다. ④ 자본주의는 국제시장쟁탈을 위하여 전쟁을 초래하였을 뿐만 아니라 국제적인 식민지주의를 이루어 새로운 국제평화 내지 민족국가 문제를 발생시켰다.

이러한 문제를 극복하여 정의로운 경제질서를 확립함으로써 경제적 약자의 인간다운 생활을 보장할 필요성이 대두하였고, 1919년의 바이마르헌법은 민주국가의 헌법으로서는 처음으로 경제에 대하여 상세한 규정을 두게 되었다. 곧 바이마르헌법은 제151조에서 "경제생활의 질서는 …, 정의의 원칙에 부합하지 않으면 안 된다. 각인의 경제상의 자유는 이 한계 내에서 보장된다"고 규정함으로써 경제적 자유방임주의에 대한 명백한 수정을 가함과 동시에 법률에 의한 기업의 사회화가능성(제156조), 계약의 자유와 재산권의 사회적 구속(제152조 · 제153조), 중산층의 장려(제164조) 등과 같이 제2편 「독일국민의 기본권과 기본의무」 중 제5장 「경제생활」에서 공공복리를 위하여 경제적 자유를 제한할 수 있다는 원칙과 더불어 과거의 자유권적 기본권 외에 사회권적 기본권을 규정하게 되었다.

제 3 항 정치헌법과 경제헌법

정치헌법과 경제헌법이 어떤 관계에 있는가 라는 문제는 경제에 대하여 상세한 규정을 두었던 바이마르헌법과는 달리 경제에 대하여 의도적으로 규정하고 있지 않은 독일기본법 하에서 초기에 논쟁이 있었다. 그 과정에서 여러 가지 견해가 표명되었지만 이를 대별하면 경제헌법을 부정하는 견해, 양자의 분리를 주장하는 견해, 양자의 일체성을 인정하는 견해 및 새로운 차원의 결합이 요구된다는 견해의 네 가지로 간추릴 수 있다.

정치헌법과 경제헌법의 관계에 대한 이상의 견해들은 국가와 사회의 구별에 대한 태도에 따라 그 대답이 달라지고 있다. 곧 경제헌법이란 개념 자체를 부정하는 견해는 사회의 자기조직이란 입장에서 국가와 사회의 구별 그 자체를 부정하고 있다. 그에 반하여 정치헌법과는 별개의 경제헌법을 주장하는 견해는 국가에 대한 사회의 독립성과 자주성을 그 전제로 하고 있다. 그런가 하면 정치헌법에 대한 경제헌법의 개념을 인정하면서도 정치헌법과 경제헌법의 일체성을 주장하는 견해는 국가와 사회의 구별을 인정하면서도 이 양자 간의 상호관계의 필연성을 그 전제로 하고 있다.

이처럼 국가와 사회의 관계를 어떻게 이해하여야 할 것인가와 관련해서는 일원론과 이원론이 대립되고 있다. 그러나 일원론은 종국적으로는 전체국가적 경향과 통할 수 있으며, Sein의 세계인 사회와 Sollen의 세계인 국가를 준별하는 법실증주의적 이원론은 국가와 사회 상호간에 법적 관계를 부정한다는 점에서 오늘날과 같이 사회의 국가지향적·국가의 사회지향적 교차관계를 바탕으로 하는 민주주의시대에는 타당한 것일 수 없다. 그러한 한에서 국가와 사회의 분리 또는 의미 없는 구별은 다음과 같은 사실을 간과하고 있다고 할 것이다. 곧 사회적 생활은 국가에 의해 광범하게 계획되고 배려하는 형성 없이는 불가능하며, 반대로 국가는 사회적 공동작용 속에서 구성되고 다양한 상호의존과 상호영향 속에서 그 특징을 나타내고 있다는 것이다. 이처럼 국가와 사회가 상호의존하고 있고 상호영향을 미치고 있다는 사실에서 정치헌법과 경제헌법의 절대적 동일성이나 절대적 분리는 타당하다고 할 수 없다. 그렇다면 정치헌법과 경제헌법은 새로운 차원의 결합이 요구된다고 할 수 있을 것이다.

그러나 국가와 사회가 상호의존하고 있고 상호영향을 미치고 있다는 사실만 가지고 정치헌법과 경제헌법은 새로운 차원에서 결합되어야 한다고 말하는 것은 정치헌법과 경제헌법이 새롭게 결합되어야 할 필연적인 이유를 설명하고 있지 않다는 점에서 아직은 부족하다. 그리고 이러한 사실은 헌법을 정치헌법이라고 이해하는 한 결단론적 헌법관에 의해서든, 통합론적 헌법관에 의해서든 수긍할 수 있는 대답을 찾기 힘들 것으로 생각한다. 왜냐하면 결단론적 헌법관에 의할 경우 정치질서에 대한 결단은 동시에 경제질서에 대한 전체적 결단 그 자체를 의미한다는 대답이 고작일 것이고, 통합론적 헌법관에 의하더라도 독일의 경우처럼 기본법에 경제에 대한 규정이 없다는 이유로 그에 대한 설명을 아예 하지 않거나, 우리나라의 경우처럼 헌법에 독립된 장을 두고 규정하고 있더라도 한 부분을 할애하지 않고 사회국가의 한 내용으로 설명하거나, 그것도 아니면 헌법이 경제에 대하여 규율하는 것이 정치적 통합에 도움이 된다는 것 이상의 대답을 줄 수는 없을 것이기 때문이다.

저자는 헌법을 "인간의 존엄을 실현하기 위하여 정치적 통일과 정의로운 경

제질서를 형성하는 국가적 과제의 수행원리와 국가 내에서의 갈등을 극복할 절
차 및 국가작용의 조직과 절차의 대강을 규정하는 국가의 법적 기본질서"로 정의
하고 있다. 이러한 개념정의에 따르면 하나의 헌법 내에 정치헌법과 경제헌법이
라는 두 개의 어쨌든 이질적인 헌법이 존재하는 것이 아니라, 하나의 헌법만이
존재하며, 그 헌법은 인간의 존엄을 실현하(려)는 법이다. 일반화된 용어를 사용
하여 표현하자면, 정치헌법과 경제헌법은 인간의 존엄을 실현하기 위하여 필요하
기 때문에 하나의 헌법 내에서 결합되어야 하고, 또 결합될 수밖에 없다.

제 2 절 한국헌법과 경제질서

제 1 항 한국헌법상의 경제조항

우리 헌법은 건국헌법에서부터 바이마르헌법의 영향을 받아 사유재산제를
보장하면서도 상당한 정도로 경제에 대하여 규제할 수 있는 규정을 두고 있었다.
그러나 제2차 개헌 이후 한층 자유주의 경제체제로 개헌되었다가, 제4공화국헌법
에서 사회국가적인 경제규제를 하게 되어 현재까지 이르고 있다.

현행헌법은 기존의 경제관련 규정들에 더하여 기본권편과 경제편에서 경제
와 관련하여 많은 규정들을 신설하였다. 우선, 기본권편에서는 근로권의 확대(제
33조 제1항·제3항), 노동자의 최저임금제(제32조 제1항), 여자의 근로보호(제32조
제4항), 여자와 청소년의 복지향상을 위한 국가의무(제34조 제3항·제4항·제6항)
및 국가의 주택개발노력의무(제35조 제3항)를 신설하였다. 다음으로, 경제편에서
는 균형 있는 국민경제(제119조 제2항), 경자유전의 원칙(제121조 제1항), 국토공개
념의 도입(제122조), 농어촌종합개발(제123조 제1항), 지역경제육성(제123조 제2
항), 농수산물가격안정(제123조 제4항), 과학기술의 혁신과 정보 및 인력의 개발
(제127조 제1항)을 신설하였다.

이렇게 경제조항을 기본권조항과 구별하여 규정하는 헌법례는 자유민주주의
국가들에서는 아직까지는 그리 흔하지 않은 경우에 속한다. 따라서 헌법 제9장의
경제규정들은 우리 헌법의 하나의 특색이라고 할 수 있다. 헌법상의 경제규정들

은 경제질서의 기본성격을 규정하는 원칙적 규정들과 경제질서의 구체적 규정들
로 나눌 수 있다.

제 2 항   한국헌법상 경제에 대한 원칙규정

1. 헌법전문

헌법전문은 " … 정치·경제·사회·문화의 모든 영역에 있어서 각인의 기회
를 균등히 하고, … 국민생활의 균등한 향상을 기"한다고 선언하여 경제에 있어
서의 각인의 기회균등과 균등한 국민생활의 향상을 선언하고 있다. 그리고 헌법
전문의 이 부분은 전통적 자본주의경제에 대한 수정을 의미한다.

2. 헌법 제10조와 제34조

헌법 제10조는 인간으로서의 존엄과 가치 및 행복추구권을 규정하고 있다.
헌법 제34조는 모든 국민의 인간다운 생활권을 규정하고 있다. 전자는 기본권 전
체를 지도하는 기본원칙이고, 후자는 사회적 기본권의 핵심규정이다.

그러나 이들은 경제질서에서도 중요한 의미를 가진다. 왜냐하면 우리 헌법상
경제질서는 인간의 존엄과 가치를 실현하며, 행복을 추구할 수 있게 하고, 인간
의 존엄과 가치를 유지할 수 있는 생활, 곧 인간다운 생활을 가능하게 하는 것이
어야 하기 때문이다.

3. 헌법 제119조

(1) 헌법규정

헌법 제119조는 "① 대한민국의 경제질서는 개인과 기업의 경제상의 자유와
창의를 존중함을 기본으로 한다. ② 국가는 균형 있는 국민경제의 성장 및 안정
과 적정한 소득의 분배를 유지하고, 시장의 지배와 경제력의 남용을 방지하며,
경제주체간의 조화를 통한 경제의 민주화를 위하여 경제에 관한 규제와 조정을
할 수 있다"고 하여 헌법전문의 경제에 대한 선언을 구체화하고 있다.

(2) 헌법 제119조의 법적 성격

1) 학설과 판례   헌법 제119조의 법적 성격과 관련하여 헌법 제119조 제1항과 제2항을 분리하여 이해할 것인가, 아니면 하나로 이해할 것인가와 관련하여 견해가 대립되어 있다.

다수설은 헌법 제119조 제1항은 자유경제의 원칙을 규정한 것으로 본다. 곧 우리나라의 경제질서는 개인과 기업의 경제상의 자유를 존중하는 자본주의를 기반으로 하여, 경제적 활동의 자유를 원칙적으로 보장하는 것이며, 헌법 제119조 제2항은 그에 대한 예외로서 경제에 관한 규제를 규정한 것으로 이해하고, 헌법 제119조로부터 우리 헌법은 사회적 시장경제질서를 원칙으로 채택하고 있다고 할 수 있다고 한다.

헌법재판소는 초기에는 특정 경제질서에 대한 언급을 회피하다가, 그 후에는 직접적이고 분명하게 우리 헌법은 사회적 시장경제를 채택하고 있다는 것을 밝히고 있으며, 대법원도 우리 헌법은 사회적 시장경제질서를 채택한 것으로 보고 있다.

2) 사 견   개인적으로는 헌법 제119조를 제1항과 제2항으로 분리하여 제1항은 원칙, 제2항은 예외를 규정한 것으로 보기보다는 전체로서 경제질서의 기본원칙을 규정한 것으로 이해하는 것이 옳다고 생각한다. 그러나 경제헌법도 궁극적으로는 인간의 존엄을 실현하기 위하여 존재하는 것이므로 이 규정을 경제헌법상의 근본적인 목표설정규정으로 볼 수는 없다고 생각한다. 달리 표현하자면, 헌법 제119조는 인간의 존엄을 실현하기 위하여 경제질서에서 자유와 사회적 정의를 결합시키려 한 규정이라고 해석해야 되며, 결국 그것은 자유주의적 시장경제와 사회주의적 계획경제를 변증법적으로 통합시킨 사회적 시장경제를 채택하고 있는 규정으로 이해해야 한다는 것이다.

(3) 헌법 제119조 제2항의 구체적 의미

헌법 제119조 제2항이 '경제에 관한 규제와 조정을 할 수 있다'는 것은 국가가 순수한 경쟁경제질서에 대하여 통제를 할 수 있다는 것을 의미한다. 그리고 이는 경제의 민주화와 균형 있는 국민경제의 발전을 위해서는 자본주의의 틀 안에서 계획경제를 도입할 수도 있고, 부분적인 국영경제에 의한 국가적 통제도 가능하다는 것을 의미한다.

그러나 헌법은 "개인과 기업의 경제상의 자유와 창의를 존중함을 기본으로" 하며(제119조 제1항) 사유재산권을 보장하고 있기(제23조) 때문에 헌법은 시장경제의 완전한 포기를 허용하지 않고 있다. 따라서 자본주의의 기본원리를 전혀 무시하는 전면적인 중앙관리경제는 헌법상 인정될 수 없는 것으로 보아야 할 것이다. 또한 경제에 대한 규제와 조정은 법치주의원리가 정하는 절차에 따라야 함은 두말할 여지가 없다 할 것이다.

제 3 항   구체적 경제규정들

헌법에서 규정하고 있는 사회적 시장경제질서를 구체화한 규정으로는 기본권편에 사유재산제도의 보장과 한계를 규정한 것(제23조)과 사회적 기본권을 규정하고(제31조 – 제36조) 있는 외에 경제편에서 다음과 같은 규정들이 있다. 이러한 규정들을 몇 개의 집단으로 나누어 설명하려는 견해도 있으나, 여기에서는 편의상 조문순서대로 설명하기로 한다.

1. 지하자원 등의 특허제도

헌법 제120조 제1항은 "광물 기타 중요한 지하자원·수산자원·수력과 경제상 이용할 수 있는 자연력은 법률이 정하는 바에 의하여 일정한 기간 그 채취·개발 또는 이용을 특허할 수 있다"고 규정하고 있다. 자연자원은 가장 기본적이고 본질적인 생산수단으로 볼 수 있기 때문에 오늘날 많은 나라들이 사회적 정의의 요청에 따라 일반적으로 국유로 하는 것을 원칙으로 하고 있다. 따라서 헌법 제120조 제1항은 이러한 사정을 감안하여 지하자원 등의 사회화를 전제로 한 특허를 규정한 것으로 이해할 수 있다. 이에 관한 법률로는 광업법, 수산업법, 전기사업법, 「공유수면관리 및 매립에 관한 법률」 등이 있다.

2. 국토·자원의 개발·이용계획

국토개발과 자원개발은 경제발전의 종합계획을 수립하는 데 있어 특히 중요한 비중을 차지한다. 그리고 이러한 계획을 국가가 미리 수립하고 발표하여야 국민은 사경제를 이에 맞게 조정할 수 있다. 따라서 헌법 제120조 제2항은 "국토와 자원은 국가의 보호를 받으며, 국가는 그 균형 있는 개발과 이용을 위하여 필요한 계획을 수립한다"고 규정하고 있다. 이러한 목적을 위한 법률로는 국토기본법, 「국토의 계획 및 이용에 관한 법률」, 농지법 등이 있다. 또 이 조항의 국토자원에 대한 국가보호규정은 환경권과도 관련이 깊은 조항이라고 할 수 있다.

3. 농지의 경자유전의 원칙과 소작제금지

헌법 제121조는 "① 국가는 농지에 관하여 경자유전의 원칙이 달성될 수 있도록 노력하여야 하며, 농지의 소작제도는 금지된다. ② 농업생산성의 제고와 농지의 합리적인 이용을 제한하거나 불가피한 사정으로 발생하는 농지의 임대차와 위탁경영은 법률이 정하는 바에 의하여 인정된다"고 규정하여, 경자유전의 원칙을 달성하는 것을 국가적 의무로 규정함과 동시에 소작제도를 절대적으로 금지하고 있다.

그러나 농지의 예외적 임대차와 위탁경영은 인정하고 있다. 이는 농업구조의 변화, 인구의 도시집중 등으로 인한 농업인구의 감소에 대처할 뿐만 아니라, 막대한 자본을 투하한 간척지 또는 개간지의 경우와 농지상속 등과 같이 불가피한 경우의 임대차와 위탁경영을 일시적으로나마 허용하여 투하자본을 회수할 수 있게 함으로써 국가적으로 요청되는 간척사업·개간사업을 촉진하려는 것이다.

4. 국토의 효율적 이용·개발

(1) 헌법 제122조

헌법 제122조는 "국가는 국민 모두의 생산 및 생활의 기반이 되는 국토의 효율적이고 균형 있는 이용·개발과 보전을 위하여 법률이 정하는 바에 의하여 그에 관한 필요한 제한과 의무를 과할 수 있다"고 하여 농지·산지의 효율적 이용에 대하여 규정하고 있다. 헌법재판소도 말하고 있듯이 "토지는 수요가 늘어난다고 해서 공급을 늘일 수 없기 때문에 시장경제의 원리를 그대로 적용할 수 없고 … 그 이용을 … 개인의 자의에 맡기는 것도 적당하지 않은 것이다." 따라서 이러한 제한과 의무의 부과는 필요하고 적절한 것이다. 이러한 목적을 위하여 제정된 법률로는 국토기본법, 「국토의 계획 및 이용에 관한 법률」, 농지법 등이 있다.

(2) 토지의 공개념

또 헌법 제122조는 국토의 이용 및 개발과 관련하여 한때 문제가 된 바 있는 이른바 토지공개념에 관한 간접적 규정으로 이해되고 있다. 토지의 공개념이 무엇을 뜻하는가에 대해서는 견해가 일치되어 있지 아니하다. 그러나 토지의 공개념이란 토지는 소유자가 누구이든, 그것이 가지는 기능·적성 또는 그것이 위치하는 지역에 따라 공공복리를 위하여 가장 효율적으로 이용되지 않으면 안 되며, 이를 위하여 국가에 의한 적절한 규제가 가해져야 한다는 생각 또는 원칙을 일컫는 것으로 이해될 수 있다. 토지공개념과 관련된 법률로는 농지임대차관리법, 「택지소유 상한에 관한 법률」, 「개발이익 환수에 관한 법률」, 토지초과이득세법, 종합토지세법 등이 있었다. 그러나 1994년 7월에는 토지초과이득세법이 헌법재판소에 의하여 헌법불합치결정이 내려졌으며, 1998년 9월에는 「택지소유 상한에 관한 법률」이, 1998년 12월에는 토지초과이득세법이 각각 폐지되어 토지공개념은 후퇴하였다.

5. 농·어촌개발

헌법 제123조는 "① 국가는 농업 및 어업을 보호·육성하기 위하여 농·어촌 종합개발과 그 지원 등 필요한 계획을 수립·시행하여야 한다. ② 국가는 지역간의 균형 있는 발전을 위하여 지역경제를 육성할 의무를 진다. ③ 국가는 농수산물의 수급균형과 유통구조의 개선에 노력하여 가격안정을 도모함으로써 농·어민의 이익을 보호한다. ④ 국가는 농·어민과 중소기업의 자조조직을 육성하여야 하며, 그 자율적 활동과 발전을 보장한다"고 규정하고 있다. 이는 농민과 어민을 농·어촌에 정착시켜 생활을 향상시키고 소득을 균형화 함으로써 지역경제의 발전을 기하려는 목적에서 규정된 것이다. 이에 관한 법률로는 「농어업경영체 육성 및 지원에 관한 법률」, 농업협동조합법, 수산업협동조합법 등이 있다.

6. 중소기업의 보호·육성

한 나라의 경제가 건실하게 성장·발전해 나가기 위해서는 중소기업이 착실하게 성장하지 않으면 안 된다. 따라서 중소기업의 특별한 보호와 육성은 어느 나라를 막론하고 필요하다. 그러나 우리나라에서는 그동안 대기업중심의 고도성

장정책을 추진해온 결과 중소기업이 제대로 육성되지 못하여 모든 면에서 중소기업은 대기업에 대해 불리한 지위에 있다. 곧 중소기업은 대기업에 비하여 자금력과 기술수준 그리고 경영능력 등에서 열세하기 때문에 자력으로는 경영의 합리화와 경쟁력의 향상을 도모할 수 없는 경우가 많고, 경우에 따라서는 대기업의 경제력 집중과 독점에 따른 횡포로 그 성장이 저해되고 도산을 가져오는 경우도 있다. 따라서 국민경제에서 중소기업이 차지하는 비중을 감안하여 헌법 제123조 제3항은 "국가는 중소기업을 보호·육성하여야 한다"고 규정하고 있다. 이에 관한 법률로는 중소기업기본법, 중소기업협동조합법 등이 있다.

7. 소비자보호

(1) 헌법규정

헌법 제124조는 "국가는 건전한 소비행위를 계도하고 생산품의 품질향상을 촉구하기 위한 소비자보호운동을 법률이 정하는 법에 의하여 보장한다"고 하여 소비자보호를 규정하고 있다.

(2) 오늘날의 경제구조와 소비자보호의 필요성

오늘날의 경제구조는 대량생산·대량판매·대량소비를 특징으로 한다. 이러한 상황에서 소비자는 위험·유해·불량·불공정가격의 상품 또는 용역으로 말미암아 생명·건강·재산 등에 심대한 피해를 입고 있다. 오늘날의 경제구조에서 대기업의 횡포에 의해 일방적으로 희생을 강요당하고 있는 경제적 약자인 소비자가 입는 피해는 이른바 구조적 피해이다. 이러한 현실에 직면하여 미국에서는 1962년 3월 15일 케네디 *J. F. Kennedy* 대통령이 의회에 보낸 교서에서 안전의 권리, 알 권리, 선택할 권리 및 의견을 반영시킬 권리를 내용으로 하는 소비자기본권을 선포하였고, 세계의 여러 나라들에서도 소비자보호를 위한 법률과 기구들을 정비하는 추세에 있다.

이러한 추세에 따라 1980년 헌법에서 처음으로 "국가는 건전한 소비행위를 계도하고 생산품의 품질향상을 촉구하기 위한 소비자보호운동을 법률이 정하는 바에 의하여 보장한다"라고 규정하였고, 현행헌법도 이 규정을 그대로 따르고 있다. 이를 실현하기 위한 법률로는 제조물책임법, 「품질경영 및 공산품 안전관리법」, 「부정경쟁방지 및 영업비밀보호에 관한 법률」, 식품위생법, 「계량에 관한 법률」 등이 있다. 또한 1980년 1월에는 소비자기본법이 제정·공포되었다.

(3) 소비자의 권리

1) 소비자의 권리의 개념과 주체　　소비자의 권리란 소비자가 소비생활을 영위함에 있어서 양질의 상품 또는 용역을 공정한 가격으로 적절한 유통구조를 통하여 적절한 시기에 구입하여 사용하거나 이용할 수 있는 권리를 말한다.

이러한 소비자의 권리의 주체는 소비자이다. 소비자는 보통 사업자가 공급하는 상품 및 용역을 소비생활을 위하여 구입하여 사용하고 이용하는 자로 정의된다. 다만 제품의 원재료로써 소비하는 중간소비자는 소비자의 개념에 포함되지 않는다. 이러한 소비자이기만 하면 내·외국인과 자연인(태아와 미성년자 포함)과 법인(권리능력 없는 사단 포함)을 막론하고 소비자의 권리의 주체가 된다.

2) 소비자의 권리의 헌법적 근거　　소비자의 권리의 헌법적 근거와 관련해서는 견해가 대립되어 있다. 개인적으로는 어떤 권리의 헌법적 근거는 특별히 다른 이유가 존재하지 않는 한 가장 가까운 조항에서 찾아야 한다는 이유에서 소비자의 권리의 헌법적 근거는 헌법 제124조로 보아야 한다고 생각한다.

3) 소비자의 권리의 내용　　소비자의 권리의 내용은 소비자기본법 제4조에 잘 표현되어 있다. 그에 따르면 소비자는 스스로의 안전과 권익을 위하여 안전의 권리, 알 권리, 선택할 권리, 의견을 반영시킬 권리, 피해보상을 받을 권리, 교육을 받을 권리 및 단체를 조직하고 활동할 권리, 안전하고 쾌적한 소비생활 환경에서 소비할 권리의 8가지 권리를 향유한다.

4) 소비자의 권리의 법적 성격　　우선, 소비자의 권리의 법적 성격과 관련하여 소비자의 권리를 기본권으로 볼 수 있느냐가 문제된다. 다음으로, 소비자의 권리를 명시적·묵시적으로 기본권으로 보는 입장에서는 이 권리의 성격이 무엇이냐가 문제된다.

그러나 개인적으로는 기본권편에 규정되어 있지 아니한, 그것도 '소비자의 권리'라고 명시되지도 아니한 것을 기본권이라 부르는 것은 문제가 있다고 생각한다. 따라서 개인적으로는 독일헌법학의 예에서 보듯이 기본권편 이외의 다른 곳에 어떤 권리가 규정되어 있다면 그것을 기본권 유사적 권리로 부르는 것이 타당하다고 생각되며, 그러한 한에서 소비자의 권리는 기본권 유사적 권리로 부르는 것이 타당하다고 생각한다. 기본권 유사적 권리도 법적 성격은 기본권의 법적 성격에 준하여 생각해볼 수 있다. 그 경우 소비자의 권리는 한편으로는 국가의 간섭 없이 상품 또는 용역을 자유롭게 선택할 수 있는 권리라는 점에서 자유권적 성격을 가지며, 다른 한편으로는 경제적 약자인 소비자가 국가에 대하여 보호를 청구한다는 점에서 청구권적 성격을 병유하고 있는 것으로 볼 수 있다.

5) 소비자의 권리의 효력　　소비자의 권리는 대국가적 효력과 대사인적 효력을 가진다. 우선, 소비자의 권리는 모든 국가권력을 구속한다. 소비자기본법 제5조에 따르면 국가 및 지방자치단체는 소비자의 권리가 실현되도록 하기 위하여 ① 관계법령과 조례를 제정 및 개폐하고, ② 필요한 행정기구를 정비하고 그 운영을 개선하며, ③ 필요한 시책을 수립·실시하며, ④ 소비자의 건전하고 자주적인 조직활동을 지원·육성할 의무를 진다.

다음으로, 소비자의 권리는 주로 사인인 사업자와의 관계에서 문제되기 때문에 대사인적 효력을 가진다. 소비자기본법 제19조에 따르면 사업자는 물품 또는 용역을 공급함에 있어서 소비자의 합리적인 선택이나 이익을 침해할 우려가 있는 거래조건이나 방법을 사용하여서는 안 되고(동 제1항), 또한 사업자는 그 공급하는 물품 또는 용역에 대하여 소비자보호를 위하여 필요한 조치를 강구하여야 하며, 국가 및 지방자치단체의 소비자보호시책에 적극 협력하여야 한다(동 제2항). 또한 사업자는 그 공급하는 물품 또는 용역에 대하여 소비자보호를 위하여 필요한 조치를 강구하여야 하며(동 제1항), 국가 및 지방자치단체의 소비자보호시책에 적극 협력하여야 한다(동법 제18조).

6) 소비자의 권리에 대한 침해와 구제　　기본권 유사적 권리인 소비자의 권리도 기본권과 마찬가지로 국가와 사인에 의하여 침해될 수 있고, 그 구제방법도 각각 다르다고 할 수 있다. 우선, 소비자의 권리가 국가와 지방자치단체에 의하여 침해된 경우에는 청원권의 행사, 행정소송의 제기, 국가배상청구, 국가구조청구, 헌법소원의 제기 등을 통하여 구제받을 수 있다.

다음으로, 소비자의 권리가 사업자 등에 의하여 침해된 경우에는 소비자기본법 제55조 제1항에 따라 피해의 구제를 한국소비자보호원에 청구할 수 있고, 소비자보호원은 합의권고나 소비자분쟁조정위원회의 분쟁조정 등의 조치를 통하여 소비자의 권리를 구제하게 된다. 또한 소비자기본법 제49조 제1항에 따라 중앙행정기관의 장은 소비자의 안전에 긴급하고 현저한 위해를 끼칠 우려가 있는 제품에 대해서는 사업자로 하여금 지체 없이 당해 제품의 수거·파기 등을 하도록 하는 필요한 조치를 권고할 수도 있다.

8. 대외무역의 육성과 규제·조정

대외무역은 재화나 용역 또는 자본의 수입·수출 사이에 균형이 유지되도록 이루어져야 한다. 지나친 수출초과는 내국의 구매력을 어렵게 만들고, 지나친 수입초과는 대외의존을 심화시킬 수 있으므로 무역의 불균형은 경제의 성장을 저해하기 때문이다. 이처럼 대외무역의 균형은 국가의 발전과 번영에 직접적인 영향력을 행사한다. 그러나 우리 경제는 아직까지는 충분한 대외경쟁력을 갖추지 못한 상태에 있다. 이러한 사정을 감안하여 헌법 제125조는 "국가는 대외무역을 육성하며, 이를 규제·조정할 수 있다"고 규정하고 있다. 여기서 규제·조정이라 함은 국가가 일정한 계획을 수립하고 그 계획의 범위 내에서 사인에게 무역활동을 허용하는 것을 말한다. 이에 관한 법률로는 대외무역법이 있다.

9. 사영기업의 국·공유화 또는 통제·관리의 금지

헌법 제126조는 "국방상 또는 국민경제상 긴절한 필요로 인하여 법률이 정하는 경우를 제외하고는, 사영기업을 국유 또는 공유로 이전하거나 그 경영을 통제 또는 관리할 수 없다"고 하여 원칙적으로 사영기업의 국·공유화 또는 통제·관리를 금지하고 있다.

이처럼 헌법이 사영기업의 국·공유화 또는 통제·관리를 금지하는 것은 자본주의의 원칙상 사유권을 존중하려는 것으로 볼 수 있다. 따라서 기업의 사회화에 있어서 그 대상은 개개의 특정한 기업이 아니라, 제철, 전력, 해운 등과 같은 특정의 기업군이 아니면 안 된다. 그 결과 그 사회화의 조치도 개별적 조치가 아니라, 법률에 의한 일반적 조치를 의미한다.

그러나 예외적으로 국방상 긴절한 필요가 있거나 국민경제상 긴절한 필요가 있을 때에는 예외적으로 사기업의 사회화가 인정된다. 여기에서 국방상의 긴절한 필요란 문제의 사기업을 사회화하지 않고는 도저히 국방의 목적을 달성할 수 없는 경우를 말하고, 국민경제상의 긴절한 필요란 문제의 사기업을 사회화하지 않고는 국민경제의 정상적인 운용이 곤란한 경우를 말한다. 물론 그러한 경우에는 법률이 정하는 보상을 하여야 한다(제23조 제3항). 또한 헌법은 사기업의 사회화와 함께 필요한 경우에는 그 경영을 통제 또는 관리할 수 있게 하고 있다. 이러한 경우는 그 기업의 준사회화를 의미한다.

10. 과학기술의 혁신과 정보·인력의 개발

국민경제의 발전은 과학기술의 진흥 없이는 불가능하다. 따라서 헌법 제127조 제1항은 "국가는 과학기술의 혁신과 정보 및 인력의 개발을 통하여 국민경제의 발전에 노력하여야 한다"고 규정하고 있고, 동 제3항은 "대통령은 제1항의 목적을 달성하기 위하여 필요한 자문기구를 둘 수 있다"고 규정하고 있다. 이를 위하여 1991년에 국가과학기술자문회의법이 제정되어 상설적인 국가과학기술자문회의가 발족되었고, 과학기술기본법이 제정되어 국가과학기술심의회도 두고 있다.

11. 국가표준제도의 확립

헌법 제127조 제2항은 "국가는 국가표준제도를 확립한다"고 규정하고 있다. 이 조항은 도량형·시간 등 각종 계측의 표준을 명확히 하고 이를 범국민적으로 준용토록 함으로써 과학의 진흥과 기술의 혁신, 공정거래의 보장, 국제교역의 확대, 공업의 발전을 꾀하려고 하는데 그 목적이 있다. 이를 위하여 현재 우리나라에는 표준연구소가 있으며 국가표준기본법이 제정되어 있다. 또 국가공업의 발전을 위하여 KS표준제도 등 표준제도를 도입하고 있다(산업표준화법 제1조, 제2조, 제10조 등 참조).

우리 헌법 외에도 국가표준제도를 규정하고 있는 예로는 미연방헌법(제1조 제8항 제5호), 독일기본법(제73조 제4호), 스위스헌법(제40조), 오스트리아헌법(제10조), 멕시코헌법(제73조) 등이 있다.

찾아보기

INDEX

저자약력

1952년 제주 출생
고려대학교 법과대학 및 동 대학원 석사박사과정 수료
독일 Köln대학교에서 법학박사학위(Dr. iur.) 취득
한림대학교 교수(1988~1997)
독일 쾰른 대학교 법과대학 '국가철학 및 법정책연구소' 객원교수(1994~1995)
제 7 회 한국헌법학회 학술상 수상(2005)
사법시험 및 각종 국가시험위원, 한국공법학회 부회장, 한국헌법학회 부회장, 한독법률학회 부회장,
　안암법학회 부회장, 한국가톨릭사회과학연구회 회장, 한국환경법학회 부회장 역임
현재 서강대학교 법학전문대학원 교수

주요 저서 및 논문

Soziale Rechte auf der Verfassungsebene und auf der gesetzlichen Ebene, Diss. Köln(1986)
해방과 정치계몽주의, 도서출판 새남, 1988(M. Kriele, *Befreiung und politische Aufklärung*, 1980)
민주주의 세계혁명, 도서출판 새남, 1990(M. Kriele, *Die demokratische Weltrevolution*, 1987)
법과 실천이성, 한림대학교출판부, 1992(M. Kriele, *Recht und praktische Vernunft*, 1979)
법발견론, 한림대학교출판부, 1994(M. Kriele, *Theorie der Rechtsgewinnung*, 2. Aufl. 1976)
마르크스주의와 수정사회주의, 도서출판 새남, 1996(B. Gustaffson, *Marxismus und Revisionismus*, 1972)
국가론, 민음사, 1997(H. Heller, *Staatslehre*, 6. Aufl. 1983)
헌법 I, 현암사, 1999
헌법정해, 신영사, 1999
헌법요론, 신영사, 1999(2005: 제 4 판)
환경보호의 법적문제, 서강대학교 출판부, 1999
헌법 II, 현암사, 2000
객관식헌법, 신영사, 2000(2005: 제 4 판)
헌법재판소결정례요지(편), 법문사, 2002
헌법학, 현암사, 2002(2009: 개정 6판)
헌법과 미래(공저), 인간사랑, 2007
법학입문, 신론사, 2007
헌법국가의 도전, 두성사, 2007(M. Kriele, *Die Herausforderungen des Verfassungsstaates*, 1970)
7급객관식헌법, 두성사, 2008
헌법학(상), 박영사, 2010(2016: 제 3 판)
헌법학(중), 박영사, 2010(2015: 제 2 판)
헌법학(하), 박영사, 2010(2014: 제 3 판)
프롤레타리아 계급독재, 신론사, 2011(Karl Kautsky, *Die Diktatur des Proletariats*, 1918)
국가의 법적 기본질서로서의 헌법, 유로, 2011(Werner Kägi, *Die Verfassung als rechtliche Grundordnung des Staates*, 2. Aufl. 1971)
국가형태, 유로, 2011(Max Imboden, *Die Staatsformen*, 1959)
소외론, 유로, 2011(Friedrich Müller, *Entfredung*, 2. Aufl. 1985)
법발견의 이론, 유로, 2013(M. Kriele, *Theorie der Rechtsgewinnung*, 2. Aufl. 1976)
법과 실천이성, 유로, 2013(M. Kriele, *Recht und praktische Vernunft*, 1979)
정의의 판단기준, 유로, 2014(M. Kriele, *Kriterien der Gerechtigkeit*, 1963)
법률과 판결, 유로, 2014(Carl Schmitt, *Gesetz und Urteil*, 1912, 2. Aufl. 1969)
법관법, 유로, 2014(Friedrich Müller, *Richterrecht*, 1986)
헌법소송법, 박영사, 2015
'사회국가 해석모델에 관한 비판적 검토', '자연의 권리주체성', '독일의 헌법과 행정법에 있어서의 환경보호'
　등 논문 다수

헌법학개론

초판인쇄   2017년 1월   5일
초판발행   2017년 1월 20일

지은이   홍성방
펴낸이   안종만

편 집   한두희
기획/마케팅 장규식
표지디자인   조아라
제 작   우인도·고철민

펴낸곳   (주)**박영시**
          서울특별시 종로구 새문안로3길 36, 1601
          등록 1959. 3. 11. 제300-1959-1호(倫)

전 화   02)733-6771
f a x   02)736-4818
e-mail   pys@pybook.co.kr
homepage   www.pybook.co.kr
ISBN   979-11-303-2973-4   93360

정 가   29,000원